Cristina Costa

Doutora em Ciências Sociais pela Faculdade de Filosofia, Letras e Ciências Humanas da Universidade de São Paulo.
Livre-docente em Ciências da Comunicação pela Escola de Comunicações e Artes da Universidade de São Paulo.
Professora associada da Escola de Comunicações e Artes da Universidade de São Paulo.
Autora de *Questões de arte* e *Ficção, comunicação e mídias*.

SOCIOLOGIA

Introdução à ciência da sociedade

4ª edição

MODERNA

MODERNA

Coordenação editorial: Maria Raquel Apolinário, Eduardo Augusto Guimarães
Edição de texto: Eduardo Augusto Guimarães, João Carlos Agostini
Assessoria didático-pedagógica: João Carlos Agostini
Assistência editorial: Cíntia Medina, Tathiane Gerbovic, Maria Odette Garcez, Edmar Ricardo Franco, Leandro Salman Torelli
Preparação de texto: Lizete Mercadante, Sérgio Roberto Torres
Coordenação de *design* e projetos visuais: Sandra Botelho de Carvalho Homma
Projeto gráfico: Aurélio Camilo
Capa: Aurélio Camilo, Mariza Porto
Imagem da capa: Pessoas descem ladeira na cidade de São Paulo, 1995. Nelson Kon/SambaPhoto
Coordenação de produção gráfica: André Monteiro, Maria de Lourdes Rodrigues
Coordenação de arte: Maria Lucia F. Couto
Edição de arte: Rodrigo Carraro Moutinho
Editoração Eletrônica: Aga Estúdio, D'Livros Editora e Distribuidora Ltda.
Ilustrações: Alex Affonso, Marcelo Pliger, Mario Kanno
Cartografia: Alessandro Passos da Costa, Anderson de Andrade Pimentel
Coordenação de revisão: Elaine Cristina del Nero
Revisão: Ana Paula Luccisano, Fernanda Marcelino, Luís M. Boa Nova, Maiza P. Bernardello, Maristela S. Carrasco, Millyane M. Moura
Pesquisa iconográfica: Aline Chiarelli, Erika Freitas, Leonardo de Sousa Klein, Joanna Heliszkowski, Monica de Souza
Coordenação de *bureau*: Américo Jesus
Tratamento de imagens: Bureau Sp, Fabio N. Precendo, Rubens Mendes Rodrigues, Wagner dos Santos Lima
Pré-impressão: Hélio P. de Souza Filho, Marcio Hideyuki Kamoto, Everton L. de Oliveira, Alexandre Petreca
Coordenação de produção industrial: Wilson Aparecido Troque

Dados Internacionais de Catalogação na Publicação (CIP)
(Câmara Brasileira do Livro, SP, Brasil)

Costa, Cristina
Sociologia : Introdução à ciência da sociedade / Cristina Costa. — 4. ed. — São Paulo : Moderna, 2010.
Bibliografia.

1. Sociologia I. Título.

10-03462 CDD-301

Índices para catálogo sistemático:
1. Sociologia 301

ISBN 978-85-16-06595-9 (LA)
ISBN 978-85-16-06596-6 (LP)

EDITORA MODERNA LTDA.
Rua Padre Adelino, 758 - Belenzinho
São Paulo - SP - Brasil - CEP 03303-904
Vendas e Atendimento: Tel. (0_ _11) 2790-1500
Fax (0_ _11) 2790-1501
www.moderna.com.br
2015
Impresso em Hong Kong

1 3 5 7 9 10 8 6 4 2

Apresentação

Vivemos um momento histórico inquietante em que novos paradigmas de vida se instalam na sociedade, abalando certezas, introduzindo questões, exigindo reflexão e posicionamento diante da sociedade. Essa transformação social é encarada com estranhamento por alguns, com curiosidade por outros e como um desafio por todos. Globalização, novas estruturas produtivas, revolução tecnológica modificam a forma como nos vemos, como nos relacionamos com os outros e com a realidade que nos cerca.

É nesse cenário que a sociologia se torna cada vez mais importante e necessária. Ciência nascida das transformações impostas à sociedade pela Revolução Industrial a partir do século XVIII, a sociologia tem procurado explicar as dificuldades e as possibilidades da vida humana em sociedade. Mas, como as demais ciências, também a sociologia tem se modificado ao longo dos séculos, procurando dar conta das especificidades do mundo contemporâneo. Para nos situarmos na atualidade, para refletirmos sobre ela e para agirmos de forma consciente e responsável, a sociologia oferece conceitos, discussões e perspectivas capazes de nos orientar e esclarecer.

Neste livro, procuramos oferecer uma breve introdução aos estudos das diversas escolas do pensamento sociológico, desde sua origem até o presente, explicitando as discussões que se desenvolveram entre os diferentes teóricos e buscando iluminar as questões e os problemas sociais da atualidade. Além do estudo da sociologia clássica, procuramos mostrar também como essa ciência se desenvolveu no Brasil e os problemas nacionais sobre os quais se debruçaram importantes pensadores da vida social.

Além das abordagens histórica e teórica que permitem entender a especificidade dessa ciência, examinamos as principais questões que têm ocupado a reflexão dos sociólogos contemporâneos. Cultura, identidade, consumo, comunicação em rede, revolução tecnológica são temas aos quais os sociológos têm se dedicado e que chegam aos alunos, professores e pesquisadores em geral como fenômenos que definem a atualidade e são sentidos e vivenciados por todos no cotidiano.

Indo da abstração teórica a fatos da vida cotidiana, busca-se introduzir o aluno no campo das ciências sociais, assim como auxiliá-lo na compreensão de sua vida e dos problemas que enfrenta. Temos como objetivo, portanto, a informação atualizada e significativa, o desenvolvimento pessoal do aluno, o estímulo à sua participação social consciente e cidadã, além da preocupação em fazer da educação um processo agradável e estimulante.

Enfim, este livro se propõe a estabelecer com você, professor, aluno ou leitor interessado nos temas sociológicos, um diálogo proveitoso a respeito dos principais problemas sociais do presente, orientando-o a compreender, refletir e se posicionar sobre as questões do mundo atual. Se você se reconhecer nas páginas deste livro e nele vislumbrar respostas a seus questionamentos, o objetivo primordial de nossa proposta terá sido atingido.

A autora

Sumário

Unidade IX Tecnologia e sociedade, *380*

Unidade X Sociedade de consumo, *428*

UNIDADE

I

Sociologia: a criação do campo do saber

CAPÍTULOS

OBJETIVOS

- Reconstruir o desenvolvimento do pensamento sociológico a partir do Renascimento.
- Conhecer o caminho percorrido pela sociologia, que a levou a se diferenciar da filosofia social e a se constituir em um corpo organizado de conceitos e metodologias científicas.

THE BRIDGEMAN ART LIBRARY/GRUPO KEYSTONE - COLEÇÃO PARTICULAR

Gravura anônima. Fábrica têxtil de Sir Thomas Lombe, em Derby. Século XVIII.

O conceito de natureza

"O conceito de 'natureza' é hoje determinado, em larga medida, pela forma e pela significação sociais que as ciências da natureza lhe conferiram. Mas essas ciências interessam-se apenas por um setor limitado do universo. [...] Se quisermos compreender isso a que se chama 'natureza', entretanto, será preciso levarmos em conta o fato de que os seres humanos [...] surgiram do universo físico. Numa palavra, teremos de incluir no conceito de natureza a capacidade que ela tem de produzir, no curso de processos cegos, não apenas reatores de hélio ou desertos lunares, mas também seres humanos."

ELIAS, Norbert. *Sobre o tempo*. Rio de Janeiro: Zahar, 1998. p. 12.

APIC/GETTY IMAGES

Augusto Comte (1798-1857), filósofo francês, fundador da sociologia e do positivismo, c. 1850.

ALBUM/AKG IMAGES/LATINSTOCK

Émile Durkheim (1858-1917), pensador francês considerado um dos pais da sociologia moderna, c. 1900.

EVERETT COLLECTION/LATINSTOCK

Max Weber (1864-1920), pensador alemão, um dos fundadores da sociologia moderna, c. 1910.

BETTMAN/CORBIS/LATINSTOCK

Karl Marx (1818-1883), pensador alemão, conhecido pela teoria crítica e revolucionária que levou seu nome: marxismo, c. 1880.

Para debater

1. O que você entende por natureza?
2. Segundo o texto, o que é a natureza?

CAPÍTULO 1

Da era pré-científica ao Renascimento

> **Cultura.** Termo originariamente relacionado com a antropologia. Nas ciências sociais, correspondeu, inicialmente, a um conjunto de hábitos, costumes e formas de vida capazes de distinguir um povo de outro ou um grupo social de outro. Atualmente, com o advento de uma concepção mais simbólica da vida humana, o conceito de cultura ganhou conteúdos mais abstratos, que a veem como um conjunto de significados partilhados por um grupo.

1. O conhecimento como característica da humanidade

Ao observarmos animais de diferentes espécies, percebemos a existência de regularidades comportamentais que caracterizam a vida de cada grupo: eles se reúnem, convivem, competem e se acasalam de forma ordenada, reproduzindo um certo modelo que varia em função do ambiente em que vivem.

A preservação das espécies animais e sua adaptação parecem ser, como afirmou Darwin na teoria sobre a evolução das espécies, o objetivo desses hábitos de vida, da forma de convivência e da sociabilidade. Assim, os animais desenvolvem estilos próprios de comportamento que lhes permitem a reprodução e a sobrevivência.

O homem, como uma entre as várias espécies animais existentes, também desenvolveu processos de convivência, reprodução, acasalamento e defesa. Desse modo, apresenta uma série de atitudes que o caracteriza. Algumas são "instintivas", são ações e reações que se desenvolvem de forma espontânea, dispensando o aprendizado, como respirar ou alimentar-se. Proveniente de sua bagagem genética, o homem demonstra também ser capaz de sentir medo, prazer ou frio e de expressar esses sentimentos. Porém, quer por dificuldades impostas pelo ambiente, quer por particularidades da própria espécie, o homem também desenvolveu habilidades e comportamentos que não são genéticos, mas culturais.

Quando falamos em **cultura**, estamos nos referindo a um conjunto de valores, crenças, padrões de comportamento e hábitos de vida que, apesar de geral e coletivo, varia no tempo e no espaço. A cultura não se desenvolve em um grupo de modo espontâneo, mas é produzida historicamente, fruto da dinâmica da vida em comum. Para ser transmitida por uma geração para outra depende de aprendizado.

Essas são as principais características do ser humano: viver de acordo com a cultura, desenvolver um sistema simbólico, comunicar-se através de complexo processo linguístico e transmitir conhecimento por meio da socialização (figuras 1 e 2). Tal complexidade exigiu que o ser humano se tornasse objeto de ciências especialmente desenvolvidas para compreendê-lo. São as chamadas ciências humanas, entre as quais se destaca a sociologia, que estuda especialmente os princípios que regem a vida em grupo. A ela dedicamos o presente texto abordando sua origem e os primeiros corpos teóricos organizados.

STEVE PREZANT/MASTERFILE/OTHER IMAGES

Figura 1 • Pai e filhos jogam bola. Rio Grande do Sul, 2007. Em situações diferentes – ensino, entretenimento ou sociabilidade –, os seres humanos aprendem uns com os outros.

Figura 2 • Professora e alunos em sala de aula. Espírito Santo, 2008.

Esperamos ajudar os leitores a entender melhor o mundo que os cerca e a torná-los mais sensíveis em relação à sua participação como membros da espécie humana, que é tão peculiar.

2. A sociologia: um conhecimento de todos

Palavras e expressões como contexto social, classe, estrato, camada, movimento e conflito social são hoje muito veiculadas pelos meios de comunicação de massa e aparecem nos discursos políticos, na publicidade e no dia a dia das pessoas. Há referências, por exemplo, às "classes sociais", às "elites" e às "pressões sociais" como se fossem termos que fizessem parte de um vocabulário conhecido por todos, como se políticos, consumidores e eleitores soubessem exatamente o que elas significam.

Cada vez mais pesquisas, para os mais diversos fins, veiculam os resultados, e o público, em geral, demonstra entender os procedimentos utilizados por elas. O leitor ou espectador admite que seu comportamento, suas emoções e sentimentos dependem de suas características individuais assim como de certas regularidades que são observáveis nos membros de um determinado grupo exposto às mesmas circunstâncias. Ele intui a existência de regularidades em nossa forma de comportamento e reconhece que, por trás da diversidade entre as pessoas, existe certa padronização nos modos de agir e pensar, de acordo com sexo, idade, nacionalidade, classe social ou etnia.

Contexto social. Conjunto de condições de vida coletiva que caracterizam uma sociedade, em determinada época e lugar, tais como forma de poder, sistema produtivo e tipo de organização social. Tais condições influenciam a dinâmica da vida social e o desenrolar dos acontecimentos.

O uso da sociologia nos diversos campos da atividade humana

Assim como o leitor, o espectador de televisão e o cidadão comum sabem que existem conceitos e métodos relativamente eficazes para entender o comportamento social. E profissionais das mais diversas áreas também não ignoram a validade do instrumental da sociologia.

Não se constroem mais cidades, não se desenvolvem campanhas políticas nem se declaram guerras sem levar em consideração as pessoas envolvidas, suas crenças, seus interesses, suas ideias e tradições, enfim tudo aquilo que motiva sua ação e guia sua conduta. A sociedade tem características que precisam ser conhecidas para que aqueles que nela atuam atinjam seus objetivos. Isso significa que nenhum setor da vida social prescinde dos conhecimentos sociológicos, pois a ação consciente e programada exige pesquisa, planejamento e método (figura 3). É por isso que a sociologia faz parte dos programas básicos dos cursos universitários que preparam os mais diversos profissionais – de dentistas a artistas, de engenheiros a jornalistas – e, por isso, também o sociólogo integra equipes nos mais diversos setores da vida social.

Desafios da sociologia hoje

As teorias desenvolvidas têm tido especial aplicação na elucidação do comprometimento dos cidadãos em relação à sociedade em que vivem.

Sistematizadas com o desenvolvimento das cidades e da indústria, as teorias sociológicas orientam os demais cientistas na compreensão da vida social e do comportamento coletivo. O diálogo estabelecido com as diversas áreas do saber garantiu à sociologia uma dimensão interdisciplinar, ao mesmo tempo que enriqueceu os diversos campos científicos.

Além dessa abrangência e interdisciplinaridade conquistada pelo conhecimento sociológico, as teorias desenvolvidas têm tido especial aplicação na elucidação do comprometimento dos cidadãos em relação à sociedade em que vivem. Dessa forma, a sociologia tem sido importante na educação política e na prática da cidadania.

Finalmente, a sociologia é particularmente necessária em épocas de crise e mudanças como a que vivenciamos na atualidade. Quando as instituições se transformam, quando as relações sociais se afrouxam, quando padrões éticos são abandonados, ou ainda, quando novas ideologias se difundem, é hora de pensar a vida social de modo sistemático e consequente.

É em razão desses fatores, e, especialmente, da complexidade da vida contemporânea e das transformações que estão em processo, que a sociologia se torna indispensável à formação dos jovens, dos profissionais e dos cidadãos.

PALÊ ZUPPANI/PULSAR IMAGENS

Figura 3 • Pesquisadora do Censo demográfico realiza entrevista para coletar dados. Brasília, 2010.

3. A emergência do pensamento científico

Pensar cientificamente o ser humano e a vida social resultou de um lento processo pelo qual a ciência em geral e as ciências humanas em particular foram ganhando espaço e legitimidade. Além disso, embora o pensamento abstrato seja uma das principais características da humanidade, os modelos de conhecimento que o homem desenvolveu não foram sempre os mesmos.

Os povos desenvolvem diferentes formas de explicação a respeito da vida, da natureza e da sociedade em que vivem, dependendo dos fatores sociais, da tradição, da influência de outros grupos, da maior ou menor resistência cultural. No mundo antigo, tal qual o entendemos hoje, predominou o pensamento mítico e religioso que concebia o mundo como uma obra divina, submetida aos desígnios do criador.

Para os egípcios, como para os babilônios, a eficiência do pensar limitava-se ao pragmatismo, à necessidade de solucionar problemas particulares que se apresentavam como obstáculos ao transcurso da existência. O pensar como um exercício voltado para si mesmo, capaz de se desenvolver sem uma aplicabilidade imediata, independente das crenças religiosas e do pensamento mítico, teve suas raízes históricas na civilização grega.

O pensamento especulativo grego

Entre os séculos VI e V a.C., os gregos romperam com o senso comum, com a tradição e com o pensamento mítico. Com essa mudança, desenvolveram uma reflexão laica e independente, própria do **pensamento especulativo**, que se debruçava sobre o mundo procurando entendê-lo em sua objetividade. Em consequência, acabaram por criar a filosofia e muitos dos campos do saber até hoje conhecidos, como a geometria e a astronomia (figura 4).

Pensamento especulativo. Diz-se daquela reflexão que vai além do imediato e da necessidade prática, buscando o novo, o inusitado e o criativo como resultado do exercício da razão.

Alguns historiadores dão o nome de "milagre grego" a esse salto qualitativo do conhecimento humano sobre si e a natureza, em que se abandonaram a explicação mítica e o princípio da interferência das forças sobrenaturais nos destinos do homem para dirigir-se à obtenção do saber por meio da abstração comandada pela razão. A ideia de milagre vem, por um lado, das amplas repercussões causadas por essa revolução na vida da época e de períodos posteriores e, por outro, da falsa impressão de ter sido uma mudança abrupta, vinda do nada e ocorrida rapidamente.

ERICH LESSING/ALBUM/LATINSTOCK – MUSEU DO LOUVRE, PARIS

Figura 4 • Busto de Sócrates, cópia do original grego do século IV a.C., atribuída ao escultor grego Lysippos. A história da filosofia grega divide-se em pré-socrática e pós-socrática, porque é a partir de Sócrates, que se conhece pelos textos escritos por Platão, que a filosofia adquiriu novo desenvolvimento.

A consciência individual emancipava-se à medida que o homem grego constatava ser o destino o resultado da ação humana e não da vontade dos deuses e do respeito aos rituais sagrados. Crescia nele a percepção de si mesmo como um indivíduo dotado de razão e capaz de realizar ações inspiradas por ela. Apesar do grande avanço no conhecimento da natureza e da sociedade proporcionado pelos gregos antigos, a racionalidade e a investigação especulativa da natureza só se tornaram formas dominantes de pensar muitos séculos mais tarde, a partir do Renascimento (séculos XIV-XVI).

4. A razão a serviço do indivíduo e da sociedade

O Renascimento se caracteriza por uma nova postura do homem ocidental diante da natureza e do conhecimento.

Foi no Renascimento, com o desenvolvimento do comércio e de núcleos urbanos, que o pensamento científico se impôs como forma **hegemônica** de pensar o mundo, abrindo-se uma era de apogeu do cientificismo e da racionalidade.

Hegemônico. Termo que designa a posição de dominância de uma pessoa, grupo social ou instância da vida social sobre uma totalidade, que é múltipla e diversificada. Dessa forma, a hegemonia implica diferentes graus de imposição de uma parte sobre o todo.

O Renascimento é um dos mais importantes momentos da história do Ocidente. Foi quando se processou a ruptura entre o mundo medieval, com suas características de sociedade agrária, estamental, teocrática e fundiária, e o mundo moderno urbano, burguês e comercial (figura 5).

Esse movimento representou uma nova postura do homem ocidental diante da natureza e do conhecimento. Juntamente com a perda de hegemonia da Igreja Católica como instituição e o consequente aparecimento de novas doutrinas e seitas conclamando seus seguidores a uma leitura interpretativa dos textos sagrados, o homem renascentista redescobriu a importância da dúvida e do pensamento especulativo. O conhecimento deixou de ser encarado como uma revelação, resultante da contemplação e da fé, para ser o resultado de uma bem conduzida atividade do pensamento (figura 6).

> "Este é o homem novo do Renascimento: aquele que se liberta da tradição pela dúvida e confirma seu valor através dos resultados de seus esforços; aquele que confia em suas experiências e em sua razão; o que confia no novo, pois assume sua realização dentro da temporalidade."
>
> PESSANHA, José Américo Motta. Humanismo e pintura. In: NOVAES, Adauto. *Artepensamento*. São Paulo: Companhia das Letras, 1994. p. 34.

É nesse ambiente propício de curiosidade, dúvida e valorização humana que o pensamento científico adquiriu nova importância, promovendo o aumento do interesse pelo entendimento da vida social.

NATIONAL GALLERY, LONDRES

Figura 5 • Detalhe da pintura *Banquete de casamento*, de Sandro Botticelli, 1483. Em cenas como essa, os pintores renascentistas (séculos XV e XVI) exaltavam a vida terrena.

Figura 6 • *Academia de Baccio Bandinelli*, gravura de Enea Vico, 1550, representando uma academia renascentista.

O crescimento das cidades e do comércio, as viagens marítimas, o contato com outros povos desafiavam os homens a pensar a sua realidade próxima e a comparar diferentes culturas. Descobertas de riquezas, de terras, de regiões alimentavam a imaginação do homem renascentista, que passou a valorizar o "novo" e a considerá-lo sinônimo de "maravilhoso". Estimulados por ele, muitos rompiam com o passado e buscavam novas explicações para um cenário diferente que se descortinava e para o qual as antigas crenças não serviam mais.

O desenvolvimento tecnológico, que se tornou cada vez mais acelerado, promoveu novas maneiras de olhar o mundo, provocando mudanças nas relações humanas e na produção material da vida. Ao criar a prensa de tipos móveis, Johannes Gutenberg deu à Europa o instrumento que faltava para saciar a ávida necessidade da comunidade livre-pensante de ler os clássicos, realizar pesquisas empíricas, elaborar hipóteses e torná-las conhecidas. Iniciou-se, então, um processo irreversível de divulgação do conhecimento e de hegemonia da cultura letrada, aspectos importantes para o desenvolvimento da ciência e do conhecimento. As pessoas passaram a buscar a coerência dos textos, traço indispensável para credibilidade e legitimidade das ideias ali expostas. A reflexão e a argumentação começaram a dispensar a noção medieval de verdade revelada.

5. Um novo pensamento social

Em um mundo cada vez mais laico e independente da tutela da religião, o homem foi levado a pensar e a analisar a realidade que o cerca em sua objetividade.

O aparecimento de novas instituições políticas e sociais – as nações, os Estados, as legislações e os exércitos nacionais – levou os estudiosos a repensar a vida social e a história, tornando evidente o papel da consciência, da vontade, do discernimento e da intervenção humana no rumo dos acontecimentos.

Ao mesmo tempo, a emergência da burguesia promoveu transformações políticas e sociais, e o espaço que ela conquistou desfez a crença em uma sociedade estática, de origem divina. Em seu lugar, surgiu a ideia de uma vida social dinâmica e em permanente construção.

Nessa atitude especulativa diante da vida social estava o germe do pensamento social moderno que se expressou na pintura, na filosofia e na literatura – especialmente na literatura utópica de Thomas Morus (*A Utopia*), Tommaso Campanella (*A cidade do Sol*) e Francis Bacon (*Nova Atlântida*).

Thomas Morus (1478-1535)

Nasceu em Londres. Foi pensador, estadista, advogado e membro da Câmara dos Comuns. Como bom humanista, desenvolveu estudos sobre o grego antigo. Em 1518, foi nomeado membro do Conselho Secreto de Henrique VIII e chegou a ocupar, em 1529, o mais alto cargo do reino. Opôs-se à anulação do casamento de Henrique VIII, recusando-se a jurar fidelidade à Igreja Anglicana fundada pelo rei, por ser católico e contrário aos desmandos da autoridade real. Foi preso, condenado e executado. Em 1935, foi canonizado pela Igreja Católica, e sua festa é celebrada em 6 de julho, dia de sua morte. Sua grande obra é *A Utopia*.

As utopias

Entre os diversos gêneros literários que floresceram no Renascimento, um deles, a **utopia**, expressou essa nascente preocupação com os problemas sociais. Herdadas dos gregos antigos, as utopias eram obras que, à maneira das ficções científicas modernas, procuravam projetar sociedades perfeitas. O próprio nome é sugestivo: utopia, que significa "lugar nenhum", uma alusão à dificuldade de se construir uma sociedade sem desigualdades e injustiças.

As utopias criadas por Thomas Morus e Tommaso Campanella eram um exercício literário e sociológico no qual os autores treinavam o pensamento social: inventavam instituições políticas não autoritárias, mecanismos de controle social justos e formas igualitárias de produção e distribuição de bens. Essas obras demonstravam que seus autores já eram capazes de pensar criticamente a sociedade e propor soluções que dependiam essencialmente da vontade humana. A sociedade deixava de ser mero cenário para o desenrolar da vida e tornava-se parte da cena e da ação do homem.

Utopia

Utopia vem dos termos gregos *ou* ("não") e *topos* ("lugar"). Significaria literalmente "nenhum lugar". Corresponde, na história do conhecimento, a essa evocação por uma aspiração, sonho ou desejo manifesto, de um estado de perfeição sempre imaginário. Na medida, entretanto, em que a utopia enfoca um estado de perfeição, ela realiza, por oposição, um exercício de análise, crítica e denúncia da sociedade vigente. O estado de perfeição ensejado na utopia é necessariamente aquele pelo qual se tornam evidentes as imperfeições da realidade em que se vive. Mas, apesar de seu caráter de evasão da realidade, a utopia revela uma apurada crítica à ordem social, podendo inclusive se transformar em autêntica força revolucionária, como indicam os grandes movimentos messiânicos vividos pela humanidade, ou seja, aqueles movimentos que têm por meta a redenção da humanidade ou a salvação do mundo.

Maquiavel: o criador da ciência política

PALÁCIO VECCHIO, FLORENÇA

Figura 7 • *Nicolau Maquiavel*, pintura de Santi di Tito, século XVI. Nicolau Maquiavel, autor de *O príncipe*, é considerado o fundador da ciência política.

Nicolau Maquiavel (figura 7), pensador florentino, escreveu *O príncipe* (figura 8) e dedicou sua obra a Lourenço de Médici, governador de Florença e personagem importante dessa época, protetor das artes e das letras. No texto, Maquiavel se propõe a analisar o poder e as condições pelas quais um monarca absoluto – o príncipe – é capaz de conquistar, reinar e manter seu poder.

Como Thomas Morus, Maquiavel acreditava que a paz social dependia das características pessoais do príncipe – que ele chamou de virtudes –, das circunstâncias históricas e de fatos que ocorriam independentemente de sua vontade – as oportunidades. Acreditava também que do bom exercício da vida política resultaria a felicidade do homem e da sociedade. Mas, sendo mais realista do que seus contemporâneos utopistas, Maquiavel faz de *O príncipe* um manual de ação política, cujo ideal é a conquista e a manutenção do poder. Disserta a respeito das relações que o monarca deve manter com a nobreza, o clero, o povo e seu ministério. Mostra como deve agir o soberano para alcançar e preservar o poder, como manipular a vontade popular e usufruir seus poderes e alianças.

Faz uma análise clara das bases em que se assenta o poder político: assegurar exércitos fiéis e corajosos, castigar os inimigos, recompensar os aliados e destruir, na memória do povo, a imagem dos antigos líderes. Suas análises são tão pertinentes que sua obra atravessou os séculos, sendo até hoje considerada básica para o estudo da ação política.

A vida social depende de leis que regulam o comportamento social em diferentes épocas e lugares.

Nicolau Maquiavel (1469-1527)

Nasceu em Florença, mas fez sua carreira diplomática em diversos países da Europa. De 1502 a 1512 esteve a serviço de Soderini, um dos mais poderosos estadistas de Florença. Ajudava-o nas decisões políticas, escrevia-lhe discursos e reorganizou o exército florentino. Foi exilado e afastado da vida pública quando Soderini foi removido do governo por Lourenço de Médici. A partir de então, limitou-se a ensinar e a escrever sobre a arte de governar e guerrear. É considerado o fundador da ciência política e, segundo alguns, jamais foi superado nesse campo. Suas principais obras são: *O príncipe* e *Discursos sobre a primeira década de Tito Lívio*.

A visão laica da sociedade e do poder

É em obras de Thomas Morus e de Maquiavel que percebemos como as relações sociais passam a constituir objeto de estudo dotado de atributos próprios, e a paz social deixa de ser, como no passado, consequência do acaso, da vontade divina ou da obediência dos homens às escrituras. Nelas, a sociedade já aparece como resultado das condições econômicas e políticas e não da providência divina, ou seja, uma visão laica da sociedade.

Laicismo. Doutrina filosófica que defende a separação entre vida pública e religião institucionalizada. Laico é o adjetivo que qualifica realidades que buscam estar isentas do dogmatismo religioso, seja qual for a religião.

Além disso, esses filósofos expressam os novos valores da época ao colocar os destinos da sociedade e de sua boa organização nas mãos de um governante que se distingue por suas características individuais. A monarquia proposta no Renascimento não se assenta apenas na legitimidade do sangue ou da linhagem, na herança ou na tradição, mas também na capacidade pessoal do soberano e em sua sabedoria.

Também a história, como conhecimento objetivo dos fatos, passa a ter um papel relevante no desenvolvimento dessa reflexão, como fonte de informação e experiência. Maquiavel se vale de acontecimentos e de líderes do passado como argumentos na defesa de suas ideias, demonstrando reconhecer que a vida social depende de leis que regulam o comportamento social em diferentes épocas e lugares. Os fatos históricos devem ser analisados e servir de exemplos.

Há em *O príncipe*, como em outras obras utópicas, importantes elementos que caracterizam o que viria a ser o pensamento sociológico: a crença na ação humana e em seu poder decisivo sobre a história, bem como a busca por regularidades capazes de fundamentar o estudo objetivo da sociedade. Por outro lado, esses textos já elaboram uma concepção emergente de poder – a monarquia constitucional na qual se realiza a aspirada aliança entre a burguesia e os reis, que permitiu, a partir de então, o surgimento dos Estados nacionais.

Maquiavel e Thomas Morus podem ser apontados como precursores do pensamento sociológico, e suas obras como pertencentes ao que podemos chamar de sociologia pré-científica – uma formulação que considera a sociedade uma construção humana, dependente de escolhas coletivas e não da vontade divina.

BIBLIOTECA NACIONAL DE PORTUGAL, LISBOA

Figura 8 • Frontispício da 1ª edição em latim do livro *O príncipe*, de 1532. Essa obra é considerada fundamental para a formação da moderna sociologia, por criticar a sociedade existente na época e propor alternativas.

6. A transição para o Iluminismo: uma nova etapa no pensamento burguês

O pensamento burguês representou uma ruptura em relação ao mundo medieval.

Diferentemente do homem medieval, predominantemente espiritualista e gregário, o homem pós-renascentista foi estimulado a amar a vida, a buscar a satisfação de suas necessidades de modo individual e a cultivar sua subjetividade feita de sentimentos e de pontos de vista pessoais.

As cidades ganharam vida, atraindo pessoas de diferentes lugares dispostas a conquistar um espaço no mundo, a competir e a enriquecer (figura 9). Seus anseios eram direcionados para a existência terrena e as conquistas materiais, e não apenas para as preocupações com a vida após a morte e as verdades transcendentais. E, à medida que a Europa avançava para a modernidade, essa mentalidade nova se afirmava e se difundia.

No campo econômico, uma atitude expansionista tomava conta de todas as atividades, e o lucro se tornou um dos principais objetivos de qualquer atividade. No entanto, não se tratava do lucro como praticado nas trocas comerciais feitas nos períodos mais remotos – uma forma de remuneração do comerciante e do produtor pelo seu trabalho –, uma quantia cuja monta não deveria exceder nunca os limites estreitos capazes de assegurar o sustento dos comerciantes e de suas famílias, ou seja, um ganho justo. O lucro que ultrapassasse essa fronteira era considerado antiético pela sociedade e pecaminoso pela Igreja Católica. Agora, a sociedade comercial estava atrás desse lucro até então considerado sem "ética".

Em função dessa busca por lucros, organizaram-se viagens intercontinentais e fizeram-se guerras nas quais eram disputadas as rotas comerciais, a clientela e as fontes de produtos e matérias-primas. As grandes navegações ocorreram nesse cenário.

MUSEU NACIONAL DO PRADO, MADRI

Figura 9 • *O banqueiro e sua mulher*, de Marinus van Reymerswaele, 1539. A nova classe social da burguesia ascendente trouxe, junto com o seu desejo de acumular riquezas, o desejo de desfrutar a vida de outro modo, motivado por uma nova visão de mundo e de individualidade.

7. O cientificismo

A valorização das trocas comerciais e as novas possibilidades de lucro que se abriram ao comerciante burguês acabaram por repercutir na produção, estimulando-a. Tornou-se urgente produzir mais e em condições capazes de responder à demanda que se tornava cada vez mais insistente. Racionalidade e planejamento começaram a ser exigidos dos produtores e tornou-se necessário o desenvolvimento de tecnologia para a produção em larga escala. O estímulo à invenção de máquinas que potencializassem a produção, com a promessa de prêmios em dinheiro, provocou uma verdadeira corrida por engenhos tecnológicos que acelerassem a produção e barateassem os produtos (figura 10). A tecnologia ajudava também na conquista de terras e na guerra entre povos, uns procurando sobrepujar os outros, estabelecendo diferentes formas de poder: bélico, comercial e político.

Nessas condições, incentivou-se a pesquisa científica e se disseminaram atitudes de planejamento e racionalidade que aos poucos se inseriram na produção e no restante da vida cotidiana. Buscou-se conhecer os mecanismos que regulam o mundo circundante, procurando entender a vida e a natureza.

E, sobre a base do individualismo e da laicidade estimulados no Renascimento, essa curiosidade científica se dirigiu, de forma inusitada, para a compreensão da sociedade, que passou a ser vista como uma realidade diferente e própria, sobre a qual os homens interferem como agentes. Vislumbrava-se, nesses primórdios do pensamento sociológico, a oposição entre indivíduo e sociedade, entre liberdade e controle social.

Com essa nova atitude diante da vida social, estavam lançadas as bases de uma prática cognitiva que levou ao desenvolvimento da filosofia social e, depois, da sociologia.

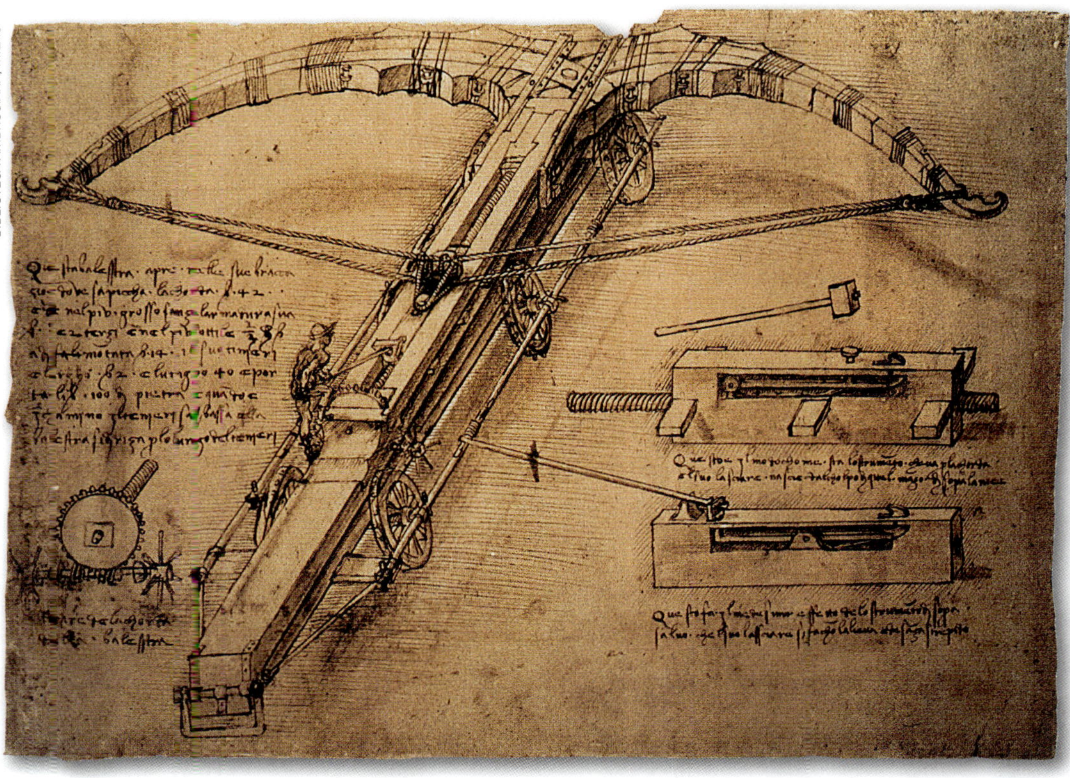

BIBLIOTECA AMBROSIANA, MILÃO

Figura 10 • Projeto de Da Vinci para a construção de uma besta gigante (arma para atirar setas), c. 1485. O Renascimento valorizou o método científico e o uso da tecnologia para o controle da natureza. Cientistas como Leonardo da Vinci tornaram-se muito respeitados e imitados.

Atividades

Compreensão do texto

1. Sublinhe um parágrafo do capítulo capaz de sintetizar o argumento de que o conhecimento é uma característica essencialmente humana.
2. O capítulo deixa claro que sem o desenvolvimento da ciência não teria sido possível chegar à sociologia. Enuncie as características que o texto atribui à ciência.
3. Como o capítulo analisa as diferentes fases do desenvolvimento do conhecimento humano na história da humanidade? Faça uma síntese localizando as principais etapas e organize-as em uma linha do tempo.
4. Como o capítulo explica o que foi o Renascimento? Elabore uma ficha sobre o período que contenha os seguintes elementos:

   Época:
   Lugares:
   Nomes importantes (artistas, filósofos, cientistas e políticos):

5. De que maneira as teorias de Thomas Morus e Nicolau Maquiavel abriram caminho para a formação do pensamento científico social ou da sociologia, que ocorreu séculos depois da morte deles?
6. Levando em conta o texto sobre Maquiavel, aponte uma diferença entre a obra do florentino e as demais manifestações da literatura utópica.
7. Procure em livros, jornais, revistas e sítios na internet material a respeito de Johannes Gutenberg, da invenção dos tipos móveis e de suas consequências para o desenvolvimento do conhecimento e da circulação da informação. Elabore um pequeno texto com as informações obtidas.

Interpretação e problematização

8. Analise a figura 9, que retrata importantes aspectos do Renascimento – racionalidade e maior preocupação com a vida material do que com a espiritual –, e descreva os elementos que justificam a interpretação da obra como característica desse momento histórico.
9. A ideia de que existe um espaço onde reina a felicidade e onde as necessidades do homem serão satisfeitas está presente na literatura em todos os tempos. No Brasil, a literatura tem um bom exemplo – o poema de Manuel Bandeira "Vou-me embora pra Pasárgada". Em termos sociológicos, como você definiria esse poema e por quê?

Vou-me embora pra Pasárgada

"Vou-me embora pra Pasárgada
Lá sou amigo do rei
Lá tenho a mulher que eu quero
Na cama que escolherei
Vou-me embora pra Pasárgada

Vou-me embora pra Pasárgada
Aqui eu não sou feliz
Lá a existência é uma aventura
De tal modo inconsequente

Que Joana a Louca de Espanha
Rainha e falsa demente
Vem a ser contraparente
Da nora que nunca tive

E como farei ginástica
Andarei de bicicleta
Montarei um burro brabo
Subirei no pau de sebo
Tomarei banhos de mar!
E quando estiver cansado
Deito na beira do rio
Mando chamar a mãe-d'água
Pra me contar as histórias
Que no tempo de eu menino
Rosa vinha me contar
Vou-me embora pra Pasárgada

Em Pasárgada tem tudo
É outra civilização
Tem um processo seguro
De impedir a concepção
Tem telefone automático
Tem alcaloide à vontade
Tem prostitutas bonitas
Para a gente namorar

E quando eu estiver mais triste
Mas triste de não ter jeito
Quando de noite me der
Vontade de me matar
– Lá sou amigo do rei –
Terei a mulher que eu quero
Na cama que escolherei
Vou-me embora pra Pasárgada."

BANDEIRA, Manuel. *Poesia completa e prosa.* Rio de Janeiro: Nova Aguilar, 1986. p. 222.

Aplicação de conceitos

10. Cinema

Shakespeare apaixonado, de John Madden Giuliano. Estados Unidos, 1998, 123 min.

O filme ilustra a influência do Renascimento na Inglaterra e enfoca o ressurgimento da vida urbana e os problemas enfrentados pelos homens na época, como a peste negra.

► Apesar de o filme ser uma ficção, ele traz muitos elementos da realidade social da época e aborda temas que ainda são contemporâneos. Recupere do filme o tema da relação entre o dever social e a satisfação pessoal e debata com os colegas os limites do individualismo.

Pesquisa

11. Com base no que estudou e no que sabia sobre o tema, elabore uma definição de utopia. Depois, de acordo com ela, faça uma pesquisa sobre outras utopias pensadas pela humanidade, postas em prática ou não.

Leitura visual

12. Observe atentamente as emoções expressas nas imagens.

FIRSTLIGHT/LATINSTOCK

SIEPHOTO/MASTERFILE/OTHER IMAGES

ADA SUMMER/CORBIS/LATINSTOCK

RANDY FARIS/CORBIS/LATINSTOCK

FRANK HUSTER/WIREIMAGESTOCK/MASTERFILE/OTHER IMAGES

Os gestos e as feições podem expressar diferentes emoções.

a) Quais emoções podem ser percebidas em cada uma delas?

b) Escolha duas dessas imagens e escreva uma curta história sobre a emoção percebida, considerando também as características materiais nelas representadas.

c) De que forma a sociologia pode ajudar a compreender essas histórias?

Questões de vestibular e do Enem

13. **(Udesc)** O termo Renascimento é comumente aplicado ao movimento de mudanças culturais que atingiu as camadas urbanas da Europa Ocidental, entre os séculos XV e XVI. Sobre as características que ajudam a definir esse movimento, assinale **V** para as afirmativas verdadeiras e **F** para as afirmativas falsas.

( ) Uma das características mais marcantes do Renascimento foi seu racionalismo, convicção de que tudo pode ser explicado pela razão do homem e pela ciência.

( ) As bases desse movimento eram proporcionadas por uma corrente filosófica, o Humanismo, que valorizava o homem e a natureza, em oposição ao divino e ao sobrenatural, conceitos que haviam impregnado a cultura da Idade Média.

( ) Há retomada dos valores da cultura greco-romana, ou seja, da cultura clássica.

( ) O Universalismo foi uma das principais características do Renascimento; considerava que o homem deve desenvolver todas as áreas do saber. Leonardo da Vinci é o principal modelo desse "homem universal".

Assinale a alternativa que apresenta a sequência correta, de cima para baixo.

a) V – V – F – F.

b) V – V – V – V.

c) V – V – F – V.

d) F – V – V – V.

e) F – V – V – F.

14. **(UFG-GO)**

> "Um príncipe desejoso de conservar-se no poder tem de aprender os meios de não ser bom."
>
> MAQUIAVEL, N. O príncipe. In: WEFFORT, Francisco. *Os clássicos da política*. São Paulo: Ática, 1993. p. 37.

Com Nicolau Maquiavel constitui-se um novo pensamento político, crítico em relação aos critérios que fundamentavam a legitimidade do príncipe medieval. Explique por que o pensamento político moderno excluiu a bondade como critério legitimador do poder do príncipe.

CAPÍTULO 2

Da Ilustração ao nascimento das ciências sociais

1. Iluminismo: a sociedade inteligível

A Ilustração, movimento filosófico que sucedeu o Renascimento, baseava-se na firme convicção da razão como fonte de conhecimento, na crítica a toda adesão obscurantista e a toda crença sem fundamentos racionais e também na incessante busca pela realização humana. Em relação à vida social, os filósofos da Ilustração procuraram entender a sociedade como um organismo vivo, ou seja, composto de partes interdependentes. Desse exercício de discernimento resultou também a compreensão de diferentes instâncias da vida social – as relações políticas, jurídicas e sociais (figura 1).

Das relações entre as partes e as instâncias constituintes depende o funcionamento do todo, no qual se fundamenta o conceito de nação – um conjunto organizado de relações intersocietárias. O nacionalismo emergente do Renascimento, identificado ainda com a pessoa do monarca, dá lugar à noção de uma coletividade organizada e contratual, representada por sistemas legais, políticos e administrativos convenientes. O poder passa a ser entendido como uma construção lógica e jurídica, independentemente de quem o ocupa, de forma temporária e representativa.

Déspotas esclarecidos. Monarcas europeus do século XVIII que associavam os ideais iluministas de amor ao progresso e ao desenvolvimento das artes e das ciências com o exercício autoritário do poder.

MUSEU DO KAISER FREDERICO, BERLIM

Figura 1 • *Voltaire na corte de Frederico II*, de Adolph Von Menzel, 1850. O filósofo Voltaire, o terceiro sentado à esquerda, conversa com os líderes da Academia de Berlim. O Iluminismo teve um forte impacto na sociedade europeia, influenciando vários monarcas que passaram a ser conhecidos como "**déspotas esclarecidos**".

Em busca da razão prática

Nos séculos XVII e XVIII, o fortalecimento de um poderoso mercado internacional, praticamente de âmbito mundial, o avanço da produção em massa (início da **Revolução Industrial** na Inglaterra, no século XVIII) e a consolidação do lucro como uma atividade desejável e eticamente aceitável foram fatores que estimularam a intelectualidade burguesa a avançar para a elaboração de um pensamento próprio.

A sociedade apresentava necessidades urgentes que desafiavam os cientistas. De um lado, melhores condições de vida. De outro, o desenvolvimento tecnológico capaz de baratear os produtos, aumentando a produtividade e aprimorando a produção e a armazenagem de mercadorias, o transporte e a distribuição de pessoas e bens. A sociedade avançava para a indústria e a cultura de massa.

Mas planejar e projetar o futuro exigia o aperfeiçoamento do conceito de Estado nacional. A nação deveria se orientar por uma política que favorecesse a prosperidade e a acumulação de riqueza e que tivesse no indivíduo sua mola mestra. Um indivíduo pleno de desejos e expectativas de realização pessoal e de liberdade para agir, movimentar-se, consumir, gerir negócios e lucrar.

Novos valores guiando a vida social para sua modernização produziram um clima confiante em relação ao futuro do homem, o que levou a esse surto de ideias, conhecido pelo nome "Ilustração". Um movimento que propunha uma atitude curiosa e livre que se estendia tanto à elaboração teórica como à sistemática observação empírica. Que acreditava ser o conhecimento fonte de saber, de realização e de satisfação para a humanidade. Que acreditava na evolução incessante do ser humano (figura 2).

As ideias iluministas de progresso, contudo, conviviam com uma realidade bem menos otimista, que admitia a exploração, a escravidão e até mesmo o genocídio. Nas cidades, o desenvolvimento urbano fazia surgir áreas degradadas e miseráveis. Mas, também esses aspectos da industrialização e do colonialismo se apresentavam como problemas e estímulos ao saber científico.

Revolução Industrial. Nome dado ao conjunto de transformações sociais, econômicas e tecnológicas que ocorreram com o desenvolvimento da industrialização na Europa no século XVIII.

A emergente sociedade burguesa apresentava necessidades urgentes que desafiavam os cientistas.

THE GRANGER COLLECTION/OTHER IMAGES

Figura 2 • Máquina Fourdrinier (para fabricar papel), inventada na França por Nicolas Louis Robert no final do século XVIII. Xilogravura francesa, século XIX. A ciência na era moderna se afirmava como sinônimo de verdade e progresso.

2. Liberalismo: a filosofia social dos séculos XVII e XVIII

O princípio de liberdade admitia que, livre de coibições, obstáculos e jugos, o homem seria capaz de exercer sua soberania, escolhendo corretamente entre os fins e os objetivos propostos.

A Ilustração, além de manter uma postura racionalista diante do conhecimento, também desenvolveu o liberalismo – movimento filosófico em defesa da liberdade nos mais diversos campos da ação humana: político, religioso, econômico e social. O liberalismo correspondeu ao interesse burguês de emancipar-se das amarras da monarquia e da defesa dos privilégios da nobreza.

Tendo por base a ideia de que a sociedade era regida por leis naturais, semelhantes em seu determinismo àquelas que regem a natureza, os filósofos da Ilustração rejeitavam toda forma de controle político que interviesse sobre essa racionalidade natural e física. Assim, o mercado era concebido como o espaço da livre ação das leis que regulam a oferta, a procura e o preço, rejeitando-se toda forma de controle "não natural" realizado pelo Estado. O conhecimento dessas leis e da forma como atuavam era o objetivo principal do pensamento ilustrado.

O princípio de liberdade admitia que, livre de coibições, obstáculos e jugos, o homem seria capaz de exercer sua soberania, escolhendo corretamente entre os fins e os objetivos propostos. As leis naturais regulariam as relações econômicas, e as sociedades seriam construídas com base na vontade livre e nas relações contratuais firmadas entre os homens.

John Locke, pensador inglês, defendeu a ideia da sociedade resultante da livre associação entre indivíduos dotados de razão e vontade que também teria uma base contratual que regularia as formas de poder e as garantias de liberdade individual. Entre os direitos individuais, Locke reconhecia o respeito à propriedade. Recomendava que tais princípios, direitos e liberdades estivessem expressos e garantidos por uma constituição.

Jean-Jacques Rousseau, nascido na Suíça, mas cuja atuação se deu principalmente na França, foi um dos mais ardorosos defensores dessa ideia. Em sua obra *Contrato social*, afirmou que a base da vida social estava no interesse comum e no consentimento unânime dos homens em renunciar às suas vontades particulares em favor da coletividade.

Mais pessimista que outros filósofos da sua época, Rousseau (antes da publicação das ideias evolucionistas de Darwin no século XIX) rejeitava a ideia de evolução natural da sociedade e, buscando desvendar a origem das desigualdades sociais, identificou no aparecimento da propriedade privada a fonte de toda diferenciação e injustiça social. Tornou-se, assim, partidário de uma sociedade que defendesse princípios igualitários e cuja organização política tivesse uma base livre e contratual, principais lemas da Revolução Francesa, que se avizinhava.

Esses filósofos davam início a uma forma de pensar que levaria à descoberta das bases materiais das relações sociais. Percebiam claramente a diferença entre indivíduo e coletividade, mas, presos ao princípio da individualidade, entendiam a vida coletiva como a fusão de sujeitos, possibilitada pela manifestação explícita das suas vontades.

Charles Darwin (1809-1882)

Naturalista britânico, revolucionou as ciências ao convencer a comunidade científica de que a evolução não era apenas uma hipótese, mas um fato da natureza, ao propor uma teoria capaz de explicar como ela se dá por meio da seleção natural e sexual.
A teoria da seleção natural, como é popularmente conhecida, foi exposta pela primeira vez no seu mais famoso texto científico, *A origem das espécies*, publicado em 1859. A obra surgiu após uma longa viagem de cinco anos que Darwin fez a bordo da embarcação *HMS Beagle*, que lhe permitiu entrar em contato com várias espécies de animais em todo o mundo. As observações realizadas o levaram a estudar a diversificação das espécies, o que o conduziu à teoria da seleção natural. Muito contestada, tanto no passado como no presente, a teoria de Darwin se firmou no mundo científico e hoje forma a base da biologia.

Legitimidade e liberalismo

A ideia de Estado como uma entidade cuja legitimidade se baseia na pretensa representatividade da sociedade é um avanço em relação à ideia de monarquia absoluta. Não se trata mais de uma pessoa que governa por direito de herança e sangue, mas de uma instituição abstrata que administra um território a partir de pactos estabelecidos pela coletividade. A filosofia social da Ilustração concebia também a ideia de nação como o gerenciamento e a administração de leis, riquezas e poder. Nesse processo pressupõem-se a noção de conflito de interesses e o confronto social.

A filosofia social da Ilustração levou à descoberta das bases materiais das relações sociais.

As ideias de Locke e Montesquieu – outro importante pensador da Ilustração – foram a base para a Constituição dos Estados Unidos de 1787 e para o modelo republicano existente até hoje. Desenvolvendo a ideia esboçada por Locke, Montesquieu pregou a divisão do Estado em três poderes autônomos – o Executivo, o Legislativo e o Judiciário –, que seriam exercidos por diferentes pessoas, recurso necessário para garantir a distribuição da autoridade em uma nação.

Adam Smith: o nascimento da ciência econômica

Adam Smith foi considerado o fundador da ciência econômica e demonstrou que a análise científica podia ir além do que era expressamente manifesto nas vontades individuais. Na busca por entender a origem da riqueza das nações, Smith identificou no trabalho, ou seja, na produtividade, a grande fonte de produção de valor. Não somente a agricultura, como queriam uns, nem a indústria, como queriam outros, mas principalmente o trabalho – capaz de transformar matéria bruta em mercadoria – era responsável pela riqueza das nações.

Nesse esforço por compreender as relações econômicas, Adam Smith não pensava a sociedade como um conjunto de indivíduos dotados de vontade e liberdade, tal como havia feito Locke. Sensível à verdadeira natureza da vida social, Adam Smith percebia que a coletividade era muito mais do que a soma dos indivíduos que a compõem, definindo a sociedade como um conjunto de seres cujo comportamento obedece a regras diferentes das que regem a ação individual (figura 3). A Revolução Industrial estava em pleno andamento, e seus frutos se anunciavam.

STUWDAMDORP/ALAMY/OTHER IMAGES

Figura 3 • A inclusão do perfil de Adam Smith na nova nota de 20 libras, que passou a circular na Inglaterra em 2007, é uma homenagem ao pai do liberalismo econômico e mostra a força das suas ideias ainda hoje.

3. O milagre da ciência

A filosofia da Ilustração preparou o terreno para o surgimento das ciências sociais no século XIX, lançando as bases para a sistematização do pensamento científico e espalhando otimismo em relação a ele.

As ideias de progresso, racionalismo e cientificismo exerceram todo um encanto sobre a mentalidade da época (figura 4). Preparava-se o caminho para o amplo progresso científico que iria aflorar no final do século XIX.

Se esse pensamento racional e científico parecia válido para explicar a natureza, intervir sobre ela e transformá-la, ele poderia também explicar a sociedade, entendida, então, como parte da natureza. Assim, por associação, a sociedade poderia também ser conhecida e transformada, submetendo-a ao domínio do conhecimento humano.

As questões de método

O filósofo da Ilustração preocupou-se não só com o conhecimento da natureza, mas também com o desenvolvimento do método mais adequado para esse fim. Desse interesse derivaram diferentes modelos de pesquisa e de maneiras de se fazer ciência (figuras 5 e 6). O primeiro foi a indução – método que concebia o conhecimento como resultado da experimentação contínua e do aprofundamento da manipulação empírica, defendido por Bacon desde o alvorecer do Renascimento. O segundo, de Descartes, foi o método dedutivo, que propunha uma forma de conhecimento baseada no encadeamento lógico de hipóteses elaboradas a partir da razão.

A ciência se fundava, portanto, como um conjunto de ideias que diziam respeito à natureza dos fatos e aos métodos para compreendê-los. Por isso, as primeiras questões que os sociólogos do século XIX tentam responder são relativas à identificação e à definição dos fatos sociais e ao método mais apropriado de investigação.

CORBIS/LATINSTOCK – NATIONAL GALLERY, LONDRES

Figura 4 • *Experiência com uma bomba de ar*, de Joseph Wright, 1768. A ciência, durante o século XVIII, teve uma grande popularização, e muitos a viam com curiosidade e espanto, pois não entendiam os seus princípios. Era, entretanto, uma nova postura diante da vida e da natureza. O quadro de Wright mostra esse novo ambiente científico.

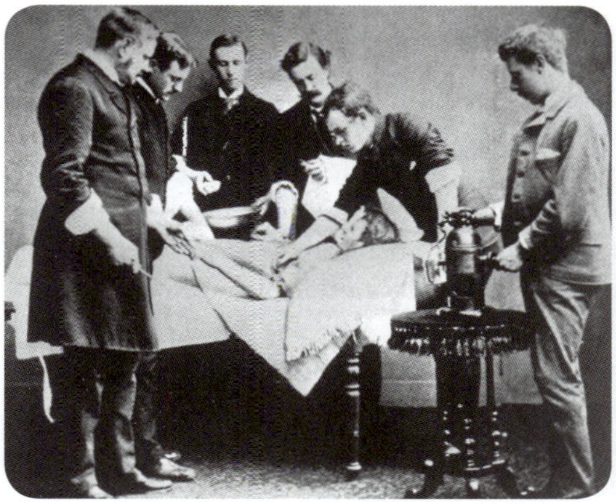

TIME LIFE PICTURES/HULTON ARCHIVE/GETTY IMAGES

HULTON ARCHIVE/GETTY IMAGES

Figuras 5 e **6** • A ciência mostrava sua capacidade de desvendar o mundo. À esquerda, cirurgia realizada em Edimburgo, Escócia, em 1870. À direita, aula em laboratório de Liverpool, Inglaterra, em 1899.

4. O anticlericalismo

O anticlericalismo teve importância especial para o desenvolvimento científico e de uma postura especulativa diante da natureza e da sociedade. Era professado por inúmeros filósofos dessa época, entre os quais se destacava o francês Voltaire. Ferrenho questionador da religião e da Igreja Católica, chegou a mover ações judiciais para revisão de antigos processos de inquisição. Conseguiu comprovar a injustiça de alguns veredictos eclesiais e até obteve indenizações para as famílias dos condenados.

A Igreja foi questionada como fonte de poder secular, político e econômico, visto que se imiscuía em questões civis e de Estado. Tal questionamento levou à descrença na doutrina e na infalibilidade eclesiásticas, bem como ao repúdio da atuação do clero na vida secular.

Esse processo, denominado por alguns historiadores "laicização da sociedade" e, por outros, "descristianização", atingiu seu apogeu no século XIX, quando se desenvolveu o materialismo e quando a própria religião se viu transformada em objeto de estudo pelos cientistas sociais.

Esse olhar laico e especulativo sobre a doutrina religiosa impulsionou o desenvolvimento das ciências humanas, em particular das ciências sociais, ao passo que a sociedade deixou de ser vista como criação divina e as dificuldades humanas deixaram de ser pensadas como castigo.

A ciência já não parecia mais uma forma particular de saber, mas a única capaz de explicar a vida, abolir e suplantar as crenças religiosas e até mesmo as discussões éticas.

5. Iluminismo no Brasil

O Iluminismo desenvolveu-se numa época em que o Brasil era apenas uma colônia submetida às diretrizes do Império Português e impossibilitada de ter imprensa, livros e universidades. No entanto, com o desembarque de alguns portugueses e com o retorno de colonos que haviam estudado na Europa, o vigor das ideias iluministas chegou até o Brasil. O resultado foi aquele que a metrópole procurava evitar: uma onda de pensamento republicano e liberal que estimulou movimentos sediciosos, como a Inconfidência Mineira.

Sistematizado por Comte, o positivismo reconheceu a existência de princípios reguladores do mundo físico e do mundo social.

Eduardo Frieiro foi um dos historiadores que registraram a penetração do pensamento iluminista no Brasil, estudando os *Autos da devassa*, especialmente os documentos referentes ao inconfidente cônego Luís Vieira da Silva. Entre outros fatores, o cônego foi condenado por possuir uma biblioteca importante, com títulos de autores franceses que pregavam o pensamento anticlerical, crítico e liberal. Voltaire e Montesquieu foram alguns dos autores proibidos cujas obras ensinavam aos brasileiros que a sociedade resultava daquilo que seus membros desejavam dela.

Outra obra que testemunha a penetração do Iluminismo no Brasil é *Cartas chilenas*, atribuída a Tomás Antônio Gonzaga, na qual o autor critica o autoritarismo e os desmandos do governo. De modo satírico e metafórico, critica a política colonial da época e, para evitar represálias, o autor usou o pseudônimo de Critilo e situou sua obra num país estrangeiro, o Chile. Por seu envolvimento na Inconfidência Mineira (figura 7), Gonzaga foi condenado ao degredo em Moçambique.

6. Da filosofia social à sociologia

O desenvolvimento das bases científicas do estudo da sociedade humana dependeu de fatores internos ao campo científico e de circunstâncias externas e históricas, como a maior complexidade das relações sociais diante da industrialização, o colonialismo europeu e o contato entre diferentes civilizações.

Apesar de científico, esse estudo de sociedade estava impregnado de valores como a crença na superioridade europeia sobre as demais culturas e o anseio pelo pleno desenvolvimento do capitalismo e sua expansão pelo mundo. Assim, os primeiros sistematizadores do pensamento sociológico se preocuparam principalmente em justificar as diferenças e as desigualdades sociais e em estudar a ordem e o progresso.

Essas teorias, partindo de uma atitude laica e pragmática em relação ao comportamento humano, procuravam identificar os princípios que governam a vida social do homem. Todo esse movimento de ideias, essencial para o desenvolvimento das ciências sociais, encontrou um momento histórico que criava as bases para a necessária intervenção social. Nesse sentido devemos apontar, em primeiro lugar, o desenvolvimento da indústria, levando à derrocada do artesanato e à submissão das atividades agrárias à maquinofatura e promovendo o deslocamento regional e social de grupos sociais. Mudanças ocorridas nos campos levaram à expulsão de grandes contingentes populacionais das propriedades agrárias para os subúrbios das cidades, separando-os de sua cultura e de seu grupo de origem. Toda uma ordem social baseada nos valores de uma cultura senhoril e rural entrou em declínio e foi suplantada por uma economia urbana, industrial e burguesa, voltada para os privilégios da classe emergente.

O processo de transformação social estimulado pelo avanço da ciência, da racionalidade e da tecnologia favoreceu não apenas o desenvolvimento manufatureiro como também a mecanização da agricultura, o que acelerou o processo de desenraizamento dos camponeses e o êxodo rural. Todas essas transformações radicais colocavam a sociedade em estado de atenção, exigindo dos governantes e dos filósofos sociais o desenvolvimento de explicações racionais para os problemas que surgiam.

Auguste Comte (1798-1857)

Nasceu em Montpellier, França, de uma família católica e monarquista. Viveu a infância na França napoleônica. Estudou no colégio de sua cidade e depois em Paris, na Escola Politécnica. Tornou-se discípulo de Saint-Simon, de quem sofreu enorme influência. Devotou seus estudos à filosofia positivista, considerada por ele uma religião, da qual era o pregador. Segundo sua filosofia política, existiam na história três estados: um teológico, outro metafísico e finalmente o positivo, que representava o coroamento do progresso da humanidade. Sobre as ciências, distinguia as abstratas das concretas, sendo que a ciência mais complexa e profunda seria a sociologia, ciência que batizou em sua obra *Curso de filosofia positiva*, em seis volumes, publicada entre 1830 e 1842. Publicou também: *Discurso sobre o conjunto do positivismo*; *Sistema de política positiva*; *Catecismo positivista* e *Síntese subjetiva*.

O positivismo foi o primeiro a definir precisamente o objeto, a estabelecer conceitos e uma metodologia de investigação e a definir a especificidade do estudo científico da sociedade. Conseguiu distingui-lo de outras áreas do conhecimento, instituindo um espaço próprio à ciência da sociedade. Seu principal representante e sistematizador foi o pensador francês Auguste Comte.

O positivismo exaltava a coesão social e a harmonia dos indivíduos em sociedade.

O nome "positivismo" tem sua origem no adjetivo "positivo", que significa certo, seguro, definitivo. Como escola filosófica, derivou do "cientificismo", isto é, da crença no poder dominante e absoluto da razão humana em conhecer a realidade e traduzi-la sob a forma de leis, que seriam a base da regulamentação da vida do homem, da natureza e do próprio universo.

O positivismo reconhecia que os princípios reguladores do mundo físico e do mundo social diferiam quanto à sua essência: os primeiros diziam respeito a acontecimentos exteriores aos homens; os outros, a questões humanas. Entretanto, a crença na origem natural de ambos teve o poder de aproximá-los. Além disso, a rápida evolução dos conhecimentos das ciências naturais – física, química, biologia – e o sucesso de suas descobertas atraíram os primeiros cientistas sociais para o seu método de investigação. O próprio Comte, antes de criar o termo "sociologia", chamou suas análises da sociedade de "física social".

A filosofia social positivista se inspirava no método de investigação das ciências da natureza, assim como procurava identificar na vida social as mesmas relações e princípios com os quais os cientistas explicavam a vida natural (figura 8 na página seguinte). A própria sociedade foi concebida como um organismo constituído de partes integradas e coesas, que funcionavam harmonicamente segundo um modelo físico ou mecânico. Por isso, o positivismo foi chamado também de "organicismo".

A maioria dos primeiros pensadores sociais positivistas permaneceu presa a uma reflexão de natureza filosófica sobre a história e a ação humanas. Procedimentos de natureza científica, análises sociológicas baseadas em fatos observados, com maior sistematização teórica e metodologia de pesquisa, só seriam introduzidos por Émile Durkheim e seu grupo, que estudaremos no próximo capítulo.

REPRODUÇÃO – COLEÇÃO SERGIO FADEL, RIO DE JANEIRO

Figura 7 • *Tiradentes*, de Alberto da Veiga Guignard, 1961. Representação artística do enforcamento de Tiradentes, um dos líderes da Inconfidência Mineira.

> **Darwinismo social.** Herbert Spencer foi o primeiro a aplicar os princípios evolucionistas na sociologia, mas o termo só foi popularizado pelo historiador e intelectual norte-americano Richard Hofstadter. Em sua mais conhecida obra, *Social darwinism in America thought, 1860-1915*, o autor criticou o capitalismo norte-americano por sua competitividade sem regras, denominando-o darwinismo social.

7. O darwinismo social

Entre as correntes de pensamento que apareceram nessa época, destacou-se uma que havia sido influenciada pelas ciências biológicas. O **darwinismo social**, como ficou conhecido, buscava explicar a transformação das sociedades, a revolução tecnológica e a industrialização e justificar as diferenças entre as culturas e as relações interétnicas e internacionais. Essa corrente aplicava às diferentes sociedades as leis de evolução das espécies biológicas propostas por Charles Darwin.

No século XIX, o capitalismo buscava ultrapassar os limites do continente europeu. O colonialismo foi a saída para a sua expansão, dominando terras e populações e submetendo-as aos seus interesses. Para isso, povos foram dizimados, culturas originais foram reprimidas e o capitalismo espalhou-se pelo mundo.

Nas colônias, os europeus tiveram de lidar com civilizações organizadas sob princípios diferentes dos seus. Tornava-se necessário organizar essas colônias sob novos moldes societários, submetendo-as aos princípios que regiam o capitalismo.

> *As civilizações conquistadas pelos europeus tinham que ser reorganizadas em moldes capitalistas.*

Transformar esse mundo conquistado em colônias que se submetessem aos valores capitalistas requeria uma empresa de grande envergadura. Dessa forma, a conquista europeia revestiu-se de uma aparência humanitária que ocultava a violência da ação colonizadora. Era a "missão civilizadora", que países como Inglaterra, França, Holanda, Alemanha e Itália implantavam em diversas regiões do mundo, transformando radicalmente a tradição, os hábitos e os costumes, tentando moldá-los para se assemelharem à sociedade capitalista industrial europeia do século XIX. Também Portugal e Bélgica forjaram colônias em território africano (figura 9).

Essa forma de pensar baseava-se na interpretação deturpada das ideias do biólogo Charles Darwin em sua obra *A origem das espécies*, na qual propunha que as variações de todas as espécies, inclusive o homem, eram resultado da seleção natural e da adaptação ao meio em que vivem. Tal hipótese, entretanto, resultou numa visão equivocada e evolucionista que explica as transformações ao longo do tempo como sobrevivências de espécies mais complexas, aptas e desenvolvidas.

FUNDAÇÃO BIBLIOTECA NACIONAL/RIO DE JANEIRO

Figura 8 • *Enterro*, de Rugendas, c. 1835. Cientistas e artistas europeus percorreram o mundo observando e identificando "espécies" e diferentes sociedades. O artista Rugendas, por exemplo, registrou diversas cenas indígenas no Brasil do século XIX, como essa litogravura.

Como resultado de forças biológicas e naturais, a luta pela sobrevivência e o sucesso das espécies vencedoras nesse embate tornaram-se justificáveis por uma visão desenvolvimentista e evolucionista, algo nunca pensado por Darwin.

Figura 9 • *Casamento de negros escravos em uma casa rica*, de Jean Baptiste Debret, século XIX. A conquista e a dominação da África e da Ásia pelos europeus foi, do ponto de vista humanista, uma das maiores tragédias desses povos. Seus hábitos, costumes, sistemas políticos e sociais, além dos sistemas culturais e religiosos, foram totalmente modificados e até destruídos pelos colonizadores.

Transposto para a análise da sociedade, esse princípio resultou no chamado darwinismo social – segundo o qual as sociedades se modificam e se desenvolvem, passando de um estágio inferior para outro superior, tornando o organismo social mais evoluído, mais adaptado e mais complexo. Esse tipo de mudança garantiria a sobrevivência dos organismos – sociedades e indivíduos – mais fortes e mais evoluídos. Por isso, os cientistas sociais estudaram as sociedades tradicionais encontradas na África, na Ásia, na América e na Oceania como exemplares de estágios anteriores, “primitivos”, do passado da humanidade. Assim, as sociedades mais simples e de tecnologia menos avançada deveriam evoluir em direção a níveis de maior complexidade até atingir o estágio mais avançado: o capitalismo europeu.

Uma visão crítica do darwinismo social – ontem e hoje

A transposição de conceitos físicos e biológicos para o estudo das sociedades e do comportamento humano promoveu desvios interpretativos graves, que legitimaram ações guiadas por preconceito e interesses particulares. Um desses desvios ocorreu com a aplicação do conceito de espécie de Darwin para o estudo das diferentes sociedades e etnias.

Acreditando na superioridade de sua cultura, os europeus intervieram nas formas tradicionais de vida existentes nos outros continentes, procurando transformá-las.

Se o homem constitui biologicamente uma única espécie, o mesmo não se pode dizer das diferentes culturas que ele desenvolveu. O caráter cultural imprime na vida humana princípios diferentes daqueles existentes na natureza. Os princípios da seleção natural são aplicáveis àquelas espécies incapazes de transformar o ambiente em favor da sua adaptação e sobrevivência.

Hoje, percebe-se que a complexidade da cultura humana tem limitado a ação da lei de seleção natural. A adaptabilidade do homem e a capacidade de controlar o meio têm transformado o ser humano numa espécie à qual a seleção natural se aplica de maneira especial e relativa. Mesmo autores que continuam aceitando a ideia de que as leis de evolução explicam parte das escolhas realizadas pelo homem admitem que o entendimento de como essa lei age deve se basear em critérios amplos, flexíveis e relativos, que deem conta da maravilhosa diversidade da cultura humana.

Identificar a especificidade das regras que regem as sociedades é fundamental para o uso de conceitos de outras ciências. Ainda hoje, tenta-se essa transposição para justificar determinadas realidades sociais. A regra darwinista da competição e da sobrevivência do mais forte é aplicada às leis de mercado, principalmente pela doutrina do liberalismo econômico, hoje batizada de neoliberalismo.

O *darwinismo social justificava o colonialismo europeu e refletia o otimismo dos europeus em relação à sua cultura.*

Pressupõe-se que a competitividade seja o princípio natural que assegura a sobrevivência do melhor, do mais forte e do mais adaptado. É preciso lembrar que o mercado, como outros elementos da cultura humana, obedece a formas de organização social essencialmente humanas, resultantes do desenvolvimento das relações entre os homens e entre as sociedades. Formas, portanto, mutáveis e relativas. E, embora essas ideias tenham sido criticadas por diversos autores na sociologia, a crença de que o sucesso depende de princípios de seleção natural permanece vigente nos dias atuais.

Ordem e progresso

O darwinismo social, além de justificar o colonialismo da Europa no restante do mundo, refletia o grande otimismo com que o progresso material da industrialização era percebido pelo europeu (figura 10).

Apesar desse otimismo em relação ao caráter apto e evoluído da sociedade europeia, o desenvolvimento industrial gerava, a todo momento, novos conflitos sociais. Os empobrecidos e explorados – camponeses e operários – organizavam-se, exigindo mudanças políticas e econômicas.

Admitiam-se, então, dois tipos diferentes de movimento na sociedade. Um levaria à evolução social: segundo a lei universal, as sociedades mais simples se tornariam mais complexas, e as sociedades menos avançadas se tornariam mais evoluídas. Outro procuraria ajustar todos os indivíduos às condições estabelecidas, garantindo o melhor funcionamento da sociedade, o bem comum e os anseios da maioria da população. Esses dois movimentos elegiam o progresso como princípio das transformações sociais em direção à evolução das sociedades e à ordem, o princípio regulador do ajustamento e da integração em torno de um objetivo comum.

ROGER – VIOLLET/TOPFOTO/GRUPO KEYSTONE

Figura 10 • Professor alemão e alunos africanos em Dar es Sallam, Tanzânia, 1907. Diversas políticas coloniais desenvolvidas pelos europeus em suas colônias tinham por justificativa o evolucionismo e a crença no dever de "elevar" os povos "primitivos" a patamares civilizatórios mais próximos aos dos europeus.

PATRICK BAZ/AFP PHOTO

Figura 11 • Família iraquiana passa por soldados norte-americanos em Bagdá, 2003. O ataque injustificado dos Estados Unidos ao Iraque, em 2003, foi batizado como Operação Iraque Livre, cujo apregoado objetivo era livrar o mundo de um ditador terrível, Saddam Hussein, apoiado pelos próprios Estados Unidos décadas atrás.

Auguste Comte foi um dos autores que defendeu a existência desses dois movimentos vitais: chamou de “dinâmico” o que representava a passagem para formas mais complexas de existência, como a industrialização; e de “estático” o responsável pela preservação dos elementos permanentes de toda organização social. A família, a religião, a propriedade, a linguagem e o direito seriam as instituições responsáveis por esse movimento estático de coesão social.

Por esse motivo, os movimentos reivindicatórios, os conflitos e as revoltas deveriam ser contidos sempre que pusessem em risco a ordem estabelecida ou o funcionamento da sociedade, ou, ainda, quando inibissem o progresso.

Justificava-se, desse modo, a intervenção na sociedade sempre que fosse necessário assegurar a ordem ou promover o progresso. A existência da sociedade burguesa industrial era defendida tanto em face dos movimentos reivindicatórios, que aconteciam em seu próprio interior, quanto em face da resistência das colônias em aceitar o modelo industrial e urbano.

Essas ideias tiveram plena aceitação no século XIX, época de expansão e exploração europeia sobre o mundo, mas permanecem vivas e atuantes ainda hoje. Os Estados Unidos e a União Soviética, que disputavam a hegemonia sobre o planeta durante a Guerra Fria (1945-1991), também justificavam as intervenções que fizeram nos outros países com base nos mesmos argumentos civilizatórios do passado.

As intervenções dos Estados Unidos no Afeganistão (2001) e no Iraque (1991 e 2003) vêm coroadas de princípios humanitários e libertários que ainda explicam as diferenças sociais e culturais como diferenças de graus de desenvolvimento e de evolução (figura 11). Também a forma como são tratados os refugiados estrangeiros que chegam à Europa faz lembrar a crença na superioridade racial e étnica de um povo sobre outro.

Atividades

Compreensão do texto

1. Faça uma síntese dos principais avanços conceituais realizados pelos humanistas e enciclopedistas na Ilustração acerca da política, do poder e do governo.

2. Adam Smith foi o criador de uma das mais importantes contribuições às ciências sociais ao desmistificar a origem da riqueza. Qual foi essa desmistificação?

3. Quais foram as primeiras e fundamentais questões que os sociólogos pioneiros do século XIX tiveram que enfrentar e por quê?

4. Qual foi a influência da teoria de Charles Darwin no pensamento sociológico positivista?

5. Como a ideia evolucionista da biologia, transposta para as ciências sociais, condicionou a visão dos europeus sobre as sociedades não europeias durante o imperialismo?

6. Quais os dois movimentos que Comte distinguia na sociedade? Como ele os relacionava?

Interpretação e problematização

7. "Uma vez que homem nenhum possui uma autoridade natural sobre seu semelhante, e que a força não produz nenhum direito, restam, pois, as convenções como base de toda autoridade legítima entre os homens."

   ROUSSEAU, Jean-Jacques. *O contrato social e outros escritos*. São Paulo: Cultrix, 1980. p. 25.

   Nesse trecho, Rousseau:

   a) considera natural a autoridade de um homem sobre outro? Por quê?

   b) legitima a autoridade de uma pessoa sobre outra?

8. René Descartes afirmou em seu *Discurso sobre o método*: "Porque os nossos sentidos nos enganam às vezes, quis supor que não havia coisa alguma que fosse tal como eles nos fazem imaginar". De que maneira essa frase representa sua postura diante do conhecimento?

9. No capítulo procuramos explicar as diferenças entre dois métodos de conhecimento – o dedutivo e o indutivo –, um baseado na lógica e o outro na experiência. Dê dois exemplos de pesquisa nos quais você perceba a aplicação dessas metodologias.

10. Com base nas características do pensamento positivista, analise este texto de Comte:

    "Nossa exploração histórica deverá ficar quase unicamente reduzida à seleção ou à vanguarda da humanidade, compreendendo a maior parte da raça branca ou as nações europeias e até limitando-nos, para maior precisão, sobre todos os tempos modernos, aos povos da Europa Central."

    Curso de filosofia positiva. In: AYALA, Francisco. *Historia de la sociología*. Buenos Aires: Losada, 1947. p. 77.

Aplicação de conceitos

11. **Cinema**

    O homem aranha II, de Sam Raimi. EUA, 2004, 127 min.

    O herói das histórias em quadrinhos aparece em uma série de filmes. Parker é o protagonista que, ao ser picado por uma aranha durante uma experiência científica, adquire poderes extraordinários. Esse filme mostra a ambiguidade da ciência, que tanto pode levar ao bem como ao mal.

- Participe do debate a respeito do tema levantado pelo filme considerando a seguinte pergunta: há algum conhecimento que seja absolutamente universal e verdadeiro?

Pesquisa

12. Com base nas explicações do capítulo e em pesquisas adicionais em textos históricos, procure identificar as raízes positivistas do lema da bandeira brasileira: "Ordem e Progresso".

13. Hoje em dia podemos observar na propaganda outra forma contemporânea de sacralização da ciência; por exemplo, quando se anunciam os poderes "mágicos" dos remédios. Em grupo, faça uma pesquisa nos jornais e periódicos buscando outros casos desse tipo de propaganda.

Leitura visual

14. A charge abaixo faz referência à Inconfidência Mineira. Explore seus elementos visuais e textuais para interpretá-la. Em seguida, responda qual é a visão política iluminista defendida nessa charge.

Questões de vestibular e do Enem

15. **(UFMG)** Uma obra fundamental para o pensamento político moderno marcou a discussão sobre a democracia e a igualdade de direitos. Escrita por Rousseau, *O contrato social*:

a) defendeu o fim do absolutismo, com a instituição de uma democracia parlamentar.

b) incentivou os cidadãos a organizarem uma revolução social contra a nobreza.

c) redefiniu o pensamento liberal, embora não fosse contra a propriedade privada.

d) seguiu as teorias de Montesquieu sobre a divisão de poderes e a monarquia constitucional.

e) afirmou a necessidade de uma democracia ampla, aproximando-se do modelo político definido posteriormente por Marx.

CAPÍTULO 3

A sociologia de Émile Durkheim

1. O que é fato social

É social todo fato que é geral, que se repete para a maioria dos indivíduos.

A sociologia é a ciência que estuda a sociedade humana e cujo desenvolvimento se deu a partir da necessidade de compreensão do homem e de sua vida em grupo (figura 1). Auguste Comte foi um de seus precursores e aquele que atribuiu o nome sociologia às pesquisas sobre os princípios universais do comportamento social.

Após a morte de Comte, a elaboração teórica na sociologia viveu um período estacionário só quebrado com Émile Durkheim, na segunda metade do século XIX. Para ele era tempo de entrar "mais diretamente em relação com os fatos", deixando para trás atitudes meramente especulativas.

A retomada do estudo científico da sociedade foi favorecida pelo momento histórico pelo qual atravessava a Europa e principalmente a França. A difusão do socialismo, o vigoroso movimento operário e a crise constante da República Francesa estimularam o estudo das bases da ordem social e do pacto entre os cidadãos. A formação judaica de Émile Durkheim, por outro lado, favorecia a análise dos laços comunitários e da coesão social.

Motivado por esses conflitos, Durkheim dedicou-se a um vasto repertório de temas que vão da emergência do indivíduo à origem da ordem social, da moral ao estudo da religião, da vida econômica à análise da divisão social do trabalho. Para isso, Émile Durkheim valeu-se da história, da etnografia (estudo descritivo das diversas etnias), do estudo das leis, da estatística e da filosofia. Herdeiro também do positivismo, dedicou-se a constituir o objeto da sociologia e as regras para desvendá-lo. A obra mais importante nesse sentido foi *As regras do método sociológico*, na qual o autor procurou instituir a fronteira entre a sociologia e as demais ciências, dando-lhe autonomia e objetividade. Nesse trabalho, definiu o que entendia por fatos sociais.

ARQUIVO DA FAMÍLIA LUCAS

Figura 1 • Família reunida no município de Pacaembu, interior paulista, 1969.

Características dos fatos sociais

Coerção

Para Durkheim, os fatos sociais distinguem-se dos fatos orgânicos ou psicológicos por se imporem ao indivíduo como uma poderosa força coercitiva à qual ele deve, obrigatoriamente, se submeter. A adoção de um idioma, a organização familiar e o sentimento de pertencer a uma nação são manifestações do comportamento humano dotadas dessa força impositiva sobre o indivíduo, força essa que Durkheim denominou **coerção social**.

A força coercitiva dos fatos sociais se manifesta pelas "sanções legais" ou "espontâneas" a que o indivíduo está sujeito quando tenta rebelar-se contra ela. "Legais" são as sanções prescritas pela sociedade, sob a forma de leis, nas quais se define a infração e se estabelece a penalidade correspondente. "Espontâneas" são as que afloram como resposta a uma conduta considerada inadequada por um determinado grupo ou por uma sociedade. Multas de trânsito, por exemplo, fazem parte das coerções legais, pois estão previstas e organizadas pela legislação que regula o tráfego de veículos e pessoas pelas vias públicas. Já os olhares de reprovação de que somos alvo quando comparecemos a um local com a roupa inadequada constituem sanções espontâneas. Embora não codificados em lei, esses olhares têm o poder de conduzir o infrator para o comportamento esperado. Durkheim afirma que, nesses casos:

> "[...] a coerção é menos violenta; mas não deixa de existir. Se não me submeto às convenções mundanas; se, ao me vestir, não levo em consideração os usos seguidos em meu país e na minha classe, o riso que provoco, o afastamento em que os outros me conservam, produzem, embora de maneira mais atenuada, os mesmos efeitos que uma pena propriamente dita."
>
> RODRIGUES, José Albertino (Org.). *Durkheim*. São Paulo: Ática, 1981. p. 47.

O comportamento desviante num grupo social pode não ter penalidade prevista por lei, mas o infrator pode ser espontaneamente punido pelo grupo na medida em que sua ação fere determinados valores e princípios. A reação negativa da sociedade a certas atitudes ou comportamentos é, muitas vezes, mais intimidadora do que a lei.

A "educação" – entendida de forma geral, ou seja, a educação formal e a informal – desempenha, segundo Durkheim, uma importante tarefa nessa adequação dos indivíduos à sociedade em que vivem, a ponto de, após algum tempo, as regras estarem internalizadas nos membros do grupo e transformadas em hábitos. O uso de uma determinada língua ou o gosto por determinada comida são internalizados no indivíduo, que passa a considerar tais hábitos como pessoais.

Exterioridade

A segunda característica dos fatos sociais é que eles existem e atuam independentemente da vontade ou adesão consciente dos indivíduos, sendo, assim, "exteriores" a eles. Ao nascer, já encontramos regras sociais, costumes e leis que somos coagidos a aceitar por meio de mecanismos de coerção social, como a educação. Não nos é dada a possibilidade de opinar ou escolher, sendo, assim, independentes de nós, de nossos desejos e vontades. Por isso, os fatos sociais são ao mesmo tempo coercitivos e dotados de existência exterior às consciências individuais.

Coerção social. Chamamos de coerção social a força da coletividade e da sociedade sobre a vontade individual.

Émile Durkheim (1858-1917)

Nasceu em Épinal, na região francesa da Lorena, descendente de uma família de rabinos. Iniciou seus estudos filosóficos na Escola Normal Superior de Paris, indo depois para a Alemanha. Lecionou sociologia em Bordéus, primeira cátedra dessa ciência criada na França. Transferiu-se em 1902 para a Universidade de Sorbonne, em Paris, para onde levou inúmeros cientistas, entre eles seu sobrinho Marcel Mauss, reunindo-os num grupo que ficou conhecido como escola sociológica francesa. Suas principais obras foram: *Da divisão do trabalho social*, *As regras do método sociológico*, *O suicídio*, *Formas elementares da vida religiosa*, *Educação e sociologia*, *Sociologia e filosofia* e *Lições de sociologia* (obra póstuma).

Podemos experimentar a exterioridade dos fatos sociais nas formas de agir e pensar que não adotaríamos de modo espontâneo ou como resultado apenas de nossa vontade. Por exemplo, ao nos sentirmos pressionados a obedecer nosso lugar numa fila quando nosso desejo nos impele a passar os outros para trás.

Generalidade

Além da coerção e da exterioridade, é possível distinguir fatos sociais porque eles não se apresentam como fatos isolados. Eles são dotados de generalidade, envolvem muitos indivíduos e grupos ao longo do tempo, repetem-se e difundem-se. Permitem, por isso, uma grande sondagem como a que Durkheim desenvolveu para estudar o suicídio, fato social dotado de grande generalidade.

A assiduidade com que determinados fatos ocorrem na sociedade indica a sua importância e a necessidade de estudá-los, assim como torna a estatística uma das ferramentas que garante ao sociólogo a objetividade e o controle. É pela generalidade que os fatos sociais exibem a sua natureza coletiva, sejam eles fatos observáveis, como o modelo das habitações de um grupo, sejam fatos morais, como os valores e as crenças.

A objetividade do fato social

Além de identificar as características dos fatos sociais (figuras 2 e 3), Durkheim desenvolveu também uma metodologia própria dos estudos sociológicos. Herdeiro dos princípios positivistas e dos pressupostos cartesianos, Durkheim procurou respeitar a distância e a neutralidade do cientista diante de seu objeto de estudo, condição necessária a uma ciência objetiva.

Nesse sentido afirma:

> "A ciência só aparece quando o espírito, fazendo abstração de toda preocupação prática, aborda as coisas com o único fim de representá-las."
>
> DURKHEIM, Émile. *As regras do método sociológico.* São Paulo: Nacional, 1963. p. 20.

Figuras 2 e **3** • Abaixo, torcedores em confronto com policiais em estádio de futebol, Paraná, 2009. Desfile da grife Fause Haten no São Paulo Fashion Week Inverno 2009. Tanto as brigas de torcidas de futebol como a moda seriam fatos sociais, pois possuem generalidade e exterioridade e são coercitivos.

GERALDO BUBNIAK/FOTO ARENA/AGÊNCIA ESTADO

J. F. DIORIO/AGÊNCIA ESTADO

Da mesma maneira que nas ciências naturais, o cientista social deveria apreender a realidade que o cerca sem distorcê-la de acordo com seus desejos e interesses particulares. Deveria deixar de lado seus preconceitos, isto é, valores e sentimentos pessoais em relação àquilo que está sendo estudado, pois tudo que nos mobiliza – nossas simpatias, paixões e opiniões – dificulta o conhecimento verdadeiro, fazendo-nos confundir o que vemos com aquilo que queremos ver.

Levando às últimas consequências esse distanciamento que o cientista deve manter em relação a seu objeto de estudo, Durkheim aconselhou o sociólogo a encarar os fatos sociais como "coisas", isto é, objetos que lhe são exteriores. Diante deles, deve se colocar isento de paixão, desejo ou preconceito, para analisá-los por meio de instrumentos que lhe permitem medir suas minúcias e regularidades – a observação, a descrição, a comparação e a estatística.

O sociólogo deve também se manter neutro diante da opinião dos próprios envolvidos nas situações analisadas, pois elas representam apenas juízos de valor individuais, aos quais Durkheim propõe o exercício da dúvida metódica, ou seja, a necessidade de o cientista inquirir sobre a veracidade e objetividade dos fatos estudados, procurando anular, sempre, a influência de seus desejos, interesses e preconceitos.

Durkheim aconselhava o cientista a estudar os "fatos sociais" como "coisas", fenômenos que lhe são exteriores e podem ser observados e medidos de forma objetiva.

Suicídio

> "[...] Em 2003, cerca de 900 mil pessoas cometeram suicídio no mundo inteiro. Em 2004, aproximadamente 8 mil brasileiros tiraram a própria vida. Embora a taxa média no Brasil não seja considerada alta [...], o problema vem crescendo em certos segmentos da população, como homens mais jovens, índios, idosos, trabalhadores do setor agrícola que tiveram a saúde prejudicada por pesticidas e mulheres jovens gestantes moradoras de rua. [...]
>
> Entre os idosos o crescimento de índices de suicídio geralmente se relaciona ao abandono e à solidão em que essas pessoas vivem, muitas vezes abatidas por doenças crônicas ou degenerativas. [...]"
>
> Manual ajudará a prevenir suicídio. Ministério da Saúde. Disponível em: www.saude.gov.br. Acesso em: 25 maio 2011.

Durkheim estudou profundamente o suicídio, utilizando nesse trabalho toda a metodologia defendida e propagada por ele. Considerou-o fato social por sua presença universal em toda e qualquer sociedade, e por suas características exteriores e mensuráveis, completamente independentes das razões que levam cada suicida a acabar com a própria vida. Apesar de uma conduta marcada pela vontade individual, o suicídio interessa ao sociólogo por aquilo que tem de comum e coletivo e que, certamente, escapa às consciências individuais dos envolvidos – do suicida e dos que o cercam. Para Durkheim, a prova de que o suicídio depende de leis sociais e não da vontade dos sujeitos estava na regularidade com que variavam as taxas de suicídio de acordo com as alternâncias das condições históricas. Ele verificou, por exemplo, que as taxas de suicídio aumentavam nas sociedades em que havia a aceitação profunda de uma fé religiosa que prometesse a felicidade após a morte. É sobre fatos assim concretos e objetivos, gerais e coletivos, cuja natureza social se evidencia, que o sociólogo deve se debruçar.

"Com o auxílio de estatísticas, mostra em seguida Durkheim que o suicídio é com certeza um fato social na medida em que, em todos os países, a taxa de suicídios se mantém constante de um ano para outro. A longo prazo, ainda por cima, a evolução dos suicídios se inscreve em curvas que têm formas similares para todos os países da Europa. Os desvios entre regiões e países são igualmente constantes."

LALLEMENT, Michael. *História das ideias sociológicas*. Petrópolis: Vozes, 2003. p. 218.

2. Normalidade e patologia nos fatos sociais

A "generalidade" de um fato social representava, para Durkheim, o consenso social e a vontade coletiva.

Para Durkheim, a sociologia tinha por finalidade não só explicar a sociedade como também encontrar soluções para problemas da vida social. A sociedade, como todo organismo, apresenta estados que podem ser considerados "normais" ou "patológicos", isto é, saudáveis ou doentios.

Pode-se considerar um fato social como "normal" quando se encontra generalizado pela sociedade ou quando desempenha alguma função importante para sua adaptação ou sua evolução. Assim, por exemplo, ele afirma que o crime é normal não apenas por ser encontrado em toda e qualquer sociedade e em todos os tempos, mas também por representar um fato social que integra as pessoas em torno de determinados valores. Punindo o criminoso, os membros de uma coletividade reforçam seus princípios, renovando-os (figura 4). O crime tem, portanto, uma importante função social. Dizer que o crime desempenha uma função social e que pode ser considerado um fato normal não significa que o autor aceite o crime como positivo ou desejável, mas que, por sua visão sociológica e normativa, é normal todo acontecimento cuja incidência tenha uma distribuição "normal" do ponto de vista estatístico. Trata-se de uma postura metodológica e não de um julgamento de valor ético.

A "generalidade" de um fato social, isto é, sua unanimidade, é garantia de normalidade na medida em que representa o consenso social, a vontade coletiva ou o acordo de um grupo a respeito de determinada questão.

Função social. Conceito que procura justificar a existência de um determinado comportamento por sua contribuição na manutenção do todo no qual se insere.

Consenso social. Estado em que se encontra uma sociedade caracterizada por uma forte coesão entre seus membros, fazendo prevalecer os interesses da coletividade acima dos interesses e das expectativas individuais.

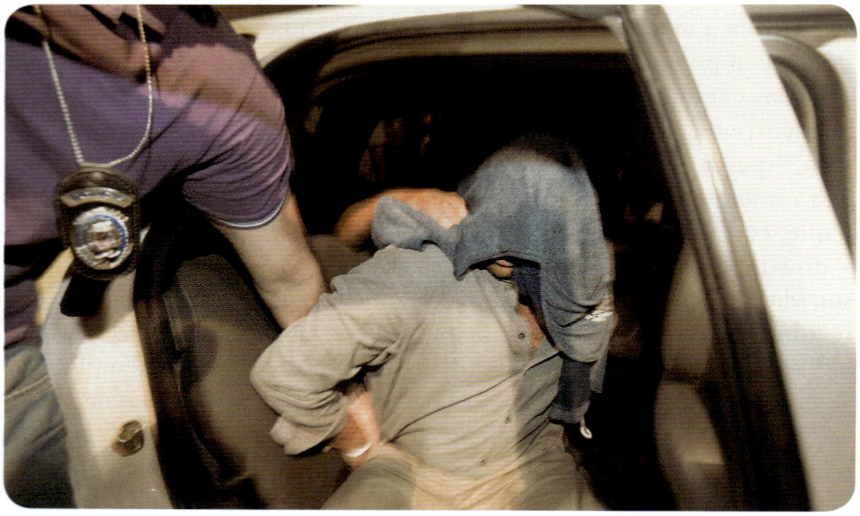

FABIO BRAGA/FOLHA IMAGEM

Figura 4 • Homem suspeito de assassinato é preso em São Paulo, 2009. O crime, tal como o suicídio, é entendido como um fato social não só porque é encontrado em qualquer sociedade, mas também porque é um fator de coesão social.

3. A consciência coletiva e a consciência individual

Toda a teoria sociológica de Durkheim pretende demonstrar que os fatos sociais têm existência própria e independem daquilo que pensa e faz cada indivíduo em particular. Embora todos tenham sua "consciência individual", seu modo próprio de se comportar e interpretar a vida, podem-se notar, no interior de qualquer grupo ou sociedade, formas padronizadas de conduta e pensamento. Essa constatação está na base do que Durkheim chamou de "consciência coletiva".

A consciência coletiva não se baseia na consciência de indivíduos singulares ou de grupos específicos, mas está disseminada por toda a sociedade. Ela revelaria, segundo Durkheim, o "tipo psíquico da sociedade", que não seria apenas o produto das consciências individuais, mas algo diferente, que se imporia aos indivíduos e perduraria através das gerações.

A consciência coletiva é, em certo sentido, a moral vigente na sociedade. Ela aparece como um conjunto de regras fortes e estabelecidas que atribuem valor e delimitam os atos individuais. É a consciência coletiva que define o que, numa sociedade, é considerado "imoral", "reprovável" ou "criminoso".

4. Morfologia social: as espécies sociais

Durkheim acreditava numa evolução geral das espécies sociais a partir da horda.

Durkheim também considerava como um dos objetivos da sociologia a comparação de uma sociedade com outra, constituindo-se numa morfologia social (estudo comparativo dos sistemas estruturais de diferentes comunidades) para classificar as espécies sociais à maneira que a biologia fazia com as espécies animais.

Também inspirado nas ciências naturais, Durkheim propunha que toda sociedade tivesse evoluído de uma forma social mais simples, a horda, constituída de um único segmento de indivíduos. Das combinações entre essas formas simples e igualitárias originaram-se as sociedades mais complexas, como os clãs (conjuntos de famílias que se presumem ou são descendentes de ancestrais comuns) e as tribos (grupos sociais autônomos que apresentam certa homogeneidade física, linguística, cultural etc.).

Durkheim procurou, entretanto, diferenciar as espécies sociais das fases históricas pelas quais passavam as sociedades. As transformações históricas são mais efêmeras, enquanto a diversidade de espécies é mais constante. Em uma nota de rodapé de *As regras do método sociológico*, ele dizia:

> "Desde suas origens, passou a França por formas de civilização muito diferentes: começou por ser agrícola, passou em seguida pelo artesanato e pelo pequeno comércio, depois pela manufatura e, finalmente, chegou à grande indústria. Ora, é impossível admitir que uma mesma individualidade coletiva possa mudar de espécie três ou quatro vezes. Uma espécie deve definir-se por caracteres mais constantes. O estado econômico, tecnológico etc. apresenta fenômenos por demais instáveis e complexos para fornecer a base para uma classificação."
>
> DURKHEIM, Émile. *As regras do método sociológico*. São Paulo: Nacional, 1963. p. 82.

W. HEATH ROBINSON - COLEÇÃO PARTICULAR

Figura 5 • Desenho de W. Heath Robinson (1872-1944) feito em 1902. A divisão social do trabalho é um aspecto da solidariedade orgânica em Durkheim.

Para os bons resultados desse trabalho de constituição de uma morfologia social, Durkheim orienta os sociólogos a se valerem de apurada observação empírica. Foi por meio dela que ele pôde identificar dois tipos diferentes de solidariedade entre os homens, provenientes da divisão social do trabalho: a **solidariedade mecânica** e a **solidariedade orgânica** (figura 5). A passagem de um tipo para outro constituía uma metamorfose de um estágio inferior de vida social a outro superior.

Solidariedade mecânica e solidariedade orgânica

Solidariedade mecânica, para Durkheim, era aquela que predominava nas sociedades pré-capitalistas, em que os indivíduos se identificavam por meio da família, da religião, da tradição e dos costumes, permanecendo em geral independentes e autônomos em relação à divisão social do trabalho. A consciência coletiva exerce aqui todo seu poder de coerção sobre os indivíduos.

Solidariedade orgânica seria aquela típica das sociedades capitalistas, em que, pela acelerada divisão social do trabalho, os indivíduos se tornavam interdependentes. Essa interdependência garante a união social, em lugar dos costumes, das tradições ou das relações sociais estreitas, como ocorre nas sociedades contemporâneas. Nas sociedades capitalistas, a consciência coletiva se afrouxa, ao mesmo tempo que os indivíduos se tornam mutuamente dependentes, cada qual se especializa numa atividade e tende a desenvolver maior autonomia pessoal.

5. Durkheim e a sociologia científica

Durkheim se distingue dos demais positivistas porque suas ideias ultrapassaram a reflexão filosófica e chegaram a constituir um todo organizado e sistemático de pressupostos teóricos e metodológicos sobre a sociedade. O empirismo positivista, que pusera os filósofos diante de uma realidade social a ser especulada, transformou-se, em Durkheim, numa rigorosa postura empírica. Essa postura estava centrada na verificação dos fatos que poderiam ser observados, mensurados e relacionados por meio de dados coletados diretamente pelo cientista. Observação, mensuração e interpretação eram aspectos complementares do método durkheimiano.

Ainda que preocupado com as leis gerais capazes de explicar a evolução das sociedades humanas, Durkheim ateve-se também às particularidades da sociedade em que vivia, aos mecanismos de coesão dos pequenos grupos e à formação de sentimentos comuns resultantes da convivência social. Pode-se dizer que já se delineava uma apreensão da sociologia em que se relacionavam harmonicamente o geral e o particular. Em vista de todos esses aspectos tão relevantes e inéditos, os limites antes impostos pela filosofia positivista perderam sua importância, fazendo dos estudos de Durkheim um constante objeto de interesse da sociologia contemporânea.

Divisão social do trabalho. Entende-se por divisão social do trabalho a organização da sociedade em diferentes funções, exercidas pelos indivíduos ou grupos de indivíduos. Nas sociedades mais simples, predomina a divisão social do trabalho baseada principalmente em critérios biológicos de sexo e idade. Em sociedades mais complexas, como a industrial, surge uma divisão social mais complexa, com a criação de uma imensa gama de funções e atribuições diferenciadas.

Atividades

Compreensão do texto

1. O que é fato social conforme a teoria desenvolvida por Durkheim?
2. Na versão de Durkheim, quais são as três características básicas que distinguem os fatos sociais dos fatos orgânicos ou psicológicos? Explique.
3. Quais são os passos que um cientista social deve seguir para garantir a sua neutralidade na análise dos fatos sociais?
4. Que lei geral Durkheim estabelece para a evolução das espécies sociais?
5. O que é solidariedade orgânica?
6. Por que o suicídio e o crime podem ser considerados fatos sociais normais, na perpectiva durkheimiana?

Interpretação e problematização

7. Defendendo a imparcialidade e a objetividade da ciência, Durkheim afirma:

> "O sentimento é objeto da ciência, não é critério de verdade científica."
>
> DURKHEIM, Émile. *As regras do método sociológico*. São Paulo: Nacional, 1963. p. 31.

Para Durkheim, a verdadeira ciência deve se guiar pelos sentimentos pessoais do cientista? Por quê?

8. Leia a tabela a seguir e depois responda às questões.

Força de trabalho, emprego e desemprego na OCDE[1]
Países selecionados 1993-2008 (em milhões de pessoas)

Força de trabalho	1993	1997	1999	2001	2003	2005	2008
Sete maiores países[2]	326,6	337,5	342,7	349,2	353,3	358,4	366,6
Total dos países menores[3]	166,1	180,1	184,2	188,4	192,9	199,1	208,6
TOTAL OCDE	492,6	517,6	526,9	537,7	546,2	557,5	575,2
Número de empregados							
Sete maiores países	303,6	315,9	322,2	328,9	330,0	336,4	345,2
Total dos países menores	152,4	166,9	171,0	175,4	178,4	184,6	195,9
TOTAL OCDE	456,0	482,8	493,1	504,4	508,4	521,0	541,1
Número de desempregados							
Sete maiores países	23,0	21,6	20,6	20,3	23,3	22,0	21,4
Total dos países menores	13,6	13,2	13,2	13,0	14,5	14,5	12,7
TOTAL OCDE	36,6	34,8	33,8	33,3	37,8	36,5	34,1

Fonte: Dieese. Disponível em www.dieese.org.br. Acesso em 12 jan. 2011.

Notas: (1) Organização para a Cooperação e Desenvolvimento Econômico.
(2) Alemanha, Canadá, Estados Unidos, França, Itália, Japão, Reino Unido.
(3) Inclui todos os países da OCDE, menos os sete maiores países.

a) Emprego e desemprego podem ser considerados como fatos sociais?
b) Por que, apesar de termos o desemprego como uma ocorrência nociva à sociedade, ele pode ser considerado, segundo as categorias de Durkheim, como fato social normal?

9. Esta foto identifica o conceito de solidariedade mecânica ou o de solidariedade orgânica? Explique a sua resposta.

ARAQUÉM ALCÂNTARA

Dança regional folclórica, município de Poconé, Mato Grosso, 2000.

10. Para Durkheim, é social todo fato que é geral. Observe esta imagem e identifique os elementos que, segundo ele, caracterizam um fato social.

JORGE ARAÚJO/FOLHAPRESS

Trabalhadores desempregados esperando para serem cadastrados no Centro de Solidariedade, município de São Paulo, 1999.

11. Durkheim afirma que certos sentimentos, até então considerados inatos no homem, não são universais e, portanto, "resultam da organização coletiva em vez de constituírem a base dela". (DURKHEIM, Émile. *As regras do método sociológico*. São Paulo: Nacional, 1963. p. 99.)

a) Podemos dizer que para Durkheim os sentimentos humanos são fruto da coerção social? Por quê?

b) O que seria necessário para que um sentimento fosse considerado inato no homem e parte de sua natureza?

12. Durkheim afirma que encontramos hábitos, costumes, leis e regulamentos que já existiam antes de nascermos, e que são impostos a nós. Desenvolva essa ideia utilizando sua própria experiência pessoal.

Pesquisa e debate

13. O crime, para Durkheim, é um fato social normal ou patológico? Por quê? Discuta se o aumento vertiginoso da criminalidade nos últimos anos no Brasil e em outras sociedades ainda permite classificar o crime como fez Durkheim.

14. Durkheim considerava a generalidade elemento essencial do fato social. Procure em jornais e periódicos fatos sociais segundo esse critério.

15. Definindo a normalidade e a morbidez dos fatos sociais, Durkheim afirma: "Chamamos normais os fatos que apresentam as formas gerais e daremos aos outros o nome de mórbidos ou patológicos". (DURKHEIM, Émile. *As regras do método sociológico*. São Paulo: Nacional, 1963. p. 51.)

Dê exemplos atuais de um fato que o autor consideraria normal e um que ele consideraria mórbido, seguindo o critério por ele estabelecido.

Leitura visual

16. Durkheim afirma que a sociedade exerce sobre nós pressões para agirmos em conformidade com as regras sociais e também para desenvolvermos sentimentos e juízos de valor. A imagem abaixo nos indica formas de sentir, de julgar e de se comportar. Quais são elas?

REPRODUÇÃO

Questões de vestibular e do Enem

17. **(UEL-PR)** Émile Durkheim, analisando a organização da sociedade e o papel dos indivíduos em relação à criminalidade e ao direito, afirmava que:

> "[...] supondo que a pena possa realmente servir para proteger-nos no futuro, estimamos que deva ser, antes de tudo, uma expiação do passado. O que o prova são as precauções minuciosas que tomamos para proporcioná-la tão exatamente quanto possível à gravidade do crime; elas seriam inexplicáveis se acreditássemos que o culpado deve sofrer porque fez o mal e na mesma medida.
>
> [...] Podemos dizer, pois, que a pena consiste em uma reação passional de intensidade graduada. Mas de onde emana esta reação? Do indivíduo ou da sociedade?"
>
> DURKHEIM, E. *Da divisão do trabalho social*. São Paulo: Abril Cultural, 1978. p. 45-46. (Coleção Os Pensadores)

De acordo com os seus conhecimentos sobre Durkheim e em resposta ao questionamento formulado pelo autor, é correto afirmar que a reação que resulta em uma pena emana:

a) da sociedade, pois quem sofre os atentados e ameaças são os membros da sociedade e não a própria sociedade.

b) do indivíduo, pois a pena, uma vez pronunciada, passa a ser uma punição individual e deixa de ter relação com a sociedade.

c) da sociedade, pois, quando um atentado é dirigido a um indivíduo, não deve ser considerado como um atentado à própria sociedade.

d) do indivíduo, pois quem sofre atentados e ameaças são os membros da sociedade e não a própria sociedade.

e) da sociedade, pois, quando um atentado é dirigido a um indivíduo, este deve ser considerado como um atentado à própria sociedade.

CAPÍTULO 4

A sociologia alemã: a contribuição de Max Weber

1. O pensamento filosófico e científico alemão

Na França e na Inglaterra, a preocupação com as bases científicas do pensamento social resultou do desenvolvimento industrial e urbano, que tornou esses países potências emergentes e sedes do pensamento burguês da Europa nos séculos XVII e XVIII. A indústria e a expansão marítima e comercial colocaram esses países em contato com outras culturas e outras sociedades, obrigando seus pensadores a um esforço interpretativo da diversidade social. O sucesso alcançado pelas ciências físicas e biológicas, impulsionadas pela indústria e pelo desenvolvimento tecnológico, fez com que as primeiras escolas sociológicas fossem fortemente influenciadas pela adaptação dos princípios e da metodologia dessas ciências à realidade social.

A Alemanha, ao contrário da Inglaterra e da França, se unificou e se organizou como Estado nacional mais tardiamente que o conjunto das nações europeias, o que atrasou seu ingresso na corrida industrial e imperialista iniciada na segunda metade do século XIX (figuras 1 e 2). Esse descompasso estimulou no país o interesse pela história como ciência da integração, da memória e do nacionalismo. Como consequência,

Figuras 1 e **2** • Abaixo, à esquerda, imagem de Otto von Bismark, 1871. À direita, cena da Guerra Franco-Prussiana (1870-1871), representada por Christian Sell, 1883. A criação do Estado nacional alemão foi impulsionada pela vitória da Prússia (o mais poderoso dos reinos germânicos) na Guerra Franco-Prussiana, em 1870, sob o comando do general Otto von Bismark. Nessa época, surgiu uma importante geração de pensadores alemães – Max Weber, Karl Marx –, cujas elaborações teóricas têm influência até hoje.

CORBIS/LATINSTOCK – COLEÇÃO PARTICULAR

COLEÇÃO PARTICULAR

o pensamento alemão se voltou para o reconhecimento das diversidades da vida social, enquanto o pensamento de autores franceses e ingleses valorizou a universalidade. Contribuíram para essa opção os colonialismos francês e inglês e seu intento em integrar as sociedades colonizadas à cultura europeia (figura 3).

Devemos distinguir no pensamento alemão, portanto, a preocupação com o estudo da diferença cultural, característica de sua formação política e de seu desenvolvimento econômico. Adicione-se a isso a herança puritana com seu apego à interpretação das escrituras e livros sagrados. Essa associação entre história, esforço interpretativo e facilidade em discernir diversidades caracterizou o pensamento alemão e influenciou muitos cientistas.

Max Weber foi o grande sistematizador da sociologia na Alemanha (figura 4).

Uma das diferenças existentes entre o positivismo e o idealismo é a importância que o segundo dá à história.

2. A sociedade sob uma perspectiva histórica

No processo da formação da intelectualidade germânica, durante a criação da Alemanha, a denominada escola filosófica do idealismo alemão teve um papel de destaque. Dela fizeram parte filósofos do porte de Johann G. Fichte, Friedrich von Schelling e Wilhelm Hegel. Foi com Hegel que o idealismo alemão preconizou que a razão é histórica, ou seja, a verdade é construída no tempo. Essa nova forma de ver a razão pautava-se na ideia básica de que o ser está em constante transformação. Então, para se conhecer a verdade não se poderia parar a análise no que é estático, no que já existe, mas no que está por vir, no movimento, anunciado pelas contradições que a realidade apresenta. Hegel afirmava que a história não era a mera acumulação e justaposição de fatos acontecidos no tempo, mas o resultado de um processo determinado pelas contradições. Assim, cada sociedade é particular e única, determinada pelo seu processo histórico. Consequentemente, os indivíduos têm um papel relevante em uma sociedade, pois a ação deles interfere na realidade. O idealismo alemão preconizou grandes debates com os positivistas e os marxistas.

MUSEU NACIONAL DE BELAS ARTES, RIO DE JANEIRO

Figura 3 • Fábricas em Essen, Alemanha, litografia de 1875. Até o primeiro quartel do século XX, havia a forte convicção, por motivos ideológicos e políticos, de que sociedades diferentes no seu desenvolvimento material e social estavam em estágios distintos da mesma linha de evolução. Todas haviam começado da mesma forma e, fatalmente, chegariam ao mesmo lugar: ao capitalismo industrial.

Max Weber (1864-1920)

EVERETT COLLECTION LATINSTOCK – BIBLIOTECA NACIONAL DE LONDRES, INGLATERRA

Figura 4 • Max Weber, um dos principais expoentes da sociologia alemã, 1911.

Max Weber nasceu na cidade de Erfurt (Alemanha), numa família de burgueses liberais. Desenvolveu estudos de direito, filosofia, história e sociologia, constantemente interrompidos por uma doença que o acompanhou por toda a vida. Iniciou a carreira de professor em Berlim e, em 1895, foi catedrático na Universidade de Heidelberg. Na política, defendeu ardorosamente seus pontos de vista liberais e parlamentaristas. Sua maior influência nos ramos especializados da sociologia foi no estudo das religiões, estabelecendo relações entre formações políticas e crenças religiosas. Suas principais obras foram: *Artigos reunidos de teoria da ciência:* economia e sociedade (obra póstuma) e *A ética protestante e o espírito do capitalismo*.

Weber descartava, em suas análises históricas, todo determinismo e a ideia de uma sucessão necessária de estágios pelos quais passariam todas as sociedades.

Há, portanto, um forte contraste entre o positivismo durkheimiano e o idealismo alemão, que se expressa, entre outros elementos, nas maneiras diferentes como cada uma dessas correntes encara a história. Para o positivismo, a história é o processo universal de evolução da humanidade, cujos estágios o cientista pode perceber pelo método comparativo, capaz de aproximar sociedades humanas de todos os tempos e lugares. A história particular de cada sociedade desaparece, diluída nessa lei geral que os pensadores positivistas tentaram reconstruir (figura 5). Essa forma de pensar torna insignificantes as particularidades históricas, e as individualidades são dissolvidas em meio a forças sociais impositivas.

Max Weber, pensador dominante na sociologia alemã, com formação histórica consistente, se opôs à concepção positivista. Para ele, a pesquisa de cunho histórico é essencial para a compreensão das sociedades. Essa pesquisa, baseada na coleta de documentos e no esforço interpretativo das fontes, permite o entendimento das diferenças sociais (contradições sociais), que seriam, para Weber, de gênese e formação, e não de estágios de evolução.

Portanto, segundo a perspectiva de Weber, o caráter particular e específico de cada formação social deve ser respeitado. O conhecimento histórico, entendido como a busca de evidências, torna-se um poderoso instrumento para o cientista social. Com essa perspectiva, Weber consegue combinar duas abordagens: a histórica, que respeita as particularidades de cada sociedade, e a sociológica, que ressalta os elementos mais gerais de cada fase do processo histórico.

Weber descartava, em suas análises históricas, todo determinismo e a ideia de uma sucessão necessária de estágios pelos quais passariam todas as sociedades. Do mesmo modo, rejeitava princípios idealistas que avaliavam a vida social por meio de juízos de valor e não da análise empírica. Reconhecia, entretanto, que aquilo que se obtém dos estudos históricos e da análise de documentos são dados esparsos que podem ser interpretados pelo cientista social, resultando em uma compreensão lógica dos acontecimentos. Essa lógica não deixava de emprestar, todavia, um caráter geral à elucidação da vida social. Assim, partindo da indução (raciocínio que se serve de indícios para chegar a uma causa por eles tornada evidente) e da análise empírica, admitia a possibilidade de construções teóricas mais abrangentes.

ACADEMIA DE CIÊNCIAS, SÃO PETERSBURGO

Figura 5 • Aquarela *Grupo de índios bororos atentos ao relato que faz um deles de uma caçada de onça*, de Aimé Adrien Taunay, 1827.

3. O método compreensivo e a ação social: uma ação com sentido

Weber buscou na escola neokantiana, que surgiu na Alemanha em meados do século XIX, originária do idealismo alemão, as bases para o seu método de análise sociológico, que também ficou conhecido como método compreensivo. Entre os neokantianos ganhou destaque Wilhelm Dilthey, que, na tentativa de separar a ciência da humanidade da ciência natural, estabeleceu a diferença entre os modos explicativo e compreensivo. O modo explicativo era a característica essencial das ciências naturais, que buscavam determinar o fator causal dos fenômenos, ou seja, buscavam explicar as causas que davam existência aos fenômenos naturais (figura 6). A compreensão seria o modo típico das ciências humanas, que não devia explicar os fatos em si, determinando as suas causas imediatas, mas sim compreender os processos da ação humana e dela extrair o seu sentido.

Consequentemente, o ponto de partida da sociologia de Weber não estava nas entidades coletivas, grupos ou instituições. Seu objeto de investigação era a ação social, a conduta humana dotada de sentido, ou seja, de uma justificativa subjetivamente elaborada. Na teoria weberiana, ao se estabelecer a conexão entre motivo e ação, o homem enquanto agente social ganha sentido e revelância.

Na obra *Economia e sociedade*, Weber identifica três diferentes tipos de ação social, de acordo com suas diversas motivações.

- Ação tradicional: orientada pelo costume, tradição ou hábitos familiares.
- Ação afetiva: resultante das pulsões e paixões.
- Ação racional: guiada por um valor de ordem ética, estética ou religiosa. Por exemplo, o motivo que leva uma pessoa a um duelo ou a arriscar a vida por uma ideia.

Se para a sociologia positivista a ordem social submete os indivíduos como força exterior a eles, para Weber, ao contrário, não existe oposição absoluta entre indivíduo e sociedade: as normas sociais só se tornam concretas quando se manifestam em cada indivíduo sob a forma de motivação. O motivo que transparece na ação social permite desvendar o seu sentido, pode ser expresso pelo agente ou estar implícito em sua atitude ou comportamento. Esse motivo individual e subjetivo é também social na medida em que cada um age levando em conta a resposta ou a reação dos outros.

Ação social. Conceito básico da sociologia que designa, de maneira geral, toda ação humana que é influenciada pela consciência da situação na qual se realiza e pela existência das ações e reações dos outros agentes sociais que estão envolvidos. Embora reconheça o condicionamento social da ação humana, o conceito de ação social na sociologia remete ao princípio da liberdade e da participação histórica.

Normas sociais. A vida social resulta em grande parte da integração de dois dos seus principais mecanismos de funcionamento: as normas e os valores sociais. Embora seja difícil distinguir precisamente um conceito de outro, podemos dizer que os valores são o objetivo ou o sentido da ação social, enquanto as normas são as restrições e as coerções às condutas individual e coletiva. São mecanismos que asseguram a regularidade da vida social e a existência de suas instituições, além de certa reciprocidade nas ações individuais.

Segundo Weber, cada indivíduo age levado por motivos que resultam da influência da tradição, dos interesses racionais e da emotividade.

PEROV STANISLAV/SHUTTERSTOCK

Figura 6 • Ao lado, objeto de estudo da física mostra as forças que agem sobre um corpo. Pelo método explicativo das ciências naturais, a realidade deve ser expressa em termos exatos, pois é de seu mister explicar as causas dos fenômenos.

A tarefa do cientista, para Weber, era descobrir os possíveis sentidos da ação humana.

Ao cientista compete compreender o sentido das diferentes ações sociais e prever as suas consequências, muitas das quais imperceptíveis para os próprios agentes. É possível decompor a ação social em diferentes etapas desvendando suas conexões.

O simples ato de enviar uma correspondência ou *e-mail* é composto de uma série de ações sociais – escrever, enviar e receber – que terminam por realizar um objetivo. Por outro lado, muitos agentes ou atores estão relacionados a essa ação social – o atendente, o carteiro, o técnico, o provedor etc. Essa interdependência entre os sentidos das diversas ações – mesmo que orientadas por motivos diversos – é que dá a esse conjunto de ações seu caráter social.

O cientista social, identificando essa motivação, desvenda diferentes instâncias da vida social, política, econômica ou religiosa. Esse esforço de compreensão, todavia, não está relacionado com a análise psicológica. Por mais individual que seja a intenção de um agente, por um impulso interno e pessoal, sua ação envolve a ação de outros, e a teia de ações interdependentes, que caracteriza a vida social, manifesta-se (figura 7).

Por outro lado, Weber distingue ação social de relação social. Para que se estabeleça uma relação social é preciso que o sentido seja compartilhado. Por exemplo, um sujeito que pede uma informação a outro estabelece uma ação social: ele tem um motivo e age em relação a outro indivíduo, mas tal motivo não é compartilhado; portanto, não é uma relação social. Numa sala de aula, em que o objetivo da ação dos vários sujeitos é compartilhado, existe uma relação social.

Pela frequência com que certas ações sociais se manifestam, o cientista pode conceber as tendências gerais que levam os indivíduos, em dada sociedade, a agir de determinado modo.

4. A tarefa do cientista

Weber, no desenvolvimento de sua teoria, como vimos, rejeita as proposições positivistas ou a crença de que as sociedades reproduzem um mesmo modelo de transformação histórica, que as leva de estágios de organização inferiores (ou mais simples) para outros mais elevados (ou complexos).

FERNANDO FAVORETTO/CID

Figura 7 • Às ciências humana cabe a tarefa de compreender como se desenvolve o comportamento humano, sem reduzir essa compreensão a uma lei ou equação. A família é um dos principais lugares de desenvolvimento do comportamento, 2011.

Weber também descarta, como elemento central para explicar a emergência dos fatos sociais, a oposição durkheimiana entre indivíduo e sociedade, quer no entendimento de como o indivíduo atua e integra a vida social, quer no papel que desempenha o cientista em seus estudos das sociedades. As atitudes e as motivações, tanto do indivíduo como do cientista, dão sentido às ações sociais e colocam o sociólogo em condições de interpretar tais ações, percebendo-lhes o significado e a direção.

Weber não considera que o objetivo da sociologia seja a transformação social.

Embora Weber não exija do sociólogo a neutralidade defendida pelos positivistas diante da realidade, ele não considera que o objetivo da sociologia seja a transformação social, como preconizava Durkheim. Assim, as crenças pessoais do cientista, mesmo sendo importantes para a sua atuação como cientista, devem estimulá-lo a uma análise profunda e objetiva sem, no entanto, comprometer o estudo da realidade.

Diferentemente de Durkheim, Weber não valoriza a análise quantitativa dos fenômenos sociais, pois, por mais que os acontecimentos possam ser quantificáveis, é o método de interpretação científica e a compreensão dos fatos que garantem a cientificidade das análises. Assumindo a subjetividade que guia o cientista, Weber aceita a parcialidade de toda e qualquer explicação científica. Para ele, os acontecimentos são o resultado de múltiplas e diversas determinações que se combinam e se complementam. Causas econômicas, políticas ou religiosas estão na raiz do comportamento social, sem nenhuma primazia de umas sobre outras.

Por mais que os acontecimentos sejam quantificáveis, é o método de interpretação que garante a cientificidade das análises.

5. O tipo ideal

Entre os instrumentos de que o sociólogo dispõe para compreender e interpretar a vida social, um dos mais importantes para Weber é o que ele chamou de "**tipo ideal**".

Trata-se de uma construção teórica abstrata que o cientista elabora por meio do estudo sistemático das diversas manifestações particulares de um fenômeno, no qual ele acentua aquilo que lhe pareça característico ou fundante. Nenhum dos exemplos representará de modo perfeito e acabado o tipo ideal, mas manterá com ele uma grande semelhança e afinidade, permitindo comparações e a percepção de semelhanças e diferenças. Constitui-se em um trabalho teórico indutivo que tem por objetivo sintetizar aquilo que é essencial na diversidade das manifestações da vida social, permitindo a identificação de exemplares em diferentes tempos e lugares.

O tipo ideal não é um modelo concreto ou empírico a ser buscado pelas formações sociais históricas nem a ser observado pelo cientista. É um instrumento de análise científica, numa construção do pensamento que permite conceituar fenômenos e formações sociais e identificar na realidade observada suas manifestações. Permite, ainda, comparar tais manifestações.

> "O tipo do grande proprietário de terra romano não é o do agricultor que dirige pessoalmente a empresa, mas é o homem que vive na cidade, pratica a política e quer, antes de tudo, perceber rendas em dinheiro. A gestão de suas terras está nas mãos dos servos inspetores (*villici*)."
>
> WEBER, Max. As causas sociais do declínio da cultura antiga. In: COHN, Gabriel (Org.). *Sociologia*. São Paulo: Ática, 1979.

O tipo ideal

O tipo ideal de Max Weber corresponde ao que Florestan Fernandes definiu como conceitos sociológicos construídos interpretativamente enquanto instrumentos de ordenação da realidade. O conceito, ou tipo ideal, é previamente construído e testado, depois aplicado a diferentes situações em que dado fenômeno possa ter ocorrido. À medida que o fenômeno se aproxima ou se afasta de sua manifestação típica, o sociólogo pode identificar e selecionar aspectos que tenham interesse à explicação, como, por exemplo, os fenômenos típicos "capitalismo" e "feudalismo".

Conforme a citação aponta, o tipo ideal reúne características gerais que definem a forma como dado fenômeno se manifesta, embora tais aspectos não precisem estar sempre presentes na sua totalidade, nem da mesma maneira. É importante lembrar, no entanto, que o tipo ideal não tem relação com as espécies sociais de Durkheim, que pretendiam ser exemplos de sociedades observadas em diferentes graus de complexidade num *continuum* evolutivo.

Racionalidade e dominação

O que determina as relações sociais é a racionalidade que se impõe sobre os valores éticos e religiosos, promovendo o desencantamento do mundo.

Weber desenvolveu estudos sobre a história, o direito e as religiões, o que permitiu que suas análises interessassem a diferentes setores, como o direito, a política e as ciências sociais. Unindo essas diversas visões, procurava compor um cenário que lhe permitisse compreender a sociedade de seu tempo, movendo-se entre as tradições e as inovações. Weber identificou como uma das características predominantes do capitalismo industrial a racionalidade – a busca constante por determinados fins cuja trajetória não estivesse marcada pelas tradições nem pelos costumes. Da ação individual à vida das grandes organizações, o que determina as relações sociais é essa racionalidade que se impõe sobre os valores éticos e religiosos mais profundos, promovendo o que Weber chamou de *desencantamento do mundo*, fórmula que ele adotou de Schiller. Sem lamentar essa constatação, o autor revela a importância da razão que se manifesta no aparato lógico-burocrático das sociedades modernas.

Weber estuda a burocracia como um tipo de organização da vida social que se manifesta por dispositivos legais e que busca estabelecer critérios de competência e funcionalidade, tais como a antiguidade, a qualificação e a eficiência. Mas ela é também uma forma de dominação. Esse aspecto da vida social moderna vai ganhar importância na teoria weberiana, que procura descrever as estruturas de dominação coercitiva e as de dominação diretiva, a primeira baseada no uso da força, a segunda, na legitimidade das leis. Entre essas estruturas, a mais importante na sociedade moderna é o Estado, que detém, além de instituições racionais de dominação, o monopólio da violência.

Weber dedicou-se ao estudo da dominação. A dominação é a possibilidade de uma pessoa encontrar outra disposta a obedecer a uma ideia ou a uma situação. Essa submissão também pode ser justificada por uma motivação que a legitima. De acordo com essa motivação, o autor distingue diferentes formas de dominação.

- Dominação tradicional: é o poder que decorre das tradições, como na gerontocracia e no patriarcalismo.
- Dominação carismática: decorre da personalidade de um líder e de sua capacidade de mobilizar pessoas, seja pelo uso de suas qualidades pessoais, por suas ideias ou por mecanismos como propagandas e apresentações públicas. Os profetas e os políticos estão nessa segunda categoria de dominadores.
- Dominação legal: é o poder existente nas instituições modernas – impessoal e garantido por lei. Trata-se do poder de que goza uma autoridade de acordo com o cargo que ocupa numa hierarquia.

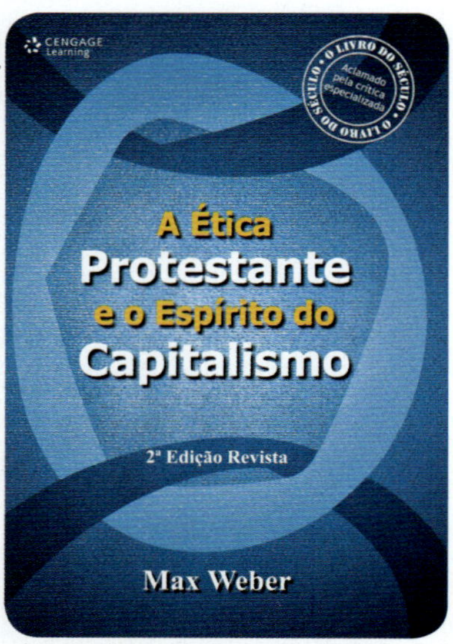

Figura 8 • Capa do livro *A ética protestante e o espírito do capitalismo*, 2ª edição, de 2001, publicado pela Cengage Learning. Essa obra foi publicada três vezes durante a vida de Max Weber, nos anos de 1904, 1905 e 1920. Traduzida para diversos idiomas, as questões apresentadas por Weber continuam atuais.

Constituída por tipos ideais, essa classificação é apenas abstrata, mas permite entender as diferenças e identificar os tipos de autoridade existentes. Cabe ao cientista social reconhecê-los na realidade e estudar seus graus de variância.

A ética protestante e o espírito do capitalismo

Um dos trabalhos mais conhecidos e importantes de Weber é *A ética protestante e o espírito do capitalismo* (figura 8, na página anterior), no qual ele estuda a relação entre racionalidade e crença religiosa, tendo por objeto o protestantismo e o comportamento capitalista ocidental moderno.

Weber partiu de dados estatísticos que lhe mostraram a proeminência de adeptos da Reforma Protestante entre os grandes homens de negócios, empresários bem-sucedidos e trabalhadores qualificados. A partir daí, procurou estabelecer conexões entre a doutrina e a pregação protestantes e seus efeitos no comportamento dos indivíduos e no desenvolvimento do capitalismo.

Weber descobriu que os valores do protestantismo – como a disciplina ascética (consagração a exercícios espirituais de autodisciplina), a poupança, a austeridade, a vocação, o dever e a propensão ao trabalho – atuavam de maneira decisiva sobre os indivíduos. No seio das famílias protestantes, os filhos eram criados para o ensino especializado e para o trabalho fabril, optando sempre por atividades mais adequadas à obtenção do lucro, preferindo o cálculo e os estudos técnicos ao estudo humanístico. Weber mostra a formação de uma nova mentalidade, um *ethos* – conjunto dos costumes e hábitos fundamentais – propício ao capitalismo, em flagrante oposição ao "alheamento" e à atitude contemplativa do catolicismo, voltado para a oração, o sacrifício e a renúncia da vida prática (figura 9).

Um dos aspectos importantes desse trabalho, no seu sentido teórico, está em expor as relações entre religião e sociedade e em desvendar particularidades do capitalismo. Além disso, nessa obra, podemos ver de que maneira Weber aplica seus conceitos e suas posturas metodológicas.

Alguns dos principais aspectos da análise.

1. A relação entre a religião e a sociedade não se dá por meios institucionais, mas por intermédio de valores introjetados nos indivíduos e transformados em motivos da ação social. A motivação do protestante, segundo Weber, é o trabalho, enquanto dever e vocação, como um fim absoluto em si mesmo, e não o ganho material obtido por meio dele.
2. O motivo que mobiliza internamente os indivíduos é consciente. Entretanto, os atos individuais vão além das metas propostas e aceitas por eles. Buscando sair-se bem na profissão, mostrando sua própria virtude e vocação e renunciando aos praze-

Figura 9 • *A esposa do vendedor de peixe*, de Adrien van Ostade, 1672.
A pintura holandesa expressa em seus temas a valorização do trabalho, própria da ética protestante, em oposição a uma atitude contemplativa defendida por outras religiões, segundo Weber.

MUSEU DE ARTE, BUDAPESTE

Figura 10 • Vitral da Catedral de Tournai, na Bélgica, mostrando comerciantes no século XV.

res materiais, o protestante puritano se adapta facilmente ao mercado de trabalho, acumula capital e o reinveste produtivamente (figura 10).

3. Ao cientista cabe, segundo Weber, estabelecer conexões entre a motivação dos indivíduos e os efeitos de sua ação no meio social. Procedendo assim, Weber analisou os valores do catolicismo e do protestantismo, mostrando que os últimos revelam a tendência ao racionalismo econômico, base da ação capitalista.
4. Para constituir o tipo ideal de capitalismo ocidental moderno, Weber estudou as diversas características das atividades econômicas em várias épocas e lugares, antes e após o surgimento das atividades mercantis e da indústria. E, conforme seus preceitos, constrói um tipo gradualmente estruturado a partir de suas manifestações particulares tomadas à realidade histórica. Assim, diz ser o capitalismo, na sua forma típica, uma organização econômica racional assentada no trabalho livre e orientada para um mercado real, não para a mera especulação ou rapinagem. O capitalismo promove a separação entre empresa e residência, a utilização técnica de conhecimentos científicos e o surgimento do direito e da administração racionalizados.

6. A importância de Weber para a sociologia

Weber deu uma contribuição importantíssima para o desenvolvimento da sociologia. Em meio a uma tradição filosófica peculiar, a alemã, e vivendo os problemas próprios de seu país, diversos dos da França e da Inglaterra na mesma época, pôde desenvolver pressupostos não influenciados pelo racionalismo positivista de origem anglo-francesa. Sua contribuição para a sociologia tornou-o referência obrigatória. Mostrou, em seus estudos, a fecundidade da análise histórica e da compreensão qualitativa dos processos históricos e sociais.

Embora polêmicos, seus trabalhos abriram as portas para as particularidades históricas das sociedades e para a descoberta do papel da subjetividade na ação e na pesquisa social. Weber desenvolveu suas análises de forma mais independente das ciências exatas e naturais. Foi capaz de compreender a especificidade das ciências humanas como aquelas que estudam o homem como um ser peculiar e histórico, diferente de outras espécies existentes no planeta.

Outra novidade do pensamento weberiano no desenvolvimento da sociologia foi a ideia do indeterminismo histórico. Ao contrário de seus predecessores, ele não admitia nenhuma lei preexistente que regulasse o desenvolvimento da sociedade ou a sucessão de tipos de organização social. Isso permitiu que ele se aprofundasse no estudo das particularidades, procurando entender as formações sociais em suas singularidades, especialmente a jovem nação alemã que ele via despontar como potência. Nesse sentido, contribuiu também para a formação de um pensamento alemão, crítico, histórico e consoante com sua época.

Compreensão do texto

1. Weber foi um dos grandes pensadores fundadores do pensamento sociológico. Identifique no texto pelo menos três características de sua teoria inovadora.

2. O que era a burocracia para Weber?

3. De que forma o ambiente social, político e econômico da Alemanha da época de Weber o influenciou na sua produção sociológica?

4. O que é método compreensivo?

5. Por que a postagem de uma carta na caixa do correio é uma ação social?

6. De que maneira o protestantismo, segundo Weber, gera condutas adequadas ao capitalismo?

7. Sabendo que Weber pressupõe certa parcialidade do cientista em relação ao objeto de estudo, isto é, um interesse próprio quanto à motivação, por que mesmo assim ele considera suas conclusões científicas?

Interpretação e problematização

Os trechos de autoria de Weber, selecionados para as questões de 8 a 11, foram extraídos da obra *A ética protestante e o espírito do capitalismo*. São Paulo: Companhia das Letras, 2004.

8. Ao definir a ação capitalista como "aquela que se baseia na expectativa de lucro através da utilização das oportunidades de troca, isto é, nas possibilidades pacíficas de lucro" (p. 4), como Weber aplica seu conceito de ação social?

9. Nas seguintes afirmações de Weber, percebemos de que modo a motivação para a ação é algo sentido pelo sujeito sob a forma de valores e modelos de conduta. Analise-as segundo essa perspectiva.
   a) "A oportunidade de ganhar mais era menos atrativa do que a de trabalhar menos. Ele não perguntava: quanto posso ganhar por dia se trabalhar tanto quanto possível, mas: quanto devo trabalhar a fim de ganhar o salário que ganhava anteriormente e que era suficiente para minhas necessidades." (p. 38)
   b) "Na verdade, esta ideia peculiar do dever profissional, tão familiar a nós hoje, mas, na realidade, tão pouco evidente, é a maior característica da 'ética social' da cultura capitalista e, em certo sentido, sua base fundamental." (p. 33)

10. Como Max Weber explica, nesta passagem, o espírito do capitalismo?

> "Tudo é feito em termos de balanço: a previsão inicial no começo da empresa, ou antes de qualquer decisão individual; o balanço final para verificação do lucro obtido. Por exemplo, a previsão inicial de uma transação por comenda (primeiras empresas de compra e venda surgidas na Idade Média) pode ser a constatação do valor monetário dos bens transacionados – enquanto esses não assumirem forma monetária – e o seu balanço final pode equivaler a uma distribuição do lucro ou das perdas ao término da operação. Na medida em que as operações são racionais, toda ação individual das partes é baseada em cálculo." (p. 5)

11. Weber afirma que o trabalho do cientista parte justamente de seu interesse pelo objeto de estudo e de sua visão particular sobre o assunto, opondo-se, assim, à objetividade e à neutralidade pregadas pelos positivistas franceses. Como essa ideia de Weber aparece no trecho a seguir?

> "Devemos desenvolver no curso da discussão, como seu resultado mais importante, a melhor formulação conceitual do que entendemos aqui por espírito do capitalismo, isto é, a melhor do ponto de vista que nos interessa. Este ponto de vista, ademais, não é, de modo algum, o único possível a partir do qual o fenômeno histórico que estamos investigando possa ser analisado." (p. 28)

12. Weber afirma que a ação social é uma ação com sentido, que orienta o comportamento de quem age. Observe a sua turma e procure descobrir o sentido da ação de algum colega neste momento.

Aplicação de conceitos

13. Cinema

Central do Brasil, de Walter Salles. Brasil, 1998, 112 min.

O filme mostra a história de Dora, uma mulher que ajuda um garoto a encontrar seu pai. O enredo, os diálogos e o desenvolvimento do filme permitem entender a intencionalidade existente nas relações sociais, na medida em que expõem os diferentes sentimentos e intenções dos diversos personagens e o modo como se relacionam numa ação que os une. Essa dinâmica permite aplicar os conceitos de Max Weber estudados.

- ▶ Discuta como é possível identificar nessa história a ideia de Weber a respeito da ação social e o que ele propõe como relação social.

Pesquisa e debate

14. Vamos aplicar a metodologia de Weber na construção do tipo ideal. Procure diversos relatos – em livros, revistas ou jornais – sobre um mesmo acontecimento e procure defini-lo com base nos elementos comuns dessas fontes.

15. Utilizando os parâmetros demarcados por Weber para analisar a relação entre o calvinismo/protestantismo e o capitalismo, faça junto com a classe uma análise do Brasil tendo por base esses parâmetros, considerando o fato de nosso país ser majoritariamente católico.

WELLINGTON BUDIM DOS REIS/AGÊNCIA ESTADO

Fiéis durante a procissão do Círio de Nazaré, em Belém, Pará, uma tradicional festividade católica, 2004.

Leitura visual

16. A sociedade eletrônica

A imagem a seguir corresponde a um jogo para computador, cujo objetivo é fazer de você o fundador e administrador de uma cidade. Observe a imagem e a partir das suas observações explique por que um jogo como esse torna o jogador um sociólogo na prática. Cite exemplos com base nessa imagem.

Cena de personagem transitando por ruas e construções do jogo *Sin City Societies*.

Questões de vestibular e do Enem

17. **(UEL-PR)** Max Weber, sociólogo alemão, presenciou as crises e as grandes transformações da Europa do início do século XX, desenvolvendo uma obra vasta que aborda os aspectos econômicos, políticos e sociais do mundo atual.

Tomando como base a teoria weberiana, é correto afirmar que:

a) o Estado moderno é controlado pela classe detentora do capital e, sendo assim, a função do Estado é dominar e oprimir os trabalhadores.

b) a sociedade moderna caracteriza-se pela complexidade das relações sociais, exigindo para o seu funcionamento o aperfeiçoamento de organizações racionais e burocratizadas.

c) em sua essência, todas as sociedades são iguais, pois, independentemente do período histórico, os seres humanos são egoístas e ambiciosos.

d) as sociedades humanas são organizadas tal como os organismos biológicos, com as instituições sociais estabelecendo entre si uma interdependência semelhante ao funcionamento dos órgãos do corpo humano.

e) a complexidade da sociedade moderna cria um significativo sentimento de insegurança nos indivíduos, que os leva à busca da religiosidade e dos rituais mágicos e místicos.

CAPÍTULO 5

Karl Marx e a história da exploração do homem

1. Teoria e revolução

Quando um espaço contendo muitos objetos é iluminado por luzes de diversas cores vindas de várias fontes, obtemos diferentes imagens, cada uma colocando em destaque certos contornos e formas. De maneira análoga, é isso que acontece com o campo científico: os pressupostos teóricos iluminam de modo peculiar a realidade, resultando diferentes níveis de abordagem e modelos teóricos particulares. Nesta unidade, reconstruímos o percurso que vai desde o surgimento do pensamento sociológico até a organização das primeiras teorias sobre a sociedade, cada uma delas orientada por um conjunto de pressupostos diferentes sobre a ciência, a realidade e a vida social. Assim como as diversas imagens que obtivemos dos objetos e do espaço na experiência narrada acima, os diferentes modelos teóricos, cada qual "pondo à luz" determinados aspectos da realidade social, oferecem diferentes perspectivas que se complementam.

Abordamos o modelo positivista inicialmente elaborado por Comte e, depois, o proposto por Durkheim, segundo o qual a sociedade se apresenta como sendo mais do que a soma de indivíduos, constituída por normas, instituições e valores característicos do social. Passamos depois por Weber, que, por sua vez, numa perspectiva mais dinâmica e interpretativa, explicou os fatos sociais "à luz" da história e da subjetividade do agente social. Simultaneamente às elaborações dos fundadores da sociologia, porém iluminando outras questões propostas pela realidade social, desenvolveu-se o pensamento de Karl Marx (figura 1).

Karl Marx (1818-1883)

Nasceu na cidade de Treves, na Alemanha. Em 1836, matriculou-se na Universidade de Berlim, doutorando-se em filosofia, em Iena. Foi redator de uma gazeta liberal em Colônia. Mudou-se em 1842 para Paris, onde conheceu Friedrich Engels, seu companheiro de ideias e publicações por toda a vida. Expulso da França em 1845, foi para Bruxelas, onde participou da recém-fundada Liga dos Comunistas. Com o malogro das revoluções sociais de 1848, Marx mudou-se para Londres, onde se dedicou a um grandioso estudo crítico da economia política. Foi um dos fundadores da Associação Internacional dos Operários ou Primeira Internacional. Morreu em 1883, após intensa vida política e intelectual. Suas principais obras foram: *A ideologia alemã*, *Miséria da filosofia*, *O manifesto do Partido Comunista*, *Para a crítica da economia política*, *A luta de classes em França* e *O capital*.

BIBLIOTECA NACIONAL DE LONDRES, INGLATERRA

Figura 1 • Karl Marx: suas ideias influenciaram o desenvolvimento da ciência, da filosofia e do movimento operário mundial. Retrato desenhado por autor desconhecido, século XIX.

Karl Marx deu origem a uma corrente de pensamento revolucionária tanto do ponto de vista teórico quanto no da prática social. É também um dos pensamentos difíceis de compreender, explicar ou sintetizar.

Com o objetivo de entender o sistema capitalista e modificá-lo, Marx escreveu sobre filosofia, economia e sociologia. Ele produziu muito, suas ideias se desdobraram em várias vertentes e foram incorporadas por diferentes estudiosos. Sua intenção, porém, não era apenas contribuir para o desenvolvimento da ciência, mas propor uma ampla transformação política, econômica e social. Marx não escreveu particularmente para os acadêmicos e cientistas, mas para todos os homens que quisessem assumir sua vocação revolucionária. Sua obra máxima, *O capital*, destinava-se a todos e não apenas aos estudiosos da economia, da política e da sociedade (figura 2). Esse é um aspecto singular da teoria marxista. Há um alcance mais amplo nas suas formulações, que adquiriram dimensões de ideal revolucionário e ação política efetiva.

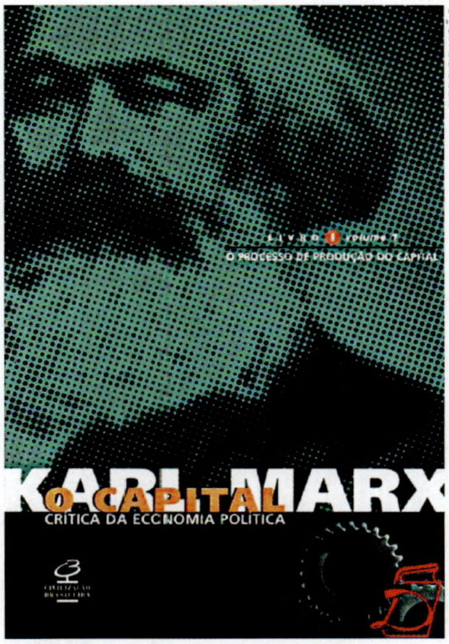

Figura 2 • Capa do livro *O capital*, de 2008, publicado pela Civilização Brasileira. Essa obra é composta de um conjunto de livros, nos quais Karl Marx analisa criticamente o capitalismo.

2. As origens

O pensamento marxista foi sintetizador de diferentes preocupações filosóficas, políticas e científicas de sua época, assim como foi herdeiro de fundamentos elaborados por outros pensadores. Em primeiro lugar, deve-se fazer justiça à influência da filosofia hegeliana, da qual Marx absorveu uma diferente percepção da história – não um movimento linear ascendente como propunham os evolucionistas, nem o resultado da ação voluntariosa e consciente dos agentes envolvidos, como pensavam os historiadores românticos.

O pensamento marxista foi sintetizador de diferentes preocupações filosóficas, políticas e científicas de sua época.

Hegel entendia a história como um processo coeso que envolvia diversas instâncias da sociedade – da religião à economia – e cuja dinâmica se dava por oposições entre forças antagônicas – tese e antítese. Desse embate emergia a síntese, que fechava o movimento "dialético" da história. Marx utilizou esse método de explicação histórica para o qual os agentes sociais, apesar de conscientes, não são os únicos responsáveis pela dinâmica dos acontecimentos – as forças em oposição também atuam sobre o devir.

Outro contato significativo de Marx foi com os pensamentos socialistas francês e inglês do século XIX, de Claude Henri de Rouvroy, ou conde de Saint-Simon, François-Charles Fourier e Robert Owen. Marx admirava o pioneirismo desses críticos da sociedade burguesa e suas propostas de transformação social, apesar de julgá-las "utópicas", ou seja, idealistas e irreais.

Esses autores, influenciados por Rousseau – que atribuíra a origem das desigualdades sociais ao advento da propriedade privada –, propunham transformar radicalmente a sociedade, implantando uma ordem social justa e igualitária, da qual seriam eliminados o individualismo, a competição e a propriedade privada. Os métodos para isso variavam do uso intenso da propaganda até a realização de experiências-modelo, que deveriam servir de guia para o restante da sociedade. Entretanto, nenhum deles havia considerado seriamente a luta política

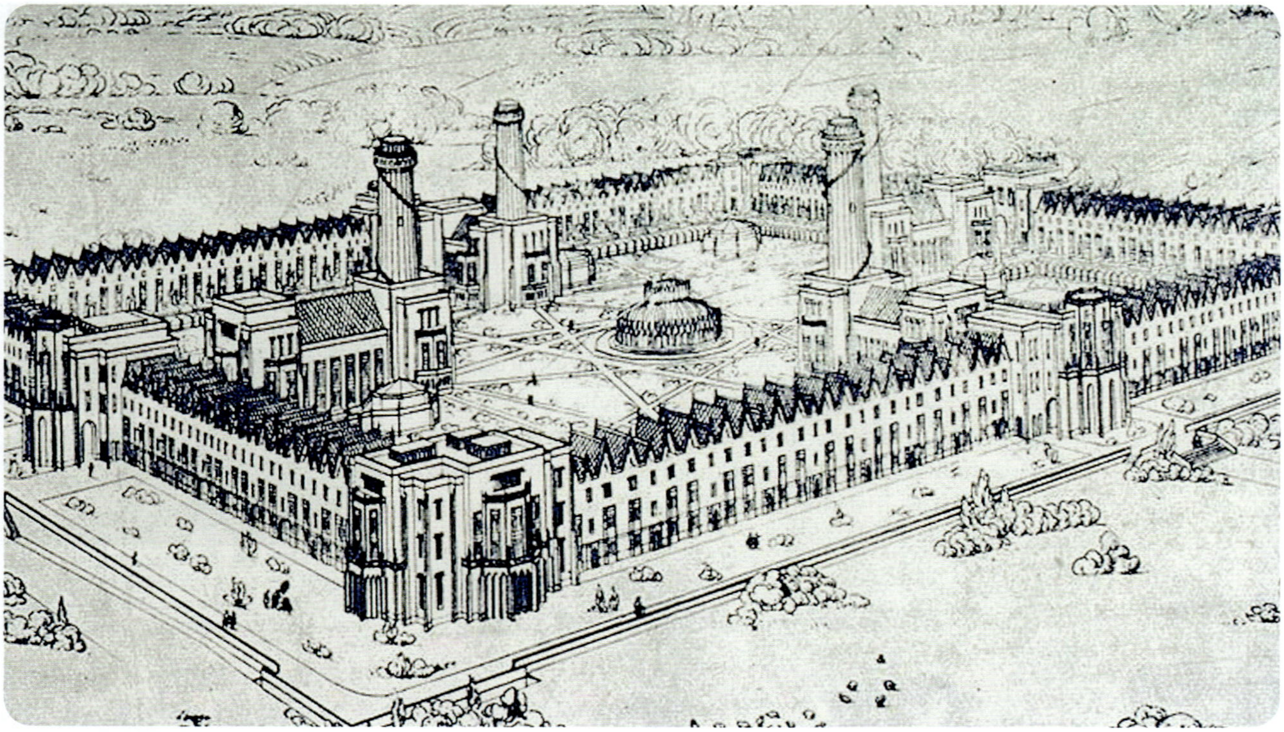

Figura 3 • Robert Owen, chamado por Engels de socialista utópico, implantou em suas fábricas em New Lanark, na Escócia, um sistema de trabalho cooperativo, em que os operários cumpriam jornada de oito horas diárias, a empresa subsidiava a alimentação dos operários e não havia trabalho infantil. Mais tarde, em 1825, nos Estados Unidos, Owen criou a *New Harmony*, cujo projeto é reproduzido acima, uma comunidade estruturada nos mesmos moldes, porém ela durou somente dois anos.

entre as classes sociais e o papel revolucionário do proletariado na implantação de uma nova ordem social. Era por esse aspecto que Marx os denominava utópicos, em contraposição ao socialismo defendido por ele, que denominava científico (figura 3).

Na obra de Marx há, ainda, toda a leitura crítica do pensamento clássico dos economistas ingleses, em particular Adam Smith e David Ricardo, trabalho que tomou a atenção de Marx até o final da vida e resultou na maior parte de seu esforço teórico. Essa trajetória é marcada pelo desenvolvimento de conceitos importantes, como alienação, classes sociais, valor, mercadoria, trabalho, mais-valia e modo de produção.

Finalmente, impossível não fazer referência ao seu grande interlocutor – Friedrich Engels –, economista político e revolucionário alemão que trabalhou com Marx de 1844 até a morte deste, sendo cofundador do socialismo científico, também conhecido por "comunismo"– doutrina que demonstrava pela análise científica e dialética da realidade social que as contradições históricas do capitalismo levariam, necessariamente, à sua superação por um regime igualitário e democrático que seria sua antítese ou seu aprofundamento na barbárie social.

Dialética. A noção moderna de dialética a define como a contraposição de forças de oposição em dado momento histórico, cujo confronto provoca a transformação social. Foi com Karl Marx que o termo se tornou recorrente no campo das ciências sociais.

▶ Friedrich Engels (1820-1895)

Nasceu em Barmen, na Alemanha, e morreu em Londres, na Inglaterra. Filho de uma família burguesa, dedicada à indústria, foi um revolucionário, grande observador da realidade do seu tempo. Participou ativamente da formação de uma Associação Internacional de Trabalhadores, foi coautor de *O manifesto do Partido Comunista* e organizador de *O capital*. Escreveu trabalhos próprios, como *A situação da classe trabalhadora na Inglaterra* e *A origem da família, da propriedade privada e do Estado*.

3. O materialismo histórico

Para entender o capitalismo e explicar a natureza da organização econômica humana, Marx desenvolveu uma teoria abrangente e universal, que procura dar conta de toda e qualquer forma produtiva criada pelo homem. Os princípios básicos dessa teoria estão expressos em seu método de análise – o **materialismo histórico**. Marx parte do princípio de que a estrutura de uma sociedade qualquer reflete a forma como os homens se organizam para a produção social de bens, que engloba dois fatores fundamentais: as forças produtivas e as relações de produção.

As forças produtivas constituem as condições materiais de toda produção. Qualquer processo de trabalho implica matérias-primas identificadas e extraídas da natureza e o conjunto das ferramentas ou máquinas utilizadas segundo uma orientação técnica específica. O homem, principal elemento das forças produtivas, é o responsável por fazer a ligação entre a natureza e a técnica e os instrumentos. O desenvolvimento da produção vai determinar a combinação e o uso desses diversos elementos: recursos naturais, mão de obra disponível, instrumentos e técnicas produtivas. A cada forma de organização das forças produtivas corresponde uma determinada forma de relação de produção.

As relações de produção são as formas pelas quais os homens se organizam para executar a atividade produtiva. Elas se referem às diversas maneiras pelas quais são apropriados e distribuídos os elementos envolvidos no processo de trabalho: as matérias-primas, os instrumentos e a técnica, os próprios trabalhadores e o produto final. Assim, as relações de produção podem ser, num determinado momento, cooperativistas (como num mutirão), escravistas (como na Antiguidade), servis (como na Europa feudal) ou capitalistas (como na indústria moderna) (figuras 4 e 5).

Forças produtivas e relações de produção são frutos das condições naturais e históricas de toda atividade produtiva que ocorre em sociedade. A forma pela qual ambas existem e são reproduzidas numa determinada sociedade constitui o que Marx denominou "modo de produção".

Materialismo histórico

O conceito refere-se à metodologia elaborada por Karl Marx para explicar o desenvolvimento histórico da sociedade humana desde sua origem. Segundo seus pressupostos, toda e qualquer transformação social tem origem nas bases materiais da vida social, ou seja, na sua infraestrutura.

BIBLIOTECA PIERPONT MORGAN, NOVA YORK

BIBLIOTECA NACIONAL, PARIS

Figuras 4 e **5** • À esquerda, camponeses tosquiam ovelhas. *Horas da Virgem*, c. 1515. À direita, nobres durante banquete comemorativo do Ano-Novo. *Livro das ricas horas*, do duque de Berry, século XVI. Segundo Marx, na Europa feudal as relações de produção eram servis. A exploração do trabalho dos camponeses fornecia o sustento material da sociedade, inclusive daqueles eventos restritos à nobreza.

CARLOS CASAES/AGÊNCIA A TARDE/AGÊNCIA ESTADO

Figura 6 • Linha de montagem de fábrica da indústria automobilística, Bahia, 2009. O processo avançado de robotização na indústria contemporânea é um dos elementos importantes no estudo das relações de produção na sociedade atual.

Para Marx, o estudo do modo de produção é fundamental para compreender como se organiza e funciona uma sociedade. As relações de produção, nesse sentido, são consideradas as mais importantes entre as relações sociais existentes (figura 6). Os modelos de família, as leis, a religião, as ideias políticas, os valores sociais são aspectos cuja explicação depende, em princípio, do estudo do desenvolvimento e do colapso de diferentes modos de produção. Analisando a história, Marx identificou alguns modos de produção específicos: sistema comunal primitivo, modo de produção asiático, modo de produção antigo, modo de produção germânico, modo de produção feudal e modo de produção capitalista.

A passagem de um modo de produção para outro é consequência da luta de classes, devido à contradição entre o desenvolvimento das forças produtivas e a apropriação que se faz dos produtos gerados. Em cada modo de produção, a desigualdade de propriedade, como fundamento das relações de produção, cria contradições que se acirram até provocar um processo revolucionário, com a derrocada do modo de produção vigente e a ascensão de outro.

4. A ideia de alienação

Com o materialismo histórico, Marx pôde pesquisar a origem e o desenvolvimento do capitalismo relacionando-o ao desenvolvimento histórico das nações, em particular da Inglaterra. A partir disso, pode se questionar: como funciona o capitalismo? Na busca da resposta, Marx desenvolveu o conceito de alienação.

Desde a publicação da obra de Rousseau, passou a predominar para o termo o sentido de privação, falta ou exclusão. Filósofos alemães, como Hegel e Ludwig Feuerbach, também fizeram uso da palavra alienação, emprestando-lhe um sentido de desumanização e injustiça. Marx absorveu esse sentido, dizendo que a indústria, a propriedade privada e o assalariamento alienam ou separam o operário dos "meios de produção" e do fruto de seu trabalho, que se tornam propriedade privada do empresário capitalista. Assim, o operário, por consequência, também se torna estranho, alienado em relação à natureza onde vive, a si mesmo e aos demais seres humanos.

Politicamente, o homem também se tornou alienado, pois o princípio da representatividade, base do liberalismo, criou a ideia de Estado como um órgão político imparcial, capaz de representar e dirigir toda a sociedade de acordo com a vontade de todos os indivíduos. Marx mostrou, entretanto, que na sociedade de classes o Estado representa apenas a classe dominante e age conforme os interesses desse segmento social.

5. As classes sociais

Outro conceito fundamental do marxismo é o de classes sociais. Para Marx, liberdade e justiça, direitos inalienáveis e considerados naturais pelo liberalismo, não resistem às evidências das desigualdades sociais promovidas pelas "relações de produção", que dividem os homens em proprietários e não proprietários dos meios de produção. Dessa divisão se originam as classes sociais: os "proletários" – trabalhadores despossuídos dos "meios de produção", que vendem sua força de trabalho em troca de salário – e os "burgueses" – que, possuindo meios de produção sob a forma legal da propriedade privada, "apropriam-se" do produto do trabalho de seus operários em troca do salário do qual eles dependem para sobreviver.

Marx afirmava que as relações entre as classes são de oposição, antagonismo e exploração.

As classes sociais formadas no capitalismo industrial – burgueses e proletários – estabeleceram desigualdades intransponíveis entre os homens e relações que são, antes de tudo, de antagonismo e exploração. O antagonismo e a exploração derivam dos interesses inconciliáveis entre as classes. O capitalista procura preservar seu direito à propriedade dos meios de produção e dos produtos. O trabalhador, por sua vez, luta contra a exploração. Para Marx, a história humana é a história da disputa constante por interesses que se opõem. As divergências e os antagonismos entre grupos estão subjacentes a toda relação social, nos mais diversos níveis da sociedade, em todos os tempos, desde o surgimento da sociedade.

Por outro lado, apesar das oposições, as classes sociais são também complementares e interdependentes, pois uma só existe em função da outra. A superação dessa oposição se dará na medida em que a classe trabalhadora derrubar o capitalismo, dando início a uma sociedade sem classes.

6. A origem histórica do capitalismo

Para desenvolver sua teoria e explicar a origem das classes sociais e do capitalismo, Marx se valeu de uma sólida visão histórica e de conceitos abrangentes da análise crítica da época em que viveu. É assim que ele atribui a origem das desigualdades sociais a uma enorme quantidade de riquezas que se concentrou na Europa, desde o século XIII até meados do século XVIII, nas mãos de uns poucos indivíduos que têm o objetivo e as possibilidades de acumular bens e obter lucros cada vez maiores.

Segundo Marx, a Revolução Industrial acelerou o processo de alienação do trabalhador dos meios e dos produtos de seu trabalho.

COLEÇÃO JOÃO TRINCA, SÃO PAULO

ROGÉRIO REIS/PULSAR IMAGENS

Figuras 7 e **8** • Acima, à esquerda, operários da fábrica de ferraduras Martins Ferreira & Cia., São Paulo, c. 1900. À direita, produção de polpa de cupuaçu para exportação, Tomé-Açu, Pará, 2009. Com o capitalismo, o trabalhador é expropriado dos meios de produção e do produto de seu trabalho.

A força de trabalho é a única capaz de criar valor. Para os economistas clássicos, o trabalho é a verdadeira fonte de riqueza das sociedades.

A produção artesanal europeia da Idade Média e do Renascimento, quando o trabalhador era dono de sua oficina e dos instrumentos de produção, foi, aos poucos, substituída por oficinas organizadas pelos comerciantes enriquecidos. A generalização desses galpões originou, em meados do século XVIII, na Inglaterra, a Revolução Industrial, que levou os artesãos individuais à falência. As máquinas e tudo o mais necessário ao processo produtivo – força motriz, instalações, matérias-primas – ficaram acessíveis somente aos empresários capitalistas, com os quais os artesãos, isolados, não podiam competir (figuras 7 e 8). A maior parte desses artesãos desistiu da produção individual e se converteu em trabalhadores "livres", isto é, sem os meios de produção. Empregaram-se nas indústrias como operários, formando, junto aos trabalhadores vindos do campo, uma nova classe social.

Trabalho, valor e lucro

O capitalismo, segundo o marxismo, transformou o trabalho em mercadoria. Para Marx, a valorização da mercadoria se dá no âmbito de sua produção.

O capitalismo vê a força de trabalho como mercadoria, mas é claro que não se trata de uma mercadoria qualquer. Ela é a única capaz de criar valor. Os economistas clássicos ingleses, desde Adam Smith, já haviam percebido isso ao terem reconhecido o trabalho como a verdadeira fonte de riqueza das sociedades. Já haviam postulado que o valor das mercadorias dependia do tempo de trabalho gasto na sua produção. Marx acrescentou que esse tempo de trabalho se estabelecia em relação às habilidades individuais médias e às condições técnicas vigentes na sociedade. Por isso, dizia que no valor de uma mercadoria era incorporado o "tempo de trabalho socialmente necessário" à sua produção. Assim, o valor das mercadorias incorpora as várias habilidades profissionais exigidas e todos os tempos de trabalho necessários.

Imaginemos um capitalista interessado em produzir sapatos. Consideremos uma unidade de moeda qualquer para calcular os custos de produção e o lucro. Pois bem, suponhamos que a produção de um par de sapatos custe ao capitalista 100 moedas de matéria-prima, mais 20 pelo desgaste dos instrumentos (ao término da vida útil dos equipamentos, o empresário terá de substituí-los por novos), mais 30 de salário diário pago a cada trabalhador. Essa soma – 150 unidades de moeda – representa a despesa do capitalista com investimentos. O valor do par de sapatos produzido nessas condições será a soma de todos os valores representados pelas diversas mercadorias que entraram na produção (matéria-prima, instrumentos, força de trabalho), o que totaliza também 150 unidades de moeda.

O capitalista poderia lucrar simplesmente aumentando o preço de venda do produto – por exemplo, cobrando 200 unidades de moeda pelo par de sapatos. Mas o simples aumento de preços é um recurso transitório e com o tempo traz problemas. De um lado, uma mercadoria com preços elevados, ao sugerir possibilidades de ganho imediato, atrai novos capitalistas interessados em produzi-la. Com isso, porém, corre-se o risco de inundar o mercado com artigos semelhantes, cujo preço fatalmente cairá (figura 9). De outro lado, uma alta arbitrária no preço de uma mercadoria qualquer tende a provocar elevação generalizada nos demais preços, pois, nesse caso, todos os capitalistas desejarão ganhar mais com seus produtos. Isso pode ocorrer durante algum tempo, mas, se a disputa se prolongar, poderá levar o sistema econômico à desorganização.

De acordo com a análise de Marx, não é no âmbito da compra e da venda de mercadorias que se encontram as bases estáveis para o lucro dos capitalistas individuais nem para a manutenção do sistema capitalista. Ao contrário, a valorização da mercadoria se dá no âmbito de sua produção.

NELSON ANTOINE/FOTOARENA/FOLHAPRESS

Figura 9 • Movimentação de consumidores na rua 25 de Março, centro de São Paulo, 2010.

A mais-valia

Retomemos o nosso exemplo. Suponhamos que o operário tenha uma jornada diária de nove horas e confeccione um par de sapatos a cada três horas. Nessas três horas, ele cria uma quantidade de valor correspondente ao seu salário, que é suficiente para obter o necessário à sua subsistência. Como o capitalista lhe paga o valor de um dia de força de trabalho, no restante do tempo, seis horas, o operário produz mais mercadorias, que geram um valor maior do que lhe foi pago na forma de salário. A duração da jornada de trabalho resulta, portanto, de um cálculo que leva em consideração o quanto interessa ao capitalista produzir para obter lucro sem desvalorizar seu produto.

O capitalismo pode obter mais-valia aumentando constantemente a jornada de trabalho ou melhorando a tecnologia de produção.

Suponhamos uma jornada de nove horas, ao final da qual o sapateiro produza três pares de sapatos. Cada par continua valendo 150 unidades de moeda, mas agora eles custam menos ao capitalista. É que, no cálculo do custo dos três pares, a quantia investida em meios de produção também foi multiplicada por três, mas a quantia relativa ao salário – correspondente a um dia de trabalho – permaneceu constante. Desse modo, o custo de cada par de sapatos se reduziu a 130 moedas.

Custo de um par de sapatos na jornada de trabalho de três horas		Custo de um par de sapatos na jornada de trabalho de nove horas	
Meios de produção	120	Meios de produção	120 × 3 = 360
+ salário	30	+ salário	30
	150		390 : 3 = 130

EDSON SILVA/FOLHAPRESS

Figura 10 • Linha de produção de calçados para exportação em Franca, São Paulo, 2007.

Ao final da jornada de trabalho, o operário recebe 30 unidades de moeda, ainda que seu trabalho tenha rendido o dobro ao capitalista: 20 unidades de moeda por par de sapatos produzido (150 – 130) totalizando 60 unidades de moeda (20 × 3). Esse valor a mais não retorna ao operário: é apropriado pelo capitalista (figura 10).

Visualiza-se, portanto, que uma coisa é o valor da força de trabalho, isto é, o salário, e outra é o quanto esse trabalho rende ao capitalista. Esse valor excedente produzido pelo operário é o que Marx chama de mais-valia.

O capitalista pode obter mais-valia procurando aumentar constantemente a jornada de trabalho, tal como no nosso exemplo (segundo Marx, é a mais-valia absoluta). Porém, não é possível estender indefinidamente a jornada de trabalho. A outra forma de obter mais-valia é melhorando a tecnologia de produção. A tecnologia aplicada faz aumentar a produtividade, isto é, as mesmas nove horas de trabalho agora produzem um número maior de mercadorias. A mecanização também faz com que a qualidade dos produtos dependa menos da habilidade e do conhecimento técnico do trabalhador individual. Numa situação dessas, portanto, a força de trabalho vale cada vez menos e, ao mesmo tempo, graças à maquinaria desenvolvida, produz cada vez mais. Esse é, em síntese, o processo de obtenção daquilo que Marx denomina mais-valia relativa.

O processo descrito esclarece a dependência do capitalismo em relação ao desenvolvimento das tecnologias de produção. Mostra, ainda, como o trabalho, sob o capital, perde todo o atrativo e faz do operário mero "apêndice da máquina".

As classes sociais não apresentam apenas uma diferente quantidade de riqueza, mas também posição, interesse e consciência diversos. O estudo do modo de produção é fundamental para se saber como se organiza e funciona uma sociedade.

As relações políticas

Após essa análise detalhada do modo de produção capitalista, Marx passa ao estudo das formas políticas construídas no seu interior. Ele constata que as diferenças entre as classes sociais não se reduzem a diversas quantidades de riquezas, mas expressam uma diferença de "existência material". Os indivíduos de uma mesma classe social partilham uma situação de classe que lhes é comum, incluindo valores, comportamentos, regras de convivência e interesses.

A essas diferenças econômicas e sociais segue-se uma desigual distribuição de poder. As classes economicamente dominantes desenvolveram formas de dominação políticas que lhes permitem apropriar-se do aparato de poder do Estado e, com ele, legitimar seus interesses sob a forma de leis e planos econômicos e políticos. Cada forma assumida pelo Estado na sociedade burguesa, seja sob o regime liberal, monárquico, monárquico-constitucional ou ditatorial, representa diferentes maneiras pelas quais ele se transforma num "comitê para gerir os negócios comuns de toda a burguesia" (figura 11).

Para Marx, as condições específicas de trabalho geradas pela **industrialização** podem promover a consciência da classe trabalhadora da exploração que sofre e, consequentemente, tendem a impulsionar a sua organização política para a ação.

Industrialização. Historiadores e sociólogos chamam de indústria um modo de produzir que envolve instrumentos, matéria-prima, recursos humanos e atividades produtivas com o objetivo de fornecer bens materiais e simbólicos para o mercado. Caracteriza a indústria o amplo emprego da técnica e da ciência, assim como de energia, com vistas ao aumento da produtividade do setor. Na atualidade, a automação e o uso da tecnologia da informação têm tornado mais complexo o processo de industrialização, além de reduzir o emprego de mão de obra. Nesses termos, fala-se já em sociedade pós-industrial, formada por redes que integram produtores individuais que produzem por demanda – é o chamado toyotismo.

SAUL LOEB/AFP PHOTO

Figura 11 • Para Marx, o governo, mesmo nas sociedades democráticas, não governa para o povo, mas sim para atender aos interesses das classes burguesas. O presidente Barack Obama, ao lado do vice Joe Biden e de secretários, anuncia ajuda aos bancos americanos, 2008.

7. A amplitude da contribuição de Marx

A teoria marxista repercutiu de maneira decisiva não só na Europa – objeto primeiro de seus estudos – como nas colônias europeias e em movimentos de independência. Incentivou os operários a organizar partidos marxistas e sindicatos revolucionários, levou intelectuais à crítica da realidade e influenciou as atividades científicas de modo geral e as ciências humanas em particular.

Para Marx, a realidade social era uma concretude histórica – um conjunto de relações de produção que caracteriza um momento histórico.

Por outro lado, cada sociedade representava para Marx uma totalidade, isto é, um conjunto único e integrado das diversas formas de organização humana nas suas mais diversas instâncias. Entretanto, apesar de considerar as sociedades da sua época e do passado como totalidades e como situações históricas concretas, Marx conseguiu, pela profundidade de suas análises, extrair conclusões de caráter geral e aplicáveis a formas sociais diferentes.

O materialismo histórico e a ciência

O sucesso e a penetração do materialismo histórico no campo da ciência – ciências política, econômica e social – e na organização política devem-se ao universalismo de seus princípios e ao caráter totalizador que Marx imprimiu às suas ideias. Devem-se também ao caráter militante das ideias propostas, voltadas para a ação prática e para a práxis revolucionária.

Ao ser disseminado pelo mundo e vulgarizado, o marxismo começou a ser identificado com todo movimento revolucionário que propunha combater as desigualdades sociais entre homens e mulheres, entre diferentes grupos nacionais, étnicos e religiosos. Todos eles passaram a ser considerados movimentos de esquerda (figura 12).

Com o marxismo, a questão da objetividade científica foi posta em um novo patamar. Para Marx, a questão da objetividade só se coloca como consciência crítica. A ciência, assim como a ação política, só pode ser verdadeira e não ideológica se refletir uma situação de classe e, consequentemente, uma visão crítica da realidade.

ACERVO ICONOGRAPHIA

Figura 12 • Fundadores do Partido Comunista do Brasil (PCB), 1922.

Marx contribuiu para uma nova abordagem do conflito, da relação entre consciência e realidade e da dinâmica histórica.

Nessa perspectiva, objetividade não é uma questão de método, mas de como o pensamento científico se insere no contexto das relações de produção e na história.

A ideia de uma sociedade "doente" ou "normal", preocupação dos cientistas sociais positivistas, desaparece em Marx. Para ele, a sociedade é constituída de relações de conflito e é de sua dinâmica que surge a mudança social. Fenômenos como luta, contradição, revolução e exploração são constituintes dos diversos momentos históricos e não disfunções sociais.

Não é preciso afirmar a contribuição da teoria marxista para o desenvolvimento das ciências sociais. A abordagem do conflito, da dinâmica histórica, da relação entre consciência e realidade e da correta inserção do homem e de sua práxis no contexto social foram conquistas jamais abandonadas pelos sociólogos. Isso sem contar a habilidade com que o método marxista possibilita o constante deslocamento do geral para o particular, das leis macrossociais para suas manifestações históricas, do movimento estrutural da sociedade para a ação humana individual e coletiva.

A teoria marxista teve ampla aceitação tanto teórica e metodológica quanto política e revolucionária. Em 1917, uma revolução inspirada nas ideias marxistas, a Revolução Bolchevique, na Rússia, criava no mundo o primeiro Estado operário. Essa revolução impulsionou a teoria marxista em todo o mundo. Na sociologia chegou mesmo a dominar várias gerações de sociólogos.

O fim da União Soviética, 69 anos após o seu surgimento, não significou o fim da história ou da sociologia, nem o esgotamento do marxismo como postura teórica das mais amplas e fecundas, com um poder de explicação não alcançado pelas análises posteriores (figura 13). O que se torna necessário é rever essa sociedade cujas relações de produção se organizam sob novos princípios – enfraquecimento dos Estados nacionais, mundialização do capitalismo, formação de blocos supranacionais e organização política de minorias étnicas, religiosas e sexuais –, entendendo que as contradições não desapareceram, mas sim se expressam em novas instâncias.

WOLFGANG RATTAY/REUTERS/LATINSTOCK

Figura 13 • Multidão assiste à derrubada do Muro de Berlim, Alemanha, 1989. Com a queda do Muro de Berlim encerrou-se uma época de utopias para dar lugar a outra, marcada pela compreensão do que foi o modelo burocrático de socialismo. Para alguns, o fim do muro coincide com o fim da história (no sentido marxista do termo), enquanto para outros se abriu uma nova etapa, a partir da crítica do modelo anterior e de construção de um novo modelo de utopia.

Atividades

Compreensão do texto

1. O que é materialismo histórico?

2. Quais são os elementos constitutivos das forças produtivas?

3. O que é modo de produção? Qual é a importância desse conceito para a análise que Marx faz das sociedades?

4. Que relação Marx estabelece entre trabalho e valor?

5. Como podemos definir mais-valia?

6. O que Marx entende por história?

7. Como o marxismo influenciou a sociologia? Essa influência terminou nos dias de hoje?

Interpretação e problematização

8. Leia o texto e responda às questões.

> "A história de todas as sociedades existentes até hoje tem sido a história das lutas de classes. Homem livre e escravo, patrício e plebeu, barão e servo, mestre de corporação e companheiro, numa palavra, opressores e oprimidos, têm permanecido em constante oposição uns aos outros, envolvidos numa guerra ininterrupta, ora disfarçada, ora aberta, que terminou sempre, ou por uma transformação revolucionária de toda a sociedade, ou pela destruição das duas classes em luta."

MARX, Karl; ENGELS, Friedrich. Manifesto do Partido Comunista. In: *Cartas filosóficas e outros escritos*. São Paulo: Grijalbo, 1977. p. 84.

a) Que classes sociais Marx identifica ao longo da história?
b) Como são as relações entre elas?
c) Como se dão, segundo Marx, as transformações em uma sociedade de classes?

9. Analise a ideia de Marx sobre a relação entre o homem e a história.

> "Os homens fazem sua própria história, mas não a fazem como querem, não a fazem sob circunstâncias de sua escolha e sim sob aquelas com que se defrontam diretamente, legadas e transmitidas pelo passado."

MARX, Karl. *O 18 Brumário de Luís Bonaparte*. São Paulo: Abril Cultural, 1974. p. 335.

10. Aplicando os conceitos de mais-valia absoluta e de mais-valia relativa, de que modo podemos julgar o avanço tecnológico da indústria para os trabalhadores?

11. Analise a foto seguinte utilizando os conceitos marxistas de classe social, conflito de interesses, modo de vida etc.

Trabalho infantil em plantação de algodão na região de Bom Jesus da Lapa, BA, 2002.

Você consegue identificar manifestações como essa em outros artistas plásticos?

12. Nos anos 1980, ao lembrar a greve dos metalúrgicos do ABC paulista, ocorrida no início daquela década, Luiz Inácio da Silva (Lula), presidente do sindicato na época, deu a seguinte declaração:

> "Em 1980, compreendemos que não bastava pedir um reajuste de 10%. Ficou evidente que não se tratava de conseguir 10 ou 20% a mais. Isto não vai resolver o problema dos trabalhadores. De modo que reivindicamos melhorias que não eram econômicas. Por exemplo, estabilidade no emprego, redução da semana de trabalho. Queríamos controlar o processo de escolha dos chefes de seção e garantir aos representantes sindicais o direito de livre acesso às fábricas."
>
> ALVES, Maria Helena Moreira. *Estado e oposição no Brasil (1964-1984)*. Petrópolis: Vozes, 1984. p. 253.

Analise a mudança de tática dos grevistas na mesa de negociação sob o ângulo das análises de Marx.

a) Lula estava certo ao afirmar que um reajuste de 10 a 20% não resolveria os problemas dos trabalhadores? Justifique.

b) Por que, na fala de Lula, a mudança de tática resultaria em ganhos reais maiores para os trabalhadores do que um índice mais alto de reajuste salarial?

Aplicação de conceitos

13. Cinema

Adeus, Lênin! de Wolfgang Becker. Alemanha, 2003, 121 min.

Trata das mudanças ocorridas na antiga Alemanha Oriental após a queda do Muro de Berlim e da reintrodução do capitalismo em um dos mais importantes países da época do Leste Europeu durante a Guerra Fria. O filme permite visualizar como as mudanças econômicas de uma sociedade influenciam as relações sociais e a cultura. Procure identificar a relação entre diferentes formas de organização social e valores que as representam.

Pesquisa

14. Pesquise com o seu grupo em que medida a modernização da indústria tem reduzido o uso da mão de obra e aumentado a produtividade. A indústria automobilística é um bom ponto de partida para o trabalho.

Leitura visual

15. Desde o final da Segunda Guerra Mundial, o capitalismo como modo de produção sofreu grandes transformações. Observe as imagens a seguir. Cada coluna apresenta aspectos do capitalismo em momentos diferentes nos últimos setenta anos. Analise-os e explique quais foram as rupturas e as continuidades na transição de um momento para o outro.

1. Vista aérea do Pantanal, Município de Poconé, Mato Grosso, 2008. 2. Vista aérea do garimpo, Poconé, Mato Grosso, 2008. 3. Balcão de atendimento em agência bancária, Pará, 2008. 4. Saque em caixa eletrônico, Holanda, 2008. 5. Projetista desenhando automóvel, Estados Unidos, 2007. 6. Projetista de automóveis utilizando recurso do CAD, Alemanha, 2009.

Questões de vestibular e do Enem

16. **(UFPA)** Tendo em vista as análises de Karl Marx e Friedrich Engels sobre o conceito de ideologia é possível afirmar que:

a) o conjunto das ideias da classe dominante é, em todas as épocas, o dominante. E, quando uma nova classe passa a dominar, ela apresenta o seu interesse como o interesse de todos os membros da sociedade.

b) um dos aparelhos ideológicos que reproduzem valores etnocêntricos das classes sociais dominadas é a educação. E, quando a educação formal visa à educação política, há possibilidades de desenvolvimento que não se restringem ao crescimento econômico.

c) a ideologia é determinante do modo de ser, pensar e agir de uma sociedade e possibilita a extinção das particularidades por meio da relativização e da coligação, entre si, dos membros da classe política para se constituírem em grupo homogêneo e solidário.

d) a ideologia é uma noção universalmente desejada, pois propõe a neutralidade nas análises do processo de acumulação capitalista em escala global, e é um meio de escolher democraticamente as pessoas encarregadas de tomar decisões.

e) das legitimações básicas do domínio, a liderança para o bem-estar para todos é aquela em que há autoridade pelo dom da graça. Essa liderança consiste na ideia de que a menor intervenção do poder público permite que as forças do livre mercado proporcionem o desenvolvimento e a intensificação das contradições sociais.

Leitura complementar

Capítulo 3

A sociologia de Durkheim

"[...] Os brinquedos vulgares são assim, essencialmente, um microcosmo adulto; são reproduções em miniatura de objetos humanos, como se, para o público, a criança fosse apenas um homem pequeno, um homúnculo a quem só se podem dar objetos proporcionais ao seu tamanho.

As formas inventadas são muito raras; apenas algumas construções, baseadas na habilidade manual, propõem formas dinâmicas. Quanto ao restante, o brinquedo francês *significa sempre alguma coisa*, e esse alguma coisa é sempre inteiramente socializado, constituído pelos mitos ou pelas técnicas da vida moderna adulta: o Exército, a Rádio, o Correio, a Medicina (estojo miniatura de instrumentos médicos, sala de operação para bonecas), a Escola do Penteado Artístico (secadores, bobes), a Aviação (paraquedistas), os Transportes (trens, citroëns, lambretas, vespas, postos de gasolina), a Ciência (brinquedos marcianos).

O fato de os brinquedos franceses prefigurarem *literalmente* o universo das funções adultas só pode evidentemente preparar a criança a aceitá-las todas, construindo para ela, antes mesmo que possa refletir, o álibi de uma natureza que, desde que o mundo é mundo, criou soldados, empregados do Correio e vespas. O brinquedo fornece-nos assim o catálogo de tudo aquilo que não espanta o adulto: a guerra, a burocracia, a fealdade, os marcianos etc.

[...] Existem, por exemplo, bonecas que urinam: possuem um esôfago, e, se lhes dá a mamadeira, molham as fraldas; sem dúvida, brevemente o leite transformar-se-á em água, em seus ventres. Pode-se, desta forma, preparar a menininha para a causalidade doméstica, 'condicioná-la' para a sua futura função de mãe. Simplesmente, perante este universo de objetos fiéis e complicados, a criança só pode assumir o papel do proprietário, do **utente**, e nunca do criador; ela não inventa o mundo, utiliza-o: os adultos preparam-lhe gestos sem aventura, sem espanto e sem alegria. Transformam-na num pequeno proprietário aburguesado que nem sequer tem de inventar os mecanismos de causalidade adulta, pois já lhe são fornecidos prontos: ela só tem que utilizá-los, nunca nenhum caminho a percorrer."

BARTHES, Roland. *Mitologias.* São Paulo: Difel, 1982.

Utente. Aquele que usa, usuário.

Compreender o texto

1. Pelo texto, os brinquedos reproduzem as regras e condicionam as crianças a se familiarizarem e se adaptarem precocemente ao mundo adulto. Qual é a principal consequência desse fato social?
2. O brinquedo fornece o catálogo de tudo aquilo que não espanta o adulto: a guerra, a burocracia, a fealdade, os marcianos etc.

   I. A utilização correta de um brinquedo é predeterminada por um sistema de regras próprias do mundo adulto.

   II. A internalização de regras pela criança é uma expectativa do grupo, mesmo que essa não seja a sua vontade.

   III. Apesar de informais, as regras de utilização de um brinquedo não permitem questionamento ou discordância pelo risco de esse comportamento transgressor ser reprimido espontaneamente pelo grupo.

   Com base no texto é possível afirmar que está(ão) correta(s) APENAS a(s) proposição(ões):

   a) I. **b)** II. **c)** III. **d)** I e II. **e)** I, II, e III.

Sugestões

PARA LER

- **Cartas a uma jovem socióloga**, de Alain Touraine. Rio de Janeiro: Paz e Terra, 1976.

  Publicação de cartas do autor a uma aluna com a qual se correspondeu em 1974, trocando ideias a respeito dos problemas sociais da época, especialmente daqueles enfrentados pelos sociólogos.

- **Coração das trevas**, de Joseph Conrad. São Paulo: Companhia das Letras, 2008.

  O escritor Conrad viveu na África alguns anos na década de 1890, onde presenciou os abusos e atrocidades cometidos pelas nações europeias contra os povos nativos do continente. Através do aventureiro Marlow, o escritor critica a violência colonial e a aniquilação da cultura nativa pelos europeus.

- **O diabo na livraria do cônego**, de Eduardo Frieiro. 2. ed. Belo Horizonte: Itatiaia, 1981.

  Publicado primeiramente em 1945, o livro analisa os autos de sequestro dos bens do cônego Luís Vieira da Silva, partícipe e ideólogo da Inconfidência Mineira, mostrando como as ideias dos filósofos da Ilustração penetravam no Brasil, inspirando os movimentos sociais libertários.

PARA ASSISTIR

- **Dersu Uzala**, de Akira Kurosawa. Japão/União Soviética, 1974, 140 min.

  Militar russo é destacado para fazer o levantamento topográfico da Sibéria, onde encontra Dersu Uzala, um camponês mongol que o acompanha como guia na viagem. Durante o período de convivência, o camponês, humildemente, lhe ensina a "ler" a natureza siberiana, e apresenta uma nova forma de ver o mundo e as diferenças culturais entre eles.

PARA NAVEGAR

- **Centro de Estudos Sociais da Universidade de Coimbra**

  (www.ces.uc.pt/ces)

  Dirigido pelo prof. dr. Boaventura de Sousa Santos, o Centro de Estudos Sociais da Universidade de Coimbra foi criado em 1978 com o fim da ditadura salazarista, quando foi implantada oficialmente a sociologia no país. Em sua formação contou com diversos professores visitantes brasileiros. É hoje composto por centenas de pesquisadores que se dedicam ao estudo multidisciplinar de temas abrangentes como a globalização e as relações internacionais de Portugal com a África e Brasil.

- **Revista Tempo Social**

  (www.fflch.usp.br/sociologia/temposocial/site)

  Publicação do Departamento de Sociologia da Faculdade de Filosofia, Letras e Ciências Humanas da USP.

UNIDADE II

Sociologia no Brasil: o estudo de uma nação

CAPÍTULOS

OBJETIVOS

- Conhecer o desenvolvimento da sociologia no Brasil.
- Identificar as etapas desse desenvolvimento relacionando-as com as transformações do panorama político, cultural e econômico do país.
- Conhecer as obras de referência da sociologia no Brasil.

MAURÍCIO SIMONETTI/PULSAR IMAGENS

Pedestres no viaduto Santa Ifigênia, São Paulo, 2006.

A distorção objetiva das culturas

"(...) Para evitar a distorção é necessário reconhecer que nossa maneira de ser não é a única 'natural', que ela simplesmente representa uma dentre várias formas possíveis. Não podemos mais nos relacionar com nossa maneira de fazer ou construir as coisas como se ela fosse óbvia demais para ser explicada. Não pode haver compreensão do 'outro' sem uma compreensão modificada de si mesmo, uma mudança de identidade que altere nossa compreensão de nós mesmos, nossos objetivos e nossos valores. É por isso que frequentemente se resiste ao pluriculturalismo. Temos um profundo envolvimento com nossas imagens distorcidas dos outros."

TAYLOR, Charles*. A distorção objetiva das culturas. *Folha de S.Paulo*, 11 ago. 2002. Caderno Mais! p. 15.

* Charles Taylor, professor de filosofia na Universidade Northwestern (EUA).

Para debater

- Considerando o texto de Taylor e as informações da imagem, elabore uma explicação plausível para o desenvolvimento da sociologia brasileira.

CAPÍTULO 6

A sociologia no Brasil (I)

1. Heranças

O desenvolvimento do pensamento sociológico no Brasil obedeceu às condições de desenvolvimento do capitalismo e da inserção do país na ordem mundial.

Na primeira unidade, estudamos o desenvolvimento do pensamento sociológico como resultado de um longo processo resultante das condições sócio-históricas do capitalismo na Europa, a partir do Renascimento. Esse processo culminou com a elaboração científica do pensamento social, no século XIX, quando se deu sua plena autonomia em relação à filosofia social e se conceberam seus conceitos e métodos de análise.

Na América Latina e, em particular, no Brasil, o processo de formação, organização e sistematização do pensamento sociológico obedeceu também às condições de desenvolvimento do capitalismo e à dinâmica própria de inserção do país na ordem capitalista mundial. Refletiu também a situação colonial, a herança da cultura jesuítica e o lento processo de formação do Estado nacional brasileiro.

Desse modo, faremos um breve retrospecto da formação cultural e intelectual do Brasil, procurando salientar o processo de desenvolvimento das ideias sociais a partir da emergência de situações históricas concretas. O pensamento sociológico exprimiu as relações coloniais com a Europa e o desenvolvimento dependente do capitalismo, além da lenta e complexa formação da consciência nacional.

ARQUIVO HISTÓRICO ULTRAMARINO, LISBOA

Figura 1 • *Padre Antônio Vieira convertendo índios no Brasil.* Ilustração de 1746.

2. O colonialismo europeu

No Brasil, desde o início da colonização, as ordens religiosas da Igreja Católica promoveram a disseminação de sua visão de mundo. Os jesuítas (figura 1), membros da Companhia de Jesus, uma das principais ordens católicas da época, exerceram, durante quase três séculos, o monopólio sobre a educação, o pensamento culto e a produção artística na colônia. Imbuídos do espírito da catequese contrarreformista, os jesuítas trouxeram uma filosofia transcendental e escolástica. Introduziram um sistema misto de exploração do trabalho indígena que, combinado com o ensino religioso, quase aniquilou a cultura nativa. Assim, a catequese e a evangelização foram um importante instrumento de colonização.

A administração, por um lado, e a visão de mundo, por outro, tratavam de subordinar a colônia aos interesses da Coroa portuguesa e da Igreja Católica. Implantou-se uma visão de mundo erudita e religiosa, uma forma de pensar baseada na retórica e em princípios universalistas e de pouco pragmatismo. O objetivo dessa política cultural era a submissão das populações escravas e a distinção drástica das camadas cultas, compostas pelos que se dedicavam ao saber e não ao trabalho braçal. Esse caráter de distinção social e de alienação em relação às reais necessidades da sociedade como um todo marcou profundamente as atividades intelectuais que aqui se estabeleceram. Durante séculos, premida por diferentes circunstâncias, a cultura oficial no Brasil manteve seu perfil ilustrado, eurocentrado de distinção social e de dominação sobre as camadas populares e indígenas.

A visão de mundo e as classes intermediárias no século XVIII

No século XVIII, a mineração impulsionou a urbanização, o desenvolvimento comercial e a integração regional da colônia. As atividades produtivas da sociedade colonial, até então vinculadas principalmente à agricultura e à produção de açúcar, diversificaram-se. Surgiram novas ocupações livres para os estratos médios da sociedade: comerciantes, artífices, funcionários da administração, fiscais e controladores da extração de minérios e da exportação, entre outras atividades.

A composição da população da sociedade mineradora era diferente quando comparada com a sociedade açucareira: pela primeira vez, os homens livres eram mais numerosos do que os escravos. Essa camada intermediária livre e sem propriedades, que surgiu antes da burguesia propriamente dita, tornou-se consumidora da cultura europeia, em especial a de origem francesa, buscando criar uma identidade nova que a distinguisse tanto do escravo inculto como da elite colonial conservadora. Nesse intuito, o grupo emergente contou com o ensino praticado pelas ordens religiosas estabelecidas em Minas Gerais, bastante progressistas para a época.

O seminário de Mariana, em Minas Gerais, fundado em 1750, formou letrados, entre padres, funcionários civis, militares e comerciantes. Nas artes plásticas já se notavam manifestações importantes com o desenvolvimento de um barroco original (figura 2) e, na música, compositores se destacavam pela excelência de suas composições. Apenas no campo científico a produção era mínima, com uns poucos religiosos dedicados à geografia e à mineralogia. Predominava ainda o saber erudito, voltado para os estudos jurídicos.

RICARDO AZOURY/PULSAR IMAGENS

Figura 2 • Interior da Igreja Matriz de Santo Antônio. Pintura de Manuel da Costa Ataíde, século XVIII. Itaverava, Minas Gerais, 2006. O barroco/rococó mineiro é expressão do grande desenvolvimento que a região conheceu na época da mineração do ouro.

3. A visão de mundo da corte e o século XIX

A transferência da corte portuguesa para o Brasil, em 1808, também contribuiu para substituir a visão de mundo religiosa, difundida pelas ordens católicas, por uma mentalidade mais laica e iluminista. O pensamento iluminista, de forte influência francesa e predominante nas elites portuguesas, inspiradas pela Universidade de Coimbra, impulsionou a criação de instituições educacionais, artísticas e científicas, que romperam com a cultura escolástica e literária anterior. Fundou-se a Imprensa, a Escola Real de Ciências, Artes e Ofícios, a Academia de Belas-Artes e os primeiros cursos universitários.

No século XIX, o diploma competia em importância com o título de nobreza e de propriedade da terra.

Apesar desse avanço, a dependência política e intelectual do país influenciava profundamente na produção de seu conhecimento. A sociedade brasileira era descrita por estudos naturalistas, que recebiam o nome genérico de "história natural". Recrutavam-se, nas classes intermediárias, intelectuais dispostos a servir à corte e às classes dominantes reproduzindo uma ideologia predominantemente elitista e acrítica. A produção cultural havia se tornado mais pragmática, mas continuava sendo alienada, ditada pelas normas europeias, cujo objetivo era organizar o saber descritivo, funcional e ostentatório, além de garantir o domínio do poder imperial. O diploma concorria em importância com o título de propriedade da terra, formando um grupo de letrados portadores de um conhecimento jurídico e descritivo, sem qualquer conteúdo crítico.

O distanciamento da classe culta em relação às condições da grande maioria da população criava um hiato tão grande que, mesmo quando o exercício do saber levava à rebelião, como na Conjuração Mineira (1789) e na Revolução Pernambucana (1817), defrontava-se a elite rebelde com uma constrangedora contradição: uma atividade intelectual crítica, de inspiração liberal, exercida por pessoas que dependiam da classe dominante, em uma sociedade ainda colonial e escravocrata. O distanciamento dos rebeldes em relação ao restante da população escrava e espoliada impedia a transformação da dissidência em revolução.

E, embora a terra, a nação e a pátria emergissem como tema e como objeto de análise na produção intelectual e artística da época (figura 3), isso acontecia segundo preceitos estrangeiros e distantes, nunca como manifestação de um novo olhar desse grupo de artistas e pensadores sobre si mesmos e sobre os outros. A forma e a linguagem eram estrangeiras, só o motivo era nacional. Essa dicotomia entre a realidade vivida e o conhecimento produzido e consumido pela elite caracterizava uma nova forma de alienação, responsável pelo tardio desenvolvimento da ciência no Brasil.

Esse cenário viria a se transformar ao longo do século XIX à medida que as instituições coloniais, como a escravidão e a monarquia, começavam a ser questionadas. Sua longevidade começou a incomodar intelectuais críticos, liberais e republicanos, que, expressando novos anseios, faziam eclodir novas ideias, divulgando-as na imprensa e nas artes.

REPRODUÇÃO – FUNDAÇÃO BIBLIOTECA NACIONAL, RIO DE JANEIRO

Figura 3 • *Cascata da Tijuca*, de Johann Moritz Rugendas, século XIX.

Décadas de mudanças

Após 1870, sob pressão do que ocorria na Europa, significativas mudanças irromperam na sociedade brasileira. O crescimento populacional foi considerável, a produção cafeeira se expandiu, foram implantadas as primeiras ferrovias, aumentou a pressão das camadas médias urbanas por maior participação política. Essas transformações se refletiram na criação literária e na crítica social com as obras de Aluísio Azevedo, no Maranhão, Adolfo Caminha, no Ceará, Tobias Barreto, em Pernambuco, e Joaquim Nabuco e Rui Barbosa, no Rio de Janeiro. Devem ser lembrados ainda Machado de Assis e Castro Alves, bem como Sílvio Romero – que se destacou na crítica literária – e Euclides da Cunha, autor de *Os sertões*.

Paralelamente, também se delineou um lento desenvolvimento científico. Em 1874, surgiu a Escola Politécnica de Ouro Preto e, em 1893, a Escola de Engenharia de São Paulo. Só no início do século XX foi fundado o Instituto Manguinhos, no Rio de Janeiro, que impulsionaria a criação de outras instituições de pesquisa científica, como o Instituto Biológico e o Instituto Butantã, em São Paulo, o Instituto Agronômico, em Campinas, o de Patologia Experimental, em Belém, e o Instituto Borges de Medeiros, em Pelotas.

4. O advento da burguesia

As transformações sofridas pelo país no final do século XIX e início do século XX revolucionaram o modo de pensar no Brasil. No plano político, as antigas instituições monárquicas foram abolidas com a proclamação do regime republicano. No plano econômico, a substituição da mão de obra escrava pela mão de obra livre se oficializou em 1388 (Figura 4). A vinda de imigrantes, estimulada pela crise econômica e política europeia, teve grande participação nesse processo. A riqueza gerada com a agricultura cafeeira resultou no crescimento urbano e comercial, tanto interno quanto externo. Por fim, associada também à expansão do capitalismo, outra importante mudança ocorreu na virada do século: a formação de uma burguesia nacional.

A burguesia emergente necessitava de um saber mais nacional e pragmático, menos universalista e menos dependente da estrutura social colonial.

Essa classe social emergente necessitava de um saber mais pragmático, menos vinculado a uma estrutura social herdada da colonização, capaz de transformar a antiga colônia em uma nação capitalista. Além do combate às oligarquias agrárias era necessário instruir e emancipar as camadas populares, de maneira a desenvolver novas necessidades e atitudes políticas, compatíveis com uma nação independente.

A partir de então, verificou-se uma tentativa de ruptura com a herança cultural do passado: procurou-se combater o analfabetismo, homogeneizar os valores e criar um sentimento de patriotismo que levasse a mudanças reais na estrutura social.

A Primeira Guerra Mundial e a crise que a sucedeu fizeram crescer o poder econômico e político da burguesia nacional. Foi a aurora do nacionalismo. Grandes jornais brasileiros, como *O Estado de S. Paulo* e o *Diário Nacional*, eram porta-vozes dessa classe que procurava modernizar o país e reunir as diferentes regiões sob um mesmo ideário. Esse sentimento se manifestava inicialmente, de forma tímida, em ideias protecionistas, que propunham a defesa da produção nacional por meio de taxas alfandegárias. Só mais tarde, sob impacto do crescente interesse do capital estrangeiro em investir no país, o nacionalismo passou a defender ideias e medidas mais radicais.

O nacionalismo também expressava o desejo de conhecer realmente a nação e de conclamar as diversas classes sociais a exercer seu papel transformador da sociedade. Procurava repudiar todo traço de colonialismo, daquilo que era considerado atrasado, de importação cultural, propondo até mesmo a substituição do português clássico por uma língua brasileira, eminentemente nacional. Esse movimento revolucionário da sociedade e da cultura reorientou o pensamento social, traduzido nos estudos históricos, na crítica literária e nas análises já de cunho sociológico.

GEORGE LEUZINGER - MUSEU IMPERIAL/IPHAN/MINC, PETRÓPOLIS

Figura 4 • *Secagem do café na Fazenda Quititi*, de George Leuzinger, c. 1870. Jacarepaguá, Rio de Janeiro.

BIBLIOTECA MÁRIO DE ANDRADE

Figura 5 • Ilustração de Di Cavalcanti para o catálogo da exposição de 1922.

O início do século XX também conheceu movimentos sociais e políticos importantes. O movimento modernista (figuras 5 e 6) e a fundação do Partido Comunista são alguns deles. Além disso, é necessário mencionar o movimento tenentista e, dentro dele, a Coluna Prestes, que, apesar das divergências, lutavam pela moralização e pela modernização do sistema político brasileiro, propondo o fim da política do café com leite e de seus vícios eleitoreiros. Essas ideias encontraram ampla repercussão nas camadas médias urbanas da população.

Podemos dizer que houve no Brasil, desde o final do século XIX, a emergência de um pensamento sociológico que surgiu dos desafios propostos pela República. Trata-se do que Octávio Ianni chamou de "precursores" – autores que procuravam pensar os contrastes evidentes no Brasil, os movimentos sociais do campo e a formação do país. Fazem parte dos precursores Euclides da Cunha, Joaquim Nabuco, Silvio Romero e José Veríssimo. Mas a sociologia tal qual abordada nesse estudo, como atividade autônoma voltada para o conhecimento sistemático e metódico da sociedade, só irrompeu na década de 1930, com a fundação da Universidade de São Paulo e o consequente incremento da produção científica. Esse salto aconteceu graças à profunda crise que acometeu o mundo liberal e às agudas contradições das relações econômicas internacionais. A repercussão mundial da crise norte-americana de 1929 tornou impossível manter o ufanismo e o otimismo que imperavam no Brasil, sustentados pela crença absoluta no poder do progresso como caminho natural das sociedades. Foi no momento de crise que a crítica se desenvolveu, sistematizando-se de maneira científica na nascente sociologia.

A sociologia como conhecimento sistemático e metódico da sociedade só aparece no Brasil na década de 1930.

O deslocamento do eixo político, econômico e cultural do mundo da Europa para os Estados Unidos também teve repercussões nesse surto de pensamento científico de caráter humanista: não só a vinda de imigrantes fortaleceu a produção intelectual e artística da América, como também a decadência do velho continente obrigava os intelectuais a reverem suas posições de subserviência diante dele. O existencialismo, o modernismo e o pessimismo presentes na produção literária, filosófica e artística da primeira metade do século XX estimulavam a ruptura e a crítica.

INSTITUTO DE ESTUDOS BRASILEIROS DA USP/SÃO PAULO

Figura 6 • Comissão organizadora da Semana de Arte Moderna de 1922, realizada em São Paulo. Na foto, 1. Francesco Pettinati; 2. Anônimo; 3. René Thiollier; 4. Manuel Bandeira; 5. A. F. Schmidt; 6. Paulo Prado; 7. Graça Aranha; 8. Manoel Vilaboin; 9. Goffredo da S. Telles; 10. Couto de Barros; 11. Mário de Andrade; 12. Cândido Mota Filho; 13. Rubens B. de Moraes; 14. Luis Aranha; 15. Tacito de Almeida; 16. Oswald de Andrade.

5. A geração de 1930

Podemos dizer que a década de 1930 se norteou por algumas preocupações gerais entre os intelectuais. Em primeiro lugar, o interesse pela descoberta do Brasil "verdadeiro", em oposição ao Brasil colonizado e estudado sob a visão metropolitana da Europa. Em segundo lugar, o desenvolvimento do nacionalismo, como sentimento capaz de unir as diversas camadas sociais em torno de questões internas à nação e como inspiração para as políticas econômica e administrativa de proteção ao comércio e à indústria nacional. A valorização do cientificismo – como principal forma de conhecer e explicar a nação – e um grande anseio por modernizar a estrutura social brasileira estavam também presentes nesses estudos.

É dessa época a fundação da Escola Livre de Sociologia e Política, da Faculdade de Filosofia, Ciências e Letras, em São Paulo, e da Ação Integralista Brasileira (1932), bem como do movimento regionalista promovido por Gilberto Freyre, todos tentando concretizar, a seu modo, as aspirações intelectuais do momento. Também foi nesse período que a reforma de ensino proposta pelo então ministro Milton Campos (1931) introduziu a disciplina de sociologia no nível equivalente ao atual ensino médio.

Despontam nesse período os intelectuais da chamada geração de 1930, cujos expoentes foram Caio Prado Júnior, Gilberto Freyre, Sérgio Buarque de Holanda e Fernando de Azevedo (figura 7). Octávio Ianni os chama de "clássicos" e reconhece em seus principais trabalhos a preocupação em compreender os mecanismos da sociedade civil e suas relações com o Estado. Procuram avaliar o peso das tradições e suas repercussões no futuro da sociedade brasileira. Reconhecem, também, o peso do passado nos destinos da nação e a resistência de estruturas arcaicas herdadas do período colonial. Revisitam a história do país, distinguindo ciclos históricos e avaliando as reais possibilidades de modernização.

Caio Prado Júnior iniciou seus estudos a partir de uma historiografia de caráter social, em que procurava formalizar o método marxista para a análise da realidade brasileira. Sua primeira obra importante, *Evolução política do Brasil*, foi editada em 1933. Compreendeu o Brasil do século XX a partir de sua situação colonial originária, desenvolvendo para isso o importante conceito de sentido da colonização, pelo qual procurava entender os acontecimentos históricos como resultantes de uma conjuntura que condicionava desde o modelo econômico agrário-exportador até as relações familiares de estilo patriarcal. Nesse sentido, as opções do modelo econômico colonial dependente e agroexportador só poderiam ser explicadas em função das necessidades geradas pelo desenvolvimento industrial europeu. Prado Júnior foi o fundador da *Revista Brasiliense*, que dirigiu durante muitos anos. Em 1942, publicou outra obra de grande repercussão, *Formação do Brasil contemporâneo*.

Sérgio Buarque de Holanda iniciou sua produção intelectual voltado para a crítica literária e para a crítica cultural. Publicou em 1936 seu primeiro livro, *Raízes do Brasil*. Nesse ensaio sociológico, Sérgio Buarque utiliza a noção de tipo ideal elaborada por Weber para propor o conceito polêmico de homem cordial, que caracterizaria o comportamento típico do brasileiro. Esse conceito se refere às relações de caráter pessoal e afetivo do brasileiro e, ao mesmo tempo, à rejeição que expressamos em relação à impessoalidade das leis e das instituições. Outros autores desenvolveram esse tema, chegando a caracterizar o que ficou conhecido como "jeitinho brasileiro".

CLODOMIR BEZERRA/ABRIL IMAGENS

ARQUIVO/AGÊNCIA ESTADO

FOLHAPRESS

ARQUIVO/AGÊNCIA ESTADO

CÉLIO JR./AGÊNCIA ESTADO

Figura 7 • De cima para baixo: Gilberto Freyre (1972), Caio Prado Júnior (1978), Sérgio Buarque de Holanda (1952), Fernando de Azevedo (1970) e Octávio Ianni (1992).

Em *Visão do paraíso*, Sérgio Buarque conseguiu denunciar, pela primeira vez, a visão estereotipada que os europeus tinham do Brasil.

Fernando de Azevedo era o representante típico daquela intelectualidade, ao mesmo tempo aristocrática e humanista, que unia anseios liberais e moderadamente socialistas a um estilo de vida senhorial, marcado por origem socioeconômica ilustre e abastada. Ao lado de Anísio Teixeira e outros, destacou-se nas campanhas pela laicização do ensino e pela escola pública. Desempenhou importante papel na criação da Universidade de São Paulo e foi um dos primeiros mestres brasileiros de sociologia naquela instituição. Sua principal obra é *A cultura brasileira* (1943), na qual retoma o tema da unidade nacional fundada nas diferenças étnicas, regionais e culturais.

Gilberto Freyre foi, em Pernambuco, o representante do pensamento dessa época. Sua formação intelectual estava ligada a uma pós-graduação em ciências políticas, jurídicas e sociais na Universidade de Columbia, nos Estados Unidos, sob a influência de Franz Boas. Sua tese de mestrado, *A vida social do Brasil no século XIX*, preparou o caminho para sua obra mais celebrada, *Casa-grande & senzala*, publicada em 1933 (figura 8). Deu continuidade a essa obra em dois outros livros, *Sobrados e mocambos* e *Ordem e progresso*. Estudando a história brasileira, Gilberto Freyre consagrou o conceito de democracia racial, embora muitos autores não reconheçam o termo como de sua autoria. Defendendo a democracia racial, Freyre procurou mostrar que a cultura brasileira se caracteriza pela convivência harmoniosa entre negros e brancos, e que o nacionalismo no Brasil é marcado pela fusão de raças e grupos sociais, apesar da violência da escravidão e do estigma do preconceito herdado do período colonial. Freyre acreditava ainda que a sociologia e a antropologia podiam auxiliar na administração do país, possibilitando um pensamento articulado baseado no estudo da realidade brasileira.

Em favor do desenvolvimento das ciências sociais em seu estado, Freyre trabalhou de modo decisivo para a constituição de um instituto de pesquisas sociais, independente tanto do Estado como da conservadora universidade local, congregando letrados e intelectuais da região e atuando de forma convergente. Foi essa ideia o germe da Fundação Joaquim Nabuco, que se tornou realidade em 1949 (figura 9).

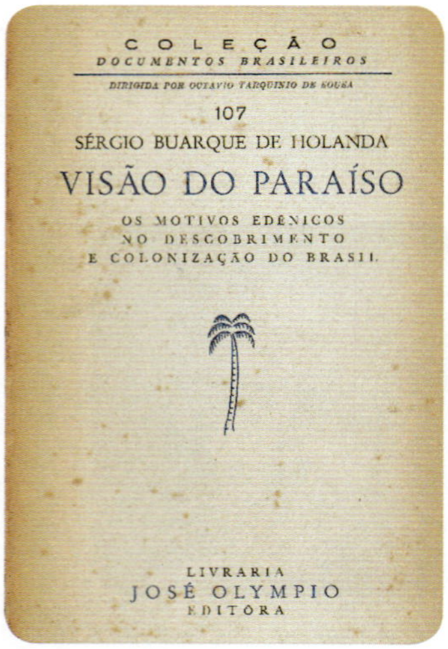

COLEÇÃO PARTICULAR

OSCAR CABRAL/EDITORA ABRIL – ACERVO DA BIBLIOTECA NACIONAL/RIO DE JANEIRO

COLEÇÃO PARTICULAR

Figura 8 • Capas dos livros: *Visão do paraíso*, de Sérgio Buarque de Holanda, 1ª edição, 1959; *Casa-grande & senzala*, de Gilberto Freyre, 1ª edição, 1933; *Formação do Brasil contemporâneo*, de Caio Prado Júnior, 1ª edição, 1942. As capas acima correspondem às edições originais de três livros que, entre outros, inauguraram em grande estilo as ciências humanas no Brasil com uma matriz intelectual nacional. Em sua época foram revolucionários e ajudaram a formar os demais pensadores brasileiros que se seguiram. São obras clássicas, que devem ser estudadas ainda hoje.

VALÉRIA GONÇALVEZ/AGÊNCIA ESTADO

Figura 9 • Exposição do Museu do Homem do Nordeste, na Fundação Joaquim Nabuco, em Recife, Pernambuco. Foto de 2009. Houve no Brasil a preocupação em entender o passado colonial e escravocrata, assim como suas consequências na vida da nação.

6. Institucionalização do ensino e divulgação da sociologia

Na década de 1930, como dissemos, grandes mudanças econômicas, políticas e sociais ocorreram no Brasil: a crise da política defendida pelas oligarquias agrárias, o crescimento da burguesia, o incremento da industrialização e a centralização do poder com a era Vargas. Houve, também, transformações importantes na área do conhecimento e das ideias políticas. A redefinição da divisão social do trabalho impulsionou o surgimento de diversas profissões. Os antigos bacharéis de direito, engenharia e medicina, com conhecimentos gerais de ciências sociais e humanas, foram encaminhados para o funcionalismo público em decorrência da criação de inúmeros ministérios e institutos. Além disso, ideias políticas autoritárias, que já se disseminavam em países como Itália, Alemanha, Espanha e Portugal, começavam a se fortalecer no Brasil. Seus seguidores defendiam um Estado capitalista intervencionista e militarizado, capaz de combater o avanço do comunismo e das lutas proletárias.

O desenvolvimento da sociologia ocorre com a industrialização e a centralização do poder pelo Estado Novo. O que se procurava, com o estudo sistemático da sociologia, era uma oposição ao desenvolvimento genérico das humanidades.

A intelectualidade paulista, de origem aristocrática e visão cosmopolita da sociedade, reagiu à absorção dos bacharéis pelo Estado e à ascensão das ideias autoritárias de direita. Essa reação está estreitamente ligada à fundação da Escola Livre de Sociologia e Política (1933), dedicada a estudos orientados pela sociologia norte-americana, e da Faculdade de Filosofia, Ciências e Letras (1934), de influência francesa, fundada por Armando de Salles Oliveira (figuras 10 e 11).

Auxiliada pelo antagonismo existente entre os setores progressistas da elite paulista e o governo federal, a Faculdade de Filosofia, Ciências e Letras pôde adotar uma postura crítica em relação à realidade brasileira e desenvolver a pesquisa de forma mais original e autônoma. A presença de grandes contingentes de imigrantes oriundos de uma classe média culta, da qual foi recrutada a segunda leva de estudantes, também serviu como alavanca para a nascente sociologia paulista. Entre eles, havia um grande número de judeus e de mulheres. No Distrito Federal (que na época era o Rio de Janeiro), ao contrário, a proximidade com o poder público e a ingerência do Estado na universidade dificultaram o desenvolvimento das ciências sociais, que se confundia com a formação de quadros para o serviço público. Procurou-se, assim, iniciar o estudo sistemático da sociologia, opondo-se ao caráter genérico de "humanidades".

FERNANDO FAVORETTO/CID

ACERVO CAPH/FFLCH-USP

Figuras 10 e 11 • No alto, prédio da Escola Livre de Sociologia e Política, São Paulo, 2011. Embaixo, fachada do prédio da Faculdade de Filosofia, Ciências e Letras, São Paulo, 1949. As duas primeiras escolas de ciências sociais criadas no país foram obra e realização da burguesia liberal paulistana, que desejava quadros políticos e intelectuais mais bem formados para garantir a expansão do capitalismo brasileiro e paulista, em particular.

A sociologia brasileira na década de 1940

Muitos professores estrangeiros foram convidados para formar profissionais das ciências sociais no Brasil. Para a Escola Livre de Sociologia e Política de São Paulo vieram Donald Pierson e Radcliffe-Brown, imprimindo às atividades acadêmicas o cunho empirista da Escola de Chicago. Para a Universidade de São Paulo (USP), veio a chamada Missão Francesa, composta por Lévi-Strauss, Georges Gurvitch, Roger Bastide, Paul Arbousse-Bastide e Fernand Braudel (figura 12 na página seguinte), nela instalando-se uma sociologia teórica humanista, com ênfase nos estudos culturais.

AMÉRICO MARIANO/AGÊNCIA ESTADO

ARQUIVO AGÊNCIA ESTADO

PAULO LETTE/AGÊNCIA ESTADO

SERGIO GAUDENTI/KIPA/CORBIS/LATINSTOCK

Figura 12 • De cima para baixo: Claude Lévi-Strauss (1997), Roger Bastide (c. 1930), Paul Arbousse-Bastide (1984) e Fernand Braudel (1984).

A importância desses acontecimentos foi enorme para a formação de um grupo de sociólogos que passara a desenvolver suas pesquisas já no fim da década de 1940, entre eles Florestan Fernandes, Maria Isaura Pereira de Queiroz, Antonio Candido de Mello e Souza, Gilda de Mello e Souza e Ruy Galvão de Andrada Coelho.

Além do ensino institucionalizado, São Paulo contou também com a emergência de um mercado editorial responsável pela publicação dos primeiros periódicos especializados, em que os cientistas sociais passaram a se exercitar na arte dos ensaios, seguidos de perto pelos críticos literários e de arte, que também contribuíam para o desenvolvimento do pensamento reflexivo. Em 1939, surgia a revista *Sociologia*, que teve a colaboração significativa dos intelectuais que haviam ajudado a fundar a Escola Livre de Sociologia e Política. Em 1941, era lançada a revista *Clima*, com uma casta de grandes críticos e articulistas, como Lourival Gomes Machado e Ruy Galvão de Andrada Coelho. Na década de 1950, começaram a ser rodadas a revista *Anhembi* (1950) e *Brasiliense* (1955), voltadas às questões culturais, atestando o forte movimento intelectual da época.

Antonio Candido considera que na década de 1930 criou-se um eixo catalisador do pensamento brasileiro, fazendo dessa época um marco histórico, a partir do qual é possível pensar-se num "antes" e num "depois". Ele vê nessa proliferação de ideias um processo de unificação cultural que deu projeção nacional aos professores locais e regionais. Pensava-se uma nação unida em sua diversidade, procurando realizar um projeto comum.

7. O integralismo e a intelectualidade conservadora

O movimento intelectual da década de 1930 não fez surgir, entretanto, apenas pensadores de influência marxista ou liberal, mas também os conservadores, ideólogos do integralismo. O fundador e principal representante dessa corrente foi Plínio Salgado, que via com desconfiança não só o movimento modernizador da sociedade, como também o liberalismo e o marxismo.

Suas ideias conservadoras exaltavam a ordem, a disciplina, a tradição e o autoritarismo do Estado, visto como síntese das aspirações nacionais. Publicou o *Manifesto de outubro*, em 1932, e participou da Ação Integralista Brasileira. Acreditava que o Estado seria o meio de compatibilizar os aspectos dicotômicos da realidade brasileira. Publicou *O integralismo perante a nação*, *O que é integralismo* e *A aliança do sim e do não*.

Outro movimento cultural conservador foi liderado pela Igreja Católica, o chamado Renascimento Católico, tendo como principais porta-vozes Alceu Amoroso Lima e Jackson de Figueiredo. O Centro Dom Vidal (1922) foi a sede desse grupo, que procurava, por intermédio de intelectuais leigos, defender os interesses reacionários da Igreja, compatibilizando-os com o pensamento da oligarquia agrária. Amoroso Lima se destacará, mais tarde, como oponente dessas tendências mais conservadoras do catolicismo brasileiro.

Atividades

Compreensão do texto

1. Qual foi o papel da Igreja Católica na formação da cultura colonial brasileira?
2. Que mudanças ocorreram na sociedade brasileira na época da mineração?
3. O que ocorreu no Brasil a partir de 1870 e de que maneira esse fato influenciou a cultura brasileira?
4. Por que se pode dizer que a burguesia promoveu a renovação do modo de pensar no Brasil?
5. O que foi a geração de 1930? Quais foram seus principais representantes?
6. Como surgiu a sociologia científica no Brasil?

Interpretação e problematização

7. Leia o texto e responda à pergunta.

> "Todavia, quando a economia nacional se encontrava concentrada na produção de capital agrícola, como atividade dominante, criaram-se instituições e sistemas de relações indispensáveis ao seu pleno funcionamento. [...]
>
> Nessa época, a *intelligentsia* esteve grande parte voltada para os estilos de pensamento dominantes nas nações. O pensamento criador não era estimulado a não ser nos estreitos limites da adequação formal de modelos constituídos na Inglaterra, na França, nos Estados Unidos, conforme a ocasião e o gênero."
>
> IANNI, Octávio. *Estado e capitalismo*. 2. ed. São Paulo: Brasiliense, 1989. p. 59.

O que o autor está criticando?

8. Monte uma tabela com as várias gerações de cientistas sociais brasileiros, indicando os autores e suas preocupações em relação às respectivas ciências.

Aplicação de conceitos

9. **Cinema**

Diários de motocicleta, de Walter Sales. Brasil, 2004, 128 min.

Adaptação do livro/diário de Che Guevara quando ainda não era militante político e guerrilheiro. Nessa viagem que fez com o amigo Alberto Granado, em 1952, sobre uma moto, percorreu toda a América Latina desde a Argentina, com o objetivo de conhecer o continente onde vivia.

▶ Analise o filme do ponto de vista da "descoberta" da América Latina e debata com seus colegas sobre as continuidades e rupturas que podem ser percebidas em relação à atual realidade da América Latina.

Pesquisa

10. Pesquise com o seu grupo nos livros de história do Brasil qual(is) era(m) a(s) visão(ões) que os europeus tinham sobre o Brasil desde a chegada dos portugueses. Depois, ainda em grupo, analise os vários fatores da cultura europeia que os levaram a ver o Brasil dessa forma.

11. Pesquise manifestações da emergência do pensamento social focado no Brasil em autores modernistas, como o escritor Mário de Andrade e o poeta Manuel Bandeira.

Leitura visual

12. A tela de Tarsila do Amaral, *Operários*, de 1933, reflete as mudanças que o país atravessava na época e evoca dois temas muito caros à nascente sociologia brasileira. Analise o quadro e indique quais seriam esses temas.

TARSILA DO AMARAL EMPREENDIMENTOS – ACERVO PALÁCIO DOS BANDEIRANTES, SÃO PAULO

Operários, pintura de Tarsila do Amaral, 1933.

Questões de vestibular e do Enem

13. **(Uece)** Durante o processo de formação do Estado nacional brasileiro (século XIX), muito se discutiu sobre a distância entre o *Brasil ideal*, europeu e branco, imaginado pelos intelectuais e políticos do período, e o *Brasil real*, periférico e mestiço, herança da colônia e da escravidão.

Como decorrência teórica e política desse contraste, é correto identificar:

a) a conciliação entre os mais ricos e os mais pobres como prática comum da política, desde os tempos da colônia e da escravidão.

b) a consciência revolucionária do povo brasileiro, expressada em inúmeras ocasiões, que impede as ditaduras e as arbitrariedades dos organismos estatais.

c) o mito da democracia racial, da benevolência das elites e do passado de paz e harmonia entre os brasileiros, que veio a constituir-se na crença sobre o caráter pacífico e conformado do povo brasileiro.

d) a consciência cívica da população, expressada nos momentos eleitorais, em que prevalece invariavelmente a preferência pelo voto ideológico, isto é, recusando os favores, os currais e a mercantilização do voto.

CAPÍTULO 7

A sociologia no Brasil (II)

1. A década de 1940

A Segunda Guerra Mundial foi um divisor de águas na história da civilização ocidental, responsável pela emergência e pela consagração dos Estados Unidos e da então União Soviética como potências mundiais. Antes do término da guerra, os acordos de Yalta e Potsdam dividiram o mundo em áreas de influência soviética e norte-americana. Esses acordos definiram as regiões do planeta que ficariam sob o controle político e ideológico dos Estados Unidos ou da União Soviética, determinando a divisão do mundo em dois blocos político-econômicos rivais (figuras 1 e 2). Ao mesmo tempo, deu-se a derrocada de formas autoritárias de poder que se espelhavam no modelo nazifascista. Datam dessa época, também, o início do processo de descolonização da África e da Ásia e a emergência de novas nações que procuravam desenvolver formas nacionalistas de ação e pensamento.

NASA

Figura 2 • Logotipo da missão Apollo 11, da NASA, 1969.

DEAN CONGER/CORBIS/LATINSTOCK

Figura 1 • Desfile de tropas soviéticas, em 1º de maio de 1964, na Praça Vermelha, em Moscou. As mudanças trazidas pela Segunda Guerra Mundial redesenharam a face do mundo. A sociologia teve de acompanhar essas mudanças. A luta política pela influência no mundo opôs o capitalismo norte-americano ao socialismo soviético, levando muitos países, entre eles o Brasil, a discutir o que eram e o que queriam nesse novo contexto internacional. A sociologia brasileira amadureceu nessa época.

> **Octávio Ianni (1926-2004)**
>
> Formou-se em Ciências Sociais pela Universidade de São Paulo, onde se tornou professor. Em virtude do Ato Institucional número 5 (AI-5), aposentou-se e foi contratado pela Pontifícia Universidade Católica de São Paulo (PUC). Deu aulas em universidades estrangeiras como professor convidado, na Universidade Estadual de Campinas (Unicamp) e na Escola de Comunicações e Artes da Universidade de São Paulo (USP). Autor de inúmeros livros e pesquisador do Cebrap, Octávio dedicou-se aos estudos das desigualdades sociais e, mais recentemente, às teorias da globalização e aos meios de comunicação de massa. É considerado um dos maiores sociólogos brasileiros.

A situação do Brasil

O pensamento sociológico do Brasil no período do pós-guerra refletiu todas aquelas questões colocadas pela nova ordem mundial e pelo novo contexto nacional. A industrialização, ainda que incipiente, transformava radicalmente as relações entre as classes sociais e as regiões. Processava-se uma aceleração no êxodo rural, com grandes contingentes populacionais abandonando o campo em direção às cidades. O trabalho agrícola perdia sua importância em relação ao industrial, ao passo que as regiões mais pobres do Brasil tornavam-se cada vez mais dependentes do Sudeste industrializado.

Diversos conflitos surgiam nesse processo de mudança, e o pensamento sociológico procurava dar conta dessas transformações. Abordava-se o conflito de etnias e pensava-se já nas condições do imigrante e do migrante nacional. Buscava-se um nacionalismo capaz de dar conta de diferenças que apareciam, enfim, à luz do dia (figura 3). Integração e mudança eram temas recorrentes na sociologia do pós-guerra.

Havia em toda produção sociológica do período uma grande preocupação com o despertar da consciência e com o resgate das raízes, das origens e das tradições do país, ameaçadas de se perderem no confronto com o Brasil industrial.

O país adquiria a consciência de sua complexidade, ao mesmo tempo que se estimulava a descoberta da própria especificidade. Diversos fatores, como a crise europeia e a divulgação das atrocidades cometidas durante a guerra, contribuíram para que o país superasse a tendência de sempre se identificar com as metrópoles econômicas e culturais da Europa. Assim como as artes, a ciência se debruçava sobre o Brasil, valorizando seus aspectos mais específicos e minoritários. Na década de 1940, o país adquiria consciência de sua complexidade e de sua particularidade.

Com a sociologia, o Brasil desenvolvia a consciência crítica de sua realidade.

Outras questões ocupavam também o pensamento dos sociólogos. Era a tentativa de identificação, nesse processo de mudança, de uma legítima revolução burguesa, nos moldes da que ocorrera na Europa entre os séculos XVIII e XIX.

R-P/KINO

Figura 3 • Em primeiro plano, prédios modernos; ao fundo, favela revitalizada, em Vitória, Espírito Santo, 2008. O desenvolvimento da sociologia no Brasil permitiu que temas como a desigualdade não fossem mais analisados como um "estágio" de desenvolvimento de uma sociedade atrasada para uma mais evoluída, mas como um problema do subdesenvolvimento produzido pela dominação estrangeira e pela inércia da elite nacional.

Acreditavam nossos estudiosos que o capitalismo industrial no Brasil reproduziria, ainda que tardiamente, as mesmas etapas e características da revolução burguesa liberal ocorrida na França e na Inglaterra. As teorias sobre a dependência e o imperialismo, entretanto, permitiram que se compreendesse que o capitalismo nos países que passaram pelo colonialismo produz uma realidade diversa, resultante de sua situação de dependência e das desiguais relações entre nações existentes no capitalismo internacional.

As teorias sobre a dependência e o imperialismo mostraram que o capitalismo nas ex-colônias era diverso daquele praticado nas ex-metrópoles.

O pensamento sociológico, como forma de pensar a nação brasileira e desenvolver uma consciência crítica sobre nossa realidade, adquiriu, nessa década, uma importância cada vez maior. As análises sobre desigualdades sociais, etnias, políticas indigenistas, regionalismos, tradições, transição e mudança extrapolaram os limites da disciplina e foram incorporadas pela geografia, pela história e até pela filosofia (figura 4).

Os brasilianistas

Ao falar sobre os anos 1940, não podemos esquecer os novos "cronistas viajantes", intelectuais estrangeiros que passaram a se interessar pela realidade brasileira. Esses brasilianistas, que se afastavam da guerra na Europa, procuravam no Brasil e em outros países da América, à maneira da Missão Artística Francesa do início do século XIX, estruturas sociais diferentes das existentes em seus países de origem: sociedades que, por sua diversidade, propunham novos modelos de vida econômica, política e cultural. Assim, enquanto os pesquisadores brasileiros se interessavam por aquilo que nos aproximava da Europa, os europeus, ao contrário, dedicavam-se ao estudo daquilo que nos afastava deles. O resultado dialético dessa oposição foi uma produção diversificada e rica.

Nesse período e em meio a essas discussões, começou a surgir uma preocupação mais abrangente, não só focada no país, mas em toda a América Latina, constituída de nações provenientes dos mesmos processos de dominação colonial e de exploração imperialista. Inúmeros estudos buscavam descobrir semelhanças e diferenças existentes dentro do Brasil e entre os diversos países latino-americanos, numa tentativa de construir nossa identidade continental.

Os pesquisadores estrangeiros ou brasilianistas ficaram fascinados pelo tema "questão racial", que tratava da particularidade da miscigenação ocorrida no Brasil entre brancos e negros. Interessaram-se, também, pelos indígenas e pela resistência e preservação de sua cultura, apesar da agressão secular infligida pelos brancos. Por fim, os brasilianistas contribuíram para o desenvolvimento de um tema que se tornou muito importante no Brasil e em toda a América Latina: as relações entre o Estado e as Forças Armadas, tanto no contexto da Guerra Fria como no da formação dos países sul-americanos.

Houve troca de influências entre os pensadores brasileiros e os brasilianistas. Alguns nomes são até hoje referência de um arguto olhar estrangeiro sobre o Brasil, como o francês Alain Touraine e o norte-americano Thomas Skidmore.

Não podemos deixar de fazer menção especial nesse período à produção e ao trabalho de pesquisa de Emílio Willems, autor de *Assimilação e populações marginais no Brasil*: estudo sociológico dos imigrantes germânicos e seus descendentes, *Cunha*: tradição e transição de uma comunidade rural do Brasil e *Dicionário de sociologia*. Foi ele também o fundador, com Romano Barreto, da revista *Sociologia*.

EDUARDO MARTINS/AGÊNCIA A TARDE/AGÊNCIA ESTADO

Figura 4 • A questão racial no Brasil foi analisada por sociólogos estrangeiros e vista como uma convivência menos segregacionista, se comparada com os Estados Unidos e a Europa, locais de origem desses sociólogos. No Brasil, as festas comemorativas são eventos em que diferentes etnias e raças se encontram e convivem. Carnaval de Salvador. Bahia, 2009.

2. A década de 1950

A geração de intelectuais dos anos 1950 estabeleceu um profundo diálogo com os clássicos brasileiros e estrangeiros.

O pós-guerra teve profundas repercussões no desenvolvimento do pensamento sociológico no mundo, com a transferência de muitos cientistas da Europa para os Estados Unidos e a dissolução de grupos de pesquisa ligados às universidades. Apesar da efervescência do pensamento sociológico motivado pelo desenvolvimento industrial do Brasil, rompeu-se o intercâmbio mantido com alguns centros universitários, especialmente os franceses. A sociologia brasileira voltou-se mais profundamente para si mesma, passou a se dedicar a uma pauta própria de questões e mais distanciada dos problemas focados pelos países desenvolvidos. As duas guerras mundiais provocaram a descrença em relação ao evolucionismo, às ciências exatas e à superioridade europeia sobre outros continentes, trazendo mudanças substanciais às ciências humanas. Esse cenário promoveu o interesse aos estudos sociológicos das sociedades não europeias, inclusive no Brasil.

Os intelectuais que se distinguiram nessa época são chamados por Ianni de "novos". Influenciados pelo pensamento científico das ciências sociais, estabeleceram um profundo diálogo com os clássicos, brasileiros e estrangeiros. E, mesmo tendo intenção em dar continuidade aos estudos iniciados nas décadas precedentes, inauguraram interpretações novas sobre o Brasil.

Entre eles, dois importantes pensadores foram responsáveis pela formação de duas grandes correntes do pensamento social brasileiro, cujas repercussões podem ser observadas até hoje: Florestan Fernandes (figura 5) e Celso Furtado.

A importância de Florestan Fernandes

Florestan Fernandes foi discípulo de Fernando de Azevedo e do professor francês Roger Bastide. Com este último, desenvolveu uma importante pesquisa sobre negros e a questão racial no Brasil. De formação estritamente nacional e "uspiana", tendo viajado para o exterior somente após sua aposentadoria compulsória, foi um dos grandes sistematizadores do pensamento sociológico brasileiro.

CRIS BIERRENBACH/EDITORA ABRIL

Figura 5 • Foto do sociólogo Florestan Fernandes em sua residência, em São Paulo, 1995. Florestan Fernandes (1920-1995), um dos principais representantes do pensamento sociológico brasileiro, também deixou a sua marca no Congresso Nacional como deputado federal.

Para muitos autores, entre eles Octávio Ianni, Florestan Fernandes foi o fundador da sociologia crítica no país. Toda sua obra debruça-se sobre a realidade brasileira, questionando-a, e sobre os autores que a estudaram e a explicaram, analisando-os e dialogando com eles. Além de conhecer bem os autores brasileiros, tinha um grande entendimento dos autores estrangeiros e foi capaz de interpretá-los à luz de uma perspectiva histórica e crítica.

Florestan unia a teoria à prática, sendo que ele próprio se chamava de "sociólogo militante". Sua obra, nesse sentido, foi influenciada pelos clássicos da disciplina, sobretudo por Marx. Essa busca de síntese entre a formalização teórica precisa – por meio do recurso aos clássicos – e a ação prática transformadora marcou toda sua vida.

Suas grandes preocupações no campo da sociologia, além da reflexão teórica, foram o estudo das relações sociais e da estrutura de classes da sociedade brasileira, o capitalismo dependente e o papel do intelectual. Sua obra é imensa, destacando-se: *A integração do negro na sociedade de classes*, *Fundamentos empíricos da explicação sociológica*, *Sociedade de classes e subdesenvolvimento*, *A sociologia numa era de revolução social* e *A revolução burguesa no Brasil*.

A contribuição de Celso Furtado

Celso Furtado foi o grande inovador do pensamento econômico, não só no Brasil como em toda a América Latina. É apontado como o fundador da economia política brasileira. Seus trabalhos se desenvolveram principalmente na Comissão Econômica para a América Latina (Cepal), criando uma escola de pensamento econômico conhecida por "cepalina".

O pensamento econômico no Brasil, até Celso Furtado, valia-se apenas de esquemas interpretativos abstratos e a-históricos como a lei da oferta e da procura e o estabelecimento de preços. Sempre defendendo as classes dominantes, esse pensamento servia para justificar medidas tomadas pelo Estado no interesse daquelas classes, como a queima de café nos anos de 1932 e 1933, durante o governo de Getúlio Vargas.

O pensamento econômico até Celso Furtado usava esquemas interpretativos abstratos e a-históricos, sempre defendendo as classes dominantes.

Celso Furtado propôs uma interpretação histórica da realidade econômica e, em especial, do subdesenvolvimento, entendidos como fruto de relações internacionais. Foi defensor da ideia de que o subdesenvolvimento não correspondia a uma etapa histórica das sociedades rumo ao capitalismo, mas se tratava de uma formação econômica gerada pelo próprio capitalismo internacional. Estudou diferentes formas de subdesenvolvimento analisando países onde já havia um considerável desenvolvimento industrial, como Brasil, México, Chile, Argentina, Uruguai e Colômbia, ao lado de outros, como países da América Central e o Caribe.

Participou ativamente da administração econômica do governo João Goulart, tendo sido responsável pelas diretrizes do Banco Nacional de Desenvolvimento Econômico (BNDE, hoje BNDES) e da Superintendência de Desenvolvimento do Nordeste (Sudene).

Dirigiu a elaboração do Plano Trienal de Desenvolvimento Econômico e Social, em 1962. Escreveu, entre outras obras: *Desenvolvimento e subdesenvolvimento*, *Um projeto para o Brasil*, *Formação econômica do Brasil* e *A pré-revolução brasileira*.

3. Darcy Ribeiro e a questão indígena

Da mesma década de 1950 foi a obra do romancista, etnólogo e político Darcy Ribeiro. Foi ele um dos primeiros autores a denunciar o aniquilamento da cultura indígena brasileira pela inadequada política interétnica desenvolvida pelo Estado e por órgãos como o Serviço de Proteção ao Índio, conhecido depois por Fundação Nacional do Índio (Funai).

Em seus estudos, a questão indígena relacionava-se a uma ampla análise do desenvolvimento industrial e do processo civilizatório a partir dos centros hegemônicos, quer dentro do próprio país, quer a partir das relações internacionais.

Sua atuação foi sempre a de um antropólogo militante que, seguindo a linha marxista, condenou toda ortodoxia, buscando as raízes históricas da situação das populações indígenas e procurando saídas estratégicas (figura 6). Exilado após o golpe militar de 1964, regressou ao Brasil em 1975 e se encaminhou para a vida política. Como os demais intelectuais de sua época, procurou unir a teoria à prática e aceitar modelos científicos, desde que adaptados à realidade brasileira. Para essa postura, desenvolveu a antropologia brasileira longe dos modelos dos brasilianistas e folcloristas.

Publicou, entre outras obras: *A utopia selvagem*, *Os índios e a civilização*, *O processo civilizatório* e *O povo brasileiro*.

PABLO VALADARES/AGÊNCIA ESTADO

Figura 6 • Representantes de entidades e organizações indígenas durante manifestação em frente ao Supremo Tribunal Federal (STF), 2009. Mesmo que alguns passos tenham sido dados no sentido de solucionar os vários problemas que afligem os índios brasileiros, a situação ainda está longe de ter sido equacionada.

4. O golpe de 1964

Dos anos 1940 a meados dos anos 1960, a sociologia produziu diversos trabalhos denunciando as desigualdades sociais e as relações de domínio e opressão internas e externas.

No período que vai dos anos 1940 a meados dos anos 1960, as ciências sociais, de maneira geral, foram responsáveis pela elaboração de teorias que denunciavam as desigualdades sociais, as relações de domínio e opressão, a exploração existente entre regiões, classes e países. Foram responsáveis também pelo desenvolvimento de um pensamento crítico e revelador dos conflitos sociais. A contundência das denúncias feitas pelos mais variados estudos sociológicos decorria não só da herança do pensamento francês, rico em análises críticas incisivas, como também da velocidade com que as mudanças trazidas pela industrialização e pela "modernização" das instituições nacionais repercutiam no país.

Assim, os mais diversos estudos buscavam a conscientização da população e a luta pelo desenvolvimento de formas mais democráticas e igualitárias de vida social, desde os estudos voltados para a ação sindical até aqueles que procuravam introduzir mudanças na educação.

CARLOS NAMBA/ABRIL IMAGENS

Figura 7 • Estudantes da Pontifícia Universidade Católica (PUC) presos durante protesto em São Paulo, 1977.

Desenvolvida principalmente depois da ditadura do Estado Novo, boa parte da sociologia refletia a opção por uma ideologia revolucionária e socialista, tendência que se sedimentava à medida que se faziam mais fortes os laços de dependência do país em relação ao imperialismo norte-americano. Do mesmo modo, desenvolviam-se também os meios de comunicação e a indústria editorial, permitindo que as críticas de cientistas e intelectuais ultrapassassem os limites dos muros universitários e acadêmicos.

Durante a ditadura militar, o Estado, apesar de engajado no desenvolvimentismo – ideologia voltada para o crescimento econômico do país por meio do capitalismo –, fez pouco uso dos cientistas sociais. Olhando com desconfiança para a análise crítica que os sociólogos faziam da realidade brasileira, o governo militar preferiu limitar-se à contribuição de economistas que, como Roberto de Oliveira Campos, Mário Henrique Simonsen e Antônio Delfim Netto, ajudaram a construir o "modelo brasileiro de desenvolvimento".

Ao lado desse modelo desenvolvimentista, a Escola Superior de Guerra, fundada em 1949, produzia uma teoria complementar de segurança e desenvolvimento, que alinhava o país ao lado dos Estados Unidos na Guerra Fria e no combate ao comunismo. A aplicação dessa política de segurança nacional implicou a aliança entre Estado e as elites econômicas nacionais e estrangeiras. O contraste dessa proposta com todo o pensamento sociológico comprometido com a emancipação do país levou ao confronto entre a repressão ideológica e os cientistas sociais e, na vida política, entre os movimentos sociais e a ditadura, colocando o país em uma situação pré-revolucionária.

GIL PASSARELLI/FOLHAPRESS

Figura 8 • Confronto estudantil no prédio da Faculdade de Filosofia da Universidade de São Paulo (USP), na Rua Maria Antônia, em São Paulo, 1968.

O confronto entre a universidade, os estudantes e o regime militar chegou a extremos em 1968, com passeatas, embates físicos, ocupações de prédios, espancamentos, prisões e mortes (figuras 7 e 8).

Com a decretação do Ato Institucional nº 5 (AI-5), em dezembro de 1968, que implantou legalmente a ditadura no país, os principais nomes da sociologia no Brasil foram sumariamente aposentados e impedidos de lecionar. Muitos foram exilados, enquanto outros se exilaram, passando a publicar seus trabalhos no exterior.

5. As ciências sociais pós-1964

Durante o regime militar, alguns dos intelectuais afastados de suas cátedras e de suas pesquisas continuaram trabalhando no exterior. Outros formaram núcleos de pesquisa independentes, como o Centro Brasileiro de Análise e Planejamento (Cebrap). Além de São Paulo, também Brasília, Rio de Janeiro e Belo Horizonte criaram núcleos importantes de pesquisa e, mesmo dentro da universidade, agora expurgada, formaram-se diversos centros de pesquisa e de estudo em áreas específicas. Cada um deles desenvolveu interesses e cursos, formas próprias de obter verbas e de publicar trabalhos práticos e teóricos. Na Universidade de São Paulo (USP), os mais conhecidos foram o Centro de Estudos Rurais e Urbanos (Ceru), o Centro de Estudos de Sociologia da Arte (Cesa) e o Centro de Estudos da Religião (CER).

Impossível negar, de qualquer maneira, que a repressão política aos intelectuais e universitários – a aposentadoria compulsória de professores, o exílio e a prisão de muitos profissionais da imprensa e do mercado editorial – foi um duro golpe ao desenvolvimento da sociologia. A Universidade de São Paulo, onde se reconhecia a existência de um grupo de pesquisadores articulados e convergentes, que chegou a ser chamada de escola paulista de sociologia, viu desaparecer seus maiores nomes. E mesmo que, uma década depois, esses cientistas tenham se integrado aos cursos de pós-graduação ou se dedicado à atividade político-partidária, o amadurecimento da sociologia e de seu papel na reflexão sobre a sociedade brasileira foi violentamente interrompido.

Nos anos 1980, com a abertura política, surgiram novos partidos, e a vida política participativa recomeçou a tomar fôlego. Muitos cientistas sociais decidiram deixar a cátedra para ingressar na política propriamente dita. O Partido dos Trabalhadores (PT) foi o que mais se beneficiou com essa nova atuação de nossos cientistas. Florestan Fernandes, Antonio Candido de Mello e Souza e Francisco Weffort foram alguns nomes que engrossaram as fileiras da luta política do PT. Tratava-se de uma saudável integração entre teoria social e prática política. O antropólogo Darcy Ribeiro (figura 9) seguiu pelo mesmo caminho, filiando-se ao Partido Democrático Trabalhista (PDT), legenda que reivindicava o nacionalismo e o populismo do antigo líder Getúlio Vargas.

ARQUIVO/AGÊNCIA ESTADO

Figura 9 • Darcy Ribeiro após o retorno do exílio, 1981.

Outros nomes importantes da sociologia – como o de Fernando Henrique Cardoso – estiveram presentes na fundação do Partido Social-Democrata Brasileiro (PSDB). Esse partido emergiu de um movimento de dissidência do antigo Partido do Movimento Democrático Brasileiro (PMDB). O PMDB, por sua vez, originou-se do antigo Movimento Democrático Brasileiro (MDB), partido que se opunha ao regime militar, ainda no período da ditadura e das eleições indiretas. Nessa época, o governo era representado pela Aliança Renovadora Nacional (Arena), num fechado esquema bipartidário.

A sociologia se tornou no Brasil cada vez mais interdisciplinar e plural. Por outro lado, se assistimos nos anos 1980 a esse engajamento dos cientistas sociais na política formal e institucional, percebemos também uma progressiva diversificação das ciências sociais, e em especial da sociologia. Multiplicaram-se os campos de estudo, fazendo surgir análises sobre a condição da mulher, do menor, das favelas, das artes, da violência urbana e rural, entre outras.

E, ao passo que outras áreas das ciências humanas adquiriam grande prestígio, como a economia, com a elaboração de modelos integrados de análise da sociedade e de modos de intervenção, a sociologia se fragmentava em áreas autônomas e isoladas. Essa mudança passou a enfocar setores da vida social antes restritos ao pensamento antropológico, fazendo com que se perdesse a nitidez dos limites que separam a sociologia da antropologia.

A sociologia no Brasil se torna cada vez mais interdisciplinar e plural.

Aproximando-se das pesquisas em arte e comunicação, a sociologia desenvolveu estudos no campo da linguagem e do imaginário. Ganhou, sem dúvida nenhuma, em riqueza, em sutileza dos métodos analíticos e em interdisciplinaridade, mas perdeu em complexidade, no fortalecimento da disciplina como processo de entendimento da realidade e no alcance de suas teorias.

6. A sociologia brasileira no século XXI

O fim da União Soviética foi um dos fatores que contribuíram para as grandes transformações que marcaram a passagem do século XX para o século XXI. Como já vimos em outros capítulos, no mundo todo e no Brasil o desenvolvimento da sociologia esteve estreitamente ligado à práxis política e à ação social transformadora. A experiência estatal e coletivista do bloco comunista apresentava-se como uma experiência de aplicação das propostas marxistas de uma sociedade sem classes sociais.

A derrota desse modelo societário, no final do século XX, representou, para muitos, a inviabilidade da proposta socialista. A dificuldade em repensar essa posição, aliada ao progressivo desenvolvimento planetário das telecomunicações, à automação industrial e ao neoliberalismo que privilegia a liberdade de mercado sobre o planejamento de políticas públicas e sociais, levou à emergência de novos paradigmas interpretativos da realidade social.

Em razão disso, a sociologia enfrenta, neste novo século, a necessidade premente de rever as teorias clássicas e de promover a releitura dos modelos teóricos mais abrangentes, à luz da nova orquestração das relações internacionais.

A globalização desafia o pensamento sociológico mundial, tanto mais para os países que recentemente saíram de relações coloniais e que lutam para constituírem-se como nações. A América Latina sofre com a proximidade da grande nação imperialista da atualidade, os Estados Unidos, e com a dificuldade de se articular numa sociedade mundial que se organiza em blocos – países que sempre foram rivais hoje devem aprender a constituir parcerias que os tornem capazes de enfrentar a acirrada competição internacional.

AIZAR RALDES/AFP PHOTO

Figura 10 • Refinaria da Petrobras em Palmasola, no departamento de Santa Cruz, Bolívia, 2006. A adaptação do Brasil ao mundo globalizado exige a sua expansão para além das fronteiras nacionais, integrando sua economia ao capitalismo mundial.

Os desafios brasileiros na era da globalização

A sociologia brasileira, que sempre teve na nação seu primordial objeto de estudo, procurando entender sua formação, contradições, dificuldades e ciclos, agora se volta para a globalização, buscando compreendê-la e preparar o país para o capitalismo transnacional (figuras 10 e 11). Diversos autores, como acabamos de ver, dedicaram-se a apontar as dificuldades de o Brasil se constituir numa nação, capaz de articular diferentes regiões e classes sociais em torno de um projeto comum. Muitos procuraram mostrar os problemas para superação dos entraves para o desenvolvimento, como a herança colonial, o populismo, os dualismos estruturais. Diante dessas barreiras para a constituição de uma unidade, a globalização se apresenta como uma nova ameaça – sem sermos ainda uma nação, somos desafiados a sermos transnacionais, a colocarmos em risco instituições políticas ainda frágeis e a prescindirmos de um Estado que ainda não assumiu todas as suas funções.

Podemos dizer, dessa maneira, que a questão nacional continua sendo o principal tema da sociologia e que os cientistas sociais procuram desenvolver estudos que elucidem o intrincado cenário globalizado e o papel que nos resta nesse espetáculo. Renato Ortiz, Octávio Ianni e Milton Santos são alguns dos autores que se debruçaram sobre essas questões, do ponto de vista da transnacionalização da economia. Paulo Sérgio Pinheiro, Francisco de Oliveira e Paul Singer estudam as repercussões dessa nova ordem mundial na sociedade brasileira, apontando para as possibilidades de superação das contradições internas.

Diante das dificuldades e dos problemas apontados, resta ainda a satisfação de reconhecermos a base sólida criada pelos cientistas sociais brasileiros, a riqueza da realidade nacional que se apresenta como um sofisticado laboratório de relações sociais e a certeza de que a sociologia no país tem estado afinada, em seus temas e preocupações, com os movimentos sociais e com o restante da cultura do país.

MARTIN PUDDY/CORBIS/LATINSTOCK

Figura 11 • Jovens utilizando internet em *lan house*. China, 2008. Com a difusão da internet, a experiência humana do tempo e do espaço transformou-se profundamente, exigindo novas investigações da sociologia.

Atividades

Compreensão do texto

1. O que marcou a produção sociológica das décadas de 1940 e 1950?
2. De que forma Darcy Ribeiro contribuiu para o desenvolvimento da sociologia no Brasil?
3. Qual foi a inovação trazida por Celso Furtado ao pensamento econômico brasileiro?
4. Quais foram as consequências do golpe militar de 1964 para a produção sociológica brasileira?
5. Quais são os novos objetos de estudo da sociologia brasileira contemporânea?

Interpretação e problematização

6. Leia parte da entrevista do economista Adriano Biava e identifique sua crítica.

> "Na verdade, a experiência da abertura dos portos (1808) devia levar os brasileiros a analisar o que realmente ganharam com a abertura comercial de 1990.
>
> [...] Hoje, o que se vê é a desmontagem de setores industriais inteiros, como o têxtil, por causa das importações, tanto de máquinas como de produtos finais. Estamos voltando a ser exportadores apenas de grãos e de minérios, que no fundo são somente terra com pequeníssimo valor adicionado."
>
> Revista *Problemas Brasileiros*, nº 385, jan./fev. de 2008.

7. Leia o texto abaixo e responda à questão.

> "A inquietação, que começa a ganhar corpo pelos fins da I Grande Guerra, e os movimentos sociais, que se esboçam a partir da segunda década deste século [século XX], marcam o início da participação do negro e do mulato, como e enquanto tais, na história moderna da cidade. Aos poucos, a situação de miséria, o tratamento diferencial e o isolamento irão provocar um doloroso processo de autoafirmação e de protesto, que projetará o 'homem de cor' no cenário histórico, como agente de reivindicações econômicas, sociais e políticas próprias."
>
> FERNANDES, Florestan. *A integração do negro na sociedade de classes*. São Paulo: Dominus Ed., 1965. v. 2. p. 3.

Florestan Fernandes analisa a exclusão social e a reivindicação política no Brasil levando em conta um aspecto particular de sua realidade. Explique que aspecto é esse, justificando sua resposta.

8. Leia o texto e responda às perguntas.

> "Um dos signos principais dessa história, da globalização do capitalismo, é o desenvolvimento do capital em geral, transcendendo mercados e fronteiras, regimes políticos e projetos nacionais, regionalismos e geopolíticas, culturas e civilizações."
>
> IANNI, Octávio. *A era do globalismo*. Rio de Janeiro: Civilização Brasileira, 1996. p. 19.

a) Que relação podemos estabelecer entre a afirmação de Ianni e o trecho da entrevista de Biava, na questão 6?

b) O texto de Ianni confirma ou rejeita a afirmação de Biava sobre o retrocesso do Brasil?

Aplicação de conceitos

9. Cinema

O ano em que meus pais saíram de férias, de Cao Hamburger. Brasil, 2006, 110 min.

Drama de um menino que tem a sua vida totalmente modificada quando os pais o deixam com o avô, com a desculpa de que iriam tirar férias, para fugir da perseguição política durante a ditadura militar.

- Veja o filme e debata em sala de aula sobre os elementos da vida cotidiana do garoto. Explorem o entrelaçamento da trama do garoto com a história do Brasil, no caso, a ditadura militar de 1964.

Pesquisa

10. Faça uma pesquisa sobre os cursos de ciências sociais e os centros de pesquisa existentes em sua cidade ou estado. Procure saber quando foram criados, qual sua produção atual e quais são as áreas de pesquisa mais importantes.

Leitura visual

11. Observe a charge de Belmonte e responda.

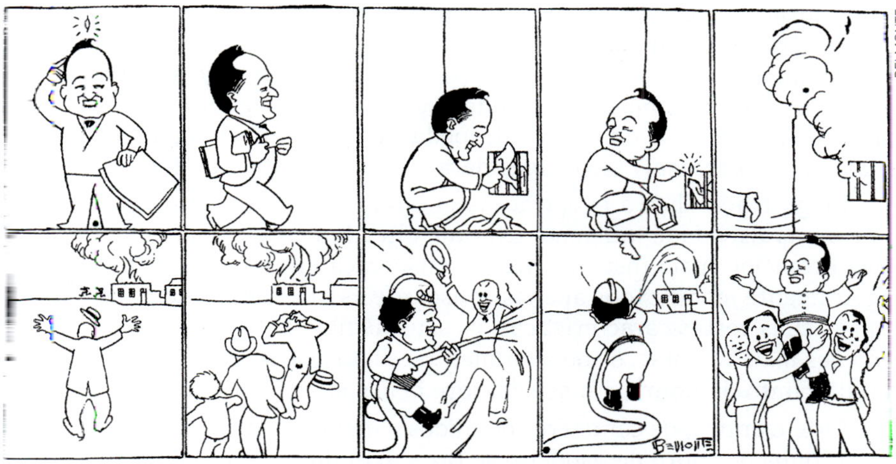
BELMONTE

Charge *A ascensão de Getúlio Vargas à presidência do Brasil*, 1932-1940, de Benedito Carneiro Barreto. Belmonte, como era conhecido, nasceu em São Paulo e foi crítico da situação da classe média do período.

a) Faça uma pesquisa sobre a charge e analise-a como um instrumento de crítica social.
b) A qual episódio da nossa história a charge faz referência?
c) Qual a crítica que ela faz?

Questões de vestibular e do Enem

12. (Fuvest-SP)

> "Como se fosse uma hidra, a desigualdade racial [no Brasil] recupera-se a cada golpe que sofre. Onde os interesses e os liames das classes sociais poderiam unir as pessoas ou os grupos de pessoas, fora e acima das diferenças de 'raça', ela divide e opõe, condenando o 'negro' a um ostracismo invisível e destruindo, pela base, a consolidação da ordem social competitiva como democracia racial."
>
> FERNANDES, Florestan. *A integração do negro na sociedade de classes.* São Paulo: Globo, 2008.

Com base nesse texto, comente a tese do autor sobre a questão da democracia racial no Brasil.

Leitura complementar

▸ Capítulo 6

Os sertões

"As entradas de um e de outro lado da meridiana, impróprias à dispersão, facilitavam antes o entrelaçamento dos extremos do país. Ligavam-nos no espaço e no tempo. Estabelecendo no interior a contiguidade do povoamento que faltava ainda em parte na costa, e surgindo entre os nortistas que lutavam pela autonomia da pátria nascente e os sulistas, que lhe alargavam a área, abastecendo-os por igual com as fartas boiadas que subiam para o vale do Rio das Velhas ou desciam até às cabeceiras do Parnaíba, aquela rude sociedade, incompreendida e olvidada, era o cerne vigoroso da nossa nacionalidade.

Os primeiros sertanistas que a criaram, tendo suplantado em toda a linha o selvagem, depois de o dominarem escravizaram-no e captaram-no, aproveitando-lhe a índole na nova indústria que abraçavam.

Veio subsequentemente o cruzamento inevitável. E despontou logo uma raça de curibocas puros quase sem mescla de sangue africano, facilmente denunciada, hoje, pelo tipo normal daqueles sertanejos. Nasciam de um amplexo feroz de vitoriosos e vencidos. Criaram-se numa sociedade revolta e aventurosa, sobre a terra farta; e tiveram, ampliando os seus atributos ancestrais, uma rude escola de força e coragem naqueles gerais amplíssimos, onde ainda ruge impune o jaguar e vagueia a ema velocíssima, ou nas serranias de flancos despedaçados pela mineração superficial, quando as lavras baianas, mais tarde, lhes deram esse derivativo à faina dos rodeios.

Fora longo traçar-lhes a evolução de caráter. Caldeadas a índole aventureira do colono e a impulsividade indígena, tiveram, ulteriormente, o cultivo do próprio meio que lhes propiciou, pelo insulamento, a conservação dos atributos e hábitos avoengos, ligeiramente modificados apenas consoante as novas exigências da vida. E ali estão com as suas vestes características, os seus hábitos antigos, o seu estranho aferro às tradições mais remotas, o seu sentimento religioso levado até o fanatismo, e o seu exagerado ponto de honra, e o seu folclore belíssimo de rimas de três séculos.

Raça forte e antiga, de caracteres definidos e imutáveis mesmo nas maiores crises – quando a roupa de couro do vaqueiro se faz a armadura flexível do jagunço – oriunda de elementos convergentes de todos os pontos, porém diversa das demais deste país, ela é inegavelmente um expressivo exemplo do quanto importam as reações do meio."

CUNHA, Euclides da. *Os sertões*. Rio de Janeiro: Ediouro, 1995. p. 57-58.

Compreender o texto

1. *Os sertões* é um texto literário. Mas Euclides da Cunha se valeu de uma perspectiva sociológica para caracterizar algumas etnias que se integram na formação do povo brasileiro. Quais são essas etnias?

2. O autor mostra também alguns traços culturais do povo brasileiro:

I. preservação de hábitos herdados, memórias e raízes;
II. apego às tradições;
III. prática da religiosidade;
IV. cultivo da honra.

Com base no texto, é possível afirmar que está(ão) correta(s) APENAS a(s) proposição(ões):

a) I. **b)** II. **c)** III. **d)** IV. **e)** todas.

Sugestões

PARA LER

- **Eles não usam black-tie**, de Gianfrancesco Guarnieri. Rio de Janeiro: Civilização Brasileira, 1995.

  O texto expressa o movimento de ideias que acontecia no país desde o período do pós-guerra. Trata-se do primeiro texto teatral voltado essencialmente para a realidade brasileira, retratando o movimento operário com suas lutas e contradições, a partir de personagens que representavam os próprios trabalhadores.

- **Vidas secas**, de Graciliano Ramos. 100. ed. Rio de Janeiro: Record, 2006.

  Livro publicado em 1938 mostrando os graves problemas brasileiros e a luta pela sobrevivência no sertão nordestino.

PARA ASSISTIR

- **Documentário Florestan Fernandes, o mestre**, de Roberto Stefanelli. Brasil, 2004.

  Recebeu o prêmio Vladimir Herzog, a mais importante premiação jornalística da área de direitos humanos do país. Trata da vida e obra de um dos mais destacados sociólogos brasileiros.

- **Linha de passe**, de Walter Salles. Brasil, 2008, 113 min.

  Diferentes conflitos e angústias são retratados em uma família brasileira formada pela mãe e seus quatro filhos. A vida desses jovens é marcada pela busca do pai biológico, pelos sonhos com a carreira de jogador de futebol, pela vida criminosa e a procura pela redenção através da religião e pelos anseios por uma vida com melhores condições financeiras e materiais. A mãe, grávida do quinto filho, enquanto trabalha como empregada doméstica, tenta educar os filhos.

PARA OUVIR

- **Morte e vida severina**, de João Cabral de Melo Neto. Selo Festa, 1969.

  Nesse *audiobook* é possível ouvir, na voz do autor, o poema escrito em 1954-55, retratando a vida sertaneja no Brasil.

- **Funeral de um lavrador**, de João Cabral de Melo Neto e Chico Buarque de Holanda. RGE, 1992.

  Poema musicado por Chico Buarque de Holanda, e que fez parte da peça-poema teatral *Morte e vida severina*, encenada com grande impacto em 1965 no Teatro da Universidade Católica de São Paulo (Tuca), época em que a ditadura militar se implantava no país. Retrata de modo crítico a dura realidade da vida sertaneja no Brasil.

UNIDADE

III

Globalização: uma nova identidade

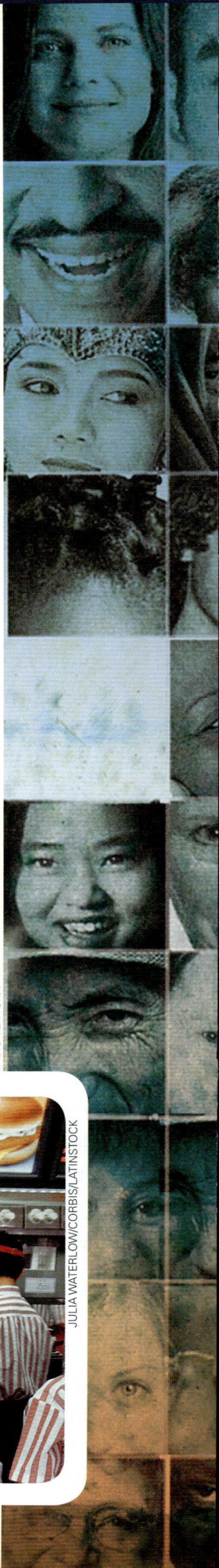

FABIO VENTURA

CAPÍTULOS

OBJETIVOS

- Compreender como o fim da União Soviética e da Guerra Fria facilitaram a globalização.
- Entender como a globalização afeta as relações sociais.
- Conhecer as análises sociológicas contemporâneas a respeito dessas modificações.
- Analisar as mudanças de paradigma na sociologia.

A identidade terrena

"É na segunda metade do século XX, depois da Segunda Guerra Mundial e da destruição nuclear de Hiroshima e Nagasaki, que surge uma consciência de comunidade de destino. Como diz Mireille Delmas-Marty: 'Começamos a nos conceber como humanidade há cinquenta anos'."

MORIN, Edgar. *A cabeça benfeita*: repensar a reforma, reformar o pensamento. Rio de Janeiro: Bertrand Brasil, 2001. p. 71.

JULIA WATERLOW/CORBIS/LATINSTOCK

Equipe de atendentes de uma rede internacional de lanchonetes em Pequim, China, 2000.

Silhueta humana contra painel de fotos de rostos, São Paulo, 2009.

Para debater

- Analisando as imagens e relacionando-as com o texto e as informações contidas na dupla de páginas, qual é o significado do título "A identidade terrena"?

CAPÍTULO

8 Modelos contemporâneos de explicação sociológica

1. A crise dos paradigmas na sociologia atual: uma explicação necessária

A sociologia é fruto das condições históricas que se criaram como consequência da expansão do capitalismo no Ocidente, do desenvolvimento da urbanização e da produção em massa. A necessidade de planejamento, a revolução tecnológica e o desenvolvimento das ciências físicas e naturais foram elementos decisivos para que uma nova concepção da sociedade se formulasse entre cientistas, filósofos e intelectuais, dando origem a teorias que procuraram explicar a realidade social e o comportamento coletivo. Embora as primeiras ideias sobre o funcionamento da sociedade estivessem expressas desde a Antiguidade, foi só no século XIX que as formulações se apresentaram de forma sistemática, criando a base teórica dessa ciência.

A organização deste livro procurou reconstruir esse cenário, mostrando os principais autores com os modelos explicativos propostos, os conceitos e a metodologia de análise da vida social. Os critérios que nortearam essa proposta, entretanto, não obedeceram a uma sucessão cronológica rigorosa, mas às respostas que tais teorias foram apresentando aos problemas sociais. Assim, iniciamos pela exposição dos autores mais preocupados com a sistematização de conceitos relativos à vida social e com a descoberta dos princípios de uniformidade do comportamento coletivo. Esse é um dos mais importantes e originais esforços de sistematização do pensamento sociológico: descobrir-lhe a especificidade em relação às demais ciências e apreendê-la conceitualmente.

Depois, dedicamo-nos ao marxismo, princípio teórico de explicação da vida social de grande influência nos séculos XIX e XX e que se desenvolveu na perspectiva de responder aos graves conflitos da vida social, em especial àqueles ocorridos no interior do capitalismo, e de apreender suas contradições, oposições e princípios de transformação. A teoria desenvolvida por Karl Marx propunha princípios de práxis social, rejeitada por autores ciosos da imparcialidade científica, e sua difusão se deu à medida que se multiplicaram pelo mundo os partidos socialistas e comunistas e os movimentos sociais revolucionários (figura 1). O marxismo foi responsável, portanto, pelo estímulo à ação política transformadora, pelo olhar da sociologia voltado para as diferenças e desigualdades sociais e pelo desenvolvimento de explicações científicas de alcance mais abrangente no tempo e no espaço.

UNDERWOOD & UNDERWOOD/CORBIS/LATINSTOCK

Figura 1 • Soldados russos em Petrogrado (atual São Petersburgo), Rússia, 1917. A Revolução Russa de 1917 instituiu o primeiro governo socialista duradouro da história.

Os novos acontecimentos do século XX

Nesta unidade, vamos nos dedicar à sociologia contemporânea, desenvolvida a partir da segunda metade do século XX, quando transformações sociais modificaram a maneira de pensar a vida coletiva. A emergência de novas potências no mundo – Estados Unidos e União Soviética –, o declínio da hegemonia europeia, as migrações de grandes levas populacionais pelo planeta, a emancipação das colônias na África e na Ásia, a industrialização levada a cabo em diversas regiões, antes predominantemente agrícolas, e a revolução tecnológica modificaram a geopolítica, abalaram as instituições e reorganizaram as formas de poder e o equilíbrio internacional. Nesse novo cenário, foi preciso rediscutir a vida coletiva, as relações entre grupos, segmentos e classes sociais, bem como os pactos sociais que se estabeleceram.

Isso não significa, certamente, que os modelos de explicação sociológica até então vigentes tenham sido aposentados. Ao contrário, procedeu-se à sua releitura e atualização, especialmente o modelo de Karl Marx, cujas ideias foram vistas como inspiradoras do regime político da União Soviética, que se desmembrou em 1991, da China e de países da América Latina, como Cuba (figura 2). A decadência de modelos políticos que se diziam marxistas põe em xeque a legitimidade de seus pressupostos? A decadência política do mundo comunista é prova da inaplicabilidade da teoria marxista? Perguntas como essas inspiram inúmeros trabalhos de revisão teórica que procuraram alertar para as dificuldades de identificar experiências teóricas em manifestações históricas.

Por outro lado, a produção em massa, o desenvolvimento crescente das comunicações e o inusitado desenvolvimento da chamada Terceira Revolução Tecnológica – aquela que se baseou no desenvolvimento da informática e da eletrônica – exigiram que novos conceitos fossem propostos, no lugar de uma consagrada visão de mundo. Esse processo estimulou o movimento de ideias que identificamos como sociologia contemporânea.

Figura 2 • Fidel Castro discursando em Cuba, c. 1959.

GILBERTO ANTE/ROGER VIOLLET/GETTY IMAGES

2. Sociologia contemporânea

As teorias sociológicas desenvolvidas no século XX procuraram resolver a oposição explícita entre sociedade e indivíduo, perceptível nos modelos clássicos.

Nesta unidade, tratamos da sociologia contemporânea, apresentando modelos teóricos importantes que têm renovado esse campo do conhecimento e oferecido explicações valiosas para a compreensão da realidade social na atualidade. As propostas surgiram na Europa e nos Estados Unidos, mas influenciaram os estudos sociais em todo o mundo. Embora não se preocupassem em desenvolver modelos teóricos de abrangência universal, as propostas criaram novos conceitos, reavaliaram as teorias clássicas e apresentaram horizontes de pesquisa inovadores.

É um período em que a sociologia é influenciada pelo desenvolvimento de outras disciplinas, como a psicologia, a psicanálise, a linguística e a semiótica, e marcado pelo interesse em desvendar os mecanismos mentais do pensamento, da cognição, da motivação e da expressão humanas. Assim, em vez de buscar a especificidade da disciplina, os estudiosos da sociologia contemporânea procuraram incorporar novos pressupostos teóricos e diferentes métodos de pesquisa que a tornaram mais interdisciplinar. É a interdisciplinaridade que tem revolucionado o conhecimento científico da atualidade.

Em consequência disso, a sociologia aproximou-se das demais ciências humanas, afastando-se das ciências exatas e das biológicas, que lhe haviam servido de modelo durante o século XIX. Embora algumas escolas, como o funcionalismo, ainda procurem certo grau de precisão e certa postura de neutralidade, típicos das ciências da natureza, no estudo da sociedade passou a predominar uma atitude mais analítica, própria das ciências que estudam o homem.

Além disso, as teorias sociológicas desenvolvidas no século XX procuraram resolver a oposição entre sociedade e indivíduo, perceptível nos modelos clássicos. Se para Durkheim a sociedade se constituía em uma entidade ou objeto de pesquisa, em tudo diferente dos indivíduos que a compõem, para os autores contemporâneos essa polaridade parece um equívoco. A sociedade está também presente nas manifestações, comportamentos e discursos dos indivíduos. O que os agentes pensam sobre o momento em que vivem e as representações internas com as quais explicam suas experiências é parte da realidade vivida, não uma referência falsa e enganadora. Daí a necessidade de o pesquisador ouvir e interpretar essas formas simbólicas e linguísticas (figura 3).

JANINE WIEDEL PHOTOLIBRARY/ALAMY/OTHER IMAGES

Figura 3 • Homem respondendo a um questionário, Argentina, 2005. Hoje, saber o que as pessoas pensam sobre os fatos sociais é necessário para o cientista social poder interpretar a sociedade. As pesquisas feitas nas ruas são uma importante ferramenta para a coleta de informações.

A teoria marxista, por se centrar no conceito de classe social, também acabou relegando o estudo do indivíduo a segundo plano, encarando o individualismo como resultante da ideologia do pensamento burguês. Por outro lado, a concepção de classe social como um conjunto homogêneo de pessoas que age de modo unificado empresta às classes sociais as características de um indivíduo. Essa tendência do pensamento marxista resultou em certa visão determinista da consciência individual, sujeita sempre à chamada ideologia dominante. Permanecia, assim, a concepção de um indivíduo sem particularidade e inteiramente sujeito às condições históricas existentes.

HELIA SCHEPPA/JC IMAGEM

Figura 4 • Sala de aula de escola pública em condições precárias, Pernambuco, 2009. O papel da escola como instituição social responsável pela transmissão do conhecimento é bastante questionado na globalização, pois os mesmos conteúdos podem ser adquiridos pela internet.

O indivíduo e a sociedade

Max Weber, do ponto de vista metodológico, considerava relevante a análise das representações com as quais os diversos agentes interpretavam as realidades sociais vividas. Mas também tinha dificuldade em harmonizar indivíduo e sociedade, acabando por atribuir à sociedade a supremacia sobre seus membros. Herdeiro da tradição germânica, Norbert Elias contestou esse posicionamento, afirmando que para superar o beco sem saída da sociologia e das ciências sociais era necessário deixar claro que as concepções que põem o indivíduo fora da sociedade e as que põem a sociedade fora dos indivíduos são inadequadas.

Posturas críticas como a de Elias não significaram uma ruptura em relação aos modelos clássicos de explicação sociológica, mas sua atualização e reinterpretação à luz de um novo momento histórico, no qual o indivíduo adquire especial importância em função do desenvolvimento da cultura de massa e da fragilidade que atinge as instituições sociais diante da globalização (figura 4).

Privilegiar o indivíduo, suas motivações e suas formas cognitivas, mais até do que seu comportamento, implica recortes metodológicos reduzidos, desenvolvimento de teorias de menor abrangência e maior profundidade, além de métodos de pesquisa mais interpretativos, históricos e qualitativos. Essa opção, que pode ser profundamente reveladora para o conhecimento efetivo da realidade e de nossa inserção nela, pode parecer pouco atraente para organizações interessadas em uma sociologia dedicada ao estudo das populações. Para tais políticas, continua sendo imprescindível uma pesquisa sociológica abrangente, que forneça informações a curto prazo, o que significa, muitas vezes, o uso de metodologias quantitativas de inspiração positivista ou funcionalista.

Privilegiar o indivíduo, suas motivações e suas formas cognitivas, mais até do que seu comportamento, implica recortes metodológicos mais reduzidos.

Muitos sociólogos contemporâneos, porém, rejeitando a postura de imparcialidade preconizada por autores como Durkheim, optaram pelo estudo científico voltado para a intervenção na sociedade, buscando solucionar conflitos como criminalidade, violência e discriminação. A metodologia mais utilizada com esse fim inclui procedimentos predominantemente qualitativos e análise interpretativa, valendo-se de ferramentas como história oral e análise de correspondências pessoais, numa valorização dos processos simbólicos e expressivos.

Além de estudarmos as diferentes escolas do pensamento sociológico contemporâneo, vamos nos dedicar ao estudo de dois problemas que têm preocupado os cientistas sociais desde o princípio, mas que na atualidade têm mostrado uma dimensão nova: a globalização e a pobreza. De início, vejamos o cenário das escolas de pensamento sociológico que emergiram na primeira metade do século XX.

3. Escola de Chicago

A Escola de Chicago dedicou-se especialmente ao estudo da cidade, do qual resultou uma sociologia, ao mesmo tempo, urbana e pragmática.

Os Estados Unidos, na passagem do século XIX para o século XX, receberam grande contingente de imigrantes que deixavam seus países e culturas de origem para fugir às perseguições políticas e religiosas que varriam a Europa na época (figura 6). Esses imigrantes reuniram-se em grupos de forte sociabilidade. Entretanto, desenraizados e sem as referências de suas sociedades de origem, os imigrantes e seus descendentes encontraram dificuldades para se adaptar a um país novo, de valores muito diferentes dos europeus e em plena expansão industrial. A maioria acabou se integrando, ajudando a formar um país multiétnico e multicultural. Alguns, no entanto, se marginalizaram, formando gangues e se dedicando ao crime organizado, como a máfia.

Por outro lado, o grande surto industrial norte-americano que teve início no século XX também era fonte de conflitos sociais que geravam preconceito e perseguições que, não raro, adquiriram contornos étnicos e raciais. Os ex-escravos e seus descendentes, por sua vez, encontravam dificuldades para se integrar ao trabalho livre, transformando-se em uma minoria vítima da violência e do racismo. Esses conflitos tendiam a ser resolvidos com o emprego da força policial, o que deixava a sociedade em permanente estado de tensão social e sem mecanismos capazes de empreender uma convivência mais harmoniosa e duradoura entre os envolvidos.

Figura 5 • John Dewey, importante pesquisador da Escola de Chicago, Estados Unidos, c. 1950.

O cenário estimulava o desenvolvimento de estudos sociais, cujo apogeu se deu na Universidade de Chicago, entre 1915 e 1940. Era a chamada Escola de Chicago, constituída de professores e pesquisadores que procuravam estudar a cidade numa atitude pragmática e intervencionista. Uma das correntes de maior repercussão dessa escola, tanto nos Estados Unidos como fora deles, foi o pragmatismo, desenvolvido por John Dewey (figura 5). Diante da hegemonia da razão instrumental e do poder do Estado, tornava-se necessário reativar a "esfera pública", base permanente da democracia. Uma vez que as instituições públicas – o Congresso e os partidos políticos – estavam comprometidas com a razão instrumental, cabia aos meios de comunicação promover o diálogo, a interação e a cidadania.

Figura 6 • Mulheres muçulmanas reunidas em rua dos Estados Unidos, 2011. A imigração, em qualquer época da história, promove o encontro entre referências culturais de sociedades distintas. Na foto, as mulheres utilizam vestuário tradicional do islamismo, cujo centro religioso encontra-se no Oriente, enquanto empurram carrinho de bebê, que foi inventado na Inglaterra, país do Ocidente.

Em 1935, outro grupo se destacou em Chicago – era uma sociologia de base durkheimiana, que buscava estudar os processos de adaptação dos imigrantes poloneses à cidade, atualizando o conceito de anomia (termo com o qual Durkheim designava o estado nocivo que a sociedade atinge quando nela predomina o conflito sobre a coesão e o consenso). Os principais cientistas dessa nova vertente foram W. Thomas e F. Znaniecki, estudiosos da marginalidade e da delinquência.

Outros autores dedicaram-se ao estudo do processo de assimilação e marginalidade, procurando fundamentar uma visão otimista, quer em relação às possibilidades de intervenção social, quer em relação às possibilidades reais de integração do imigrante na sociedade norte-americana. Usando uma combinação de técnicas de pesquisa e priorizando o empirismo, esses sociólogos desenvolveram o princípio da conduta analítica, segundo o qual os processos são perceptíveis a um pesquisador que inquira a realidade nos moldes de uma investigação policial.

As pesquisas resultavam em relatórios pormenorizados e propostas exequíveis de intervenção, que propunham desde formas eficientes de controle e fiscalização até medidas socioeducativas que efetivamente foram colocadas em prática.

AKG-IMAGES/LATINSTOCK

Figura 7 • Walter Benjamin, Alemanha, 1892.

Mudanças de abordagem

A Escola de Chicago começou a perder seu brilho quando essa geração de sociólogos empiristas foi substituída por uma outra, voltada principalmente para as pesquisas quantitativas, que visavam ao levantamento de tendências eleitorais ou da preferência da audiência dos meios de comunicação. Sem patrocínio para pesquisas mais demoradas e menos utilitárias, os sociólogos acabaram por substituir as técnicas qualitativas pelas quantitativas, trazendo de volta à cena toda uma contestada postura positivista. Mas a Escola de Chicago já dera frutos, e sua metodologia pode ser encontrada na sociologia desenvolvida por outros centros universitários norte-americanos, como Yale, Michigan, Harvard e Columbia.

As contribuições da Escola de Chicago, porém, são indeléveis, e entre elas é preciso destacar a grande preocupação com a aplicação de métodos etnográficos às análises sociais e à sociologia urbana e a ênfase dada às pesquisas das minúcias da vida cotidiana e dos processos simbólicos. A sociologia que resultou desses procedimentos ficou conhecida também por microssociologia.

BRIGITTE HELLGOTH/ AKG-IMAGES/LATINSTOCK

Figura 8 • Herbert Marcuse, Alemanha, 1976.

4. Escola de Frankfurt

No início do século XX, a Europa passava por grandes convulsões políticas: a industrialização da Itália e da Alemanha, a Primeira Guerra Mundial, a Revolução Russa e, imediatamente, a instalação do governo autoritário de Stalin. Na Alemanha, durante a República de Weimar (1919-1933), ocorreram grandes conflitos entre a mobilizada classe operária e o governo. O confronto com a Liga Espartaquista, de inspiração marxista, e a morte de seus dois dirigentes – Rosa Luxemburgo e Karl Liebknecht – acirraram a crise. Nesse clima, foi fundado o Instituto para a Pesquisa Social, em 1924, por iniciativa de Felix Weil, ligado à Universidade de Frankfurt. A ele se uniu um grupo de intelectuais, entre os quais se destacaram Max Horkheimer, Friedrich Pollock, Walter Benjamin (figura 7), Herbert Marcuse (figura 8), Theodor W. Adorno (figura 9) e Eric Fromm.

CANTON VALAIS/AKG-IMAGES/LATINSTOCK

Figura 9 • Theodor Adorno, Alemanha, 1968.

Teoria Crítica. Conhecida como a teoria desenvolvida pela Escola de Frankfurt, na Alemanha, nos anos 1930, teve como obra/manifesto o texto de Max Horkheimer – *Teoria Tradicional e Teoria Crítica*, publicado em 1937. Tendo por objetivo principal a crítica das condições históricas e sociais do pensamento e o estudo da dominação na sociedade capitalista, formulou um pensamento revisionista de diversos autores com base em conceitos marxistas de alienação, ideologia e práxis, como ação consciente e revolucionária dos seres humanos enquanto agentes sociais. Colocando-se, entretanto, como um pensamento crítico e autocrítico, rejeita a visão dualista que contrapõe natureza e consciência, história e ciência. Considerada uma vertente radical do marxismo, a Teoria Crítica aprofundou-se no estudo da industrialização, combatendo uma visão fragmentada da sociedade e uma sociologia superficial e quantitativa.

A primeira gestão ficou a cargo de Carl Grünberg, que assumiu em 1924. Grünberg foi sucedido por Horkheimer, que se tornou diretor em 1930. Dois anos depois, o Instituto lançou a *Revista para Pesquisa Social*. Nesse periódico, os autores elaboravam uma releitura dos filósofos clássicos, cujos trabalhos foram reunidos sob o nome de Teoria Crítica da sociedade, doutrina cética que procurava estudar os insucessos do movimento operário na Alemanha.

Nos primeiros anos, o Instituto foi financiado com recursos doados por seus fundadores judeus, mas a ascensão do nazismo colocou em risco a continuidade de seus trabalhos. Durante o regime nazista e a Segunda Guerra Mundial, os pesquisadores do Instituto passaram a trabalhar em anexos instalados fora da Alemanha, em Londres, Paris, Zurique e até mesmo em Columbia, nos Estados Unidos, onde se instalaram o próprio Horkheimer, Leo Löwenthal e Theodor Adorno. Derrotado o nazismo, alguns frankfurtianos, como Horkheimer e Adorno, voltaram às suas aulas em Frankfurt. Herbert Marcuse permaneceu nos Estados Unidos. Já Walter Benjamin suicidou-se quando tentava emigrar para a Espanha.

A Escola de Frankfurt sucedeu a cem anos de tradição do pensamento social na Alemanha, revendo seus principais autores, como Karl Marx, Friedrich Engels, Sigmund Freud, Max Weber e Friedrich Nietzsche. A atuação de seus membros foi mais acadêmica e teórica do que político-partidária, mas repercute até os dias de hoje. Em 1968, nos movimentos sociais revolucionários, autores como Herbert Marcuse foram celebrados, e a Teoria Crítica alcançou enorme acolhida, inspirando ideologicamente tais manifestações (figura 10).

Na França, a Teoria Crítica conquistou vários adeptos, entre os quais Jean Baudrillard, ácido questionador da sociedade voltada para o consumo e para uma realidade proposta pelos meios de comunicação de massa e pela publicidade. Baudrillard procurou integrar a semiótica aos princípios da teoria econômica marxista, mostrando que à circulação de bens se relaciona um correspondente sistema de trocas simbólicas.

Jean Baudrillard (1929-2007)

Sociólogo, filósofo e fotógrafo francês. Além de estudioso da sociedade contemporânea, foi crítico dos meios de comunicação de massa e tornou-se um autor polêmico. Ganhou grande popularidade, especialmente por sua teoria sobre os simulacros.

JUNG – ULLSTEIN BILD/THE GRANGER COLLECTION/OTHER IMAGES

Figura 10 • Herbert Marcuse discursando na Universidade Livre de Berlim. Alemanha, 1967.

Já Guy Debord propôs conceito importante para definir a sociedade contemporânea – o conceito de *sociedade do espetáculo*, pautada pela contradição entre uma interpretação midiática da realidade e a vida concreta vivida pelos espectadores. Uma realidade invertida, formada e divulgada pela mídia e que aliena o público de forma inexorável.

Em outra vertente, o interacionismo simbólico ficou sob responsabilidade de George Herbert Mead, valorizando o caráter simbólico e subjetivo da ação social. Essa vertente abandona a visão sistêmica da sociologia clássica em favor de uma abordagem mais interpretativa, simbólica e subjetiva do comportamento humano.

De maneira geral, as teorias desenvolvidas pela Escola de Frankfurt procuraram rever os princípios marxistas, incorporando conceitos importantes da sociologia do conhecimento e da psicanálise. Tinham por objeto de pesquisa a ação revolucionária e a análise da mercantilização das relações sociais e da produção cultural. Realizaram a análise e a denúncia dos meios de comunicação, aos quais atribuíam o sucesso da doutrina nazista na Alemanha.

ALEX KIRCHHOF/KEYSTONE

Figura 11 • Jürgen Habermas. Alemanha, 1979.

Nome de relevo da Teoria Crítica é o de Jürgen Habermas (figura 11), assistente de pesquisa no Instituto para a Pesquisa Social de Frankfurt de 1956 a 1959. Habermas pertence, entretanto, a uma outra geração, que não passou pelo exílio nem compartilhou os conflitos na Alemanha promovidos pelas lutas operárias e pela ascensão do nazismo.

De maneira geral, as teorias desenvolvidas pela Escola de Frankfurt procuram rever os princípios marxistas, incorporando conceitos importantes da sociologia do conhecimento e da psicanálise.

Suas preocupações estão centradas nas dimensões ideológicas do conhecimento e na identificação de seus múltiplos condicionamentos. Em *Conhecimento e interesse*, Habermas desenvolve a teoria dos interesses cognitivos, por meio da qual demonstra a impossibilidade da neutralidade científica proposta por muitos sociólogos. Nesse trabalho, Habermas já mostra o papel central da comunicação em sua pesquisa, elaborando o conceito de ação comunicativa – as pessoas interagem por meio da linguagem, buscando se organizar socialmente pelo consenso, sem se submeter a coações internas e externas.

Habermas identifica dois tipos de razão na cultura humana: a razão instrumental, voltada para o domínio da natureza e a superação dos limites humanos; e a razão comunicativa, voltada para a realização e a libertação humanas. A primeira é característica da indústria e das ciências exatas; a outra, das **ciências hermenêuticas**. A grande crítica que tece em relação à sociedade contemporânea é a prevalência da razão instrumental sobre a razão comunicativa. A ação comunicativa estabelecida pela rede de relacionamentos humanos e pela reflexão perde seu poder de estabelecer o consenso entre os indivíduos em interação.

Ciências hermenêuticas. Ciências voltadas à interpretação dos signos e de seu valor simbólico.

5. Sociologia francesa: Pierre Bourdieu

O nazismo e a ocupação alemã na França abalaram a pesquisa e o estudo da sociologia. Desenvolveu-se uma sociologia monográfica voltada para a releitura do marxismo e para a crítica do positivismo. A produção relativamente diminuta, em razão do decréscimo dos fundos do Estado para a pesquisa, só voltou a se desenvolver com a ajuda de fundações norte-americanas e por influência dos estudos produzidos nos Estados Unidos. Diversos nomes, entretanto, destacaram-se por sua atuação na Escola Prática dos Altos Estudos e no *Collège de France*: George Gurvitch e Raymond Aron, o primeiro, fundador, e o segundo, membro do Comitê Diretor dos *Cadernos Internacionais de Sociologia*.

NOGUES ALAIN/CORBIS/LATINSTOCK

Figura 12 • Pierre Bourdieu, importante sociólogo francês durante debate em Clichy, França, 1998.

O nome que mais se distinguiu na sociologia francesa contemporânea foi, contudo, o de Pierre Bourdieu (figura 12), titular da cátedra de sociologia no *Collège de France*, que iniciou sua pesquisa pela análise da educação e do patrimônio cultural das famílias. Procurando rever as heranças clássicas e buscando conciliar a análise da realidade objetiva com a da subjetividade, Bourdieu se dedicou ao que chamou de "construtivismo estruturalista".

Construtivismo dizia respeito aos esquemas mentais de percepção, pensamento e ação que caracterizam o comportamento dos indivíduos e que ele chamou de ***habitus***. Por outro lado, o conceito de estruturalismo implicava o reconhecimento da existência de formações sistêmicas (sistemas formados por sistemas) que agem sobre os agentes sem que eles tenham consciência ou possam nelas intervir. Essas formações constituíam o que ele chamou de campo.

Esses dois conceitos, entretanto, não estavam em pé de igualdade nos estudos de Bourdieu. Tanto do ponto de vista metodológico como do analítico, ele partia primeiro do desvelamento das estruturas para depois entender as formas de representação subjetivas.

> "Se, da obra de Marx, Pierre Bourdieu tomou a noção de realidade social como um conjunto de relações de forças entre grupos sociais historicamente em luta uns com os outros, ele tomou, entre outras, da obra de Max Weber, a noção de que a realidade social é também um conjunto de relações de sentido, que ela tem, então, uma dimensão simbólica."
>
> CORCUFF, Philippe. *As novas sociologias*. Bauru: Edusc, 2001. p. 56.

O *habitus* primário consiste em disposições internas do sujeito – que internalizam padrões de vida social – herdadas da família e estruturadas pela experiência individual e pela educação. Transformam-se ao longo da vida, a partir da experiência da vida adulta, em *habitus* secundário. Essas formações constituem, entretanto, unidades singulares que, como programas de computador, fornecem múltiplas possibilidades de ação aos sujeitos.

Uma das mais importantes contribuições de Bourdieu para a sociologia, porém, foi a noção de campo, pela qual ele designava esferas autônomas da vida social, historicamente constituídas, envolvendo relações sociais e de produção próprias, sistemas hierárquicos e de dominação, além de instituições particulares. Com a noção de campo, Bourdieu rompeu com o determinismo econômico que, sob inspiração marxista, predominava na sociologia e propôs um conceito de sociedade formada por diferentes instâncias, ao mesmo tempo autônomas e interdependentes, que mantêm relações de concorrência e poder.

Estudioso das formas simbólicas, Bourdieu apontou para as possibilidades da ação social efetiva por meio da comunicação. Toda ação humana envolve o uso das diversas linguagens pelas quais as estruturas sociais se legitimam e agem sobre a realidade. Por sua vez, a apropriação da linguagem e dos diversos códigos simbólicos depende de instituições como a família e a escola. Essas instituições, no entanto, reproduzem as desigualdades sociais e as diferenças de capital simbólico herdadas de acordo com nossa posição social.

Habitus

Um dos conceitos basilares da sociologia desenvolvida por Pierre Bourdieu é o de hábito ou *habitus*, com o qual ele procurou designar e compreender as estruturas sociais da subjetividade, formadas a partir das condições de nascimento e ao longo da vida adulta. Além da formação da subjetividade, o *habitus* é responsável pela forma como as instituições sociais, os valores e as relações são **introjetados** pelos indivíduos. Fazem parte do *habitus* a forma de perceber, sentir, fazer, pensar e representar incorporada, de maneira geralmente inconsciente, pelos agentes sociais.

O *habitus* tem o poder de definir a individualidade e de garantir certa persistência de nossa maneira de ser no decorrer da vida, sendo o elemento primordial de nossa individualidade. O autor concebia o *habitus* como a forma particular pela qual certas tendências se organizam, compondo o indivíduo.

Introjeção. Processo por meio do qual uma pessoa incorpora ao seu pensamento valores, crenças etc. de outras pessoas ou grupos, deixando-se influenciar por eles, mas não a ponto de assimilá-los como parte integrante da própria personalidade.

6. Norbert Elias e a civilização

Judeu, alemão, nascido em 1897, Norbert Elias (figura 13) exilou-se na França e depois, durante o nazismo, na Inglaterra. Apesar de herdeiro da tradição historicista da sociologia alemã, suas obras se difundiram pela Europa, principalmente na França, onde ficou conhecido como o sociólogo do processo civilizador e da vida na corte (figura 14).

AKG-IMAGES/LATINSTOCK

Figura 13 • Norbert Elias, importante sociólogo alemão, em 1977.

Elias concebia a sociedade como um tecido que liga os indivíduos numa teia de interdependência em permanente mudança e movimento – a cada ação numa direção, todo o tecido se reorganiza. Mas, ao contrário do que pode parecer à primeira vista, a ideia desse tecido não se assemelha ao conceito de estrutura social, pois se trata de um processo sócio-histórico constituído por seres que atuam de forma consciente, por meio de representações abstratas e simbólicas que elaboram a respeito de si e da situação da qual participam. O cientista social, também ele um ser histórico e em relação com os outros, constrói, do mesmo modo, representações abstratas tanto de sua experiência como de sua pesquisa. Em razão disso, o pesquisador adota uma postura dialética que oscila entre o distanciamento e o engajamento.

O tecido social é formado do entrecruzamento de inúmeras relações intersubjetivas que funcionam de acordo com o princípio da reciprocidade, embora nem sempre tenhamos consciência disso. Essa reciprocidade não significa igualdade nem equilíbrio nas relações entre os indivíduos. Elias percebe uma marcante desigualdade nas relações humanas resultantes de diferentes graus de dependência entre indivíduos e grupos, a partir dos quais quem é menos dependente domina.

Como seus contemporâneos, Norbert Elias procurava entender as relações entre a sociedade e o indivíduo dotado de liberdade, vontade e motivação, buscando romper com determinismos e causalidades mecânicas. Para isso, trabalhou com o universo simbólico dos sujeitos envolvidos na ação social, o qual se manifesta por meio das chamadas configurações: formulações que muitas vezes resultam da interiorização do mundo exterior, uma marca que a sociedade imprime na personalidade, agindo sobre os sujeitos. Se tais ideias não são suficientes para esclarecer as múltiplas instâncias envolvendo indivíduo e sociedade, elas alargam a noção de interação social por incorporar condutas, comportamentos e subjetividade.

PHOTO SCALA, FLORENÇA/GLOWIMAGES – MUSEU DO LOUVRE, PARIS

Figura 14 • *Coroação de Maria de Médici*, pintura de Peter Paul Rubens, 1622-1625.

Figura 15 • Manuel Castells, um estudioso da sociedade pós-moderna. Foto de 2005.

7. Manuel Castells e a sociedade em rede

Diante das questões colocadas aos sociólogos que se debruçam sobre a sociedade contemporânea, é preciso dar destaque à revolução tecnológica e ao advento da sociedade em rede, que vieram alterar radicalmente as relações entre as pessoas. Manuel Castells (figura 15) é espanhol e dedicou-se ao estudo da sociedade pós-moderna, na qual predominam as redes informáticas de comunicação.

Manuel Castells não alimenta o pessimismo de autores que veem na comunicação a distância um recrudescimento da alienação humana ante a tecnologia e os meios de comunicação, mas também não se associa ao ufanismo de muitos dos autores otimistas em relação às potencialidades das mídias digitais. Castells procura adaptar os conceitos da economia política marxista às novas trocas econômicas e simbólicas que ocorrem na comunicação mediada por computadores.

Em sua famosa tríade de livros – *A sociedade em rede*, *O poder da identidade* e *Fim de milênio* –, Castells procura mostrar a revolução promovida pela informática nas relações econômicas, nas relações de trabalho, no mercado e nas relações nacionais e internacionais. Uma nova divisão internacional do trabalho se estabelece por meio da informática, dando origem a uma nova etapa do capitalismo, cada vez mais racional, tecnológico, hegemônico e lucrativo. A partir desse cenário, o autor estuda outras manifestações do comportamento contemporâneo, como os novos processos de relação política e identitária.

Uma nova divisão internacional do trabalho se estabelece por meio da informática.

Outros autores trabalharam na mesma vertente. Pierre Lévy, autor de inúmeros livros sobre as transformações introduzidas pela sociedade mediada por computadores, mantém uma postura otimista. Já Paul Virillio, ao contrário, acredita estarmos vivendo profunda desumanização das relações societárias e interpessoais promovida pela revolução tecnológica.

O que se pretendeu com este capítulo foi tecer um panorama dos caminhos percorridos por diferentes autores na Europa e nos Estados Unidos, retomando conceitos da sociologia clássica, como ideologia, alienação, estrutura e até mesmo sociedade, para atualizar os grandes modelos de análise teóricos, capacitando-os para explicar as transformações contemporâneas. Com menor abrangência e circunscritos aos problemas da atualidade, os conceitos estudados fazem avançar a sociologia, colocando aos pesquisadores objetos novos, como a informática e a pós-modernidade.

Nos demais capítulos dessa e das outras unidades, vamos estudar conceitos fundamentais para o entendimento da sociedade em que vivemos. O conjunto dessas ideias, conceitos e propostas teóricas pode parecer ao estudante mais fragmentado e menos sistemático em relação às análises iniciais que estudamos. Porém, trata-se de análises que estão se desenvolvendo no ardor dos acontecimentos. Acontecimentos estes que também sofrem rápidas transformações. O importante é saber que os sociólogos da atualidade buscam atualizar os modelos explicativos e os conceitos fundamentais da sociologia, propondo novas abordagens que recuperem a tradição teórica sem reduzir sua capacidade explicativa e sua validade histórica.

Atividades

Compreensão do texto

1. Dizemos que a sociologia, a partir do século XX, tem se tornado interdisciplinar. Que disciplinas têm influenciado a sociologia?
2. Que circunstâncias históricas estiveram presentes no desenvolvimento da Escola de Chicago favorecendo uma sociologia mais pragmática?
3. No que consistiu o pragmatismo como método de pesquisa desenvolvido pela Escola de Chicago?
4. A Escola de Frankfurt tinha orientação marxista. Que problemas ela procurou estudar e como ficaram conhecidas as teorias sociológicas desenvolvidas por seus pesquisadores?
5. Com relação aos princípios marxistas, quais foram as inovações introduzidas pela Escola de Frankfurt?
6. Quais foram os conceitos introduzidos por Pierre Bourdieu no estudo da sociologia e o que eles significam?
7. Com o conceito de campo, a sociologia proposta por Pierre Bourdieu se tornou mais abrangente ou mais particularizada do que as demais teorias clássicas?

Interpretação e problematização

8. Em seu livro *Os estabelecidos e os outsiders*, Norbert Elias estuda as razões de conflito entre a população tradicional de uma pequena cidade da Inglaterra e os forasteiros que lá chegam procurando se estabelecer. Explicando seus métodos de análise, ele escreve:

> "Como se constatou, tais alegações, imagens e barreiras à comunicação social não podiam ser explicadas apenas em termos de um ou outro fator quantificável. Não podiam ser explicadas por meio de métodos voltados para a medição de 'fatores' ou 'variáveis', como se cada um deles existisse e pudesse variar por si, independentemente da configuração social completa – em suma, através de métodos baseados no pressuposto tácito de que os fenômenos sociais seriam combinações de variáveis, comparáveis às combinações de partículas atômicas que servem aos cientistas naturais como um de seus principais modelos."
>
> ELIAS, Norbert; SCOTSON, John L. *Os estabelecidos e os outsiders*. Rio de Janeiro: Zahar, 2000. p. 53.

Nesse texto, o sociólogo defende quais métodos de pesquisa? Estabelece qual relação da sociologia com as ciências naturais?

Aplicação de conceitos

9. **Cinema**

Gangues de Nova York, de Martin Scorsese. Estados Unidos, 2002, 164 min.

A Nova York dos anos 1840 cresce graças à grande imigração de europeus, especialmente de irlandeses. O jovem Amsterdam busca se vingar de William "The Butcher" Cutting, que matou seu pai numa briga entre gangues pela disputa do controle de uma praça, ponto de confluência de cinco diferentes ruas.

- O filme trata de como imigrantes ainda sem uma perspectiva clara de sobrevivência no novo continente lidam com a situação de serem párias na nova terra que tudo prometia. Aos conflitos de rua somam-se os de nacionalidades e os de preconceito racial e social. Discuta com seus colegas como ocorre a socialização dos novos membros e a construção dos valores simbólicos dentro das gangues.

Pesquisa e debate

10. Pesquise que tipo de formação alguns de seus colegas de classe gostariam de ter e como imaginam que será a vida profissional e pessoal deles no futuro. Elabore a pesquisa de forma a saber também o que tem determinado essas escolhas: a família, a escola, a televisão, o imaginado sucesso, a aventura etc. Depois monte um quadro com as informações e determine a relação entre a coerção social e a vontade pessoal nas escolhas de cada um. Participe do debate com as suas conclusões, procurando delimitar o campo da interação entre a pressão social e a vontade individual.

Leitura visual

11. As ilustrações a seguir trazem momentos distintos do capitalismo.
Quais são esses momentos e qual é a diferença entre eles?

ANTONIO SANTOS

Ao lado, charge "Desemprego", de Antonio Santos, 1994. Abaixo, tira da Mafalda, de Joaquín Lavado, comumente conhecido como Quino, 1992.

JOAQUÍN SALVADOR LAVADO (QUINO)/TODA MAFALDA – MARTINS FONTES, 1992

Questões de vestibular e do Enem

12. **(Uece)** O processo de mundialização do capital é corretamente definido como:

a) uma divisão internacional do trabalho entre os países produtores de matérias-primas e produtores de produtos industrializados;

b) divisão do espaço internacional em três áreas de influência para o investimento direto – o Primeiro Mundo, o Segundo Mundo e o Terceiro Mundo;

c) um processo de modernização tecnológica global que se baseia na produção em massa;

d) um processo de expansão econômica baseado nas grandes corporações, cujo controle econômico se dá através das esferas financeira e tecnológica.

13. **(UEM-PR)** Assinale a alternativa **incorreta** sobre as redes de comunicações.

a) As rodovias, as ferrovias e os gasodutos são exemplos de vias de circulação que podem formar redes.

b) Os nós ou vértices são pontos de encontro de duas ou mais vias de comunicação ao longo de uma rede.

c) Os fluxos correspondem ao deslocamento de pessoas, de bens ou de informações ao longo de uma via de comunicação.

d) As redes de transporte podem ser elementos importantes de estruturação do espaço geográfico.

e) As redes viárias correspondem às rotas aéreas que ligam os lugares centrais às periferias.

CAPÍTULO 9

Teorias da globalização

1. Capitalismo dominante

Estamos assistindo, na atualidade, ao desenvolvimento de uma nova etapa do capitalismo: a dominação de todo o planeta. Para entendê-la, Octávio Ianni, um dos mais importantes sociólogos do Brasil, procurou identificar os diferentes momentos históricos que a precederam.

O primeiro corresponde a sua emergência e instalação na Europa, estabelecendo o trabalho livre, a mercantilização da produção e a organização do mundo sob a forma de Estados nacionais. Para isso, houve a dissolução de instituições pré-capitalistas de produção e organização territorial. Nessa primeira fase, o capitalismo era alimentado pelo colonialismo. As colônias dos demais continentes forneciam às respectivas metrópoles europeias matérias-primas e escravos. Como resultado, a Europa conheceu um período de acumulação de capital e de emergência da burguesia como classe dominante, enquanto que as colônias foram integradas à economia europeia. Por esse motivo, o capitalismo já era global.

O segundo momento corresponde à industrialização e a um processo mais efetivo de implantação do capitalismo no mundo, por meio de estreitas relações internacionais de dependência econômica e política (figura 1), que submeteram as nações a centros hegemônicos, caracterizando o que ficou conhecido por imperialismo. O capitalismo instalou-se por todo o mundo, abarcando os mais diversos continentes, mares e oceanos, e promoveu um forte processo de centralização com a formação de impérios.

DENISE SINYAKOV/REUTERS/LATINSTOCK

Figura 1 • Encontro dos líderes do G8 em Heiligendamm, Alemanha, 2007. A reunião anual do G8 (Estados Unidos, Inglaterra, Alemanha, Itália, França, Canadá, Japão e Rússia) delibera sobre as políticas econômicas e sociais do planeta, moldando o capitalismo conforme os interesses comuns dessas nações industrializadas. Entretanto, a legitimidade desse foro é questionada em manifestações que contam com a presença de pessoas de vários países.

A cultura se globaliza e se homogeneíza com a criação da indústria cultural.

> **Indústria cultural**
>
> É um termo cunhado pelos filósofos e sociólogos alemães Theodor Adorno (1903-1969) e Max Horkheimer (1895-1973), membros da Escola de Frankfurt, aparecendo pela primeira vez na obra *Dialética do esclarecimento*, de 1947. A indústria cultural foi definida pelos autores com base em seus estudos sobre a produção e a função da cultura no capitalismo, quando analisaram a conversão da cultura em mercadoria. O conceito não se refere aos veículos – televisão, jornais, rádio etc. –, mas ao uso dessas tecnologias por parte da classe dominante para fazer da produção cultural e intelectual um objeto de consumo de massa.

A economia entrou em um estágio de produção ampliada e se tornou altamente planificada. A tecnologia passou a desempenhar um papel cada vez mais importante, fosse nas atividades bélicas de conquista e manutenção de territórios ou do espaço sideral, fosse na produção de mercadorias. Houve fortes movimentos de dissensão e resistência em diferentes partes do mundo (figuras 2 e 3), gerando graves conflitos e a emergência do movimento mais forte de oposição ao capitalismo, o comunismo, instaurando um novo modelo alternativo de produção e organização política. A cultura se globalizou e se homogeneizou com a criação da **indústria cultural** e da cultura de massa. Houve uma grande mobilização populacional provocada pelo êxodo rural e pela emigração, que levou multidões a se instalar de forma definitiva em outros territórios.

O terceiro momento já é aquele que recebe o nome de globalização – termo de uso recente que se popularizou nas últimas décadas. Os modelos alternativos ao capitalismo, em especial o mundo comunista, entraram em decadência, e houve um processo de enfraquecimento do nacionalismo e da relação de proximidade entre Estado e cidadão. Formaram-se organismos internacionais para a administração econômica, social e política, como a Organização das Nações Unidas (ONU), o Fundo Monetário Internacional (FMI) e o Banco Mundial. E a informática revolucionou a produção de bens e a divisão internacional do trabalho com o advento da comunicação em rede por meio das mídias digitais. O capitalismo entrou em sua fase efetivamente planetária, tendo como centro hegemônico os Estados Unidos. A racionalização econômica atingiu níveis jamais pensados, e as relações internacionais se redefiniram.

2. O reposicionamento do Estado-nação

Um dos fatores mais importantes para entender a sociedade atual e, em especial, a globalização, segundo sociólogos que estudam a atualidade, é um novo posicionamento dos Estados nacionais na condução da economia e em sua relação com o cidadão.

O capitalismo se desenvolveu, desde o início, a partir da formação dos Estados nacionais como instituições capazes de reunir pessoas em

Figuras 2 e **3** • Abaixo, manifestantes com máscaras dos líderes do G8 protestam em praia de Kuehlungsborn, Alemanha, 2007. Ao lado, trabalhadores descem a Ladeira do Carmo, na cidade de São Paulo, durante a greve geral de 1917.

BETTMANN/CORBIS/LATINSTOCK

ACERVO ICONOGRAPHIA

um território delimitado, ligadas por fortes laços de identidade e sentimento de pertencimento, que chamamos de nacionalismo. Além disso, os Estados nacionais criaram estruturas de organização social com funções políticas e econômicas que moldaram e uniformizaram a vida social, permitindo a racionalidade e o planejamento. Houve a unificação dos idiomas pátrios, das moedas, dos exércitos e da produção. Os Estados nacionais se agigantaram e se tornaram centralizadores da sociedade mundial, fazendo muitas vezes surgir regimes fortes, controladores e ditatoriais, como assistimos na primeira metade do século XX, com o advento do nazifascismo no mundo capitalista e do stalinismo no comunista.

> *A dura experiência das duas guerras mundiais colocou em xeque a hegemonia do Estado-nação.*

A dura experiência das duas guerras mundiais, provocadas, entre outros fatores, pelo excesso de rivalidade entre nações, pelas atrocidades cometidas em nome do nacionalismo e pela destruição econômica e política dos países europeus, colocou em xeque a hegemonia do Estado-nação e exigiu o surgimento de instituições internacionais como a ONU.

Por outro lado, a derrocada do mundo soviético e o fim da Guerra Fria, que opunham os países dos chamados mundo capitalista e mundo comunista, abrandaram conflitos e desconfianças que os separavam, assim como enfraqueceram todos os recursos de segurança e defesa entre as nações. Além disso, a internacionalização do mercado e a transnacionalização da economia, com inúmeras empresas instalando filiais em diferentes países – em busca de maior lucratividade advinda dos menores custos da matéria-prima, do transporte e da mão de obra –, obrigaram os Estados nacionais a redefinir sua posição na nova orquestração econômica nacional e internacional. Embora as nações ainda tenham papel fundamental nas relações políticas e econômicas da atualidade, novas forças disputam a hegemonia mundial: grandes corporações econômicas, organizações não governamentais, como o *Greenpeace*, e intergovernamentais, como a União Europeia. Essas novas forças políticas têm especial importância no mundo globalizado e caracterizam a nova sociedade em que vivemos.

CORTESIA INTEL

Figura 4 • Processador de computador. A microeletrônica fez o sistema de redes de computadores e de telecomunicações evoluir rapidamente.

3. Informática e automação

O desenvolvimento da informática, da automação e das telecomunicações foi fator decisivo na constituição da globalização, isso porque não se tratou apenas de mais um invento tecnológico (figura 4), mas da radical transformação na maneira de conceber os processos produtivos, que se tornaram mais integrados, centralizados e planejados. A comunicação em rede, por sua vez, possibilitou novas formas de cooperação e articulação por todo o planeta.

Dotada de intensa penetração, a informática passou a fazer parte do dia a dia das pessoas, dos sistemas de defesa, da comunicação, da engenharia genética e, principalmente, da produção e do mercado (figuras 5 e 6). A agilidade da produção, das trocas comerciais e dos fluxos financeiros deu à economia um ritmo nitidamente mais acelerado, propiciando a mercantilização das relações sociais que assistimos na globalização e que alguns autores chamam de mercado-rede – uma entidade reguladora das ações econômicas e políticas da sociedade que atua em nível internacional.

SÉRGIO BORGES/AGÊNCIA O GLOBO

UTAH IMAGES/NASA/ALAMY/OTHER IMAGES

Figuras 5 e **6** • No alto, sala de *telemarketing* de uma empresa no Rio de Janeiro, 2009. Embaixo, satélite em órbita, em 2007. A globalização da economia e das comunicações, aliada à crescente informatização de empresas, permite explorar novas dimensões do conhecimento, bem como reestruturar a organização política e administrativa dos países.

Dotada de intensa penetração, a informática passou a fazer parte do dia a dia das pessoas, da produção e do mercado.

Em decorrência disso, uma nova mercadoria se firmou no mundo como sendo a principal fonte de valor que circula pelas redes de comunicação: a informação. De modo bastante simplificado, podemos dizer que informação é todo dado que tem significado, ou seja, valor, para uma pessoa ou um grupo de pessoas que estão dispostas a pagar por ela.

> "O que a grande maioria das pessoas vem produzindo em seu trabalho é informação social. Registrada em patentes de produtos ou processos; comunicada em relatórios, protótipos, desenhos, painéis de controle de máquinas; gravada em películas cinematográficas; transmitida em programas de rádio ou televisão, por telegrama ou telefone."
>
> DANTAS, Marcos. *A lógica do capital-informação.* Rio de Janeiro: Contraponto, 2002. p. 117.

O investimento na comunicação, especialmente nos Estados Unidos, resultante de seu envolvimento na Guerra Fria, criou um mosaico de redes que penetraram nas mais distintas relações e processos produtivos. Isso resultou na implosão das formas de regulamentação existentes que organizavam o trabalho, a produção, as relações entre as pessoas e as comunicações. Esse processo recebeu o nome de "desregulamentação", e nele estão incluídas as privatizações dos serviços públicos, em especial os de comunicação, as leis de direito autoral, a distinção entre trabalho manual e intelectual. Enfim, num efeito "em cascata", as práticas administrativas e produtivas, além das mais elementares rotinas de nossa vida cotidiana, foram afetadas por essa "desregulamentação".

A informatização acabou gerando modificações radicais nos processos produtivos, levando a uma reengenharia industrial com a adoção crescente de sistemas automatizados em substituição à mão de obra humana. Um dos resultados disso é a grande onda de desemprego que afeta o mundo todo, além da obsolescência de tecnologias e de profissões que se tornaram desnecessárias.

Como consequência, a economia informal se desenvolve, com legiões de pessoas tentando sobreviver de atividades temporárias ou insólitas. Aumentam a exclusão social e o empobrecimento das regiões e países periféricos, o que vem corroborar as análises de que o desenvolvimento econômico não é acessível a todos, sejam nações, empresas, regiões ou indivíduos.

Pós-modernidade

Termo que se refere ao período histórico que sucedeu a Segunda Guerra Mundial, quando, em consequência das mudanças geopolíticas e das invenções tecnológicas, especialmente a comunicação por rede de computadores, o mundo desenvolveu um novo paradigma societário, envolvendo os Estados nacionais e a produção industrial. Assistimos, em consequência, à hegemonia do mercado sobre a ação de outras instâncias sociais, como as relações políticas, e a uma produção industrial orientada pela demanda. Essas mudanças, aliadas a outras, como a perda da hegemonia europeia no mundo, levaram ao abandono de preceitos básicos que caracterizavam a modernidade, tais como a crença no progresso e na solidez das instituições sociais. A palavra pós-modernidade foi utilizada inicialmente na arquitetura para designar um tipo de edificação apoiado em alta tecnologia e que feria os princípios de unicidade defendidos pela arquitetura moderna.

Interdependência

Mesmo diante dessas considerações, as tecnologias da informação tornam-se protagonistas de novas relações sociais em um mundo globalizado, promovendo fusões de empresas, departamentos e processos produtivos. As unidades são substituídas por redes, que são constituídas por setores da produção que trabalham integrando departamentos, de empresas conjugadas, de fornecedores, de clientes e de consumidores. Todas essas relações se baseiam em conexões tecnológicas que geram um novo princípio de pertencimento muito diferente do nacionalismo, da vizinhança ou do parentesco. Estar perto, pertencer, participar é conectar-se, é ter a senha ou o código de acesso.

A ideia de uma sociedade de múltiplas redes (figura 7), que organizam áreas de ação, relação, reação, troca e fluxos, alimenta a convicção em uma forte interdependência, que dá à noção de globalização um conteúdo próximo ao de sistema – o sistema-mundo, como o chama Oliver Dollfus. Isso nos remete à reciprocidade e à relação dialética que parece existir entre os nós interligados pelas redes que se subdividem em várias sub-redes e subdiretórios. Anthony Giddens, um dos estudiosos da **pós-modernidade**, denomina essa interdependência de "reflexividade". Segundo o autor, isso nos impede de identificar determinismos no mundo contemporâneo: se em certas nações o poder das instituições políticas se enfraquece, em outras aumenta; se em certos países as formas tradicionais de produção entram em decadência, em outros parecem renascer com toda força.

A globalização é um fenômeno vivido por todos no dia a dia e nos obriga a experimentar uma nova dimensão social.

A globalização, entretanto, é um fenômeno vivido por todos no dia a dia e nos obriga a experimentar uma nova dimensão social. Cada hábito ou comportamento implica, na atualidade, novos parâmetros societários de alcance, volume e diversidade característicos da globalização. Exemplo disso é o futebol, que deixou de ser apenas uma modalidade esportiva para se tornar um empreendimento planetário, envolvendo nações, times, indústria, ciência aplicada, tecnologia e redes de comunicação. Da mesma forma, outras mudanças profundas afetam o que entendemos por sociedade.

FERNANDO FAVORETTO/CID

Figura 7 • A junção de inúmeras redes de computadores com a de satélites deu origem à WWW (World Wide Web: rede de alcance mundial) ou internet (como é mais conhecida), que permitiu o nascimento de inúmeros mecanismos de comunicação, como sites de relacionamento, que oferecem a qualquer pessoa do planeta a oportunidade de acesso instantâneo a qualquer informação, sobre praticamente qualquer assunto.

4. Desterritorialização

"As cidades estão cheias de gente. As casas cheias de inquilinos. Os hotéis cheios de hóspedes. Os trens cheios de viajantes. Os cafés cheios de consumidores. As praias cheias de banhistas. O que antes não era problema, hoje começa a sê-lo: encontrar um lugar."

ORTEGA Y GASSET. A rebelião das massas. In: ORTIZ, Renato. *Um outro território*. São Paulo: Olho d'Água, s.d. p. 96.

As relações em rede vão nos fazendo perder as referências do mundo que nos cerca.

A comunicação em rede e a globalização repercutiram de forma decisiva nas concepções de tempo e espaço das pessoas – se dois jogadores disputam uma partida de xadrez *on-line*, estando um de manhã no Japão e o outro à noite, do outro lado do mundo, em que dia se realiza o jogo? Em qual fuso horário a partida se situa? Se esses dois jogadores estiverem estabelecendo um contrato, que data deverá constar nesse documento? Qualquer resposta dependerá de um acordo entre eles, ou seja, de uma convenção. As relações em rede vão nos fazendo perder as referências do mundo que nos cerca, adquirindo uma artificialidade nova e desconhecida do cotidiano da cultura. O imaginário humano já não procura reproduzir os movimentos da natureza, mas busca criar um tempo/espaço fictício ou convencional.

Passamos a conviver com um desenraizamento que, se já existia desde o advento dos meios de comunicação, se aprofunda e alarga. Canclini aponta para a emergência de novos processos de aproximação e afastamento – sentimo-nos mais distanciados de nossos vizinhos e, muitas vezes, mais irmanados de pessoas que sequer conhecemos, mas com as quais estabelecemos relações de troca e dependência.

ANTHONY WEST/CORBIS/LATINSTOCK

Figura 8 • *Check-in* do aeroporto internacional de Liverpool, na Inglaterra, 2007. A existência de lugares como aeroportos, sem uma identidade exclusiva, acessível a todos e praticamente sem história e relação com o entorno, forma um amplo conjunto de espaços sem lugar ou não lugares, típicos do mundo globalizado.

Isso sem mencionar que a aplicação da tecnologia tem transformado o ambiente e o hábitat das cidades, tornando-as muito semelhantes umas às outras. Os cenários já não representam modos de vida únicos e diferenciados, mas tendências e hábitos muito parecidos, que vão aculturando os lugares, transformando-os no que Marc Augé chama de não lugares – espaços que parecem negar sua condição de "lugar", tornando-se mera passagem ou itinerário, muito similares em qualquer canto do mundo, como *shopping centers* e aeroportos (figura 8).

Essa sensação de desenraizamento se torna ainda mais aguda se pensarmos que as últimas décadas foram anos nos quais grandes populações se transferiram de um local para outro, deixando suas tradições e passando a mesclá-las às culturas receptoras, desenvolvendo um hibridismo inusitado. Do campo para a cidade, do interior para o litoral, das zonas rurais para as industriais, dos países pobres para os países ricos e vice-versa, vamos nos acostumando a enfrentar o espaço estranho ou os estranhos que se avizinham de nós. Campos de refugiados, colônias de imigrantes e empresas multinacionais de capital misto são alguns dos processos atuais de desterritorialização.

É nesse jogo de aproximação e afastamento, de puxa e empurra, da ação combinada de forças centrípetas e centrífugas que a globalização atua, tornando cada vez mais atraentes e míticas culturas que, durante a formação e a plena vigência dos Estados nacionais, tendiam a ser desvalorizadas porque negavam, de certa forma, a integração nacional, ou seja, as culturas que diferenciam e dão identidade às localidades e aos localismos, aos regionalismos, às subnações dentro de nações, como os bascos na Espanha, os indígenas na América, as tribos na África, as minorias religiosas na Índia, os etnodescendentes em qualquer parte do mundo.

A desterritorialização, contudo, tem a ver também com a transnacionalização da economia e com as fusões empresariais que competem em poder e riqueza com a nação. Diz respeito igualmente a novas alianças que unem blocos regionais mais amplos, enfraquecendo as barreiras e fronteiras nacionais e a circunscrição do Estado. Mais flexíveis, os territórios, as fronteiras, as vizinhanças precisam ser constantemente atualizados ou redefinidos.

5. Metropolização

A urbanização não é um fenômeno recente. Ela remonta ao Renascimento europeu, intensificou-se com a industrialização e se acelerou com o desenvolvimento das comunicações. No entanto, a partir do século XX, as grandes cidades se tornaram pontos estratégicos da sociedade, centralizando as relações políticas e sociais, os fluxos de comunicação e a circulação de pessoas e de bens. Para dar conta dessas novas funções, os grandes centros urbanos passaram por um profundo processo de transformação – chamado de metropolização –, que provocou mudanças na aparência das cidades, nos estilos de vida, nas instituições sociais e nas relações entre as pessoas.

Há nesse processo de metropolização a tendência de assimilação dos mais diferentes cenários e espaços a um modelo tecnológico de arquitetura no qual predominam superfícies, reflexos, transparências e efeitos luminosos. Mais impessoais e artificiais, esses espaços transmitem a ideia de racionalidade. Materiais industrializados, imitações de materiais nobres, reconstruções e espaços tradicionais em recuperação são as opções estéticas dos espaços urbanos globalizados. A cidade adquire nova feição e nova função – é o entroncamento de fluxos de informação, comunicação, habitantes e mercadorias.

As cidades tornam-se os nós mais importantes dessa rede globalizada e para lá afluem pessoas de diferentes origens étnicas, religiosas e raciais. Em razão disso e da opção pelos materiais industriais e pela alta tecnologia, esses centros vão se tornando cada vez mais parecidos. O crescimento dessa malha urbana plural e múltipla forma as grandes metrópoles que sediam os acontecimentos do mundo contemporâneo.

Trata-se de um tecido que se amplia constantemente, do centro para a periferia, mas vai gerando núcleos diferenciados e particulares que procuram estabelecer nova identidade. Pequenas Itálias, bairros latinos, *chinatowns*, quarteirões árabes e bairros turcos, sem contar os guetos, favelas e cortiços, as zonas de boêmia, as cidades universitárias e as áreas ocupadas pelos moradores de rua criam pequenos territórios na metrópole pós-moderna, que tanto expressa planejamento e racionalidade como a caótica intervenção das minorias e dos movimentos sociais mais radicais (figuras 9 e 10).

UANDERSON FERNANDES/AGÊNCIA O DIA

MÔNICA IMBUZEIRO/AGÊNCIA O GLOBO

Figuras 9 e 10 • No alto, manifestação dos sem-teto, ocupando prédio no centro do Rio de Janeiro, 2006. Embaixo, comemoração do Dia da Consciência Negra, junto à estátua de Zumbi, no Rio de Janeiro, 2007. As cidades abrigam tanto a desesperança dos excluídos como a utopia das minorias e dos marginalizados.

Como lugar nenhum ou não lugar, a metrópole atrai, provoca, engole e promete a realização funcional e planejada de todos os sonhos.

Cosmopolitismo, anonimato, coletivismo e pluralidade são as características das metrópoles que funcionam como os grandes centros propulsores da globalização. Palco das angústias, das reivindicações e das manifestações sociais da atualidade, os grandes centros criam novos laços de dominação em relação às áreas circundantes, gerando uma nova topografia que não se assenta nas condições físicas e geográficas, mas na geopolítica da produção, da comunicação, do mercado e da geração da cultura.

Henry Lefebvre é um dos sociólogos que estudam o processo de urbanização da sociedade, identificando nele três etapas diferentes.

1. A primeira corresponde ao desenvolvimento industrial que, segundo ele, "saqueia a realidade urbana preexistente", procurando negá-la. A cidade vai se transformando em centro de serviços e troca.
2. No segundo período, a sociedade urbana se generaliza, e desaparecem, aos poucos, sua centralidade e características. Torna-se uma realidade socioeconômica para a qual qualquer planejamento se torna difícil.
3. Nesta última etapa, a cidade antiga está decomposta e, em vez do centro, surgem diversos e dispersos centros de decisão. Descentrada, a cidade parece excluir até mesmo as classes sociais e suas distinções.

Há autores, porém, como Marc Augé, que veem nessa nova paisagem o lugar por excelência da utopia, palavra que significa "lugar nenhum". Como lugar nenhum ou não lugar, a metrópole atrai, provoca, engole e promete a realização funcional e planejada de todos os sonhos.

6. Pós-modernidade e globalização

Todas essas transformações que modificam a cultura e o meio social em que vivemos são identificadas por diversos autores pelo conceito de pós-modernidade. Esse termo, criado no campo das artes plásticas e no da arquitetura, designa uma opção estética que rejeita princípios da modernidade, como a existência de valores universais e a autonomia da arte e do campo artístico. Em razão do desenvolvimento tecnológico da indústria cultural e da cultura de massa, os artistas pós-modernos rompem com o **paradigma** da produção artística que caracterizou, entre os séculos XV e XX, a modernidade.

A ruptura em relação a esse paradigma, que previa certa uniformidade de gosto e de reconhecimento do valor artístico, deu lugar a movimentos de contestação baseados no que podemos chamar de contracultura, como o *hip-hop*, que, nascido nos Estados Unidos, irrompeu nas periferias das grandes cidades.

Das manifestações artísticas, a pós-modernidade chega a outros campos da vida social, propondo novas rupturas em relação a modelos até então aceitos de comportamento social e político.

Passam a prevalecer padrões alternativos de associação, organização social e ativismo, como o que se verifica nas organizações não governamentais que buscam saídas diferentes das alicerçadas no Estado e no poder político institucional. Essa terceira via, que busca alternativas conciliando interesses privados e públicos, capitalismo e trabalho, produtividade e justiça, procura superar os entraves da modernidade e contribui para um novo equilíbrio na sociedade humana globalizada e planetária. É por meio desse viés que a pós-modernidade se apresenta como uma das consequências do processo de globalização e com ele se identifica.

Paradigma. A discussão a respeito do caráter natural ou convencional da linguagem levou os filósofos gregos a criar o termo *paradigma*, que significa, aproximadamente, modelo, ou seja, o padrão regular de variações de uma palavra. Outros pensadores ampliaram esse conceito pressupondo também uma cadeia lógica de ideias associadas ou derivadas. Dessa forma, o conceito de paradigma passou dos gramáticos para os linguistas e destes para os antropólogos e psicanalistas. No século XX, a ideia de paradigma aproxima-se da de mentalidade – um sistema interdependente de princípios e valores que caracterizam uma época e a representam. As transformações ocorridas na sociedade na segunda metade do século XX são consideradas uma mudança de paradigma, de uma sociedade em que se valoriza o indivíduo, a produção em série, a comunicação massiva e a eletricidade, para outra formada por sujeitos anônimos, que produzem por demanda, comunicam-se em rede e utilizam a eletrônica na produção material e imaterial da vida.

7. Disparidades e desigualdades

A sociologia do desenvolvimento é o campo das ciências sociais que mais abalos sofre em consequência dos estudos da globalização, pois, em vez do crescimento lento e seguro das nações rumo a um fim comum, assiste-se a um distanciamento maior entre nações e regiões ricas e pobres.

As disparidades regionais se acentuam, a geração de riqueza se centraliza e as desigualdades sociais se tornam ainda mais evidentes, apesar de a globalização atingir a todos e modificar a vida cotidiana nos mais diferentes espaços geográficos e sociais.

A competição entre países e regiões se torna mais acirrada; as relações se mercantilizam; as mudanças são abruptas e geram grande sentimento de insegurança; as crises se sucedem; os preços oscilam; os salários perdem valor; as organizações que protegem pobres e trabalhadores enfraquecem; valores consagrados são abandonados; serviços públicos se deterioram; e as minorias se insurgem (figura 11).

A tecnologia cria, continuamente, equipamentos que rapidamente se tornam necessidades.

De outro lado, a tecnologia cria, continuamente, equipamentos que rapidamente se tornam necessidades, enquanto os antigos ficam obsoletos; a produtividade cresce; o consumo se agiganta; o cidadão se torna menos participante; a educação se populariza e perde qualidade; as moedas oscilam. Trata-se de um quadro assustador? Aparentemente, mas há os otimistas que veem na comunicação em rede uma possibilidade inigualável de liberdade e afirmação pessoal, de gestão de organizações, de atuação independente e de ação revolucionária. Os movimentos dissidentes se multiplicam e a comunicação cria uma aldeia global, em que a opinião pública passa a ter crescente importância.

A comunicação cria uma aldeia global, em que a opinião pública passa a ter crescente importância.

Para muitos estudiosos da sociedade contemporânea, são as desigualdades sociais, a exclusão e a miséria os principais problemas da atualidade. Um quadro que contrasta, por sua agudeza, com a aparente riqueza do mundo e com o desenvolvimento da ciência e da tecnologia. Por isso a questão da pobreza é analisada por muitos sociólogos como um objeto de estudo especial. E, dada sua importância na sociologia da atualidade, vamos dedicar a esse assunto o próximo capítulo.

SPENCER PLATT/GETTY IMAGES

Figura 11 • Manifestantes, deitados sob o emblemático touro de Wall Street, protestam contra a crise financeira de 2008, denunciando o sistema capitalista, Wall Street e a administração do então presidente George W. Bush. Estados Unidos, 2008.

Atividades

Compreensão do texto

1. Segundo o sociólogo Octávio Ianni, quais foram as três mais importantes etapas do processo de desenvolvimento do sistema capitalista?
2. Qual é a importância e o valor da informação na sociedade contemporânea?
3. Os novos modelos de explicação sociológica estão definitivamente ultrapassados, tornando--se apenas fatos da história da sociologia?
4. O que são os não lugares, na definição de Marc Augé?

Interpretação e problematização

5. A globalização é um processo de homogeneização ou de diferenciação entre culturas e regiões? Justifique a resposta com exemplos.

Aplicação de conceitos

6. **Cinema**

   O terminal, de Steven Spielberg. Estados Unidos, 2004, 128 min.

   Viktor Navorski é um cidadão da Europa Oriental que está viajando rumo aos Estados Unidos quando há um golpe de Estado em seu país, a Krakozhia, impossibilitando-o de retornar ao seu país. Por esse motivo, ao desembarcar no aeroporto de Nova York, Viktor não obtém autorização para entrar nos Estados Unidos. À espera de que a situação se regularize de alguma maneira, Viktor passa a viver contra a vontade no terminal do aeroporto, improvisando nas acomodações e na satisfação das necessidades diárias de qualquer ser humano.

   ▸ Como na definição de Marc Augé, Viktor vive em um não lugar, vivenciando as contradições e as semelhanças entre culturas distintas que convivem em um lugar no qual não deve se basear em nenhuma delas, mas rejeitar ambas. Observe no filme esses elementos e discuta com seus colegas os novos aspectos culturais e psicológicos – e sua influência nas relações sociais – gerados pela globalização.

Debate

7. No mapa abaixo é possível perceber as desigualdades sociais, agravadas pelo processo de mundialização da economia. Debata com seus colegas sobre como esse mapa explica o mundo atual.

A fome no mundo – 2007

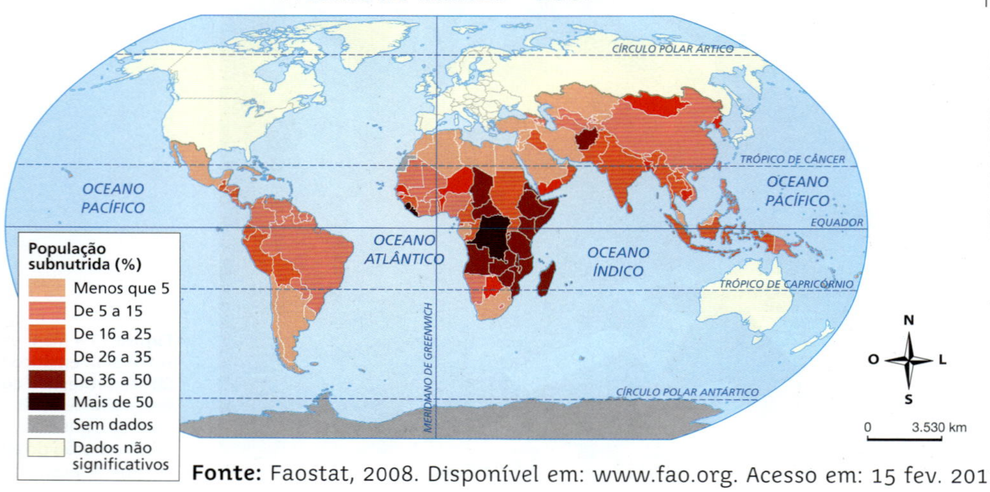

ALESSANDRO PASSOS DA COSTA

Fonte: Faostat, 2008. Disponível em: www.fao.org. Acesso em: 15 fev. 2011.

Leitura visual

8. A reportagem de capa do caderno Ilustrada do jornal *Folha de S.Paulo* seria conteúdo de uma obra de ficção se tivesse sido feita menos de quinze anos atrás. Analise a capa e levante elementos que justificam essa afirmação.

ilustrada

FOLHA DE S.PAULO

SÁBADO, 7 DE JULHO DE 2007 ★ E1

TV
"NÃO POSSO FAZER NADA PELO RIO", DIZ ATOR QUE FAZ BAUER
Pág. E3

ERUDITO
SOPRANO KIRI TE KANAWA SE APRESENTA NO BRASIL
Pág. E8

Debate sobre censura de biografias não-autorizadas empolga público na Flip Pág. E4

música para o PLANETA

Live Earth, com 24 horas de shows, passa pelo Rio a partir das 16h, com atrações que vão de Xuxa a Lenny Kravitz; evento, que acontece em 8 países, procura chamar atenção para mudanças no clima

MARCO AURÉLIO CANÔNICO
ENVIADO ESPECIAL AO RIO

Quando você estiver lendo este texto, já terão se iniciado ao redor do mundo as 24 horas do gigantesco Live Earth, evento criado para chamar a atenção do planeta, pela boca de estrelas badaladas, para o drama das mudanças climáticas.

Reunindo mais de cem artistas em nove cidades de todos os continentes —haverá até uma banda de esquimós tocando na Antártica—, os "shows contra o clima em crise", como definem seus organizadores, pretendem atingir uma audiência de 2 bilhões de pessoas.

Confirmadas as expectativas da produção, 500 mil dessas pessoas estarão na praia de Copacabana, na zona sul do Rio, para assistir, a partir das 16h, à única das celebrações que terá entrada franca. O evento foi orçado em R$ 3,8 milhões, dos quais cerca de R$ 1,5 milhão pago pela Prefeitura do Rio.

O show acontece no mesmo local em que os Rolling Stones se apresentaram em 2006 —num palco na areia em frente ao hotel Copacabana Palace—, e reúne os brasileiros Xuxa, Jota Quest, Marcelo D2 (com participação de Alcione), MV Bill, Vanessa da Mata, O Rappa e Jorge Ben Jor, além dos norte-americanos Pharell Williams, Macy Gray e Lenny Kravitz.

Espalhadas pelas demais cidades —Nova York, Londres, Sidney, Tóquio, Xangai, Johannesburgo e Hamburgo— estarão celebridades "ecologicamente corretas" (pelo menos no discurso) como Madonna, Beastie Boys, Red Hot Chili Peppers e The Police.

Ontem foi anunciado também um show extra em Washington, com os cantores country Garth Brooks e Trisha Yearwood.

"Os músicos envolvidos nessa causa têm um alcance tremendo e a capacidade de envolver as pessoas em torno dos temas que importam", explicou o ex-vice-presidente dos EUA Al Gore, um dos mentores do projeto, em entrevista à revista norte-americana "Billboard".

"Isso dá um impulso ao esforço para resolver a crise do clima que seria difícil de gerar de outro modo", completou Gore, que esteve no Rio em maio para anunciar a participação da cidade no Live Earth.

Gore celebrizou-se como defensor do clima a partir do documentário "Uma Verdade Inconveniente" (2006), vencedor do Oscar, e atualmente preside a Aliança para a Proteção do Clima, organização que ficará com o lucro do evento.

O Live Earth (algo como Terra viva) também reúne organizações não-governamentais célebres por sua luta ambiental, como a WWF. Por outro lado, tem entre seus patrocinadores e parceiros duas fabricantes de carros, a DaimlerChrysler e a Chevrolet.

Segurança

O braço carioca do evento esteve ameaçado de não acontecer depois que a Justiça suspendeu o show, na terça, atendendo pedido liminar do Ministério Público Estadual.

Baseado em um ofício do chefe do Estado Maior da Polícia Militar, o Ministério Público afirmava que a PM não conseguiria garantir a segurança em Copacabana, já que suas forças estariam divididas entre o Pan, as operações no Complexo do Alemão e um evento religioso marcado para o Aterro do Flamengo.

Anteontem, com a transferência do evento do Aterro para a praça da Apoteose, a PM retirou sua oposição ao show em Copacabana e a Justiça revogou a liminar que o proibia, mas o Ministério Público disse que iria recorrer.

O efetivo de segurança terá um total de 588 policiais, recrutados de vários batalhões da região metropolitana, que serão divididos entre pontos fixos e ronda. Segundo a organização, haverá ainda postos de saúde com 80 leitos no total, cinco câmeras de vigilância e 300 banheiros químicos.

Como transporte, além dos ônibus e táxis, o metrô funcionará com frota máxima de 3[illegible] trens, com intervalos de até quatro minutos.

LIVE EARTH PELO MUNDO

Conheça as principais atrações do evento

REPRODUÇÃO

Reprodução da primeira página do caderno Ilustrada da *Folha de S.Paulo* de 7 de julho de 2007.

Questões de vestibular e do Enem

9. **(Uece)** A diminuição da oferta de empregos, em diferentes países, tem marcado a situação proveniente da expansão do "neoliberalismo", nos dias atuais, como uma nova estratégia para manutenção do sistema capitalista. Sobre o histórico do emprego, na economia internacional, é correto afirmar que:

a) o sistema de emprego, baseado em direitos e deveres, foi iniciado na Inglaterra, a partir do século XVII, como resultado das condições propiciadas pela Revolução Industrial.

b) a contínua estabilidade na oferta de empregos, nas últimas décadas, representou uma comprovação do equilíbrio social, proporcionado pelo capitalismo.

c) o emprego, na sua forma atual, com horário estabelecido, remuneração paga a cada mês e apoio legal tornou-se uma evidência, desde a Revolução Industrial.

d) a regulamentação e fortalecimento do emprego, nas sociedades europeias, constituem uma evidência das chamadas Idade Moderna e Idade Contemporânea.

CAPÍTULO 10

Pobreza e exclusão

1. Utopia e realidade

Figura 1 • Ritual do Toré, praticado na Aldeia Lagoa dos Tapeba. Ceará, s.d. Nas sociedades tribais, havia menos diferenciações entre os membros de uma mesma comunidade.

Terá havido no mundo alguma sociedade igualitária, na qual as pessoas tenham desfrutado de maneira semelhante bens e oportunidades sociais? Parece que não. As evidências históricas mostram que a cultura humana esteve sempre intimamente ligada à ideia da distinção e da discriminação entre grupos sociais. Da pequena diferenciação social existente nas sociedades tribais, as diversas civilizações passaram por processos que as levaram a formar grupos, que se distinguiram por etnia, nacionalidade, religião, profissão e, de modo mais acentuado, por classe social (figura 1). O patriarcado, por exemplo, existe nas mais remotas civilizações, o que demonstra que a igualdade é, antes de mais nada, uma utopia, um ideal ainda não vivido pela humanidade.

Assim, temos convivido continuamente com as diferenças sociais (particularidades que definem os grupos sociais) e com as desigualdades sociais (diferente nível de acesso e usufruto dos bens oferecidos pela sociedade, como riqueza e conhecimento). Na sociologia, muitos autores têm se dedicado a estudar as diferenças e as desigualdades sociais, produzindo um conhecimento que pode servir de base para políticas públicas destinadas a promover a justiça, a tolerância e uma maior equidade na distribuição dos bens sociais.

2. Desigualdade e pobreza

As sociedades apresentam desde a Antiguidade diferentes formas de discriminação e de distribuição desigual de bens. Apesar disso, na sociedade contemporânea a pobreza é pouco aceitável, e a existência de parcelas da população à margem dos benefícios do desenvolvimento industrial e sem acesso a uma quantidade mínima de bens choca a todos nós. Por que isso acontece?

O mundo ocidental desenvolveu a consciência de constituição de uma humanidade à qual pertencem todos os habitantes do planeta.

A razão para essa postura diante de populações excluídas deve-se à ideia de que fazemos parte de uma totalidade que é a humanidade. Ao contrário de muitos povos, que sustentavam ou sustentam que a sociedade se diferencia por grupos inconciliáveis – como as castas indianas –, o mundo ocidental desenvolveu a consciência de constituição de uma humanidade à qual pertencem todos os habitantes do planeta.

A ideia de que constituímos uma totalidade – a humanidade –, uma mesma espécie que habita a Terra, apesar das diferenças aparentes e pouco significativas, teve início com o universalismo cristão, que afirmava sermos todos "filhos de Deus", contradizendo os preceitos das religiões antigas, que negavam a igualdade de todos os povos perante um mesmo Deus. Mas essa ideia ganhou força com a laicização da sociedade e a recusa de pensar a vida terrena como resultado de determinações divinas. Com a expansão do capitalismo e das relações interétnicas e internacionais, essa concepção humanista se desenvolveu cada vez mais, enfraquecendo a ideia de que diferenças entre grupos e povos são irreconciliáveis.

As ciências humanas ampliaram o entendimento das razões para as semelhanças e as diferenças existentes entre povos, grupos e indivíduos.

O desenvolvimento dos princípios de cidadania expressos nos ideais republicanos que emergiram a partir dos séculos XVII e XVIII deu um estatuto legal à ideia de que formamos uma única humanidade e, em razão disso, temos direitos iguais em relação ao usufruto de bens, das riquezas, da liberdade e dos poderes existentes e instituídos. São os princípios de igualdade expressos na Declaração dos Direitos do Homem e do Cidadão proclamada na França em 1789. As posteriores reformulações dos chamados direitos humanos não abalaram os princípios de igualdade que devem prevalecer entre todos os seres humanos. Tais princípios, entretanto, encontraram no Estado republicano a instituição que deveria lutar por eles e garanti-los.

CUSTÓDIO COIMBRA/AGÊNCIA O GLOBO

Figura 2 • Cortiço na ladeira de Santa Teresa, Rio de Janeiro. Foto de 2001. Os cortiços são moradias comuns nos bairros centrais das principais cidades do Brasil, denunciando as desigualdades sociais e negando a consciência de que todos nós fazemos parte da mesma humanidade.

O desenvolvimento da ciência também reforçou a ideia de humanidade. As ciências biológicas aprofundaram a noção de espécie, que passou a ser identificada por suas características universais, e as ciências humanas ampliaram o entendimento das razões para as semelhanças e as diferenças existentes entre povos, grupos e indivíduos. A sociologia fez desse tema um dos seus mais caros objetos de estudo, sendo ainda hoje discutido em muitas pesquisas.

Por outro lado, a modernidade se caracterizou pela crença sempre revigorada no progresso, na evolução de indivíduos e nações, no aprimoramento dos organismos físicos e sociais. Para muitos autores, a história se apresenta como uma sucessão de fatos que levam pessoas e nações ao desenvolvimento de suas potencialidades, ao aprimoramento e ao crescimento. Essa ideia está presente também no imaginário popular, nas epopeias, narrativas que exaltam a capacidade de superação das dificuldades na busca por fortuna e êxito.

Fundamentada na religião, nas aspirações políticas, na ciência e no imaginário popular, a ideia de igualdade entre os homens se instituiu, tornando a pobreza cada vez mais inaceitável e perturbadora. É por isso que a existência de pessoas, grupos ou populações sem acesso ao mínimo necessário para a manutenção e reprodução da vida fere princípios que acreditamos, deveriam nortear a sociedade humana (figura 2). Se somos da mesma espécie e temos os mesmos direitos, como podemos conviver com grupos que não têm acesso ao mínimo daquilo que a sociedade produz? É essa contradição entre os valores que defendemos e a forma como está organizada a sociedade que tornou a riqueza um privilégio, e a pobreza, uma injustiça.

Consumismo e abundância parecem crescer na mesma proporção em que se multiplica a pobreza.

Abundância e consumismo

Outro aspecto da sociedade contemporânea que torna mais difícil aceitar a pobreza de certas parcelas da população é o pleno desenvolvimento da indústria de massa, que põe em circulação na sociedade uma miríade de produtos nunca antes imaginada. Por sua quantidade, os bens produzidos pela indústria de massa seriam capazes de manter e reproduzir toda a população do planeta. Restaria ainda um excedente, garantem alguns economistas. Mas a diferenciação, a oposição e a concorrência entre os grupos sociais acabam por criar mecanismos de apropriação e monopólio dos bens econômicos e sociais, gerando crescente concentração de renda. E é em meio à sociedade da abundância que a pobreza se torna um impasse para a construção de uma sociedade justa e próspera.

O caráter consumista da sociedade contemporânea agrava mais o impasse representado pela pobreza. O apelo ao consumo, presente nas campanhas publicitárias veiculadas pelos meios de comunicação, torna a distância social existente entre ricos e pobres ainda mais intolerável. Consumismo e abundância parecem crescer na mesma proporção em que se multiplica a pobreza.

Os produtos inundam o mercado. Mercadorias que em pouco tempo são consideradas anacrônicas, ultrapassadas e obsoletas, devem ser substituídas por outras de formato, cor ou programa diferentes, e exigem consumidores com disponibilidade permanente de compra. É nessa sociedade que a pobreza se torna cada vez mais contraditória e perturbadora (figura 3).

Não podemos esquecer, também, que o capitalismo industrial rebaixou formas tradicionais de **identidade**, baseadas, por exemplo, na posse de bens duráveis – como a terra. Na sociedade contemporânea, as pessoas se identificam com aquilo que possuem ou ostentam – novos indicadores de poder e *status*, mais virtuais e menos concretos, como o domínio de informações. A estigmatização dos grupos sociais pela quantidade de bens que manipulam e ostentam tornou-se evidente, como apontam os estudos de Baudrillard e Guy Debord. É diante do chamado consumo ostentatório que a pobreza se torna mais vergonhosa e condenável.

Identidade. Conceito filosófico desenvolvido por Aristóteles e Leibniz que relaciona igualdades existentes entre duas coisas diferentes de maneira a torná-las, de alguma forma, uma unidade ou coisas que possam substituir umas às outras. Nas ciências sociais, a identidade foi percebida como sendo o sentimento de pertencimento que os indivíduos têm em relação às suas características biológicas ou culturais. À medida que o ser se desenvolve, vai assumindo funções e *status* que lhe são atribuídos em razão do sexo, da idade, da etnia, dos laços familiares e da região. A soma dessas atribuições constitui sua identidade social e civil que é, por definição, polissêmica e ambígua. Por outro lado, a identidade, segundo Roberto Cardoso de Oliveira, envolve o reconhecimento, ou seja, a percepção dos outros em relação às características que o sujeito admite ser suas. Daí o valor sociológico da identidade – ela se afirma numa interação entre o "eu" e o "outro" da qual faz parte o reconhecimento de direitos e privilégios e, também, um sentimento subjetivo de autorreconhecimento. É importante lembrar que alguns aspectos que constituem a identidade são mais objetivos e permanentes, como as características étnicas; outros, entretanto, são mais voláteis e subjetivos, como as opiniões políticas. Dessa opinião eram também os sociólogos interacionistas como Erving Goffman, para quem a identidade apresentava um movimento de oscilação permanente.

PAULA SOLLOWAY/ALAMY/OTHER IMAGES

Figura 3 • Sem-teto em Paris, França, 2006. A fome se transforma em um fenômeno de alcance e gravidade mundiais.

A pobreza relativa e a pobreza absoluta

Para identificar, medir, estudar e compreender a pobreza, os cientistas sociais criaram dois conceitos diferentes: *pobreza absoluta*, que diz respeito àquilo que o ser humano necessita para garantir uma sobrevivência saudável, e *pobreza relativa*, que relaciona a condição de pobreza com o padrão de vida vigente de uma sociedade em determinado tempo e lugar. Podemos dizer a pobreza absoluta se baseia em princípios mais biológicos, enquanto a pobreza relativa leva em conta aspectos culturais e especificidades do grupo estudado. A tendência é de que os estudos que analisam uma ou outra busquem definir a chamada "linha de pobreza", ou seja, os padrões mínimos de vida humana abaixo dos quais uma pessoa, grupo ou nação passam a ser considerados pobres.

Numa economia como esta em que vivemos, os índices adquirem grande importância como elementos capazes de medir diferentes aspectos da vida social e das populações. Tais índices desempenham papel relevante no jogo das relações entre pessoas, grupos e países. Analfabetismo, dívida externa, renda *per capita* e produto interno bruto são medidas de análise frequentes para a classificação das regiões e nações. Com esse recurso estatístico, a pobreza deixa de ser uma característica abstrata ou um conceito para se tornar uma grandeza (figura 4). Pessoas, grupos sociais e países passam a ser considerados pobres não só em relação a si mesmos e às dificuldades em atingir seus objetivos, em satisfazer as próprias necessidades e melhorar as condições de vida, como também em relação a outros grupos ou países com os quais são permanentemente comparados.

A pobreza nunca pareceu tão complexa nem tão difícil de ser aceita, uma vez que se tornou pública, patente e **estigmatizada**. Por outro lado, se riqueza e pobreza sempre tiveram um caráter relativo como variáveis em função das necessidades vitais e sociais de cada grupo em determinado momento de sua história, no mundo contemporâneo, essa relatividade adquire outro significado. A pobreza passa a ser dimensionada também em função das necessidades externas, engendradas por outros processos societários. Uma necessidade satisfeita por modos tradicionais de produção pode rapidamente transformar-se em carência, tão logo cheguem informações de novos bens e novos comportamentos criados no exterior.

Estigma. Em sentido figurado, refere-se àquilo que é considerado indigno, desonroso.

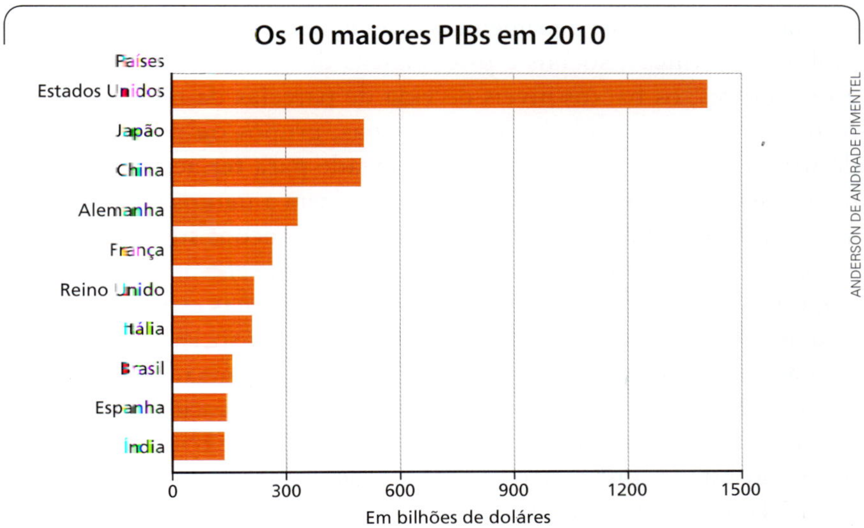

Figura 4 • Ao lado, gráfico apresenta dados estatísticos relativos ao Produto Interno Bruto (PIB) de alguns países em 2010. A sociedade contemporânea criou um amplo conjunto de índices econômicos e sociais que nos permite dimensionar e quantificar tanto a riqueza acumulada quanto a pobreza socializada.

Fonte: Banco Mundial. Disponível em: www.worldbank.org. Acesso em: 15 fev. 2011.

3. Estado de carência múltipla

ANTÔNIO MILENA/AGÊNCIA ESTADO

Figura 5 • Alunos da rede escolar municipal participam de curso para o acesso à internet. São Caetano do Sul, 2009.

Em uma sociedade complexa, em que a vida se reveste de inúmeras instâncias diferentes e na qual existe a consciência de a espécie humana constituir uma totalidade, a questão da pobreza se reveste de inúmeros aspectos. John Friedmann e Leonie Sandercock, especialistas em planificação urbana, em artigo intitulado "Os desvalidos", publicado em maio de 1995 em *O Correio da Unesco*, identificam três diferentes formas de pobreza, além da clássica carência de bens materiais e de recursos à sobrevivência: as despossessões psicológica, política e social.

- Despossessão psicológica. Sentimento de autodesvalorização das populações pobres em relação às ricas, ou de um país pobre em relação a um país rico.
- Despossessão social. Impossibilidade de parcelas da população terem acesso aos mecanismos de êxito social, bem como de atingirem o mínimo de prestígio e manterem relações sociais estruturadas e permanentes.
- Despossessão política. Incapacidade de certos grupos sociais terem qualquer participação efetiva na vida pública ou acesso aos mecanismos de interferência e ação política.

Atualmente, com a informática e a integração das mais diversas atividades às mídias digitais, aparece um novo tipo de pobreza: a tecnológica. Pessoas que não possuem "alfabetização digital" estão excluídas dos mais diferentes espaços e da comunicação globalizada e, o mais importante, do mercado de trabalho também (figura 5). A pobreza tecnológica aflige, envergonha e exclui.

Outra forma de despossessão é a impossibilidade de acesso ao êxito social.

À medida que se amplia nossa concepção de vida social, a questão da pobreza torna-se aguda e complexa, envolvendo não só a aquisição de bens materiais, mas também o acesso a diversos produtos valorizados socialmente e cada vez mais essenciais.

As causas da pobreza

Além de definir e quantificar a pobreza, explicando suas diferentes formas de manifestação exterior, filósofos e cientistas buscaram também entender as suas causas. Encontramos nesse esforço duas tendências bem distintas: a primeira busca explicações nas características biológicas, étnicas, sociais e psicológicas dos próprios pobres. Para esses autores, os baixos níveis de vida de parcelas da população são resultado da incapacidade dessas pessoas, grupos ou nações de agir da forma adequada, exigida pela sociedade para ter acesso aos bens materiais e culturais. Tais teorias deram origem a muitos preconceitos, assim como a políticas públicas equivocadas e inconsistentes.

Atualmente, com a informática e a integração das mais diversas atividades às mídias digitais, aparece um novo tipo de pobreza: a tecnológica.

Numa posição antagônica estão os autores que entendem a pobreza como resultado de sistemas sociais que criam formas estruturais e desiguais de distribuição de bens e oportunidades na sociedade – mesmo com as mesmas condições físicas e biológicas, determinados segmentos sociais estariam fadados à pobreza. A maioria dos sociólogos adotou essa postura, o que culminou em teorias de crescente crítica ao desempenho do Estado, instituição que deveria ser responsável por assegurar a igualdade civil, política e econômica entre os cidadãos.

Nessa segunda linha de explicação das causas da pobreza, desenvolveram-se duas abordagens bem distintas: a liberal, que defende a não intervenção do Estado na sociedade, permitindo que a regulamentação desta se faça de maneira espontânea; e a intervencionista, que propõe ao Estado políticas compensatórias de uma desigualdade social que se apresenta como desumana e injusta. Esta última foi responsável pelas políticas públicas previdenciárias e pelas ações afirmativas que procuravam compensar as populações pobres pelas desigualdades promovidas pelos sistemas sociais. No século XX, assistimos à luta reivindicatória das populações carentes por ações estatais que diminuíssem as desigualdades sociais. Essas reivindicações também tornaram-se bandeira de partidos e movimentos sociais no mundo todo (figura 6). Entretanto, desde a década de 1980, vivemos uma época de avanço das políticas neoliberais, que colocam em xeque as conquistas alcançadas anteriormente.

Figura 6 • Índios da região de Raposa Serra do Sol em manifestação em frente ao Supremo Tribunal Federal (STF), em Brasília, 2008. Os indígenas deram início a uma série de reivindicações a favor da demarcação de suas reservas em área contínua.

A responsabilidade do sistema

Não só as teorias políticas que explicam a natureza e a função do Estado preocuparam-se com a questão da pobreza. Estudos econômicos e sociais também reservaram suas análises à compreensão desse problema. Desde o século XIX, economistas e sociólogos tentaram descobrir tendências para o futuro das populações carentes. Os prognósticos foram sempre pessimistas. Thomas Malthus e David Ricardo afirmaram que o capitalismo industrial alcançaria um tal nível de desenvolvimento que os recursos naturais do planeta se esgotariam e as populações seriam assoladas pela fome.

Vivemos numa sociedade de abundância e não de escassez, que dispõe de meios para uma distribuição mais igualitária de bens.

Karl Marx, no *Manifesto do Partido Comunista*, sustentava que o desenvolvimento do modo de produção capitalista levaria a uma constante e irreversível concentração de propriedade e riqueza por uma minoria. Por outro lado, o restante da população estaria reduzido a um nível econômico de subsistência.

Alfred Marshall, em 1927, denunciava a degradação dos níveis de vida da humanidade. Alertava para o aumento constante do trabalho árduo, para a falta de instrução e de saúde e para a baixa expectativa de realização pessoal.

Essas teorias possuíam um caráter de alerta e denúncia, espalhando pessimismo e desconfiança. Por se fundamentar em determinados pressupostos acerca das leis que regulam o desenvolvimento dos sistemas sociais, assumiam uma função quase profética.

Muitas dessas teorias que previam um futuro não muito promissor para as sociedades em decorrência do agravamento dos conflitos sociais mostraram-se falhas em seus prognósticos. Vivemos numa sociedade de abundância e não de escassez, que dispõe de meios para uma distribuição mais igualitária de bens, desde que para isso haja vontade política. E o capitalismo sobrevive ao desenvolvimento industrial e aos desafios da globalização.

Não há dúvida de que existem sistemas cujo desenvolvimento assegura uma melhor distribuição dos bens sociais, que preveem formas mais adequadas de assistência à população. Entretanto, sabemos também que os homens participam de maneira consciente dos sistemas econômicos e sociais e podem interferir em sua dinâmica.

A pobreza crescente e incômoda

> *A educação se universaliza, mas a repetência, a evasão escolar e as taxas de analfabetismo diminuem muito lentamente.*

Infelizmente, apesar dos avanços tecnológicos de nossa sociedade e das conquistas da sociedade do século XXI, a pobreza continua resistente às análises e aos esforços estatais.

A educação se universaliza, mas a repetência, a evasão escolar e as taxas de analfabetismo diminuem muito lentamente. A esperança de vida cresce em quase todas as partes do mundo, apesar de muitos idosos ainda serem obrigados a trabalhar e de o atendimento à população carente continuar precário. As favelas se multiplicam, caracterizando a paisagem urbana; o desemprego, a criminalidade e a mendicância aumentam.

Essas circunstâncias fizeram surgir na sociologia um outro conceito, o de exclusão social, que identifica um conjunto de processos que, progressivamente, afastam parte da população do usufruto dos bens produzidos socialmente – da moradia à saúde, da educação ao entretenimento. As teorias da exclusão baseiam-se menos nas críticas estruturais aos sistemas vigentes e mais na análise dos processos que, mal geridos, provocariam a exclusão social.

Uma grande parte da população permanece à margem do desenvolvimento e não usufrui dos benefícios sociais. Os excluídos, como são denominados, trabalham desde criança, desenvolvem atividades sem qualificação, não têm instrução nem acesso a eventos culturais, não desfrutam de saneamento básico e, às vezes, nem de um teto. Às crianças abandonadas na rua sucede uma nova geração de crianças de rua, geradas sem família e sem moradia. Alimentam-se irregular e precariamente, vivem na indigência e são vítimas da violência policial (figura 7).

O aumento da pobreza, que segundo alguns cálculos chega a dois terços da população nos países mais pobres, incomoda e constrange por vários motivos: porque demonstra a ineficiência da administração do Estado; porque evidencia o crescimento do número de pessoas à margem do contingente de consumidores nacionais; porque se teme que essa população crescente se organize e aja politicamente contra um sistema que a marginaliza; porque constitui um sintoma evidente do malogro de uma sociedade que se pressupõe orientada para o bem comum.

MARCOS D'PAULA/AGÊNCIA ESTADO

Figura 7 • Movimento "Viva Criança Viva" contra a violência policial, Complexo da Maré, Rio de Janeiro, 2006. É comum a violência policial e civil contra setores marginalizados da sociedade.

4. Urbanização e criminalidade

O desconcertante fenômeno do aumento da pobreza crônica tem sido explicado como efeito da atração dos centros urbanos sobre um setor agrário também empobrecido. As taxas indicam que cerca de 35% da população pobre dos centros urbanos é composta de migrantes.

Essa explicação é inquietante e mostra que o setor agrário continua a expelir trabalhadores – com o uso crescente de máquinas e de mão de obra assalariada sazonal. Mas também mostra que, ao decréscimo de utilização da mão de obra no setor agrário, não corresponde proporcional aproveitamento dessa mesma mão de obra na indústria. Logo, mais gente passa a depender dos serviços municipais e de uma expansão da produção. Por outro lado, essa expansão não pode resultar de um aumento de rendimentos mínimos e regulares da população privada ou da possibilidade de fazer aumentar a demanda de produtos.

O criminoso tem um perfil?

À percepção de incompetência do sistema econômico e político se soma o desconforto de saber que, nos grandes centros, milhares de pessoas não estão sob a vigilância das instituições sociais e vivem como podem, à deriva e à revelia dos planejamentos oficiais. Cria-se, em relação a essa população, um sentimento de desconfiança e de insegurança, em virtude de sua instabilidade social e econômica.

O perfil social dos criminosos estigmatizado pela mídia ajuda a reforçar esse preconceito que associa pobreza e criminalidade: os autores dos crimes oficialmente denunciados e investigados parecem ser, na sua maioria, analfabetos, trabalhadores braçais e negros, ratificando a desconfiança contra essa população.

Sociólogos mais cuidadosos, entretanto, têm interpretado de forma diferente esses dados da criminalidade. Constata-se que inúmeros crimes não são denunciados, que as estatísticas apenas expõem aquela população que, tida de início como suspeita, é sistematicamente controlada. Existe, portanto, em relação aos dados, uma distorção provocada pela "suspeita sistemática", como a definiu o cientista social brasileiro Paulo Sérgio Pinheiro. Segundo essa ótica, é contra a população pobre e estigmatizada que se conduz a prática policial, a investigação e as formas de punição. Pinheiro conclui que a prática policial preconceituosa, somada à desproteção das classes subalternas, torna a relação entre pobreza e criminalidade uma profecia autocumprida. Forma-se um círculo vicioso em que o indivíduo, para ter trabalho, precisa ter domicílio, registro, carteira profissional e uma situação civil legal. Impossibilitado de trabalhar por não cumprir tais exigências, ele passa a engrossar as fileiras de marginalizados que vivem sob constante vigilância policial (figura 8).

RENATO LUIZ FERREIRA / AGÊNCIA ESTADO

Figura 8 • Policiais realizam *blitz* na Zona Oeste de São Paulo, 2006. Batidas policiais sob diversos pretextos fazem parte do cotidiano das grandes cidades.

Desse modo, a urbanização tem resultado no crescimento da pobreza urbana, atraindo para os centros industriais populações expulsas do campo pela mecanização do trabalho agrícola, pela baixa produtividade do meio rural e pela concentração da terra. Um verdadeiro fluxo populacional se estabelece do campo para a periferia das grandes cidades ou para os centros das cidades que se deterioram. Recentes estatísticas demonstram que o desenvolvimento econômico tem aumentado a pobreza e a desigualdade social.

Apesar do desenvolvimento tecnológico, convivemos com a pobreza próxima e constante de cerca de dois terços da população do Terceiro Mundo.

5. O estigma da pobreza

O Estado mostra-se incompetente no combate à pobreza, e suas ações públicas têm sido mais de policiamento, vigilância e violência do que de resolução do problema. O crescimento das políticas neoliberais faz com que o Estado renuncie à responsabilidade pela pobreza e pela exclusão, pondo fim a projetos de desenvolvimento social, previdência, financiamento e combate às desigualdades sociais. Iniciativas de caráter assistencial têm resultados paliativos, e a imprensa exibe em cores cada vez mais realistas a indigência da população pobre. Agora, graças à globalização dos meios de comunicação, a pobreza dos países em desenvolvimento se transforma em manchete internacional.

A pobreza é cada vez menos disfarçada e mais estigmatizada. Ela gera distanciamento social, alienação e discriminação dos pobres.

O distanciamento, a alienação e a estigmatização que recaem sobre a pobreza não ajudam a encontrar soluções para o problema.

Cada vez mais evidente, a pobreza é estigmatizada, quer pelo caráter de denúncia da falência da sociedade e do Estado em relação às suas funções junto à população, quer pelo contraste com a abundância da sociedade de consumo, quer pelo perigo iminente de convulsão social que para ela aponta. A violência e a agressividade aumentam, criando um clima de guerra civil nas grandes cidades, nas quais os índices de criminalidade são alarmantes (figura 9). Ao medo e à insegurança gerados na população, associam-se o preconceito e uma atitude de discriminação contra as camadas pobres da população, as favelas e os centros das cidades. Generalizam-se medidas arbitrárias de violência e brutalidade, as chacinas, os linchamentos e os assassinatos.

Estudos procuram caracterizar de maneira científica a pobreza, buscando suas causas, denunciando responsáveis ou procurando tratá-la como um fenômeno dissociado da sociedade. Chegou-se a falar em "cultura da pobreza" – uma série de normas, valores, hábitos e formas próprias de linguagem que se desenvolveriam na população carente e que seriam transmitidas de uma geração a outra. Oscar Lewis foi um dos mais influentes defensores dessa teoria. Realmente, os excluídos dos benefícios da civilização tecnológica acabam por criar mecanismos próprios de sociabilidade, assim como estratégias de defesa e sobrevivência. Considerar, entretanto, essas formas de comportamento de maneira isolada – e não como resposta às condições sociais estabelecidas – é uma atitude estigmatizante e ideológica.

O distanciamento – social e ideológico –, a alienação, a discriminação e a estigmatização que recaem sobre a pobreza não ajudam a encontrar soluções para o problema nem evitam que as desigualdades sociais aumentem. Por mais eficientes que os princípios liberais sejam para o desenvolvimento da sociedade tecnológica e do capital, não podemos esquecer que eles têm graves consequências para os setores sociais que, não possuindo qualquer capital, têm desempenhado papel indispensável na acumulação de bens e riquezas por parte dos grupos dominantes. Felizmente, a discussão das tendências deletérias do desenvolvimento econômico tem sido pauta de diversos movimentos sociais e políticas públicas no mundo todo, conseguindo, muitas vezes, redução da pobreza e avanços sociais.

INÊS CAMPELO/DP/D.A PRESS

Figura 9 • Agentes da Polícia Civil retiram corpo de homem assassinado em prédio abandonado de Boa Viagem, Recife, 2009.

6. Um exército de reserva?

Procurando entender o papel da população marginalizada nas grandes cidades em relação ao processo de desenvolvimento do modo de produção capitalista, Karl Marx criou o conceito de "exército industrial de reserva". Segundo Marx, a população desempregada ou subempregada que vivia na pobreza junto aos grandes centros industriais representaria uma força de manobra na constante luta entre trabalho e capital. Em épocas de conflito e mobilização da classe trabalhadora, e principalmente durante períodos de greve, essa massa despossuída representaria um contingente de trabalhadores empregável a qualquer hora.

Sem qualificação, sem emprego, sem assistência, os marginalizados das cidades são operários virtuais, recrutáveis a qualquer momento, um reduto de mão de obra barata que anseia por uma situação regular. Marx reconhecia, assim, que o desemprego não é condição de quem não quer ou não está apto ao trabalho, mas resultado de uma inelasticidade na oferta de emprego. Essa teoria analisa a marginalidade como parte do sistema, não como um elemento exterior a ele; por outro lado, explica o preconceito, a desconfiança e a violência que vitimam a população carente, até mesmo por parte das camadas mais baixas da população.

A globalização da economia vem provocando o ***dumping*** **social**: com o objetivo de tornar os preços mais competitivos no mercado internacional, procede-se à redução drástica dos custos com mão de obra por meio do emprego do trabalho infantil e do temporário e informal. Além disso, com a robotização da indústria, que coloca em disponibilidade massas de trabalhadores, e com a exigência cada vez maior de trabalhadores qualificados, o conceito de exército de reserva precisa ser reavaliado. Em primeiro lugar, porque o desemprego cresce em número e em diferentes parcelas da população, sendo agora chamado de desemprego estrutural. Em segundo lugar, porque a tecnologia de vanguarda torna a população marginalizada inaproveitável na indústria. Em terceiro lugar, porque, ao que tudo indica, abre-se nos países mais ricos uma tendência de permanente diminuição da jornada de trabalho na indústria. Novas relações e novos conceitos de trabalho emergem no mundo: terceirização, trabalho autônomo, desemprego, subemprego, emprego temporário, e assim por diante.

É diante disso tudo que a pobreza parece um fenômeno constante e assustador, que exige medidas conscientes e responsáveis (figura 10). Um esforço conjunto se faz necessário envolvendo políticas estatais, como as reformas agrária e urbana, o imposto sobre fortunas e a redução da jornada de trabalho como medida contra o desemprego. Outras medidas são projetos como os Bancos do Povo e a criação de organizações não governamentais que desenvolvam projetos de assistência social, alfabetização e capacitação para o trabalho. Afinal, se a economia tende a crescer e a se desenvolver e se a jornada de trabalho e o número de empregados diminuem, devem restar no futuro pessoas e tempo que possam ser destinados a esse fim. Não podemos esquecer, entretanto, que a opção por sistemas políticos que estabeleçam meios adequados de redistribuição de renda, garantindo a participação da população na riqueza material e social, é a forma mais eficiente de combater a pobreza.

Dumping social

"Um dos principais problemas da competição internacional é o chamado *dumping social*, que consiste na busca de preços competitivos no mercado à custa do aviltamento do trabalho. A competição internacional não pode mais tolerar, em qualquer dos seus níveis, a exploração de crianças ou adolescentes ou mesmo de seus pais por meio de regimes despóticos de trabalho, até porque os efeitos do mencionado *dumping* social findam por propiciar, além da injusta competição internacional, uma crise no próprio sistema produtivo que aumenta a quantidade de produtos e diminui, perversamente, a capacidade de consumo de um número cada vez mais crescente de pessoas."

DE MASI, Domenico. *O futuro do trabalho*: fadiga e ócio na sociedade pós-industrial. Rio de Janeiro/Brasília: José Olympio/ Ed. da UnB, 1999. p. 41.

RADE LUKOVIC/ALAMY/OTHER IMAGES

Figura 10 • Deficiente físico pedindo esmolas em Skopje, Macedônia, 2007. A pobreza é ainda mais aguda para pessoas com deficiência física. Duplamente penalizadas, além de estigmatizadas pela miséria, as pessoas com deficiência física são tratadas como seres humanos diferentes.

APROFUNDANDO CONTEÚDOS

A pobreza no Brasil

O Brasil não é mais um país pobre, mas as desigualdades sociais persistem, motivadas pela discriminação contra certas diferenças.

Os indicadores econômicos mostram que, nos últimos anos, a economia brasileira vem conquistando um desenvolvimento gradual. O Brasil enriqueceu. Entretanto, não conseguiu eliminar a pobreza de alguns setores sociais. Resolver essa injustiça tornou-se um dos maiores desafios nacionais.

A distribuição desigual de renda é um dos sinais mais expressivos das injustiças socioeconômicas existentes no Brasil. Diferenças regionais, étnicas e de gênero promovem a concentração da riqueza em um ou outro grupo, contribuindo para a permanência da pobreza entre os demais.

A pobreza extrema e as diferenças de gênero

Na maioria dos domicílios das regiões metropolitanas do país, a população extremamente pobre diminuiu. Contudo, nos domicílios chefiados por mulheres, a população extremamente pobre aumentou.

População metropolitana extremamente pobre, conforme o gênero do chefe do domicílio, em milhões de pessoas.

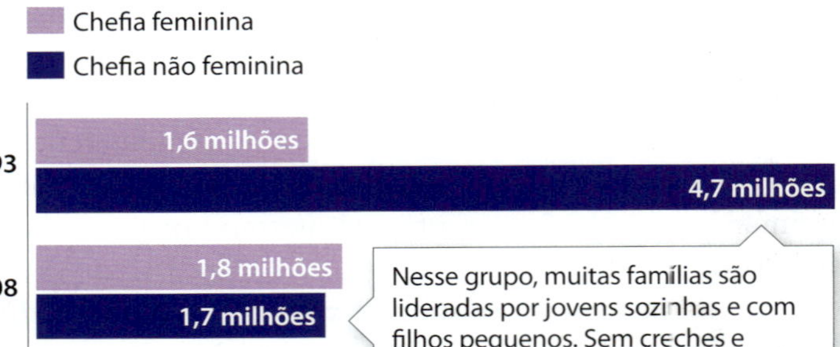

Fonte: Instituto de Estudos do Trabalho e Sociedade.

A pobreza extrema e as diferenças regionais

Em 1995, um em cada cinco brasileiros vivia abaixo da **linha de extrema pobreza nacional**. Essa média caiu pela metade em 2008, mas a desigualdade entre as regiões continua alta.

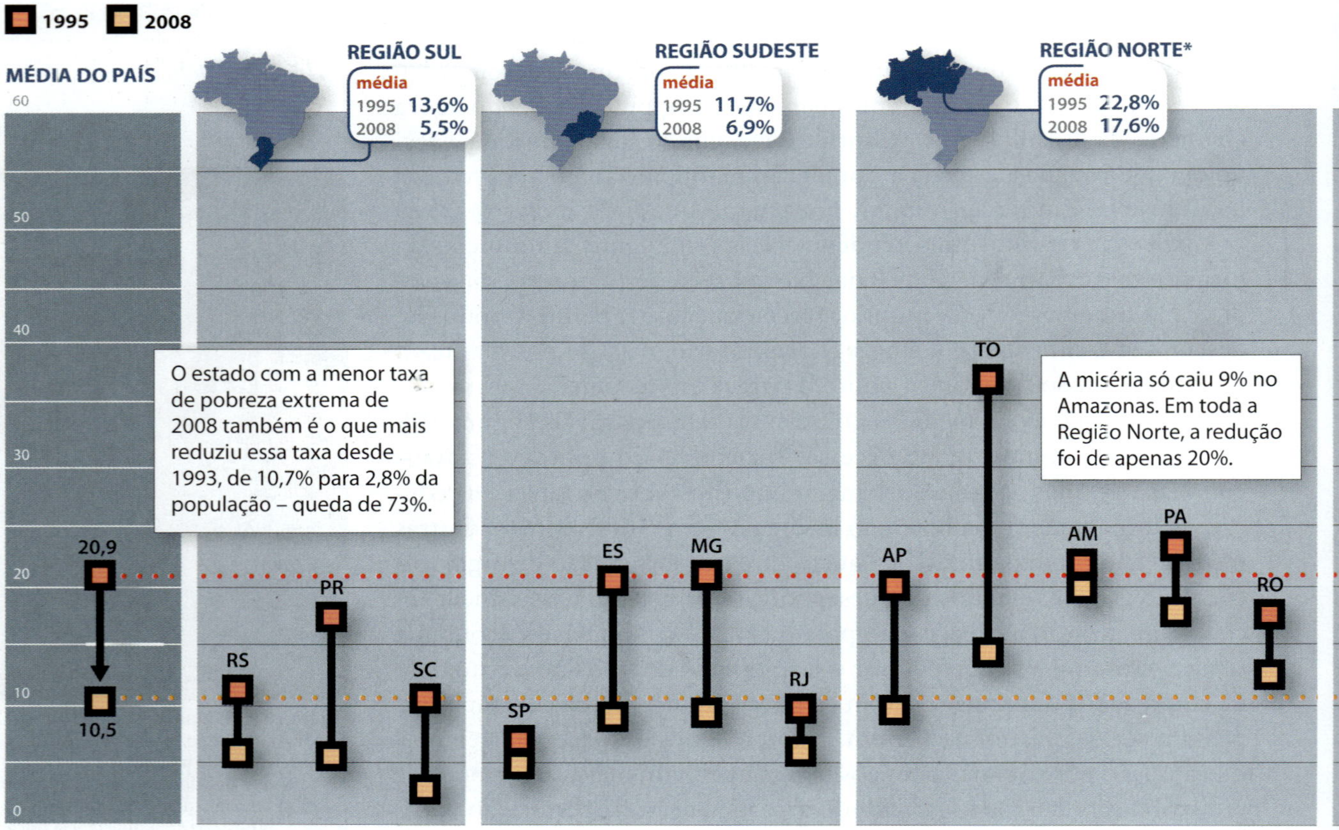

* Excluindo Acre e Roraima.

A pobreza extrema e as diferenças étnicas

Em 1990, a porcentagem de negros vivendo abaixo da **linha de extrema pobreza internacional** era 125% maior que na população branca. Em 2008, foi 136% maior.

População brasileira vivendo com menos de US$ 1,25/dia/*per capita*, segundo raça/cor, em %

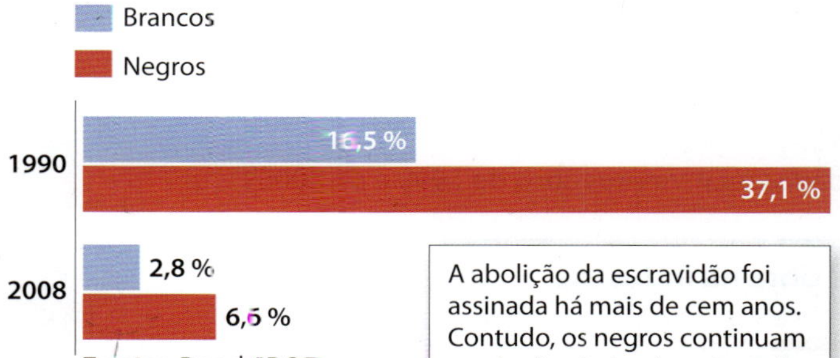

Fonte: Pnad/IBGE

A abolição da escravidão foi assinada há mais de cem anos. Contudo, os negros continuam sendo discriminados e tratados com inferioridade.

Questões

1. De modo geral, a pobreza extrema diminuiu no Brasil. Contudo, ao mesmo tempo, evidenciou a permanência de outras formas de discriminação. Explique essa situação levando em conta:

a) diferenças de gênero.

b) diferenças étnicas.

2. Os três gráficos, se forem analisados conjuntamente, podem evidenciar um perfil típico de família brasileira abaixo da linha da pobreza. Explique qual é esse perfil, levando em conta a região geográfica, o gênero do chefe do domicílio e a identidade étnica.

Linha de extrema pobreza nacional. De acordo com o IBGE, que define como extremamente pobre quem tem renda familiar *per capita* máxima de até 1/4 salário mínimo por mês.

Linha de extrema pobreza internacional. De acordo com o Banco Mundial, que define como extremamente pobre quem tem renda de até 1,25 dólares por dia.

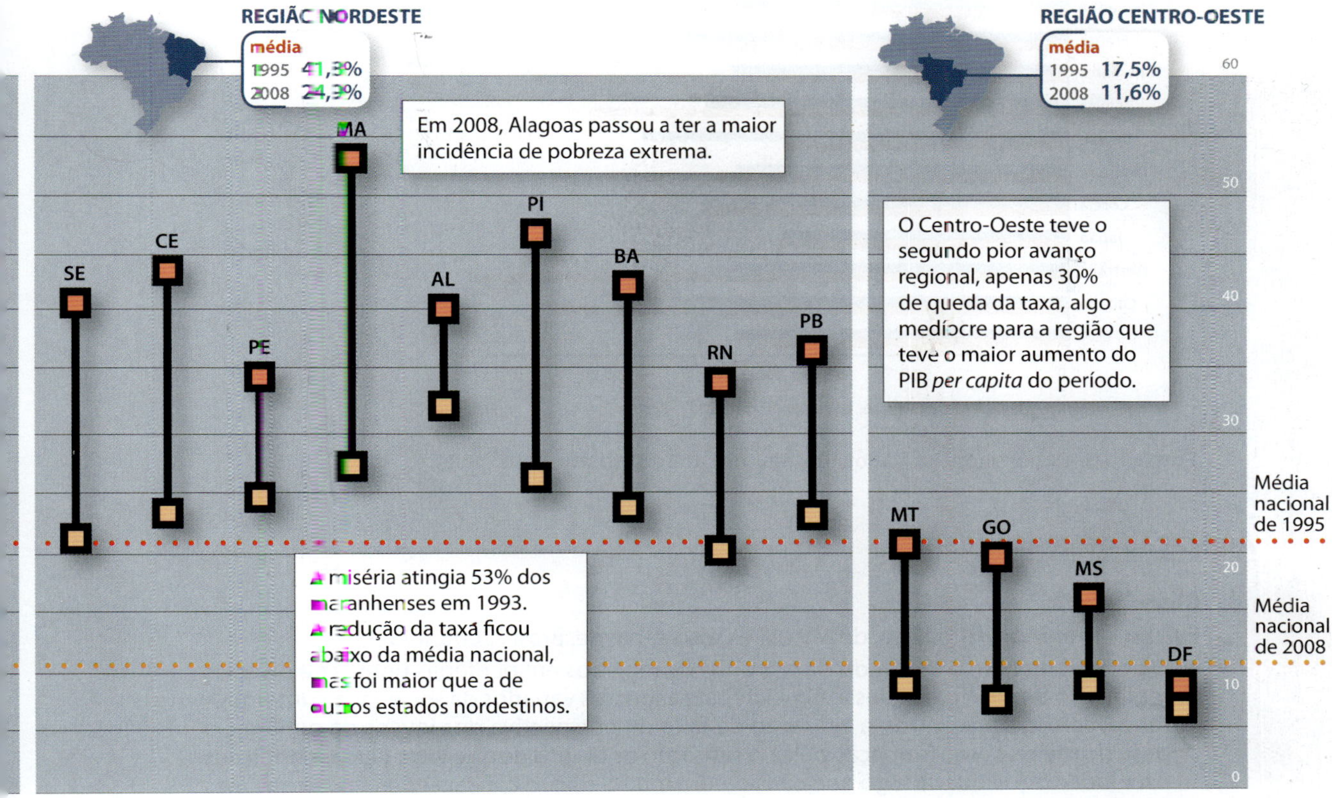

Fonte: Pnad/IBGE e Ipea.

GRÁFICOS: MARCELO PLIGER

Atividades

Compreensão do texto

1. Por que a pobreza incomoda mais a sociedade contemporânea do que as sociedades do passado?
2. De que modo alguns cientistas responsabilizam o sistema social pela geração de pobreza?
3. Que relação é estabelecida entre pobreza e violência?
4. O que se entende por "exército industrial de reserva"?
5. Por que esse conceito deve ser repensado na sociedade de hoje?
6. O que é *dumping* social?

Interpretação e problematização

7. Analise o gráfico a seguir comparando os dados relativos aos anos de 1990 e de 2008.

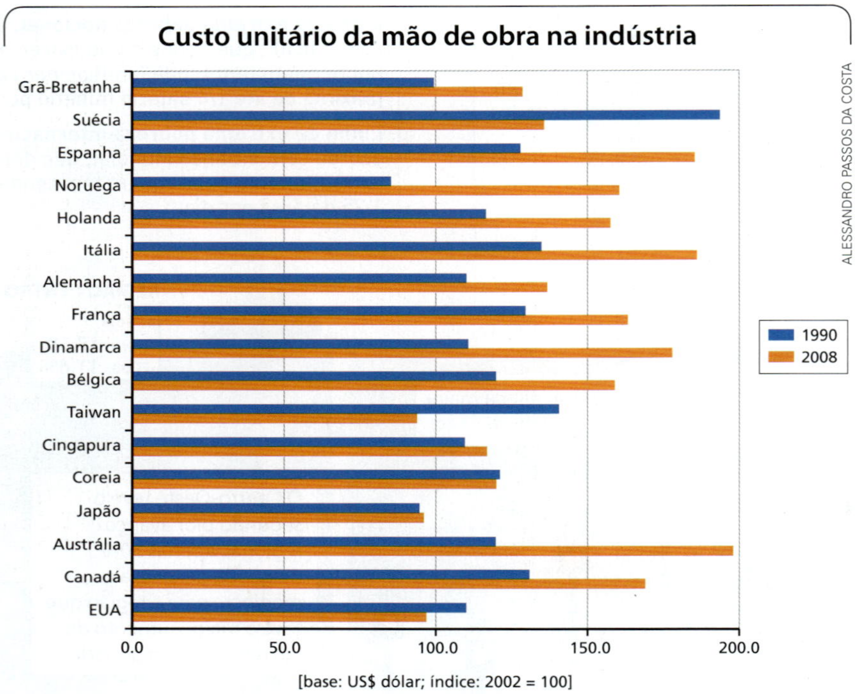

Fonte: U.S. Department of Labor, Bureau of Labor Statistics, out. 2009.

Aplicação de conceitos

8. **Cinema:**

Falcão – meninos do tráfico, de MV Bill e Celso Athayde. Brasil, 2006, 125 min.

► O documentário é o resultado de seis anos de registros em periferias pobres de diversas regiões do Brasil. A partir desse filme, debata aspectos variados da sociedade contemporânea, como, entre outros, a sensação de falta de perspectiva dos jovens da periferia, o peso do meio sobre a formação deles, a sensação de alguns de que viver nessas condições é melhor do que buscar algo que consideram muito difícil alcançar. A percepção que eles têm é de que são parte de uma sociedade de excluídos.

Pesquisa

9. Relatamos algumas medidas que o Estado pode tomar contra o crescimento da pobreza. Faça uma pesquisa nos jornais e procure saber se algumas delas já são discutidas.

10. Pesquise a letra da canção "Haiti", composta por Caetano Veloso e Gilberto Gil, em 1993, e analise-a, relacionando seu conteúdo com os conceitos estudados neste capítulo.

Leitura visual

11. Observe a imagem abaixo. Em seguida, utilizando os elementos oferecidos pelo texto, responda que características da sociedade contemporânea podem ser reconhecidas na foto de modo geral e na frase em particular.

REPRODUÇÃO

Não deixe que a pobreza se transforme em paisagem, cartaz da Associação Portuguesa de Apoio à Vítima.

Questões de vestibular e do Enem

12. **(UFBA)**

> "O fim do Estado do Bem-Estar Social e o estabelecimento do neoliberalismo foram também favorecidos pela ocorrência da *Terceira Revolução Industrial*, que teve início nos anos 1960 e ainda está em curso. Essa nova revolução representa, na realidade, a superação dos processos mecânicos e industrialistas que acompanharam as duas primeiras revoluções industriais. Baseada na microeletrônica (circuito integrado ou *chip*) e na microbiologia (engenharia genética), essa revolução só começou a mostrar efeitos sobre a economia depois de 1973."
>
> KOSHIBA, 2000. p. 481.

Com base na análise do texto e nos conhecimentos sobre as mudanças estruturais produzidas pela tecnologia no mundo atual, indique **duas consequências** da expansão da Terceira Revolução Industrial na economia mundial.

Leitura complementar

Capítulo 8

Brasil vilão

"Tornou-se habitual a divulgação copiosa de relatórios produzidos por ONGs do Primeiro Mundo sobre miséria, violência e desmatamento em países de Terceiro [...]. Bem aquinhoado nos três quesitos, o Brasil é um dos alvos preferenciais desses levantamentos [...].

[O] efeito prático da divulgação das estatísticas é muito positivo. Há um choque na opinião pública, as autoridades procuram se mexer para preservar a impressão de que estão fazendo alguma coisa. Cresce, de qualquer forma, a consciência dos problemas que o hábito impede cada um de nós, ao contrário do estrangeiro, de ver.

O risco é que essa mentalidade reforce o mito de que existe um maniqueísmo entre Primeiro e Terceiro Mundo, entre eles (os heróis) e nós (os vilões). Desse ângulo, os países ricos seriam o paraíso dos direitos, das oportunidades iguais e da vitória do mérito, em oposição à lei da selva dos países pobres. Isso é verdade, mas não é toda a verdade.

Os países ricos reduziram a injustiça, o privilégio e o preconceito não porque foram acometidos de uma consciência moral superior, mas porque esses problemas eram obstáculos à mercantilização da sociedade como um todo. A igualdade decorre também do efeito uniformizador do dinheiro, conforme ele passa a mediar todas as relações.

Nos países pobres, ao contrário, regiões imensas da vida social ainda não foram incorporadas à lógica da mercadoria. Fora do campo estritamente econômico (e às vezes até dentro dele), nos domínios da vida familiar e pessoal, da religião, do prazer etc., não existem as regras de equivalência baseadas na impessoalidade dos direitos.

O resultado é que nessas regiões selvagens campeia tanto a violência quanto a sensualidade, tanto a desordem e o mandonismo quanto a liberdade pessoal. O sonho de todos os profetas reformadores do Brasil moderno, de Oswald de Andrade a Glauber Rocha ou Caetano Veloso, foi conciliar os valores das duas civilizações. [...]

Céticos ou crédulos, não sejamos ingênuos. A instalação de uma cultura de direitos (o que sempre coincidiu, até agora, com o império da mercadoria) corrige defeitos ao mesmo tempo em que destrói qualidades. Nossa biodiversidade existencial é a primeira vítima nesse processo em curso, com tudo o que ela tem de ruim e bom."

FRIAS FILHO, Otávio. *De ponta-cabeça*: fim do milênio em 99 artigos de jornal. São Paulo: Editora 34, 2000. p. 122-123.

Compreender o texto

1. Quais razões o texto aponta para a redução de injustiças, privilégios e preconceitos nos países ricos?
2. O que há de positivo no estudo constante da miséria, da violência e do desmatamento que ocorrem nos países pobres como o Brasil e na divulgação estatística desses índices?
3. A globalização também desencadeou um processo de homogeneização cultural e comportamental. Como você percebe a ação desse processo em seu cotidiano?

Sugestões

PARA LER

- **Capitães de areia,** de Jorge Amado. São Paulo: Companhia das Letras, 2008. Livro que trata de forma lírica, mas realista, da vida de menores abandonados na Bahia, chamados de "meninos de rua". Esse texto foi proibido durante o Estado Novo de Getúlio Vargas.
- **A volta ao mundo em oitenta dias,** de Júlio Verne. São Paulo: L&PM, 1998. O inglês Phileas Fogg aposta com seus amigos que pode viajar ao redor do mundo em apenas 80 dias, e para realizar seu feito passa por diferentes aventuras em companhia de seu criado francês Jean Passepartout. Nesse livro, traduzido em diferentes idiomas e adaptado diversas vezes para o cinema, o autor mostra como é antigo o anseio por integrar e conhecer o mundo todo.

PARA ASSISTIR

- **Globalização e multiculturalismo**
(www.moodle.ufba.br)
Vídeo apresentado como trabalho acadêmico no curso de História da Universidade Vale do Acaraú, Belém, Pará, 2006.
- **À procura da felicidade**, de Gabriele Muccino. Estados Unidos, 2006, 110 min.
Filme inspirado na vida de Chris Garner, conta a trajetória desse vendedor de São Francisco que vive no limite entre a pobreza e uma situação menos precária, e cria sozinho seu filho de cinco anos. Sua condição muda quando consegue um estágio como analista de sistemas e, com muita determinação, conquista sua efetivação, tornando-se uma lenda em Wall Street.

PARA NAVEGAR

- **O Oráculo de Bacon**
(http://oracleofbacon.org)
Jogo publicado na internet, criado por Brett Tjaden, que busca medir o número de conexões entre Kevin Bacon e celebridades atuais e vivas do cinema internacional. O jogo baseia-se na teoria dos Seis Graus de Separação, desenvolvida nos Estados Unidos, e procura mostrar que todas as pessoas estão a seis contatos de distância com qualquer outro indivíduo do planeta.

PARA VER E ANALISAR

- **Fotos de Sebastião Salgado**
(www.scielo.br/scielo)
Fotógrafo brasileiro reconhecido internacionalmente, dedicou-se a fotografar os excluídos do mundo todo – pobres, refugiados e trabalhadores. Seu trabalho é encontrado em diversos livros. Na internet, há fotos suas no "Dossiê Direitos Humanos", publicado na revista *Estudos Avançados*, v. 11, n. 30, São Paulo maio/ago. 1997.

UNIDADE

IV

Sociologia e política

CAPÍTULOS

OBJETIVOS

- Conhecer a trajetória histórica da noção de democracia e sua recepção na sociedade moderna.
- Entender o processo de elaboração dos direitos humanos desde a eclosão da Revolução Francesa.
- Compreender as origens históricas da cidadania e sua relação com o nacionalismo.
- Conhecer os desafios contemporâneos colocados ao exercício da cidadania, entre eles o neoliberalismo, a globalização e o pluralismo cultural.

Cícero acusa Catilina no Senado, afresco de Cesare Maccari, 1882-1888.

A extensão dos direitos de cidadania

"O mérito das instituições romanas [...] consiste em ter definido a comunidade por elas regida com base num vínculo jurídico e numa ordem política estritamente determinada. Por causa disso, a *res publica* ganha uma outra consciência: formada por experiência e por reflexão, é também [...] a expressão da lei natural. A cidade ecumênica [Roma] pode ser assim compreendida, enquanto concede progressivamente o direito de cidadania e faz com que os povos conquistados se beneficiem das garantias do direito romano, como o núcleo de uma organização universal que faz de cada indivíduo um cidadão do mundo, um *cosmopolita*."

CHÂTELET, François; DUHAMEL, Olivier; KOUCHNER-PISIER, Évelyne. *História das ideias políticas*. 2. ed. Rio de Janeiro: Jorge Zahar, 1990. p. 24-25.

Para debater

- Leia o texto, observe a imagem e discuta sobre quais elementos da República Romana podem ter influenciado o conceito de cidadania nas instituições atuais.

CAPÍTULO 11

Democracia e direitos humanos

1. A construção da democracia

O breve século XX, como o chamou Eric Hobsbawm no livro *A era dos extremos*, caracterizou-se pela luta vitoriosa contra os governos de força e contra a falta de liberdade em todos os cantos do mundo. As nações que surgiam do desmantelamento das relações coloniais eram instadas a instituir sistemas políticos representativos e participativos para se enquadrarem no ideal político democrático (figura 1). E, mesmo onde isso não ocorreu de maneira imediata, após os movimentos pela libertação o apelo por regimes abertos e representativos se tornou cada vez mais forte.

Figura 1 • A Organização das Nações Unidas (ONU) foi criada após a Segunda Guerra Mundial com o objetivo de fomentar relações cordiais entre as nações, promover progresso social, melhores padrões de vida e direitos humanos. Sede da ONU, em Nova York, onde ocorrem as principais deliberações, 2006.

KAISER HENRYK T./INDEX STOCK IMAGERY/LATINSTOCK

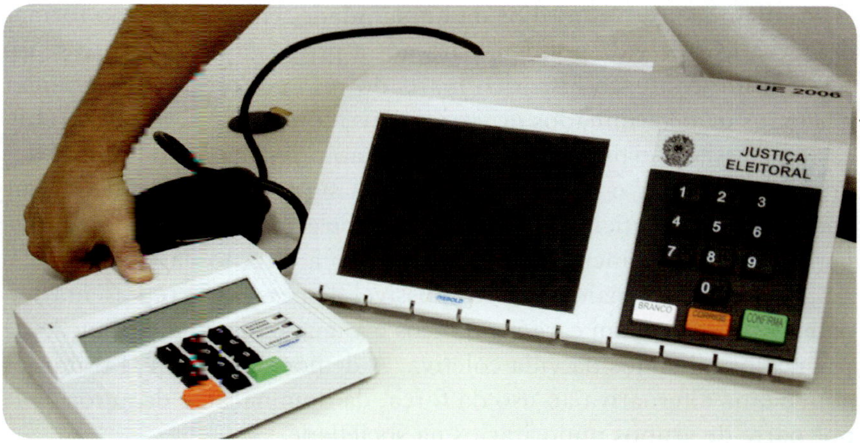

ANTÔNIO CRUZ/ABR

Figura 2 • Urna eletrônica utilizada nas eleições do Brasil, 2006. A democracia prevê formas institucionalizadas de participação política como, por exemplo, os sistemas eleitorais vigentes.

Mas, se havia consenso sobre a importância e o valor da democracia, não havia igual acordo sobre o significado desse sistema político. Havia aqueles que defendiam os ideais democráticos e lutavam pela extensão do direito de voto, de acesso a cargos públicos e de manifestação de opinião para os grupos excluídos desses privilégios, como as mulheres, os estrangeiros e os analfabetos. Outros, entretanto, referiam-se à democracia como justiça social e igualdade de direitos civis, itens que não seriam alcançados apenas pelo voto e pela liberdade de expressão (figura 2).

Apesar das divergências, pode-se dizer que a segunda metade do século XX viu crescer o número de países com sistemas representativos e alternância de grupos no poder. As ditaduras latino-americanas, em sua maioria, foram derrotadas, os governos totalitários de direita e de esquerda ruíram, e a democracia parece ter saído vitoriosa. Por que então falar em democracia hoje?

É preciso retomar esse tema para entender os diferentes significados da democracia no discurso de teóricos e políticos, assim como as novas ameaças surgidas contra esse regime, pois, à medida que a sociedade se torna mais diferenciada e complexa, mais difícil fica conciliar interesses e posições políticas.

2. As origens

Para autores como Jean-Jacques Rousseau, a democracia não foi uma conquista tardia da humanidade, pois nas primeiras formas de organização da sociedade previa-se a participação de todos, além de representatividade e legitimidade do poder estabelecido. Aceita essa hipótese, pode-se supor que a vida política, como se conhece na atualidade, teria surgido justamente contra um sistema original igualitário e consensual primitivo.

Sem provas documentais dessa democracia original, somos levados a admitir que, de alguma maneira, desde a invenção da agricultura e da criação da propriedade privada instalaram-se na sociedade humana a desigualdade social e as formas de domínio que concentraram nas mãos de poucos os direitos e as responsabilidades com o poder. Dessa forma institucionalizada de dominação política resultaram as constantes revoltas e sublevações, além do conflito permanente entre os que possuem poder e os que não o possuem.

Ainda que nos primórdios da humanidade tenham existido formas democráticas de vida política, para nós a proposta democrática se insere em um contexto histórico marcado pela concentração de poder nas mãos de determinados grupos sociais, como castas, minorias étnicas ou classes sociais. Como alternativa ao privilégio de determinados grupos de exercer o poder, a democracia surge como ideal de regime com regras de participação política, estabelecidas legitimamente, que permitem a alternância no poder, o acesso à direção da vida pública, a participação do maior número possível de pessoas, a representatividade dos que ocupam cargos públicos e a igualdade na distribuição de privilégios advindos da vida coletiva. A democracia da qual tratamos aqui é uma alternativa ao uso da força, da dominação e da autoridade por parte de grupos minoritários na sociedade.

A *demokratía* grega

A democracia foi um modelo político adotado em algumas cidades-Estado da Grécia, principalmente em Atenas. As cidades-Estado eram independentes, autônomas, com governo próprio e diferentes regimes políticos, mas, na maioria delas, a aristocracia detinha o poder. Atenas era uma cidade-Estado próspera e dominante, que se destacou pela produção intelectual, cultural e artística, conhecida na posteridade como cultura grega ou helênica. Essa cultura foi espalhada pelo mundo com a expansão macedônica e, principalmente, com a civilização romana, que a implantou entre os povos conquistados, tornando-a parte integrante da civilização ocidental.

Por volta de 600 a.C., Atenas prosperou não somente pelas atividades agrárias da aristocracia, mas também pela produção dos artesãos e pelas atividades dos militares e comerciantes, que conquistaram terras e mercados. Estes grupos sociais passaram a exigir participação na vida política da cidade, que se tornou possível graças às leis criadas por Sólon (figura 3). Com isso, desenvolveu-se a ideia de *demokratía* – "poder do povo" ou poder exercido pelos cidadãos. Entretanto, desse conceito ampliado de cidadania continuavam excluídos os escravos, as mulheres e os estrangeiros. Como poucas pessoas eram até então reconhecidas como cidadãs (cerca de 40 mil em um total de 320 mil), o funcionamento da democracia ateniense mostrava-se relativamente simples: reunidos em assembleias, os cidadãos participavam diretamente das reuniões, expressavam suas ideias e levantavam as mãos para a contagem dos votos que determinariam as decisões finais.

Figura 3 • Nesta gravura, o legislador Sólon (630-560 a.C.) é representado ditando suas leis.

BETTMANN/CORBIS/LATINSTOCK

Essa forma direta de administração política ateniense, sem a participação de representantes, contrastava com as monarquias e as oligarquias militares de outras cidades gregas, como Esparta. Os atenienses orgulhavam-se de ter criado um sistema político mais aberto, flexível e participativo, que, ao conciliar os interesses das classes sociais, evitava os conflitos civis e fortalecia a cidade contra os inimigos externos.

Robert A. Dahl, sociólogo americano, afirma que essa forma direta de participação em assembleias foi conhecida por outros povos, como os *vikings*, que admitiam certa igualdade primordial entre seus membros. Esses regimes políticos, entretanto, assim como a democracia grega, tinham um caráter local.

A *res publica* romana

Depois de conquistar um vasto império, Roma decidiu estabelecer a democracia na vida política, subordinando os ideais igualitários e participativos dos gregos aos interesses do Estado. O regime político abrangente e centralizado ficou conhecido por *res publica*, expressão do latim que significa "coisa pública".

Do ideal helênico, os romanos conservaram o princípio do Estado laico, sem interferência de qualquer crença ou instituição de cunho religioso; a ideia de direção da vida pública por meio de uma hierarquia construída por postos e cargos ocupados temporariamente por representantes dos cidadãos; e a valorização do conceito de cidadania como direito de participação política. Como em Atenas, o exercício da cidadania na República Romana era restrito, estando excluídos os escravos, as mulheres, os artesãos, os estrangeiros e os trabalhadores rurais. As dimensões do império também impediam a participação de cidadãos que viviam em suas fronteiras, já que as atividades políticas, como participação em assembleias, concentravam-se em Roma. O sistema de democracia direta e local dos atenienses, portanto, sucumbia às dimensões imperiais do Estado romano.

O ideal republicano disseminou por todo o império os princípios da laicidade política e da cidadania como um direito e uma honra. Em cada cidade dominada pelos romanos ergueram-se fóruns para reuniões e instalou-se uma vida política minimamente participativa (figura 4). O germe do que viria a ser a democracia representativa moderna estava lançado em territórios que ultrapassavam os limites da cidade. A impossibilidade de uma participação direta levaria à adoção de um sistema representativo.

Como em Atenas, o exercício da cidadania na República Romana era restrito, estando excluídos os escravos, as mulheres, os artesãos, os estrangeiros e os trabalhadores rurais.

Figura 4 • Ruínas do fórum da cidade de Sbeitla construído no período romano. Tunísia, 1995.

CHRISTINE OSBORNE/CORBIS/LATINSTOCK

Entretanto, esse ideal foi abandonado durante a Idade Média (figura 5). Foi só a partir do século XV, com o renascimento comercial, a ascensão da burguesia, o desenvolvimento do capitalismo e a formação dos Estados nacionais, que algumas cidades italianas começaram a restaurar a república como modelo de governo. Era a democracia que ressurgia das cinzas.

3. A democracia liberal moderna

A democracia surgiu como solução para os anseios de grupos emergentes contra o poder de grupos dominantes.

Os modelos de organização política e vida social costumam ser resgatados e adotados, adaptando-se a diferentes contextos históricos e circunstâncias sociais. Com a democracia não foi diferente. Esse modelo político laico e participativo amoldou-se ao mundo grego das cidades-Estado, transformou-se em república ao ser adotado no vasto e militarizado Império Romano e, a partir da Idade Moderna, foi redimensionado como solução política para a sociedade capitalista heterogênea e desigual.

Observando essa trajetória, pode-se concluir que a democracia surgiu como solução para os anseios de grupos emergentes contra o poder de grupos dominantes. Entre os atenienses, a instituição da democracia, com a consequente incorporação das camadas sociais responsáveis pela prosperidade ateniense, serviu para apaziguar a tensão política. Na República Romana, abriu espaço político para a burocracia do Estado e para as altas patentes militares, que passaram a dividir o poder com os patrícios. Com o final da Idade Média, a burguesia, classe de comerciantes emergentes, utilizou a democracia para justificar sua busca de espaço nos nascentes Estados nacionais, dividindo o poder com a nobreza e a realeza.

Nessa época, o capitalismo permitiu que a burguesia acumulasse capital e enriquecesse, tornando-se a classe social economicamente mais importante, mas excluída da vida política e das decisões nacionais. Entre os séculos XV e XVIII, as monarquias absolutistas cumpriram a função de unificar os territórios nacionais e as leis a que estavam submetidos. Mais tarde, com a unidade da moeda, dos impostos e da língua, tornou-se possível o surgimento das diferentes nações que se formaram na Europa. A partir do final do século XVIII, porém, tais monarquias passaram a constituir um empecilho ao livre fluxo de mercadorias e capital, o poder real se tornou arbitrário e as instituições políticas não conseguiram mais atender aos anseios políticos da burguesia.

A democracia, novamente resgatada, converteu-se em instrumento de luta contra os abusos do poder real e contra a ociosidade e o conservadorismo da nobreza. Os regimes políticos defendidos nas revoluções inglesas, na Independência dos Estados Unidos (figura 6) e na Revolução Francesa (1789) tinham em comum a tentativa de possibilitar uma versão moderna da democracia. Tratava-se da democracia liberal burguesa, baseada em um amplo conceito de cidadania, formalização jurídica e afirmação do nacionalismo.

Figura 5 • Carlos Magno sendo coroado em Roma pelo papa Leão III, iluminura de manuscrito do século XIV. Durante a Idade Média, não havia separação entre esfera política e religiosa.

REPRODUÇÃO – BIBLIOTECA MUNICIPAL DE CASTRES

Para organizar politicamente uma população heterogênea e, portanto, com interesses e anseios diferentes, cada país desenvolveu um sistema complexo de regras jurídicas que previa diversas formas de eleição para cargos públicos, de representatividade política e de participação nas decisões. Isso resultou em diferentes Constituições, que regulam a vida política dos países e as formas de sucessão dos grupos no poder. Assim, não existe uma única democracia, mas democracias, sistemas diferentes que podem reger parlamentarismos, presidencialismos e monarquias constitucionais. Todas essas formas se reconhecem como governos constitucionais democratas.

A democracia é a instituição nacional historicamente constituída que congrega os meios pelos quais as elites econômicas dominantes e ascendentes legitimam suas reivindicações num jogo complexo de influências, em que essas reivindicações passam a ser defendidas como se fossem demandas de toda a população. Pela complexidade do capitalismo moderno e pela importância crescente do mercado na vida social, essa nova versão de democracia implica sempre a diminuição dos entraves políticos em favor da livre circulação de mercadorias e da acumulação de capital. Para isso, uma negociação complicada e abrangente se desenvolve cotidianamente entre os grupos que disputam a hegemonia política da nação em nome de princípios que, quanto mais particulares, mais universais parecem aos olhos de seus defensores.

Figura 6 • *George Washington*, pintura de Gilbert Stuart, 1796. George Washington foi o líder da independência americana e o primeiro presidente dos Estados Unidos.

Igualdade, liberdade, fraternidade

Sob os signos do nacionalismo, da igualdade e da liberdade, a democracia moderna contribuiu para o desenvolvimento do capitalismo industrial, acabando com a escravidão, a servidão, os direitos feudais dos donos de terra e o escambo. Assim, instaurou-se o mercado capitalista, no qual se confrontam livremente mercadorias, produtores e consumidores, que, livres das antigas limitações impostas pelo sangue, pela origem ou pela religião, têm seu valor econômico. Isso levou à mercantilização das relações humanas e da vida cotidiana. Nessas condições, a liberdade que verdadeiramente experimentamos é a da negociação, pela qual, despidos de outras características e restrições, comparamos bens como valores de troca ou de mercado.

A mercantilização das relações humanas e sociais alcança também a vida política. O debate e o convencimento por meio da palavra são substituídos por um mercado em que governantes e propostas políticas disputam votos e "consumidores". De tempos em tempos, negociam-se propostas, projetos e a sucessão dos diversos grupos no poder. E, sempre que essa negociação e essa divisão de poder se tornam difíceis, ameaçando o sistema estabelecido, atravessa-se nova época de autoritarismos (ditaduras, regimes de exceção, arbitrariedades).

Mas um dos maiores desafios de qualquer democracia continua sendo a difícil equação que defende os ideais de liberdade e igualdade. Embora os regimes vigentes tenham instaurado sistemas mais livres de representatividade e participação política, a desigualdade social tem tornado-se cada vez mais evidente e intolerável, pondo em xeque os ideais dos revolucionários do século XVIII. Durante a Guerra Fria (1945-1991), quando o capitalismo liberal e o socialismo se contrapunham, era essa divergência que estava em jogo.

Sob os signos do nacionalismo, da igualdade e da liberdade, a democracia moderna contribuiu para o desenvolvimento do capitalismo industrial.

Os Estados Unidos defendiam uma democracia de liberdade formal e jurídica que convivia com a desigualdade social e econômica, enquanto a União Soviética lutava pela igualdade social conseguida à custa da liberdade formal e da participação política. Embora a democracia liberal burguesa tenha saído vencedora, o conflito entre essas propostas não teve desfecho e não parece ter solução a curto ou médio prazo. E os analistas continuam se perguntando quanto tempo poderá a liberdade resistir a essa íntima convivência com a desigualdade.

4. Declaração dos Direitos do Homem e do Cidadão

A Revolução Francesa foi um momento decisivo na história política do Ocidente: pôs fim ao Antigo Regime. Representou a tomada de poder pela burguesia como classe dominante e impôs uma nova estrutura social, cujo objetivo primordial era a plena expansão do capitalismo industrial e do mercado internacional. Houve também uma revolução no campo das ideias políticas e sociais. O Iluminismo, ou Ilustração, foi o movimento filosófico e científico que defendeu o racionalismo, o progresso e o pensamento crítico contra a ignorância, os dogmas e o misticismo (figura 7). Precedendo a Revolução Francesa, disseminou os ideais de liberdade, igualdade, racionalismo e crença no progresso.

A Revolução Francesa foi o estopim de um longo processo que teve início muito antes de 1789. Eram as revoluções burguesas que tornavam possível o pleno desenvolvimento do capitalismo industrial por meio da liberdade e do individualismo expressos em princípios de assalariamento, livre-mercado, nacionalismo e cidadania.

Figura 7 • Leitura da tragédia *L'orphelin de la Chine*, de Voltaire, no salão de Madame Geoffrin. Pintura de Anicet Charles Gabriel Lemonnier, 1755. Os salões da nobreza eram um dos locais onde os pensadores se reuniam para expor e debater ideias.

REPRODUÇÃO – MUSÉE NATIONAL DU CHÂTEAU DE MALMAISON, RUEIL-MALMAISON

REPRODUÇÃO – MUSEU DO LOUVRE, PARIS

Figura 8 • *A Liberdade guiando o povo*, de Eugène Delacroix, 1830. Essa pintura representa um dos lemas da Revolução Francesa.

Em meio a essa nova organização da sociedade, um dos documentos mais importantes, que expressa os mais nobres ideais da Revolução Francesa, foi a **Declaração dos Direitos do Homem e do Cidadão**, votada e aprovada pela Assembleia Constituinte em 26 de agosto de 1789. Esse conjunto de objetivos políticos e sociais tornou-se o mais expressivo e emblemático da modernidade, cada vez mais aceito e, ao mesmo tempo, mais distante de sua plena aplicação (figura 8).

Pela importância ideológica e pela unanimidade na aceitação de seus princípios, a Declaração dos Direitos do Homem e do Cidadão passou a representar uma nova Constituição relativa a toda humanidade, o documento que defende a liberdade, a igualdade dos homens perante a lei, o direito à propriedade privada e de resistência à opressão. Tornou-se referência para todo Estado que se pretenda democrático, independentemente da forma de governo vigente.

Declaração dos Direitos do Homem e do Cidadão

Em seus dezessete artigos, a Declaração dos Direitos do Homem e do Cidadão proclamava as liberdades e os direitos fundamentais do homem. Ela está na base da Constituição de 1848 na França, assim como da Declaração Universal dos Direitos Humanos promulgada pela ONU. A seguir, alguns de seus artigos mais expressivos:

"Art. 1º Os homens nascem e são livres e iguais em direitos. As distinções sociais só podem fundamentar-se na utilidade comum. [...]

Art. 4º A liberdade consiste em poder fazer tudo que não prejudique o próximo: assim, o exercício dos direitos naturais de cada homem não tem por limites senão aqueles que asseguram aos outros membros da sociedade o gozo dos mesmos direitos. Esses limites apenas podem ser determinados pela lei. [...]

Art. 6º A lei é a expressão da vontade geral. Todos os cidadãos têm o direito de concorrer, pessoalmente ou através de mandatários, para a sua formação. Ela deve ser a mesma para todos, seja para proteger, seja para punir. Todos os cidadãos são iguais a seus olhos e igualmente admissíveis a todas as dignidades, lugares e empregos públicos, segundo a sua capacidade e sem outra distinção que não seja a das suas virtudes e dos seus talentos."

Declaração dos Direitos do Homem e do Cidadão, 1789. Disponível em: www.direitoshumanos.usp.br. Acesso em: 7 abr. 2011.

5. Humanismo

> *Foi na Revolução Francesa que os direitos à liberdade e à igualdade, assim como o repúdio a qualquer tipo de opressão, assumiram a forma de um conjunto de leis institucionais.*

A preocupação com o ser humano e com os princípios que devem governar sua existência não é obra da modernidade. As mais antigas religiões procuraram desenvolver essas ideias, originando o humanismo filosófico expresso no judaísmo, no cristianismo, no confucionismo e no budismo. Mas a fiscalização sobre o respeito ou desrespeito a esses princípios era de responsabilidade divina. Logo, era exercida diretamente por representantes de Deus na Terra (figura 9). Essas crenças tinham em comum a defesa da ideia de que os direitos humanos nasciam com as pessoas e de que todos, portanto, deveriam respeitá-los.

Em decorrência de um longo processo de secularização – pelo qual a influência do poder e do julgamento divino foi se tornando menos importante – e do reconhecimento por parte da filosofia social da capacidade do ser humano de orientar sua vida individual e coletiva, a visão humanista da sociedade se tornou objeto de um arrastado e muitas vezes difícil debate. Os direitos essenciais de cada pessoa não eram mais garantidos por seu nascimento, pois dependiam da ação constante, vigilante e coletiva contra aqueles que, também atuando de acordo com a natureza humana, procuravam agir de modo individualista, ao defender interesses particulares, que, muitas vezes, prejudicavam os demais. Nessa sociedade laica e menos dogmática, a oposição entre o indivíduo e a sociedade, entre o particular e o coletivo, parecia comprometer a realização do ser humano, exigindo para isso a ação conjunta de muitos ou de movimentos sociais.

Foi na Revolução Francesa que os direitos à liberdade e à igualdade, assim como o repúdio a qualquer tipo de opressão, assumiram a forma de um conjunto de leis institucionais, cuja defesa passou a ser vista como dever do Estado. Essas leis expressam os ideais da humanidade adaptados às circunstâncias históricas daquele momento, como a emergência da burguesia e a necessidade de expansão da indústria e do capitalismo.

REPRODUÇÃO – MUSEU VATICANO, ROMA, ITÁLIA

Figura 9 • *A criação de Adão*, de Michelangelo Buonarroti, 1511. Essa obra integra os afrescos da Capela Sistina, em Roma. As religiões antigas expressavam a ideia de que a grandeza humana estava na origem divina do homem e de que seus direitos advinham no nascimento.

6. Fundamentos históricos do conceito de direitos humanos

Os fundamentos dos princípios defendidos na Declaração dos Direitos do Homem e do Cidadão modificaram-se com o tempo. Em 1789, liberdade significava o fim da vassalagem, da servidão e da escravidão, formas pré-industriais de produção que ligavam o trabalhador ao dono de terras e de escravos. Trabalho livre representava a liberdade de o trabalhador buscar o melhor salário e de o capital procurar o menor custo de mão de obra. Do mesmo modo, igualdade perante a Constituição e o Estado significava sujeitar todos os cidadãos às mesmas leis e penalidades. Resistência à opressão e liberdade de expressão diziam respeito ao fim do autoritarismo monárquico e garantiam aos opositores dos soberanos reinantes o direito de discordar e de expressar suas críticas.

De igual maneira, a defesa da propriedade privada, no século XVIII, expressava a crítica à concentração de terras nas mãos da aristocracia fundiária, existente até então. No século XVII, o filósofo inglês John Locke defendia a liberdade de cada indivíduo possuir sua propriedade e a garantia de que o Estado protegesse esse direito (figura 10). O direito à propriedade significava, para um pensador da época, uma conquista, uma vez que as terras se concentravam nas mãos dos nobres feudais, que as transmitiam por herança, o que impedia o pleno desenvolvimento da indústria e do capitalismo.

AKG-IMAGES/NORTH WIND PICTURE ARCHIVES/ALBUM/LATINSTOCK - COLEÇÃO PARTICULAR

Figura 10 • *John Locke*, gravura de autoria desconhecida, século XVIII. Considerado o pai do liberalismo político, Locke defendia o direito à propriedade privada.

> "Esse elenco de direitos coincidia com as aspirações de amplas massas populares em sua luta contra os privilégios da aristocracia. No entanto, em última instância, eram direitos que primeiramente satisfaziam as necessidades da burguesia, dentro do processo de constituição do mercado livre (direitos da liberdade: livre iniciativa econômica; livre manifestação da vontade; livre-cambismo; liberdade de pensamento e expressão; liberdade de ir e vir; liberdade política; mão de obra livre), e consequentemente criavam as condições de consolidação do modo de produção capitalista."
>
> DORNELLES, João Ricardo W. *O que são direitos humanos*. São Paulo: Brasiliense, 1993. p. 21.

Entretanto, com o desenvolvimento da indústria e do capitalismo, as desigualdades sociais e econômicas se tornaram mais evidentes. No plano internacional, as relações de dependência entre os países cresceram, apesar da independência política de muitas colônias europeias, influenciada pela difusão dos princípios liberais. Durante todo o século XX, as lutas por melhores condições de trabalho e os movimentos sociais que defendiam um sistema de produção mais igualitário e justo tornaram tímidos os anseios por liberdade e igualdade propostos pelos revoltosos da Revolução Francesa. O desenvolvimento do capitalismo, de um lado, e a consciência das desigualdades sociais que engendrava, de outro, tornavam evidente que a igualdade jurídica dos cidadãos não bastava.

Figura 11 • Eleanor Roosevelt, então primeira-dama dos Estados Unidos, com o texto da Declaração Universal dos Direitos Humanos, 1948. Em 10 de dezembro desse ano, em Paris, 48 Estados-membros da ONU aprovaram o documento que marcaria a história dos direitos humanos; 8 se abstiveram.

As reivindicações de diferentes movimentos sociais mostravam que a igualdade deveria incluir também redistribuição de renda, condições semelhantes de participação política e até mesmo, para os movimentos de esquerda, o fim da propriedade privada, cujo direito era assegurado pela Declaração.

Após a Segunda Guerra Mundial, os conceitos de liberdade e igualdade já não correspondiam aos defendidos na Revolução Francesa, mas referiam-se a ideais de justiça social, dignidade humana e remuneração condizente com o esforço despendido no trabalho, direito à moradia, educação gratuita e segurança. Ampliava-se o conceito de direitos humanos, que englobavam até mesmo as relações internacionais, que também se expandiam. Manifestando já a preocupação com uma ordem internacional em expansão, a Organização das Nações Unidas criou a Comissão de Direitos Humanos e, em 10 de dezembro de 1948, aprovou, em Paris, a Declaração Universal dos Direitos Humanos, assinada por 48 países. Adaptada à época contemporânea, essa Declaração tem como alguns de seus princípios o direito à paz, às instituições democráticas e a defesa do meio ambiente (figura 11).

O sociólogo português Boaventura de Sousa Santos, ao analisar as duas Declarações de Direitos Humanos – a de 1789, que considera defensora dos direitos cívicos e políticos, e a de 1948, que vê como a garantia dos direitos econômicos, sociais, culturais e de qualidade de vida –, reitera que uma das grandes diferenças entre elas está no papel do Estado. Segundo o sociólogo, na primeira os direitos humanos defendiam o indivíduo do Estado opressor; na segunda, é o Estado que garante os direitos individuais. Assim, em 1789 procurava-se assegurar a soberania individual e em 1948, a soberania nacional.

Por essa razão, segundo Boaventura, a globalização e o neoliberalismo que caracterizam o século XXI e ameaçam o poder, a soberania e a autonomia do Estado tornam necessária a atualização da discussão sobre os direitos políticos, civis e sociais. Podemos concluir, portanto, que os direitos humanos não são Constituição nem conjunto de regras, mas princípios de vida política e de emancipação do ser humano, que serão sempre influenciados pelas circunstâncias históricas.

7. A universalidade dos direitos humanos

O fato de diversas nações reconhecerem e aprovarem, em 1948, a Declaração Universal dos Direitos Humanos foi de grande importância para diferentes movimentos sociais, que, na segunda metade do século XX, promoveram intensa mobilização política e encontraram apoio político, ideológico e legal nessa manifestação de vontade internacional. Organizações não governamentais, movimentos populares e trabalhistas, associações voltadas para as causas sociais e instituições internacionais apoiaram-se nos direitos humanos para lutar por liberdade, inclusão, reconhecimento, denúncia e punição ao uso indiscriminado da força e aos abusos de poder. A Declaração transformava-se num amplo manifesto de vontade política em favor das lutas contra o preconceito, a desigualdade, o racismo, a xenofobia e a exclusão social.

Os direitos humanos não são um conjunto de regras, mas princípios de vida política e de emancipação do ser humano, que serão sempre influenciados pelas circunstâncias históricas.

Os direitos humanos se tornaram princípios legitimadores de políticas, regimes, movimentos sociais minoritários, lutas reivindicatórias e relações internacionais envolvendo diferentes países. Funcionaram como justificativa para ações como a descolonização da África e a guerra contra o *apartheid* sul-africano (figura 12), a luta contra as ditaduras latino-americanas e contra o racismo americano. Aos poucos a universalização dos princípios defendidos na Declaração se tornou possível com atitudes cada vez mais efetivas e menos retóricas.

O documento, no entanto, não foi imediatamente aceito por todos. Os países socialistas abstiveram-se de aprovar a Declaração Universal dos Direitos Humanos devido a divergências nas questões ligadas à igualdade e à liberdade. Para os socialistas, a única igualdade seria obtida com a eliminação da propriedade privada, enquanto para os liberais a defesa da propriedade continuava sendo uma questão de honra. Também havia desacordo quanto ao papel do Estado, que, segundo os socialistas, deveria ser o principal agente das transformações sociais. Já os liberais defendiam um Estado menos intervencionista e dirigente. Apesar dessas divergências, a Declaração ia sendo atualizada em diferentes assembleias e conferências, nas quais novas questões eram apresentadas, discutidas e negociadas, construindo-se, aos poucos, um objetivo comum, aceito e defendido pelas diversas nações.

Após os anos 1990, essa polaridade internacional diminuiu de intensidade com a derrocada da União Soviética e a hegemonia do capitalismo e da economia de mercado no mundo. Com a redução da divergência em torno do conceito de dignidade humana e o aumento das condições de pleno desenvolvimento da globalização, as questões ligadas aos direitos humanos se tornaram cada vez mais importantes. Foi o momento também em que outros conflitos emergiram: as minorias étnicas, religiosas, sexuais e sociais clamavam por seus direitos e por novas formas de inclusão social, encontrando na Declaração elementos que davam suporte à sua luta.

PETER TUNLEY/CORBIS/LATINSTOCK

Figura 12 • Condenado em 1964 por sua militância contra o *apartheid*, Nelson Mandela foi libertado em 1990 e, em 10 de maio de 1994, ao ser eleito pelo voto, fez seu juramento como presidente da África do Sul.

É preciso entender como se pode defender a humanidade sem desonrá-la, como se pode agir em favor da liberdade sem destruí-la, como se pode defender os interesses minoritários sem cometer arbitrariedades e como se pode respeitar as diferenças sem alimentar os preconceitos.

Em nossos dias, há unanimidade em relação ao valor e à importância dos princípios defendidos, mas é necessário discutir o significado desses princípios para estabelecer seus limites e sua aplicabilidade. É preciso entender como se pode defender a humanidade sem desonrá-la, como se pode agir em favor da liberdade sem destruí-la, como se pode defender os interesses minoritários sem cometer arbitrariedades e como se pode respeitar as diferenças sem alimentar os preconceitos. Não é uma tarefa fácil hoje, como não foi no passado, até porque muitas vezes grandes potências invadem pequenos países com a desculpa de aí instaurar a liberdade, quando por trás dessa atitude pode haver muitos interesses escusos. Existem contradições entre os próprios artigos da Declaração e nunca houve, como atualmente, tanta violação – conhecida e denunciada – dos direitos humanos. Mas nada disso nos autoriza a desconhecer a importância ética e moral daquilo que ela defende.

Segundo o filósofo italiano Norberto Bobbio, a luta em favor dos direitos humanos é uma construção, uma preocupação contínua para descobrir maneiras de impedir que eles sejam continuamente violados, apesar das solenes declarações.

8. Globalização e universalismo

Em 1993, a II Conferência Mundial sobre Direitos Humanos, realizada em Viena, referendou a abrangência internacional da Declaração Universal dos Direitos Humanos, além de reconhecer a indivisibilidade dos diversos direitos do homem – econômicos, políticos e sociais.

> "Todos os direitos do homem são universais, indivisíveis, interdependentes e inter-relacionados. A comunidade internacional tem de considerar globalmente os direitos do homem, de forma justa e equitativa e com igual ênfase. Embora se deva ter sempre presente o significado das especificidades nacionais e regionais e os antecedentes históricos, culturais e religiosos, compete aos Estados, independentemente dos seus sistemas político, econômico e cultural, promover e proteger todos os direitos do homem e liberdades fundamentais."
>
> Conferência Mundial dos Direitos Humanos, 1993. Disponível em: www.gddc.pt. Acesso em: 28 ago. 2009.

Esse manifesto, exposto no artigo 5º da Declaração e Plano de Ação da Conferência Mundial sobre Direitos Humanos, testemunha a realidade atual da história humana, em que a globalização põe todas as nações em relação interdependente. Parece ser uma nova etapa dos direitos humanos, pois não se trata mais de aceitar os homens como livres e iguais perante a lei, mas de considerá-los membros de uma coletividade universal, que se sobrepuja às diferenças regionais e às particularidades nacionais. Pode-se dizer que, se a Declaração de 1789 apoia a noção de humanidade no reconhecimento da individualidade, a de 1948 reconhece o ser humano como membro de uma comunidade internacional. Já em 1993, diante de novo contexto histórico, a humanidade emerge como um coletivo íntegro e indissolúvel, para além das especificidades e dos particularismos.

Mas, se essa visão globalizada da humanidade confere aos direitos humanos uma abrangência nunca antes pensada, ela representa também o enfrentamento do relativismo cultural e das especificidades culturais. A discussão se desloca para as questões das diferenças históricas, filosóficas e culturais que impediriam a aceitação de regras universais (figura 13). Poderá o universalismo alcançado resistir à tolerância que o espírito da própria Declaração nos obriga a ter com aquele que nos é diferente? Problemas como esse estão na pauta dos encontros, das discussões e dos seminários que se realizam hoje no mundo para tratar dos direitos humanos.

A globalização não é o único desafio nessa histórica epopeia da humanidade pelo reconhecimento dos direitos universais. Há muitos outros, como a conciliação entre o desenvolvimento econômico e o social, além da busca pela paz em um mundo cada vez mais violento e bélico. Mas o importante é que a discussão desse tema ocupe cada vez mais espaço na sociologia e em todas as disciplinas que possam propiciar aos seres humanos formas de autorreflexão.

JEFF WIDENER/AP PHOTO/GLOWIMAGES

Figura 13 • Em 4 de junho de 1989, tanques de guerra entraram na Praça Tiananmen (Paz Celestial) para reprimir manifestações de estudantes e trabalhadores chineses. Apesar de a defesa da igualdade estar na base do socialismo, isso não garante o direito à livre expressão.

Atividades

Compreensão do texto

1. Qual foi a característica marcante no debate sobre a democracia ocorrido no período posterior à Segunda Guerra Mundial? Por quê?
2. Por que hoje devemos continuar o debate sobre a democracia?
3. Como podemos justificar historicamente o surgimento da democracia?
4. Que características da democracia fazem dela um instrumento ideal para evitar a concentração de poder?
5. Por que a Revolução Francesa foi um marco político, social e econômico de grande alcance na história ocidental?
6. Por que o humanismo, assim como a democracia, necessita de constantes adaptações e revisões?
7. Por que as modificações políticas e econômicas ocorridas no início do século XXI exigem uma nova compreensão dos direitos humanos e do cidadão?

Interpretação e problematização

8. Leia o texto abaixo e responda quais são os principais direitos do ser humano que aparecem na declaração.

> "Art. 1º Todos os seres humanos nascem livres e iguais em dignidade e direitos. São dotados de razão e consciência e devem agir em relação uns aos outros com espírito de fraternidade.
>
> Art. 2º 1. Todo ser humano tem capacidade para gozar os direitos e as liberdades estabelecidos nesta Declaração, sem distinção de qualquer espécie, seja de raça, cor, sexo, idioma, religião, opinião política ou de outra natureza, origem nacional ou social, riqueza, nascimento, ou qualquer outra condição. [...]
>
> Art. 3º Todo ser humano tem direito à vida, à liberdade e à segurança pessoal. [...]"
>
> *Declaração dos Direitos Humanos*, aprovada na Assembleia Geral da Organização das Nações Unidas (ONU), em 1948. Disponível em: www.onu-brasil.org.br. Acesso em: 5 abr. 2011.

Aplicação de conceitos

9. **Cinema**

O ano em que meus pais saíram de férias. Direção de Cao Hamburger. Brasil, 2006, 110 min.

Em 1970, Mauro, um garoto mineiro de 12 anos, fica sem os pais, que "saem de férias" inesperadamente.

- O filme se passa no contexto da ditadura militar no Brasil. Os pais de Mauro, militantes de esquerda, estão fugindo da perseguição conduzida pelo regime ditatorial. O garoto é obrigado a ficar com o avô e, depois, com um vizinho, enquanto aguarda o retorno dos pais, que estão de "férias". O filme aborda o cotidiano de um dos períodos de maior repressão da ditadura brasileira. Momento que também foi marcado pelo uso político da vitória do Brasil na Copa do Mundo de futebol no México, em 1970.

Pesquisa

10. Neste capítulo, você estudou como a ideia de democracia se desenvolveu e os fundamentos do conceito de diretos humanos. Agora você pode pesquisar sobre como se desenvolve a luta pela democracia e pelos direitos humanos no Brasil, isto é, de que maneira o país vem ou não ampliando os direitos políticos e sociais da população ao longo da sua história.

Leitura visual

11. Observe as imagens abaixo e responda às questões.

RAFAEL ANDRADE/FOLHAPRESS

Mais de 9 mil pessoas buscam trabalho na Grande São Paulo, 2009.

DANILO VERPA/FOLHAPRESS

Manifestação dos integrantes do Movimento dos Trabalhadores Sem Teto (MTST), em São Paulo, 2009.

JOSÉ EMÍLIO PERILLO/FOLHAPRESS

Manifestação do Movimento dos Trabalhadores Rurais Sem Terra (MST), 2007.

a) As imagens retratam quais realidades no Brasil?

b) As reivindicações desses grupos podem ser consideradas parte dos direitos humanos?

Questões de vestibular e do Enem

12. (UEMS) Pode-se constatar que as sociedades contemporâneas herdaram valores culturais significativos dos povos romanos e gregos. Sobre esse aspecto, selecione a alternativa cuja proposição não corresponda aos costumes dessas civilizações.

a) Na sociedade ateniense, as mulheres participavam da administração da pólis, sem restrições das leis e costumes.

b) A filosofia grega exerceu significativa influência sobre o pensamento dos povos do Ocidente.

c) O português, o espanhol e o francês são idiomas que se originaram da língua latina falada pelos povos romanos.

d) Na estrutura social romana do período republicano, os patrícios, aristocratas de nascimento, possuíam direitos políticos.

e) Eram as guerras e a escravidão por dívidas as fontes fornecedoras de mão de obra escrava na civilização romana.

CAPÍTULO

12 Cidadania

1. A política e o pensamento renascentista

A concepção ocidental moderna de vida política, Estado, nação e espaço público está assentada sobre as noções de democracia e de cidadania. Surgidas na Antiguidade clássica, a democracia e a cidadania foram recuperadas na Europa durante o Renascimento, quando a burguesia almejava uma sociedade mais flexível econômica e politicamente. Era preciso demolir os sólidos alicerces medievais baseados na tradição, na monarquia, na sociedade estamental, na economia agrária, para conceber, em seu lugar, uma organização laica, em que o mercado pudesse se expandir continuamente.

O anseio por uma ordem política nova, em que o exercício do poder se libertasse do determinismo das tradições, em que o julgamento crítico dos subordinados fosse possível e em que houvesse o debate público, amplo e aberto, foi revelado em diferentes manifestações do pensamento renascentista. Está presente na obra do filósofo inglês Thomas Morus (figura 1) e na do filósofo italiano Tommaso Campanella. Ambos propunham que os monarcas estivessem submetidos à vontade de seus comandados.

REPRODUÇÃO – COLEÇÃO PARTICULAR

Figura 1 • Reprodução de páginas do livro *A Utopia*, de Thomas Morus, em que o autor defende formas mais justas de exercício do poder.

O mesmo anseio também se revelou em *O príncipe*, de Maquiavel, que lançou as bases do pensamento político moderno e da ciência política, ao refletir sobre o tema de forma racional e autônoma.

No Renascimento, já era possível perceber a concepção de uma vida política nova, que fugia às tradições, refletia sobre as circunstâncias históricas do exercício do poder e avaliava as responsabilidades do soberano na condução da sociedade. Esse estado de coisas redundou nas revoluções do fim do século XVIII e na proclamação da República Francesa. O caminho para uma ordem política democrática é longo e repleto de obstáculos – e ainda está por ser concluído.

2. Cidadania e vida pública

Os helenos foram os primeiros a realizar os ideais de uma vida política participativa. A valorização da vida pública respondia às necessidades de ampliação da ação política pela inclusão de grupos emergentes (comerciantes e militares). Seja como for, o desenvolvimento da pólis e da política foi um grande avanço na formação de um campo político organizado e regulamentado.

A partir do século XV, a burguesia ascendente começou a constituir um tipo de vida pública semelhante à dos gregos, estimulando o sentimento de pertencimento e participação.

A vida política entre os gregos tornou-se cada vez mais significativa. No início, as cidades eram pouco habitadas e só ficavam cheias em épocas de guerra, quando as pessoas procuravam refúgio nelas. Só os sacerdotes e os funcionários públicos habitavam as cidades permanentemente. Mas, à medida que se desenvolveram as atividades políticas, passou a ser importante viver nas cidades, especialmente nas maiores, como Atenas, Corinto e Mileto, onde havia comércio, reuniões, troca de opiniões, votações e júris. Os participantes dessa vida ativa compunham a *politeuma*. Esse era o germe da cidadania. De um lado, havia o privilégio concedido inicialmente a uma oligarquia proprietária de terras e, depois, aos homens livres, oriundos da cidade ou residentes que não fossem campônios nem artesãos. De outro, existia um sentimento profundo de pertencimento, que conferia orgulho e respeito a quem tivesse acesso à cidadania.

A partir do século XV, a burguesia ascendente começou a constituir um tipo de vida pública semelhante à dos gregos, estimulando o sentimento de pertencimento e participação. Esse civilismo, porém, não se resumia às populações que viviam dentro de uma cidade ou sob sua jurisdição, mas sim àquelas que constituíam cada uma das nações que aos poucos iam se formando. A cidadania burguesa da modernidade não tinha como limite os muros da cidade, como ocorria no feudalismo, mas as fronteiras da nação.

Os Estados nacionais foram centralizadores e unificaram a heterogeneidade que existia entre feudos, populações, regiões e línguas. O uso intenso dos meios de comunicação, as guerras e a expansão das relações internacionais criavam condições para a melhor aceitação dessa força homogeneizadora. O homem moderno tomava consciência da verdadeira diversidade do mundo e buscava sentir-se um entre iguais sob o manto protetor do Estado-nação.

BETTMAN/CORBIS/LATINSTOCK – COLEÇÃO PARTICULAR

Figura 2 • Joana d'Arc é um exemplo do nacionalismo e do patriotismo que surgiram com os Estados nacionais. No alvorecer da era moderna, ela insuflou o ânimo dos franceses na luta contra a Inglaterra, na Guerra dos Cem Anos. Gravura do século XIX.

As pressões decorrentes das guerras e do crescente número de conflitos que eclodiram na Europa entre os séculos XVI e XVII mostraram a força e a conveniência das nações. Porém, a defesa de territórios exigia cada vez mais o esforço de homens que lutassem não apenas por dinheiro, mas por paixão. O nacionalismo foi o sentimento capaz de mobilizar exércitos na defesa de bandeiras e territórios (figura 2).

Assim, na modernidade, a vida política, a cidadania e o nacionalismo estiveram intimamente ligados à formação das nações. Inspirada pela República Romana, cuja proposta universalista deixara profundas heranças na Europa, a burguesia reinventava a vida política participativa.

3. Nacionalismo e cidadania

O nacionalismo é uma forma de identidade social que surgiu com os Estados nacionais, na modernidade, envolvendo sentimento de pertencimento e sujeição, além de noções de obrigação e direito. Tendo como referência a cidadania greco-romana, o nacionalismo propicia, por um lado, inclusão e, por outro, exclusão. A inclusão implica um sentimento de pertencimento, em oposição ao estranhamento frente aos indivíduos de outra origem: os estrangeiros, considerados, por vezes, "bárbaros" ou selvagens.

O nacionalismo foi reforçado pelo exercício da cidadania que estabelecia formas legítimas de participação política para os membros de uma nação. Isso nem sempre significou o estabelecimento de regimes democráticos, pois, muitas vezes, o nacionalismo conviveu com governos autoritários com limitadas possibilidades de participação na sociedade.

PETER NEWARK AMERICAN PICTURES/THE BRIDGEMAN ART LIBRARY/ GRUPO KEYSTONE – COLEÇÃO PARTICULAR

Figura 3 • *Batalha de Gettysburg*, de Thure de Thulstrup (1848-1930). Tal como a Inconfidência Mineira (1789) e a independência mexicana (1810), a Guerra de Secessão (1863), retratada na imagem, é um exemplo de movimento social em que se lutou por direitos civis e em favor da cidadania.

O nacionalismo e a cidadania implicam processos de inclusão e exclusão: o nacionalismo, distinguindo os indivíduos pertencentes à nação dos estrangeiros; e a cidadania, diferenciando o grupo com direitos à participação na vida política. Mesmo na Grécia, onde surgiu o conceito de cidadania, esta excluía as mulheres, os escravos e os estrangeiros.

A cidadania, enquanto princípio que dá acesso aos direitos políticos, foi sendo ampliada e estendida a outros grupos sociais sob pressão dos movimentos sociais. Na modernidade, a burguesia reivindicou direitos políticos, alcançados por grandes revoluções no século XVII, na Inglaterra, e no século XVIII, na França e nos Estados Unidos. Mais tarde, trabalhadores de baixa renda, analfabetos, mulheres e a população das colônias europeias procuraram romper com os sistemas de injustiça e exclusão que os mantinham aquém dos benefícios da cidadania. Os movimentos abolicionistas, de independência e de emancipação política se sucederam em diferentes nações, ampliando ainda mais o direito à cidadania (figura 3).

Os movimentos abolicionistas, de independência e de emancipação política se sucederam em diferentes nações, ampliando ainda mais o direito à cidadania.

4. O despertar do Estado nacional

O modelo de Estado almejado pela burguesia ao longo da modernidade foi institucionalizado na Revolução Francesa, quando se aboliram os privilégios. O confisco de bens, a eliminação dos dízimos, a ineficácia do direito canônico, o alistamento em massa e as constituições propiciaram a consagração do Estado burguês, ou seja, um Estado laico com funções administrativas, bélicas, comerciais, jurídicas, culturais, científicas e produtivas.

A unificação nacional promovida pelos países europeus abrangia todos os setores da vida social. Visava estabelecer um sistema único de pesos e medidas, unificar a língua, organizar a educação pública, entre outras medidas. O fortalecimento do Estado promovia o alistamento em massa, a organização da vida militar e política, as festas civis e as comemorações públicas. Ergueram-se monumentos, promoveram-se homenagens cívicas e instituíram-se datas festivas (figura 4 na página seguinte).

> "O povo não as assiste [às festas] apenas: participa, é elemento essencial da festa que exalta seu papel na nação. David, criador dessa arte nova, foi buscar recursos nas artes plásticas, pintura e escultura; a música tem papel primordial pela presença de grandes massas corais ou instrumentais; a arte do guarda-roupa, a da decoração, aparecem; a organização do cortejo, enfim, utiliza todos esses recursos. A festa nacional leva, assim, ao mais alto ponto, o entusiasmo de um povo comungado da mesma fé patriótica e dos mesmos sentimentos de devotamento à república."
>
> SOBOUL, Albert. *A Revolução Francesa*. Rio de Janeiro: Zahar, 1964. p. 534.

Desde o século XVIII, quando o Estado nacional foi instituído, seu poder não parou de crescer. Oscilando entre períodos de maior liberdade civil e rígidas ditaduras, entre momentos de paz e outros de extrema rivalidade, entre crises econômicas e épocas de fartura, o Estado foi deixando de ser um aparelho de coalizão, um espaço de negociação para se tornar a instituição geopolítica mais importante da modernidade. Exércitos cada vez mais poderosos, políticas expansionistas, arrecadações fabulosas de impostos, aumento de funções, de órgãos e de funcionários agigantaram o Estado e o levaram a desenvolver políticas evidentemente imperiais. Esse agigantamento acirrou as rivalidades internacionais, levando, no século XX, às destrutivas guerras mundiais.

VALTER PONTES/CPS/AGÊNCIA ESTADO

Figura 4 • Festa em comemoração da independência da Bahia. Salvador, 2004. Vida pública participativa, festas cívicas e projeto unificador do Estado criaram a cidadania, o nacionalismo e o sentimento pátrio.

5 Cidadania e sociologia

A cidadania e as condições da vida humana foram sempre um dos temas mais caros à sociologia. O desenvolvimento da filosofia social e, posteriormente, da própria sociologia, contou com o desenvolvimento da vida política e com a crescente conscientização que os homens passaram a ter de suas possibilidades de ação racional e organizada.

Discutir a natureza humana, suas universalidades e particularismos, pensar a vida como uma construção humana e coletiva, e não como um dom divino ordenado por vontade extra-humana, é a base para o estudo científico da sociedade.

Por isso, desde a Grécia, com Platão e Aristóteles, encontramos, com o desenvolvimento das noções de cidade-Estado e de cidadania, as primeiras formulações consistentes sobre a política como atividade essencialmente humana, além do delineamento de projetos de vida social e de organização do poder. Ao serem resgatadas na modernidade as aspirações políticas da Antiguidade, os sonhos de liberdade e participação, os anseios por justiça e equidade promoveram novos debates sobre a natureza da humanidade, da vida coletiva e do poder. O filósofo francês Charles Montesquieu, no século XVIII, considerado por muitos um dos mais importantes precursores da sociologia, defendia a democracia como uma das melhores formas de poder, a despeito de sua fragilidade (figura 5).

Figura 5 • *Retrato de Montesquieu*, por Jean-François Garnerey, século XVIII. Montesquieu formulou o princípio da separação dos poderes, que se tornaria um dos fundamentos da democracia moderna.

> "Não é a fortuna que governa o mundo [...] os romanos chegaram a exercer o domínio sobre todos os povos, não apenas mediante a arte da guerra, mas também por sua prudência, sabedoria e constância, seu amor à glória e à pátria."
>
> MONTESQUIEU, Charles. Considerações sobre as causas da grandeza e decadência dos romanos. In: LALLEMENT, Michel. *História das ideias sociológicas*: das origens a Max Weber. Petrópolis: Vozes, 2003. p. 53.

O filósofo suíço Jean-Jacques Rousseau também foi um dos precursores da teoria política e do pensamento sociológico, ao procurar entender a origem da vida política e do contrato social como base do poder. Rousseau preocupou-se também com a contradição entre a necessidade de liberdade e a existência das leis que ordenam a sociedade, limitando a autonomia individual. O francês Alexis de Tocqueville foi um dos estudiosos da democracia. Em seu livro *Da democracia na América*, dissertou sobre igualdades civis e políticas e sobre a capacidade de associação dos americanos, base de seu sistema de governo.

Rousseau e Tocqueville, assim como Auguste Comte, dedicaram-se ao estudo do comportamento político e social e das bases do pacto estabelecido entre os seres humanos para o surgimento da vida pública e da cidadania. Entre as questões debatidas por esses autores estão os princípios da vida coletiva, o surgimento do Estado e a oposição entre poder político e liberdade. O desenvolvimento dessas teorias levou à formação de duas doutrinas, que até hoje se contrapõem no cenário ideológico dos estudiosos dos sistemas políticos.

De um lado, estão os liberais, para os quais o que distingue a natureza humana é a liberdade de julgamento e ação, sendo o Estado a instituição cuja finalidade principal é a garantia dessa liberdade. São representantes dessa vertente Adam Smith, David Ricardo e David Hume.

OLIVIER MORIN/AFP

Figura 6 • Manifestação geral contra as reformas propostas pelo então ministro Alain Juppé em Paris, 1995. As reformas neoliberais provocaram fortes reações na Europa.

De outro, estão os socialistas, para os quais o fundamento da vida humana está na igualdade social e econômica, sendo geralmente necessária a intervenção do Estado para garantir a concretização de uma sociedade mais justa e menos desigual. Os filósofos franceses Claude-Henri de Saint Simon e François Fourier, o reformador social inglês Robert Owen e Karl Marx e Friedrich Engels pertencem a essa linha de pensamento. Essas duas teorias se transformaram em propostas políticas que organizam, privilegiam e põem em ação conceitos diferentes de cidadania, democracia, igualdade, liberdade, direitos humanos e justiça, até hoje irreconciliáveis.

Os sociólogos contemporâneos continuam debatendo sobre cidadania, propriedade e justiça social, liberdade e igualdade, desenvolvimento e trabalho. Buscam modelos de ação política e de funcionamento do Estado capazes de conciliar o individualismo com o poder centralizador do Estado.

No mundo contemporâneo, com a globalização, esses princípios se tornaram verdadeiros paradoxos, diante dos quais o mundo se mobiliza e se enfrenta. Num planeta inteiramente dividido em nações, as questões sobre democracia e cidadania enfrentam grandes desafios promovidos pela imigração, desemprego, racismo, preconceito e a expansão de áreas que se situam entre a esfera pública e o setor privado.

6. Desafios da atualidade

Durante a modernidade, o modelo político, baseado na democracia, nos direitos humanos e na cidadania, resistiu a poderosas forças centralizadoras e autoritárias que procuravam evitar uma vida política mais intensa, coletiva, civil e pública. Contudo, chegamos a um ponto do desenvolvimento das forças produtivas e das relações políticas que parece oferecer desafios surpreendentes a esses princípios de vida política, como a globalização e o neoliberalismo (figura 6).

A globalização, à medida que introduz relações econômicas e políticas semelhantes nos mais variados locais, submetendo diferentes nações, grupos e regiões a uma ordem supranacional, impõe a redefinição dos princípios que governam as sociedades. Instituições internacionais, como a Organização das Nações Unidas e o Banco Mundial, adquirem maiores poderes e abrangência; blocos regionais passam a ter objetivos comuns e acordos políticos e sociais próprios, como a União Europeia.

Por outro lado, o neoliberalismo, à medida que valoriza o mercado mundial em detrimento dos Estados nacionais, promove um enxugamento do aparelho estatal, que tende a reduzir seu papel na vida dos países, regiões e cidades. A vida política se torna mais profissional, mais administrativa e planejada, o que diminui o estímulo à participação dos cidadãos e à construção coletiva da vida social mediada pelo Estado e por ele apoiada. Também entra em declínio a proposta de um Estado de bem-estar social.

O fim da União Soviética, por sua vez, pôs em xeque as propostas de uma democracia radical ou socialista, permitindo o pleno desenvolvimento da democracia liberal, preocupada principalmente com a defesa do mercado e do setor privado. Entrou em decadência a ideia de uma sociedade civil mediadora entre os interesses públicos e privados, entre as necessidades individuais e coletivas.

A democracia é uma forma de governo que nasce da emergência de grupos sociais que, almejando participar da vida política, pressionam a reformulação das instituições.

7. Novo pacto social

A democracia é uma forma de governo que nasce da emergência de grupos sociais que, almejando participar da vida política, pressionam a reformulação das instituições. Foi assim na Grécia, onde os metecos lutaram pela cidadania, em Roma, onde os plebeus exigiram participação política, e na Europa moderna, onde a burguesia foi à luta por reconhecimento na vida política dominada pela nobreza e pelo clero.

O Estado democrático é, portanto, a instituição que promove o pacto social entre as classes em conflito e torna possível a vida pública. Na modernidade, esse Estado dirige a nação por meio de políticas econômicas, sistemas de apropriação e distribuição de bens, dando forma à luta civil que se trava entre o capital e o trabalho. A legislação que estabelece o direito de greve ou o valor do salário mínimo atua nesse sentido.

Com a globalização e o desenvolvimento do mercado mundial, o espaço público nacional foi diminuindo de importância como arena de negociação. Os pactos estabelecidos perderam a força, pressionados pelos interesses internacionais e pelo desenvolvimento da tecnologia, que substitui a mão de obra humana. Hoje, há aumento de produção sem crescimento do número de empregados. A fragilidade do operariado e do Estado nacional transformou a democracia e a desafiou. É preciso que um novo pacto se estabeleça entre os grupos sociais oponentes, e que novos espaços de arbítrio se institucionalizem (figura 7).

Apesar de enfraquecer o Estado nacional e o espaço público das nações, a globalização promove o fortalecimento dos regionalismos, os localismos, entre outros efeitos. Diante da nova ordem mundial, as regiões, cidades e grupos sociais tendem a reafirmar sua identidade e especificidade e a se organizar para gerir seus problemas e defender seus interesses. O fortalecimento dessas organizações desafia a democracia e enfraquece o Estado.

MAGALI MOREAU/ALAMY/OTHER IMAGES

Figura 7 • Manifestação trabalhista. Peru, 2006. Os trabalhadores e as nações menos desenvolvidas não são incluídos da mesma forma na ordem mundial, o que desafia os ideais de igualdade e participação democrática.

JOE RAEDLE/GETTY IMAGES

Figura 8 • Protesto de policiais americanos em frente à prefeitura de Miami. Os policiais reivindicavam melhores condições trabalhistas. Estados Unidos, 2006.

8. Nova territorialidade

No século XX, a Declaração Universal dos Direitos Humanos admite um espaço em que os direitos de associação e de reunião vigorem. Existe, portanto, uma íntima relação entre a territorialidade e a cidadania, que na Grécia antiga correspondia à cidade-Estado, e que na modernidade corresponde ao Estado-nação. O desenvolvimento do conceito de cidadania implica, cada vez mais, a ampliação do direito do cidadão ao espaço, na medida em que respeita e defende a moradia, a habitação, a liberdade de ir e vir e o ambiente.

Para Milton Santos, entretanto, a globalização vem prejudicando ainda mais a defesa desses direitos. Em primeiro lugar porque a nova ordem recruta trabalhadores em âmbito mundial e, consequentemente, promove a contínua imigração, impedindo a fixação das populações em seus países de origem. Os países mais pobres não conseguem manter suas populações no território, e seus cidadãos mudam-se continuamente em busca de melhores salários e expectativas de vida (figura 8).

O nacionalismo enfraquecido faz aumentar a força das reivindicações locais e regionais, o que muitas vezes impede o Estado de desenvolver uma política nacional adequada, que atinja todos os cidadãos. O território nacional se fragmenta, surgem bairros independentes, condomínios, guetos, setores isolados, marcados e divididos. Milton Santos fala das diferenças que ainda separam o setor rural do setor urbano e têm se acentuado, apesar da tecnologia que pretende criar uma aldeia global.

> "Esse homem do campo é menos titular dos direitos do que a maioria dos homens da cidade, já que os serviços públicos essenciais lhe são negados sob a desculpa da carência de recursos para lhe fazer chegar saúde e educação, água e eletricidade, para não falar de tantos outros serviços essenciais."
>
> SANTOS, Milton. *O espaço do cidadão.* São Paulo: Nobel, 2000. p. 29.

Por isso, vivemos hoje uma nova territorialidade diante da globalização. Fluxos, movimentos e tendências que transportam pessoas, mercadorias, informação e capital criam novas topografias e novas hierarquias. O território nacional, antes uma entidade de aspirações homogêneas, fragmenta-se, dilui-se e desterritorializa-se, tornando a democracia e os direitos humanos difíceis de serem circunscritos num espaço de fronteiras conhecidas.

9. Pluralismo e trivialização

A fragmentação do mundo contemporâneo e a importância que adquirem os particularismos, os regionalismos e os localismos num mundo globalizado têm levado ao pluralismo cultural. Nunca como agora os grupos sociais se diversificaram tanto por religião, etnia, nacionalidade, idioma, idade, gênero, preferência sexual, ascendência, profissão, *hobby*. Se, por um lado, esse sentimento de identidade e pertencimento é importante para a sociedade contemporânea, por outro ele enfraquece a ideia universalizante que está por trás dos conceitos de direitos humanos e cidadania.

Desde sua origem, o conceito de cidadania teve duplo significado. Ao mesmo tempo que identifica pares, acaba por excluir os diferentes. Em Atenas (figura 9), os membros das classes menos abastadas eram admitidos como cidadãos, mas as mulheres estavam excluídas do direito à vida pública. Em Roma, durante certo período a cidadania não era concedida a todos os habitantes do império e, na época da Revolução Francesa, era inacessível aos camponeses. Embora estivesse destinada a uma parte da população, a cidadania procurava pôr em prática uma noção universal de humanidade: os seres humanos semelhantes em determinados aspectos eram "iguais" e, portanto, tinham os mesmos direitos.

A disseminação desses ideais para além do território da pólis ou da nação e sua adaptação às necessidades e interesses individuais têm levado ao que alguns autores chamam de trivialização dos direitos do homem. Isso significa que eles deixaram de ser um conjunto supremo de direitos individuais para se tornarem direitos especiais das mulheres, das crianças, das minorias. Assim, os direitos deixam de se basear na natureza, no costume, na razão, para se apoiarem em determinadas uniformidades da vida social.

Trata-se de uma particularização dos direitos humanos de caráter inevitavelmente mais ideológico e funcional. Tendo, portanto, objetivos mais restritos, particulares, pragmáticos, os direitos humanos perdem seu sentido filosófico e de luta política. Tornam-se instrumentos legais, locais, minoritários. Não mais existe aquilo que une um cidadão a outro. Os autores não negam a justiça das conquistas que essas minorias, isoladamente, têm conseguido, mas assumem que elas poderiam ter sido conquistadas em nome de suas necessidades, sem alçá-las à condição de características da humanidade.

Figura 9 • *O discurso de Demóstenes em Atenas*, gravura do século XIX. Demóstenes foi um importante orador grego, utilizando a palavra para atuar na política.

THE GRANGER COLLECTION/OTHER IMAGES – COLEÇÃO PARTICULAR

SAM PANTHAKY/AFP/GETTY IMAGES

Figura 10 • Linha de montagem de fábrica de carros, 2009. O desenvolvimento tecnológico foi um dos fatores que contribuíram para o aumento das desigualdades sociais, pois à medida que cresce a riqueza também aumenta a pobreza.

10. Os impasses do desenvolvimento

Nas últimas décadas do século XX, o neoliberalismo, privilegiando a hegemonia do mercado na regulamentação da produção, somou-se ao grande desenvolvimento da informática e da automação, assim como ao processo de globalização econômica. O resultado foi a aceleração, sem precedente, da produção mundial. O Produto Interno Bruto (PIB) das diferentes nações cresceu, e a produção alcançou níveis inimagináveis. Porém, esses mesmos fatores levaram ao desemprego estrutural, ou seja, um desemprego decorrente da nova organização produtiva e do avanço tecnológico. Logo, um desemprego funcional que não é setorial nem temporário e tende a aumentar (figura 10). Deu-se, então, nas diferentes nações e nas relações internacionais uma grande concentração de renda. Essa assimetria global permite que 15% dos países e empresas mais ricos acumulem 85% da renda mundial, enquanto os demais 85% de países e empresas concentrem apenas com 15% do capital acumulado.

Essa tendência se reforça em diferentes países e regiões do mundo como parte da gestão política e administrativa da atualidade, e não parece ter capacidade de reverter a desigual distribuição de renda e os privilégios e benefícios que resultam do desenvolvimento da ciência e do mercado.

> "Quanto aos blocos regionais econômicos, vislumbram-se, do mesmo modo, os paradoxos que decorrem das tensões entre a tônica excludente do processo de globalização econômica e os movimentos que intentam reforçar a democracia e os direitos humanos como parâmetros que conferem lastro ético e moral à criação de uma nova ordem internacional."
>
> PIOVESAN, Flávia. Declaração Universal dos Direitos Humanos: desafios e perspectivas. In: MARCÍLIO, Maria Luiza (Org.). *A Declaração Universal dos Direitos Humanos*: sessenta anos. São Paulo: Edusp, 2008. p. 127.

Os órgãos reguladores internacionais têm pressionado os países e as regiões mais pobres para um ajustamento econômico que prevê a redução dos investimentos sociais em nome da racionalidade econômica ditada pelo mercado. Esses órgãos, como o Fundo Monetário Internacional (FMI), defendem os interesses do capitalismo mundial e não políticas públicas que beneficiem os países de acordo com seus recursos e possibilidades. Assim, o esforço que fazem os países, as regiões e as populações mais pobres do mundo para alcançar as metas de desenvolvimento econômico esgota ou reduz os recursos antes destinados aos gastos com assistência e emancipação sociais.

O resultado, segundo Boaventura de Sousa Santos, é o *apartheid* social, ou seja, a segregação dos excluídos em áreas delimitadas, formando uma cartografia urbana dividida em zonas selvagens e desenvolvidas. As antigas muralhas feudais são redefinidas por outras fronteiras, que separam ricos de pobres, integrados de marginalizados, nativos de imigrantes, cidadãos de refugiados.

As antigas muralhas feudais são redefinidas por outras fronteiras, que separam ricos de pobres, integrados de marginalizados, nativos de imigrantes, cidadãos de refugiados.

Tolerância, diferenças e desigualdades

No século XXI, povos, etnias, nacionalidades, culturas e religiões foram integrados por uma nova ordem mundial que os aproximaram vertiginosamente por meio de redes de comunicação. Por elas transitam mensagens, informação, produtos e pessoas criando relações de proximidade e estranhamento que geram, por um lado, parcerias e acordos, por outro, xenofobia e intolerância.

As migrações, ao transferir populações de um território para outro, tornaram as relações entre grupos distintos ainda mais hostis. Vítimas do desemprego, da miséria e da perseguição política e religiosa deixam seus países de origem e se dirigem àquelas nações que podem oferecer-lhes trabalho, moradia e asilo político. A experiência da perseguição, da exclusão e da exploração, contudo, pode aproximar grupos sociais distintos em busca de um bem comum (figura 11).

FERNANDO BENGOECHEA/BEATEWORKS/CORBIS/LATINSTOCK

Figura 11 • Em atitude universalista, crianças brincam sem pensar nas diferenças sociais que poderiam afastá-las mutuamente. Parque de los Pies Descalzos, Medelín, Colômbia.

O pensador indiano Homi Bhabha fala de um pós-colonialismo que torna possível a convivência de populações distintas, antes ligadas por laços coloniais, como os ingleses e os indianos ou os ibéricos e os latino-americanos. Há entre elas, ao mesmo tempo, o estranhamento e a afinidade que vêm de um passado histórico partilhado, em que estão presentes os ressentimentos e as heranças culturais, as discriminações e as memórias comuns. Para que essas polaridades sejam superadas, é preciso que haja o exercício da tolerância, a descoberta do que o autor chama de entrelugares, ou seja, espaços híbridos e intervalares, nos quais existe a negociação de interesses, de oportunidades e de identidades entre os diferentes.

É no campo da atividade política que essa negociação se efetiva e a heterogeneidade se firma ao respeitar as diferenças. O reconhecimento dessas diferenças é um ponto importante da luta política na atualidade, na qual já não se encontram blocos homogêneos, mas díspares. A construção democrática, portanto, exige uma atitude menos universalista, mais flexível e tolerante, na qual se torne possível a realização daquilo que está presente em todos nós, assim como a representação de nossas diferenças. Daí a democracia revestir-se de princípios de tolerância, pluralismo e complexidade, em lugar de divisões binárias, classistas ou polarizadas.

11. O direito à paz

A tolerância, o pluralismo e a complexidade não são fáceis de serem alcançados, mas tornam-se cada vez mais necessários na sociedade contemporânea, pois estão ligados ao direito à paz. Esse princípio, reafirmado na Declaração Universal dos Direitos Humanos de 1948, depois das duas grandes guerras mundiais, revela a preocupação constante do mundo contemporâneo com as atitudes e políticas que sejam preventivas e evitem a guerra.

Defende-se um pacifismo instrumental, que teria por finalidade organizar os meios que permitam fazer prevalecer a paz, seja um conjunto de leis que viabilize a negociação nas contendas, seja medidas para o desarmamento da sociedade. Mas há também o pacifismo institucional, que tem por meta valorizar as instituições políticas para evitar os arbítrios e os autoritarismos.

Norberto Bobbio falava de um pacifismo de fins, que tratasse exatamente de conter o uso da violência, quer por sujeitos, quer por instituições. Nessa forma de atuação estão compreendidas a mobilização social, as campanhas pela paz, a comunicação (figura 12).

Alcançar esses objetivos não é tarefa fácil, principalmente em um mundo cada vez mais conflitado, no qual as dissidências parecem se avolumar e a ciência e a indústria tornam disponíveis meios cada vez mais potentes de uso da violência e do arbítrio. Esses ideais têm caráter utópico, mas nem por isso o homem deixa de ser capaz de transformá-los em realidade.

Figura 12 • Rolo compressor é utilizado para destruir cerca de 3 mil armas arrecadadas pela campanha de desarmamento do estado do Paraná em 2004. Campanhas como essa visam à promoção da paz.

MÁRCIO MACHADO/AGÊNCIA ESTADO

Atividades

Compreensão do texto

1. O que há de comum entre as classes ascendentes da Antiguidade e a burguesia da modernidade?

2. O que é nacionalismo?

3. De que forma o neoliberalismo enfraqueceu a participação política no século XX?

4. Quais são os efeitos da globalização sobre a democracia?

5. De que modo a globalização fragmenta a população e diminui a percepção da existência das classes sociais?

6. O que é a trivialização dos direitos do homem?

7. O que é desemprego estrutural?

8. A que se refere o conceito de entrelugares?

Interpretação e problematização

9. Analise a imagem a seguir e responda às questões.

DAVID MCNEW/GETTY IMAGES

Imigrantes legais e ilegais nos Estados Unidos em manifestação pela extensão dos direitos civis.

a) Como você explicaria a presença de tantos imigrantes nos Estados Unidos?

b) De que maneira esse fenômeno se relaciona com a globalização?

c) O que explica o fato de os imigrantes poderem exigir os mesmos direitos dos cidadãos americanos?

Aplicação de conceitos

10. Cinema

Quanto vale ou é por quilo? Direção de Sergio Bianchi. Brasil, 2005, 104 min.

Uma analogia entre o antigo comércio de escravos e a atual exploração da miséria pelo *marketing* social, apresentada sob a aparência da solidariedade.

▶ O filme se baseia num conto de Machado de Assis chamado *Pai contra mãe*. Procura estabelecer uma relação entre a escravidão no Brasil no século XIX e a exploração da miséria na sociedade brasileira contemporânea, apresentando possíveis semelhanças entre as duas épocas. Ao fazer essa relação, o filme convida o espectador a questionar se as mudanças da sociedade nos últimos anos realmente ampliaram os direitos dos mais pobres.

Pesquisa

11. Neste capítulo estudamos o conceito de cidadania e verificamos as suas mudanças ao longo da história. Pesquise agora sobre essas mudanças. Quem era cidadão nos diferentes momentos históricos? Quais eram seus direitos e seus deveres? Quais características permaneceram e quais mudaram na ideia de cidadania que se tinha em momentos anteriores da história em relação à ideia que temos hoje?

Leitura visual

12. Observe as imagens abaixo e responda qual é a relação delas com o tema da globalização.

STAN HONDA/AFP

ROGÉRIO REIS/PULSAR IMAGENS

Os efeitos da globalização podem ser sentidos em países com características muito distintas. Acima, em Nova York, a Bolsa de Valores é palco de negócios de esfera mundial; abaixo, em São Paulo, o número de camelôs e de outras pessoas em situação de trabalho informal cresce a cada dia.

Questões de vestibular e do Enem

13. (**UEL-PR**) Com base no texto, assinale a alternativa correta.

> "A passagem do estado de natureza para o estado civil determina no homem uma mudança muito notável, substituindo na sua conduta o instinto pela justiça e dando às suas ações a moralidade que antes lhe faltava. É só então que, tomando a voz do dever o lugar do impulso físico, e o direito o lugar do apetite, o homem, até aí levando em consideração apenas sua pessoa, vê-se forçado a agir, baseando-se em outros princípios e a consultar a razão antes de ouvir suas inclinações."
>
> ROUSSEAU, Jean-Jacques. *Do contrato social*. Tradução Lourdes Santos Machado. São Paulo: Nova Cultural, 1999. p. 77.

a) Por meio do contrato social, o homem adquire uma liberdade natural e um direito ilimitado.

b) O homem no estado de natureza é verdadeiramente senhor de si mesmo.

c) A obediência à lei que se estatui a si mesmo é liberdade.

d) A liberdade natural é limitada pela vontade geral.

e) Os princípios, que dirigem a conduta dos homens no estado civil, são os impulsos e apetites.

14. (**UEM-PR**) Considerando as relações entre Estado, Governo e Nação, assinale e some as alternativas **corretas**.

01. O Estado pode ser compreendido como uma instituição social que age dentro de um determinado território e tem como algumas de suas funções garantir a ordem e estabelecer regras para as relações entre os indivíduos.

02. A África do Sul é um exemplo de Estado formado por populações de diferentes tradições e culturas que vivem sob a autoridade de um mesmo poder político.

04. Em janeiro de 2009, Barack Obama tomou posse como presidente dos Estados Unidos da América (EUA). A eleição desse advogado negro, filho de uma estadunidense com um queniano, foi um marco na história daquele país, que teve um passado escravocrata.

08. Não existem diferenças entre Estado e Governo. Portanto não há possibilidade de a chefia do Estado ser desempenhada por um líder e a do Governo por outro.

16. A República é uma das formas de governo possíveis. Ela pode ser presidencialista, como a brasileira e a norte-americana, ou parlamentarista, como a francesa e a canadense. A monarquia é uma outra forma de governo e também pode ser parlamentarista, como acontece na Inglaterra e no Japão.

Leitura complementar

Capítulo 12

A cidadania e a participação na vida pública

"A cidadania expressa um conjunto de direitos que dá à pessoa a possibilidade de participar ativamente da vida e do governo de seu povo. Quem não tem cidadania está marginalizado ou excluído da vida social e da tomada de decisões, ficando numa posição de inferioridade dentro do grupo social. Por extensão, a cidadania pode designar o conjunto das pessoas que gozam daqueles direitos. [...]

Na terminologia atual, cidadão é o indivíduo vinculado à ordem jurídica de um Estado. Essa vinculação pode ser determinada pelo local do nascimento ou pela descendência, bem como por outros fatores, dependendo das leis de cada Estado. Assim, por exemplo, o Brasil considera seus cidadãos, como regra geral, as pessoas nascidas em território brasileiro ou que tenham mãe ou pai brasileiro.

Essa vinculação significa que o indivíduo terá todos os direitos que a lei assegura aos cidadãos daquele Estado, tendo também o direito de receber a proteção de seu Estado se estiver em território estrangeiro. [...]

A Constituição brasileira de 1988 assegura aos cidadãos brasileiros os direitos já tradicionalmente reconhecidos, como o direito de votar para escolher representantes no Legislativo e no Executivo e o direito de se candidatar para esses cargos. Não ficou, porém, apenas nisso, sendo importante assinalar que essa Constituição ampliou bastante os direitos de cidadania.

Como inovação, foi dado ao cidadão o direito de apresentar projetos de lei, por meio de iniciativa popular, tanto ao Legislativo federal quanto às Assembleias Legislativas dos Estados e às Câmaras Municipais. [...]

A par disso, a Constituição prevê a participação obrigatória de representantes da comunidade em órgãos de consulta e decisão sobre os direitos da criança e do adolescente, bem como na área de educação e da saúde. Essa participação configura o exercício de direitos da cidadania e é muito importante para a democratização da sociedade.

Em todos os Estados do mundo, inclusive no Brasil, a legislação estabelece exigências mínimas para que um cidadão exerça os direitos relacionados com a vida pública, o que significa a imposição de restrições para que alguém exerça os direitos da cidadania. [...] O dado novo é que no século XX [...] houve o reconhecimento de que muitas dessas restrições eram antidemocráticas, e por isso elas foram sendo eliminadas. Um exemplo muito expressivo dessa mudança é o que aconteceu com o direito de cidadania das mulheres. Em grande parte do mundo as mulheres conquistaram o direito de votar e de ocupar todos os cargos públicos, eliminando-se uma discriminação injusta, que, no entanto, para muitos efeitos ainda permanece na prática."

DALLARI, Dalmo de Abreu. *Direitos humanos e cidadania.* 2. ed. São Paulo: Moderna, 2004. p. 22-25. (Coleção Polêmica).

Compreender o texto

1. Segundo o texto, por que são fundamentais as ideias de cidadania e participação?
2. Quais direitos da Constituição brasileira de 1988 apresentados no texto você conhecia?
3. Quais direitos de cidadania foram conquistados pelas mulheres no século XX?

Sugestões

PARA LER

- **A Declaração Universal dos Direitos Humanos:** sessenta anos, de Maria Luiza Marcílio. São Paulo: Edusp, 2008.

PARA ASSISTIR

REPRODUÇÃO

- **Capitães de abril**, de Maria de Medeiros. França/Portugal/Itália/Espanha, 2000, 123 min.

  O filme retrata os episódios da Revolução dos Cravos, em Portugal, ocorridos entre os dias 24 e 25 de abril de 1974. A história se concentra no capitão Salgueiro Maia, que parte da Escola Prática de Cavalaria em Santarém para Lisboa com o objetivo de ocupar o Terreiro do Paço e forçar a rendição do governo.

- **Sunshine, o despertar de um século**, de István Szabó. Áustria/Canadá/Alemanha/Hungria, 1999, 179 min.

  A história de três gerações da família Sonnenschein, um clã judeu que vai perdendo a identidade na luta para sobreviver em meio a antissemitismo, guerras e perseguições políticas.

PARA NAVEGAR

- **Anistia Internacional**
  (www.br.amnesty.org)
  Site oficial em português da organização que se tornou mundialmente conhecida e respeitada por sua luta em defesa dos direitos humanos.

- **Instituto da Cidadania**
  (www.institutocidadania.org.br)
  Elaborado pelos integrantes do Instituto da Cidadania Brasil, o *site* se propõe a oferecer uma contribuição para valorizar e desenvolver a cidadania no país, sendo sua missão lutar para que todo cidadão tenha seus direitos e obrigações aplicados no dia a dia.

- **ONU – Convenções e tratados**
  (www.onu-brasil.org.br/documentos_convencoes.php)
  A página oferece *links* que falam dos mais importantes tratados realizados pela ONU na área de direitos humanos e cidadania.

UNIDADE

V

Cultura: das origens à atualidade

CAPÍTULOS

OBJETIVOS

- Compreender os vários conceitos de cultura.
- Relacionar a diversidade cultural com os diferentes processos históricos que cada grupo social vivenciou e vivencia.

PICTURE HOOKED/LOOP IMAGES/CORBIS/LATINSTOCK

O homem e a produção da cultura

"Ignoramos como a arte começou, tanto quanto desconhecemos como teve início a linguagem. Se aceitarmos que arte significa o exercício de atividades tais como a edificação de templos e casas, a realização de pinturas e esculturas, ou a tessitura de padrões, nenhum povo existe no mundo sem arte. Se, por outro lado, entendermos por arte alguma espécie de belo artigo de luxo, algo para nos deleitar em museus e exposições, ou uma coisa muito especial para usar como preciosa decoração na sala de honra, cumpre-nos reconhecer que esse uso da palavra constitui um desenvolvimento bem recente e que muitos dos maiores construtores, pintores ou escultores do passado sequer sonharam com ele."

GOMBRICH, E. H. *A história da arte*. Rio de Janeiro: LTC, 1999. p. 40.

BETTMANN/CORBIS/LATINSTOCK

Na foto, o artista espanhol Pablo Picasso transmite a seu filho Claude rudimentos de pintura e desenho. La Garoupe, França, 1955. A cultura é resultado de conhecimentos acumulados pelo homem ao longo de milhares de anos.

Para debater

- **Debata com seus colegas o que vocês entendem por arte e, em seguida, registre suas conclusões em um texto.**

No painel em grafite, realizado para o Cans Festival, um homem é representado limpando inscrições semelhantes às que os primeiros hominídeos fizeram nas paredes das cavernas que habitavam. Segundo Bansky, artista que criou esta obra, o grafite não é uma maneira de sujar prédios, mas um modo de embelezá-los. Londres, 2008.

CAPÍTULO 13

A origem da cultura

Figura 1 • O comportamento de muitos animais nos confunde a ponto de nos fazer questionar se os entendemos bem ou se eles, de alguma forma, são iguais a nós. Estados Unidos, 2007.

1. Estudando a cultura

Sociólogos, antropólogos, etnólogos, arqueólogos, historiadores, psicólogos, biólogos e linguistas têm se dedicado ao estudo do surgimento da cultura, essa forma tão peculiar de os seres humanos se relacionarem, se expressarem, refletirem sobre o mundo que os cerca e criarem hábitos e costumes diferenciados. Todos procuram responder às perguntas que estão na origem das ciências humanas: como nos diferenciamos dos demais animais? Como desenvolvemos formas tão peculiares de existir?

Não é possível dizer que haja apenas uma resposta a essas perguntas. Ainda há muito a ser explicado. Cada autor, em sua área de conhecimento, procura identificar causas e efeitos dessa transformação capaz de engendrar uma forma complexa de viver e de se reproduzir como a humana.

Para o filósofo contemporâneo Ernst Cassirer, o processo de **evolução** que resultou no surgimento da humanidade não encontra paralelo em outra espécie animal, mas isso não nos autoriza a eliminar as explicações genéticas ou históricas (figura 1).

> "O fato da mutação súbita e da evolução emergente pode ser admitido. A biologia moderna não fala mais da evolução nos termos do darwinismo primitivo, nem explica as causas da evolução da mesma maneira."
>
> CASSIRER, Ernst. *Ensaio sobre o homem*: introdução a uma filosofia da cultura humana. São Paulo: Martins Fontes, 1997. p. 57.

Ernst Cassirer (1847-1945)

Nasceu na Alemanha e morreu nos Estados Unidos. Estudou direito, filosofia e literatura, tornando-se professor da Universidade de Hamburgo. Sendo judeu, sofreu a perseguição do nazismo, tendo deixado a Alemanha e se radicado, inicialmente, na Suécia e, depois, nos Estados Unidos. Ingressou como professor na Universidade de Yale e especializou-se na teoria da cultura e do simbolismo.

Evolucionismo

É um conjunto de teorias que acreditam que o progresso é o princípio básico que governa a realidade. São derivadas das teorias evolucionistas elaboradas no campo biológico, principalmente das teses de Charles Darwin (1809-1882), para explicar a evolução das espécies. Foi aplicado às ciências sociais para justificar a diferença existente entre culturas e sociedades.

2. Processo evolutivo humano

Há cerca de 6 a 7 milhões de anos surgiram os primeiros **antropoides**. Desde esse período até o aparecimento do *Homo sapiens*, a espécie humana passou por um longo processo de adaptação, favorecido por inúmeras causas, dentre as quais se destacam importantes mudanças ambientais e geográficas. Períodos de aquecimento do planeta favoreceram a ampliação das zonas temperadas e forçaram alguns grupos de **hominídeos** a procurar alimento e a ocupar áreas fora de seu lugar de origem, o continente africano.

Esse aquecimento também seria responsável pela transformação de uma área de floresta em **savana** (figura 3). Tal fato teria feito com que alguns grupos de antropoides modificassem sua forma de se deslocar. Nas florestas, eles viviam boa parte do tempo nas árvores e usavam os membros superiores para percorrer longas distâncias, como fazem os macacos atuais. Nas savanas, seus descendentes tiveram de se locomover no chão. Diante dessa necessidade, adaptaram-se melhor aqueles que desenvolveram o bipedalismo e a visão frontal, o que lhes permitiu enxergar os alimentos a distância e alcançá-los mais depressa do que os demais animais, que se mantiveram rentes ao chão.

A postura ereta libertou os membros superiores (figura 2) para a realização de outras atividades, como a confecção de ferramentas rudimentares de pedra – trabalho que ocupou os homens há mais de 2,5 milhões de anos. As machadinhas sucederam os cortadores e raspadores feitos de lasca. Nesse progresso tecnológico serviram-se de ossos, dentes e mandíbulas, além de produtos vegetais, como matéria-prima para raspar, modelar e trançar.

O desenvolvimento dos hominídeos, expresso no bipedalismo e nos avanços tecnológicos, foi alimentado por sua incrível capacidade de conquistar e se adaptar às diferentes regiões e climas do planeta, podendo reagir às intempéries da natureza e sobreviver. Utilizaram uma dieta variada, que incluía vegetais e carne, e a capacidade de adaptação a climas frios ou quentes. Essa flexibilidade e adaptabilidade permitiram-lhes percorrer o planeta e se ajustar a diferentes ambientes.

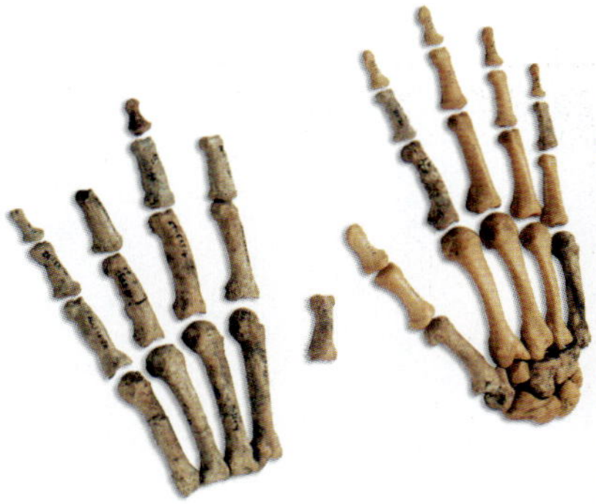

JOHN READER/SCIENCE PHOTO LIBRARY/LATINSTOCK

Figura 2 • Membro superior do *Australopithecus afarensis* (à esquerda) da Etiópia é semelhante ao dos seres humanos (à direita), mas não são iguais, já que os primeiros apresentam características de um trepador de árvores, e os homens possuem habilidade para fabricar ferramentas.

A postura ereta libertou os membros superiores para a realização de atividades, como a confecção de ferramentas rudimentares.

Antropoide. Macaco destituído de cauda e anatomicamente semelhante ao homem, como o orangotango, o chimpanzé, o gorila e os gibões.

Hominídeo. Família de primatas antropoides, que compreende o homem e seus ancestrais, como os australopitecos.

Savana. Tipo de formação vegetal mista composta de estrato baixo e contínuo de gramíneas e subarbustos, com maior ou menor número de pequenas árvores espalhadas.

ERIC NATHAN/ALAMY/OTHER IMAGES

Figura 3 • Vista de planícies do Kidepo Valley National Park, Uganda, 2009. As savanas africanas abrigaram inúmeras espécies de animais e de hominídeos, além de uma abundante flora.

A formação da coletividade

Outra novidade foi a organização em bandos, na maioria constituídos de parentes. Isso os tornou aptos a sobreviver sobretudo em razão das novas formas de sociabilidade (a divisão e a especialização das tarefas) e criou condições para a improvisação. Essas coletividades tornaram-se mais eficientes na busca por alimentos, na ocupação de territórios mais amplos e na caça de grandes grupos de animais. A amplitude de relacionamentos diluiu conflitos, possibilitando a formação, quando necessário, de pequenos grupos de dissidentes.

A formação de um grupo social amplo e flexível abriu espaço para o surgimento de formas econômicas cooperativas que variavam de acordo com a estação do ano. Durante as épocas de fartura, a organização da vida social era mais coletiva, enquanto tornava-se mais individual em tempos de escassez.

COURTESY EVERETT COLLECTION/KEYSTONE

Figura 4 • Cena do filme *A guerra do fogo*, dirigido por Jean Jacques Annaud, 1981, mostra homens pré-históricos tentando produzir fogo. As relações humanas passaram a se intensificar e a exigir a cooperação mútua como forma de garantir a sobrevivência do grupo.

A pesca com rede, por exemplo, foi uma técnica de coleta que dependia da cooperação entre grupos humanos numericamente amplos. O passo seguinte para essa experiência foi a divisão do trabalho: homens e mulheres, jovens e idosos desenvolviam tarefas próprias e diferenciadas. A complexidade que essas tarefas exigiam, em termos de relacionamento e organização da vida social, pode explicar por que nossos antepassados desenvolveram mais essas competências e pouco se voltaram para o aprimoramento de tecnologia.

Provavelmente em razão do bipedalismo e da postura ereta, as crias humanas passaram a nascer mais imaturas, demandando cada vez mais cuidados por parte dos adultos. A dependência dos filhos em relação aos pais foi se acentuando, fazendo com que as primeiras formas de parentesco se afirmassem. Conciliar a vida econômica e as atribuições provenientes da divisão do trabalho à criação de filhos, que deviam ser alimentados, passou a fazer parte do cotidiano desses bandos.

As transformações fisiológicas – a perda de pelos nos quais se seguravam os filhos dos primatas superiores, por exemplo – dificultaram a locomoção das fêmeas, que aprenderam a carregar nos braços suas crias. A etapa seguinte seria a tendência à sedentarização e à prática da agricultura, como forma segura de se estabelecer num território delimitado e para produzir o necessário para a sobrevivência, sem constante perambulação. É importante perceber que a vida em bando se tornava mais complexa, exigindo desses hominídeos cada vez mais criatividade e improvisação.

Para conduzir tantas modificações capazes de garantir a sobrevivência aos ascendentes do *Homo sapiens*, estabeleceu-se uma forma muito peculiar de vida grupal – associação baseada nas relações consanguíneas e de parentesco, mas flexíveis a ponto de incluir relações estabelecidas com base na troca e na cooperação. As relações sociais diversificaram-se, afastaram-se de sua origem genética, e as regras de convivência e tolerância tornaram-se mais importantes para a manutenção e reprodução do grupo (figura 4). Milhares de anos devem ter sido gastos na elaboração dessas novas relações que se criavam no interior desses grupos humanos, fazendo conviver a divisão de trabalho com regras de parentesco, como a **exogamia**.

Exogamia. Cruzamento de indivíduos não aparentados ou com grau de parentesco distante.

Esse arranjo complexo, bastante inovador, que fundia comportamentos instintivos ordenadores da reprodução sexual com formas de trabalho cooperativo, tornou-se ainda mais complicado quando, inventando a agricultura, nossos antepassados puderam se fixar em um sítio e nele estabelecer princípios de propriedade.

Para administrar esse complexo de relações foi necessário elaborar uma nova sexualidade, a fim de aumentar a produção da espécie e de criar laços duradouros para a manutenção da prole. Nessa nova dinâmica sexual, que deu origem às famílias, devemos identificar o acasalamento que ocorre fora dos períodos férteis do ciclo menstrual das fêmeas, o jogo de sedução sexual expressivo e duradouro e a exogamia como expectativa da relação amorosa (figura 5).

EDUARDO GARCIA/OPÇÃO BRASIL IMAGENS

Figura 5 • Casal de noivos, Itaipava, Rio de Janeiro, 2006.

3. Humanização, simbolismo e linguagem

O ser humano foi aos poucos se diferenciando dos demais primatas superiores. Essas transformações implicaram o abandono do que chamamos de estado de natureza, no qual o homem integrava-se ao ambiente natural e agia guiado por seus instintos e pelo conhecimento herdado geneticamente dos antepassados. Esse conhecimento e as formas de comportamento instintivo que o faziam reagir de modo padronizado aos estímulos exteriores foram substituídos por novas ações e atitudes que caracterizam o estado de cultura. Comportamentos estabelecidos por convenção foram sendo organizados pelos grupos humanos a partir do momento em que as condições em que se viam obrigados a viver e a interagir exigiram respostas diferentes daquelas geneticamente condicionadas.

Para analisar essa mudança no comportamento, o antropólogo norte-americano Clifford Geertz associou os conceitos de natureza e de cultura, afirmando que tais modificações só se tornaram possíveis porque foram impulsionadas pela cultura.

> "[A cultura foi] o ingrediente essencial e orientador na produção desse animal: o homem."
>
> GEERTZ, Clifford. *A interpretação das culturas.* Rio de Janeiro: LTC, 1989. p. 59.

Uma mudança cultural importante diz respeito aos hábitos alimentares. O ser humano, acostumado a uma dieta basicamente vegetariana, assim como outros primatas superiores, teve de se adaptar a uma alimentação carnívora nos períodos em que os vegetais estavam escassos, e pequenos animais, com os quais ele dividia as savanas, encontravam-se disponíveis.

Adotar uma alimentação carnívora e desenvolver formas de caça coletiva e colaborativa exigiam a renúncia de uma série de atitudes instintivas que diziam respeito tanto à dieta quanto ao convívio e à sociabilidade. Essa mudança não se faria sem que se passasse a perceber o mundo sob outra perspectiva e se começasse a agir sobre ele de forma diferenciada. As decisões, inovações e criações no estilo de vida deveriam ser compartilhadas e comunicadas aos membros desses grupos.

Nesse processo, o simbolismo e a linguagem (figura 6) foram as ferramentas mais importantes, pois possibilitaram ressignificar o mundo e atribuir ao meio circundante novos sentidos, ideias, conceitos e conteúdos.

RUBENS CHAVES/PULSAR/IMAGENS

Figura 6 • Sítio arqueológico Talhada do Gavião, em Carnaúba dos Dantas, Rio Grande do Norte, 2007. Desde sua origem, o *Homo sapiens* procurou meios de expressar seus sentimentos, aprendizados e ideias. Por meio de grafismos, foi capaz de criar sistemas simbólicos complexos.

FRANCOIS DURAND/GETTY IMAGES

DAVE HOGAN/GETTY IMAGES

TONY BARSON/WIREIMAGE/GETTY IMAGES

Figuras 7 a **9** • Nas imagens, o ex-presidente norte-americano Bill Clinton, durante discurso, faz expressões e gesticula para dar ênfase às palavras, em Antibes, França, 2009. A linguagem humana dispõe de sons, gestos e expressões faciais no ato da comunicação. Nesse processo, emocional e propositivo, os signos são articulados para compor a mensagem.

Cada palavra, gesto ou som passou a ter um significado, uma ideia, um sentimento ou um valor novo que deveria ser compartilhado por todos, mesmo que em oposição aos impulsos herdados da espécie. Assim, é possível definir cultura como o conjunto flexível, variável, arbitrário e histórico de códigos e convenções construído artificialmente por grupos humanos para a vida em comum. Tais códigos e convenções medeiam as formas de viver, produzir e se relacionar uns com os outros e com o meio. Conduzem as expectativas e regulam e controlam as ações com base nos limites estabelecidos pela vida coletiva.

Essa transformação não teria sido possível se o ser humano não houvesse modificado substancialmente seus processos internos de percepção, cognição e simbolização. Para que surgissem novos hábitos de locomoção, alimentação e relacionamento, era preciso o homem se adaptar aos novos contextos, criar novos procedimentos e optar por eles. Isso equivale a dizer que foi preciso ele desenvolver certa independência em relação a seu comportamento instintivo.

Essa distância que se estabelece entre o comportamento culturalmente aprendido e aquele biologicamente determinado se reproduz na capacidade de o ser humano transformar sua experiência imediata com a realidade em ideias, conceitos, imagens pelos quais representa simbolicamente essa experiência. A capacidade simbólica ajudou-o a refletir, analisar, ordenar e decompor a realidade em novas representações. Esse processo mental foi provavelmente desenvolvido em associação com outra capacidade: o uso do **simbolismo** e da **linguagem humana** (figuras 7 a 9).

Foi o desenvolvimento mental, portanto, dotando o ser humano de capacidade simbólica e linguística, que tornou possível sua passagem do estado de natureza para o de cultura.

A linguagem contribuiu para que o homem criasse novas relações entre os objetos do mundo circundante e estabelecesse diferentes associações e significados entre eles. Possibilitou também a formação de pactos, contratos e convenções com os membros de seu grupo, constituindo juízos de valor, princípios, restrições, objetivos comuns, coletivos e arbitrários.

Simbolismo

É a capacidade mental e linguística que tem o ser humano de se referir a determinado elemento da realidade objetiva ou subjetiva por meio de um signo (palavra, gesto ou grafismo) que o representa. É o simbolismo que permite o compartilhamento de ideias e emoções entre os membros de um grupo, coletivizando suas experiências.

Linguagem humana

Constitui-se de um conjunto limitado de signos verbais, sonoros, gestuais, musicais ou corporais articulados por um conjunto limitado de regras de combinação desses signos, possibilitando a comunicação entre pessoas, a transmissão de conhecimentos e de cultura. A comunicação envolve técnicas expressivas e meios de transmissão e de recepção de sinais. E, embora todos os seres vivos usem a linguagem, entre os humanos é ela que permite a sociabilidade e a vida em grupo.

Atividades

Compreensão do texto

1. De que forma as mudanças climáticas interferiram no desenvolvimento do ser humano?

2. Por que o desenvolvimento da tecnologia foi menos complexo do que o desenvolvimento das relações sociais?

3. Quais foram as capacidades desenvolvidas para que o hominídeo pudesse se adaptar?

4. O que significa estado de natureza?

5. Como surgiu o estado de cultura?

6. Quais foram as ferramentas que o ser humano desenvolveu para entrar no estado de cultura?

Interpretação e problematização

7. Leia o texto a seguir.

> "'No início do vigésimo terceiro mês', diz D. R. Major, 'a criança desenvolveu a mania de dar nome às coisas, como se quisesse contar aos outros os seus nomes ou nos chamar a atenção para as coisas que está examinando. Olha e aponta para um objeto, ou toca-o com a mão, diz-lhe o nome olhando para os companheiros'. Tal atitude não seria compreensível não fora o fato de que o nome, no desenvolvimento mental da criança, exerce função de primeiríssima importância. [...]. Aprendendo a nomear as coisas, a criança não acrescenta simplesmente uma lista de sinais artificiais ao seu conhecimento anterior de objetos empíricos já prontos. Aprende, antes, a formar os conceitos destes objetos, a entrar em acordo com o mundo objetivo. Daí por diante, pisa terreno mais firme. Suas percepções vagas, incertas, flutuantes, e seus sentimentos confusos principiam a assumir nova forma."
>
> CASSIRER, Ernst. *Antropología filosófica*. México: Fondo de Cultura Económica, 2000. p. 209-210. (tradução nossa)

Faça uma comparação entre o texto sobre o desenvolvimento da criança com o da evolução do ser humano conforme explicado neste capítulo.

8. Leia um trecho do que escreveu Roberto da Matta no jornal *O Estado de S. Paulo* em 2002.

> "Um dia, em pleno sertão goiano, ia este cronista em busca de um grupo de índios apinaiés acampados em local distante, para com eles complementar seus estudos etnográficos, quando o guia e companheiro de viagem Aldírio perguntou no meio daquele mundão rosiano, feito de areia, sol e céu azul: 'Mestre Roberto — disse ele com os olhos brilhantes de ironia —, se eu lhe deixasse aqui, o senhor saberia voltar para a aldeia?' 'É claro que não!', respondeu um eu meio sobressaltado pelo potencial agressivo da questão e já querendo entrar em pânico. 'Pois é como eu digo, cada um é doutor em seu ramo. O senhor na escrita e na leitura, eu no caminhar pelo sertão, no selar dos cavalos, no cozinhar e no saber dos caminhos. Ninguém – concluiu meu companheiro de viagem – é doutor em tudo!'"
>
> DA MATTA, Roberto. *O Estado de S. Paulo*, 26 dez. 2002. p. D-8.

Considerando o que foi lido no capítulo, como esse texto se insere no debate sobre o que é cultura?

Aplicação de conceitos

9. Cinema

O homem urso, de Werner Herzog. Alemanha, 2005, 100 min.

Documentário sobre a vida e morte de Timothy Treadwell, ecologista e especialista em ursos, mostrando que, por mais que nos aproximemos do mundo animal, a cultura humana nos diferencia. O filme nos permite uma análise sob três abordagens diferentes. A primeira diz respeito à diferenciação entre o ser humano e os animais, mesmo que compartilhemos com eles um conjunto de atitudes e sentimentos. A segunda se relaciona com o comportamento do ser humano em relação à natureza e à extinção de inúmeras espécies de animais. Por fim, permite debater a atitude de "humanizar" os animais, bastante difundida hoje em dia, tratando-os como se fossem seres humanos em vez de respeitá-los como animais.

► Veja o filme e analise-o pelos primeiro e terceiro aspectos, procurando delimitar os espaços comuns e próprios de cada espécie na convivência recíproca.

Pesquisa e debate

10. Reúna-se em grupo com seus colegas. Em seguida, pesquise as formas pelas quais um árbitro, de um esporte de sua preferência, se comunica com o público e com os jogadores. Liste o repertório de gestos, sinais, palavras etc. que ele tem à disposição para essa comunicação. Depois explique de que forma esse conjunto de sinais representa uma linguagem.

Leitura visual

11. Observe as imagens e responda às questões.

ALBUM/AKG-IMAGES/LATINSTOCK

Representação de animais em pintura rupestre nas cavernas de Lascaux, França, foto de 2003.

FABIO COLOMBINI

Manifestação de arte rupestre no Parque Nacional da Serra da Capivara, Piauí, foto de 2000.

a) De que forma a pintura rupestre comprova o aparecimento da cultura nos tempos remotos da evolução humana?

b) De que modo as pinturas do sítio arqueológico localizado no Parque Nacional Serra da Capivara, no Piauí, mostram que a tentativa de expressão do homem por meio da linguagem pictórica é universal?

Questões de vestibular e do Enem

2. (Enem-MEC)

A Ema

O surgimento da figura da Ema no céu, ao leste, no anoitecer, na segunda quinzena de junho, indica o início do inverno para os índios do sul do Brasil e o começo da estação seca para os do norte. É limitada pelas constelações de Escorpião e do Cruzeiro do Sul, ou *Cut'uxu*. Segundo o mito guarani, o *Cut'uxu* segura a cabeça da ave para garantir a vida na Terra, porque, se ela se soltar, beberá toda a água do nosso planeta. Os tupis-guaranis utilizam o *Cut'uxu* para se orientar e determinar a duração das noites e as estações do ano. A ilustração a seguir é uma representação dos corpos celestes que constituem a constelação da Ema, na percepção indígena.

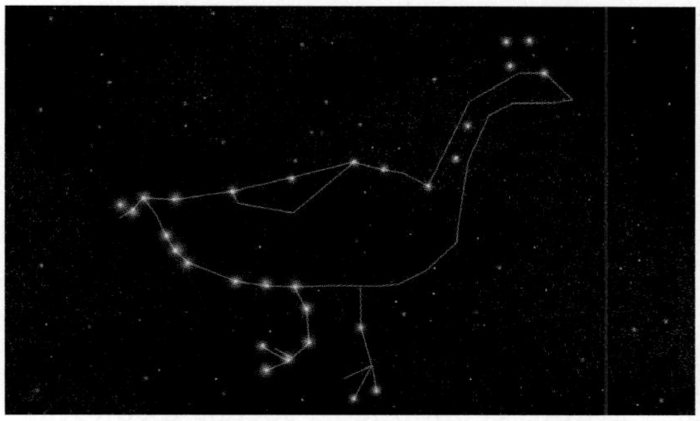

PAULO MANZI/CID

Constelação da Ema, ilustração de Paulo Manzi.

A próxima figura mostra, em campo de visão ampliado, como povos de culturas não indígenas percebem o espaço estelar em que a Ema é vista.

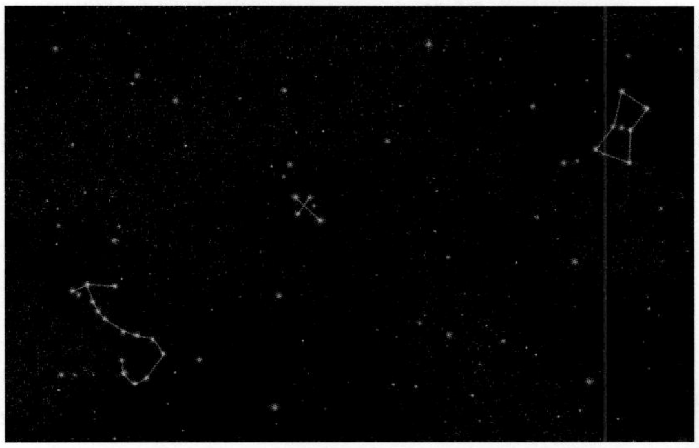

PAULO MANZI/CID

Constelações de Escorpião, Cruzeiro do Sul e *Órion,* ilustração de Paulo Manzi.

Considerando a diversidade cultural focalizada no texto e nas figuras, avalie as seguintes afirmativas.

I. A mitologia guarani relaciona a presença da Ema no firmamento às mudanças das estações do ano.

II. Em culturas indígenas e não indígenas, o Cruzeiro do Sul, ou *Cut'uxu*, funciona como parâmetro de orientação espacial.

III. Na mitologia guarani, o *Cut'uxu* tem a importante função de segurar a Ema para que seja preservada a água da Terra.

IV. As três Marias, estrelas da constelação de Órion, compõem a figura da Ema.

É correto apenas o que se afirma em:

a) I.

b) II e III.

c) III e IV.

d) I, II e III.

e) I, II e IV.

CAPÍTULO 14

A importância da cultura

ROB MARMION/SHUTTERSTOCK

Figura 1 • Professora ajudando criança em seu estudo.

1. Cultura humana

A organização em grupos e o desenvolvimento da cultura foram alguns dos fatores que favoreceram a imposição de indivíduos ou grupos uns sobre os outros. Por exemplo, por volta de 500 a.C., após expulsar os medos da região do Planalto Iraniano, os persas formaram um grande império, expandindo seu território e subjugando diversos outros povos da Antiguidade. Como se deu a interação entre esses povos a partir daí? O que aconteceu com as relações sociais e culturais entre eles? Compreender como se dá a relação e a interação entre grupos econômicos, sociais e culturais diferentes é um dos interesses da sociologia e da antropologia. O resultado desses estudos permite comparar culturas e formular hipóteses para melhor compreender como os grupos estão organizados internamente.

Ao se observar a vida cotidiana, identificam-se diversos comportamentos padronizados e regulados não apenas pela vontade, desejo ou crença individual, mas também por hábitos e costumes estabelecidos socialmente. Tão logo o indivíduo tomou consciência de si, viu-se sujeito aos imperativos da vida social e das expectativas em relação a seu comportamento e a suas ideias.

A educação ou socialização é o processo que adapta o indivíduo a essas expectativas, transformando-o em membro de um grupo. Inicia-se na família, depois estende-se às instituições educacionais e formativas, como a escola, e aos grupos com os quais o indivíduo se relaciona (figuras 1 e 2).

Assim, o indivíduo desenvolve atitudes e formas de comportamento que são determinadas por princípios anteriores a ele e o integram à vida em sociedade. Os estímulos externos e as respostas internas são os elementos formadores do indivíduo.

O conjunto de regras e princípios que guia os seres humanos e os faz agir de modo semelhante e compatível, capazes de entender as intenções e expectativas uns dos outros, tanto na vida familiar quanto no trabalho, chama-se cultura. Entretanto, a cultura não é um conjunto de determinações rígido e acabado; ao contrário, ela integra de maneira dinâmica os padrões das ações e reações humanas. Apesar de exercer pressão sobre a formação do caráter e da personalidade do indivíduo, a cultura é elaborada numa relação dupla na qual aquele que sofre suas influências ajuda a produzir novas relações.

LAWRENCE MIGDALE/PHOTORESEARCHERS / LATINSTOCK

Figura 2 • Os imperativos da vida social estabelecem o que é certo ou errado socialmente, ditando a melhor maneira de proceder diante das mais diversas situações. Na foto da família reunida para uma refeição, observa-se uma senhora orientando o menino sobre como se portar à mesa. Japão, 2006.

A cultura pode, então, ser entendida como um ambiente de ação coletiva do qual fazemos parte ao nascer e onde passamos a interagir, tornando-nos um de seus agentes. Podemos dizer que a cultura é o meio pelo qual as forças sociais se tornam perceptíveis, fazendo-nos tomar consciência de não sermos apenas um indivíduo, mas também o membro de um grupo que age e pensa de modo recíproco, inteligível e convergente.

A cultura não é um conjunto de determinações rígido e acabado; ao contrário, ela integra de maneira dinâmica os padrões das ações e reações humanas.

2. Os sentidos da palavra cultura

A palavra cultura veio do latim e, originalmente, designava ao mesmo tempo cerimônia religiosa de homenagem a uma divindade e cultivo da terra. Essa síntese é compreensível se pensarmos que, nas religiões antigas, a agricultura compreendia não só atividades de plantio ligadas à terra como também uma série de ações de cunho religioso, com as quais se pretendia garantir o auxílio e os favores dos deuses para uma boa colheita.

Com o tempo, porém, a cultura passou a ser entendida não só como o resultado do plantio, mas também, de forma metafórica, como aquilo que se obtém com esforço, cuidado e determinação. Cultivar passou a significar o aperfeiçoamento em relação a uma dada ação. Foi durante a Ilustração, na Europa, entre os séculos XVII e XVIII, que a palavra começou a significar "o cultivo abstrato de ideias". Assim, o termo cultura popularizou-se como o conjunto de princípios, conhecimentos e saberes que os homens são capazes de acumular. Mas esse é um sentido popular que acabou se associando ao desejo da burguesia, que tinha acesso à educação formal, de sobressair ao resto da população, que era analfabeto e iletrado em sua maioria.

> "O termo 'cultura' no sentido figurado começa a se impor no século XVIII. Ele faz sua entrada com este sentido no *Dicionário da Academia Francesa* (edição de 1718) e é então quase sempre seguido de um complemento: fala-se de 'cultura das artes', da 'cultura das letras', da 'cultura das ciências', como se fosse preciso que a coisa cultivada estivesse explicada."
>
> CUCHE, Denys. *A noção de cultura nas ciências sociais*. Bauru: Edusc, 1999. p. 20.

Entre os séculos XVII e XIX, a burguesia ascendeu como classe social, e surgiu a maior parte das nações modernas na Europa. Esse esforço realizado para a formação das nações não dependeu apenas de medidas políticas e econômicas, mas também de certa unificação de ideias e sentimentos em relação ao território que então se tornava comum às pessoas que nele viviam. Uma série de medidas – como a criação de museus, a valorização da história nacional, a valorização das tradições populares e dos costumes rurais – foi estimulada para que esse sentimento de pertencimento a uma nação, que chamamos nacionalismo, se desenvolvesse entre as pessoas. Esses traços distintivos dos povos passaram a ser designados como cultura. Cultura, desse modo, veio a designar um conjunto de tradições e hábitos para os quais os homens de uma nação se voltavam e com os quais se identificavam. Assim se fortalecia a ideia da cultura nacional (figura 3).

REPRODUÇÃO – MUSEU NACIONAL DE BELAS ARTES, RIO DE JANEIRO

Figura 3 • *Iracema*, pintura de José Maria de Medeiros,1884. Durante o romantismo no Brasil, numa tentativa de construção da identidade cultural do país, o índio foi representado como herói nacional.

Figura 4 • Pintura *A coroação de Napoleão e Josefina*, de Jacques-Louis David, 1805-1808. Com o império e a ascensão da burguesia aos estratos mais altos da sociedade, a cultura foi valorizada como elemento determinante de *status* social. Cultura confundiu-se com poder e civilização.

Esse período histórico foi também de grande expansão da Europa pelos continentes da África e da Ásia, numa acirrada disputa colonial que colocava os europeus diante de civilizações muito diferentes. O choque em torno de ideias, hábitos e costumes acabou transformando o estudo da cultura em um dos elementos mais importantes das ciências sociais, cabendo à antropologia a função de explicá-la. Cada vez mais se consolidava o conceito de cultura como um conjunto de tradições, valores, crenças e ritos que distinguem um povo de outro, seja ele composto dos habitantes de uma tribo, de uma aldeia ou de um país europeu (figura 4). É importante salientarmos que os estudos da cultura passaram a identificar, por um lado, homogeneidades internas a um grupo social e, por outro, as diferenças entre duas coletividades em espaços e tempos próprios.

3. O conceito de civilização

Norbert Elias, importante sociólogo da atualidade, foi um dos estudiosos da cultura. Em seu livro *O processo civilizador*, busca explicar os conceitos de cultura e de civilização, enfatizando o distanciamento progressivo do homem em relação ao comportamento geral e instintivo, que seria comum à espécie humana. Ele admite, no entanto, que tais conceitos são históricos, relativos e abrangentes.

Para o autor, o conceito de civilização diz respeito a um conjunto quase ilimitado de atitudes e comportamentos que vão de aspectos superficiais, como a reverência que acompanha um cumprimento, a disposições mais profundas que envolvem o gosto estético, a ética, os sentimentos e a autoimagem. Esse conjunto complexo de regras e preceitos compõe um modo de ser que está relacionado à posição social elevada de que desfrutam certos estratos sociais, como a corte europeia na época das monarquias absolutistas.

Com a formação e solidificação republicana dos Estados nacionais, essas formas de comportamento, consideradas civilizadas ou refinadas e virtuosas, passaram a caracterizar as nações e os povos que nelas habitavam. Assim, se o requinte e a inteligência faziam parte da autoimagem da corte francesa, depois da Revolução Francesa essas características passaram a destacar o espírito francês como um todo. O conceito de civilização, portanto, diz respeito a formas de distinção social adquiridas no convívio de um grupo seleto e privilegiado, em termos nacionais ou internacionais.

4. O conceito científico de cultura na antropologia

Embora filósofos, sociólogos e historiadores tenham se dedicado ao estudo da cultura humana, foi na antropologia que o conceito de cultura adquiriu cientificidade, tendo se tornado ferramenta essencial para o estudo das sociedades não europeias.

Na segunda metade do século XX, com a globalização e as modificações profundas do pós-guerra, como a descolonização da África e a Guerra Fria, a emergência dos problemas interculturais da atualidade fez com que a cultura se tornasse objeto privilegiado do estudo de sociólogos, historiadores, cientistas políticos e da comunicação. Vamos então acompanhar o desenvolvimento desse estudo até os dias atuais.

A cultura para Edward Tylor e Franz Boas

O primeiro autor a formular um conceito de cultura foi Edward Burnett Tylor, que a definiu como o conjunto composto de conhecimento, crenças, arte, moral, costumes e direito, adquirido pelo homem na vida em sociedade. Racionalista e evolucionista, Tylor teve suas ideias influenciadas pela crença no progresso do ser humano e de que todas as sociedades se desenvolvem segundo lei semelhante àquela que Charles Darwin concebeu para explicar a seleção natural das espécies biológicas – a sobrevivência dos mais aptos. Aplicando essa teoria à análise das diferentes sociedades e culturas, procurou mostrar que todas elas têm um passado comum e um processo histórico progressivo e necessário, que as leva de um estágio selvagem ao caminho da civilização.

Tylor classificou essas culturas como primitivas ou avançadas, conceitos que poderiam ser aplicados às diferentes sociedades de acordo com um rigoroso método comparativo, que estudava diversas variáveis, como a religião (figura 5). Acreditava também que havia uma "unidade psíquica do gênero humano" perceptível nas mais diferentes manifestações culturais, atestando a racionalidade mesmo em culturas primitivas. Dessa forma, procurava combater o preconceito vigente, segundo o qual os povos não europeus teriam um tipo de subjetividade e capacidade mental diferentes e, para muitos, seriam menos desenvolvidos do que os ocidentais europeus.

Foi muito importante para o desenvolvimento das ciências sociais, em geral, e da antropologia, em particular, a concepção de Tylor de cultura como um conjunto de traços comportamentais e psicológicos adquiridos e não herdados biologicamente, como era comum se acreditar na época. Fundamentava-se o princípio de que a bagagem cultural de uma sociedade era transmitida por aprendizado, podendo ser difundida, de um grupo para outro, independentemente das diferenças biológicas entre seus membros.

Franz Boas acrescentou importantes elementos ao conceito de cultura e às teorias que explicavam as diferenças culturais. Ele recusou o evolucionismo e lançou as bases da antropologia moderna ao pensar cada sociedade como um sistema integrado, resultante de um processo histórico peculiar. Em seu trabalho, procurou mostrar que a cultura existe independentemente de traços biológicos e físicos, combatendo preconceitos ainda presentes nas ciências sociais na época. Ao contrário de Tylor, Boas se recusou a comparar culturas diferentes como parte de um mesmo processo histórico. Ele propôs uma análise da cultura humana em sua múltipla diversidade e não como um objeto único. Renunciou também à ideia de um padrão único de racionalidade humana, assim como aos princípios evolucionistas comuns entre os pensadores dessa época.

Para analisar essa pluralidade de culturas, Boas desenvolveu o método indutivo na pesquisa de campo, que consiste na análise pormenorizada e individualizada de cada sociedade, permitindo ao pesquisador, pela acumulação de dados, elaborar explicações mais gerais. Tal metodologia rejeitava análises generalistas que procuravam dar conta de uma realidade que se mostrava múltipla e diversificada.

Edward Burnett Tylor (1832-1917)

Etnólogo evolucionista inglês, cuja principal obra foi *Primitive culture* (Cultura primitiva), publicada em 1871. Tylor foi sensível às questões das diferenças culturais, embora acreditasse que, ao lado dessas distinções, existisse uma natureza humana universal. Foi professor e pesquisador na Universidade de Oxford.

Franz Boas (1858-1942)

Antropólogo norte-americano de origem alemã, cursou física, matemática e geografia, até se interessar pela antropologia. Em 1887, emigrou para os Estados Unidos. Entre suas principais obras, destacam-se *The mind of primitive man* (A mente do homem primitivo) e *Race, language and culture* (Raça, linguagem e cultura). Influenciou uma geração de autores, entre eles o sociólogo Gilberto Freyre, que em seu livro *Casa-grande & senzala* admite ter seguido suas ideias.

LIBA TAYLOR/CORBIS/LATINSTOCK

Figura 5 • Jovens Tsemai executando dança típica em Luca, na Etiópia, 2009. Até o século XIX, as sociedades não europeias eram consideradas "primitivas".

5. As contribuições da teoria funcionalista: Malinowski e Radcliffe-Brown

No início do século XX, surgiu uma escola antropológica que sucedeu ao evolucionismo: o **funcionalismo** – respondendo em parte às críticas que a ele se faziam por seu eurocentrismo e etnocentrismo.

De acordo com a escola funcionalista, cada sociedade deve ser estudada como uma totalidade integrada e constituída de partes interdependentes e complementares, cuja função é satisfazer necessidades essenciais de seus integrantes. Em seu livro *Uma teoria científica da cultura*, Bronislaw K. Malinowski, principal sistematizador do funcionalismo, definiu o conceito de **função** como a resposta da cultura às necessidades básicas do homem, como alimentação, defesa e habitação.

Envolvendo o aspecto mais simples e básico do comportamento humano, a função pode ser definida como a satisfação de um impulso orgânico pelo ato adequado. Dado, entretanto, que as necessidades da espécie humana não se resumem a questões biológicas, a função social de determinados costumes e instituições deve responder às necessidades sociais do grupo. A função das relações conjugais e da paternidade, por exemplo, é obviamente o processo de reprodução culturalmente definido (figura 6).

Malinowski (1884-1942)

Bronislaw Kasper Malinowski nasceu na Polônia e teve, inicialmente, formação em ciências exatas. Continuou seus estudos na Alemanha e depois na Inglaterra, onde se tornou antropólogo e professor. Entre 1914 e 1918, desenvolveu seu grande estudo de campo entre os habitantes das Ilhas Trobriand, próximas à Nova Guiné. Obras suas, referentes ao enorme material trobriandês, são: *Argonautas do Pacífico Ocidental* (1922), *Crime e costume na sociedade selvagem* (1926), *Sexo e repressão na sociedade selvagem* (1927), *A vida sexual dos selvagens* (1929), *Magia, ciência e religião* (1948) e *Uma teoria científica da cultura* (1961).

Função e funcionalismo

A função de um costume ou hábito numa dada sociedade pode ser entendida como sua contribuição para o todo social, pensado como um conjunto integrado de partes. Malinowski definiu função de um fato ou traço social como a resposta de uma cultura a uma necessidade básica do homem.

Já o funcionalismo é uma escola desenvolvida nas ciências sociais, tendo por modelo as ciências naturais e biológicas. Transposto para o estudo das sociedades, esse princípio pretendia entender a função das instituições, das crenças e da cultura na manutenção, no equilíbrio e na conservação da sociedade.

LÉO CALDAS/TITULAR IMAGENS

Figura 6 • Família rural em Alto do Moura. Caruaru, Pernambuco, 2011.

Se essa sociedade aparece ao pesquisador como desordenada ou desintegrada, isso se deve somente a seu desconhecimento em relação a ela, que apenas será superado após um longo processo de investigação em que o antropólogo deixará seu gabinete de trabalho para conviver com o grupo estudado. É a chamada *observação participante*, também sistematizada por Malinowski. Esse método de pesquisa revolucionou os estudos antropológicos ao substituir a análise de informações superficiais e questionários inadequados pelo estudo sistemático das sociedades. O investigador, inserido na cultura, desvenda seus significados, guiado por suas informações e não por teorias externas à realidade estudada.

Com base no trabalho de campo, Malinowski foi o primeiro a organizar e a sintetizar uma visão integrada e totalizante do modo de vida de um povo não europeu. Graças a seu conhecimento da língua nativa – condição que ele considerava essencial para esse trabalho – e a uma observação intensa e sistemática, conseguiu reconstituir os principais aspectos da vida trobriandesa (figura 7), fossem as grandes cerimônias, fossem os singelos aspectos do dia a dia.

Segundo Malinowski, a tarefa do antropólogo se inicia com a observação de cada detalhe da vida social, mesmo aqueles aparentemente sem importância e incoerentes, tentando descobrir seus significados e inter-relações. A etapa seguinte é um esforço de seleção daquilo que é mais importante e significativo para o entendimento da organização do todo integrado. Finalmente, o antropólogo deverá construir uma síntese na qual se revele o quadro das grandes instituições sociais – conceito essencial do funcionalismo referente a núcleos ordenados da sociedade que compreendem um código, um grupo humano organizado, normas, valores e uma infraestrutura material e física.

Outro funcionalista importante foi o inglês Alfred R. Radcliffe-Brown, que, influenciado pelas teorias e pelo método de Émile Durkheim, procurou adaptá-los ao estudo das sociedades não europeias. Como Malinowski, considerava essas sociedades como totalidades integradas de instituições que têm por função satisfazer necessidades básicas de alimentação, segurança, abrigo e manutenção da vida social.

Radcliffe-Brown (1881-1955)

Alfred Reginald Radcliffe-Brown, inglês iniciou seus estudos em ciências médicas. Mais tarde, em Cambridge, estudou economia e psicologia experimental. Sua primeira pesquisa de campo foi entre os nativos das Ilhas Andaman, no golfo de Bengala, a sudoeste da Birmânia (atual Mianmar). Esteve na Universidade de São Paulo (USP) como professor visitante. Entre suas obras destacam-se: *Sistemas políticos africanos de parentesco e casamento* (1950) e *Estrutura e função na sociedade primitiva* (1952).

COLEÇÃO PARTICULAR

Figura 7 • Bronislaw Malinowski com os nativos das Ilhas Trobrian, próximas a Nova Guiné. 1918.

Os evolucionistas e os funcionalistas iniciaram o estudo científico da cultura, que passou a ser um objeto privilegiado de pesquisa empírica.

Podemos dizer que os evolucionistas e os funcionalistas iniciaram o estudo científico da cultura, que passou a ser um objeto privilegiado de pesquisa empírica. No esforço teórico por comparar diferentes povos, começaram a combater preconceitos e estereótipos, com os quais o senso comum julgava as diferenças culturais. Mesmo referendando a superioridade europeia, esses antropólogos ajudaram a legitimar hábitos, costumes e valores diferentes dos da Europa. Nessa tarefa criaram conceitos que foram, depois, amplamente utilizados pela sociologia, como função social e sistema social.

As contribuições do funcionalismo ao desenvolvimento da antropologia foram inquestionáveis. Esses antropólogos foram os primeiros a dar as costas à Europa e ao evolucionismo para estudar o mundo não europeu como uma realidade de igual qualidade e capaz de ser entendida em si mesma. Foram eles que desenvolveram um método científico eficiente – e ao mesmo tempo responsável – de estudo das diferentes culturas, respeitando suas especificidades. Apesar disso, muitos deles foram acusados de conivência com a política colonial europeia e com as elites brancas, que se estabeleceram em países africanos e asiáticos colonizados. Nessa atitude de contemporização, deixaram de enfocar em seus estudos os abusos praticados pelas metrópoles em suas colônias e o desrespeito à diversidade étnica e cultural dos povos colonizados.

6. Padrões culturais, cooperação, competição e diversidade

Considerado por muitos como funcionalista e, por outros, como culturalista, outro autor que se dedicou ao estudo da cultura em sociedades tribais e complexas foi Ralph Linton. Procurando entender o esforço da sociedade em manter a integração de seus membros em torno de determinados princípios de vida coletiva, focou suas pesquisas no conceito de padrão cultural (figura 8).

SUPERSTOCK / KEYSTONE

Figura 8 • Os hábitos de um povo formam o seu padrão cultural. No Brasil, a sociabilidade é um importante aspecto da vida social. Brasil, 2000.

ANDERSON BARBOSA/FUTURA PRESS

Figura 9 • Integrantes do movimento *punk* realizam um protesto contra vários tipos de preconceitos no centro de São Paulo em 2008.

> "O fato de a maioria dos membros da sociedade reagir a uma dada situação de determinada forma capacita qualquer um a prever o comportamento com um alto grau de probabilidade, se bem que jamais com absoluta certeza. Essa previsão é um pré-requisito em todo tipo de vida social organizada. [...] A existência de padrões culturais é necessária tanto para o funcionamento de qualquer sociedade como para sua conservação."
>
> LINTON, Ralph. O indivíduo, a cultura e a sociedade. In: CARDOSO, Fernando Henrique; IANNI, Octávio (Orgs.). *Homem e sociedade*. São Paulo: Nacional, 1968. p. 99.

Ralph Linton defende que, em seu conjunto, a sociedade representa um sistema organizado de padrões culturais que regem a reciprocidade entre as pessoas. A complexidade da cultura exige que os indivíduos sejam introduzidos na vida social, passando por constantes processos de aprendizado. Essa socialização do indivíduo faz do homem um permanente aprendiz: estamos continuamente atualizando nossos padrões e acompanhando as transformações culturais.

Se Linton preferia, contudo, pensar a sociedade como um todo integrado, que possui recursos para manter sua homogeneidade em torno de certos padrões, outros autores procuraram estudar a cultura em seu dinamismo e capacidade de transformação. Esse dinamismo da cultura se deve tanto às transformações históricas que fazem emergir novas necessidades sociais quanto aos conflitos e contradições interiores da cultura que acabam por interferir naquilo que, em certo momento, domina uma sociedade.

Deve-se pensar a cultura, portanto, como um conjunto não homogêneo e, muitas vezes, não harmonioso de tendências que conflitam e disputam espaço na sociedade. Assim, por mais que certos padrões culturais vigentes gozem de certa preferência, há no interior da sociedade forças conflitantes e antagônicas (figura 9) que expressam essa dissidência, embora inúmeros recursos sejam usados no sentido de garantir a integração da sociedade.

Atividades

Compreensão do texto

1. Como se pode resumir simplificadamente o conceito de cultura humana?
2. Por que a sociologia se interessa pelo estudo da cultura?
3. Como recebemos a cultura de nosso grupo social?
4. Como os estudos de Tylor contribuíram para a compreensão da cultura?
5. Por que se diz que Franz Boas criou as bases da antropologia moderna?
6. Como Malinowski definiu o conceito de função?
7. Como a escola funcionalista contribuiu para os estudos sobre cultura?
8. Qual é o conceito de padrão cultural desenvolvido por Ralph Linton?

Interpretação e problematização

9. Complete a tabela com os significados da palavra cultura na antropologia.

AUTOR OU ESCOLA	SIGNIFICADO

10. Ainda hoje as ex-colônias estudadas pelos primeiros antropólogos no século XIX aparecem no imaginário ocidental por seu exotismo. É o que ocorre, por exemplo, com as mulheres-girafas, na Tailândia.

Tailândia oferece surpresas para quem já viu tudo

"Ma Nam, 41 anos, é a estrela da aldeia Mae Hong Jong, na fronteira da Tailândia com Mianmar: ela ostenta nada menos do que 25 anéis no longo pescoço. Sinal de beleza, marca das mulheres *karen long neck*, também conhecidas como mulheres-girafas. Da colorida e delicada arquitetura aos exóticos temperos e perfumes, o país oferece aos visitantes atração para todos os sentidos, no suave clima produzido pelo budismo. Para quem imagina já ter visto de tudo."

O Estado de S. Paulo, São Paulo, mar. 1996. Caderno Turismo.

JAN BUTCHOFSKY-HOUSER/CORBIS/LATINSTOCK

De que maneira o choque em torno de hábitos e costumes de civilizações muito diferentes das ocidentais transformou o conceito de cultura?

Aplicação de conceitos

11. Cinema

Xingu, terra ameaçada, de Washington Novaes. Brasil, 2008, 105 min.

O documentário revela o cotidiano de tribos que vivem no Parque Nacional do Xingu, num autêntico trabalho antropológico. Mostra, em comparação com a obra do mesmo diretor, *Xingu, a terra mágica*, as perigosas transformações sofridas e a invasão de costumes ocidentais.

► Discuta em sala de aula o significado do encontro de duas culturas distintas, levantando o que pode ou não haver de positivo nele. Depois de analisar as situações mostradas no documentário, estenda o debate para as culturas norte-americana e brasileira no contexto da globalização.

Leitura visual

12. Observe estas duas imagens e responda às questões.

CIETE SILVÉRIO/FOLHAPRESS

Feijoada à brasileira, servida em restaurante paulistano, 2004.

HTTP://PUBLICARPARAPARTILHAR.BLOGSPOT.COM/

Feijoada transmontana, prato típico português, Portugal, 2008.

a) Analise as imagens desses dois pratos típicos. Procure determinar os ingredientes e os acompanhamentos de um e de outro prato. Compare os ingredientes e faça uma lista do que é comum e do que é diferente. Para ajudar, pesquise as duas receitas na internet.

b) Os pratos típicos não constituem o padrão cultural de um país. Contudo, estão associados a eles. Cite dois padrões culturais associados à alimentação.

Questões de vestibular e do Enem

13. (UEL-PR)

> "Socialização significa o processo pelo qual um indivíduo se torna um membro ativo da sociedade em que nasceu, isto é, comporta-se de acordo com seus *folkways e mores* [...]. Há pouca dúvida de que a sociedade, por suas exigências sobre os indivíduos determina, em grande parte, o tipo de personalidade que predominará. Naturalmente, numa sociedade complexa como a nossa, com extrema heterogeneidade de padrões, haverá consideráveis variações. Seria, portanto, exagerado dizer que a cultura produz uma personalidade totalmente estereotipada. A sociedade proporciona, antes, os limites dentro dos quais a personalidade se desenvolverá."
>
> KOENIG, S. *Elementos de sociologia*. Rio de Janeiro: Zahar, 1967. p. 70-75.

Com base no texto e nos conhecimentos sobre o tema, é correto afirmar que:

a) existe uma interação entre a cultura e a personalidade, o que faz com que as individualidades sejam influenciadas de diferentes modos e graus pelo ambiente social.

b) apesar de os indivíduos se diferenciarem desde o nascimento por dotes físicos e mentais, desenvolvem personalidades praticamente idênticas por conta da influência da sociedade em que vivem.

c) a sociedade impõe, por suas exigências, aprovações e desaprovações, o tipo de personalidade que o indivíduo terá.

d) o indivíduo já nasce com uma personalidade que dificilmente mudará por influência da sociedade ou do meio ambiente.

e) são as tendências hereditárias e não a sociedade que determinam a personalidade do indivíduo.

CAPÍTULO 15

Estudos da cultura

1. Antropologia no século XX

Durante o século XIX, quando a Europa entrou em contato definitivo com sociedades completamente diferentes, as teorias evolucionistas eram predominantes nas análises das ciências humanas e, por sua influência, a diversidade de culturas era vista como diferença de estágios de um mesmo processo civilizatório.

Na passagem do século XIX para o XX, ocorreram várias modificações sociais, políticas e culturais. Por um lado, diversas ciências humanas – como a psicologia, a psicanálise e a linguística – desenvolveram-se, tendo por princípio a ideia de uma natureza humana universal que se manifesta em diferentes lugares e sociedades. Por outro, a Europa entrou em crise, e os países europeus passaram a disputar territórios e hegemonia política dentro e fora do continente, colocando em risco a sobrevivência dos países envolvidos (figuras 1 e 2).

A partilha da África

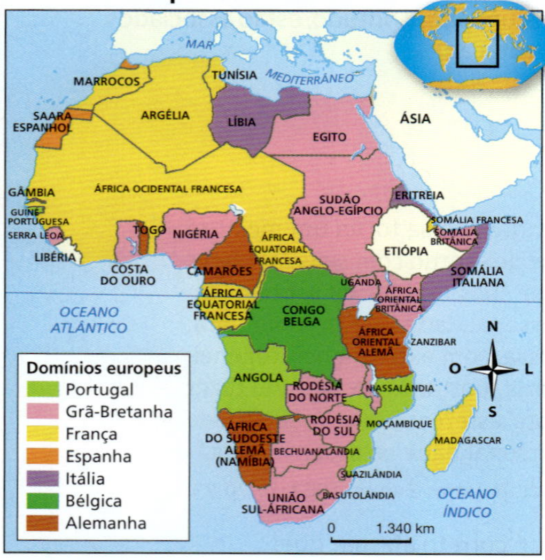

Fonte: HERNANDEZ, Leila Leite. *A África na sala de aula*: visita à história contemporânea. São Paulo: Selo Negro, 2005. p. 68.

A dominação imperialista na Ásia (início do século XX)

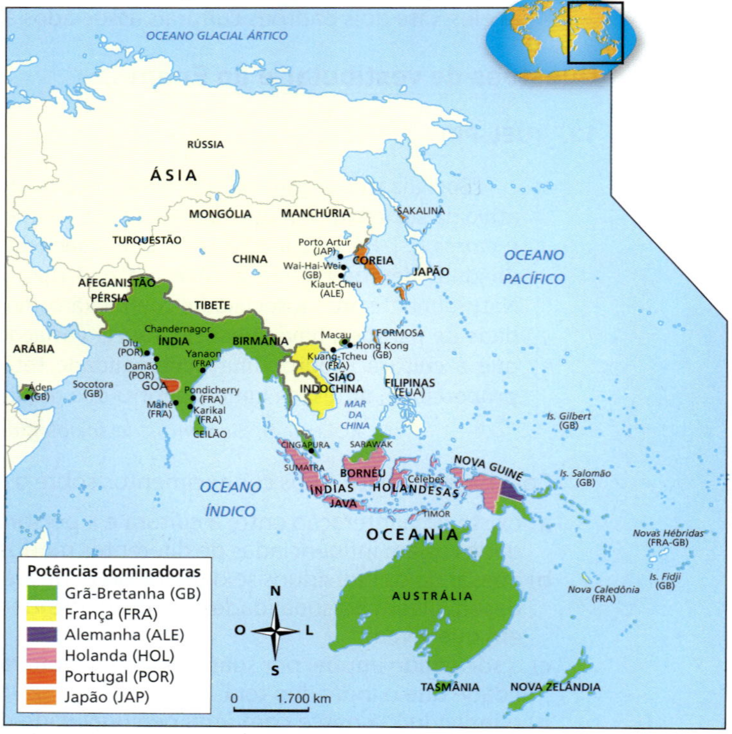

Fonte: PARKER, Geoffrey. *Atlas Verbo de história universal*. Lisboa: Verbo, 1997, p. 113.

Figuras 1 e 2 • A antropologia se desenvolveu impulsionada pelo contato do europeu com diferentes continentes e culturas.

Essas duas tendências – uma que colocava em dúvida a superioridade europeia e outra que atribuía a todas as culturas um correspondente padrão de desenvolvimento social e humano – promoveram uma mudança na teoria da cultura, originando explicações baseadas menos nos elementos visíveis da ação humana e mais em seus aspectos simbólicos, linguísticos e cognitivos.

Teorias desenvolvidas por Sigmund Freud (figura 3) atribuíam a todos os seres humanos uma psique e uma subjetividade, analisando mitos e tabus presentes nas mais diferentes culturas. Estudos como o de Ferdinand de Saussure (figura 4), na linguística, mostravam que a linguagem humana, em qualquer tempo e lugar, baseava-se em um mesmo conjunto de princípios sistêmicos, fosse ela oral ou escrita, gestual ou resultado de expressão corporal. Dessa forma, reconhecia-se como da mesma importância e complexidade tanto a produção simbólica de povos tribais quanto de industrializados. As análises de Karl Marx, por seu lado, mostravam as contradições intrínsecas do capitalismo e demonstravam que a história do homem havia apenas alterado formas de exploração humana. Todas essas teorias, que passaram a predominar no pensamento científico do século XX, obrigavam os cientistas sociais a rever seus princípios e suas análises da cultura. Como resposta, surgiram teorias que levavam em conta essas propostas inovadoras, revendo os princípios comparativos das relações interculturais.

As transformações, no entanto, não foram apenas no campo científico, mas também no plano político. Em virtude das duas guerras mundiais e da perda da hegemonia europeia no mundo, iniciou-se o processo de descolonização na África e na Ásia. As lutas pela independência levaram as antigas colônias a adotar novo estatuto e a pensar sobre si próprias. Começaram a surgir nesses países independentes universidades e estudos consistentes de ciências sociais. Desenvolveu-se o autoconhecimento. Era a independência científica que se processava.

As escolas antropológicas surgidas no século XX apresentavam novas abordagens da cultura, baseadas menos na observação empírica, na cultura material e na comparação evolucionista e mais no **relativismo cultural**, na interpretação simbólica e na análise da subjetividade humana.

As escolas antropológicas surgidas no século XX apresentavam novas abordagens da cultura, baseadas principalmente no relativismo cultural, na interpretação simbólica e na análise da subjetividade humana.

Relativismo cultural. Pressuposto ideológico e político-social que se baseia na ideia de que as diversas culturas não podem ser comparadas entre si, segundo critérios de superioridade étnica, racial e tecnológica.

PHOTORESEARCHERS/LATINSTOCK

KEYSTONE/GETTY IMAGES

Figuras 3 e **4** • À esquerda, o fundador da psicanálise, Sigmund Freud, 1927. À direita, o criador da linguística, Ferdinand de Saussure. Fotos de c. 1900. Teorias inovadoras, como a psicanálise e a linguística no início do século XX, fizeram o termo cultura deixar de significar apenas as diferenças entre povos europeus e não europeus para passar a representar as várias formas de interpretar o mundo concebidas pelos seres humanos.

2. Estruturalismo: uma nova abordagem antropológica

Uma das correntes da antropologia a trazer importantes contribuições ao estudo da cultura foi o **estruturalismo**, que teve como um dos principais nomes o de Claude Lévi-Strauss (figura 5). Lévi-Strauss propôs um novo método de investigação e interpretação antropológica da cultura.

O estruturalismo desenvolveu-se em diferentes ciências humanas com base em algumas ideias apresentadas no *Curso de linguística geral*, de Ferdinand de Saussure, e teve especial aceitação na década de 1960. Além de um princípio teórico, tratava-se de uma postura metodológica que visava explicar as diferentes realidades empíricas por modelos teóricos capazes de dar conta das variedades nas quais determinados fenômenos se apresentam ao cientista.

Por meio do emprego de análises qualitativas e quantitativas, os cientistas dessa corrente tentavam mostrar que as relações de parentesco, as formulações linguísticas, os tabus e os mitos poderiam ser interpretados por matrizes teóricas associadas entre si. A ideia de que todas as sociedades são traduzíveis nessas mesmas estruturas e de que elas podem ser comparáveis está na base do que ficou conhecido como análise estrutural. Assim como a língua se apresenta como uma estrutura formada de elementos gramaticais e fonéticos, a vida social se mostra como uma combinação de elementos, relações e instituições.

Convergente com essa tendência, Lévi-Strauss propôs estudar as diferentes sociedades como formas particulares de combinação de elementos para solucionar problemas universais. As diferentes regras de parentesco, observáveis em todas as sociedades, seriam formulações particulares para resolver questões universais, como a distribuição das mulheres entre os homens disponíveis, a garantia do casamento exogâmico (entre cônjuges que não pertencem ao mesmo grupo, família ou clã) e o estabelecimento de formas de sucessão e hereditariedade. Essas regras que definem os casamentos e as relações de parentesco – interdições, obrigações, contratos – recaem também nas demais regras de relacionamento entre famílias e entre sexos, assim como nas formulações linguísticas e nos mitos, que justificam o modo de ser de determinada cultura.

Podemos dizer que cada cultura representa, metaforicamente, um jogo de cartas em que diferentes sociedades compatibilizam as regras possíveis com as cartas recebidas, as táticas aprendidas e as jogadas dos demais jogadores. Aprender essas regras e as escolhas feitas e explicar historicamente as jogadas são a função do cientista social, cuja análise resulta no desvendar das estruturas sociais, de parentes, linguagem e produção.

Claude Lévi-Strauss (1908-2009)

JOEL ROBINE/AFP/GETTY IMAGES

Figura 5 • O antropólogo belga Claude Lévi-Strauss em seu escritório no Collège de France, Paris, 2001.

De origem belga, desenvolveu sua carreira acadêmica na França, país com o qual se identificou plenamente. Entre 1934 e 1937, lecionou na Universidade de São Paulo. No Brasil, publicou seu primeiro trabalho de caráter antropológico, a respeito dos índios bororo. De sua vasta produção intelectual, destacam-se *Tristes trópicos* (1955), *As estruturas elementares do parentesco* (1949 e 1968), *Antropologia estrutural* (1958), *O pensamento selvagem* (1962) e *Mitológicas* (1964 a 1973).

Estruturalismo

Movimento complexo de ideias que se desenvolveu predominantemente nas ciências sociais e que buscou entender a realidade como um conjunto sistêmico de partes integradas e interdependentes que caracterizam diferentes configurações sociais. De maneira geral, os autores estruturalistas procuraram desvendar as relações sociais e os sistemas de expressão simbólica de determinado grupo.

Lévi-Strauss delimitou um conceito de estrutura que tem um valor heurístico, ou seja, é capaz de desvendar os mecanismos da vida social para o investigador. Para ele, a estrutura é uma elaboração teórica construída a partir dos dados empíricos obtidos da análise da sociedade. Para Lévi-Strauss, esse conceito corresponde à estrutura de um edifício que, mesmo estando oculta, organiza, distribui, relaciona e sustenta todos os elementos observáveis dessa construção – os andares, as unidades habitacionais, as entradas, as saídas e os corredores (figura 6).

Do mesmo modo, é a estrutura social que organiza, conecta e relaciona as diversas instâncias, estabelecendo as múltiplas relações entre os elementos, os grupos e as instituições. A construção desses conjuntos de teorias se dá pela análise dos dados empíricos e do entendimento de seus significados. Os elementos constitutivos da estrutura se organizam sob a forma de um *sistema*, isto é, são elementos interdependentes e que estão em inter-relação. Qualquer modificação em uma das partes tem por consequência a mudança em cadeia de todas as outras.

Os estruturalistas aceitavam a existência de diferentes tipos de sociedade: os mais simples, ou tradicionais, e os complexos, ou modernos. Distinguiram essas sociedades também como capitalistas e não capitalistas, mas afirmavam que essa diferença só poderia ser explicada pela própria história e pela relação que cada sociedade mantém com os meios natural e social. Os estruturalistas não propunham nenhuma lei ou princípio explicativo que regulasse a passagem de uma estrutura mais simples para outra mais complexa.

DELFIM MARTINS/PULSAR IMAGES

Figura 6 • Edifícios do Centro Empresarial Nações Unidas (CENU), na Marginal Pinheiros, em São Paulo, 2006. Em sentido figurado, a estrutura se assemelha aos elementos não visíveis de sustentação de um edifício, que estabelecem as relações entre as partes que o compõem.

Diacronia e sincronia

Raymond Firth foi um antropólogo estrutural-funcionalista, mas que não seguiu os mesmos passos de Lévi-Strauss. Adotou um conceito de estrutura social diferente e considerava relevante o princípio de mudança na estrutura. Segundo Firth, o fato de a estrutura constituir-se de elementos interdependentes tende a favorecer a transformação social, na medida em que qualquer modificação em um dos seus componentes acarretaria a transformação da estrutura como um todo.

É a estrutura social que organiza, conecta e relaciona as diversas instâncias sociais.

Ao estudar a sociedade Achech, em Sumatra, Firth percebeu que quem decidia o casamento de uma jovem menor era um parente direto da linha paterna, o próprio pai ou o avô. A jovem que não tivesse esses parentes vivos estaria numa situação de anormalidade e contradição, pois as regras sociais impunham que ela se casasse antes da maioridade e ao mesmo tempo a impediam de escolher o noivo por conta própria. Diante desse conflito, a sociedade Achech adota um critério retirado da lei muçulmana, o *walij*, que institui um tutor para decidir sobre o casamento das jovens que não têm pai nem avô. A adoção desse comportamento não previsto pela estrutura Achech introduz mudanças nas relações sociais, na hierarquia e na distribuição de funções.

As pesquisas de Firth, no entanto, não alteraram a tendência dos teóricos estruturalistas de enfatizar os estudos sincrônicos em detrimento dos estudos diacrônicos. Os estudos sincrônicos valorizam mais as análises que buscam explicar os motivos de as sociedades ser o que são e de permanecer o que são, enquanto os estudos diacrônicos analisam as contradições e os processos que levam à mudança.

Heurística. Método que serve para a descoberta ou investigação de fatos por meios próprios.

Sincronia. Estudo dos fatos sociais num dado momento, independentemente da sua evolução histórica.

Diacronia. Descrição de fatos sociais ao longo de sua história, com as mudanças que sofreu. Na antropologia e na sociologia, o termo representa o conjunto dos fenômenos sociais e culturais que ocorrem e se desenvolvem no tempo.

Totemismo. Crença de determinado grupo na existência de uma relação mística de afinidade e parentesco dos membros com o totem (planta, animal, forças naturais ou objeto).

Os estudos estruturalistas deixam duas contribuições relevantes. Os estruturalistas admitem que as sociedades complexas e as sociedades primitivas ou totêmicas podem ser estudadas pelo mesmo método, aceitando uma mesma forma de ser e de se organizar sistemicamente. Pensam a cultura não como evidências, mas como construções teóricas, fruto da pesquisa empírica, assim como de interpretações e diagnósticos. Além disso, esses autores partem do pressuposto de uma logicidade interna às diversas culturas que devem justificá-las.

3. As contribuições dos estudos marxistas

Muitos antropólogos europeus, a serviço de seus países, pensavam as sociedades não europeias como manifestações de um estágio primitivo da humanidade. Assim, justificavam toda forma de intervenção europeia destinada a levar essas sociedades a um pretenso progresso. Daí certas políticas desenvolvimentistas implantadas nessas sociedades, que abalaram suas crenças religiosas e liquidaram suas formas produtivas artesanais ou consideradas tecnologicamente rudimentares (figura 7).

Coube ao marxismo realizar a crítica dessa postura eurocêntrica, trazendo importantes ideias para o estudo da cultura. Pesquisadores marxistas denunciaram o caráter ideológico da própria atividade científica praticada na Europa. Autores como George Balandier abalaram a crença na superioridade da sociedade europeia e da civilização ocidental. Analisando criticamente o capitalismo e expondo suas contradições internas, ajudaram a fortalecer uma postura relativista baseada no princípio das relações de dominação existentes entre metrópoles europeias e suas colônias.

George Léon Émile Balandier (1920-)

Etnólogo e sociólogo francês que participou ativamente do processo de independência das colônias africanas. É o criador da expressão *Terceiro Mundo* para designar os países que sofreram a colonização europeia. Essa expressão remete ao Terceiro Estado, existente na Revolução Francesa.

Figura 7 • Mina de diamantes nos primórdios da mineração. África do Sul, 1890-1899.

THE BRIDGEMAN ART LIBRARY/KEYSTONE – ROYAL GEOGRAPHICAL SOCIETY, LONDRES

O anticolonialismo e o estudo das minorias

Os estudos marxistas da cultura, portanto, voltaram-se para uma análise crítica da própria sociedade europeia, expondo as relações de dominação política, econômica e ideológica que o colonialismo estabelecia entre nações e continentes. Tais estudos expuseram até mesmo os preconceitos que guiaram os cientistas. Dessa forma, propunham uma nova metodologia de trabalho que chamaram de *anticolonialismo*, ou seja, um estudo da cultura que respeita a especificidade e os anseios dos povos não europeus, assim como sua autodeterminação.

A teoria propõe ainda a análise crítica da sociedade estudada, por meio de métodos que não intervenham em seu destino, abdicando de toda pesquisa que sirva para fornecer informações a governos coloniais ou defender interesses econômicos de grupos metropolitanos, apoiando sempre movimentos de independência e autonomia (figura 8). Desse ponto de vista, a modernização só pode ser entendida como a sobrevivência de culturas soberanas e a salvaguarda de sua originalidade. Para atingir esses objetivos, autores como Gerard Léclerc defenderam o pluralismo sociocultural, que correspondia à defesa da agricultura, à valorização da terra e das línguas vernáculas, ao respeito aos limites territoriais e à aceitação das diferenças.

Cientistas marxistas falam no surgimento de uma tendência que seria perceptível especialmente nos Estados Unidos, Inglaterra e França, onde o etnocentrismo vinha sendo substituído por outras posturas igualmente preconceituosas. Para combatê-lo, estimulam o desenvolvimento das ciências sociais nas ex-colônias, visando ao estudo dessas realidades sociais, ao resgate de seu passado, ao reconhecimento de sua especificidade e à descolonização ideológica e científica.

Figura 8 • Homens armados durante a guerra de independência de Moçambique, em 1973.

PATRICK CHAUVEL/SYGMA/CORBIS/LATINSTOCK

Diante de uma realidade múltipla e diversificada, proliferaram estudos sobre o Brasil indígena, as minorias étnicas, a luta do trabalhador no campo, o êxodo rural e as desigualdades de classe.

Propõe-se um anticolonialismo que respeite a pluralidade e a diversidade cultural. As culturas não europeias não podem se ver destinadas ao desaparecimento, e sua língua e seus valores não podem ser pensados como reminiscências do passado, resquícios da Pré-história.

No outro extremo dos estudos marxistas, tem início a dissecação da própria sociedade capitalista de um ponto de vista crítico, a partir do qual começa a se delinear o exame das culturas minoritárias, sejam elas constituídas de ex-escravos, de imigrantes, de refugiados, sejam simplesmente de grupos sociais excluídos dos benefícios do desenvolvimento econômico e político (figura 9). Amplia-se a percepção de que o desenvolvimento, o bem-estar e o estilo de vida de que se orgulham as nações desenvolvidas não são compartilhados pelo conjunto da nação – as diferenças entre o meio urbano e o meio rural e entre as diversas regiões de um país se tornam mais evidentes.

É na esteira dessas preocupações que as ciências sociais se implantaram e se desenvolveram na América Latina e no Brasil. Entre 1930 e 1940, diversos cursos foram instalados nas universidades do país com pesquisas em nível de pós-graduação voltadas principalmente para a análise da realidade brasileira. É importante mencionar que diversos professores estrangeiros estiveram por vários anos no Brasil, especialmente durante a Segunda Guerra Mundial, entre os quais Claude Lévi-Strauss e Roger Bastide, para estimular a formação de pesquisadores e o desenvolvimento de pesquisa autônoma e independente. Diante de uma realidade múltipla e diversificada, proliferaram estudos sobre o Brasil indígena, as minorias étnicas, a luta do trabalhador no campo, o êxodo rural e as desigualdades de classe. Os teóricos marxistas influenciaram grande parte dessa produção.

WERNER RUDHART/KINO

Figura 9 • Sala de aula da comunidade quilombola Monte Alegre. Maranhão, 2008. O estudo da inserção das minorias, do ponto de vista da cidadania, tornou-se fundamental a partir de meados do século XX. A educação é uma das principais formas de inserção social.

4. A cultura como significado

Seja pelo tratamento dado por Lévi-Strauss à cultura – apresentada como um todo sistêmico apreensível por meio da pesquisa e da interpretação lógica de suas manifestações –, seja pela proposta da cultura como construção ideológica de um grupo, os conceitos de cultura formulados no século XX concentram-se essencialmente em aspectos simbólicos e abstratos. Se é verdade que os estudos clássicos já valorizavam aspectos imateriais da cultura, como os valores e as atitudes de determinado grupo social, eles eram apreendidos por manifestações exteriores – tradição oral, observações sistemáticas, registros. O que se apresenta nos estudos contemporâneos é mais do que isso, é a percepção da estreita relação que existe entre o que é visível e o que só é apreensível por processos de interpretação linguística e de análise lógica ou de conteúdo.

Além das teorias estudadas, há a proposta pelo antropólogo americano Clifford Geertz, segundo a qual cultura é um conjunto de significados partilhados por um grupo (figura 10).

O acesso a outra cultura passa pela compreensão do sistema de significados que é atribuído à própria vida social. Os símbolos, como portadores desses significados, passam a ser o principal objeto da análise da cultura quando submetidos a uma análise sistemática. Ele reconhece que os significados dos símbolos, verdadeiros veículos do pensamento, podem ser evasivos, flutuantes e distorcidos e ao mesmo tempo acessíveis ao investigador pelo estudo do conjunto de padrões culturais. São os sentidos que orientam a ação do homem, e eles também devem orientar a pesquisa do estudioso da cultura.

Como metodologia de pesquisa, essa antropologia interpretativa se sustenta na **hermenêutica** e propõe a construção de modelos explicativos criados a partir de formulações **intersubjetivas**, surgidas da colaboração entre o cientista pesquisador e os grupos analisados. Geertz pensava que um dos problemas nos estudos antropológicos até então estava em que o cientista, antes de estudar as outras sociedades, devia conhecer melhor a si mesmo, entendendo os próprios padrões culturais.

Hermenêutica. Teoria ou ciência voltada à interpretação dos signos e de seu valor simbólico.

Intersubjetivo. Que ocorre entre, ou envolve consciências individuais para dois ou mais sujeitos.

ANTONIO SCORZA/AFP

Figura 10 • Para Geertz, dois tipos de conhecimento devem ser buscados: um que descreve as formas simbólicas particulares – rituais, gestuais, jogos etc. – e outro que contextualiza essas formas dentro dos significados sociais dos quais elas são parte. Estádio do Morumbi, na cidade de São Paulo, em novembro de 2007, minutos antes da partida entre as seleções do Brasil e do Uruguai pelas eliminatórias da Copa do Mundo de 2010.

Geertz insistia que a antropologia não era uma ciência experimental em busca de leis, mas uma ciência interpretativa que ia em busca de significados.

O antropólogo, em contato com seu objeto de estudo, deveria abrir mão de sua autoridade científica para se associar à mentalidade daqueles cuja vida deseja compreender.

Geertz não pretendia, entretanto, que seu método se identificasse com a análise literária e perdesse seu caráter científico. Apesar disso, muito de seu trabalho se orientou pela análise do conteúdo do texto ou do discurso e da narratividade. Geertz estimulou diversos autores no estudo dos costumes, das crenças e dos hábitos, na tentativa de construir modelos interpretativos da cultura. E deu continuidade também a muitos estudos que já haviam tentado essa direção interpretativa e motivacional do estudo da cultura, como Max Weber, na Alemanha.

As propostas de Geertz influenciaram historiadores da cultura, que passaram a se dedicar preferencialmente à análise de documentos e das tradições (figura 11). Tentavam desvendar os significados ocultos nos símbolos da comunicação humana, em diferentes suportes (pintura, música, literatura, folclore, cinema, fotos, revistas, jornais), que envolviam fatos que queriam investigar.

Com muito sucesso e impacto entre seus contemporâneos, a teoria de Geertz veio se somar às mudanças que a história e o desenvolvimento das demais ciências traziam ao estudo da vida social e da cultura humana. Geertz insistia que a antropologia não era uma ciência experimental em busca de leis, mas uma ciência interpretativa que ia em busca de significados. Trata-se, como ele mesmo reconhece, de uma ruptura pela qual os cientistas sociais parecem definitivamente desligar-se dos físicos e dos biólogos e abarcar a especificidade e o caráter histórico de seu objeto – o homem.

5. Pós-colonialismo

O antropólogo brasileiro Roberto Cardoso de Oliveira, ao criticar a antropologia interpretativa desenvolvida por Geertz e seus discípulos, fez questão de considerá-la como manifestação pós-moderna, isto é, valorização do símbolo e da linguagem na análise científica da cultura. Com isso, os pressupostos da modernidade, entre eles a objetividade e a razão, estariam sendo substituídos por explicações mais humanistas, individuais e subjetivas. Oliveira explicou que as propostas pós-modernas se afastam dos princípios do racionalismo científico e se aproximam de modelos explicativos menos pretensiosos e mais subjetivos.

O pesquisador indiano Homi Bhabha elegeu o pós-colonialismo como abordagem analítica da cultura contemporânea. Segundo esse cientista, uma tradição clássica foi deixada para trás com a descolonização da Ásia e da África, tradição essa caracterizada pelo comparativismo cultural e pela ideia de que as culturas nacionais são homogêneas, formadas por povos com certa uniformidade étnica. Em lugar desses pressupostos, assiste-se hoje a uma realidade transnacional, multinacional e híbrida do ponto de vista cultural, étnico e político, que abandona qualquer tentativa de homogeneidade. Nesse cenário em transformação e de ruptura, Bhabha mostrou a miscigenação demográfica dos grupos sociais formados por nativos, migrantes, imigrantes, refugiados e outros viajantes. Esse hibridismo criou uma nova realidade que, mesmo sem negar o passado, o transforma e atualiza.

THREE LIONS/GETTY IMAGES

Figura 11 • Briga de galos em Bali, Indonésia, 1955.

Segundo Bhabha, vivemos uma época que dissolve os confrontos binários entre público e privado, centro e periferia, opressor e oprimido, indivíduo e sociedade, exigindo do cientista social uma atitude mais livre e menos polarizada. Do mesmo modo, as relações entre metrópole e colônia devem buscar novo enfoque, pois envolvem relações recíprocas de alteridade, entre as quais encontramos um espaço híbrido que ele chama **entrelugar**. Como Geertz, Bhabha propõe o estudo das formas simbólicas em que essa intertextualidade pode se expressar, quer no campo da ação política, quer no da pesquisa científica. Assim, propondo o estudo da diferença cultural (figura 12), ele pretende reconhecer as manifestações de poder que se estabelecem nas relações interculturais, pois é ela que revela a resistência às forças homogeneizadoras do discurso, da cultura, da sociedade. Propondo, portanto, um estudo pós-colonial da cultura, Bhabha rejeita as fronteiras, os dualismos, as oposições simples entre metrópole e colônia, passado e presente, ação política e ciência. Ele busca a reciprocidade, a negociação e a complementaridade que caracterizam a cultura pensada como uma relação em construção e permanente devir.

Entrelugar. Espaço de troca e de relação entre duas culturas.

6. Estudos culturais

O estudo que propusemos nos dois primeiros capítulos desta unidade mostra o desenvolvimento da antropologia em função das discussões teóricas no interior da própria ciência, assim como decorrente das transformações históricas envolvendo a Europa e suas colônias. No alvorecer da ciência, a Europa era vista como o berço da civilização, e os povos não europeus, como não civilizados. Conhecê-los e aprender a se relacionar com eles era o que se impunha à sociedade europeia e a seus cientistas sociais. Com a independência das colônias, os povos não europeus ganharam cidadania e passaram a ser vistos como tendo o mesmo grau de desenvolvimento humano que os demais povos do mundo, ainda que apresentassem estilos de vida e formas de organização econômica e política diferentes.

DELFIM MARTINS/PULSAR IMAGENS

Figura 12 • Duas mulheres com lenços na cabeça e vestidos que cobrem todo o corpo. A heterogeneidade cultural de uma sociedade pode ser notada pelos hábitos de cada indivíduo, como nessa foto, em que o modo de trajar indica provavelmente um costume da religião islâmica em um país ocidental. França, 2007.

A cultura nos séculos XX e XXI

Com as guerras mundiais, o subsequente declínio da hegemonia europeia no mundo e a globalização econômica e tecnológica, culturas anteriormente díspares passaram a apresentar um estilo de vida muito próximo e convergente (figura 13). Esse processo transformou a antropologia e aproximou-a da sociologia, que, por sua vez, enfrentava os problemas das relações interculturais nas sociedades urbano-industriais. As questões culturais deixaram de ser privilégio dos estudos antropológicos, especialmente nessa época em que as imigrações produzidas pelas guerras mundiais tornavam urgente a solução de conflitos interétnicos e interculturais.

Diversos sociólogos passaram a se dedicar ao estudo da cultura humana, como os pesquisadores das Escolas de Chicago e de Frankfurt. As questões culturais também passaram a interessar os estudiosos dos meios de comunicação, na medida em que a indústria cultural passou a promover a homogeneização dos padrões culturais. Esses estudiosos chegaram a afirmar que a segunda metade do século XX assistia a uma revolução cultural, a qual exigia pesquisa e análise e fazia a cultura adquirir uma nova centralidade nos estudos sociais. Diversos autores começaram a se dedicar a esse estudo, dentre os quais devemos destacar Michel Foucault e Roland Barthes, na França, e Raymond Williams e Richard Hoggart, na Inglaterra, onde foi fundado o Centro de Estudos Culturais Contemporâneos, na Universidade de Birmingham, em 1964. Pesquisas multidisciplinares reunindo sociólogos, linguistas, literatos e filósofos promoveram uma verdadeira "virada cultural", como a chamou Stuart Hall, que reformulou os parâmetros da própria sociologia e da importância dada à produção simbólica no entendimento da sociedade.

Questões ligadas à diversidade e à pluralidade da cultura deram ao conceito maior abrangência, permitindo estudar com mais profundidade as trocas simbólicas e até mesmo a economia que regulamenta a produção da linguagem e o poder do discurso. Essa "virada cultural" implicava rever a herança dos sociólogos clássicos e as relações entre as estruturas econômicas da sociedade e a sua produção simbólica, assim como rever o conceito de cultura, permitindo que ela se referisse a diferentes signos orais, verbais, gestuais, literários, poéticos, eruditos e populares, dominantes ou dominados. Essa proposta era nova para a sociologia na qual, até então, a cultura havia ocupado posição subalterna. Mas era nova também para a antropologia, que até então tinha se recusado a analisar o âmago das culturas urbana e metropolitana, seus conflitos e resistências.

Por outro lado, essa "revolução cultural" dos estudos sociais aliou o estudo da cultura a uma visão política da relação entre povos, propondo soluções para eventuais conflitos através de programas que valorizam a tolerância, a pluralidade e a resistência à dominação.

JUPITERIMAGES/FOODPIX/GETTY IMAGES

Figura 13 • Casal de jovens indianos, trajando *jeans* e camiseta, passeiam em mercado popular na Índia, 2007.

Compreensão do texto

1. Como as teorias evolucionistas analisavam a cultura?
2. Que transformação os estudos sobre cultura enfrentaram no início do século XX?
3. O que é relativismo cultural?
4. O que se entende por análise estrutural?
5. Como Lévi-Strauss propõe estudar as diferentes sociedades?
6. O que é sistema para os estruturalistas?
7. Como os estudos de Marx e seus seguidores ajudaram na formação do relativismo cultural?
8. Qual é a proposta transformadora de Clifford Geertz para o estudo da cultura?
9. Como Homi Bhabha inova os estudos sobre cultura?

Interpretação e problematização

10. Lévi-Strauss, em *Antropologia estrutural*, afirma:

> "Um povo primitivo não é um povo ultrapassado ou atrasado; num ou noutro domínio pode demonstrar um espírito de invenção e realização que deixa muito aquém os êxitos dos civilizados."
>
> LÉVI-STRAUSS, Claude. *Antropologia estrutural.* Rio de Janeiro: Tempo Brasileiro, 1967. p. 122.

Que crítica aos teóricos evolucionistas está contida nesse texto?

11. Leia o texto. Em seguida responda como Lévi-Strauss critica o fato de certas sociedades serem consideradas "sem história".

> "A história desses povos nos é totalmente desconhecida e, devido à ausência ou pobreza de tradições orais e vestígios arqueológicos, nunca será atingida: não poderíamos concluir daí a sua inexistência."
>
> LÉVI-STRAUSS, Claude. *Antropologia estrutural.* Rio de Janeiro: Tempo Brasileiro, 1967. p. 123.

Aplicação de conceitos

12. **Cinema**

Lemon Tree, de Eran Riklis. Israel/Alemanha/França, 2008, 106 min.

O filme mostra as diferenças culturais e os conflitos existentes entre árabes e palestinos a partir da história de uma viúva palestina plantadora de limoeiros que se torna vizinha de uma autoridade israelense.

- Antes de assistir ao filme, faça uma pesquisa, com o seu grupo de trabalho, sobre a história política e cultural dos hebreus e dos árabes desde a Antiguidade até a formação do Estado de Israel moderno. Com a orientação do professor, elabore uma ficha que resuma os aspectos essenciais dessa pesquisa. Assista ao filme identificando os elementos culturais e históricos apresentados e analise como eles influem nas pessoas e são modificados por elas no seu cotidiano. Debata com a sala como se dá a relação entre a cultura e os acontecimentos cotidianos.

Leitura visual

13. Observe as imagens. Em seguida faça o que se pede.

VERONIKA ZAPLETALOVÁ

VERONIKA ZAPLETALOVÁ

VERONIKA ZAPLETALOVÁ

VERONIKA ZAPLETALOVÁ

A diferença e a variedade de influências são uma marca da arquitetura das casas de veraneio na República Tcheca.

A fotógrafa Veronika Zapletalová, da República Tcheca, expôs na 26ª Bienal de São Paulo, em 2004, fotografias de diversas casas de veraneio de seu país. São casas que representam diferentes influências dos donos, além da diferença social entre os que as têm e os que não possuem essas *chaty*, como são chamadas. De que forma esse trabalho mostra o pluralismo cultural de uma nação? Tire fotos de seu bairro ou de sua cidade, procurando expressar essa mesma variedade cultural, e analise sua escolha.

Questões de vestibular e do Enem

14. **(UFC-CE, adaptado)** Leia o texto a seguir e responda à pergunta.

> "A feiticeira e o judeu são ambos uma manifestação de inconformismo social. Os pretextos mudam, mas a perseguição continua. Nos seus períodos de introversão e de intolerância, a sociedade cristã, como todas as sociedades, procura bodes expiatórios e a sociedade se contenta com o que está mais próximo."
>
> GAETA, Franco; VILLANI, Pasquale. *Corso di storia*. Milão: Principato Editore, 1991. (Adaptado)

De que forma as teorias marxistas são úteis para explicar as relações interculturais?

CAPÍTULO 16

Comunidade: a contribuição da sociologia para o estudo da cultura

1. Entre sociologia e antropologia

Sociologia e antropologia são ciências fundadas com diferentes objetivos e metodologias de pesquisa – a primeira voltada para o estudo das sociedades urbano-industriais, por meio de métodos predominantemente históricos e estatísticos; a segunda direcionada ao estudo dos povos e das sociedades não capitalistas, por meio de metodologia qualitativa e etnográfica. Atribuía-se à sociologia uma perspectiva mais universalista, enquanto considerava-se a antropologia destinada a estudos mais particulares e específicos. A distinção entre as duas ciências se tornou mais evidente na formulação das disciplinas acadêmicas, quando seus representantes procuraram destacar suas singularidades.

Mas a separação entre sociologia e antropologia nunca foi absoluta e, desde o século XIX, quando ambas surgiram e se afirmaram como ciências, podemos constatar trocas e influências. Conceitos como o de função social foram utilizados tanto por antropólogos como por sociólogos.

Foram muitos os cientistas que, em suas análises, procuravam desenvolver modelos explicativos gerais que abarcassem tanto as sociedades europeias como as não europeias. As conquistas que obtiveram as duas disciplinas eram disseminadas por todas as ciências sociais – os problemas sociais que se delineavam no estudo das sociedades capitalistas ajudavam os antropólogos a relativizar suas interpretações das sociedades não capitalistas, assim como o desvendar de sociedades tradicionais auxiliava os sociólogos a colocar em dúvida a superioridade da civilização europeia. No século XX, essas duas áreas do saber aproximaram-se ainda mais para estudar esses temas.

A expansão do capitalismo e a grande migração de europeus para o resto do mundo, o desenvolvimento tecnológico e dos meios de comunicação, a globalização e a metropolização promoveram grandes transformações no mundo todo, tornando a vida na Europa e fora dela muito semelhante (figura 1). As duas guerras mundiais provocaram grande prejuízo econômico, social e humano. Os Estados Unidos tomaram o lugar da Europa como potência mundial, trazendo a necessidade de repensar o desenvolvimento social das diversas nações e sociedades.

Outro fator de grande importância para a aproximação entre sociologia e antropologia foi o desenvolvimento do socialismo e dos movimentos sociais revolucionários que emergiram no mundo todo.

ROSA GAUDITANO/STUDIOR

Figura 1 • Índios caiapós usam filmadoras para registrar suas tradições. Pará, 2002. O rápido avanço tecnológico durante o século XX promoveu certa homogeneização entre as culturas.

JAMES LEYNSE/CORBIS/LATINSTOCK

CHRISTIAN HARTMANN/AP PHOTO/IMAGEPLUS

Figuras 2 e **3** • À esquerda, homem dorme em caixa de papelão no distrito de Shinjuku, Tóquio. Japão, 2006. À direita, ônibus queimado em ato de protesto pelo aniversário do assassinato de imigrantes, no norte de Paris. França, 2006. No interior das sociedades consideradas desenvolvidas ou evoluídas também percebemos diferenças sociais muito grandes.

A partir da segunda metade do século XX as diferenças entre as sociedades diminuíam vertiginosamente, tornando cada vez mais difícil pensar em grupos sociais de forma isolada e independente.

As ideias de Karl Marx e a proposta de uma revolução socialista, que resultaria do pleno desenvolvimento das contradições engendradas pelo capitalismo, levaram os cientistas sociais a fixar suas lupas sobre essas contradições existentes dentro e fora da Europa, dentro e fora do capitalismo. Essas análises mostraram que, em primeiro lugar, a sociedade capitalista caracterizava-se por enormes diferenças e desigualdades sociais, que colocavam as classes subalternas europeias em situação ainda mais adversa do que aquela em que viviam povos considerados por muitos autores como primitivos ou selvagens. Em segundo lugar, o estudo do capitalismo e de sua expansão pôs à mostra os processos de dominação que a Europa estabelecia com os demais continentes. A análise crítica dos laços coloniais denunciava a relação perversa estabelecida entre as metrópoles europeias e suas colônias, mostrando a impossibilidade de pensar essas sociedades como estágios diversos de um mesmo processo evolutivo.

Podemos dizer, portanto, que a partir da segunda metade do século XX o processo de globalização capitalista já em curso revelava que as diferenças entre as sociedades diminuíam vertiginosamente, tornando cada vez mais difícil pensar em grupos sociais, até mesmo indígenas, de forma isolada e independente. Portanto, no século XX, não se mantiveram as noções com as quais os cientistas sociais diferenciavam as sociedades europeias e não europeias, a não ser de um ponto de vista geopolítico (figuras 2 e 3).

Para entendermos como as questões da cultura têm interessado a diferentes cientistas sociais, vamos estudar o conceito de comunidade, que passou por vários pesquisadores, de diversas especialidades, modificando seu significado e permitindo resgatar a própria história das transformações sociais e das ideias que as explicam. Por meio das modificações desse conceito na história das ciências sociais, poderemos perceber as mudanças havidas na sociedade como um todo, tornando-a mais complexa e plural. Podemos também perceber as trocas teóricas ocorridas entre sociólogos, antropólogos e demais estudiosos da cultura.

2. Os estudos sobre comunidade

No fim do século XIX, Ferdinand Tönnies formulou dois conceitos básicos de diferenciação social – a comunidade e a sociedade. Segundo Tönnies, comunidades seriam organizações nas quais predominam formas de vida tradicionais, em que a família tem especial importância, assim como os laços de parentesco. As atividades econômicas predominantes são o artesanato e a agricultura. As pessoas se relacionam de modo pessoal, e seu comportamento é amplamente pautado pelos hábitos e tradições, transmitidos para os membros do grupo por meio dos ritos e da religião. Há forte coesão social, com laços muito fortes unindo os indivíduos do grupo.

Já nas sociedades, os membros mantêm relações mais impessoais e superficiais, o comportamento é predominantemente individual e menos cooperativo, o conhecimento é científico e, em vez de as relações buscarem estabelecer laços e satisfazer as necessidades coletivas, procuram alcançar o benefício e as vantagens particulares. Em sociedade, em vez de prevalecerem entre as pessoas os laços de amizade e de sangue, como acontece nas comunidades, elas se reúnem em torno de contratos regidos por regras que estabelecem direitos e deveres de uns para com os outros. Nas sociedades, o comércio e a indústria são as principais atividades econômicas.

Tönnies foi bastante criticado por esse modelo dualista, e seus críticos sustentaram que a vida social possui muitas outras formas de organização, para as quais esse modelo simplificado não é adequado. Atribui-se a ele também uma visão otimista e indulgente, segundo a qual é nas comunidades tradicionais que se verificam as relações sociais mais saudáveis (figura 4).

É importante perceber que, nessa perspectiva dada por Tönnies, a comunidade não representa uma organização social primitiva, mas apenas outro tipo de sociabilidade e coesão entre as pessoas. A comunidade também não representa um momento histórico anterior e que precede a sociedade, mas é um tipo de relação social que se perpetua pela ação de fatores diferentes daqueles existentes na sociedade. Nas comunidades, sobressaem-se a tradição e a proximidade; na sociedade, o direito e o Estado.

THE IRISH IMAGE COLLECTION/CORBIS/LATINSTOCK

Figura 4 • Em comunidades pequenas, como na cidade de Westmeath, Irlanda, predominam relações pessoais entre seus membros, 2003.

LÉO CALDAS/TITULAR IMAGENS

Figura 5 • Cliente fazendo compra em Recife, 2011.

"A comunidade de sangue acha-se regularmente ligada às relações e participações comuns, quer dizer, à possessão comum dos próprios seres humanos. Na comunidade de lugar, as relações vinculam-se ao solo e à terra; e, na comunidade de espírito, os elos comuns com os lugares sagrados e as divindades honradas. [...] O parentesco tem a casa como berço e corpo. A vida comum sob o mesmo teto protetor; a posse e a fruição comum dos bens, especialmente dos alimentos tirados das mesmas provisões e repartidos sob a mesma mesa; os mortos são honrados como espíritos invisíveis sempre poderosos e que reinam sempre protetores sobre a família, de modo que o temor respeitoso e a veneração comuns reafirmam e asseguram a harmonia da vida familiar. [...] A vizinhança é o caráter geral da vida em comum, na aldeia ou entre habitações próximas. A mera contiguidade determina numerosos contatos. As necessidades do trabalho, da ordem e da administração comuns criam o hábito da vida conjunta e o conhecimento mútuo e confiante, e conduzem à súplica de favores, misericórdias e graças diante dos deuses e espíritos tutelares da terra e da água [...]. A amizade distingue-se do parentesco e da vizinhança pela semelhança a partir das condições de trabalho ou no modo de pensar. Nasce, então, de preferência pela similitude de atividade, e, no entanto, deve ser alimentada por encontros fáceis e frequentes, que ocorrem com mais probabilidade em um ambiente urbano."

MIRANDA, Orlando P. de. A contradição identitária na sociologia clássica. In: *Sociabilidades*, v. 2, n. 1, dez. 2002. p. 33.

O conceito de comunidade foi amplamente usado pela antropologia por autores como Robert Redfield, que associou o tipo criado por Tönnies às populações que ele estudou no México. Mas, compreendendo que a manutenção da coesão dos membros da comunidade depende de certo isolamento em relação ao restante da sociedade, Redfield previa o desmoronamento das fronteiras comunitárias a partir do desenvolvimento dos meios de comunicação. Informações penetram na comunidade pelas estradas de ferro, pelo telégrafo e pelas ondas do rádio, desmanchando sua integração.

Émile Durkheim, contemporâneo de Tönnies, também elaborou conceitos semelhantes ao distinguir a solidariedade mecânica e a solidariedade orgânica – tipos diferentes de relação entre as pessoas, determinados principalmente pela divisão de trabalho. Para Durkheim, nas sociedades pré-capitalistas, os membros apresentam maior homogeneidade social e psíquica, expressam sentimentos comuns e pautam-se pela semelhança de valores, e as instituições, como a família, têm grande força de coerção sobre as consciências individuais – é a solidariedade mecânica. Diferentemente, nas sociedades capitalistas e industriais, as relações pautam-se pelas necessidades produtivas e contratuais (figura 5), mas não pela homogeneidade de sentimentos e pensamento entre os agentes – é a solidariedade orgânica. Entretanto, esses conceitos representam diferentes etapas da história evolutiva das sociedades, que levariam à substituição, necessária, da solidariedade mecânica pela solidariedade orgânica.

3. Comunidade como círculo aconchegante

O conceito de comunidade como forma de organização social baseada na solidariedade, na homogeneidade dos modos de pensar e sentir e na proximidade e identificação dos membros passou a ser cada vez mais importante nos estudos da sociedade. Se, inicialmente, entre os autores tratados, o conceito era associado a uma sociedade solidária e coesa, mas destinada ao perecimento, a partir de meados do século XX ele passou a designar grupos fortemente integrados em torno de objetivos comuns. De acordo com os novos estudos, os objetivos da comunidade podem variar de natureza, podendo se referir a uma crença religiosa, um trabalho social, um princípio ideológico ou um hábito comum.

A partir de meados do século XX o conceito de comunidade passou a designar grupos fortemente integrados em torno de objetivos comuns.

Assim, surgiram novas expectativas em relação à comunidade e à sociedade. Na passagem do século XIX para o século XX, o desenvolvimento tecnológico e produtivo era desejado e se mostrava inexorável. Contudo, essa visão se alterou após as grandes guerras e revoluções que marcaram o mundo contemporâneo. Com a destruição de estilos de vida mais naturais e integrados, grupos que conseguissem manter uma sociabilidade mais espontânea e genuína acabaram sendo tratados pelo conceito de comunidade em seu sentido mais humano e solidário.

Muitos anos depois de Tönnies ter identificado o "entendimento comum" que "fluía naturalmente" como a característica que separa a comunidade de um mundo de amargos desentendimentos, violenta competição, trocas e conchavos, Göran Rosenberg, estudioso sueco, elaborou o conceito de "círculo aconchegante" para captar o mesmo tipo de imersão ingênua na união humana – outrora, quem sabe, uma condição humana comum, mas hoje cada vez mais possível somente em sonhos. No entanto, paradoxalmente, à medida que a sociedade se torna mais complexa e diversificada, que a globalização e o capitalismo avançam, mais se generaliza a comunidade, não mais significando um sistema de sociabilidade alternativa, natural ou primordial, mas uma resistência a processos massificantes da cultura e sistemas econômicos pautados por uma lógica tecnológica, racional e, muitas vezes, desumana. Assim, o tipo contemporâneo de comunidade pouco tem a ver com o conceito estudado por Tönnies e Durkheim, mas se ampara nas formulações desses autores para designar processos sociais coesos, relativamente isoladores, de franca solidariedade e integração. Comunidades se formam para fazer frente a um mundo que promove desigualdade e exclusão, por um lado, e massificação, por outro.

Esse comunitarismo contemporâneo faz emergir inúmeras comunidades que procuram aglutinar com laços fraternais grupos de pessoas com as mais diferentes similaridades. Trata-se de comunidades com outro perfil – sem passado nem história, os membros do grupo se solidarizam para uma ação conjunta que visa, na maioria das vezes, à defesa de interesses e direitos e à afirmação identitária. São comunidades religiosas, étnicas e de gênero, nacionais, regionais ou linguísticas, profissionais ou artísticas, todas elas muito mais precárias e provisórias do que as comunidades agroartesanais estudadas pelos sociólogos clássicos (figura 6).

SAMEH WASSEF/FLICKR/GETTY IMAGES

Figura 6 • As comunidades contemporâneas, como essa de engenheiros, têm vínculos precários, pois o grupo está ligado por interesses, não por um passado ou história comuns. Engenheiros trabalhando em um projeto de construção no Cairo. Egito, 2011.

4. Comunidade: uma abordagem interdisciplinar

Oliver Sacks (1933-)

Neurologista inglês, com formação em antropologia, estudou diversos pacientes com foco na influência do meio, da subjetividade e da história pessoal no desenvolvimento das doenças. Procurou relatar os casos de que tratou em livros que, pelo interesse, têm sido adaptados, com sucesso, para o cinema. Dois filmes baseados em suas obras tiveram grande sucesso: *Tempo de despertar* (*Awakenings*, EUA, Penny Marshall, 1990) e *À primeira vista* (*At first sight*, EUA, Irwin Winkler, 1999).

Oliver Sacks, interessado nas questões de identidade, simbolismo e linguagem, escreveu o livro *Vendo vozes*, no qual estuda a história e as relações que estabelecem entre si as pessoas com surdez congênita. Preocupado com o estudo da língua de sinais, procurou conhecer essas pessoas, sua sociabilidade com todos, sua forma de relacionamento, comportamento e organização social e política. Conforme Sacks evidencia, esse estudo permitiu entender não só esse 0,1% da população humana, mas a própria humanidade, em seu simbolismo, linguagem, forma de pensar e interagir.

Em seu livro, Sacks descreve as dificuldades desse grupo em legitimar a língua de sinais como um todo estruturado, mais do que mera gesticulação. Como no mundo agrário e não industrial a língua de sinais era considerada um recurso deficitário e rudimentar, as crianças surdas eram obrigadas a aprender a falar, ainda que de forma incorreta e estranha. Ao contrário dessa postura característica do século XIX, Sacks mostra que a língua dos sinais, como qualquer outra linguagem, é plenamente desenvolvida e permite o pensamento abstrato de mesma qualidade que aquela realizada pela linguagem oral. A partir do século XX, quando os ouvintes passaram a admitir que os deficientes auditivos criassem e formalizassem uma linguagem própria, a adaptação destes à sociedade tornou-se cada vez mais fácil, tendo sido criadas escolas e até universidades (figura 7).

O uso da língua de sinais por pessoas com surdez congênita tornou-se mais aceitável. As diferentes línguas de sinais, correspondentes aos idiomas nacionais, se proliferaram, permitindo que pensadores se manifestassem por meio delas. Aos poucos, criou-se uma nova forma de pensar e de interagir, própria das possibilidades expressivas dessa linguagem.

MICHEL BOUTEFEU/GETTY IMAGES

Figura 7 • A língua de sinais possibilitou aos deficientes auditivos congênitos a inserção social. Na foto, o mímico Marcel Marceau, que expressava sua arte por meio do corpo, se apresentando no Geffen Playhouse, Califórnia. Estados Unidos, 2002.

O que Sacks nos mostra é que a proliferação das línguas de sinais e a liberdade de seu uso na sociabilidade e na educação formal possibilitaram que surdos se unissem como uma minoria que tem uma percepção diferente da do restante da população. Estabelecendo relações, rotinas de trabalho e de estudo, compartilhando experiências e criando vínculos de solidariedade, as pessoas com surdez foram capazes de se organizar em comunidades, nas quais viviam com proteção e conforto, em ambientes de semi-isolamento, mas completos e autossuficientes.

O passo seguinte dessa experiência da formação de uma comunidade nova foi a elaboração de uma identidade – o reconhecimento de sua especificidade não como deficiência, mas como diferença. A consciência de que apenas eles eram capazes de entender as próprias necessidades possibilitou que, na Universidade Gallaudet, nos Estados Unidos, os alunos exigissem a nomeação de um reitor com surdez. Para isso, organizaram manifestações e uma bem-sucedida militância. Foi assim, segundo Sacks, que eles conseguiram abalar o *status* de doença que a surdez tinha, transformando-se numa comunidade com cultura, língua e identidade próprias. Esse movimento caracterizou a emancipação de um grupo minoritário e mostrou com especial nitidez o que procuramos definir como comunidade – um conceito importante que a sociologia criou e que permite entender as diferenças culturais historicamente instituídas.

5. Comunidades e minorias sociais

Na atualidade, minorias e excluídos de diversas origens tendem a se reunir e a se organizar em grupos que se isolam da sociedade por não encontrarem formas de reconhecimento, legitimidade e inserção social. Assim, minorias étnicas, linguísticas e de gênero passam a estabelecer modos de vida próprios, bastante independentes e, às vezes, contrastantes do todo social.

O sociólogo Zygmunt Bauman, estudioso desses processos, alerta, entretanto, para o uso indevido do conceito de comunidade para populações que não se reúnem livre e independentemente em determinados espaços para desenvolver modos próprios de pensar e agir. Esses grupos que resultam de confinamento espacial e fechamento social, como os acampamentos de refugiados ou os bairros negros que existiam na cidade de Los Angeles, nos Estados Unidos, configuram guetos e não comunidades. A comunidade exige, para existir, certo isolamento social voluntário e não forçado. Diferentemente, os guetos são espaços nos quais uma população é coagida a viver, por imposição de um poder dominante (figura 8).

O conceito de comunidade auxilia o estudo das dinâmicas culturais da atualidade – à medida que a globalização se processa, aproximando culturas e reduzindo as fronteiras que antes separavam o campo da cidade, o europeu do não europeu, a agricultura da indústria –, e as diferenças se apresentam de forma mais sutil e menos generalizada, como um espaço de particularização, identidade, defesa de interesses e ação política. Tudo isso se processa, nessas comunidades, por meio da cultura. Como nos primeiros agrupamentos humanos formados por nossos antepassados, é a cultura o meio mais adequado de enfrentamento das dificuldades, de ação sobre o meio circundante e de sobrevivência.

BETTMANN/CORBIS/LATINSTOCK

Figura 8 • Trânsito ordenado de judeus nas ruas do Gueto de Varsóvia, na Polônia, em 1944.

Atividades

Compreensão do texto

1. Por que se faz a distinção entre os estudos sobre cultura da antropologia e os da sociologia?
2. Por que os europeus queriam conhecer a cultura dos não europeus?
3. Até o início do século XX, como as teorias sociais tentavam lidar com as diferentes culturas?
4. Que fatores contribuíram para que os cientistas sociais no século XX abandonassem a perspectiva que tratava as sociedades europeias como estágios de um mesmo processo evolutivo?
5. Como Ferdinand Tönnies explicou os conceitos básicos de diferenciação social de comunidade e sociedade?
6. Que relação se pode estabelecer entre os conceitos de Tönnies e os de Durkheim?
7. Por qual transformação passou o conceito de comunidade em meados do século XX?
8. Que contradição a globalização traz para a realidade das sociedades capitalistas em relação às comunidades?
9. Para Zygmunt Bauman, em que contexto é equivocado usar o conceito de comunidade?

Interpretação e problematização

10. Na década de 1890, quatro anos após a proclamação da República, o líder religioso Antônio Conselheiro fundou, no sertão da Bahia, o Arraial de Belo Monte, mais conhecido como Canudos. Sobre isso leia o texto a seguir e responda à questão.

> "O trabalho agrícola baseava-se na exploração comunitária do solo por meio de mutirões – realizados quando da semeadura, na limpeza da roça, no plantio e na colheita. Essa forma de cooperação foi elemento fundamental durante a existência da comunidade. Ela permitiu que cada indivíduo participasse diretamente da coletividade, garantindo condições mínimas de sobrevivência para todos."
>
> MACEDO, José Rivair; MAESTRI, Mário. *Belo Monte*: uma história da Guerra de Canudos. São Paulo: Moderna, 1997. p. 54. (Coleção Polêmica)

Por que podemos considerar Canudos uma comunidade?

Aplicação de conceitos

11. **Cinema**

A testemunha, de Peter Weir. Estados Unidos, 1985, 112 min.

O filme relata uma aventura na qual um assassinato acaba envolvendo uma comunidade *amish* e colocando em relação o mundo fechado do grupo e a sociedade norte-americana que o envolve. Permite estudar o conceito de comunidade.

- ▶ Assista ao filme e debata com seus colegas quais são os limites possíveis entre a sociedade dita "normal" e as comunidades, principalmente quando estas são fechadas. Responda à pergunta: uma comunidade pode ter o direito de se negar a aceitar as leis e as normas legais que regem a sociedade como um todo, impondo outro conjunto de normas e leis?

12. Pesquise sobre as comunidades existentes no Brasil (religiosas, etnicas etc.) que têm um conjunto de regras próprias e que, muitas vezes, criam conflitos com a norma cultural padrão da nossa sociedade. Procure entender como essas contradições são resolvidas ou devem ser resolvidas.

Leitura visual

13. Observe a imagem e responda:

JEFFERSON BERNARDES/AGÊNCIA ESTADO

Jogadores comemoram a conquista da Taça Fábio Koff do Campeonato Gaúcho 2009. Porto Alegre, 2009.

Por que podemos dizer que um grupo esportivo é uma comunidade contemporânea?

14. **(UEL-PR)** A palavra "comunidade" entrou no vocabulário popular. É comum ouvir-se, por exemplo, a frase: "Uel promove curso voltado à comunidade". Utilizada no dia a dia, "comunidade" é, no entanto, um conceito fundamental no interior do pensamento sociológico. Para Durhan:

> "Na linguagem comum, a noção de comunidade refere-se a uma coletividade na qual os participantes possuem interesses comuns e estão afetivamente identificados uns com os outros. Essa ideia, que pressupõe harmonia nas relações sociais, é altamente valorizada, constituindo, por assim dizer, o ideal de vida social. É nesse sentido que a comunidade aparece como um mito do nosso tempo, pois ao ideal que ela representa opõe-se a realidade do conflito de interesses e da impessoalidade das relações sociais própria da nossa sociedade."
>
> DURHAN, E. R. *A dinâmica da cultura*. São Paulo: Cosac Naify, 2004. p. 221.

Com base no enunciado e nos conhecimentos sobre o tema comunidade, considere as afirmativas a seguir.

I. A comunidade, para Tönnies, é um tipo de relação entre vontades humanas caracterizada por uma vontade social baseada na concordância, nas regras sociais comumente aceitas e na religião.

II. A base da comunidade, de acordo com Weber, reside, a exemplo do que acontece na sociedade, em uma relação na qual a ação social exprime uma compreensão de interesses por motivos racionais de fins ou de valores.

III. Segundo Marx, a verdadeira relação de comunidade só é possível no comunismo. Portanto, comunidade e sociedade de classes são incompatíveis.

IV. A oposição comunidade-sociedade corresponde, de certa forma, à oposição entre solidariedade mecânica e solidariedade orgânica, introduzida na sociologia francesa por Émile Durkheim.

Assinale a alternativa correta.

a) Somente as alternativas I e II são corretas.
b) Somente as alternativas I e III são corretas.
c) Somente as alternativas II e IV são corretas.
d) Somente as alternativas I, III e IV são corretas.
e) Somente as alternativas II, III e IV são corretas.

Leitura complementar

Capítulo 14

Cangaço: um movimento social

"Já diz o velho ditado
'Que é fácil criticar'
O difícil é, contudo,
A pessoa se colocar
No lugar daquele que
Vive a se sacrificar.

Segundo a lei de Cristo
Ame, não escolha a quem,
Porém, por nossa ruindade
Disso estamos aquém
E o faminto com fome
Pra comer rouba também.

O sujeito explorado
Mesmo ele sendo bacana
Aos poucos vai cansando
Semana sobre semana
Pode levá-lo a fazer
Coisa até desumana.

Foi ele o único culpado
Aí, de jeito nenhum
É que para ele aquilo
Tido pra uns por comum
O revoltou, o bastante,
Pra fazer algo incomum.

Então baseado nisso
Surgiram os cangaceiros
Não porque e puramente
Queriam ser desordeiros
Mas não suportavam mais
Ser vítimas dos fazendeiros.

Foi contra o regime
De semiescravidão
Onde as pessoas viviam
Na base da exploração
Nisso as mesmas escravas
Começaram a dizer não.

Ninguém mais tava aguentando
Tão torto e soez regime
Negando a liberdade
Constituía-se um crime
E o povo organizado
Tal força não subestime."

NASCIMENTO, Varneci Santos. *Cangaço*: um movimento social. Livro de cordel. Paraíba: edição do autor, s.d.

Compreender o texto

Literatura de cordel é resultado da habilidade dos violeiros brasileiros para improvisar e perpetuar essa tradição coletiva, porque no processo de transmissão oral a origem e a autoria dos versos se perdem. O cordel também é encontrado em algumas poucas regiões da Espanha, França e Portugal, país em que o repente é chamado de *fado beirão*.

1. Em diversos momentos do capítulo, procuramos mostrar que a tendência atual de uma explicação hermenêutica da cultura e da sociedade leva em consideração o que pensam os sujeitos de sua própria realidade. No texto acima, extraído de uma publicação de literatura de cordel, qual é a visão de mundo que ela transmite sobre o cangaço.
2. Por que o autor reconhece, no título, o cangaço como "um movimento social"?
3. Narrado em primeira pessoa, o texto é um testemunho pessoal das condições de vida do sertanejo. A desigualdade e a marginalidade aparecem justificadas. Explique essa situação.

PARA LER

- **Don Juan**, de Molière. São Paulo: Hedra, 2006.
  Nessa peça, que é uma das mais polêmicas de Molière, são narradas as cômicas peripécias de Don Juan e de seu fiel companheiro Leporelo. O fidalgo é apresentado de modo ambíguo, sendo capaz tanto de atitudes nobres como de atitudes vis para conquistar seus objetivos, burlando muitas vezes os costumes da época e as leis da Igreja Católica.
- **Maíra**, de Darcy Ribeiro. Rio de Janeiro: Record, 1996.
  O livro trata do conflito de um jovem indígena, Avá, que, tendo abandonado sua tribo, foi criado por um padre e vive, na fase adulta, a busca por sua verdadeira identidade.
- **Os parceiros do Rio Bonito**, de Antonio Cândido. São Paulo: Editora 34, 2001.
  Texto clássico em que o autor discorre sobre a cultura caipira de São Paulo.

PARA ASSISTIR

- **África: a origem do homem**, Discovery Channel. Estados Unidos, 50 min.
  Nesse documentário, procura-se estabelecer um vínculo entre as diversas linhas teóricas e provar, por meio de estudos do DNA, que o homem possui origem comum na Eva mitocondrial.
- **Claude Lévi-Strauss por ele mesmo,** de Pierre-André Bountang. França, 2008, 93 min.
  Nesse documentário, Pierre-André Boutang retrata a vida e as diversas facetas de um dos mais importantes e influentes intelectuais do século XX. Trata-se da reunião de uma série de entrevistas dada pelo antropólogo.

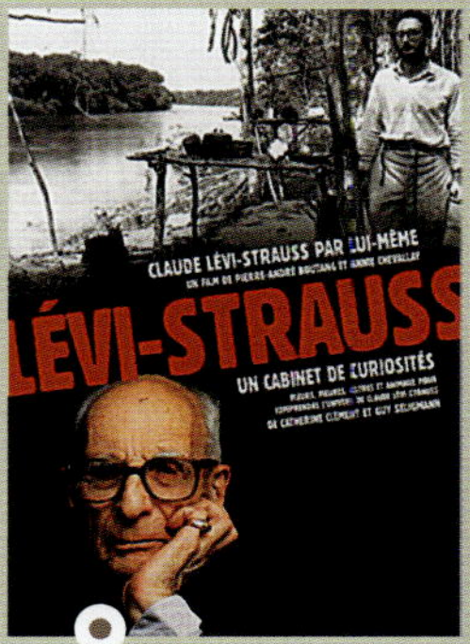

REPRODUÇÃO

- **Casamento grego**, de Joel Zwich. Estados Unidos, 2002, 95 min.
  O filme mostra o conflito de culturas na relação amorosa de um casal de grupos étnicos e nacionais diferentes – ele, filho de norte-americanos; ela, descendente de gregos –, permitindo estudar a bagagem cultural que trazemos conosco.

PARA NAVEGAR

- **The London School of Economics and Political Science**
  (www.lse.ac.uk)
  O *site* da biblioteca da London School of Economics and Political Science disponibiliza as fotos tiradas pela equipe de Malinowski durante sua permanência nas Ilhas Trobriand (em inglês).

UNIDADE

VI Culturas contemporâneas

CAPÍTULOS

OBJETIVOS

- Distinguir as classificações elaboradas para estudar as distintas manifestações da cultura humana no tempo e no espaço.
- Avaliar o multiculturalismo na formação da sociedade contemporânea.
- Compreender o processo de transformação do espaço físico e cultural.
- Relacionar as transformações da organização global do planeta com a complexidade social.
- Perceber a concorrência de diferentes abordagens sobre o estudo da cultura e dos métodos de analisá-la.
- Entender a interpenetração das expressões locais no espaço global e vice-versa.

Multidão, solidão: os não lugares da sociedade contemporânea

"Sob um grande céu cinzento, numa grande planície poeirenta, sem caminhos, sem gramados, sem uma urtiga, sem um cardo, encontrei vários homens que andavam curvados. [...]

Interroguei um desses homens, e perguntei-lhe aonde iam assim. Respondeu-me que nada sabia, nem ele, nem os outros, mas que evidentemente iam a algum lugar, já que eram levados por uma invencível necessidade de andar."

BAUDELAIRE, Charles. Cada qual com sua quimera. In: *Pequenos poemas em prosa* (O *spleen* de Paris). São Paulo: Hedra, 2007. p. 49.

ALERUARO/SAMBAPHOTO

Grupo de jovens ensaia passos de *break dance*. Hungria, 2004.

PATRICK ZACHMANN/MAGNUM PHOTOS/LATINSTOCK

Uma das marcas da sociedade contemporânea são os não lugares, por onde as pessoas estão sempre de passagem. A Estação da Luz, abaixo, em São Paulo, é um exemplo, assim como outras estações, aeroportos e rodoviárias, 2009.

Para debater

1. Observe a imagem maior e descreva as sensações que ela provoca.
2. Leia o texto "Multidão, solidão: os não lugares da sociedade contemporânea" e, com base nas suas observações, tente definir a ideia de não lugares.

CAPÍTULO

17 Classes sociais, grupos e tribos

1. Aculturação e assimilação

Os cientistas sociais perceberam que as sociedades não estão isoladas e que elas mantêm relações profundas entre si.

Os primeiros cientistas sociais, que desenvolveram seus estudos no século XIX e no início do século XX, estavam imbuídos do espírito universalista que dominava as ciências desde o Iluminismo. Imaginavam que poderiam entender a realidade social a partir da formulação de leis que explicassem as mais diferentes manifestações humanas. Acreditavam que essas leis seriam capazes de dar conta da multiplicidade e da variedade de modelos da vida social. Sua preocupação, portanto, era buscar semelhanças e continuidades, e, por esse motivo, predominaram estudos comparativos e explicações evolucionistas. "Se há diferença entre as formações sociais, essa diferença deve ser de grau", pensavam os cientistas, julgando que a transformação de um modelo decorreria principalmente do desenvolvimento interno de cada sociedade, já que as sociedades são independentes entre si, como organismos vivos diferentes.

A herança das ciências exatas e das biológicas colaborou para que os pensadores interpretassem dessa forma a realidade social. No entanto, com o tempo, à medida que entravam em contato com diferentes grupos e sociedades e as ciências humanas se desenvolviam, os cientistas sociais perceberam que as sociedades não estão isoladas e mantêm relações profundas, interferindo na vida social umas das outras. Os cientistas voltaram-se, então, para o estudo dessa interferência, que eles chamaram de **aculturação** (figura 1).

Aculturação. Termo usado pela primeira vez em 1880 por J. W. Powell. Designa o intercâmbio entre culturas distintas, quando em contato contínuo e direto, de língua, padrões, valores e comportamentos. Muitas vezes, surge desse intercâmbio uma cultura mestiça e híbrida, composta por traços das culturas envolvidas. Na atualidade, autores defendem que a aculturação não se processa de modo completo e que a adoção de padrões culturais exógenos se dá por meio de complexos processos de apropriação.

G.EVANGELISTA/OPÇÃO BRASIL IMAGENS

Figura 1 • Diversas manifestações culturais, como os rituais de religião afro-brasileira, mostram a resistência de padrões culturais diante da tentativa de aculturação. Candomblé em Itacaré, Bahia, 2003.

A aculturação foi especialmente estudada por sociólogos norte-americanos, interessados em entender os mecanismos das trocas culturais entre a sociedade mais ampla e grupos sociais culturalmente distintos. Esses sociólogos foram estimulados pela presença de grupos de imigrantes nos Estados Unidos, os quais preservavam costumes de seus países de origem. A existência de grupos afrodescendentes e indígenas nos Estados Unidos também tornava possível estudar mais de perto os processos de aculturação.

A aculturação, porém, não deve ser confundida com a difusão. A difusão é um fenômeno que explica como um padrão cultural ou uma invenção são transmitidos de uma sociedade a outra, mesmo não havendo contato direto entre elas. Podemos dar como exemplo de difusão a adoção do uso do fogo por diferentes sociedades, bem como a semelhança existente entre certas ferramentas utilizadas e desenvolvidas por grupos que, aparentemente, não mantinham relações constantes entre eles. A difusão pode ocorrer sem ameaçar a cultura da sociedade receptora, enquanto a aculturação pode implicar a substituição de características culturais tradicionais por outras da sociedade dominante, ocorrendo a assimilação.

Assim, chamamos de assimilação a transformação cultural que ocorre quando um grupo social minoritário ou subordinado abandona seus traços culturais distintivos e adota os valores e as formas de comportamento do grupo social dominante (figura 2). Esse seria o último estágio do processo de contato entre grupos de culturas diversas.

Essas questões preocuparam especialmente os cientistas na primeira metade do século XX, quando crises econômicas e políticas deslocaram levas de imigrantes de um país a outro, de um continente a outro. A instalação de regimes nacionalistas de política xenófoba fez com que as diferenças culturais se tornassem tema central nas ciências humanas. Hoje, com a globalização, embora a xenofobia ainda esteja presente nas sociedades multiculturais, as relações interculturais são vistas de forma menos preconceituosa.

Aculturação, difusão e assimilação são conceitos que nasceram do estudo das diferenças culturais e da dinâmica entre grupos e povos diferentes. Por meio deles, podem ser analisadas as mudanças sociais de origem exógena, ou seja, aquelas provocadas por um fator externo ao grupo. A grande crítica que se faz a essas teorias é que, quase sempre, elas subestimam as relações de poder que estão na base dos processos de aculturação. No entanto, são importantes porque inauguraram a adoção dos métodos **etnográficos** no estudo da sociedade, assim como possibilitaram identificar pequenos grupos no interior de sociedades complexas, estudando-os em suas peculiaridades.

Essa preocupação com as diferenças internas a cada sociedade levou ao desenvolvimento de um conceito de cultura que se baseia mais na análise empírica, isto é, na identificação dos elementos que compõem determinada cultura por meio da observação, da participação, da pesquisa. Para as ciências sociais, portanto, a sociedade, assim como a cultura, não é um todo unívoco e uniforme: ela é constituída de forças que se contrapõem e disputam espaço. Existem tendências transformadoras e conservadoras: as primeiras aderem ao novo, as outras resistem a ele. Do mesmo modo, certos traços culturais dominantes podem, com o tempo, transformar-se e produzir ideias e crenças mais apropriadas e uma nova integração dos membros no todo social.

ANA HOCHHEIM/SAMBAPHOTO

Figura 2 • Casa no sertão, Chapada Diamantina, Bahia, 2002. Podemos observar diferentes formas de assimilação em diferentes manifestações culturais de um povo, como a música, a linguagem e a arquitetura. Construção de taipa com cobertura de sapé, por exemplo, tão frequente no Brasil durante o período colonial, é resultado de heranças lusitanas e indígenas.

Na assimilação, o grupo social minoritário adota os valores e as formas de comportamento do grupo social dominante.

Etnografia. Estudo descritivo das diversas etnias e de suas características antropológicas e sociais; registro da cultura material de determinado povo.

Dessa forma, a sociologia contemporânea descarta uma preocupação inicial com a caracterização da cultura de grupos sociais mais amplos, como as nações, que resultaram, muitas vezes, em construções teóricas superficiais, ideológicas e até preconceituosas. Prefere-se hoje trabalhar com os conceitos de subcultura, de contracultura e de cultura de classe, apesar da ação de forças homogeneizadoras, como a globalização e a cultura de massa.

2. Subculturas

As subculturas caracterizam-se por padrões de comportamento, pelo visual e pela estética diferenciados em relação à cultura dominante.

Entende-se por subculturas os conjuntos de formas de pensar, valores, padrões de comportamento e sociabilidade de determinado grupo social composto por indivíduos que estejam unidos por alguma característica comum, como idade, gênero ou etnia (figura 3). Dois dos principais elementos de formação e coesão do grupo são a proximidade física e o convívio.

As subculturas, no entanto, geralmente são vistas pela sociedade como alternativas ou desviantes, pois mantêm uma atitude de oposição e resistência contra a cultura dominante. Caracterizam-se, sobretudo, por padrões comportamentais, visuais e estéticos muitas vezes instáveis e difusos.

O conceito de subcultura foi utilizado pela Escola de Chicago nos anos 1920 tanto para estudar os grupos de imigrantes que se fixaram na cidade na primeira metade do século XX como para distinguir grupos de delinquentes que adotavam um conjunto próprio de valores e comportamentos. Até mesmo a máfia – grupo de ação criminosa que se estabeleceu em Chicago entre os imigrantes italianos – foi considerada uma espécie de subcultura, pois envolvia família, trabalho, poder instituído e comportamento criminoso em expressiva oposição às instituições legais.

Figura 3 • Grupo de jovens reunidos no Parque do Ibirapuera, em São Paulo, 2011.

FERNANDO FAVORETTO/CID

Por volta de 1930, William Foote Whyte estudou a coletividade italiana de Boston por meio da observação participante de diversas gangues formadas por esses indivíduos. O resultado foi um trabalho descritivo minucioso da gangue dos Nortons ou *Doc's boys*, como ele os chamou, em razão do nome do chefe do grupo, Doc. Whyte percebeu a existência de uma estrutura hierárquica bem estabelecida que definia até mesmo o fluxo da comunicação e o trânsito das ordens dadas pelo chefe. Toda a vida do grupo se organizava em função do líder, e as diferentes posições hierárquicas definiam-se pela proximidade ou pelo distanciamento dele. Os membros juravam lealdade mútua, defendiam uns aos outros e, dependendo de sua posição hierárquica, tinham regalias (monetárias ou não). Eles perambulavam pelos arredores da cidade, por bares e boliches, sem finalidade objetiva. Pode-se dizer que o grupo era uma finalidade em si.

3. Contracultura

O reconhecimento da existência de subculturas no interior da sociedade complexa expressa a diversidade nela existente, evidenciando que a visão coesa e unívoca da cultura é uma falácia teórica que pouco proveito traz às ciências sociais. Também enganadora é a ideia de pensar a subcultura como um "desvio" da norma, como pretendiam os positivistas e, muitas vezes, os funcionalistas. As subculturas podem representar formas de resistência grupal à cultura dominante, assim como a emergência de novos valores e padrões comportamentais na sociedade. Em ambos os casos, a subcultura pressupõe conflito cultural entre grupos minoritários da sociedade e a cultura hegemônica. A história contemporânea exibe ora momentos de tolerância ora de discriminação da sociedade mais ampla em relação às subculturas que buscam se firmar de um ponto de vista ideológico e comportamental.

Na segunda metade do século XX, entretanto, eclodiram no mundo diversos movimentos que tinham por objetivo o questionamento da cultura dominante no Ocidente, tida como tecnológica, bélica e imperialista. Opondo-se radicalmente a determinados padrões de pensamento, valores e comportamento social, esses movimentos tinham por objetivo combater a cultura hegemônica. Por optarem por uma forma de manifestação cultural que envolvia o protesto por meio da música, do vestuário e do estilo de vida, foram chamados de contracultura – um movimento global de oposição à sociedade capitalista e burguesa. Exemplos de movimento contracultural são os *beatniks*, nos anos 1950, o **movimento *hippie***, nos anos 1960, e *punks*, a partir de 1970 (figuras 4 e 5).

JADRANKA KRSTESKA/REDFERNS/GETTY IMAGES

Figura 4 • Grupo de *punks* nas ruas de Camden Town, na Inglaterra, 2007. Os movimentos de contracultura, como o protagonizado pelos *punks*, trouxeram à tona a complexidade da sociedade contemporânea, evidenciando que a pretendida (e desejada) homogeneidade cultural não existe.

Movimento *hippie*

Movimento de contracultura que se desenvolveu nos Estados Unidos na década de 1960 e se espalhou por todo o Ocidente. Combatia radicalmente o capitalismo, o patriarcalismo, a massificação, a acumulação de riquezas, a ascensão social e o poder instituído na forma de Estado. Defendia a liberdade em todos os domínios, inclusive o sexual, a não violência e o respeito à natureza. Muitos *hippies* viviam organizados em pequenas comunidades, e o artesanato era uma de suas principais atividades. Embora se possa dizer que o movimento tenha acabado, algumas comunidades ainda sobrevivem e defendem os mesmos valores.

HENRY DILTZ/CORBIS/LATINSTOCK

Figura 5 • O movimento *hippie* dos anos 1960, nascido nos Estados Unidos, adquiriu expressão mundial e teve ampla repercussão em uma geração que se sentia global. Califórnia, Estados Unidos, 1967.

Os movimentos de contracultura procuravam se opor à sociedade de consumo, ao colonialismo, ao imperialismo e ao capitalismo. Amparados por um ideário revolucionário de esquerda, esses movimentos tiveram expressiva produção cultural, largamente veiculada pelos meios de comunicação.

Anthony Giddens, sociólogo inglês, considera que esses movimentos tiveram repercussão profunda na contemporaneidade, modificando as formas de participação política da atualidade.

4. Cultura de classe

As classes sociais teriam também uma forma peculiar de existência material e simbólica que condicionaria seus valores, hábitos, crenças e formas de expressão artística.

A análise da complexidade da sociedade contemporânea e da diversidade cultural exige que estudemos outro conceito, o de cultura de classe, entendida a partir da teoria marxista que explica o capitalismo como um modo de produção que opõe duas classes sociais – a dos proletários e a dos burgueses. A essa oposição, que diz respeito às relações impostas pela estrutura produtiva capitalista, correspondem diferentes maneiras de conceber o mundo, de significá-lo e, enfim, de nele existir. Dessa forma, as classes sociais teriam não só uma existência teórica e uma efetiva posição nas relações de produção, mas também uma forma peculiar de existência material e simbólica que condicionaria seus valores, hábitos, costumes, crenças, formas de expressão artística e de entretenimento. Trata-se da cultura de classe que envolve gosto, atitudes, linguagem e sensibilidade, aquilo que Lucien Goldmann chama de visão de mundo. A educação e demais processos de socialização têm importante papel na interiorização desse modelo de conduta e existência.

As diferenças entre cultura de classe das elites econômicas e políticas e das camadas subalternas do proletariado eram mais definidas nos séculos XVII e XVIII, quando a sociedade era, ainda, predominantemente agrária. A indústria, a urbanização e os processos de mobilidade social acabaram por aproximar as diferentes classes sociais, tornando-as menos distintas. Os meios de comunicação e a cultura de massa dissolveram ainda mais as diferenças sociais e os estilos de vida. No entanto, embora seja menos evidente, ainda é possível perceber que formas de existência cotidiana, de expressão e de gosto derivam de posições sociais que dizem respeito às relações entre classes ou ao acesso que lhes é determinado pela sociedade aos bens culturais.

Sociólogos, antropólogos, psicólogos e historiadores da cultura procuram estudar as relações de dominação e oposição que se estabelecem entre modelos de comportamento, gosto, crença e atitudes de segmentos significativos da população, constituindo diferentes culturas de classe. Pierre Bourdieu foi um daqueles que se debruçaram sobre a cultura, procurando evidenciar que a oposição entre classes sociais ocorre não só em diferentes posições na estrutura produtiva material, mas também na produção simbólica. O conceito de poder simbólico ajuda a entender que as diferenças culturais não são meras diferenças de padrões de conhecimento, mas de acesso e participação no capital simbólico da sociedade.

Quanto às diferenças culturais entre as classes sociais, Pierre Bourdieu propôs o conceito de *habitus*. Segundo ele, essas diferenças são resultantes dos diversos *habitus* sociais, responsáveis pela identidade da classe enquanto tal (figura 6). Dentre esses *habitus* estão o domínio da língua e o conhecimento técnico exigido pelo mercado, fatores determinantes do **capital simbólico** a que cada classe social tem acesso. Dessa forma, mesmo rejeitando radicalmente que haja superioridade de uma cultura sobre outra, os marxistas constatam que, ao lado das diferenças de valores, ideias e concepções do mundo, o estudo da cultura de classe envolve os mecanismos de poder que legitimam a cultura da classe dominante, por meio de instituições culturais e educacionais.

Capital simbólico

Conceito definido por Pierre Bourdieu para explicar a superioridade de um grupo ou indivíduo em determinado campo ou meio social. A posse de certos signos indica que o indivíduo ou o grupo que os detêm são distintos e superiores aos demais. São exemplos a coroa real, os distintivos policiais, o carro de luxo etc. O capital simbólico, quando indicador de prestígio, é também instrumento de violência simbólica, pois exerce sobre aquele que não o detém ou está em posição de inferioridade o peso da superioridade daquele que o detém.

5. Os estabelecidos e os *outsiders*

Outro sociólogo que estudou as relações de poder no interior da cultura foi Norbert Elias. Na década de 1960, com John Scotson, estudou um bairro operário de uma cidade inglesa que apresentava altos índices de violência e criminalidade. Elias e Scotson deram a essa comunidade o nome fictício de Winston Parva.

Ali, eles identificaram dois grupos distintos: o dos estabelecidos (*established*, pois faziam parte do *establishment*) e o dos *outsiders*. O grupo dos estabelecidos era formado por famílias que estavam no bairro havia mais tempo, conheciam-se de gerações, tinham sólidos laços de amizade e até de inimizade, visitavam-se com frequência e participavam de uma rede de relações conhecida e comum.

Establishment. Termo em inglês que define o conjunto de normas, regras e tendências que determinam uma dada situação, defendida e mantida por um grupo dominante. Nesse sentido confunde-se com esse próprio grupo no poder ou com essa elite dominante.

Outsiders. Denominação dada ao grupo de pessoas que se mudaram para um local onde já residiam outros grupos considerados "estabelecidos", os "da terra". Por essa razão, os *outsiders* são reconhecidos, pelo seguimento estabelecido, como forasteiros, gente de fora e, por isso, sem direitos de plena cidadania na vida local.

TIM GRAHAM PHOTO LIBRARY/GETTY IMAGES

Figura 6 • Caçadores do Heythrop Hunt, em Oxfordshire, na Inglaterra, 2006. Apesar da oposição dos ecologistas e da crítica dos socialistas, o hábito das caçadas sobrevive na Inglaterra como uma atividade aristocrática que envolve indumentária, costumes, gestos e sociabilidade típicos da elite inglesa.

Figura 7 • Em primeiro plano, construções populares contrastam com prédios de classe média ao fundo. São Paulo, 2006. A dinâmica social do capitalismo globalizado fortalece os contrastes, principalmente nos setores sociais menos favorecidos.

O grupo dos *outsiders* constituía-se de operários que começaram a se mudar para o bairro depois da Segunda Guerra Mundial, entre 1950 e 1960, e passaram a constituir uma ameaça para os estabelecidos. Como desconheciam os hábitos da vizinhança, os *outsiders* não conseguiram se inserir no conjunto das relações locais e não tinham espaço na hierarquia social ali existente. Por esse motivo, os *outsiders* foram recebidos com hostilidade (figura 7).

> "Bastava falar com as pessoas de lá para deparar com o fato de que os moradores de uma área, na qual viviam as 'famílias nativas', consideravam-se humanamente superiores aos residentes da parte vizinha da comunidade, de formação mais recente. Recusavam-se a manter qualquer contato social com eles, exceto o exigido por suas atividades profissionais; juntavam-nos todos num mesmo saco, como pessoas de uma espécie inferior. Em suma, tratavam todos os recém-chegados como pessoas que não se inseriam no grupo, como 'os de fora' [*outsiders*]."
>
> ELIAS, Norbert; SCOTSON, John L. *Os estabelecidos e os* outsiders. Rio de Janeiro: Zahar, 2000. p. 20.

Os mecanismos presentes no conflito estudado em Winston Parva eram, portanto, a exclusão e a estigmatização, por meio das quais os estabelecidos demonstravam sua "superioridade" em relação ao grupo dos arrivistas. A comunicação teve um papel importante nesse confronto, tanto para estabelecer distâncias como para expressar menosprezo. Os estabelecidos recorriam à fofoca e às piadas pejorativas para reforçar sua hostilidade; já os *outsiders*, como não conheciam os estabelecidos e não se conheciam entre si, não conseguiam reagir.

> "Com frequência, os próprios nomes dos grupos que estão numa situação de *outsiders* trazem em si, até mesmo para os ouvidos de seus membros, implicações de inferioridade e desonra. A estigmatização, portanto, pode surtir um efeito paralisante nos grupos de menor poder."
>
> ELIAS, Norbert; SCOTSON, John L. Obra citada. p. 27.

Elias e Scotson mostraram a importância dos locais frequentados pelos estabelecidos, de seus hábitos de lazer, dos costumes e dos rituais religiosos que fortaleciam a coesão e o sentimento de pertencimento a uma mesma comunidade. As posições de poder dentro dessas instituições comunitárias reforçavam o prestígio e a distinção dos membros do grupo. Também a memória coletiva e a história foram importantes para a integração dos estabelecidos, pois transmitiam a ideia de que estavam juntos havia muito tempo e repetiam situações herdadas de outras gerações. Todos esses aspectos aumentaram a ação grupal e sedimentaram suas atitudes.

Os estabelecidos tendem a fechar-se e a resistir a qualquer argumento que contrarie suas convicções. Os outsiders, *por sua vez, acabam por interiorizar a imagem depreciativa e a confirmar as expectativas do grupo hostil.*

Quando os *outsiders* eram confrontados com as imagens que os estabelecidos faziam deles, suas respostas eram:

> "'Eles são esnobes e convencidos',
> 'Os da velha guarda chamam aquilo de aldeia e tratam a gente com frieza',
> 'Eles não se importam e nunca se importaram conosco'."
>
> ELIAS, Norbert; SCOTSON, John L. *Os estabelecidos e os* outsiders. Rio de Janeiro: Zahar, 2000 p. 114.

Segundo Elias e Scotson, a estigmatização molda a conduta das pessoas. Os estabelecidos tendem a fechar-se e a resistir a qualquer argumento que contrarie suas convicções. Os *outsiders*, por sua vez, acabam por interiorizar a imagem depreciativa e a confirmar as expectativas do grupo hostil (figura 8). Os sociólogos dizem ainda que, para se sentirem aceitos e conquistarem espaço no *establishment*, alguns *outsiders* alimentavam a visão depreciativa de seu próprio grupo, contando fatos e anedotas que confirmavam os estigmas e preconceitos sofridos por eles. Para os autores, a educação das crianças e dos jovens é a causa da sedimentação desses estereótipos.

> "A identidade coletiva e, como parte dela, o orgulho coletivo e as pretensões carismáticas grupais ajudam a moldar a identidade individual, na experiência que o sujeito tem de si e das outras pessoas. Nenhum indivíduo cresce sem esse alicerce de sua identidade pessoal na identificação com um ou vários grupos, ainda que ele possa manter-se tênue e ser esquecido em épocas posteriores [...]."
>
> ELIAS, Norbert; SCOTSON, John L. Obra citada. p. 133.

FERNANDO FAVORETTO/CID

Figura 8 • Morador de rua em frente de *shopping center* na cidade de São Paulo, 2010. Os *outsiders*, estigmatizados e hostilizados pelos estabelecidos, acabam por interiorizar a imagem depreciativa que estes têm deles.

6. Tribalismo contemporâneo

Durante esses dois séculos de desenvolvimento das teorias sociais, assistiu-se ao abandono de teorias universais ou gerais em favor de análises mais particularizadas. Em relação aos estudos sobre cultura, buscavam-se explicações teóricas que fossem capazes de analisar qualquer sociedade, a qualquer tempo e em qualquer espaço. Esses estudos foram criticados justamente por serem construções teóricas abstratas demais, incapazes de dar conta das diferenças sociais. O desenvolvimento das ciências humanas e, em especial, da psicologia e da linguística levou os cientistas a outra postura, mais voltada para a identificação das diferenças e dos particularismos. Surgiram então as teorias de médio alcance, como as chamou o sociólogo Robert Merton, pois se referem a estudos mais focados em análises empíricas do que em grandes explicações abstratas.

O desenvolvimento das ciências humanas fez os cientistas se preocuparem mais com as diferenças do que com as identidades.

Essa mudança de foco foi resultado também das transformações históricas pelas quais o mundo estava passando. A industrialização, a urbanização e o desenvolvimento das comunicações modificaram rapidamente as sociedades e as tornaram mais próximas e parecidas umas com as outras, participando dos mesmos processos globais. Assim, após a Segunda Guerra Mundial, certas diferenças entre os países não eram mais tão evidentes, já que todos tendiam, cada vez mais, a integrar processos produtivos complexos e complementares.

Figura 9 • Parada *Gay* do Movimento de Lésbicas, *Gays*, Bissexuais, Travestis e Transexuais (LGBT) de Pernambuco, na Avenida Boa Viagem, em Recife, 2010.

MARCELO SOARES/JC IMAGEM

A emergência de novas potências, como os Estados Unidos e a União Soviética, deslocou o eixo hegemônico da Europa Ocidental para a América e para o Leste Europeu, assim como do Oceano Atlântico para o Pacífico. Todas essas transformações implicaram uma mudança de enfoque das ciências humanas, com o abandono de posições eurocentradas e de teorias totalizantes em favor de um relativismo teórico mais pluralista. O resultado foi uma percepção mais apurada dos microcosmos como miniaturas em que é possível examinar questões universais, como disseram Elias e Scotson a respeito do bairro operário de Winston Parva. O foco na dinâmica dos pequenos grupos e mesmo no indivíduo tornou-se, então, tema preponderante na sociologia.

As teorias científicas não surgem, entretanto, apenas de sua própria dinâmica interna: elas são respostas a questões propostas pela realidade e que exigem solução. Assim, os pequenos grupos não só se tornaram mais visíveis graças aos cientistas sociais, como também ficaram mais dinâmicos e atuantes na própria sociedade (figura 9). Na segunda metade do século XX, quando os Estados nacionais perderam parte de sua força aglutinadora – quer pelo declínio da sua influência política diante da crescente globalização, quer pela emergência de minorias étnicas, raciais e de gênero no cenário social –, os grupos sociais constituíram-se em alternativa viável e eficiente para os cidadãos.

FERNANDO FAVORETTO/CID

REPRODUÇÃO

Figuras 10 e **11** • A formação de distintos grupos sociais, originados pelos mais variados motivos, tem crescido em todas as sociedades e classes sociais. Acima, grupo de terceira idade praticando atividade física no Parque do Carmo, São Paulo, 2011. Ao lado, logotipo da ONG WWF (Fundo Mundial para a Natureza), voltada à preservação ambiental.

Os grupos sociais, então, se multiplicaram, aglutinando desde defensores de causas sociais ou seguidores de determinadas crenças religiosas até apaixonados por esportes, moradores de determinados bairros e regiões ou portadores de alguma característica física comum (figuras 10 e 11).

O sociólogo francês Michel Maffesoli percebeu essa característica da atualidade. Em seu livro *O tempo das tribos*, ele procura descrever o que move os membros dessas agregações "tênues, efêmeras e de contornos indefinidos". Segundo ele, uma das razões para que as pessoas se agreguem continuamente em grupos é a perda da força do indivíduo, dominado por uma massificação crescente. Essa "união em pontilhado", em suas palavras, é responsável pela nova tendência contemporânea de uma sociabilidade caracterizada pela efervescência grupal presente nos *sites* de relacionamento, nas redes de informação digital, nos encontros esportivos e musicais, nos rituais religiosos e nos eventos de massa. O ir e vir em grupo garante um sentimento de proteção e identidade, pois os membros se ligam por fortes laços de afetividade. Esses microgrupos constituem o tribalismo contemporâneo, em espaços nos quais os indivíduos se fixam e se protegem da sociedade massificada, da mesma forma que, nas sociedades pré-capitalistas, as tribos se apresentavam como a formação fundadora da identidade social.

Emerge desse cenário outra subcultura igualmente tênue, efêmera e de contorno indefinido, na qual os indivíduos buscam construir sua identidade e, por meio dela, interferir na realidade.

Atividades

Compreensão do texto

1. Por que os sociólogos norte-americanos se dedicaram ao estudo da aculturação?
2. Qual é a diferença entre aculturação e difusão?
3. Em que consiste a assimilação?
4. Qual é a principal crítica aos conceitos de aculturação, assimilação e difusão?
5. O que são subculturas e para que esse conceito foi criado?
6. Qual é a diferença entre subcultura e comunidade?
7. Como se caracteriza a sociabilidade nos dias de hoje?

Interpretação e problematização

8. Nos estudos sobre cultura, muitos pesquisadores adotaram o conceito de subcultura para investigar diferentes grupos de pessoas nas diversas camadas sociais. Os estudiosos que seguem o marxismo adotaram o mesmo conceito, porém com outro enfoque. Qual foi a mudança realizada pelos marxistas?

9. Leia o texto e responda à questão.

> "Ao analisar a posição de classe, os sociólogos têm tradicionalmente confiado em indicadores convencionais da posição de classe, como a posição no mercado, as relações com os meios de produção e a ocupação. Mais recentemente, alguns autores argumentaram que devíamos avaliar a posição de classe dos indivíduos não só, ou mesmo não principalmente, em termos econômicos e de emprego, mas também em relação com fatores culturais como o estilo de vida e os padrões de consumo. De acordo com essa abordagem, a nossa era é uma era em que os 'símbolos' e os marcadores relacionados com o consumo jogam um papel maior na vida diária."
>
> GIDDENS, Anthony. *Sociologia*. Lisboa: Fundação Calouste Gulbenkian, 2008. p. 298.

Usando os seus conhecimentos sobre a cultura de classe estudados neste capítulo, como o autor do texto explica a relação entre negros e brancos pobres?

Aplicação de conceitos

10. **Cinema**

Entrando numa fria maior ainda, de Jay Roach. Estados Unidos, 2004, 114 min.

Por causa do casamento de dois jovens, duas famílias muito diferentes têm que conviver. A comédia explora as diferenças culturais entre grupos que podemos chamar de "tribais".

- O conflito entre as duas famílias – uma tradicional, modelo de classe média branca norte-americana; a outra, da mesma classe, mas com tradição cultural dos *hippies* dos anos 1960 – é caricato nesse filme. Analise a trama pelos três ângulos existentes: a cultura *hippie*, a cultura tradicional e a crítica do diretor/roteirista às duas formas de existência. Em grupo, converse com seus colegas, respondendo à seguinte questão: é possível uma terceira ou quarta via? Quais são as implicações de não se enquadrar na cultura social dominante?

Pesquisa e debate

11. Faça, sob a orientação do professor, um levantamento das possíveis subculturas que podem ser identificadas, mesmo que compostas de um único indivíduo, em seu bairro ou cidade. Depois, com seu grupo de trabalho, escolha um dos grupos identificados e realize uma pesquisa sobre essa subcultura. Em seguida, debata com a classe o que cada subcultura pesquisada pelos grupos traz para a compreensão do que é o ser humano e a sociedade.

Leitura visual

12. Observe as imagens, leia as legendas e descreva as características de cada grupo representado pelos jovens que aparecem nas imagens.

TOMASZ BIDERMANN/SHUTTERSTOCK

Jovem *dark*, Polônia, 2009.

ANDREAS GRADIN/ALAMY/OTHER IMAGES

Banda de *rock* durante apresentação, Suécia, 2008.

Questões de vestibular e do Enem

13. **(Enem-MEC)**

> "Populações inteiras, nas cidades e na zona rural, dispõem da parafernália digital global como fonte de educação e de formação cultural. Essa simultaneidade de cultura e informação eletrônica com as formas tradicionais e orais é um desafio que necessita ser discutido. A exposição, via mídia eletrônica, com estilos e valores culturais de outras sociedades, pode inspirar apreço, mas também distorções e ressentimentos. Tanto quanto há necessidade de uma cultura tradicional de posse da educação letrada, também é necessário criar estratégias de alfabetização eletrônica, que passam a ser o grande canal de informação das culturas segmentadas no interior dos grandes centros urbanos e das zonas rurais. Um novo modelo de educação."
>
> BRIGAGÃO, C. E.; RODRIGUES, G. *A globalização a olho nu*: o mundo conectado. São Paulo: Moderna, 1998. (adaptado)

Com base no texto e considerando os impactos culturais da difusão da tecnologia de informação no marco da globalização, depreende-se que:

a) a ampla difusão da tecnologia de informação nos centros urbanos e no meio rural suscita o contato entre diferentes culturas e, ao mesmo tempo, traz a necessidade de reformular as concepções tradicionais de educação.

b) a apropriação, por parte de um grupo social, de valores e ideias de outras culturas para benefício próprio é fonte de conflitos e ressentimentos.

c) as mudanças sociais e culturais que acompanham o processo de globalização, ao mesmo tempo em que refletem a preponderância da cultura urbana, tornam obsoletas as formas de educação tradicionais próprias do meio rural.

d) as populações nos grandes centros urbanos e no meio rural recorrem aos instrumentos e à tecnologia de informação basicamente como meio de comunicação mútua, e não os veem como fontes de educação e cultura.

e) a intensificação do fluxo de comunicação por meios eletrônicos, característica do processo de globalização, está dissociada do desenvolvimento social e cultural que ocorre no meio rural.

CAPÍTULO 18

Cultura de massa

1. A imprensa renascentista

Os tipos móveis de Gutenberg revolucionaram a imprensa e a cultura ocidental.

Em 1450, Johannes Gutenberg inventou a prensa de tipos metálicos, individuais e móveis, revolucionando a cultura ocidental e a produção escrita e aposentando processos artesanais mais simples usados até então. Com a tipografia, o custoso trabalho de reprodução de um manuscrito, que dependia de um copista e da decifração dos signos, foi substituído por um processo rápido, eficiente e mecânico – cada texto agora gerava um número ilimitado de cópias, todas absolutamente idênticas ao original (figuras 1 e 2). O copista foi substituído pelo compositor gráfico, a reprodução ficou mais barata e rápida, e os textos começaram a chegar a um número maior de pessoas.

As repercussões dessa invenção podem ser avaliadas pela rapidez com que as impressões gráficas se disseminaram pela Europa, apesar da resistência dos escribas (que estavam perdendo seu trabalho), dos líderes religiosos (que receavam a leitura individual e crítica dos textos bíblicos) e dos governantes (que se sentiam ameaçados por tanta leitura).

ALBUM/BILDARCHIV STEFFENS/AKG-IMAGES/LATINSTOCK – BIBLIOTECA DO CONGRESSO, WASHINGTON, D.C.

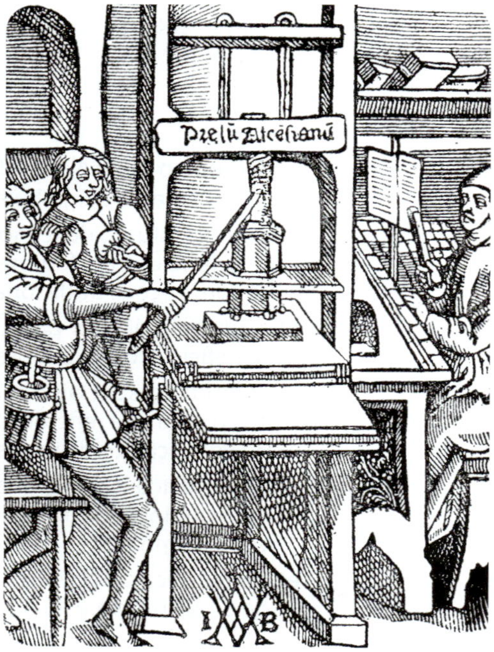

THE BRIDGEMAN ART LIBRARY/GETTY IMAGES – COLEÇÃO PARTICULAR

Figuras 1 e **2** • À direita, gravura representando a prensa de Gutenberg, 1498. À esquerda, a *Bíblia*, primeira obra a ser impressa com esse novo método.

Por razões como essas, em Istambul, capital do Império Otomano, a tipografia foi considerada pecaminosa, e a Rússia conheceu a prensa só no século XVIII, graças aos esforços do czar Pedro, o Grande. Mesmo assim, por volta de 1500, Itália, Alemanha e França já tinham mais de duzentas tipografias. Segundo dados dos historiadores Peter Burke e Asa Briggs, a produção girava em torno de 27 mil obras, e cerca de 13 milhões de livros circulavam pela Europa, que possuía então 100 milhões de habitantes.

A invenção da prensa veio acompanhada da Reforma Religiosa e do fortalecimento dos Estados nacionais. Contribuiu para a propagação de ideias revolucionárias e para o desenvolvimento comercial ao facilitar a elaboração dos contratos comerciais.

Johannes Gutenberg (c. 1397-1468)

Nasceu em Mogúncia, na Alemanha. Como seus antepassados, trabalhou na Casa da Moeda, onde aprendeu os segredos da fundição em metal. Começou a desenvolver um invento revolucionário para impressão de livros, com financiamento do ourives Johann Futz, sob provável influência do chinês Bi Zheng. Em 1455, imprimiu a primeira *Bíblia* em uma prensa de tipos móveis com colunas de 42 linhas por página, razão pela qual ficou conhecida como a *Bíblia* das 42 linhas. O invento trouxe-lhe fama, mas também pobreza, pois não conseguiu cumprir com os contratos e foi obrigado a entregar sua prensa para pagar as dívidas provenientes de processos movidos por clientes.

2. O grande público

Pode-se dizer que com a invenção da prensa foram lançadas as bases do que viria a ser a indústria cultural. Gutenberg pretendia produzir livros de forma rápida e seriada, destinada não a uma minoria culta e abastada, mas a um público amplo. Na tipografia, como na indústria de bens materiais, o trabalho humano foi substituído pela tecnologia, e isso barateou o preço do livro.

Algumas experiências editoriais já aludiam ao sucesso que a indústria cultural poderia vir a ter, atingindo um público amplo e indiferenciado. Os livros da **Biblioteca Azul** – romances, melodramas, narrativas de fatos históricos, vidas de santos, de redação bastante simples –, encadernados com papel barato (geralmente usado para embrulhar açúcar e de cor azul ou cinza, daí sua designação), circulavam pelas cidades e zonas rurais pelas mãos de vendedores ambulantes e esgotavam-se facilmente.

Mas não foram só os livros da Biblioteca Azul que indicaram a existência de um público amplo e indiferenciado para o consumo da produção livresca. Os **almanaques**, que traziam assuntos diversos e seções dedicadas a jogos, horóscopos, piadas, conselhos úteis, receitas, anúncios de medicamentos e calendários, também se dirigiam a esse público. No Brasil, o fenômeno dos almanaques chegou tardiamente, no século XIX (figura 3).

Biblioteca Azul

Entre os séculos XVII e XVIII, um acervo de livros de preço acessível foi publicado na França para divulgar a leitura entre as camadas mais pobres da população, especialmente os camponeses. A Biblioteca Azul foi assim chamada pela cor do papel utilizado em suas capas, também de baixo custo.

Almanaque. Palavra que vem do árabe *almanakh* e designa uma publicação anual com informações práticas destinadas especialmente à população rural. O primeiro almanaque a ser produzido em Portugal data de 1496. Era o *Almanach perpetuum*, de Abraão Zacuto.

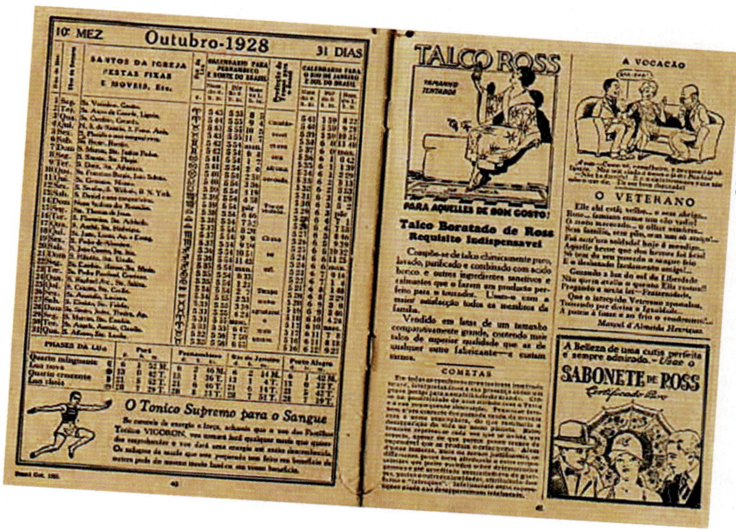

COLEÇÃO PARTICULAR

Figura 3 • Em 1891, começou a circular no Brasil o *Almanaque do dr. Ross*, produzido para a divulgação das "pílulas de vida" do dr. Ross. Tinha 48 páginas e era distribuído gratuitamente. Na imagem, páginas da edição de outubro de 1928.

> "Todas tinham almanaques. Nem só elas, mas também as matronas, e os velhos e os rapazes, juízes, sacerdotes, comerciantes, governadores, fâmulos; era moda trazer o almanaque na algibeira. Um poeta compôs um poema atribuindo a invenção da obra às Estações, por ordem de seus pais, o Sol e a Lua; um astrônomo, ao contrário, provou que os almanaques eram destroços de um astro em que desde a origem dos séculos estavam escritas as línguas faladas na Terra e provavelmente nos outros planetas. A explicação dos teólogos foi outra. Um grande físico entendeu que os almanaques eram obra da própria Terra, cujas palavras, acumuladas no ar, formaram-se em ordem, imprimiram-se no próprio ar, convertido em folhas de papel, graças... Não continuou; tantas e tais eram as sentenças, que a de Esperança foi a mais aceita do povo.
>
> – Eu creio que o almanaque é o almanaque – dizia ela rindo.
>
> Quando chegou o fim do ano, toda a gente, que trazia o almanaque com mil cuidados, para consultá-lo no ano seguinte, ficou espantada de ver cair à noite outra chuva de almanaques. Toda a Terra amanheceu alastrada deles; eram os do ano-novo. Guardaram naturalmente os velhos. Ano findo, outro almanaque; assim foram eles vindo, até que Esperança contou vinte e cinco anos, ou, como então se dizia, vinte e cinco almanaques."
>
> ASSIS, Machado de. Como se inventaram os almanaques. *Contos avulsos.* Rio de Janeiro: Civilização Brasileira, 1956.

Mesmo depois da invenção de Gutenberg, foi necessário que algumas condições se realizassem para que a imprensa se desenvolvesse. Desde o século XVII, jornais diários com notícias, variedades e editoriais políticos circulavam na Europa. Contudo, foram o crescimento das cidades, a formação das línguas nacionais, a difusão da alfabetização e a expansão do regime republicano pela Europa que alimentaram a produção da imprensa. O desenvolvimento da indústria garantia ao proletariado a aquisição do mínimo necessário para comprar jornais. Os folhetins, histórias ficcionais publicadas em capítulos nos jornais, também contribuíram para criar o hábito da leitura (figura 4).

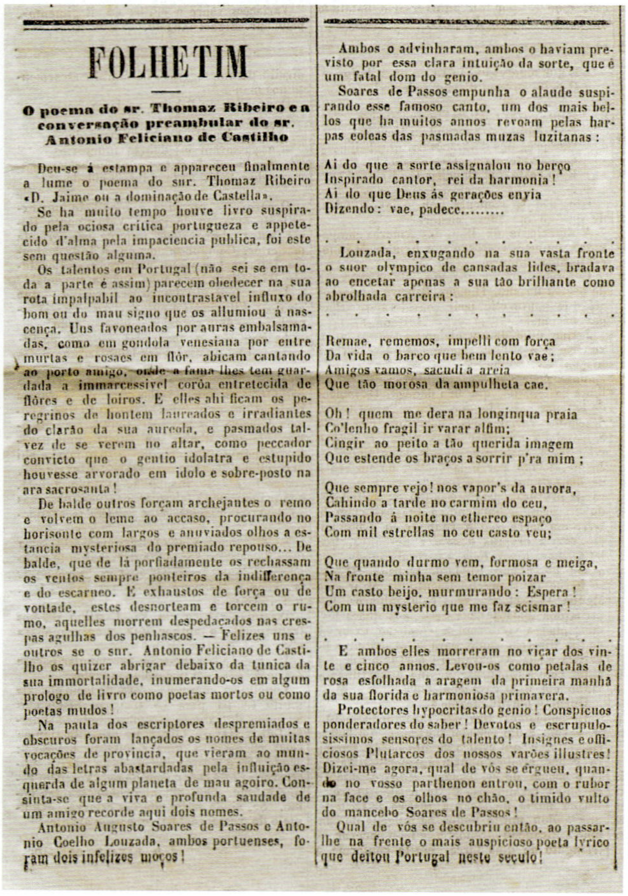

FOLHETIM

O poema do sr. Thomaz Ribeiro e a conversação preambular do sr. Antonio Feliciano de Castilho

Deu-se á estampa e appareceu finalmente a lume o poema do snr. Thomaz Ribeiro «D. Jaime ou a dominação de Castella».

Se ha muito tempo houve livro suspirado pela ociosa critica portugueza e appetecido d'alma pela impaciencia publica, foi este sem questão alguma.

Os talentos em Portugal (não sei se em toda a parte é assim) parecem obedecer na sua rota impalpabil ao incontrastavel influxo do bom ou do mau signo que os allumiou á nascença. Uns favoneados por auras embalsamadas, como em gondola venesiana por entre murtas e rosaes em flôr, abicam cantando ao porto amigo, onde a fama lhes tem guardada a immarcessivel corôa entretecida de flôres e de loiros. E elles ahi ficam os peregrinos de hontem laureados e irradiantes do clarão da sua aureola, e pasmados talvez de se verem no altar, como peccador convicto que o gentio idolatra e estupido houvesse arvorado em idolo e sobre-posto na ara sacrosanta!

De balde outros forçam archejantes o remo e volvem o leme ao accaso, procurando no horisonte com largos e anuviados olhos a estancia mysteriosa do premiado repouso... De balde, que de lá porfiadamente os rechassam os ventos sempre ponteiros da indifferença e do escarneo. E exhaustos de força ou de vontade, estes desnorteam e torcem o rumo, aquelles morrem despedaçados nas crespas agulhas dos penhascos. — Felizes uns e outros se o snr. Antonio Feliciano de Castilho os quizer abrigar debaixo da tunica da sua immortalidade, inumerando-os em algum prologo de livro como poetas mortos ou como poetas mudos!

Na pauta dos escriptores despremiados e obscuros foram lançados os nomes de muitas vocações de provincia, que vieram ao mundo das letras abastardadas pela influição esquerda de algum planeta de mau agoiro. Consinta-se que a viva e profunda saudade de um amigo recorde aqui dois nomes.

Antonio Augusto Soares de Passos e Antonio Coelho Louzada, ambos portuenses, foram dois infelizes moços!

Ambos o advinharam, ambos o haviam previsto por essa clara intuição da sorte, que é um fatal dom do genio.

Soares de Passos empunha o alaude suspirando esse famoso canto, um dos mais bellos que ha muitos annos revoam pelas harpas eolcas das pasmadas muzas luzitanas:

Ai do que a sorte assignalou no berço
Inspirado cantor, rei da harmonia!
Ai do que Deus ás gerações envia
Dizendo: vae, padece.........

. . . .

Louzada, enxugando na sua vasta fronte o suor olympico de cansadas lides, bradava ao encetar apenas a sua tão brilhante como abrolhada carreira:

. . . .

Remae, rememos, impelli com força
Da vida o barco que bem lento vae;
Amigos vamos, sacudi a areia
Que tão morosa da ampulheta cae.

Oh! quem me dera na longinqua praia
Co'lenho fragil ir varar alfim;
Cingir ao peito a tão querida imagem
Que estende os braços a sorrir p'ra mim;

Que sempre vejo! nos vapor's da aurora,
Cahindo a tarde no carmim do ceu,
Passando á noite no ethereo espaço
Com mil estrellas no ceu casto veu;

Que quando durmo vem, formosa e meiga,
Na fronte minha sem temor poizar
Um casto beijo, murmurando: Espera!
Com um mysterio que me faz scismar!

. . . .

E ambos elles morreram no viçar dos vinte e cinco annos. Levou-os como petalas de rosa esfolhada a aragem da primeira manhã da sua florida e harmoniosa primavera.

Protectores hypocritas do genio! Conspicuos ponderadores do saber! Devotos e escrupulosissimos sensores do talento! Insignes e officiosos Plutarcos dos nossos varões illustres! Dizei-me agora, qual de vós se ergueu, quando no vosso parthenon entrou, com o rubor na face e os olhos no chão, o timido vulto do mancebo Soares de Passos!

Qual de vós se descubriu então, ao passar-lhe na frente o mais auspicioso poeta lyrico que deitou Portugal neste seculo!

Figura 4 • O desenvolvimento da indústria gráfica abriu as portas para publicações de todos os gêneros, desde científico até de entretenimento. Os folhetins, por exemplo, causaram sensação no século XIX. Folhetim de Ramalho Ortigão (1836-1915), 1862.

Ao longo dos séculos ampliaram-se os recursos tecnológicos de reprodução de originais, não só de textos, mas também de imagens e sons. Assim, no fim do século XIX, a indústria cultural já se caracterizava pela produção seriada de bens simbólicos e imateriais que visava, com fins lucrativos, a um público amplo e indistinto, pejorativamente chamado de "massa".

3. O estudo da "massa"

Com o desenvolvimento da indústria, a decadência do artesanato e o êxodo rural, provocado pela mecanização do trabalho no campo, uma população de origem étnica, religiosa e regional diversificada, constituída de operários e muitos desempregados, estabeleceu-se nas áreas periféricas dos centros urbanos. Aumentava, assim, o número de pobres que aceitavam trabalhos temporários e pouco valorizados.

"Massa" foi o termo pejorativo usado pela elite para designar a aglomeração de milhares de pessoas nas cidades industriais.

Morando em cortiços e com baixo nível de renda, essa população se viu excluída das vantagens do desenvolvimento tecnológico e industrial. Entretanto, mantinha laços de amizade e de solidariedade e formas de divertimento que lembravam sua cultura de origem (histórias contadas nas rodas noturnas junto do fogo, poemas declamados ao som de guitarras, desafios musicais e esportivos, teatro de rua e procissões religiosas). Além dessas formas de sociabilidade e de entretenimento, a população migrante lutava por seus interesses e direitos em organizações políticas que promoviam manifestações e greves.

Toda essa movimentação era acompanhada a distância pelas elites, que se sentiam ameaçadas. Os movimentos sociais cresciam, e as desigualdades sociais se tornavam alarmantes – diferenças morais, ideológicas e educacionais dividiam a burguesia e o proletariado. Não tardou para que os pesquisadores da vida social se dedicassem ao estudo do que consideravam distúrbios da ordem social.

Gabriel Tarde e Gustave Le Bon (figura 5) estudaram o comportamento social das coletividades em épocas de crise e chamaram seu estudo de psicologia das multidões. Le Bon afirmava que a sociedade europeia de então vivia um período de crise caracterizado pela ação das multidões. Segundo ele, as pessoas haviam abandonado as individualidades em favor de comportamentos unívocos e de objetivos comuns. Criou-se então uma alma coletiva, e as multidões desenvolveram atitudes que pouco tinham a ver com os valores e a consciência individual dos envolvidos. É bom lembrar, no entanto, que essa alma coletiva não tinha nada de transcendente ou espiritual, tratava-se antes de um **substrato psíquico inconsciente**.

Foi assim que surgiu, na sociologia e nas ciências sociais em geral, o conceito de massa, que designava um conjunto indiferenciado de pessoas cujo comportamento era turbulento e imprevisível, ou turba, que era como se chamavam os povos nômades do deserto, considerados selvagens por muitos. Percebe-se por aí que o estudo das massas, do comportamento coletivo e das coletividades era influenciado pelo preconceito dos cientistas sobre as camadas mais baixas da população da época (veja figura 6 na página seguinte).

Gustave Le Bon (1841-1931)

ALBUM/AKG-IMAGES/LATINSTOCK – BIBLIOTECA NACIONAL DA FRANÇA, PARIS

Figura 5 • Le Bon em fotografia de c. 1890, Paris.

Sociólogo, psicólogo social e físico amador, estudou o comportamento social das massas em análises nas quais buscava explicar as características do comportamento coletivo. Suas obras foram muito estudadas no século XX por autores que se dedicaram à investigação dos meios de comunicação de massa.

Substrato psíquico inconsciente. Conceito criado por psicólogos sociais para designar aquilo que há de comum na psique humana para além das diferenças pessoais, raciais e culturais.

RENA SCHILD/SHUTTERSTOCK

Figura 6 • Protesto antiguerra. Estados Unidos, 2009. No século XIX, o grupo indiferenciado de pessoas que viviam na periferia das grandes cidades era chamado de multidão, turba ou massa. Hoje, no entanto, manifestações de massa são formas cotidianas de demonstrar insatisfação.

O desenvolvimento da indústria cultural e de entretenimento voltava-se para uma população ávida por informação, inserção social e diversão.

Por outro lado, o desenvolvimento da indústria cultural e de entretenimento voltava-se para essa população ávida por informação, inserção social e diversão. É nos costumes, hábitos e anseios dessa população que a indústria cultural buscará elementos para uma produção ampla, permanente e lucrativa. Exemplo disso são os folhetins, de forte apelo popular, os quais, publicados nos jornais diários, viabilizaram a imprensa. Tramas cheias de suspense e peripécias, com heróis e vilões em permanente disputa, ganham o apreço popular de um público indiferenciado quanto a sexo, idade, religião, região e classe social, uma verdadeira massa, conforme Gustave Le Bon.

Foi dessa forma que, nos séculos XVIII e XIX, massa começou designando a multidão que se aglomerava nas cidades com hábitos diferentes da burguesia e comportamento indesejado, por ser considerado ruidoso e indisciplinado ou, muitas vezes, reivindicativo e revoltado.

> "A cultura popular sempre foi brincalhona. Ela pegou a regulação séria e muitas vezes opressora da condução da vida cotidiana, a regulação pelo Estado, pela religião e pela comunidade, e a pôs de ponta-cabeça: o carnaval, as bacanais [...]. Essa brincadeira era escape, mas também conexão. A vida era abandonada, ainda que momentaneamente, mas esse mundo permanecia inscrito, porém transformado, nos jogos caóticos da discórdia e da resistência sociais. [...] O calendário era marcado pela regularidade de sua ocorrência. Era sempre uma ameaça. A multidão. A turba. O pagão."
>
> SILVERSTONE, Roger. *Por que estudar a mídia?* São Paulo: Loyola, 2002. p. 119.

4. Cultura de massa e homogeneização da sociedade

O século XIX assistiu ao surpreendente desenvolvimento dos meios de comunicação e da indústria cultural. Além do lançamento de vários jornais, como *Correio Braziliense* (Brasil), *Herald*, *Sun* e *Tribune* (Estados Unidos), *Le Petit Journal*, *Le Petit Parisien* e *Le Matin* (França), houve o advento da fotografia e do telégrafo (1839), do telefone (1856) (figura 7) e do fonógrafo (1877). O rádio surgiu na última década do século, assim como o cinema, cuja primeira projeção foi realizada pelos irmãos Lumière, na França, em 1895.

Invenções como o telégrafo, o telefone e o rádio modificaram as relações entre as pessoas.

Todos esses inventos influenciaram profundamente a sociedade, modificando a relação entre as pessoas e destas com o mundo a sua volta. Novos hábitos foram introduzidos na vida cotidiana e novas formas de divertimento se consolidaram. Os empresários, percebendo o potencial desses novos meios de comunicação, passaram a usá-los para fazer publicidade. A busca por lucros tornou-se mais evidente, ao mesmo tempo que os produtos anunciados passaram a ser desejados pela população, criando assim um estilo de vida moderno e urbano. Grande parte da população compartilhava experiências comuns, e sua sensibilidade era moldada pelos romances e pelas notícias que chegavam de lugares cada vez mais distantes. Iniciou-se um processo de homogeneização cultural que em breve derrubaria barreiras de classe, sexo, nacionalidade e religião. Se antes o que incomodava eram as diferenças culturais entre elite e população em geral, agora a preocupação era a “mesmice” da cultura de massa, que chegava a todas as classes sociais.

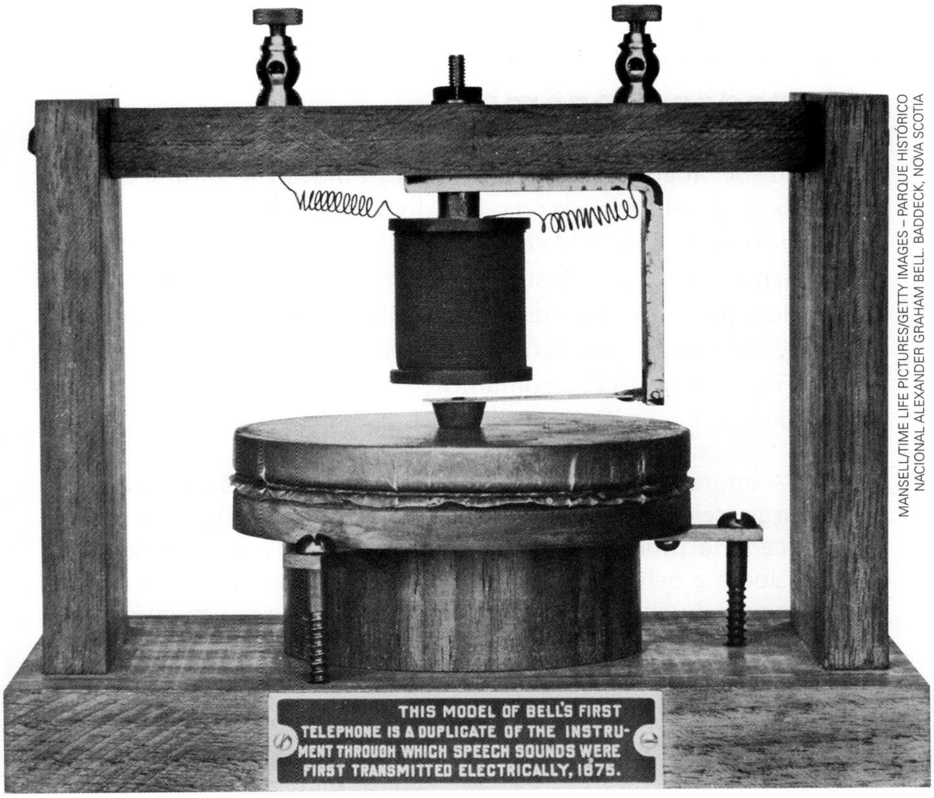

MANSELL/TIME LIFE PICTURES/GETTY IMAGES – PARQUE HISTÓRICO NACIONAL ALEXANDER GRAHAM BELL. BADDECK, NOVA SCOTIA

Figura 7 • Primeiro telefone de Alexander Graham Bell. Inglaterra, 1875. Um dos inventos que mais modificaram a vida cotidiana foi o telefone, criado pelo italiano Antônio Meucci, em 1856.

JAMES THEW / SHUTTERSTOCK

Figura 8 • Na era da cultura da imagem, as pessoas são bombardeadas com tal quantidade de imagens pré-fabricadas que se torna quase impossível distinguir uma cena observada na vida real daquela que vimos há poucos segundos na televisão. Telão formado por diversas telas. Estados Unidos, 2008.

A produção seriada e voltada para o lucro da indústria cultural gerou uma homogeneização cultural.

A partir da invenção da fotografia, essa cultura coletiva passou a ser ainda mais próxima e íntima. Se a recepção da escrita enfrenta barreiras, erguidas pelo analfabetismo e pelas fronteiras linguísticas, a imagem tem um impacto muito mais amplo e ilimitado, especialmente importante em épocas de globalização. Assim, a fotografia e, depois, o cinema e a televisão fizeram emergir a cultura da imagem, acabando com uma hegemonia de quinhentos anos da palavra escrita (figura 8). As imagens assumiram um *status* de presença, intimidade e identidade, povoando os sonhos e criando um novo repertório de mitos que passou a ser compartilhado pelas mais diferentes sociedades da comunicação globalizada.

5. Cultura de massa, poder político e poder econômico

Para o sociólogo francês Edgar Morin, a indústria cultural é produtora de bens simbólicos, ou seja, impalpáveis – quando estamos diante de uma tela de cinema, tudo que temos é o enredo, as emoções e o entretenimento. Mas, para existir, a indústria cultural depende do poder econômico, pois cada uma de suas manifestações exige investimentos e lucros, e do poder político, que é responsável pela infraestrutura necessária à expansão das comunicações e pelas leis que regem essas concessões.

> "A imprensa, o rádio, a televisão, o cinema são indústrias ligeiras pelo aparelhamento produtor, são ultraligeiras pela mercadoria produzida: esta fica gravada sobre a folha de jornal, sobre a película cinematográfica, voa sobre as ondas e, no momento do consumo, torna-se impalpável, uma vez que esse consumo é psíquico. Entretanto, essa indústria ultraligeira está organizada segundo o modelo da indústria de maior concentração técnica e econômica."
>
> MORIN, Edgar. *Cultura de massas no século XX*. Rio de Janeiro: Forense Universitária, 1984. p. 24.

Edgar Morin (1921-)

Nascido Edgar Nahoun, é um sociólogo e filósofo francês. Estudou cinema em profundidade. Por ser judeu e comunista, viveu na clandestinidade no período da Segunda Guerra Mundial. É pesquisador emérito do Centre National de la Recherche Scientifique (Centro Nacional de Pesquisa Científica), da Sorbonne (Paris). Esteve diversas vezes no Brasil, onde suas obras tiveram grande repercussão.

A indústria cultural tem grande influência. Além de entreter e divertir, ela transmite valores, promove experiências, cria expectativas e interfere na opinião pública. A mídia, uma das manifestações da indústria cultural, também é chamada de quarto poder, aquele que se exerce ao lado dos outros existentes em uma república (Executivo, Legislativo e Judiciário). A mídia persuade, convence, informa, educa, mobiliza expectativas, desperta ideais e estimula desejos e o consumo **fetichista** de mercadorias (figura 9).

A indústria cultural produz aquilo que é chamado de cultura de massa. Essa designação se deve ao fato de os meios de comunicação estarem voltados para um público amplo e indiferenciado, que se confunde com a multidão estudada por Le Bon.

O conceito de cultura de massa despertou muitas críticas. A primeira delas é que submeteria o público e atuaria de forma subliminar e autoritária, impedindo o diálogo e a controvérsia. Outra seria sua própria submissão aos interesses comerciais ou às conveniências do Estado, que, mesmo indiretamente, é seu mantenedor. Por último, ela apagaria diferenças, iludiria o público e impediria a crítica. Marc Augé, antropólogo francês que estuda a influência dos meios de comunicação nas culturas africanas, sustenta que a exposição a imagens midiáticas é responsável por uma transformação visível nas crenças religiosas. Segundo ele, os fenômenos de possessão estão perdendo sua sacralidade, pois as pessoas estão expostas a uma série de experiências ficcionais, desde seriados até publicidade, que banalizariam os rituais sagrados. Em contrapartida, as imagens midiáticas estariam ganhando cada vez mais credibilidade.

Estudos mais recentes sobre cultura de massa, no entanto, admitem que o poder da indústria cultural não é tão evidente. Pesquisas comprovam que existe um diálogo entre o que ela divulga e a cultura a que pertence o público. Estudos feitos com espectadores do seriado americano *Dallas* mostraram que a interpretação da trama variava segundo a nacionalidade do espectador, o que significa que as culturas nacionais podem interferir na recepção daquilo que se vê.

De todo modo, é importante lembrar que a cultura de massa é um dos fatores responsáveis pela globalização, na medida em que pessoas de todas as partes do mundo estão expostas às mesmas iniciativas, aos mesmos produtos.

Fetiche

A palavra fetiche foi usada por filósofos e sociólogos para designar objetos e mercadorias aos quais se atribuíam poderes imateriais ou sobrenaturais. Para Auguste Comte, fetiche corresponde à tendência humana de transcender o real para buscar seus aspectos imateriais; para Karl Marx, ao contrário, são propriedades que os consumidores buscam nas mercadorias e que estão além de suas qualidades materiais. O fetiche da mercadoria também pode ser pensado como uma ilusão a respeito das propriedades de um produto ou uma qualidade imaterial em torno da qual se desenvolve o *marketing* e a publicidade.

LOU LINWEI/ALAMY/OTHER IMAGES

Figura 9 • *Outdoor* em Beijing, China, 2008. Os anúncios de produtos como roupas apelam diretamente para o imaginário dos consumidores, sugerindo que, como num passe de mágica, a aquisição e o uso lhes darão certas qualidades, mas que não pertencem ao produto.

Atividades

Compreensão do texto

1. Com o advento da tipografia de Gutenberg, tem início um processo de produção cultural que, mais tarde, será denominado indústria cultural. Qual é a base dessa nova indústria?
2. Que meios tornaram possível que a palavra impressa pudesse ser lida e consumida por um público mais amplo?
3. Que fatores contribuíram para a popularização dos jornais?
4. Qual era o significado da palavra massa no século XIX e início do século XX?
5. O que foi a psicologia das multidões?
6. Por que se acusa a indústria cultural de reduzir a cultura a uma "mesmice"?
7. Por que a fotografia acabou se sobrepondo ao texto escrito?
8. Com base em que Edgar Morin afirma que a indústria cultural é produtora de bens simbólicos?
9. O que significa o quarto poder?

Interpretação e problematização

10. Como a ideia de substrato psíquico inconsciente e de turba está presente de modo preconceituoso no conceito de massa? Faça uma pesquisa nos meios de comunicação e verifique se hoje essas ideias ainda são utilizadas como em sua versão original.
11. Quais são os aspectos positivos e negativos que podemos atribuir à relação entre a indústria cultural e a massa?
12. Leia o texto e responda à questão.

> "Os meus trabalhos ao longo dos últimos cinco anos demonstram que americanos e árabes vivem a maior parte do tempo em mundos sensoriais diferentes e que não recorrem aos mesmos sentidos, nem sequer quando se trata de estabelecer a parte mais importante das distâncias observadas perante o interlocutor no decorrer de uma conversa. Como veremos, os árabes utilizam muito mais o olfato e o tato do que os americanos. Interpretam e combinam diferentemente os respectivos dados sensoriais."
>
> HALL, Edward T. *A dimensão oculta*. Lisboa: Relógio d'Água, 1986. p. 13.

Segundo o autor, o que interfere mais na comunicação entre norte-americanos e árabes: a tecnologia, a mídia ou a cultura? Por quê?

Aplicação de conceitos

13. **Cinema**

O show de Truman, de Peter Weir. Estados Unidos, 1998, 102 min.

O filme mostra como o desenvolvimento dos meios de comunicação cria falsas ilusões sobre a realidade.

- Essa obra ficcional de grande alcance crítico deve ser analisada e debatida sob a perspectiva de como a nossa vida pode ser afetada na presente era da comunicação e da imagem. Discuta o tema em torno da seguinte questão: o que sentimos e valoramos é realmente construção nossa ou algo induzido pela mídia e pela propaganda?

Pesquisa

14. Considere as críticas que estudos recentes fazem ao poder da mídia e pesquise em jornais ou livros fatos da história do Brasil dos últimos 30 anos que as confirmem ou neguem.

15. Pesquise com o seu grupo de trabalho como as propagandas são elaboradas. Os grupos podem ser divididos em torno de temas (carros, roupas, alimentos etc.) e mídias (impressa, televisiva, virtual etc.). Se possível, seria interessante entrevistar publicitários.

Leitura visual

16. As imagens abaixo retratam personagens das revistas de história em quadrinhos norte-americanas, ícones da cultura de massa. Explique como esses personagens substituíram os antigos heróis da cultura clássica (Aquiles, Hércules etc.), tornando-se os novos modelos de coragem e de bravura.

WARNER BROS./ALBUM CINEMA/LATINSTOCK

Personagem Batman, protagonista do filme *Batman Begins*, dirigido por Christopher Nolan, Estados Unidos, 2005.

REPRODUÇÃO

Cartaz do filme *Homem Aranha II*, dirigido por Sam Raimi, Estados Unidos, 2004.

Questões de vestibular e do Enem

17. **(UEL-PR)**

> "O homem político poderia ser ele mesmo. Autenticamente. Ele prefere parecer. Ainda que lhe seja preciso simular ou dissimular. Compondo um personagem que atraia atenção e impressione a imaginação. Interpretando um papel que é por vezes um papel composto. De modo que, recorrendo a um vocabulário colhido no teatro, fala-se em 'vedetes', outrora em 'tenores', sempre em 'representação política'."
>
> SCHWARTZENBERG, R. *O Estado espetáculo*. Rio de Janeiro/São Paulo: Difel, 1978. p. 7.

Com base no texto e nos conhecimentos sobre os temas indústria cultural e política, é correto afirmar que:

a) na atualidade, a arte de dissimular dos políticos está cada vez menos evidente e, com base nela, os eleitores escolhem seus candidatos.

b) através da imagem construída pelo candidato se pode distinguir claramente sua ideologia.

c) na era das comunicações, o indivíduo torna-se cada vez mais informado, portanto, mais imune à propaganda, inclusive à propaganda política.

d) no Brasil, a indústria cultural torna manifestações como o teatro, a literatura, a música popular e as artes plásticas livres de qualquer traço de mediocridade por ter conotação ideológica.

e) a indústria cultural repousa sobre a produção de desejos, imagens, valores e expectativas, por isso somos cada vez mais suscetíveis à propaganda política.

CAPÍTULO 19

Localismos e comunidades virtuais

1. Cultura: tempo e espaço

Nos estudos sobre cultura, o tempo e o espaço são aspectos fundamentais.

Nos dois capítulos anteriores, procuramos definir a cultura como produção coletiva de formas de ser que possibilitam nossa sobrevivência e desenvolvem em nós características que nos distinguem como seres humanos. A cultura, portanto, está intrinsecamente ligada à nossa humanidade.

Vimos que a cultura se traduz tanto por hábitos, costumes e comportamentos externos e observáveis como pela formação de subjetividades que permitem que esses comportamentos, além de cumprir funções práticas e materiais, sejam a afirmação de visões de mundo, o que envolve emoções, crenças, valores e memória. Isso se traduz pela identificação de aspectos materiais e imateriais da cultura. Sustentamos também que as culturas são totalidades complexas, compostas de elementos em coesão ou conflito. Dos conflitos surgem as subculturas, cuja especificidade acaba por alterar a configuração das culturas mais abrangentes que as contêm, seja a cultura nacional, seja a cultura globalizada, própria da contemporaneidade. Finalmente, estudamos que a cultura, na atualidade, passa por desafios imperiosos decorrentes das características históricas da época contemporânea, também conhecida como pós-modernidade.

No estudo da cultura, quer em suas características mais gerais, quer em seus princípios históricos, dois aspectos se mostram especialmente importantes: o tempo e o espaço. Só podemos compreender a cultura de um grupo se o situarmos num tempo e num espaço determinados. Os membros de um grupo também só conseguem se perceber como participantes de uma cultura quando estão situados temporal e espacialmente. Neste capítulo, vamos abordar a concepção cultural dos espaços em que vivemos e sua importância na localização cultural de nossa realidade e do ambiente que nos cerca.

ANDRÉ DUSEK/AGÊNCIA ESTADO

Figura 1 • Índios comemoram vitória da ação de demarcação das terras indígenas Raposa Serra do Sol, no Palácio da Justiça, em Brasília, 2009.

2. Lugar e cultura

A antropologia sempre dedicou espaço e significância à descrição e interpretação do cenário físico em que se desenrola a cultura. O desenvolvimento da geografia, da economia e das ciências naturais aprimorou essa descrição, concedendo aos estudos do meio crescente importância. Das amplas descrições etnográficas, passamos a um estudo interpretativo das relações entre sociedade e meio físico e geográfico.

A importância do espaço ocupado por um grupo em especial é destacada por diversos cientistas sociais. A descrição de fronteiras e de demarcações parece ser importante tanto para os povos estudados como para aqueles que os estudam. A relação com a terra e a ideia de que o território ocupado é uma dádiva divina, por exemplo, faz parte da mitologia de povos de diferentes origens (figura 1).

O antrópologo britânico Evans-Pritchard, por exemplo, ao estudar o povo Nuer (figura 2), que vive em uma região da atual Etiópia, assim se expressou:

> "As principais características da terra dos Nuer são: 1) Ela é absolutamente plana. 2) Possui solo argiloso. 3) Possui florestas muito ralas e esporádicas. 4) Fica coberta com relva alta nas chuvas. 5) Está sujeita a chuvas fortes. 6) É cortada por grandes rios que transbordam anualmente. 7) Quando cessam as chuvas e os rios baixam de nível, fica sujeita a seca severa.
>
> Tais características interagem umas com as outras e compõem um sistema ambiental que condiciona diretamente a vida dos Nuer e influencia sua estrutura social. A determinação é de natureza tão variável e complexa que não tentamos resumir neste estágio de nossa descrição; em vez disso, faremos a nós mesmos uma pergunta mais simples: até que ponto os Nuer são controlados pelo meio ambiente enquanto pastores, pescadores e agricultores?"
>
> EVANS-PRITCHARD, E. E. *Os Nuer*. São Paulo: Perspectiva, 1978. p. 66.

Edward Evan Evans-Pritchard (1902-1973)

Nasceu em Sussex, Inglaterra. Etnógrafo britânico, foi um dos responsáveis pelo desenvolvimento da antropologia em seu país. Começou sua pesquisa de campo em 1926, estudando os Azande. Serviu na Segunda Guerra Mundial e lecionou em universidades africanas. Foi professor na Universidade de Oxford. Seus estudos sobre as instituições o identificou como um autor estrutural-funcionalista.

FRIEDRICH STARK/ALAMY/OTHER IMAGES

Figura 2 • Foto de mulheres nuers carregando palha. Etiópia, 2007.

CHRISTIAN TRAGNI/FOLHAPRESS

ROGÉRIO REIS/PULSAR IMAGENS

Figuras 3 e **4** • Acima, cozinheiro preparando *sushi* em restaurante japonês no bairro da Liberdade, na cidade de São Paulo, lugar antropológico por ser um espaço com expressiva influência asiática na população, no idioma e nos costumes. São Paulo, 2007. À direita, o mercado Ver-o-Peso junta tradições do Norte e do Nordeste, em Belém. Pará, 2008.

Antonio Cândido, ao estudar a cultura paulista dos séculos XVI a XVIII, descreveu o bandeirismo como um processo de invasão ecológica e ao mesmo tempo como um tipo de sociabilidade com formas próprias de ocupação do solo e de relações de grupo. Marc Augé chama de lugar antropológico esse espaço em que o cientista social localiza uma cultura a partir dos referenciais do grupo estudado (figuras 3 e 4). Não se trata, porém, de uma região delimitada, mas de um espaço onde se manifesta a totalidade dessa cultura – as trocas, as relações, os cerimoniais, os jogos, a comunicação e a memória. Isso faz do lugar um conceito menos ambiental e mais relacional, identitário e histórico. Segundo o autor, "nascer é nascer num lugar, ser designado à residência", mas esse lugar compreende também as relações, a ancestralidade, a história. Com esse princípio, Augé propõe um conceito de espaço apenas parcialmente material ou geográfico. No restante, ele é mítico e simbólico.

O lugar distingue-se do espaço na medida em que é ocupado, vivido e construído.

Thomas Gregor analisou os costumes, as relações e as crenças dos meinacos, povo indígena do alto Xingu, do ponto de vista dramatúrgico, isto é, como se os membros do grupo encenassem um texto coerente e estruturado com o intuito de expressar sua visão de mundo. A construção da aldeia, assim como das casas, revela as distinções espacialmente concebidas entre o reino do homem e o da natureza, o público e o privado, o sagrado e o profano, os homens e as mulheres. Trata-se, portanto, de um espaço simbólico e discursivo. O espaço é como uma metáfora das relações sociais e políticas do grupo.

Nesse sentido, o lugar distingue-se do espaço na medida em que é ocupado, vivido e construído. Assim, o lugar é o espaço da cultura, do compartilhamento e da formulação de significados. Podemos pensar o lugar antropológico proposto por Augé como um espaço de fixações e de fluxos em que se desenrolam a vida social e os ritos que a compõem. O lugar é o cenário da ação em sociedade.

3. O lugar nas sociedades complexas

Os espaços possuem pontos fixos, pelo menos temporariamente, como a casa, o templo, a feira, a fronteira, mas também possuem fluxos, como o trânsito de pessoas, a troca de mercadorias, as guerras, as viagens, as migrações, que em geral ampliam os espaços (figuras 5 e 6). É nessa rede de relações estabelecidas no espaço entre o fixo e o móvel que se dá a cultura. Os deslocamentos têm em vista o lugar da chegada. No imaginário dos viajantes, criam-se metáforas do lugar de chegada (o Eldorado, a Terra do Nunca, o País das Maravilhas). Também entre as cidades, os países e as nações, há fluxos reais e imaginários.

O lugar é ocupado, vivido e construído.

> "À medida que viaja, o viajante se desenraíza, solta, liberta. Pode lançar-se pelos caminhos da imaginação, atravessar fronteiras e dissolver barreiras, inventar diferenças e imaginar similaridades. A sua imaginação voa longe, defronta-se com o desconhecido, que pode ser exótico, surpreendente, maravilhoso ou insólito, absurdo, terrificante. Tanto se perde como se encontra, ao mesmo tempo que se reafirma e modifica."
>
> IANNI, Octávio. *Enigmas da modernidade-mundo*. Rio de Janeiro: Civilização Brasileira, 2000. p. 31.

Nas sociedades complexas e urbanas, os diversos lugares que ancoram a vida social tendem a se sobrepor, na medida em que participamos de diferentes fluxos, trânsitos e rituais. Há o espaço da casa, da igreja, da escola, do trabalho, do lazer e a própria rua, que se torna um lugar de sociabilidade, e cada um desses lugares colabora para nossa identidade e afirmação. No entanto, conforme as cidades crescem, mais anônima e impessoal se torna a vida social e, consequentemente, mais importantes se tornam os espaços identitários, o lugar antropológico, onde há memória e história. Esses lugares são mencionados por Gaston Bachelard em seu livro *A poética do espaço*, que mostra como tais lugares, por sobreviver à expansão do mundo moderno, carregam-se de significado e emoção.

POPPERFOTO / GETTY IMAGES

MEMORIAL DO IMIGRANTE, SÃO PAULO

Figuras 5 e **6** • À esquerda, Ilha de Ellis, em Nova York. Estados Unidos, c. 1900. À direita, desembarque na estação anexa à Hospedaria dos Imigrantes, em São Paulo. Foto do final do século XIX. A Ilha de Ellis e a Hospedaria dos Imigrantes foram, durante algumas décadas, pontos de chegada dos imigrantes vindos da Europa para a América. Eram lugares de esperança e de recomeço, onde culturas diferentes começaram a se influenciar mutuamente.

TIM PAGE/CORBIS/LATINSTOCK

Figura 7 • Pacientes realizam atividade de dança-terapia em uma instituição psiquiátrica, em Havana. Cuba, 1989.

O lugar é o espaço preenchido pelo cotidiano compartilhado e, nesse sentido, a cultura que daí deriva é o conteúdo concreto do localismo contemporâneo. Assim, as fronteiras que se estabelecem entre fluxos, pessoas, habitantes e significados são demarcadas pelos limites da cultura local. É ela que é capaz de identificar o que é de dentro e o que é de fora, o que é nativo e o que é estrangeiro. No entanto, o lugar não pode ser pensado apenas como parte, em contraposição à sociedade abrangente ou à metrópole como um todo. O local, que é o espaço onde a diversidade se processa, é um microcosmo gerador de identidade, com a qual o indivíduo se integra no todo.

Localismo. Nos estudos de multiculturalismo e de globalização, designa as relações estabelecidas entre pessoas que compartilham um mesmo território ou região desenvolvendo um sentimento forte de coesão e identidade.

4. Instituições totais

No lado oposto a esses estudos da metrópole, em que os cientistas sociais identificam uma multiplicidade de espaços de trânsito, de relações, de fluxos e de trocas, Erving Goffman pesquisou as relações sociais que se estabelecem em instituições. Estas são espaços únicos, em que um determinado grupo de pessoas convive de forma isolada, por um motivo qualquer. São, por exemplo, os manicômios, as prisões, os conventos, os navios ou as estações espaciais (figura 7). Ele as chamou de instituições totais.

O crescimento das cidades faz a vida social se tornar mais anônima e impessoal.

As instituições totais possuem uma administração controladora e se caracterizam pelo fato de os internos realizarem uma série de atividades num mesmo lugar e com as mesmas pessoas, seguindo regras rígidas e um cronograma detalhado. Os internos têm em geral origens sociais e regionais diferentes, mas essa pluralidade é atenuada pela rígida disciplina a que são submetidos. Assim, com o tempo, as marcas da cultura de origem tendem a se apagar. Goffman chama esse fenômeno de desculturamento. Embora o contato entre os internos possibilite a formação de pequenos grupos, as "panelinhas", estas não chegam a configurar uma cultura alternativa, dada a rigidez da disciplina.

Os objetivos dessas instituições definem sua organização. Os contatos com a sociedade exterior são breves e controlados. As relações entre os internos são muito planejadas e pouco espontâneas, não havendo espaço para a criatividade, a identidade e a formação de uma cultura própria. Para assegurar o cumprimento dessas regras, é prevista uma série de castigos para os indisciplinados e de recompensas para os que adotam o comportamento desejado.

As instituições totais lembram os guetos, ou seja, agrupamentos involuntários de pessoas separadas da sociedade por algum critério de exclusão. A definição de gueto pode ser apropriada para hospitais, manicômios, prisões e centros de reabilitação. A aproximação, contudo, deve ser ponderada. Em algumas instituições, como ordens religiosas ou grupos de trabalho, não há exclusão involuntária. Além disso, os guetos são geralmente delimitados em função de determinada característica étnica ou social da população, o que não acontece nos manicômios ou na tripulação de navios.

5. Os não lugares

Em oposição ao localismo e aos espaços identitários, onde processamos nosso trânsito por múltiplos contextos relacionais e concentramos nosso cotidiano e nossa memória, estão os *não lugares*, esses espaços que se reproduzem no mundo todo com as mesmas características impessoais e a-históricas (figura 8).

Nos espaços identitários concentramos nosso cotidiano, nossa memória, nossa rede.

> "Hoje, não é nos locais superpopulosos, onde se cruzam, ignorando-se, milhares de itinerários individuais, que subsiste algo do encanto vago dos terrenos baldios e dos canteiros de obras, das estações e das salas de espera, onde os passos perdem, de todos os lugares de acaso e encontro, onde se pode sentir de maneira fugidia a possibilidade mantida da aventura, o sentido de que só se tem que 'deixar acontecer'?"
>
> AUGÉ, Marc. *Não lugares*: introdução a uma antropologia da supermodernidade. Campinas: Papirus, 1994. p. 8.

TIMUR KULGARIN/SHUTTERSTOCK

Figura 8 • Nos *não lugares*, as pessoas não se conhecem e não estão lá para se conhecer. Exemplo desses locais são os aeroportos, como o de Amsterdã, Holanda, 2007.

KUMAR SRISKANDAN/ALAMY/OTHER IMAGES

Figura 9 • *Shopping center* na vila urbana de Arlington, em Washington, nos Estados Unidos, 2009.

Shopping centers, caixas eletrônicos, elevadores, vagões de metrô, saguões de aeroportos, interiores de avião, máquinas de café-expresso são alguns desses *não lugares*, semelhantes em todo o mundo, independentemente dos países e das regiões onde estejam (figura 9). São espaços de trânsito impessoais e anônimos que, segundo Augé, transmitem uma sensação de aventura e de acaso, onde coisas novas podem acontecer.

Nesses *não lugares*, as pessoas em geral estão em trânsito, não se conhecem e não estão lá para se conhecer. São espaços de deslocamento e de tráfego. O desenvolvimento tecnológico e a globalização têm feito os não lugares proliferarem pelo mundo e se incorporarem às nossas vidas. As paisagens estão se tornando não identificáveis, na medida em que empresas e franquias levam para todas as partes do mundo uma arquitetura pré-fabricada, com as mesmas marcas, as mesmas lojas, o mesmo tipo de máquina, elevadores e edifícios. O confronto entre os *não lugares* e as culturas é grande e resulta geralmente em soluções estranhas.

6. Culturas virtuais

São característicos dos *não lugares* o planejamento e a programação, o uso de peças pré-moldadas, materiais sintéticos e tecnologia de ponta. Cada vez mais se prevê a intermediação ou o relacionamento da máquina com o homem: autoatendimento, caixas eletrônicos, mensagens gravadas, telefones, computadores etc. Esse aparato tecnológico que faz ou medeia a prestação de serviços faz parte dos ambientes inteligentes.

Outros exemplos de ambientes inteligentes são os edifícios climatizados, com acesso eletrônico, vigilância sincronizada, isolamento acústico e sonorização ambiental, transporte vertical programado, sistema de sensores que controlam a iluminação, o uso da água e da energia, gerenciamento da circulação pública e privada, comunicação por rede de computadores, reciclagem de água e lixo. Com o uso de sensores, *chips*, fibras ópticas, comunicação por satélite, monitores, base de dados e memória artificial, os ambientes inteligentes transformam-se em espaços *hi-tech*, onde há um isolamento quase completo do mundo exterior (figura 10). Como ilhas tecnológicas, comunicam-se com espaços equivalentes e localizados a distância, alcançáveis por videoconferência.

TONY AVELAR/BLOOMBERG/GETTY IMAGES

Figura 10 • Sala de controle da *National Ignition Facility*, Laboratório Nacional Lawrence Livermore. Estados Unidos, 2009. Sistemas de controle como o da foto acima possuem não só o controle do fluxo de pessoas como de todos os mínimos detalhes do ambiente do prédio, da temperatura ao acúmulo de bactérias nos filtros do ar-condicionado. São ilhas *hi-tech* que isolam os seus usuários do mundo exterior.

Os ambientes inteligentes impõem-se ao mundo globalizado como novas maneiras de viver. A substituição do trabalho humano pela máquina, a transformação da ocupação em gerenciamento de informações, a autonomia em relação ao entorno, tudo isso colabora para que esses ambientes inteligentes se instalem na vida contemporânea como espaços dominados pela tecnologia e pela programação. Verdadeiras ilhas de realidade virtual, implantam no globo uma vivência nova comandada por circuitos e sistemas – o **ciberespaço**.

O prefixo ciber vem do grego *kyberne* ou *kybernetiké*, que significa pilotar ou governar – daí a série de sinônimos ligados ao uso do computador e da internet, como navegar. Depois da revolução tecnológica e do advento dos computadores, esse prefixo passou a designar os fenômenos que dizem respeito ao fluxo e ao gerenciamento de informações por computadores ligados em rede; remete, mais especificamente, a formas de comunicação ligadas à internet.

> "Decidimos chamar todo o campo da teoria do controle e da comunicação, quer se trate de máquina ou animal, pelo nome de cibernética, que formamos a partir da palavra grega para timoneiro."
>
> CAMPOS, Augusto de. Do caos ao espaço ciberal. *Folha de S.Paulo*, São Paulo, Mais!, 9 nov. 2003. p. 11.

Enaltecido pelos otimistas e condenado pelos pessimistas, o ciberespaço estabelece formas peculiares de relação entre as máquinas, entre estas e seus usuários e entre os próprios usuários. As relações entre estes últimos são concebidas como distantes, impessoais e mediadas por equipamentos digitais, como câmeras, sensores, computadores, telas e capacetes (figura 11). As relações assim estabelecidas promovem outras formas de interação que caracterizam uma nova forma de cultura – a cibercultura.

As redes de relacionamento proporcionam novas formas de convívio e sociabilidade e têm ganhado importância no cotidiano das pessoas, assim como os *blogs*, que se tornam novos veículos de expressão, debate e noticiário. A sociologia enfrenta essas novas relações sociais procurando explicá-las e introduzi-las no contexto da sociedade instituída.

Como pudemos ver neste capítulo, no mundo contemporâneo há diferentes espaços e, consequentemente, diferentes situações que devem ser enfrentadas por aqueles que os habitam ou os ocupam, desafiando as ciências sociais a explicar essa diversidade e seus efeitos sobre a relação entre as pessoas e sobre a forma como elas experimentam o mundo e constroem sua sociabilidade. Desenvolver um olhar flexível capaz de dar conta dessa multiplicidade é o grande objetivo que as ciências sociais enfrentam. Vejamos, no próximo capítulo, que respostas nos têm dado os cientistas a esses obstáculos e desafios.

Ciberespaço

O termo surgiu em 1984, cunhado pelo escritor norte-americano William Gibson (1948-) para designar o espaço por onde fluem informações de origem e destinos diversificados e no qual interagem seres humanos entre si ou com máquinas, por meio de uma série de aparatos tecnológicos, como computadores, câmeras, radares, sensores, telefones etc.

IVAN DIAS/AGÊNCIA ESTADO

Figura 11 • As relações via computadores tornam-se cada vez mais o meio normal de comunicação da humanidade. Ao lado, *videogame* coletivo, no qual os jogadores, simultaneamente, simulam e enfrentam situações de crise epidêmica de forma colaborativa. Exposição *Epidemik*, na Estação Ciência, em São Paulo, 2010.

Atividades

Compreensão do texto

1. Caracterize o conceito de cultura.
2. O que é lugar antropológico?
3. Quais são as características dos espaços nas sociedades complexas?
4. Que relação há entre o crescimento das cidades e os espaços identitários para cada ser humano?
5. Qual é a importância da cultura local?
6. O que são instituições totais?
7. O que são *não lugares*?

Interpretação e problematização

8. Leia o texto e responda à pergunta.

> **"O retirante chega à zona da mata, que o faz pensar, outra vez, em interromper a viagem**
>
> – Bem diziam que a terra
> se faz mais branda e macia
> quanto mais do litoral
> a viagem se aproxima.
> Agora afinal cheguei
> nessa terra que diziam.
> Como ela é uma terra doce
> para os pés e para a vista.
> Os rios que correm aqui
> têm a água vitalícia.
> Cacimbas por todo lado;
> cavando o chão, água mina.
> Vejo agora que é verdade
> o que pensei ser mentira.
> Quem sabe se nesta terra
> não plantarei minha sina?
> Não tenho medo de terra
> (cavei pedra toda a vida),
> e para quem lutou a braço
> contra a piçarra da Caatinga
> será fácil amansar
> esta aqui, tão feminina."
>
> MELO NETO, João Cabral de. *Morte e vida severina e outros poemas em voz alta.* 4. ed. Rio de Janeiro: Sabiá, 1969. p. 88-89.

Quais são as diferenças culturais estabelecidas entre interior e litoral no poema de João Cabral?

Aplicação de conceitos

9. **Cinema**

Edifício Master, de Eduardo Coutinho. Brasil, 2002, 110 min.

Esse documentário feito com depoimentos dos moradores do Edifício Master no bairro de Copacabana, na cidade do Rio de Janeiro, permite entender que, apesar de vivermos em um mundo globalizado, as questões pessoais, íntimas e de vizinhança – os *localismos* – permanecem importantes para as pessoas.

- Assista ao filme analisando como são imbricadas as questões cotidianas dos moradores, que alternam os fatos comezinhos do dia a dia e questões mais amplas do país e do mundo, como por exemplo as simpatias caseiras para pequenos males do corpo e da alma e os avanços da medicina. Debata com a classe respondendo à seguinte questão: quais são os mecanismos que nos ajudam a entender como culturas tão distintas e até mesmo opostas podem habitar o mesmo ser, a mesma comunidade?

Leitura visual

10. Analise as duas imagens tomando como referência o conceito de Marc Augé de *não lugares*.

DAVID R. FRAZIER PHOTOLIBRARY, INC./ ALAMY/OTHER IMAGES

PRISM68/SHUTTERSTOCK

Questões de vestibular e do Enem

11. **(Enem-MEC)**

> "Além dos inúmeros eletrodomésticos e bens eletrônicos, o automóvel produzido pela indústria fordista promoveu, a partir dos anos 1950, mudanças significativas no modo de vida dos consumidores e também na habitação e nas cidades. Com a massificação do consumo dos bens modernos, dos eletroeletrônicos e também do automóvel, mudaram radicalmente o modo de vida, os valores, a cultura e o conjunto do ambiente construído. Da ocupação do solo urbano até o interior da moradia, a transformação foi profunda."
>
> MARICATO, E. Urbanismo na periferia do mundo globalizado: metrópoles brasileiras. Disponível em: www.scielo.br. Acesso em: 12 ago. 2009. (adaptado)

Uma das consequências das inovações tecnológicas das últimas décadas, que determinaram diferentes formas de uso e ocupação do espaço geográfico, é a instituição das chamadas cidades globais, que se caracterizam por:

a) possuírem o mesmo nível de influência no cenário mundial.
b) fortalecerem os laços de cidadania e solidariedade entre os membros das diversas comunidades.
c) constituírem um passo importante para a diminuição das desigualdades sociais causadas pela polarização social e pela segregação urbana.
d) terem sido diretamente impactadas pelo processo de internacionalização da economia, desencadeado a partir do final dos anos 1970.
e) terem sua origem diretamente relacionada ao processo de colonização ocidental do século XIX.

CAPÍTULO 20

Multiculturalismo

1. A produção simbólica

No ano 2000, foi organizada uma exposição comemorativa dos 500 anos do descobrimento do Brasil intitulada Mostra do Redescobrimento. Para esse evento, diversas relíquias que datam do período colonial, mantidas em museus europeus, foram cedidas para apresentação ao público brasileiro, que, pela primeira vez, teve contato com elas. A exposição foi realizada no Parque do Ibirapuera, em São Paulo.

Dessas peças, uma teve especial importância: o manto tupinambá, levado do Brasil por Maurício de Nassau no século XVII. Atualmente, esse manto raríssimo pertence ao Museu Real da Dinamarca. Descendentes dos tupinambás que hoje vivem na comunidade de Olivença, em Ilhéus, tomaram conhecimento da existência dessa relíquia de seus antepassados e solicitaram que lhes fosse devolvida (figuras 1 e 2).

DEPTO. DE ETNOGRAFIA DO MUSEU NACIONAL DA DINAMARCA

Figura 1 • Mantelete emplumado tupinambá feito de penas de guará e papagaio azul. Dinamarca, 2001.

THE BRIDGEMAN ART LIBRARY/GRUPO KEYSTONE

Figura 2 • A gravura *Americae*, de Theodore de Bry, de 1593, ilustra a dança ritual dos tupinambás. No centro, três pajés com mantos de penas, cintos e diademas. Atualmente, existem apenas seis exemplares desse manto, todos em museus europeus.

Houve muita discussão sobre o direito de propriedade ou guarda do manto: pertenceria ele aos descendentes dos tupinambás que o haviam confeccionado? Seria o manto privilégio do governo brasileiro, que responde pelos direitos de todos os cidadãos sob sua autoridade? Deveria ele retornar para a guarda dos dinamarqueses, até então responsáveis, desde os tempos coloniais, por sua preservação? Sem que se chegasse a um consenso, o manto retornou à Europa, para a câmara climatizada em que era mantido pelos museólogos dinamarqueses. Apesar desse desfecho, porém, o fato ilustra aspectos importantes para o estudo da cultura na atualidade. O manto havia sido produzido pelos tupinambás, mas diferentes culturas disputavam sua guarda, por julgarem que fazia parte de seu patrimônio cultural.

Naturalmente, o que estava em disputa pelos diversos povos em questão – brasileiros, dinamarqueses e o grupo minoritário dos tupinambás – não era simplesmente a posse do manto, mas também a diferente interpretação que cada cultura dava à relíquia. O que estava em jogo não era simplesmente a peça, mas o significado atribuído a ela, o que nos coloca diante de uma noção desmaterializada da cultura, menos apegada à produção material dos povos e mais ligada a seus processos simbólicos (figura 3). Temos certeza de que o que os tupinambás disputavam não era a simples posse do manto, mas o direito de introduzi-lo no contexto histórico do grupo, criado por seus membros. Disputava-se a atribuição de sentido à peça e não a mera posse.

20TH CENTURY FOX FILM/COURTESY EVERETT COLLECTION/LATINSTOCK

Figura 3 • Cena do filme *Os deuses devem estar loucos*, do diretor Jamie Uys, Botswana e África do Sul, 1980. Nesta cena, os bosquímanos da tribo de Kalahari observam uma garrafa de refrigerante de marca famosa, mas associam esse produto a um presente dos deuses.

Os signos e a cultura

O que importa no entendimento da cultura não é a mera materialidade de seus signos, mas a repercussão destes no contexto das relações sociais. Território, objetos e monumentos, do mesmo modo que o manto exposto no evento, extrapolam sua materialidade e integram-se nas totalidades mais amplas dos repertórios culturais, que incluem valores, crenças e estruturas mentais, ou seja, tudo aquilo que define o ser de um grupo, seja ele europeu, latino-americano ou indígena.

No entendimento da cultura não é a materialidade dos signos que importa, mas o seu valor simbólico e a sua repercussão nas relações sociais.

Assim, esse acontecimento tem importância especial para os estudos da cultura, sobretudo no que diz respeito às pesquisas da atualidade, na medida em que torna evidente o fato de os fenômenos culturais, hoje, envolverem diferentes grupos sociais e diversos processos simbólicos. Se, no passado, os conflitos se davam nas disputas territoriais, na crença da supremacia cultural ou social de um grupo sobre outro, hoje os confrontos envolvem a produção simbólica e a disputa por diferentes visões de mundo.

Com a globalização e o desenvolvimento dos meios de comunicação, o embate entre as forças simbólicas se acirra e os processos culturais se tornam mais complexos e difíceis de definir. Neste último capítulo da unidade VI, trataremos da interpenetração de culturas, seja por meio de um mesmo signo disputado por diversos grupos e repertórios culturais, seja por meio dos atritos que se destacam num mundo que coloca, em contato cada vez mais próximo, repertórios bastante diferentes. Estamos falando do multiculturalismo, processo simbólico complexo, difícil e importante, que caracteriza os estudos sociais da atualidade.

2. Global, nacional, local

A identidade dos cidadãos com a nação floresce graças às políticas culturais e educativas que afirmam e oficializam a unidade linguística da nação e criam um imaginário comum que os aproxima.

Sabemos que uma das mais importantes e bem-sucedidas formas de organização social criadas pelas sociedades humanas foi o Estado-nação, capaz de engendrar identidades e desenvolver mecanismos de adaptação e de hegemonia territorial e histórica entre seus cidadãos e perante os estrangeiros (figura 4). É por isso que, segundo Octávio Ianni, nas ciências sociais predominam os estudos de caráter nacional: identidade nacional, vocação nacional, destino nacional, projeto nacional, cultura nacional, literatura nacional, teatro nacional, música nacional, cinema nacional.

Mas o que é uma nação senão uma forma de estabelecer relações de proximidade e distância, identidade e estranhamento, gerando sentimentos de pertencimento e exclusão em relação à entidade abstrata e simbólica que é o Estado? Esse modelo de administração política, que teve início com a modernidade e foi responsável pelo desenvolvimento do capitalismo, espalhou-se pelos diversos continentes. Baseia-se na força bélica, no conjunto de ordenações determinadas pela Constituição, no estabelecimento de fronteiras espaciais e no sentimento mútuo de inclusão/exclusão – ou se pertence a uma nacionalidade ou se pertence a outra. A identidade dos cidadãos com a nação floresce graças às políticas culturais e educativas que afirmam e oficializam a unidade linguística da nação e criam um imaginário comum que os aproxima. É a cultura nacional que se impõe, enfraquecendo as diferenças regionais.

As culturas nacionais foram soberanas por quase cinco séculos. Estabeleceram fronteiras rígidas às formas de viver, de comportar-se e de sentir dos povos no mundo, impondo-se sobre as populações para além das diferenças étnicas, religiosas e mesmo linguísticas. A formação de impérios coloniais expandiu as culturas metropolitanas pelos territórios colonizados, provocando o enfraquecimento das culturas nativas. Toda essa hegemonia levou ao fortalecimento dos nacionalismos e de suas formas de identidade cultural, tornando-os predominantes sobre outros sentimentos de pertencimento.

RUSSELL KORD/ALAMY/OTHER IMAGES

Figura 4 • Sede da ONU, em Nova York, Estados Unidos, s.d. As bandeiras nacionais são signos da identidade e da soberania dos Estados representados por elas. Hoje, a globalização e a necessidade de uma regulamentação mundial da economia e das relações de todo tipo enfraquecem o valor simbólico dessas bandeiras.

Novas formas de identidade

A partir da década de 1990, porém, a importância dos Estados nacionais foi abalada por diversos fatores: a descolonização do mundo, que deu novo alento aos grupos étnicos e às culturas nativas; o neoliberalismo, que privilegiou os interesses do mercado sobre os protecionismos nacionais; a intensa migração dos povos pelo mundo; e a globalização, que acelerou a troca de informações, mercadorias e mensagens entre nações. Todos esses fatores abalaram a força associativa do Estado e levaram à multiplicação de formações culturais no interior dos diversos países, promovendo o embate, a troca de influências e o convívio entre culturas díspares (figura 5). O resultado disso foi o reconhecimento do direito de existência de culturas minoritárias no interior das culturas nacionais e do crescente apego dessas minorias às suas tradições originais. Assim, as culturas nacionais sofreram um duplo golpe nesse momento histórico chamado por muitos autores como pós-nacional: de um lado, assistiram ao fortalecimento das culturas locais e regionais; de outro, sentiram a potência de uma cultura nova e globalizada que estimula a formação de grandes blocos e corporações de âmbito mundial. De um lado, reforça-se o localismo; de outro, o cosmopolitismo.

A partir da década de 1990, os Estados nacionais foram abalados pelo localismo e pelo cosmopolitismo.

É exatamente isso que demonstra de forma especial a disputa pelo direito ao manto tupinambá, na Mostra do Redescobrimento: de um lado, está o localismo presente no discurso dos descendentes do grupo indígena, que valorizam a relíquia feita pela mão de seus antepassados; de outro, está o Estado brasileiro, que reivindica sua soberania diante do grupo numa atitude nacionalista; e de outro, ainda, está a Dinamarca, que dispõe da tecnologia e do capital necessários para a conservação da relíquia que recebeu dos descendentes de Maurício de Nassau. Três visões de mundo distintas, três interpretações diversas do significado de um manto, três discursos díspares que brotam de um evento que também se pretendia transnacional. A descoberta da América foi um dos acontecimentos que marcaram a modernidade: os Estados migraram para fora de si mesmos, dando os primeiros passos em direção à globalização e ao cosmopolitismo.

ROLF HICKER PHOTOGRAPHY/ALAMY/OTHER IMAGES

Figura 5 • Carroças puxadas por cavalos em Ronda, Espanha, 2008. A convivência do arcaico com o contemporâneo é um dos efeitos da globalização.

3. Uma reação à cultura de massa e à industrialização da cultura

A indústria cultural e a cultura de massa promoveram a homogeneização dos hábitos e dos comportamentos e apagaram as fronteiras culturais.

Outra razão para a existência dessas diferentes formações culturais, sejam elas locais ou globais, é o próprio desenvolvimento da indústria cultural e da cultura de massa, que promoveu a homogeneização dos hábitos e dos comportamentos e apagou as fronteiras culturais. Como dissemos no capítulo anterior, a cultura de massa é aquela produzida pelos meios de comunicação (a imprensa, o rádio, o cinema e a televisão), que alcança um público indiferenciado quanto a sexo, região, idade e religião e promove experiências comuns capazes de moldar seu gosto e seu imaginário (figura 6). Daí o uso da noção de "massa" para conceituar uma multidão indefinível e indistinguível de pessoas que se deixam orientar passivamente pelos apelos emocionais e ideológicos veiculados pelos programas destinados ao chamado grande público.

Já no alvorecer do século XX, quando o cinema produzido em Hollywood alcançava imenso sucesso em diferentes países, e o rádio mostrava seu poder de convencimento e persuasão, diversos autores passaram a denunciar o poder que emanava dos meios de comunicação e do uso que as elites políticas faziam de sua capacidade de penetração. Theodor Adorno e Walter Benjamin foram alguns desses autores, constituindo o que ficou conhecido como Teoria Crítica.

Jürgen Habermas, que faz parte da segunda geração dedicada à Teoria Crítica, com uma visão menos radical quanto ao poder manipulador dos meios de comunicação sobre a população, preocupa-se com o espaço público como lugar de reconstituição democrática e da cidadania (figura 7). Nesse processo dialógico, os meios de comunicação de massa podem ter papel decisivo, na medida em que colocam em confronto diferentes interpretações da sociedade.

Processo dialógico. Aquele que se dá por fluxos multidirecionais, pressupondo possibilidade semelhante de expressão a todos os interlocutores. O processo dialógico opõe-se à perspectiva funcionalista da comunicação – centralizada, unidirecional e hierarquizada.

EPITÁCIO PESSOA/AGÊNCIA ESTADO

Figura 6 • Torcedores assistem ao jogo entre Brasil e Coreia do Norte em um telão no Vale do Anhangabaú, marcando a estreia da seleção brasileira na Copa do Mundo de 2010, realizada na África do Sul. São Paulo, 2010. Muitos dos eventos esportivos, artísticos e religiosos na sociedade contemporânea têm a sua audiência medida mundialmente, pois são eventos globais, acompanhados até por bilhões de pessoas no mundo todo, como é o caso do futebol e do cristianismo, abarcando sociedades e culturas absolutamente díspares.

JEWEL SAMAD/AFP

Figura 7 • Algumas transmissões de debates televisivos permitem a interação em tempo real com o espectador, constituindo-se em uma das possibilidades de recuperação do espaço público como espaço privilegiado da democracia e da cidadania. Ao lado, último debate televisivo presidencial entre Barack Obama e John MacCain, Estados Unidos, 2008.

Os grupos minoritários respondem à homogeneização com a defesa e a reafirmação dos padrões culturais locais.

Mesmo que alguns autores não considerem os meios de comunicação tão hegemônicos e alienantes, é inegável que o avanço da globalização, o desenvolvimento da cultura de massa e a importância da mídia na sociedade contemporânea têm levado a uma homogeneização que dissolve as diferenças e faz prevalecer os padrões culturais dominantes. Entretanto, as culturas minoritárias resistem a esse processo. Defendem e reafirmam seus padrões culturais locais, regionais ou que se relacionem a segmentos populacionais ameaçados diante da cultura hegemônica, como os imigrantes, os refugiados e as minorias étnicas.

Para se vivenciar a resistência cultural de segmentos da população, basta visitar, por exemplo, as salas dos milagres dos grandes templos católicos do país, como a Basílica de Nossa Senhora Aparecida, no interior de São Paulo, e a Igreja do Senhor Bom Jesus do Bonfim, na Bahia. Os ex-votos são peças em madeira ou cera, pinturas ou fotografias, depositadas por devotos em uma ala especial do templo, como agradecimento por um milagre recebido. Prática que teve sua origem na cultura medieval, foi trazida ao Brasil pelos portugueses, tendo se firmado e se difundido pelo país durante o período colonial quando as crenças pareciam ser a única forma de defesa contra perigos e ameaças. Porém, mesmo com o fim de grandes ameaças como batalhas e pestes, com o desenvolvimento e a multiplicação de religiões protestantes que rejeitam devoção aos santos, a presença dos ex-votos resiste e persiste.

A resistência cultural mostra que as relações que se estabelecem entre uma cultura dominante e as culturas minoritárias são de luta e oposição, havendo uma tendência da primeira a relevar os traços distintivos das outras. Entretanto, o que a contemporaneidade nos ensina é que quanto mais os processos de homogeneização se fortalecem, mais promovem a dissidência, a resistência e a fragmentação cultural plenamente observáveis na atualidade. O multiculturalismo é, portanto, a relação dialética entre o poder homogeneizador da cultura dominante e a resistência cultural de segmentos sociais que preservam diferentes formas de interpretar o mundo e de nele agir.

Theodor Adorno (1903-1969)

Nasceu na cidade de Frankfurt, na Alemanha. Sociólogo, filósofo, musicólogo e compositor, foi um dos membros da chamada Escola de Frankfurt, grupo de filósofos que, na década de 1920, iniciaram os estudos marxistas da produção cultural. A ele é atribuída a criação do conceito de indústria cultural.

Walter Benjamin (1892-1940)

Nasceu em Berlim, na Alemanha. Sociólogo, filósofo, ensaísta e tradutor, sua obra reflete diversas influências, como o materialismo dialético, o idealismo e o misticismo judaico. Interessou-se pelas questões estéticas e analisou o impacto do cinema na produção artística. Durante o nazismo, refugiou-se na França e, durante uma tentativa de fuga pela Espanha, cometeu suicídio.

Pastiche. Termo que vem da literatura e designa obras que misturam tendências, modelos e gênero.

Patchwork. Técnica que combina, de modo harmonioso, diferentes tecidos recortados em formatos diversos, geralmente geométricos. Neste capítulo, o termo é usado como metáfora da diversidade cultural.

4. Sincretismos

> "Assumimos aqui o sincretismo como termo-chave para a compreensão da transformação que está se dando naquele processo de globalização e localização que envolve, transforma e arrasta os modos tradicionais de produção de cultura, consumo e comunicação."
>
> CANEVACCI, Massimo. *Sincretismos*: uma exploração das hibridações culturais. São Paulo: Nobel, 1996. p. 13.

REPRODUÇÃO – COLEÇÃO EDUARDO FRANCISCO COSTANTINI, BUENOS AIRES

Figura 8 • *Abaporu*, pintura de Tarsila do Amaral, 1928. A obra, cujo título significa "antropófago" em tupi-guarani, inspirou o Movimento Antropofágico, idealizado principalmente por Oswald de Andrade. O Movimento Antropofágico deslocou a noção de antropofagia para o plano da cultura, propondo a assimilação e a reelaboração crítica dos valores provenientes da Europa. Com esse projeto, o Movimento Antropofágico se aproximava da ideia de sincretismo cultural.

Com essa definição, o antropólogo italiano Massimo Canevacci inicia o livro que trata do processo de hibridização da cultura na atualidade. Segundo ele, sincretismo é sinônimo de outros termos em voga nos estudos da cultura e das manifestações artísticas, tais como **pastiche**, ***patchwork***, hibridismo e aculturação, que tratam das formas de contaminação que se processa na produção simbólica de diferentes grupos sociais, sejam eles formados por diferentes etnias, religiões ou classes sociais. O termo vem da civilização grega e significa a união dos habitantes de Creta contra inimigos comuns: "união dos cretenses". Há referência, portanto, à capacidade de ultrapassar as cisões imediatas em função de objetivos mais importantes.

Para Canevacci, a sincretização da cultura é observável no Ocidente desde o fim do século XIX e início do século XX (figura 8), quando diversos artistas europeus, entre eles Paul Gauguin, se inspiraram nas culturas africana e asiática (figura 9). Nessa mesma época, as teorias começavam a assumir a impossibilidade de pensar a cultura de forma unitária.

Inicialmente, o conceito de sincretismo foi utilizado para compreender um fenômeno religioso quando uma divindade ou uma crença de uma religião passa a ser adotada pelos devotos de outra. Esse fenômeno foi particularmente observável durante o colonialismo, quando os povos conquistados foram obrigados a abdicar de sua religião por imposição dos colonizadores. Para não perder sua identidade e sua cultura, adotaram os novos deuses, mas identificando-os com suas divindades tradicionais. No Brasil, por exemplo, o culto a Iemanjá identifica-se com o de Nossa Senhora da Conceição.

Sincretismo é termo-chave para se entender a transformação produzida pela contraposição entre globalismo e localismo.

MUSÉE D'ORSAY, PARIS

Figura 9 • *Arearea* (*O cão vermelho*), pintura de Paul Gauguin, 1892. O pintor francês viveu no Taiti, arquipélago do Oceano Pacífico, lugar paradisíaco, onde pintou seus quadros mais famosos.

Em países onde houve domínio colonial e escravidão, os sincretismos são observáveis em diversas instâncias da cultura, incluindo não só a religião, mas também a língua, os mitos e as lendas. Estudiosos da cultura brasileira, como Mário de Andrade, também foram sensíveis a esse caráter híbrido de nossa produção simbólica.

O sincretismo pressupõe o contato profundo entre diferentes povos e etnias, a vivência do contraste, o convívio entre diversos e a troca de características, traços culturais e genes. Pressupõe também a criação de algo novo, que mistura heranças genéticas e culturais e torna mestiças populações, memórias e culturas. Tal princípio abandona a noção de purismo ou de originalidade, fazendo prevalecer a ideia de que o ser humano em suas incontáveis migrações trocou visões, palavras e significados.

Mikhail Bakhtin (1895-1975)

Nasceu em Orel, na Rússia. Linguista, filósofo e estudioso da cultura. Entre 1929 e 1936 esteve preso no Cazaquistão, acusado de atividades ilegais ligadas à Igreja Ortodoxa, o que nunca foi provado. Foi grande estudioso da base ideológica da linguagem, e um de seus livros mais famosos é *Marxismo e linguagem*.

Carnavalização e transculturação

Outro conceito que expressa essa visão dialética do contato entre culturas é o de carnavalização, proposto por Mikhail Bakhtin. Segundo ele, as manifestações populares tendem a expressar os padrões da cultura dominante de forma invertida, por meio do riso, da máscara, do grotesco e da paródia. Assim, ele pensa o carnaval não apenas como uma festa popular, mas como uma manifestação desse desejo de subversão da ordem estabelecida. Para Bakhtin, a pintura de Hieronymus Bosch expressa a carnavalização da cultura medieval por meio da criação de uma estilização, ou melhor, de um contraestilo (figura 10).

Com a carnavalização, as manifestações populares tendem a expressar de forma invertida os padrões da cultura dominante.

REPRODUÇÃO – MUSEU DO PRADO, MADRI

Figura 10 • *O jardim das delícias*, detalhe da pintura de Hieronymus Bosch, c. 1504. Esse pintor flamengo, nascido em 1450, só se tornou famoso no século XIX, quando se compreendeu o que sua obra tinha de inovadora e crítica. Ela mistura religião e alquimia, astrologia e crítica à humanidade e a suas crenças.

> "A verdade é que a história moderna e contemporânea se revela um imenso laboratório em movimento, no qual se experimentam todo o tempo identidades e alteridades, diversidades e desigualdades, fundamentalismos culturais e transculturalismos. [...]
>
> A realidade [...] é que sempre há mudança e transfiguração. Nada permanece original, intocável, primordial. Tudo se modifica, afina e desafina na travessia. Parece o mesmo, mas já não é nem pode ser o que era, salvo como memória, fantasia ou nostalgia. Modos de ser, agir, sentir, pensar e imaginar, tudo se altera, parcial ou amplamente. Tanto é assim que muitas vezes permanece a impressão de duplicidade, heterogeneidade, montagem, colagem, bricolagem ou simulacro. Uma impressão real e evidente, mas enganadora e aparente, já que o que resulta é sempre e também algo diferente."
>
> IANNI, Octávio. *Enigmas da modernidade-mundo.* Rio de Janeiro: Civilização Brasileira, 2000. p. 105; 107.

A transculturação é o processo permanente de mudança e transfiguração de todas as culturas, que estão sempre em contato.

Com esses trechos, Ianni contribui para o debate a respeito da contaminação das culturas em contato, também propondo um novo conceito, o de transculturação. Esse conceito diz respeito às interações culturais entre tribos, nações e continentes que se contrapõem em situações de aliança, dominação, concorrência, atritos ou guerra. Para esse autor, trata-se, na verdade, da epopeia da civilização humana, com seus comerciantes, viajantes, colonizadores, retirantes, refugiados, eremitas, missionários, corsários e estrangeiros. Mas se toda a história da humanidade foi marcada pelos contatos, o cristianismo, o capitalismo e o colonialismo intensificaram-nos ainda mais ao acelerar o processo de transculturação. Grande parte das narrativas literárias e não literárias, dos mitos e das lendas busca relatar esse encontro do nativo com o estrangeiro, do autóctone com o aventureiro, do qual ressurgem e se afirmam a identidade e a alteridade que constituem a pluralidade e a heterogeneidade do mundo (figura 11).

JEAN-PIERRE DE MANN/ROBERT HARDING PICTURE LIBRARY/ALAMY/OTHER IMAGES

Figura 11 • Sacerdote ortodoxo da Igreja de Bieta Maryan em Lalibela, no Egito, 2008. A transculturação, conceito elaborado por Octávio Ianni, é claramente percebida na imagem do etíope cristão, que sintetiza o encontro de duas civilizações sem nenhuma origem em comum, resultante do embate entre a Europa e a África desde a Antiguidade.

Os novos meios de comunicação, as redes mundiais de computadores e a internet estão acelerando cada vez mais esse processo e aproximando pessoas e nações, grupos e indivíduos, num movimento de trocas nunca visto. Para Ianni, essas inovações fazem com que o mundo possa ser lido como um texto, uma imensa narrativa da qual participam diferentes indivíduos e coletividades, culturas e civilizações. É dessa pluralidade em construção, dinâmica e integradora, que procurou tratar este capítulo, mostrando quão complexo e diversificado é o mundo em que vivemos e estamos ajudando a construir.

5. Releituras de uma antiga discussão

As ciências sociais têm procurado, desde sua origem, entender as relações que envolvem culturas diferentes, seja a oposição entre cultura europeia e culturas não europeias, seja o confronto burgueses *versus* proletariado. A análise dessas oposições esteve sempre permeada por posturas ideológicas diversas. Positivistas e funcionalistas se direcionaram para a integração e a conciliação e analisaram as manifestações de resistência como **anomias** ou desvios. Já os marxistas procuraram revelar nessa oposição uma dinâmica de luta entre dominadores e dominados. Essas distinções **epistemológicas** não se dissolveram na atualidade, mas a complexificação da sociedade e a emergência de outros conflitos sociais antes acobertados pela Guerra Fria modificaram a abordagem dos problemas inter e intraculturais. Globalização, revolução tecnológica, meios de comunicação, mídias digitais redesenharam a sociedade e exigiram modelos mais complexos de explicação que, embora baseados em pressupostos teóricos clássicos, procuram dar conta de novas condições de existência do nosso objeto de estudo.

Ao tratar dessas questões, Anthony Giddens, um dos mais importantes sociólogos da atualidade, diz em sua obra que as mudanças por que o mundo passa atualmente tornam as diferentes culturas e sociedades muito mais interdependentes do que ocorria antigamente. À medida que o ritmo de mudança se acelera, o que acontece em determinado ponto do mundo pode afetar diretamente outras regiões.

Tais mudanças poderiam ser vistas como um novo "imperialismo cultural" dos mais ricos sobre os mais pobres, em que os valores, os estilos e as perspectivas ocidentais são divulgados de modo tão agressivo que suprimem as outras culturas nacionais. Mas Giddens considera que outros autores associaram os processos de globalização a uma crescente diferenciação no que diz respeito a formas e tradições culturais. Ele diz que, ao contrário dos que insistem no argumento da homogeneização cultural, tais autores afirmam que a sociedade global se caracteriza atualmente pela coexistência lado a lado de uma enorme diversidade cultural.

A intenção desta unidade foi apresentar alguns autores e conceitos que instrumentalizem a participação em um debate que não é apenas teórico, mas também político e ideológico – cultural, enfim.

Anomia. Processo ou estado da sociedade em que se perdem ou não se reconhecem valores ou regras normativos de conduta ou de crença, o que dificulta a referência do indivíduo perante situações comportamentais e éticas contraditórias.

Epistemologia. Estudo sobre o conhecimento científico, seus diferentes métodos, suas teorias e práticas, sua evolução na história e no desenvolvimento das sociedades. No texto, refere-se a distinções relativas ao conhecimento e ao modo de se trabalhar com ele.

Atividades

Compreensão do texto

1. Quais são os processos que têm reduzido, ou massificado, as diferenças culturais nos países e entre eles?
2. O que vem a ser o sincretismo que observamos hoje na cultura?
3. Qual é o significado do conceito de carnavalização de Mikhail Bakhtin?
4. O que é transculturação?

Interpretação e problematização

5. Leia o texto e responda qual é a crítica que o autor faz à sociedade atual.

> "Você já se imaginou indo ao *shopping* completamente nu? Situação extremamente engraçada e constrangedora, sobretudo se lembrarmos em que sociedade vivemos hoje. A exposição ao ridículo seria inevitável, e os comentários a respeito de sua sanidade, também. [...] [Mas] seria assim que um jovem comum se sentiria ao entrar nesse mesmo *shopping* sem uma marca famosa de roupa, sem um tênis da moda.
>
> A partir desse raciocínio, uma pergunta vem à tona: a pessoa poderia ter o direito de escolher o que vestir, sem imposição de marcas ou modas, dando assim margem à sua manifestação individual? Em uma sociedade que primasse pelo indivíduo, certamente. Só que, na realidade, o que vemos é um mundo dominado pelo consumo, por uma avalanche de 'modelos' e 'padrões' contribuindo para uma homogeneização impraticável e extremamente nociva para a humanidade."
>
> PIANCÓ, Chico. Decadência da cultura de massa. Disponível em: www.overmundo.com.br. Acesso em: 20 jun. 2009.

6. Analise esta imagem do ponto de vista do assimilacionismo.

ANDRÉ FERNANDES

Restaurante em São Paulo, 2010.

Aplicação de conceitos

7. Cinema

Entre os muros da escola, de Laurent Cantet. França, 2008, 128 min.

Centrado em uma escola francesa, o filme mostra os conflitos étnicos e sociais da atualidade, especialmente entre brancos e africanos imigrantes na França. O roteiro permite entender o conceito de multiculturalismo na atualidade, ao mostrar a convivência de diferentes gerações de imigrantes nas grandes cidades.

- Assista ao filme e debata com os colegas a questão do multiculturalismo, procurando abordar como essa realidade é tratada na instituição escolar. O debate pode se iniciar respondendo à seguinte questão: a escola poderia tratar tais conflitos de outra maneira? Explique.

Pesquisa e debate

8. Faça, em grupo, uma pesquisa na sua cidade ou bairro, procurando conhecer as manifestações culturais dos grupos sociais, etnias, migrantes, imigrantes, minorias que se encontram aí. Tente saber os motivos e/ou objetivos que os levam a se manifestar e descubra se essas manifestações sofreram mudanças e por que elas ocorreram.

9. Considerando o que aprendeu sobre sincretismo, elabore um texto, para depois discuti-lo em classe, defendendo ou não a possibilidade de existir alguma etnia e/ou cultura "pura", sem qualquer tipo de miscigenação.

Leitura visual

10. Analise as duas imagens a seguir sob o ponto de vista da carnavalização, justificando qual das duas se enquadra mais no conceito.

GERAINT LEWIS/ALAMY/OTHER IMAGES

Grafite em edifício em Oxford, Inglaterra, 2009.

ITACI BATISTA/AGÊNCIA ESTADO

Edifício em São Paulo coberto por pichações, 2009.

Questões de vestibular e do Enem

11. (UEL-PR) Sobre a "indústria cultural", segundo Adorno e Horkheimer, é correto afirmar que:

a) desenvolve o senso crítico e a autonomia de seus consumidores.
b) reproduz bens culturais que brotam espontaneamente das massas.
c) o valor de troca é substituído pelo valor de uso na recepção da arte.
d) padroniza e nivela a subjetividade e o gosto de seus consumidores.
e) promove a imaginação e a espontaneidade de seus consumidores.

Capítulo 20

O processo judicial da *shindo-remei*

"Os dez primeiros navios japoneses que aportaram no Brasil transportavam, sobretudo, provincianos de Fukuoka, Kumamoto, Hiroshima, Fukushima, Okinawa, Kagoshima e Kochi. Conforme a passagem do tempo, as mais diferentes províncias japonesas se integrarão ao processo imigratório [...].

Nesse contexto histórico, emerge a figura do imigrante e no entrecho de sua passagem entre os dois países opera-se sua metamorfose em imigrante-colono e, eventualmente, proprietário. A essa condição social se somará uma categorização étnico-racial: aqui pensam-se e são pensados como japoneses.

No Brasil não faltarão ocasiões para reforçar os laços de identificação dos imigrantes entre si e com a nação japonesa. Desde 1914 comemorava-se na cidade de São Paulo, inicialmente no Parque Antártica e, posteriormente, no Parque da Aclimação, o 'Tenchôsetsu', aniversário do imperador, único acontecimento capaz de reunir os japoneses da cidade, relata Handa. Quem o organizava era o consulado do Japão. 'Barracas e palanques ornados com panos e cortinas em vermelho e branco onde subiam o pessoal do consulado em geral, representantes das companhias de emigração, diretores de jornais'.

O evento era aberto com a leitura, pelo cônsul-geral do Japão, do Rescrito Imperial sobre a Educação, promulgado pelo imperador Meiji em 1890, que continha 'as regras do código moral e honra dos japoneses'. Embora, aparentemente, esse rescrito fosse lido no Brasil em ocasiões mais solenes, muitos dos que compareciam ao 'Tenchôsetsu' certamente ouviram-no nas recitações que eram feitas diariamente nas escolas do Japão, desde sua promulgação. Por essa razão a leitura constituía-se numa espécie de ato de rememoração. A cerimônia prosseguia com a execução dos hinos nacionais do Brasil e do Japão, o *Kimigayo*. Como de costume, essa abertura formal do evento finalizava-se com três vivas ao imperador.

Havia certamente variações nas comemorações. Não se deixava, contudo, de celebrá-las. Em alguns núcleos de colonização o ponto de reunião era a escola japonesa. Acontecia uma encenação teatral ou uma luta de 'sumô', modalidade de luta livre. As diversas associações existentes – a de jovens, a de moças – participavam desse evento. Nesse dia, na casa dos sitiantes, eram hasteadas as bandeiras do Japão e do Brasil. A despeito das variações, todas as celebrações eram seguidas por uma espécie de gincana, chamada 'Undokai'. [...]

Nessa breve descrição, pode-se identificar o que Hobsbawm nomeia como ícones sagrados: um conjunto de imagens e práticas partilhadas, festivais e competições, símbolos e ritos que 'conferem uma realidade palpável àquilo que de outro modo seria uma comunidade imaginária'. No 'Tenchôsetsu', a colônia materializava-se enquanto grupo e refazia simbolicamente sua unidade em torno da figura do imperador, o que propiciava que se revigorasse periodicamente o sentimento de pertença e lealdade à nação japonesa."

HATANAKA, Maria Lúcia Eiko. *O processo judicial da* shindo-remei. São Paulo: Fundação Japão, 2002. p. 137-139.

Compreender o texto

1. Segundo a autora, no Brasil, os japoneses se percebem e são percebidos como japoneses. Explique.
2. Educação, teatro, bandeira, esportes, festivais, competições, rituais, mitos são manifestações culturais. Escolha um grupo étnico e descreva seus principais símbolos culturais.

Sugestões

PARA LER

- **Cultura de massas no século XX**, de Edgar Morin. Rio de Janeiro: Forense Universitária, 2005.

  Nesse livro, Edgar Morin analisa a influência da cultura da propaganda e da estimulação do consumo em nossa sociedade marcada pelo individualismo e pelos desejos individuais.

- **Enigmas da modernidade-mundo**, de Octávio Ianni. Rio de Janeiro: Civilização Brasileira, 2000.

  Octávio Ianni observa nesse livro as mudanças culturais pelas quais passou o homem desde o começo do período moderno. Mostra como as grandes navegações marcaram a visão do homem ocidental e como o Oriente influenciou sua realidade, tratando o espaço físico e imaginário.

PARA ASSISTIR

REPRODUÇÃO

- **A massai branca**, de Hermine Huntgeburth. Alemanha, 2005, 131 min.

  Baseado na autobiografia da escritora suíça Corinne Hofmann, o filme narra a história de amor entre Carola, uma mulher europeia, e o guerreiro lemalian Samburu, oriundo do Quênia. Ao se apaixonar, a protagonista decide não voltar para casa e permanece na África. Para conseguir viver esse amor tem de se adaptar aos hábitos e costumes da tribo.

- **Gaijin, ama-me como sou**, de Tizuka Yamazaki. Brasil, 2005, 130 min.

  Trata da chegada e da adaptação de imigrantes japoneses às condições de exploração dos fazendeiros de café no Brasil.

- **O ódio**, de Mathieu Kassovitz. França, 1995, 97 min.

  O judeu Vinz, o árabe Said e o negro Hubert são jovens que moram no mesmo conjunto habitacional no subúrbio de Paris. Com tendências violentas, os três jovens entram em combate com a polícia após terem um amigo espancado. Caracteriza o tratamento racista e preconceituoso dado aos imigrantes.

PARA NAVEGAR

- **Memorial do Imigrante**

  (www.memorialdoimigrante.org.br)

  Visite o museu e navegue pelo *site* para saber mais sobre o processo de imigração e as etnias que chegaram ao Brasil entre os séculos XIX e XX.

- **Observatório da Imprensa**

  (www.observatoriodaimprensa.com.br)

  Nesse *site*, comandado pelo jornalista Alberto Dines, desenvolve-se a prática da *media-watching*, acompanhamento da atuação da mídia.

UNIDADE

VII Identidades

CAPÍTULOS

OBJETIVOS

- Compreender os conceitos de identidade, papel social, sistema de papéis e identidades globais.
- Diferenciar a função da narrativa mítica da epopeia e perceber como essas narrativas ajudam na formação da identidade.
- Avaliar o papel da globalização na transformação do sentimento de pertencimento a uma cultura.

MUSEU BOIJMANS VAN BEUNINGEN, ROTERDÃ

Em *Reprodução proibida*, 1937, do pintor belga René Magritte, a ironia do artista se expressa por meio da percepção do espectador. Em lugar do reflexo do rosto do homem no espelho, o que lhe daria identidade, tem-se uma visão duplicada de suas costas.

Eu, você e todos nós

"A ligação de indivíduos e identidades coletivas bem como suas respectivas coreografias temporais – cada uma afetando a outra ao longo do tempo – levam também a uma explícita ligação de estrutura e interação. Interações também podem ocorrer entre indivíduos, mas os indivíduos também representam – sociologicamente falando – diferentes e muitas vezes múltiplas coletividades que estão expressando a si mesmas por meio de interações. Assim, estrutura social e interação estão intimamente ligadas; e também reciprocamente afetam umas às outras ao longo do tempo. Isso é uma visão temporal não meramente da interação, mas da estrutura em si, esta última moldada por atores por meio de interação."

STRAUSS, Anselm L. Introduction to the French translation of the Mirrors and Masks; the search for identity. In: *Miroirs et masques:* une introduction à l'interactionisme. Paris: Éditions Métailié, 1992. Disponível em: http://sbs.ucsf.edu. Acesso em: 28 jul. 2009.

Fãs do filme *V de vingança* usam máscaras que imitam a identidade do personagem principal, durante *première* em Tóquio. Japão, 2006.

EVERETT KENNEDY BROWN/EPA/CORBIS/LATINSTOCK

Para debater

1. Usando sua imaginação, procure o significado que o personagem quis dar à máscara que usa.
2. Analisando o texto e levando em conta as considerações que fez sobre a imagem, elabore um texto explicativo sobre o que você entende por papel social.

CAPÍTULO

21 Identidade e subjetividade

1. O reflexo

Estádio do espelho. Conceito de Jacques Lacan para designar uma fase do desenvolvimento da psique humana.

Especular. Aquilo que reflete como espelho e tem as mesmas propriedades.

O conceito de estádio do espelho, ou seja, aquele em que o ser humano reconhece sua imagem no espelho (figura 1), foi desenvolvido pelo psicanalista francês Jacques Lacan em 1936, a partir da definição estabelecida pelo médico, psicólogo e filósofo francês Henri Wallon. Wallon havia mostrado que, no estádio do espelho, o ser humano passa do estágio especular para o imaginário e deste para o simbólico. Com esse processo, há a construção da consciência de si mesmo como ser em formação, cuja imagem visual estimula o desenvolvimento.

Lacan elaborou o conceito proposto por Wallon observando o próprio filho de apenas 6 meses de idade, que foi colocado diante do espelho. Ainda que incapaz de sustentar o corpo, a criança reconheceu a própria imagem refletida e regozijou-se com ela. Com gestos, o bebê demonstrou que percebia sua imagem e identificava-se com ela, expressando a capacidade de diferenciá-la da imagem do adulto que o sustentava.

Mesmo sem ser capaz de manter a postura ereta ou de articular a palavra "eu", o ser humano tem a experiência simbólica do eu, base da sua individualidade, que o acompanhará pela vida toda. Trata-se de uma experiência de natureza simbólica, que faz emergir a capacidade humana de se relacionar com o mundo circundante e consigo mesmo por intermédio de signos.

RUNE HELLESTAD/CORBIS/LATINSTOCK

Figura 1 • Segundo o conceito de estádio do espelho, o ser humano reconhece sua imagem e identifica-se com ela em contraposição ao outro. Estados Unidos, 2006.

A consciência de si mesmo, que o ser humano desenvolve desde fases iniciais da vida, permitirá também, progressivamente, a identificação do outro e dos outros, que sempre constituirão para ele uma referência exterior e distinta de si mesmo. Esse outro e esses outros que povoam o meio circundante estabelecerão com ele uma relação dialética, ou seja, uma relação ao mesmo tempo de oposição e síntese, envolvendo o mundo interno e externo ao indivíduo, os sujeitos e a sociedade.

A relação entre o eu e o outro destaca e organiza duas formas de existência. Tanto a individualidade, por um lado, quanto a coletividade, a cultura e a sociedade, por outro, são formadas por meio dessa interação. Essa relação, contudo, nunca constitui um todo acabado, prosseguindo durante toda a existência humana. É uma construção permanente, para a qual cooperam as forças internas do indivíduo e as forças da sociedade que agem sobre ele e a partir dele.

Ao tratar do indivíduo e da vida coletiva, os sociólogos clássicos procuraram teorizar a distinção entre um e outro conceito. O sociólogo francês Émile Durkheim, por exemplo, procurou conceituar a sociedade como algo que está fora do indivíduo e que se impõe a ele, e o sociólogo alemão Max Weber buscou mostrar que a sociedade só poderia ser entendida com base nas unidades que a constituem, ou seja, as formações históricas e os indivíduos com suas necessidades e motivações.

Assim, seja pensando na supremacia da sociedade sobre a força das individualidades, seja concebendo a sociedade como uma composição dessas forças, está sempre presente no pensamento sociológico a relação entre o sujeito e a sociedade na qual atua, que são duas realidades interdependentes, porém distintas. É nessa relação mediada por signos – como o reflexo no espelho que estimula a criança de 6 meses – que desenvolvemos a capacidade de reconhecer em determinadas situações externas prolongamentos de nosso corpo e de nossa interioridade. Obtemos nessas situações a sensação de pertencimento, ou seja, nos sentimos parte de algo que se situa fora de nós. Isso é o que chamamos de identidade, ou seja, a possibilidade de, em certas circunstâncias, vencer as oposições que existem entre nosso mundo interior e o meio circundante, percebendo esse mundo como nosso prolongamento e a nós próprios como parte dele.

MICAH HANSON/ALAMY/OTHER IMAGES

Figura 2 • Perna de sapo servida em restaurante no Vietnã, 2007. Pratos que são considerados iguarias em seus locais de origem podem ser considerados repugnantes em outros. As diferenças na apreciação dos distintos alimentos não são fisiológicas, mas culturais.

2. Integração à sociedade

A relação entre a cultura e a estrutura da personalidade do indivíduo é estudada, entre outros, pelo psicanalista americano Abram Kardiner. Segundo ele, o caráter integrativo da mente humana é genético, ou seja, refere-se a capacidades inatas do indivíduo. Seus estudos mostraram, todavia, que existem diferentes processos de adaptação em culturas diversas. Assim, pode-se dizer que, embora os indivíduos de um grupo manifestem as mesmas tendências na sua relação com o mundo exterior, a forma como essas tendências se afirmam e como interferem no desenvolvimento da personalidade é diferente para cada indivíduo. Por exemplo, o apetite faz parte de uma estrutura de personalidade básica, mas a maneira como o meio social atua para alimentar a criança tende a desenvolver diferentes atitudes do indivíduo diante do alimento (figura 2). Assim, as pesquisas permitem observar que, para além da personalidade básica, é possível reconhecer aspectos individuais no interior de um grupo.

Perceber o mundo como nosso prolongamento e a nós próprios com parte dele é o que chamamos de identidade.

> "O processo de aprendizagem não explica o caráter integrativo da mente humana, no que concerne às relações emocionais do indivíduo com seu meio. Existe outro fator em operação, fator sobre o qual a técnica psicanalítica podia trazer grande esclarecimento. Além da aprendizagem por processos diretos, o indivíduo constrói séries de sistemas integrativos altamente complicados, que não resultam de uma aprendizagem direta. O conceito de estrutura de personalidade básica foi estabelecido e fundamentado no reconhecimento destes fatores."
>
> KARDINER, Abram. O conceito de personalidade básica. In: CARDOSO, Fernando Henrique; IANNI, Octávio (Orgs.). *Homem e sociedade*. São Paulo: Nacional, 1968. p. 106.

No trabalho de campo realizado com a cultura alorese, Kardiner observou a mesma personalidade básica entre os indivíduos desse grupo. Havia, entretanto, diferença entre as características predominantes nos homens e nas mulheres. Essas diferenças se manifestavam em todos os hábitos e padrões sociais dos aloreses, da infância à idade adulta (figura 3). O estudo tornou evidente que a personalidade básica é um sistema flexível que interage com a sociedade como um todo e medeia as relações entre o indivíduo e o meio social.

Realizaram-se pesquisas semelhantes em pequenos grupos e cidades da chamada sociedade ocidental ou capitalista, mas as variáveis capazes de distinguir a personalidade básica foram comprometidas pela grande diversidade de influências. Como diz Kardiner, a sociedade "ocidental" não é uma cultura singular, mas um conglomerado de culturas. O dinamismo a que está sujeita e a diversidade de influências impedem que nela se apliquem pesquisas como as que se fazem com os grupos nativos, muito mais homogêneos, uniformes e tradicionais.

De qualquer modo, os estudos têm demonstrado que entre o impulso inicial do ser em direção à sua identidade e a afirmação de sua personalidade há um conjunto de sistemas integrativos, que direciona as relações entre o indivíduo e o meio social, de forma a adaptá-lo ao grupo e a satisfazer suas necessidades de sobrevivência e completude. Os comportamentos resultantes desse processo referem-se tanto às propriedades dessa estrutura como às características individuais da personalidade e aos padrões da cultura a que o sujeito pertence.

3. Os sonhos e a cultura

Psique. Estrutura mental ou psíquica de um indivíduo.

Diversos sociólogos desenvolveram estudos sobre as relações entre a **psique**, a personalidade e a sociedade. A ideia de que há um trânsito profundo entre aquilo que acontece no interior dos seres humanos e aquilo que ocorre à sua volta tem orientado diversas pesquisas, cujo intuito é entender essa troca de influências.

Figura 3 • Habitantes das montanhas da Ilha Alor dançando o Lego-Lego na Indonésia, 2005. O povo de Alor permaneceu isolado até a independência da Indonésia, em 1945. Está dividido em treze tribos e fala cerca de cinquenta línguas.

ALISON WRIGHT/CORBIS/LATINSTOCK

O sociólogo brasileiro Florestan Fernandes foi um dos que analisaram as condicionantes sociais da experiência **onírica**, partindo do princípio de que os sonhos só existem e são memorizados quando o sonhador está desperto e compartilha os sonhos em grupo. Assim, diz Florestan, o que resta do sonho é aquilo que é compartilhado e que depende da interferência dos ouvintes para os quais o sonho é relatado. Segundo Florestan, a interpretação dos sonhos depende de outros elementos da cultura que expliquem a natureza da experiência onírica. De acordo com esses elementos, o sonho pode ser uma manifestação divina, uma premonição ou a manifestação de nossos desejos e angústias inconscientes, como explica a teoria freudiana.

Onírico. Aquilo que diz respeito ao sonho.

Roger Bastide, sociólogo e antropólogo francês que chegou ao Brasil em 1938 e permaneceu por muitos anos, foi um dos grandes estudiosos do trânsito entre a sociologia, a psicologia e a psicanálise. Em suas obras explora, entre outros temas, as condicionantes sociais dos diferentes estados mentais, como os sonhos, os devaneios e as alucinações. Bastide afirma ter observado em suas pesquisas as diferenças culturais impressas na experiência onírica. Segundo o sociólogo, é pela memória individual que as imagens dos sonhos são fornecidas, mas a escolha dessas imagens é feita de acordo com o interesse que despertam no meio social do sonhador (figura 4).

Florestan Fernandes analisou as condicionantes sociais da experiência onírica.

Outro sociólogo a se dedicar ao estudo dos sonhos foi José de Souza Martins. Na obra *A sociabilidade do homem simples*, ele apresenta uma pesquisa realizada com a colaboração de seus alunos, em que foram coletados 180 sonhos de habitantes da cidade de São Paulo. O pesquisador menciona que a maioria dos sonhos diz respeito a sensações de insegurança, medo e mal-estar, refletindo a vida cotidiana do paulistano, marcada pela violência e insegurança urbana. Além das narrativas dos sonhos, os pesquisadores realizaram entrevistas para detectar ideias e visões de mundo com as quais os entrevistados interpretavam seus sonhos. Nessa pesquisa, observou-se que a maneira como o sonhador vê o sonho muda de acordo com suas crenças. Por exemplo, o sonhador que se considera religioso costuma entender os sonhos como parte de suas experiências sagradas ou transcendentais; já o agnóstico encara seus sonhos como parte da vida cotidiana, sem maior significação. Segundo Martins, essa diferente atitude revela o desencantamento do mundo, ao qual se referiu Max Weber na análise das características da vida moderna.

Além da interferência da crença religiosa na interpretação dos sonhos, foi observada a influência de outros estados de espírito próprios do cotidiano das grandes metrópoles, como São Paulo. São estados como a sensação de segurança, que se desfruta entre familiares e amigos, em oposição à insegurança e ao mal-estar dos espaços externos – a rua ou o campo – e do convívio com o estranho e o desconhecido.

Figura 4 • *O sonho da mulher ciumenta*, xilografia de Amaro F., de 2010. O sonho é fruto da memória do indivíduo, mas está intimamente ligado ao imaginário coletivo. É matéria de inspiração para diferentes artistas, de poetas a cordelistas.

AMARO F.

Os sonhos tendem a reproduzir a polarização da casa como lugar seguro e a rua como espaço ameaçador.

Os sonhos tendem a reproduzir essa experiência polarizada: a casa sempre vivida como lugar seguro, enquanto a rua é espaço ameaçador. Nos sonhos relatados, menciona-se o medo que vem do estranho e do não identificado. Martins comenta que essa estrutura polarizada torna as narrativas oníricas dos paulistanos conservadoras, estimulando e valorizando o que é familiar e próximo, em contraposição ao novo e desconhecido. Embora dando ênfase à alienação própria do homem contemporâneo, especialmente nas grandes metrópoles, essa pesquisa explora a relação que se estabelece entre a subjetividade humana e a vida social.

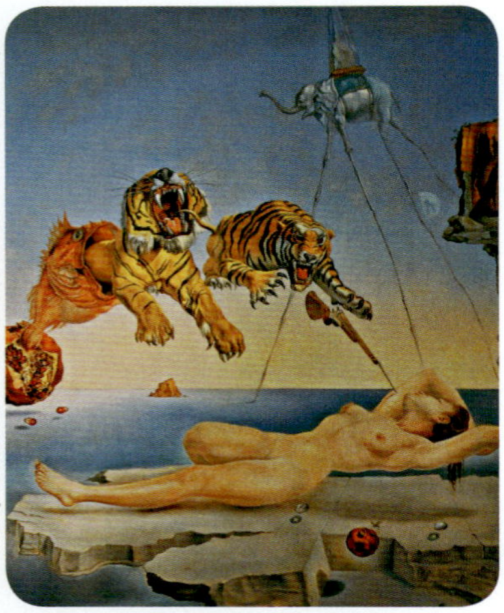

SALVADOR DALÍ, FUNDACIÓ GALA-SALVADOR DALÍ, AUTVIS, 2011 - COLEÇÃO THYSSEN-BORNEMISZA, LUGANO-CASTAGNOLA, SUÍÇA

Figura 5 • *Sonho causado pelo voo de uma abelha ao redor de uma romã um segundo antes de acordar*, pintura de Salvador Dalí, 1944.

Como se pode perceber, os sonhos repercutem os conflitos e as contradições que o sonhador experimenta na vida cotidiana e no estado de vigília, podendo servir de elemento importante para a pesquisa das fronteiras entre a subjetividade e a vida social (figura 5). Entretanto, são pouco comuns as investigações nessa área, em razão da objetividade sempre pretendida nos estudos sociológicos. O anseio por racionalidade e lógica baniu o sonho da pesquisa científica ou reduziu-o a objeto de apenas algumas modalidades do conhecimento. A pesquisa sociológica dos sonhos, todavia, vem demonstrando que há uma relação importante entre a vida social e a psique, entre a sociedade e a mente dos indivíduos, nos mais diferentes estados mentais em que essa relação se manifesta: na experiência onírica, nos devaneios, na narratividade e nos transes místicos, que são estados mentais de semiconsciência, nos quais adeptos de diferentes religiões acreditam incorporar entidades, divindades ou líderes religiosos. Os transes místicos costumam ocorrer em meio a rituais religiosos.

Os sonhos são também matéria importante na formação da identidade individual.

Desse modo, podemos admitir que os sonhos são também matéria importante na formação da identidade individual, contribuindo fundamentalmente com o desenvolvimento de nossa individualidade. Assim como o reflexo do espelho estudado por Lacan, os sonhos, os devaneios e os fenômenos de possessão são experiências que almejam garantir ao eu uma necessária completude. Todas elas estão nessa fronteira flexível entre nossa interioridade e o mundo que nos cerca.

4. O eu e o outro

Como vimos, desde muito cedo uma criança, ainda bebê, mostra capacidade inata para buscar fora de si mesma, como em uma imagem refletida no espelho, por exemplo, sua completude. Na imagem ela encontra elementos simbólicos capazes de desenvolver esse sentimento tão peculiar, misto de reconhecimento e pertencimento. Num segundo momento, dissemos que entre esse impulso e o desenvolvimento da individualidade existe um sistema integrado e flexível que medeia a relação entre a criança em crescimento e o mundo social no qual ela começa a se inserir. É a estrutura de personalidade básica, estudada por Kardiner. Depois, procuramos mostrar que mesmo as estruturas mais subjetivas de nossa psique, como os sonhos, estão sujeitas à interferência do meio social, permitindo assim que alguns sociólogos se dedicassem ao estudo dos sonhos como manifestação da vida social. Agora, vamos falar sobre outro elemento que possibilita o desenvolvimento da individualidade: a consciência do outro.

Lembremos que a criança, quando se identifica com a imagem refletida no espelho, já realiza um recorte, ou seja, isola sua imagem e a diferencia do adulto que a sustenta. Nesse caso, o adulto que ela não reconhece como parte de si mesma é o outro. Nesse movimento de inclusão ou exclusão do qual depende a identidade individual está a raiz de uma relação permanente e indissolúvel entre o eu e o outro. O outro é o não eu, mas é a constante referência para aquilo que sou. O outro é a testemunha de nossa identidade. É nessa dialética primordial, ou seja, nessa relação que é ao mesmo tempo de oposição e síntese, que se realizará o autoconhecimento, segundo Lacan, a estrutura essencial da constituição humana.

O outro é o não eu, mas é a constante referência para aquilo que sou.

Diversos estudos sociológicos afirmam que a **alteridade** é o elemento principal na condição humana, ou seja, a relação do eu com o outro, em uma oposição dialética. Tais estudos têm se referido inclusive às relações políticas entre nações e à construção das identidades nacionais.

Alteridade. Na filosofia e nas ciências humanas, conceito que diz respeito à experiência de identificarmos o outro em uma relação interpessoal. Refere-se também à possibilidade de nos colocarmos na condição desse "outro".

Max Weber menciona essa mesma relação de referência entre o eu e o outro, mas do ponto de vista das relações pessoais. Ator e ação social, elementos básicos da vida em sociedade, se relacionam mutuamente. Toda ação pressupõe um ator e uma motivação, assim como toda motivação de um ator está orientada para uma ação. Contudo, a ação realizada por um ator também leva em conta outro ser, com o qual interage (figura 6). Esse outro responde às ações do ator, aprovando ou reprovando seu comportamento.

Nas respostas do outro, interagindo conosco, encontramos a direção para as situações futuras. Nesse sentido, o outro é nossa referência e nosso público. É no olhar dele que encontramos a nós mesmos e podemos ver refletida nossa ação. É no outro que a ação repercute, tornando-a visível para nós mesmos. O outro é o espelho permanente no qual nos miramos e tomamos consciência de nossos acertos e erros. Sendo assim, o outro se torna o principal agente da socialização, por meio de quem penetramos na vida social.

No outro encontramos a resposta para nossas ações, a aprovação e a reprovação ao nosso comportamento.

MICHAEL POLE/CORBIS/LATINSTOCK

Figura 6 • A ação social de todo o ser humano tem origem no sentido que origina essa ação. Entretanto, essa ação, segundo Weber, pressupõe ou prevê a resposta do outro, pois a ação só pode ocorrer em interação com o outro. Dessa forma, podemos dizer que a nossa ação é, em graus variados, dependente da resposta do outro. Na foto, crianças brincando. Estados Unidos, 2007.

Figura 7 • Monumento em homenagem a Kaspar Hauser em Ansbach, na Alemanha, 2005. Hauser foi abandonado aos 15 anos de idade numa praça de Nuremberg, na Alemanha, depois de ter passado a vida sem contato com o mundo exterior ou outros seres humanos.

Vejamos o caso de Kaspar Hauser, que mostra a impossibilidade do pleno desenvolvimento da identidade e da individualidade em um ser privado do convívio com o outro. Hauser tinha 15 anos quando foi deixado, em 1828, numa praça da cidade de Nuremberg, na Alemanha. Segundo uma carta encontrada em seu poder, Hauser havia sido criado até então em completo isolamento e sem contato com outros seres humanos, razão pela qual não sabia falar nem tinha nenhum conhecimento de como se comportar em relação aos outros.

Ele foi recebido na cidade, e paulatinamente as pessoas começaram sua socialização, ensinando-o a comer, beber, comunicar-se e expressar sentimentos. Hauser ficou conhecido na Europa da época, provocando sentimentos contraditórios de solidariedade e desprezo, terminando por ser assassinado (figura 7). Com base nos registros médicos do caso, o cineasta alemão Werner Herzog dirigiu o filme *O enigma de Kaspar Hauser*, de 1974.

A relação com o outro, como Kaspar Hauser comprova, não é sempre amena ou harmoniosa. É uma relação dialética, cheia de conflitos, oposições, alianças, aproximações e afastamentos. Assim como o outro é o espelho no qual nos miramos e a referência para nossas ações, nós também somos para ele a testemunha de seu próprio desenvolvimento pessoal. Nesse espelho de dupla face que é a relação com o outro, valores, expectativas, diversidades e interesses estão em jogo. Este é o desafio da vida social: estabelecer códigos minimamente válidos para a nossa existência e a dos outros.

5. Rumo à individualização

A partir do estádio do espelho, o ser humano, desde bebê, começa um longo processo de desenvolvimento psíquico e social pelo qual vai desenvolvendo a consciência de si mesmo como um ser único e diferente dos demais, e destes como entidades com existência própria e independente. Esse mesmo processo vai lhe dando consciência da sociedade como uma entidade da qual participa, mas com a qual não se confunde. O sociólogo alemão Norbert Elias foi um dos que estudou essa relação entre o eu e os outros, do ponto de vista de um processo que ele chamou de individualização. No livro *A sociedade dos indivíduos*, o sociólogo analisa a formação da individualidade como resultado de um longo processo que se iniciou nos primórdios da civilização, tendo se acelerado a partir do Renascimento, constituindo uma característica da modernidade.

Para Elias, o ser humano foi adquirindo maior consciência de si mesmo como um ser diferente e independente à medida que a sociedade foi se tornando mais complexa e dando a ele maior liberdade de opção em relação a suas ideias e formas de comportamento. Para o autor, nas sociedades homogêneas ou tribais, em que os padrões de comportamento são muito semelhantes, as pessoas têm menos chances de experimentar a diversidade e a diferença. Já nas sociedades industriais e tecnologicamente desenvolvidas, as diferenças aumentam entre os grupos que nelas vivem, permitindo aos membros optar por diferentes modalidades de sentimentos, valores e comportamentos (figura 8). Essa liberdade estimula a experiência própria da individualidade, ou seja, de constituir um ser único e independente. Por outro lado, essa experiência faz surgir o sentimento de responsabilidade para com o outro e para com a sociedade.

A crescente complexidade da sociedade fez o ser humano adquirir maior consciência de si mesmo.

Elias considera que o processo de individualização se confunde com o próprio processo civilizatório, à medida que o ser humano começa a agir com maior independência e liberdade, reafirmando suas próprias convicções e abandonando cada vez mais as formas de comportamento inatas ou aprendidas de seus pares por imitação. Portanto, a individualidade é um processo longo e histórico que surgiu com a cultura humana e acompanhou o desenvolvimento das sociedades que foram se tornando mais amplas, diversificadas e complexas. Esse período da existência é revivido inicialmente pela criança no estádio do espelho, atingindo a maturidade no adulto quando este se identifica com sua própria história, resultado de escolhas e opções individuais.

> "Toda sociedade humana consiste em indivíduos distintos e todo indivíduo humano só se humaniza ao aprender a agir, falar e sentir no convívio com os outros. A sociedade sem os indivíduos ou o indivíduo sem a sociedade é um absurdo."
>
> ELIAS, Norbert. *A sociedade dos indivíduos.* Rio de Janeiro: Zahar, 1994. p. 67.

JON ARNOLD/JAI/CORBIS/LATINSTOCK

Figura 8 • Restaurantes no *Quartier Latin* (Quarteirão Latino), Paris. França, 2010. A diversidade cultural, comportamental e valorativa que encontramos nos grandes centros urbanos dos países industrializados permite ao ser humano, se ele o desejar e estiver disposto a isso, vivenciar uma gama de conhecimentos, experiências e situações que o enriquecerão como ser e como cidadão.

ALFRED GESCHEIDT/THE IMAGE BANK/GETTY IMAGES – COLEÇÃO PARTICULAR

Figura 9 • Quebra-cabeça com rosto de mulher. Estados Unidos, 2001. A construção da identidade é um longo processo de individualização que se assemelha a um quebra-cabeça, combinando peças e preenchendo lacunas.

O indivíduo e a humanidade

É na relação com o outro que surge o indivíduo, um ser consciente de si mesmo e capaz de interagir com o outro e, consequentemente, com a sociedade, desenvolvendo um sentimento misto de responsabilidade e liberdade em relação a seus atos. Essa vivência de si mesmo como unidade e coletividade, segundo Elias, está expressa nos nomes próprios com os quais identificamos as pessoas – há o prenome que distingue a unidade, e o nome, ou sobrenome, que identifica o grupo ao qual pertencemos. Nossa vida se pauta pela relação entre o eu e o outro, nós e a sociedade.

Finalmente, o autor diz que, com a globalização, esse sentimento de pertencimento a um grupo maior tem se intensificado. Estaríamos passando a desenvolver, como um grau mais elevado de individualização, uma responsabilidade e um comprometimento que extrapolam os grupos mais próximos com os quais convivemos e se estendem para o planeta como um todo e para a humanidade.

Dessa forma, percebemos que o desenvolvimento de nossa identidade é complexo. Inicia-se nos primeiros tempos de vida e é estimulado por experiências simbólicas e comunicacionais, que podem ser a imagem no espelho, a pronúncia de nosso próprio nome, o sorriso dos pais ou o objeto que carregamos com nossas mãos. Aos poucos, as noções do eu e do outro, que continuam se referindo mutuamente por toda a vida, se transformam em consciência, que se amplia à medida que amadurecemos e construímos nossa história com nossas experiências e opções. Os sentimentos de pertencimento e completude vão se adaptando a diferentes circunstâncias, situações e limites, mas são sentimentos básicos para a construção da personalidade (figura 9) e da própria sociedade, que resultam da experiência comum de todas essas individualidades.

É na relação com o outro que surge o indivíduo.

Para encerrar este capítulo, é importante ressaltar que todo processo interno e subjetivo é acompanhado pelo desenvolvimento do simbolismo humano, sem o qual as experiências não poderiam ser elaboradas ou expressas. Sobre isso, acrescenta Elias:

> "Graças a uma peculiaridade de sua organização corporal, as pessoas têm condição de se distanciarem de si enquanto organização física ao se observarem e pensarem a seu próprio respeito. Em virtude dessa peculiaridade de sua organização física, que lhes permite perceberem-se como imagens espaço-temporais entre outras imagens similares, como pessoas corporalmente existentes em meio a outras pessoas semelhantes, elas estão aptas a caracterizar sua posição, dentre outras maneiras, mediante o uso do símbolo 'eu' e a caracterizar a posição das outras através de símbolos como 'você', 'ele' ou 'eles'."
>
> ELIAS, Norbert. *A sociedade dos indivíduos*. Rio de Janeiro: Zahar, 1994. p. 154.

Atividades

Compreensão do texto

1. O que vem a ser o estádio do espelho de Jacques Lacan?
2. O que é o caráter integrativo de Abram Kardiner?
3. Qual é a função da estrutura de personalidade básica?
4. Do ponto de vista sociológico, de que forma os sonhos refletem a relação entre a subjetividade e a vida social?
5. Qual é a importância do outro na formação de nossa identidade?
6. O que é individualização?

Interpretação e problematização

7. Analise a imagem e leia a reportagem.

LIGIA SKOWRONSKI/ABRIL IMAGENS

Apresentadora Didi Wagner, 2010.

Programa para inglês ver

"Gata paulistana tipo exportação, a apresentadora Didi Wagner está de mudança para Londres. Pelo mesmo motivo que a levou, em 2006, de São Paulo para Nova York: o programa de curiosidades turísticas *Lugar Incomum*, do canal pago Multishow. 'Acho que vou pagar mico com o meu sotaque', diz, modesta. A temporada britânica, porém, será curta: apenas durante as férias escolares das filhas Laura, de 6 anos, Luiza, de 4, e Julia, de 1. 'O Fred vai ajudar nas tarefas domésticas', jura ela, sobre o marido, o empresário Fred Wagner."

Revista Veja, ano 43, n. 11, 15 mar. 2010. Veja São Paulo. p. 52.

Segundo a matéria, quais são as expectativas que a apresentadora constrói sobre si e sobre os outros? Quem são esses outros?

Aplicação de conceitos

8. Cinema

O visitante, de Thomas McCarthy. Estados Unidos, 2000, 104 min.

O filme, com ambientação na atualidade, mostra o impacto das culturas de imigrantes ilegais, de etnias diferentes, e como é possível uma comunicação entre elas.

- Assista ao filme e participe do debate em sala tendo em mente a seguinte questão: como a convivência com outras culturas nos revela o que somos?

Pesquisa

9. Com base nas análises feitas para a questão 7, da seção *Interpretação e problematização*, faça com seu grupo de trabalho uma pesquisa sobre como a propaganda em revistas e jornais age no sentido de nos sugerir como interpretar o mundo.

Leitura visual

10. Observe a imagem e responda às questões.

SMITHSONIAN INSTITUTION, WASHINGTON, DC

Retrato múltiplo de Marcel Duchamp, 1917, de Marcel Duchamp, pintor e escultor francês naturalizado norte-americano. Marcel Duchamp é considerado precursor da arte conceitual.

a) Descreva a imagem. De que forma ela se relaciona com o tema da identidade?

b) Selecione uma foto sua ou de outra pessoa em que os aspectos ressaltados na obra acima estejam presentes. Em seguida, escreva uma breve análise sobre ela.

Questões de vestibular e do Enem

11. (UEM-PR) Sobre a relação indivíduo e sociedade, assinale o que for correto.

a) O individual e o coletivo não estão separados, formando uma relação que fundamenta o processo de construção da vida social.

b) Uma questão social é um problema compartilhado por uma coletividade, ou seja, que não diz respeito somente aos interesses da vida privada.

c) Quando um operário assina um contrato com uma empresa, a relação estabelecida nesse acordo não é apenas entre indivíduos, mas também entre classes sociais: a operária e a burguesa.

d) A sociologia defende que, para uma pessoa ter sucesso, ela deve se libertar dos limites impostos pela socialização.

e) As pesquisas sociológicas comprovam que um indivíduo isolado, concentrado-se no poder transformador do pensamento positivo, altera as condições objetivas de existência de todo um grupo.

CAPÍTULO 22

Identidade social

1. A máscara

Desde os primórdios da cultura humana, a máscara tem exercido importante papel social e estético nos rituais sagrados, nas celebrações e nos jogos. Um bom exemplo para entendermos sua função simbólica é o uso da máscara pelo xamã (figura 1). Ao colocar a máscara, o xamã permite que o espírito da divindade ou do espírito fundador representado por ela assuma seu corpo e suas ações e empreste seu poder para aquilo que almeja realizar com determinado ritual. A identidade do xamã com a divindade é quase perfeita: ao usar a máscara de um leão ou de um tigre, ele se transforma nesse animal; ao portar a máscara da divindade, ele age por essa divindade. A máscara tem um poder transformador, pois o xamã se sente "como se fosse" a divindade e seu ser se expande incorporando algo que existe fora dele.

Xamã. Indivíduo com função sacerdotal ao qual é atribuído o dom de invocar ou controlar divindades.

Com origem nos rituais sagrados, a máscara também exerce essa função no teatro. Quando o ator utiliza uma máscara, incorpora a personagem que ela representa. Em latim, máscara é *persona*, da qual deriva a palavra *personagem*, ou seja, um conjunto de características pessoais às quais o ator dá vida. Alguns autores atribuem a origem da palavra *persona* ao verbo *personare* (para soar), indicando que a máscara faz a entidade representada se manifestar, provavelmente, falando ou cantando. De qualquer maneira, a ideia é a mesma: a de um ser que se manifesta por meio do corpo e da ação do ator.

Quando o ator utiliza máscara, incorpora a personagem que ela representa.

Para que haja uma ação adequada, do ponto de vista religioso ou artístico, é preciso que o xamã ou ator atue de maneira convincente e coerente, o que envolve uma série de mensagens corporais, gestuais e de vivências interiores de identificação com a personagem ou a divindade em questão.

WERNER FORMAN ARCHIVE/IMAGEPLUS – COLEÇÃO PARTICULAR

Figura 1 • Máscara usada em rituais medicinais pelos povos iroqueses. Estados Unidos, 2005. Os xamãs, em posse das máscaras, invocam divindades cujos poderes se manifestam em rituais de cura e magia.

A noção de papel social tem sua origem no teatro.

O ator ou xamã assume ser outra entidade, cujas características conhece e reproduz. Essas características, que envolvem falas, gestos, movimentos corporais e poderes pessoais, não são espontâneas nem fazem parte do desejo do ator ou do sacerdote, mas seguem um roteiro elaborado socialmente em outras situações passadas.

Sem a máscara, o xamã e o ator são apenas membros do grupo; com a máscara, o xamã dá vida à divindade e o ator transforma-se na personagem. Por isso dizemos que o ator desempenha um papel, ou seja, dá vida a um ser cujas características e ações estão predeterminadas.

A sensação de ser verdadeiramente a entidade ou a personagem, vivida pelo xamã ou pelo ator durante o ritual ou espetáculo teatral, é o que chamamos de identidade, ou seja, uma sensação de completude em relação a alguma coisa que vem se somar àquilo que somos. Nossa vida pessoal e social está cheia desses momentos em que incorporamos personagens. São os chamados papéis sociais, que nos ajudam a desenvolver nossa individualidade, à maneira da imagem refletida no espelho, na qual a criança se reconhece quando pequena, conforme estudamos no capítulo anterior.

2. Os papéis sociais

A noção de papel social tem sua origem no teatro, onde atores encenam as características e os hábitos de determinada personagem. Do teatro, a ideia passou à filosofia e às ciências sociais para definir essa padronização social do comportamento que diz respeito ao desempenho de nossas funções sociais (figura 2). Trata-se, portanto, de um *script* de natureza social que deve orientar o comportamento individual. Como no teatro, entretanto, percebe-se certa distância entre o que a pessoa é em essência e as atitudes que assume no desempenho de seus papéis sociais.

Desde o nascimento, a criança é introduzida em seu grupo de origem, iniciando longo processo de socialização pelo qual vai apreendendo os padrões culturais do grupo, produzidos por muitas gerações. Esses padrões são históricos e variam no tempo e no espaço. Em cada tempo e lugar, haverá um conjunto de papéis sociais destinados aos membros do grupo.

PICTORRM/IMAGEPLUS

Figura 2 • Os papéis sociais correspondem a diferentes interações que mantemos no mundo. Cada papel envolve comportamentos, atitudes, gestos e aparências próprios. Grupo representando papéis sociais, 2008.

Diferentes sociólogos estudaram os papéis sociais e procuraram entender esse conceito que diz respeito basicamente à relação entre o *self* e a sociedade. Um deles foi Talcott Parsons, para quem os papéis são as unidades das estruturas sociais organizadas como um sistema recíproco que orienta comportamentos e expectativas. Ele reconheceu uma variação na execução dos papéis, permitindo certo grau de liberdade ao ator, e afirmava que o papel difere da personalidade. Dessa forma, o que faz variar o comportamento de agentes no desempenho de um mesmo papel é a própria gama de possibilidades coletivas, e não as diferenças pessoais entre sujeitos.

Bem diferente da análise de Parsons foi a de Erving Goffman, que entendia o papel como a mediação das relações interpessoais. Goffman preocupou-se com a maneira como a ação de um agente influi sobre a de outro, numa cadeia de reciprocidades. Embora reconhecendo certa distância entre o papel de um agente e sua personalidade, esse autor pressupunha mútua interferência entre eles.

Muitos desses papéis são involuntários, pois já se encontram estruturados quando o indivíduo nasce. As expectativas de comportamento em relação a esses papéis já estão configuradas e o sucesso do ator depende da sua adequação a eles. Ao analisar os papéis sociais, Goffman identificou seus elementos utilizando dois conceitos: o de cenário e o de fachada.

O *cenário* compreende os elementos que complementam a situação de interação – o lugar, os objetos, a mobília, o horário, a comunicação visual que orientam os que estão em interação. O templo é o cenário no qual o casamento religioso pode ser oficializado, enquanto o tribunal é o cenário no qual o julgamento pode se realizar de forma adequada. Os cortejos reais e as paradas cívicas também são exemplos de cenários. O cenário, dessa forma, faz parte do ritual e garante sua legitimidade (figura 3).

A *fachada* é constituída de elementos que o indivíduo mobiliza para, consciente ou inconscientemente, compor, dar forma e auxiliar na execução de sua ação (figura 4 na página seguinte).

Self

Si mesmo, tradução da palavra inglesa *self*, é um termo proveniente da psicologia cuja primeira formulação foi feita pelo psicólogo norte-americano William James. Esse autor distinguia a capacidade do ser humano de se conhecer em duas instâncias: o eu, como a instância interna conhecedora, e o *si mesmo*, como o conhecimento que o indivíduo tem sobre si próprio. Estudos posteriores avançaram na compreensão do *si mesmo* como a instância que se estrutura em torno de três experiências básicas do ser humano:

a) a consciência reflexiva, que é o conhecimento sobre si próprio e a capacidade de ter consciência de si;
b) a interpessoalidade dos relacionamentos humanos, por meio da qual a pessoa recebe informações sobre si;
c) a capacidade do ser humano de agir.

DORIVAN MARINHO/FUTURA PRESS

Figura 3 • Julgamento do caso da validade da Lei da Ficha Limpa para as eleições de 2010 no Supremo Tribunal Federal (STF), em Brasília, 2011. A Corte é um dos cenários legitimadores de ações políticas e jurídicas na sociedade. Fora do espaço consagrado, a ação perde sua eficácia.

Figura 4 • O martelo e a toga do juiz utilizados durante um julgamento fazem parte da fachada que o auxilia a desempenhar seu papel social. Estados Unidos, 2007.

A complexidade dos papéis sociais

Os papéis sociais são como máscaras.

Os papéis sociais são como máscaras. No impulso de se identificar com uma imagem, no estádio do espelho estudado por Lacan, o ser humano encontrará à sua volta papéis sociais estruturados, que correspondem, como vimos, a determinados cenários, fachadas, ações, roupas e objetos para um bom desempenho de seu papel.

A criança paulatinamente aprende a ser filho, irmão, neto, vizinho, sobrinho, amigo etc. À medida que cresce, passará a interagir em grupos maiores, com os quais se relacionará de forma mais esporádica e impessoal. Passará a ser pedestre, transeunte, morador do campo ou da cidade, membro de uma religião. Esses papéis são, na maioria das vezes, involuntários e decorrem das condições de seu nascimento e da situação que a família do indivíduo desfruta na sociedade.

Conforme o indivíduo cresce, no entanto, pode ir optando por certos papéis que dependem de sua vontade, afinidade ou motivação, como conceituou Parsons. Como já vimos, o grau de liberdade dessa escolha depende do nível de abrangência da sociedade à qual o indivíduo pertence. Nas sociedades mais simples e homogêneas, há poucas opções; nas mais complexas, a possibilidade de escolha é maior.

Se um indivíduo nasce numa pequena aldeia de uma praia distante dos grandes centros urbanos, o mais provável é que siga uma profissão ligada à pesca ou aos serviços da aldeia. Muitas vezes sua escolha é guiada pela família, que talvez seja dona de um barco ou de uma loja, por exemplo (figura 5). As opções são poucas e a liberdade de escolha é menor.

Caso o indivíduo, no entanto, nasça numa cidade grande, como São Paulo, Recife ou Salvador, são inúmeras as atividades que garantem a sobrevivência dos moradores desses centros. Ser motorista, guarda de trânsito, piloto ou professor pode depender menos da família na qual o indivíduo nasce e mais das circunstâncias, das oportunidades, do talento, das necessidades, da conveniência.

Cada um desses papéis sociais envolve um cenário, uma fachada e um aprendizado. Ao mesmo tempo que o indivíduo assume seus papéis – voluntária ou involuntariamente – e faz suas escolhas, vai definindo determinado modo de ser, pois passa a se identificar com esses papéis. A própria necessidade de sobrevivência leva o indivíduo a aceitar as regras do jogo e a assumir os papéis que dele se espera.

Com alguns, ele terá plena afinidade, ou seja, os desempenhará com seriedade, sinceridade e convicção. Outros papéis, entretanto, o indivíduo desempenhará apenas para corresponder às expectativas dos outros e para não sofrer punições. Esse desempenho será mais falso e superficial ou, como qualificou Goffman, mais cínico. Uma criança talvez não tenha vontade de cumprimentar os parentes num evento familiar ou de assistir a um ritual religioso. Entretanto, poderá expressar um falso afeto ou uma devoção irreal para não ser repreendida ou para agradar os adultos.

ED KASHI/CORBIS/LATINSTOCK

Figura 5 • Mulher trabalhando como descascadora de crustáceos destinados ao mercado de Lima enquanto o filho a observa, na praia de San Andrés, em Pisco. Peru, 1999. Durante milênios, na história da humanidade, a inserção social foi função direta e quase exclusiva das relações familiares, o que incluía a profissão, herdada do pai ou da mãe.

A comunicação e o desempenho dos papéis sociais

Para escaparmos do cinismo em relação à vida social e ao desempenho dos papéis, ficamos sempre atentos ao modo como se expressam as pessoas com quem interagimos. Temos de compreender que o elemento básico das interações e do desempenho dos papéis sociais é a comunicação em todas as suas linguagens – verbal, gestual, facial, corporal –, e que para cada um dos papéis há falas que constituem verdadeiros atos.

O elemento básico das interações e do desempenho dos papéis sociais é a comunicação em todas as suas linguagens.

Por exemplo, as falas "O réu foi considerado culpado" e "Declaro-vos marido e mulher" constituem, respectivamente, a condenação do réu e o casamento dos noivos. Por isso elas foram chamadas performáticas pelo filósofo e linguista britânico John Austin (figura 6). Outras falas têm menor poder, mas constituem igualmente fonte de afirmação das ações e do desempenho de papéis sociais. Se um paciente recebe a orientação médica para tomar determinado remédio, ele seguirá a recomendação por receio de que venha a ficar doente se não seguir, e é isso que dá credibilidade à fala do médico.

Por diversas razões, há situações em que é mais fácil crermos na fala dos indivíduos com quem interagimos. Nossos laços com eles são mais próximos e confiáveis, já testamos anteriormente informações desse tipo ou, ainda, a autoridade daquele que fala impõe respeito à sua fala. Segundo Goffman, isso ocorre porque nos preocupamos não só com as formas de expressão dos sinais, mas também com o modo como são emitidos.

> "A expressividade do indivíduo (e, portanto, sua capacidade de dar impressão) parece envolver duas espécies radicalmente diferentes de atividade significativa: a expressão que ele transmite e a expressão que ele emite. A primeira abrange os símbolos verbais, ou seus substitutos, que ele usa propositadamente e tão só para veicular a informação que ele e os outros sabem estar ligada a esses símbolos. Esta é a comunicação no sentido tradicional e estrito. A segunda inclui uma gama de ações, que os outros podem considerar sintomáticas do ator, deduzindo-se que a ação foi levada a efeito por outras razões diferentes da informação assim transmitida."
>
> GOFFMAN, Erving. *A representação do eu na vida cotidiana.* Petrópolis: Vozes, 1985. p. 12.

CLIVE MASON/GETTY IMAGES

Figura 6 • Jogador do Arsenal recebe cartão vermelho após cometer falta durante jogo na Copa da Inglaterra. Londres, 2011. Ao aplicar o cartão vermelho, o juiz declara que o jogador está expulso do jogo. Podemos dizer, portanto, que sua ação é performática, pois interfere na realidade.

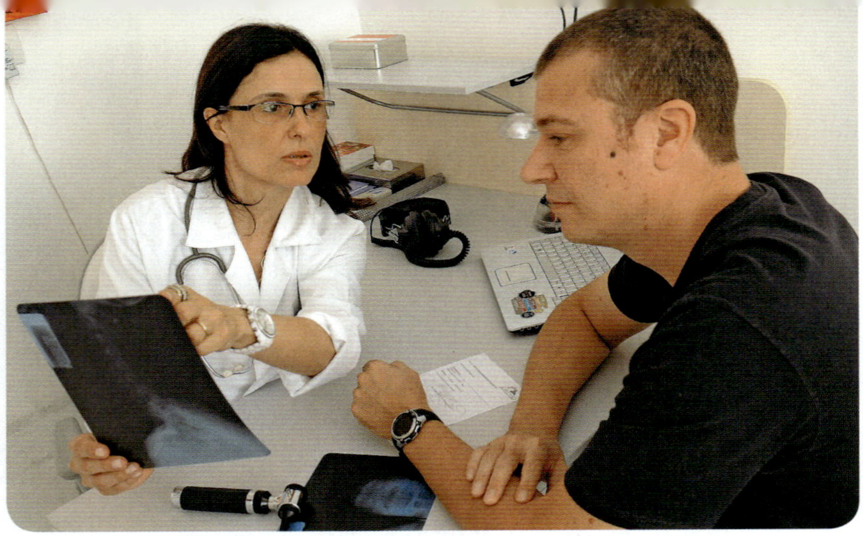

FERNANDO FAVORETTO/CID

Figura 7 • Médica explica resultado de exame ao paciente em seu consultório, 2011.

A forma como o médico lê e explica o laudo de nosso exame pode ser mais tranquilizadora do que o diagnóstico em si (figura 7). O tom de voz de uma pessoa que atende ao telefone pode ser mais significativo sobre seu estado de espírito do que sua reposta à pergunta "Como vai?". Por isso, em nossas interações, atribuímos especial valor à comunicação emitida, que é menos voluntária e sobre a qual o interagente tem menor controle. Por outro lado, a comunicação formal às vezes nos parece carente de significado. Algumas frases chegam a perder completamente o sentido por serem demasiadamente usadas apenas para cumprir parte do ritual das interações.

Observe a letra da canção "Sinal fechado", de Paulinho da Viola. Ela foi construída com frases cotidianas que expressam muito pouco.

"Olá, como vai
Eu vou indo e você, tudo bem?
Tudo bem, eu vou indo, correndo
Pegar meu lugar no futuro, e você?
Tudo bem, eu vou indo em busca
De um sono tranquilo, quem sabe?
Quanto tempo...
Pois é, quanto tempo...
Me perdoe a pressa
É a alma dos nossos negócios...
Oh, não tem de que
Eu também só ando a cem
Quando é que você telefona?
Precisamos nos ver por aí
Pra semana, prometo,
Talvez nos vejamos, quem sabe?
Quanto tempo...
Pois é, quanto tempo...
Tanta coisa que eu tinha a dizer
Mas eu sumi na poeira das ruas
Eu também tenho algo a dizer
Mas me foge a lembrança
Por favor, telefone, eu preciso beber
Alguma coisa rapidamente
Pra semana...
O sinal...
Eu procuro você...
Vai abrir!!! Vai abrir!!!
Prometo, não esqueço,
Por favor, não esqueça
Não esqueço, não esqueço
Adeus..."

VIOLA, Paulinho da. Sinal fechado. *Paulinho da Viola e Ensemble*, 1993.

Papéis sociais e *status*

Como vimos, nem sempre o indivíduo tem liberdade de escolher determinado papel social. Ele nasce em certa família, convive com determinados valores e sofre coerções que limitam sua possibilidade de escolha e a independência de sua ação. Em muitas sociedades antigas, por exemplo, as leis de herança garantiam ao filho homem mais velho o direito à posse e ao poder sobre os bens da família. Isso obrigava os demais filhos ou a se submeter ao poder do irmão mais velho ou a buscar outras formas de sobrevivência. Muitos cidadãos gregos acabaram fundando os próprios domínios em terras estrangeiras para escapar ao poder dos irmãos.

As escolhas permitem sempre um grau maior de identificação do sujeito com seus papéis.

De acordo com o sociólogo Norbert Elias, a partir do Renascimento a sociedade ocidental passou a valorizar tudo o que se refere à liberdade individual, reforçando suas próprias escolhas e sua história pessoal. Em sociedades contemporâneas e mais democráticas, há maior liberdade de ação e escolha. Podemos admitir que as escolhas permitem sempre um grau maior de identificação do sujeito com seus papéis. Quanto mais aberta a sociedade, maior a gama de opções, havendo ainda a possibilidade da criação de novas instituições e novos papéis, caracterizando o que chamamos de sociedades progressistas, ou seja, não tradicionalistas. Assistimos constantemente ao surgimento de novas profissões, serviços e papéis sociais dependendo do desenvolvimento tecnológico, das necessidades e da inventividade da sociedade (figura 8).

As razões que levam uma pessoa a escolher determinado papel social, quando essa escolha é possível, dependem das possibilidades, das relações que estabelece com o grupo, das aptidões que demonstra com ele e, muitas vezes, do grau de prestígio que determinado papel desfruta na sociedade. Todo papel implica determinada posição num sistema hierarquizado, e a cada posição correspondem determinados deveres, direitos, autoridade e poder, além de acesso a bens e recursos materiais.

RUBENS CAVALLARI/FOLHAPRESS

Figura 8 • Funcionário da Companhia de Engenharia de Tráfego (CET) controla trânsito em São Paulo, 2010. Profissionais responsáveis pela fiscalização e administração do sistema viário tornaram-se necessários apenas com o surgimento das grandes metrópoles. A CET foi criada em 1976.

Os papéis sociais mais almejados são aqueles cujo status *é mais elevado.*

Os papéis sociais mais almejados são aqueles que estão no topo da pirâmide, cujo *status* é mais elevado. Aqueles que dependem de processos seletivos em que a qualificação do pretendente é avaliada são chamados de papéis conquistados (figura 9). Essa classificação é válida para os processos seletivos impessoais, que dependem de conhecimento técnico ou de diversas provas pelas quais o aspirante a um cargo ou uma posição deverá passar para estar no topo da lista dos selecionados. Um exemplo desse processo seletivo é o vestibular, que seleciona universitários por meio de provas de caráter impessoal.

O sucesso profissional depende justamente da capacidade do indivíduo em galgar os postos mais altos da hierarquia social à qual pertence, adquirindo maior prestígio, poder e riqueza – embora isso nem sempre ocorra por sistemas de avaliação impessoal e técnica, envolvendo outras estratégias de reconhecimento.

A possibilidade de ascensão ou descida de um indivíduo em determinado sistema de posições social é chamada de mobilidade social. Não devemos confundir, entretanto, a mobilidade social de um indivíduo com transformações mais abrangentes, como as modificações na estrutura das classes sociais. A ascensão de um membro das camadas mais baixas da sociedade a posições de destaque em determinada estrutura de papéis não significa uma mudança nas classes sociais. A mudança foi apenas para o indivíduo, que pode desfrutar uma posição social mais privilegiada. Para que haja transformações na estrutura de classes de uma sociedade, é preciso uma ação coletiva de caráter revolucionário.

Não podemos modificar a estrutura social pela mobilidade individual. A mobilidade individual e a possibilidade de ascensão social promovem a rotatividade dos indivíduos nos diferentes cargos, mas não afetam a estrutura social, principalmente aquela que se baseia em uma hierarquia vertical rígida e centralizada.

Conflitos nos papéis sociais

Durante nossa existência desenvolvemos atividades decorrentes de papéis que assumimos, sejam papéis involuntários, voluntários ou mesmo conquistados. Assim, passamos a ser cônjuges, pais, professores, funcionários, cidadãos. Pertencemos a grupos étnicos, organizações religiosas ou empresariais, clubes esportivos, torcidas, agremiações, associações, sindicatos, partidos políticos, associações de classe.

Muitas vezes existe certa coerência e reciprocidade entre os diversos papéis. Por exemplo, pertencer a uma nação geralmente envolve atividades políticas, seja pelo papel de eleitor, seja pela participação em partidos políticos, reforçando a cidadania. Mas nem sempre é possível manter uma integração de condutas, obrigações e deveres, gerando conflito entre os papéis que assumimos.

PAULO PINTO/AGÊNCIA ESTADO

Figuras 9 • Candidatos do primeiro dia de prova da segunda fase do processo seletivo promovido pela Fundação Universitária para o Vestibular (Fuvest), na Faculdade de Educação da Universidade de São Paulo (FE-USP), em 2011. A carreira que escolhemos depende de muitas oportunidades e conquistas.

Figuras 10 e 11 • As múltiplas relações que construímos durante a vida estão modeladas pelos papéis sociais que assumimos em cada uma dessas relações. Isso nos faculta expressar as distintas facetas do nosso ser sem incorrer em erros grosseiros de comportamento, além de facilitar a comunicação com os outros. Assim, em um mesmo dia estamos em uma situação de avaliação social de manhã, e à tarde em uma situação de descontração com amigos ou parentes, sendo a mesma pessoa em ambas as situações. À esquerda, jovens caminhando no parque, São Paulo, 2011. À direita, jovens executivos em reunião, em São Paulo, 2011.

Em 1983 foi veiculada uma peça publicitária de uma pomada para contusões cujo *slogan* era: "Não basta ser pai, é preciso participar". A cena é de um pai que, muito ocupado com as obrigações profissionais, chega atrasado ao jogo de futebol do qual o filho participava. Ao ver o pai chegando atrasado, o filho olha-o, desapontado. A peça publicitária trata do conflito entre as obrigações de pai e as de profissional, um exemplo de que, quanto mais identificados estivermos com nossos papéis, maior será o conflito de desempenho a ser enfrentado.

Nas sociedades mais complexas, em que existe uma quantidade quase ilimitada de papéis, há espaços em que podemos agir de forma natural e espontânea. Temos maior liberdade de agir nas relações familiares, de amizade e de vizinhança, sem incorrermos em grandes erros de conduta nem na possibilidade de sermos repreendidos pelos membros do grupo. Há também, no entanto, espaços em que somos observados e avaliados (figuras 10 e 11). São os lugares públicos e institucionais, onde nos relacionamos com inúmeras pessoas com quem temos pouca familiaridade, em ambientes formais e impessoais. Nosso comportamento varia de uma situação para outra e em algumas ocasiões pode gerar embates. Estar vestido com trajes informais, por exemplo, num ambiente em que haja pessoas com quem temos pouca familiaridade pode gerar uma sensação incômoda, que denota conflito.

Nas sociedades mais complexas, há espaços em que podemos agir de forma natural e espontânea.

Muitas regras que se referem ao desempenho de papéis acabam sendo sigilosas e são conhecidas apenas por aqueles considerados membros do grupo. Com frequência deparamos com situações em que os outros estão plenamente familiarizados com as regras, enquanto nós as desconhecemos quase por completo. A situação gera uma sensação de desconforto e muitas vezes precisamos de treinamento para atuar em ambientes e situações novas. O que promove nossa integração a um meio social ao qual não estamos habituados é a nossa grande capacidade de adaptação e aprendizado, assim como a nossa flexibilidade para mudanças.

Neste capítulo, procuramos mostrar que a identidade é um processo complexo que envolve instâncias internas e externas, individuais e coletivas, voluntárias e involuntárias. Os papéis sociais são formulações realizadas pela sociedade com a função de mediar as relações entre o *self* e a sociedade, promovendo um fluxo permanente de um para o outro, alterando-os continuamente. As linguagens e as formas de expressão possuem especial função na configuração dessa interação.

Compreensão do texto

1. Qual é o objetivo do uso de máscaras pelos xamãs e atores de teatro?
2. O que são papéis sociais?
3. O que significa dizer que a interação torna os papéis sociais recíprocos?
4. O sistema de papéis sociais é sempre fruto de escolha individual?
5. Qual é a relação entre cenário e fachada?
6. Como os papéis sociais ajudam na formação da identidade?
7. Por que nas sociedades mais abertas há possibilidade de se estabelecer uma identidade mais ajustada ao indivíduo?
8. Muitas vezes temos de desempenhar papéis que nos trazem conflitos e questionamentos éticos. Como esses conflitos podem ser superados nas sociedades mais complexas?

Interpretação e problematização

9. Leia o texto a seguir e responda às questões.

Não basta ser pai

"Participação da família na rotina escolar dos filhos melhora desempenho

Pais que participam do dia a dia das escolas e acompanham o desempenho dos filhos e também a atuação dos professores contribuem para um melhor aproveitamento escolar. Pelos dados estatísticos, isso é fato comprovado, como mostraram os resultados do Sistema de Avaliação da Educação Básica (Saeb), realizado no ano passado. A média em português e matemática dos alunos do ensino fundamental, nas escolas onde os pais conhecem os professores e participam de reuniões frequentes, foi pelo menos dez pontos mais alta do que a de colégios onde essa participação não ocorre. O resultado estimulou o Ministério da Educação a criar o Dia Nacional da Família na Escola [...].

Os efeitos positivos dessa integração já se mostraram muito mais fortes do que os números do Saeb. A presença dos pais não se limita a acompanhar o dia a dia. Através das Associações de Pais e Mestres (APMs) ou como simples voluntários, eles colocam a mão na massa. No colégio estadual Brasílio Vicente de Castro, em Curitiba, por exemplo, o chileno Sergio Torres Roa, 60 anos e há 23 no Brasil, é o responsável pela manutenção dos equipamentos elétricos. Eletricista profissional, Roa era o presidente da APM quando a filha Marion, atualmente com 20 anos, ainda frequentava a escola. Hoje, é voluntário e trabalha de graça pelo prazer de colaborar. 'A participação da comunidade ajudou a recuperar essa escola. Nosso trabalho segue em frente com a ajuda de todos', comemora Roa. A diretora do colégio Brasílio, Juara de Almeida Ferreira, 35 anos, há seis no cargo, admite que a tarefa de reerguer a escola teria sido impossível sem a participação da comunidade. 'Somos uma grande família. O colégio agora é considerado padrão porque a integração entre professores e pais é total', garante Juara."

HOLLANDA, Eduardo. *Portal Terra*, 25 abr. 2001.
Disponível em: www.terra.com.br.
Acesso em: 18 maio 2009.

a) Qual é o principal tema do artigo?
b) De acordo com o artigo, que papel social os pais devem desempenhar?

Aplicação de conceitos

10. Cinema

Eu, eu mesmo e Irene, dos irmãos Bobby e Peter Farelly. Estados Unidos, 2000, 116 min.

Nessa comédia baseada em um problema psiquiátrico, a personagem Charlie é um policial que sofre de transtorno dissociativo de identidade (TDI) ou dupla personalidade. Enquanto policial, ele é amado por todos, mas se deixa de tomar os remédios, vem à tona outra personalidade, Harry, briguenta e alcoólatra, que se irrita com qualquer comportamento excêntrico das pessoas. Ambas as personalidades se enamoram de Irene e passam a lutar pela posse do corpo de Charlie ou Harry.

- Tratando o filme como uma metáfora da nossa atuação nos papéis sociais – já que de certa forma, conforme os contextos e situações, às vezes acabamos agindo como se tivéssemos dupla personalidade –, analise o filme e debata com a classe a perspectiva de os papéis sociais nos imporem distintas personalidades, criando falsos eus para o mundo exterior e para nós mesmos.

Pesquisa

11. Pesquise em agências de emprego ou empresas que geram currículos quais são os perfis que as empresas querem ver nos candidatos e analise o resultado com base no que estudou neste capítulo.

Interpretação e problematização

12. Observe a imagem e faça o que se pede.

Sinal fechado

FABIO VENTURA

Casal enamorado, Fabio Ventura, São Paulo, 2009.

Na ilustração de Fabio Ventura, representa-se um desencontro, cuja razão maior está:

a) na eliminação dos desejos pessoais.
b) nas imposições do cotidiano moderno.
c) na falta de confiança no outro.
d) na expectativa romântica das pessoas.
e) no mecanismo egoísta das paixões.

Converse, em grupo, sobre a justificativa escolhida.

Questões de vestibular e do Enem

13. (UFG-GO-adaptado) Leia o texto abaixo e responda à questão.

Aprenda a falar difícil

"Em minha empresa, parece que o povo, do gerente para cima, fala outro idioma. Por que as pessoas ficam inventando expressões estranhas ou usando palavras estrangeiras, quando é muito mais fácil falar português?

Lélio, São Caetano, SP

Para impressionar, Lélio. As pessoas que complicam o vocabulário fazem isso com dois propósitos bem claros. O primeiro é financeiro. 'Falar abobrinha' pode ser sinônimo de 'Verbalizar cucurbitáceas', mas a segunda turma, via de regra, ganha mais. Você mesmo confirmou isso, ao dizer: 'de gerente para cima'. O segundo motivo é se proteger. Através dos tempos, cada profissão foi desenvolvendo sua maneira particular de se expressar. Economista fala diferente de advogado, que fala diferente de engenheiro, que fala diferente de psicólogo, e todos eles falam diferente de nós.

Quanto mais complicado uma pessoa fala, mais fácil ela poderá depois explicar: 'Não foi bem isso que eu disse'. Na prática, a coisa funciona assim. Se você tiver uma pergunta - qualquer pergunta — e consultar alguém de *marketing*, ouvirá como resposta que é preciso 'fazer um *brainstorming* e extrapolar os dados'. Alguém de recursos humanos dirá que, 'enquanto seres funcionais, temos de vivenciar parâmetros holísticos'. Um engenheiro opinaria que a coisa se deve a 'fatores inerciais de natureza não técnica'. E uma pessoa de sistemas diria que a empresa está 'num processo de reformulação de conteúdo'. E assim por diante.

Essa foi uma grande lição que aprendi na vida corporativa. Quando tinha alguma dúvida, perguntava a um diretor. E aprendia uma palavra nova. Aí, ia me informar com o seu Anísio da portaria. Porque ele era o único capaz de me explicar direitinho a situação. 'É, vem chumbo grosso por aí.'

Portanto, Lélio, e para bem de sua carreira, sugiro que você comece a aprender esses 'idiomas estranhos'. Falando de maneira simples, e sendo entendido por todos, você chegará, no máximo, a supervisor. Adotando uma verbalização direcional intrínseca, poderá chegar a diretor."

GEHRINGER, Max. Sua carreira. *Época*, São Paulo: Editora Globo, n. 411, 3 abr. 2006. p. 67.

Na elaboração da resposta, o consultor Max Gehringer sugere que:

a) o profissional deve manter em situações discursivas informais a mesma linguagem própria da área na qual atua.

b) diferentes enunciados têm um mesmo significado e sua expressão independe das características da profissão.

c) os funcionários de uma empresa devem ser prolixos em todas as situações que envolvam comunicação com clientes.

d) uma mesma informação pode ser veiculada por enunciados diferentes, dependendo do papel social exercido pelo locutor.

e) um mesmo enunciado pode desencadear diferentes reações no interlocutor quando proferido em espaço de trabalho.

CAPÍTULO 23

Identidade narrativa

1. Signo, referente, linguagem e identidade

Vamos começar este capítulo retomando a experiência do estádio do espelho, estudada por Lacan. Diante do espelho, a criança identifica-se com sua imagem, despertando o impulso para o desenvolvimento da individualidade. Vamos agora pensar no papel da imagem nesse processo. A criança vê sua imagem refletida no espelho, e com ela se identifica. É um signo artificialmente produzido, uma imagem técnica na produção de experiências pessoais e de comportamentos individuais e coletivos.

Signo. Tudo aquilo que, em certos aspectos e em alguma medida, substitui alguma outra coisa, representando-a para alguém.

Podemos dizer, portanto, que, ao se reconhecer na imagem do espelho, a criança tem uma dupla experiência, pois adquire consciência de si projetada na imagem e adquire consciência do signo como um elemento capaz de referir uma coisa, um ser e, principalmente, uma ideia. O signo é essa ponte que estabelece uma relação inseparável com seu referente e com o ser pensante que lhe dá vida. A imagem refletida no espelho é a ponte que se liga ao "eu" da criança, uma relação ao mesmo tempo interna e externa, linguística e psicossocial. A linguagem é esse movimento expressivo proposto pelo signo que, ao lançar-se em direção ao referente, dá-lhe vida e significado (figura 1).

O signo é a ponte que estabelece uma relação inseparável com seu referente e com o ser pensante que lhe dá vida.

BETTMAN/CORBIS/LATINSTOCK

Figura 1 • Por meio dos signos, podemos nos referir a situações vividas no passado e que não estão mais presentes. Com a linguagem gestual, o mímico interpreta diferentes estados de espírito. Cena do filme mudo *Luzes da cidade*, de 1931, em que Charlie Chaplin, também diretor e produtor, interpreta o personagem "O Vagabundo".

ADÃO ITURRUSGARAI

Figura 2 • Tira *Monstro da Pia*, de Adão Iturrusgarai, 2006. Com a linguagem gestual, interpretamos estados de espírito diversos, compreensíveis ao outro sem que recursos verbais sejam estritamente necessários.

Com a fala, a criança adquire a capacidade de referir-se a si mesma e ao mundo que a rodeia.

Com a fala, a criança adquire a capacidade de referir-se a si mesma e ao mundo que a rodeia. Sem depender do estímulo da experiência concreta, ela poderá criar realidades com signos verbais, sonoros ou gestuais (figura 2). Por isso a fala completa essa experiência linguística de ligar o vivido aos signos. As palavras acrescentam novos elementos à experiência simbólica, permitindo que a criança vivencie sua imagem até mesmo quando estiver longe do espelho, quando a certeza da própria existência puder ser sintetizada na palavra eu.

Além de permitir a relação do ser humano com o mundo por meio de "pontes" que o ligam à realidade, a linguagem torna essas experiências compartilháveis e, portanto, coletivas, o que é importantíssimo para a compreensão da vida social. Por isso a linguagem e a comunicação são a base da cultura e da vida social, bem como dos processos de identidade pessoal. Tal como a imagem no espelho que produz na criança o impulso para a consciência de si própria, os signos sempre ligarão o ser ao mundo, estabelecendo relações, semelhanças e analogias, fonte de identidade simbólica.

2. Narratividade, mitos e histórias

Para expressar um movimento ou um acontecimento, o signo nos conduz ao seu referente, que pode ser uma coisa ou um ser (o eu ou o outro). Contudo, para elaborar um enunciado ou uma narrativa, são necessários vários signos combinados entre si.

As pinturas rupestres das cavernas de Lascaux (figura 3), na França, feitas por nossos ancestrais, remetem a diversos seres e coisas. Mas há outro aspecto: além de podermos observar cada figura de forma independente, sabemos que, como numa frase, esses signos estão articulados, prendem-se uns aos outros formando um discurso ou uma história. Esse discurso que articula diversos signos e tem começo, meio e fim pode ser chamado de narrativa.

Ao fim de um longo processo de evolução e desenvolvimento da capacidade simbólica, expressa em inscrições, desenhos e formas arquitetônicas, surgiram as narrativas, que sobreviveram ao longo dos séculos, alcançando novas gerações. Com o domínio da linguagem, o ser humano passa a ser capaz de expressar emoções e sentimentos.

As primeiras narrativas foram os **mitos**. Nesse sentido, as histórias bíblicas também são mitos, e um exemplo ilustrativo é a passagem que narra Adão e Eva cometendo o pecado original. Comer o fruto proibido da árvore da sabedoria é uma metáfora do momento em que o ser humano adquiriu a capacidade de pensar e de julgar o bem e o mal, transpondo o estado de natureza para atingir o estado de cultura (figura 4).

Não é possível saber o que surgiu antes, se a narratividade ou a linguagem. Mas sabe-se que uma sempre esteve vinculada à outra, e que esse vínculo está na origem do sentido mágico da palavra, capaz de curar, salvar e sensibilizar os deuses (figura 5). Segundo o filósofo alemão Ernst Cassirer, é possível retomar a íntima relação entre mito e linguagem, pois em todas as cosmogonias míticas sempre encontramos a posição suprema da palavra.

Mito

Do ponto de vista antropológico, o mito não tem o sentido atribuído pelo senso comum, ou seja, de inverdade. Quando uma ideia ou opinião parece absurda ou irreal, costuma-se dizer que se trata de um "mito", mas esse sentido é incorreto. Os mitos, na verdade, são narrativas que relatam a história humana como obra dos deuses.

Cosmogonia. Corpo de doutrinas e princípios (religiosos, míticos ou científicos) que se ocupa em explicar a origem, o princípio do universo.

COREL/STOCK PHOTOS

Figura 3 • Pinturas rupestres em caverna de Lascaux, França, de aproximadamente 17 mil anos atrás.

THE BRIDGEMAN ART LIBRARY/KEYSTONE – MUSEUM OF FINE ART, BOSTON, EUA

Figura 4 • *A queda do homem*, de Lucas Cranach, 1549. Adão e Eva comendo do fruto proibido: mito bíblico da tradição judaico-cristã que narra a criação humana.

PETER WILLI/THE BRIDGEMAN ART LIBRARY/KEYSTONE – MUSEU DO LOUVRE, PARIS

Figura 5 • *A pesagem do coração*, do *Livro dos mortos*, c. 2.500 a.C. No Egito antigo, os mortos podiam enfrentar a transição para o outro mundo levando consigo o *Livro dos mortos*, repleto de fórmulas mágicas que os livrariam dos perigos. A crença no poder mágico da palavra vem de sua estreita relação com o mito.

Quando o homem começou a desenvolver o pensamento científico, procurando conhecer as causas naturais dos acontecimentos, os mitos foram deixando de ser a única explicação válida para a orientação da vida humana. Eles também perderam parte de seu caráter sagrado. Vladimir Propp explicou, em *As raízes históricas do conto maravilhoso*, que muitos deles se transformaram em contos e lendas.

Nesses relatos dessacralizados, cuja personagem central é o homem comum, a função principal é dar sentido à existência humana e desenvolver o sentimento de identidade.

Histórias individuais e histórias coletivas

Uma das características dos mitos é o relato de acontecimentos coletivos.

Uma das características dos mitos é o relato de acontecimentos coletivos. A narrativa mítica trata do surgimento dos primeiros ancestrais, da demarcação do território, da transformação de um membro em xamã e até mesmo de tabus alimentares, explicando como e por que certos hábitos e tradições são obedecidos pela coletividade (figura 6).

> "Uuatsin e seus irmãos saíram para pescar numa canoa e passaram por três aldeias em busca do alimento desejado: o mingau de mandioca. Não encontrando, continuaram a viagem; foram, porém, advertidos pelos moradores das aldeias de que estavam perdidos na mata. Flecharam um pintado que fugiu e Uuatsin e seus irmãos perseguiram-no, perdendo-se no céu. Os jakuí, que estavam tocando no fundo da lagoa, viram os pescadores caminhando na Via Láctea e procuraram avisá-los de que estavam perdidos. Mas uma cobra grande lhes barrou a passagem. Após discutirem com a cobra, partiram à procura da aldeia dos pássaros onde estes estavam em festa preparando-se para furar as orelhas dos periquitos. Durante a viagem no céu, encontraram a garcinha e o jaburu. O filho de Uuatsin, um periquito, teria sua orelha furada. Isso aconteceu quando chegaram à aldeia dos pássaros que cantavam e dançavam no pátio."
>
> SANTOS, Yolanda Lhullier dos e outros. *Textos-ritos do índio brasileiro*: xinguano e kadiwéu. São Paulo: Ebraesp, 1975. p. 50.

HELIO NOBRE/IDETI

Figura 6 • Cerimônia de escarnificação (ato de tatuar lacerando a pele) de menino xavante. Serra do Roncador, Mato Grosso, 2001. Entre alguns povos indígenas, a escarnificação é um rito de passagem para a idade adulta.

UNDERWOOD & UNDERWOOD/CORBIS/LATINSTOCK – PARQUE NACIONAL CANYON CHELLY, ARIZONA

Figura 7 • Guerreiros da tribo de apaches no Parque Nacional Canyon Chelly, Arizona. Estados Unidos, c. 1910. Os guerreiros dessa tribo americana se reuniam ao entardecer para contar as histórias vividas no dia.

Existe, entretanto, uma diferença entre os mitos coletivos e os individuais, que narram as histórias dos heróis coletivos e agentes fundadores da cultura, ou nossa própria história. A narratividade que se desenvolve com a cultura humana é uma grande fonte de identidade tanto coletiva como individual. Assim como a imagem da criança refletida no espelho, os heróis dos mitos são signos que conformam a individualidade.

Mitos e história medeiam a relação entre o eu e o outro, entre o indivíduo e a sociedade.

Histórias coletivas ou epopeias, histórias individuais ou biografias e contos de fada e ficção nasceram dos mitos. Da identificação com as personagens surge o prazer em ouvir, ler, assistir e contar histórias. O filósofo francês Edgar Morin chama esse processo de projeção. Nós nos projetamos nas histórias e nos identificamos com as personagens.

A importância da narrativa está em sua capacidade de fornecer sentido e organização aos acontecimentos fragmentários. O que é momentâneo, esporádico e eventual adquire uma força de necessidade e sequencialidade que pouco se vivencia na existência concreta.

Ela tem elementos variáveis e constantes, nos situa no tempo e no espaço e nos move em direção ao devir. Assim como as máscaras e os papéis sociais, mitos e histórias medeiam a relação entre o eu e o outro, entre o indivíduo e a sociedade (figura 7). Dessa forma, compartilhamos um espaço e um tempo intersubjetivo e comum. São construções simbólicas que nos colocam em contato com o patrimônio cultural do grupo, seus valores e sua memória, permitindo-nos construir nossa identidade individual e coletiva.

3. Memória individual e coletiva

Uma das funções do mito é a organização da memória individual e coletiva, pois relata o início dos tempos, as origens e os acontecimentos primordiais, possibilitando que os membros do grupo relacionem a vida pessoal à história coletiva. A importância do passado não está apenas no mero conhecimento dos acontecimentos, mas na influência deles no presente.

Existem diferentes formas de memória, entre elas a memória-hábito e a memória-lembrança. Pela memória-hábito condicionamos as ações e o corpo, sabemos algo "de cor" ou percorremos um caminho sem prestar atenção ao trajeto. Já a memória-lembrança é aquela suscitada pelas narrativas, que evocam situações vivenciadas no passado.

FERNANDO FAVORETTO/CID

Figura 8 • Família vendo álbum de fotos. São Caetano do Sul (SP), 2011. Os álbuns de fotografia registram a história familiar e compõem a história individual por meio da memória.

Para a psicóloga social brasileira Ecléa Bosi, uma das estudiosas dos legados das memórias e de sua relação com a vida social, a memória-lembrança tem um caráter livre, espontâneo e quase onírico. A composição dessa memória é ajudada pelos relatos e pelas histórias contadas em família e em grupo. Segundo Ecléa Bosi, construímos memórias coerentes de relatos e interpretações de fatos com esquemas coletivos ou grupais. Daí a importância de álbuns de fotografia, correspondências, brinquedos antigos, diários e agendas no registro da memória e do passado (figura 8).

> "Na maior parte das vezes, lembrar não é reviver, mas refazer, reconstruir, repensar, com imagens e ideias de hoje, as experiências do passado. A memória não é sonho, é trabalho... Por mais nítida que nos pareça a lembrança de um fato antigo, ela não é a mesma imagem que experimentamos na infância, porque nós não somos os mesmos de então e porque nossa percepção alterou-se e, com ela, nossas ideias, nossos juízos de realidade e de valor."
>
> BOSI, Ecléa. *Memória e sociedade*: lembranças de velhos. São Paulo: TA Queiroz, 1979. p. 17.

Pode-se supor que cada indivíduo seja repetidor das histórias coletivas, pois passa adiante determinada interpretação e encadeamento de fatos, que, muitas vezes, se afastam do registro factual e reafirmam princípios familiares.

A cultura familiar estabelece seu próprio calendário de eventos, fixando a memória dos acontecimentos familiares.

A cultura familiar estabelece seu próprio calendário de encontros, festividades e rituais, que fixam a memória dos acontecimentos, e nessa tessitura a geração mais velha tem importante papel, pois transmite essa tradição aos mais jovens. Por meio das narrativas, as crianças entram em contato com o passado e a ancestralidade, e os idosos ganham futuro e sobrevivência.

4. O interesse das ciências sociais pela narratividade

Michel Foucault considerava que as ciências humanas se caracterizam pelo estudo de um objeto que se constitui enquanto um ser de vida, um ser de linguagem e um ser de trabalho. Segundo Foucault, as ciências humanas "endereçam-se ao homem na medida em que ele vive, fala e produz". Como um ser simbólico, que é o que interessa aqui, o homem existe enquanto tal pela sua capacidade de se relacionar com o mundo por intermédio de construções mentais e sígnicas que referem, substituem e representam o mundo que o cerca. Portanto necessita ser percebido pelo cientista não só como se apresenta, mas também como se representa e como representa a realidade percebida e vivida. Buscando, entretanto, diferenciar as ciências humanas da literatura e da linguística, que analisam as formas das representações verbais, Foucault afirma que o objeto das ciências humanas é o homem, "esse ser que do interior da linguagem se representa".

Herdeira da tradição das ciências físicas e biológicas, a sociologia demorou a se dedicar ao estudo da linguagem e das formas narrativas. Os primeiros cientistas sociais que se interessaram e estudaram as narrativas mitológicas, históricas ou ficcionais dos diferentes povos foram os antropólogos, como Claude Lévi-Strauss. Eles se debruçaram sobre essas histórias buscando entender os valores, as crenças, os sistemas mentais e a forma de organização do pensamento e do conhecimento da realidade de um grupo social.

O estudo sociológico das narrativas históricas, biográficas e ficcionais data também da primeira metade do século XX, estimulado pelo grande desenvolvimento dos meios de comunicação e da importância crescente que as narrativas midiáticas passaram a ter na cultura (figuras 9 a 12). Essa preocupação com a produção simbólica foi ganhando cada vez mais importância, especialmente entre os sociólogos que se preocuparam com as transformações sociais contemporâneas.

Octávio Ianni, sociólogo brasileiro, afirmava:

> "Quando se forma a sociedade mundial, na esteira da globalização do capitalismo, visto como modo de produção e processo civilizatório, restabelece-se o contraponto linguagem e sociedade, com todas as suas implicações"
>
> IANNI, Octávio. *Enigmas da modernidade-mundo*. Rio de Janeiro: Civilização Brasileira, 2000. p. 211.

Inicialmente, contudo, o interesse científico por esses relatos era mais descritivo e superficial. Com o desenvolvimento da psicologia e da psicanálise, a importância da linguagem e dos signos na compreensão do ser humano apontou para possibilidades mais complexas de análise pelos cientistas sociais. As formas de representação linguística passaram a ser estudadas como mediação entre homem e realidade circundante, uma maneira peculiar de ação e relação social.

O passo seguinte foi compreender que as relações sociais também se manifestam nas formas de linguagem. George H. Mead foi um dos primeiros a explorar as possibilidades de o imaginário elaborar relações entre o *ego* (eu) e o ***alter*** (outro) e de permitir que o *ego* se coloque na posição de *alter*. A relação social passa a ter uma dimensão real e simbólica cuja compreensão exige uma atitude interpretativa do cientista. Desenvolveu-se uma metodologia de estudo qualitativa que utilizava diversas estratégias de aproximação e interpretação da cultura e das relações simbólicas entre os agentes sociais e entre eles e a realidade. Era o interacionismo simbólico, como depois essa metodologia ficou conhecida, e entre seus nomes mais importantes destacaram-se os de Herbert Mead e de Erwin Goffman.

Outra grande contribuição para o estudo das expressões linguísticas e da comunicação foi o desenvolvimento da teoria marxista e do conceito de ideologia. Muitos autores, fundamentando-se no marxismo, voltaram-se para o estudo das narrativas históricas e ficcionais, procurando apreender na sua elaboração formal e no uso dos signos a sua expressão ideológica. Um dos mais importantes autores nessa linha foi Mikhail Bakhtin.

CARLOS BESSA/ABRIL IMAGENS

CARLOS BESSA/ABRIL IMAGENS

CARLOS BESSA/ABRIL IMAGENS

SERGEJ RAZVODOVSKIJ/SHUTTERSTOCK

Figuras 9, 10, 11 e 12 • Acessórios usados por personagens de telenovelas brasileiras. Narrativas ficcionais midiáticas influenciam padrões de comportamento culturais ao estimularem o consumo de objetos usados pelos personagens das telenovelas.

***Alter*.** Palavra de origem latina que designa outro ser, outra pessoa com quem um indivíduo se identifica.

Os estudiosos da identidade cultural, diante das transformações contemporâneas, também ressaltam a importância dos estudos das narrativas para a percepção dos padrões sociais emergentes e de novas maneiras de ser. Stuart Hall, participante dos estudos culturais na Inglaterra, afirma que são as narrativas que permitem que tenhamos uma identidade unificada, coerente e coesa do nascimento até a morte. Embora simbólica e construída mentalmente, essa identidade permite, na atualidade, nos confrontarmos com um mundo de mudanças radicais e aceleradas, desconcertantes e fugazes.

Hoje, convivemos com contradições acirradas e soluções pouco convencionais que nos obrigam a grande instabilidade e descontinuidades existenciais. Diante desse contexto em que vamos perdendo as referências clássicas da cultura tradicional, as elaborações narrativas individuais e coletivas permitem construir um eixo que dirija nosso mundo interior, nossas relações sociais e nossas atitudes e comportamentos.

5. Identidade midiática

Os autores que se preocupam em desvendar as características da sociedade atual e das mudanças que ela introduz na nossa vida reconhecem a importância da narratividade, seja ela expressa na busca por uma história pessoal, coesa e coerente, seja na importância das narrativas na vida social, ou na infinita narratividade que se processa pelos meios de comunicação. Nesse sentido, é importante o estudo das diversas linguagens e formas de expressão (figuras 13 a 16), como também dos meios tecnológicos com os quais e por meios dos quais essa narratividade se processa. Não estamos falando apenas das narratividades oral e escrita ou das linguagens corporal, facial e gestual. Referimo-nos aos diferentes meios hoje disponíveis para que as pessoas se expressem, atuem sobre a realidade e se relacionem.

O advento da fotografia, ainda no século XIX, trouxe grande contribuição para esse esforço de construção das identidades pessoal e coletiva e para a constituição de uma identidade narrativa.

13

REPRODUÇÃO – MUSEU IMPERIAL, RIO DE JANEIRO

14

REPRODUÇÃO – MUSEU IMPERIAL, RIO DE JANEIRO

Figuras 13, 14, 15 e 16 • Os retratos a óleo preservavam a memória dos membros famosos da sociedade, bem como relatavam a história de uma família ou de uma nação. Exclusivos da elite, foram substituídos pela fotografia, que tornou o registro familiar e individual mais acessível. Na sequência de imagens, D. Pedro II retratado em diferentes momentos da sua vida: em 1831 (por Armand J. Pallière); em 1840 (por Félix Émile Taunay); em 1851 (por João Maximiano Mafra); em 1889 (por Batista da Costa).

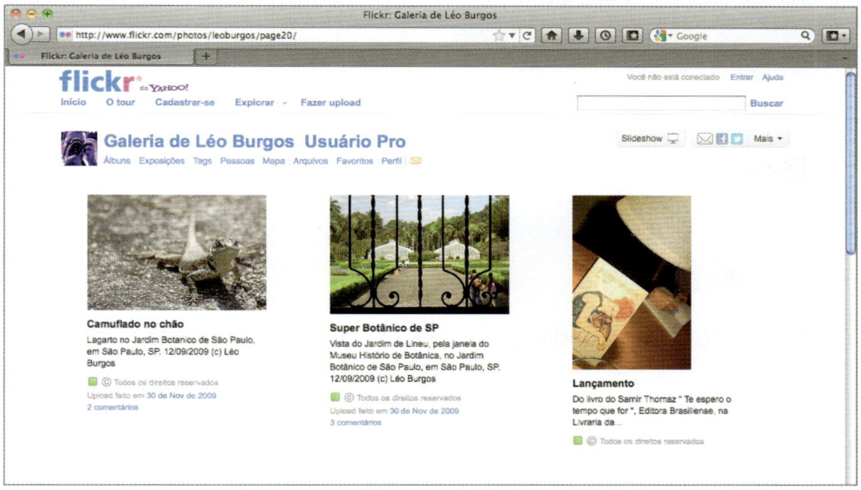

LÉO BURGOS

Figura 17 • Com a revolução tecnológica dos satélites e sua integração às redes de computadores, os álbuns de fotografia, antes restritos aos familiares e amigos mais próximos, alcançaram âmbito mundial, muitas vezes aglutinando pessoas até então desconhecidas em torno das histórias contadas. Página de *site* de compartilhamento de imagens do fotógrafo Léo Burgos, 2009.

Foi a fotografia que nos mostrou como o outro nos vê e permitiu que construíssemos, assim, uma autoimagem visual. Sua importância foi crescente na cultura ocidental, tornando-se o ato de fotografar parte importante do ritual cotidiano de celebrações e formulação narrativa. Pudemos construir histórias protagonizadas por nós e compartilhadas por outros. Pudemos fixar o nosso olhar sobre o que nos cerca, construindo imagens sobre o outro e registrando-as.

A fotografia muito contribuiu para a construção das identidades pessoal e coletiva e para a identidade narrativa.

Entender como a tecnologia cria signos e atua nas formas de comunicação e nas relações sociais é um dos desafios dos sociólogos das sociedades contemporâneas. Estamos diante de uma narratividade que passa pela fotografia, pelo cinema e pelo vídeo, que disponibiliza cada vez mais meios de expressão e que estabelece novo contato com os outros e com a realidade. Uma nova ficcionalidade permeia a cultura contemporânea. O advento das mídias digitais e da comunicação em rede revolucionou as relações humanas e as formas tradicionais de narrativa, modificando, consequentemente, a formulação de nossa identidade (figura 17).

REPRODUÇÃO - MUSEU DO ESTADO DE PERNAMBUCO

REPRODUÇÃO - MUSEU HISTÓRICO NACIONAL, RIO DE JANEIRO

Atividades

Compreensão do texto

1. Por que nossa imagem no espelho é um signo?
2. Por que a linguagem (comunicação) é fator fundamental na formação da identidade?
3. O que é narrativa?
4. De que forma a narrativa passou a exercer função identitária depois de se dessacralizar?
5. Qual é a característica do mito que contribui para a formação da identidade?
6. De que modo os mitos ajudam na formação da memória coletiva?

Interpretação e problematização

7. Leia o trecho a seguir e responda à questão.

> "'Não posso morrer sem voltar a Haifa e ver a casa em que nasci.' Essa frase, dita com lágrimas nos olhos por Lamia – uma senhora idosa, que vive com sua filha e netos no campo de refugiados de Burj-el-Barajne, em Beirute – ao lhe perguntarmos sobre o maior desejo de sua vida, resume o drama palestino: todo um povo condenado ao desterro ou a viver sem identidade [...] vendo sua cultura, seu mundo, suas casas ancestrais serem confiscadas."
>
> BISSIO, Beatriz. Nada será como antes. *Cadernos do Terceiro do Mundo*, n. 107, p. 12, fev. 1988.

Como esse texto remete à questão da identidade?

Aplicação de conceitos

8. **Cinema**

O labirinto do fauno, de Guillermo del Toro. México/Espanha/Estados Unidos, 2006, 112 min.

Ficção ambientada na Espanha, no ano de 1944. Oficialmente a Guerra Civil Espanhola já terminou, mas um grupo de rebeldes ainda luta nas montanhas ao norte de Navarra. Ofélia, de 10 anos, muda-se para a região com sua mãe. Lá a espera seu novo padrasto, um oficial fascista que luta para exterminar os guerrilheiros da localidade. A nova vida é triste e solitária. A doença da mãe, a luta que não entende, o temperamento do padrasto são realidades pesadas demais para a garotinha. Em seus passeios pela floresta, ao redor da sua casa, a garota entra em contato com um mundo desconhecido que a transforma.

- Esse filme mostra como a ficção e a narrativa são importantes para fazer as pessoas elaborarem a experiência vivida. Discuta com os colegas de sala de que forma a ficção (épica, fantasiosa, surreal etc.) ajuda a nos entendermos e a compreender o mundo.

Pesquisa

9. Pesquise com o seu grupo de trabalho uma ou duas histórias de família. Em seguida, com os outros grupos, montem um painel com as histórias coletadas, destacando os possíveis significados dessas narrativas para as pessoas daquela família e para quem as ouve.

Leitura visual

10. Observe a imagem e pesquise a lenda do boto para responder às questões.

ERNANI PAVANELI/GALERIA JACQUES ARDIES – COLEÇÃO PARTICULAR SÃO PAULO

A lenda do boto, pintura de Ernani Pavaneli.

a) Identifique na imagem as personagens representadas.

b) Qual é a história dessas personagens?

c) Explique que tipo de narrativa está associado às personagens. Em seguida, responda qual é a importância desse tipo de narrativa.

Questões de vestibular e do Enem

11. **(Uece)**

> "A manipulação do imaginário social é particularmente importante em momentos de mudança política e social, em momentos de redefinição de identidades coletivas [...] a compreensão de alguns dos principais símbolos usados pelos republicanos brasileiros e de seus conteúdos poderá fornecer elementos preciosos para entender a visão da república que lhe estava por trás [...]"
>
> CARVALHO, José Murilo. *A formação das almas*: o imaginário da República no Brasil. São Paulo: Companhia das Letras, 1990. p. 11-13.

Considere os seguintes itens a respeito dos vários símbolos, alegorias e mitos utilizados para representar a nascente República Brasileira.

I. O mito do herói: os regimes políticos buscam criar e salientar figuras que sirvam de imagem e modelo para os membros da comunidade.

II. Alguns símbolos nacionais se tornaram de uso quase obrigatório, como a bandeira e o hino, e tornaram-se a identificação oficial dos países.

III. Uma das mais populares alegorias da República Brasileira foi a figura feminina, cuja inspiração foi buscada na Antiguidade grega e romana.

Marque a opção verdadeira.

a) II e III são corretas.

b) I e III são incorretas.

c) I e II são corretas.

d) I, II e III são incorretas.

CAPÍTULO 24

A identidade no mundo globalizado

> **Cortina de Ferro**
> Termo que se difundiu no século XX para designar a fronteira que separava a Europa Ocidental capitalista da Europa Oriental sob domínio da então União das Repúblicas Socialistas Soviéticas.

1. Supermercado mundial

Desde a segunda metade do século XX, houve um processo de transformação radical das culturas locais. Entre os fatores que propiciaram essas mudanças está o fim da Guerra Fria, que dividia o mundo em dois blocos de poder: capitalista e socialista. Com o fim da polarização que opunha os governos capitalistas, aliados ao imperialismo norte-americano, aos socialistas, aliados da União das Repúblicas Socialistas Soviéticas, os obstáculos que impediam a proximidade política e comercial entre determinadas nações caíram. As fronteiras foram alteradas, e muitos governos, depostos. Uma nova geopolítica instalou-se no mundo.

Com as transformações e o fim do mais importante e proeminente regime comunista do século XX, terminaram as barreiras quase intransponíveis da **Cortina de Ferro**, tornando possível o estabelecimento de um grande mercado mundial por onde circulam mercadorias que passam a ser consumidas por qualquer pessoa em qualquer ponto do globo. Essas mercadorias transformam os hábitos e costumes dos mais distantes países e dos mais diferentes povos. Produtos culturais como artes, esportes, ciência, principalmente norte-americanos, passam a fazer parte do repertório da população das mais diferentes áreas do globo, num processo que o antropólogo norte-americano Gordon Mathews chama de grande supermercado cultural.

CHINAFOTOPRESS/GETTY IMAGES

Figura 1 • *Visual Kei (Visual Rock)* é um movimento musical japonês contemporâneo com início nos anos 1980 que mistura *rock*, metal e música clássica. A ênfase desse movimento é o visual extravagante de seus membros. O jovem japonês alimenta-se de outras culturas e cria uma identidade própria, porém globalizada. Banda japonesa durante *show* em Taiwan, 2007.

Os processos de difusão se aceleram – e, com a invasão da cultura global, favorecida pelo desenvolvimento dos meios de comunicação, cada vez mais ágeis, rápidos e eficientes, as culturas regionais e nacionais se veem ameaçadas, especialmente nas grandes metrópoles, que se transformam em centros estratégicos propulsores da realização das trocas simbólicas e mercantis em escala global. As novas gerações, nesse cenário, tendem a adotar novos estilos de vida, globalizados e cosmopolitas.

Gordon Mathews estuda as grandes transformações que ocorreram no mundo nas últimas cinco décadas, alterando o comportamento das pessoas e aquilo com que se identificam. Estudando o japonês, o norte-americano e o chinês de Hong Kong, o antropólogo discute o conceito de cultura e identidade. O jovem japonês das grandes cidades, por exemplo, identifica-se mais com a cultura globalizada, cujos signos são, em grande parte, provenientes de outros países, do que com muitas das tradições de seus antepassados (figuras 1, 2 e 3).

Globalização e regionalismo

O aparente abandono das tradições coloca em xeque processos identitários sobre os quais falamos nos capítulos anteriores, fazendo surgir uma crise de identidade estudada por diversos cientistas, entre os quais Stuart Hall. Segundo esse autor, desde o Renascimento, a ciência e a filosofia modernas vinham alimentando a crença em padrões sociais e humanos estáveis. Contudo, a rápida transformação do mundo contemporâneo, marcado por novos acontecimentos históricos e pela emergência de novas teorias que os explicam, como o marxismo e a psicanálise, abalou essa crença. Stuart Hall chama de descentramento esse abandono da crença em um mundo estável e resistente às transformações. Essas explicações científicas fizeram surgir um conceito de humanidade mais contraditório e fragmentado do que o proposto pelo Iluminismo. Por outro lado, à medida que avançam a globalização e o processo de homogeneização cultural que ela promove, surgem movimentos de resistência cultural, com a busca pelo passado e por aquilo que constitui a essência de determinada cultura.

Figuras 2 e 3 • O quimono é a vestimenta tradicional da cultura japonesa. À esquerda, gueixas em Kioto, Japão, 2008. À direita, competição de *shakuhachi*, instrumento musical tradicional do Japão, 2003. Esses símbolos são hoje pouco usados pelos jovens japoneses, que se alimentam da cultura global, criando formas culturais próprias que se afastam da tradição.

Nessa dialética entre uniformidade e diferenciação, entre globalização e regionalismo, aprofunda-se a crise de identidade dos sujeitos, fazendo-os aderir mais rapidamente a movimentos sociais, propostas políticas, costumes exóticos que lhes dão um sentimento, pelo menos superficial, de pertencimento e coesão.

> "Quando alguém folheia livros, japoneses ou estrangeiros, relacionados com arte visual ou música, provavelmente verá filetes de tinta retratando bambu e estampas de donzelas vestidas de quimono; provavelmente verá retratos de tocadoras de coto e *shakuhachi* (flauta de bambu) tocando seus instrumentos. Mas hoje não são muitos os artistas japoneses que praticam tais formas; em vez disso, tocam guitarras elétricas e pintam quadros abstratos com tinta a óleo. O mundo do *rock punk* e da arte performática, de John Coltrane, Jimi Hendrix, Andy Warhol e Salvador Dalí é o mundo em que nasceram; coto e quimono podem ser tão exóticos para eles como poderiam ser para um turista transeunte à procura, com o auxílio de seu livro-guia de viagens, dos últimos vestígios do 'Japão tradicional'."
>
> MATHEWS, Gordon. *Cultura global e identidade individual.* Bauru: Edusc, 2002. p. 71.

2. A busca por novas formas identitárias

Com a "aldeia global" a busca pela identidade se tornou uma questão contemporânea especialmente importante.

O desenvolvimento da internet e dos meios de comunicação digital aumentou ainda mais o fluxo de hábitos, costumes, ideias e produtos, tornando o mundo uma verdadeira "aldeia global", como previra o filósofo canadense Marshall McLuhan. Com a aproximação dos povos e o aparente abandono de seus traços característicos, a busca pela identidade se tornou uma questão contemporânea especialmente importante.

O impulso da busca pela identidade convive com a emergência de novas formas de sociabilidade e associação. Esportes inovadores, formas tecnológicas de entretenimento, religiões que congregam multidões em encontros mundiais e profissões emergentes proporcionam formas de aproximação e afinidade pessoal cujo caráter mais esporádico e provisório estimula e satisfaz a busca identitária.

BETTMAN/CORBIS/LATINSTOCK

Figura 4 • Manifestações de caráter ideológico, como a comemoração do 1º de Maio na União Soviética (Praça Vermelha, Moscou, 1983), são expressões públicas de caráter nacionalista.

Na sociedade contemporânea experimentam-se formas inusitadas e precárias de sociabilidade e de pertencimento que substituem antigos modelos de formação da identidade individual e coletiva. Exemplo desse sentimento forte de identidade que assume importância inédita são as torcidas organizadas e os fã-clubes de celebridades, que integram pessoas por certo tempo, mas de forma imperiosa.

A transformação que se operou foi favorecida pela globalização, pelo **neoliberalismo** e pelo consequente redimensionamento do papel do Estado na vida cotidiana. Até o final da década de 1970, o Estado era uma das principais fontes de identificação social dos cidadãos, responsável pelo nacionalismo, que promovia forte sentimento de pertencimento e solidariedade. Esse sentimento convive, hoje, com outras formas de identificação social e pertencimento.

Neoliberalismo. Doutrina econômica que prevê a mínima participação estatal na economia, com pouca intervenção do governo no mercado de trabalho, política de privatização de empresas estatais, livre circulação de capitais internacionais e ênfase na globalização.

Nacionalismo x globalização

O nacionalismo foi o movimento que, na modernidade, substituiu outras formas de união e pertencimento, como a religião e os clãs territoriais (figuras 4 e 5). Baseava-se no poder unificador do Estado nacional e nas instituições que o subsidiavam. O nacionalismo começou a se enfraquecer com a emergência de movimentos filosóficos e políticos mais abrangentes, que pretendiam envolver diversas nações – como o colonialismo, o socialismo e o próprio capitalismo, que desde sua origem se propunha internacional. Mas o abalo definitivo foi provocado pela queda dos governos nacional-populistas, presentes no cenário político mundial do século XX, e pela revolução informática, que aproximou povos distantes.

Por outro lado, um mundo regulado por um mercado cada vez mais globalizado e por um Estado menos intervencionista promoveu a migração de grandes contingentes de pessoas em busca de trabalho e melhores salários. Essa mobilidade geográfica vem causando grandes conflitos étnicos e culturais e, ao mesmo tempo, cria grupos que vivem nas fronteiras entre duas identidades diferentes, a do lugar de origem e aquela que começa a se desenvolver na sociedade receptora. O binacionalismo ou até mesmo o plurinacionalismo são cada vez mais comuns, bem como a miscigenação de línguas e traços culturais de diferentes origens nacionais.

DIRCK HALSTEAD/TIME & LIFE PICTURES/GETTY IMAGES

Figura 5 • Manifestações de patriotismo, como a comemoração do bicentenário da Revolução Francesa (Paris, França, 1989), de caráter histórico, celebrando a construção da França moderna e burguesa expressam publicamente caráter nacionalista.

Os efeitos do mundo globalizado, contudo, não são iguais para todos. Em primeiro lugar, a integração no mercado global e na revolução tecnológica é desigual – num mesmo país encontramos diferenças regionais significativas, com metrópoles informatizadas rodeadas por vilas sem nenhum recurso tecnológico. Há grupos sociais com grande concentração de renda e outros sofrendo as consequências nefastas da globalização, como o desemprego e a concorrência estrangeira no mercado de trabalho. Há corporações multinacionais que dominam o mercado e pequenas empresas endividadas. Essa desigualdade promove de um lado uma forte crítica teórica de diferentes setores sociais e, de outro, movimentos sociais que promovem a resistência à globalização e o retorno aos valores tradicionais.

Conceitos como **pan-africanismo**, **bolivarismo**, afrodescendência, hispano-americanismo e luso-africanismo apontam para essas fronteiras cambiantes entre nacionalidades, etnias e regionalismos. Esses fenômenos explicam a importância dos processos identitários e da força de outras instituições na promoção do sentimento de afinidade e pertencimento. Instituições religiosas, esportivas e político-ideológicas ganham espaço nesse mundo de territórios cambiantes por sua força aglutinadora.

Pan-africanismo. Movimento em defesa da cultura dos países africanos contra a intervenção dos países europeus e americanos. Defende o respeito às tradições e às diferentes etnias existentes no continente e tem grande influência nas populações afrodescendentes existentes fora da África, em países onde houve escravidão.

Bolivarismo. Movimento político defendido pelo presidente da Venezuela, Hugo Chávez, pregando a união da América Latina contra o poder e a interferência dos Estados Unidos no continente. É inspirado em Simón Bolívar, militar venezuelano que lutou contra a Espanha pela libertação das colônias hispano-americanas no século XIX.

Não podemos esquecer também a importância da indústria e da ciência em propor padrões universais de conforto, saúde, comportamento e beleza, que se propagam pelos meios de comunicação e da publicidade. Muitas pessoas não medem sacrifícios para alcançar esses padrões, valendo-se para isso de dietas, exercícios físicos, remédios e cirurgias plásticas.

3. Ambientalismo, uma nova forma de identidade coletiva

O sociólogo espanhol Manuel Castells estuda a questão da identidade no mundo globalizado. Analisa os movimentos identitários da atualidade, entre eles o ambientalismo, que se apresenta como forma de comportamento coletivo que visa corrigir formas destrutivas de relacionamento entre o homem e seu ambiente natural, contrariando a lógica predominante.

O ambientalismo é um movimento político e ideológico que surgiu na década de 1960. Opunha-se ao desenvolvimento industrial e tecnológico impulsionado pela Guerra Fria, pregando a defesa do planeta, a paz e a volta a formas de vida menos perigosas e devastadoras. Mais recentemente, o ambientalismo também tem se fortalecido com a globalização, pois se apoia no sentimento comum de que todas as pessoas são responsáveis pela defesa e conservação do planeta.

As primeiras organizações ambientalistas exigiam uma legislação mais competente na defesa da natureza e mais controle na fiscalização das empresas poluidoras. Utilizaram meios de comunicação eficientes para a difusão de suas ideias e formaram *lobbies* capazes de defender os interesses de todos os cidadãos do mundo na defesa do planeta.

Aos poucos foram surgindo outros movimentos em prol da natureza, mas voltados também para a defesa de determinadas áreas ameaçadas pelas políticas públicas ou pela ganância dos empresários. A luta pela sobrevivência de espécies animais, da flora, dos rios e das praias caracterizou essas iniciativas, que, ao contrário das anteriores, tinham um caráter mais local, lideradas pelos habitantes da região. O desenvolvimento da ciência, especialmente da ecologia, permitiu que as campanhas avançassem, difundindo uma atitude de cuidado e preservação da natureza.

Os ambientalistas se organizaram politicamente por meio de ONGs e fundações. Formadas por voluntários, muitos com grande conhecimento científico e de estratégia política, essas organizações se mantêm com a ajuda financeira de associados e apoio de diversas instituições. Entre as mais conhecidas, está o ***Greenpeace***.

Alguns ambientalistas, por meio de atividades de persuasão, defesa da natureza e ação política, reuniram-se em partidos políticos, chamados "verdes". Os partidos verdes se espalharam ao redor do mundo na defesa de povos nativos, reservas florestais e culturas populares, combatendo o Estado, as indústrias e a ciência irresponsável que cria tecnologia prejudicial ao planeta. Os partidos verdes de diversos países têm manifestado sua oposição à retomada dos investimentos públicos em energia nuclear, considerada perigosa e nociva ao meio ambiente.

O ambientalismo passa a ser uma forma de identidade ao defender a primazia das pessoas como habitantes do mundo e responsáveis por ele. Sua estratégia de ação envolve mobilização, conscientização e forte associação entre seus membros, que passam a desenvolver atividades conjuntas e colaborativas, com forte envolvimento pessoal e expressiva solidariedade (figura 6). No dia a dia, traduz-se em atitudes de conscientização ambiental como reciclagem de materiais, consumo de alimentos livres de agrotóxicos e uso de transporte público.

Greenpeace

Organização não governamental fundada por ativistas em Vancouver (Canadá), em 1971, contra o desenvolvimento das armas nucleares. Mais tarde, sua sede foi transferida para Amsterdã. Recebe doações apenas de pessoas físicas e atua por meio da desobediência civil, campanhas de conscientização, atos testemunhais e ação direta. Em 2009, estava presente em quarenta países e tinha mais de 2,8 milhões de colaboradores no mundo.

ALAN MARQUES/FOLHAPRESS

Figura 6 • Protesto de ativistas do *Greenpeace* diante do Palácio do Planalto, em Brasília, em maio de 2008. A manifestação pacífica teve como objetivo pedir ao governo a criação de um santuário de baleias no Atlântico Sul.

4. Fundamentalismos e novas formas de pertencimento

As religiões são fonte de ideais, modos de pensar, crer e ser.

As religiões são fonte de ideais, modos de pensar, crer e ser. No mundo contemporâneo, embora haja uma proliferação de religiões e igrejas, seus rituais diferem daqueles que caracterizavam a vida religiosa no passado, por serem mais intimistas e individuais, como nas diversas igrejas cristãs, entre elas o catolicismo e o próprio luteranismo. As religiões atuais que congregam mais adeptos se caracterizam por cultos ruidosos em grandes templos, em que os membros manifestam publicamente a fé.

Evangélicos, católicos, espiritualistas, islâmicos, judeus dão origem a uma série de linhas dentro dessas identificações mais amplas – kardecistas, umbandistas, carismáticos, cabalistas, xiitas, cientificistas, pentecostais. Em busca de conforto, refúgio, segurança e identidade, os fiéis reúnem-se em torno dessas doutrinas que estão baseadas na interpretação rígida dos textos sagrados e na autoridade inquestionável de pastores, monges e sacerdotes (figura 7). Contra qualquer dissidência ou debate, os fundamentalistas defendem a interpretação restrita dos textos sagrados, como o *Alcorão* e a *Bíblia*, capazes de resistir ao relativismo da vida moderna.

O fundamentalismo foi praticado por todas as religiões que adotaram métodos de repressão ou violência como forma de imposição dogmática. Na Europa, nos séculos XVII e XVIII, nações travaram grandes batalhas na defesa de ideais religiosos católicos e protestantes. Na atualidade, o fundamentalismo se caracteriza pela oposição à ciência, à teoria evolucionista, ao Estado laico, à liberação dos costumes e à emancipação feminina. Podemos dizer que o fundamentalismo atual distingue-se pelo conservadorismo e pelo antiliberalismo e pode se apresentar em qualquer religião.

O movimento fundamentalista islâmico é um dos mais evidentes. Chamou a atenção especialmente após o atentado de 11 de setembro de 2001 contra o World Trade Center, em Nova York, realizado por membros da organização Al-Qaeda, dirigida por Osama Bin Laden. O uso de ações terroristas, das quais participam soldados suicidas, alarma todo o mundo e alerta para o crescimento da violência religiosa. Por ser contra o desenvolvimento do capitalismo e do liberalismo, o fundamentalismo islâmico adquire, por vezes, conotações políticas de resistência ao poder hegemônico do capital e, consequentemente, dos Estados Unidos.

RICARDO AZOURY/PULSAR IMAGENS

Figura 7 • A festa de Iemanjá em Copacabana reúne grande número de pessoas que manifestam publicamente sua fé. Rio de Janeiro, 2007.

As igrejas fundamentalistas, embora conservadoras, utilizam os meios de comunicação mais modernos para a divulgação de seus princípios. Muitas emissoras de rádio e televisão no Brasil pertencem a grupos religiosos, que adotam a comunicação de massa como instrumento de conversão.

Novas crenças e práticas, hibridismos e sincretismos reconfiguram as religiões contemporâneas que hoje disputam os espaços laicos da sociedade.

A importância da religião na vida social e a forma como condiciona o comportamento humano foi tema dos grandes teóricos da sociologia, como o francês Émile Durkheim, para quem a religião é elemento capaz de proporcionar significativa função moral na sociedade. Max Weber foi mais longe e considerou a doutrina religiosa como responsável por diferentes formas de comportamento, hábitos e motivações individuais, de modo a influenciar outras instâncias da vida social, inclusive a econômica. Segundo o autor, a doutrina ou ética protestante desempenharia importante papel no desenvolvimento do capitalismo, por pregar a contenção, a disciplina e o trabalho como atitudes espiritualmente relevantes.

Mas, como outros fenômenos sociais, as religiões, na atualidade, também se adaptam a uma sociedade voltada para o consumo e para a comunicação midiatizada. Novas crenças e práticas, hibridismos e sincretismos reconfiguram as religiões contemporâneas que hoje disputam os espaços laicos da sociedade.

5. Identidade de gênero e sexual

O patriarcado, como ordem familiar baseada na autoridade paterna sobre os demais membros da família, foi uma das instituições mais presentes e importantes das sociedades antigas, tendo se combinado com outras formas de poder existentes nos impérios e nas teocracias. Sabe-se, entretando, que em algumas sociedades pré-históricas houve períodos de grande valorização da mulher, em que a autoridade máxima familiar era a mãe, seguindo-se, portanto, a ordem do matriarcado. Há vestígios desse passado nos legados artísticos da humanidade, como a grande quantidade de estatuetas de Vênus adoradas pelos povos antigos em função de sua associação à reprodução humana. Lendas, como a das amazonas, também nos dão testemunho de épocas de prestígio da mulher na sociedade.

O patriarcado é a base das mais diversas e antigas sociedades.

Com a formação dos impérios antigos, o patriarcado se tornou uma das mais resistentes formas de exercício do poder. A emancipação social das mulheres, independentemente da importância que tenham tido em algumas sociedades, foi o resultado de um longo processo, impulsionado pelo desenvolvimento da indústria, pela instituição do regime republicano e pela disseminação da educação.

O movimento feminista organizou-se a partir do século XX, tendo maior repercussão nas décadas de 1960 e 1970. Propunha a liberdade e a independência da mulher e, consequentemente, a formação de uma estrutura familiar mais democrática e aberta. A invenção da pílula anticoncepcional possibilitou à mulher uma vida sexual independente da geração de filhos e impulsionou a liberação feminina. Assim, houve uma revolução nos costumes sexuais e familiares, levando à crise da família patriarcal.

HULTON-DEUTSCH COLLECTION/CORBIS/LATINSTOCK

Figura 8 • Cantora inglesa Lulu, Londres. Inglaterra, 1968. Na década de 1960 vestir minissaia era uma atitude de contestação aos valores vigentes. A mulher se emancipava, traduzindo na roupa sua liberação.

O feminismo se caracterizou não só por uma postura política, mas também por formas de comportamento social e individual, de sentimentos e sensibilidades.

O feminismo se caracterizou não só por uma postura política, mas também por uma série de manifestações públicas, de organizações sociais em defesa da mulher, de modos de comportamento social e individual, de sentimentos e sensibilidades. A moda também expressou o avanço das feministas, pelo uso de peças mais ousadas, como a minissaia (figura 8), ou de trajes unissex, como os terninhos e a calça comprida.

Com o desenvolvimento dos meios de comunicação, o movimento feminista espalhou-se pelo mundo. Embora global, se apresenta fragmentado, com diferentes preocupações e propostas. Uma das conquistas do movimento feminista foi o direito ao voto, à eleição a cargos públicos e à ascensão profissional (figura 9).

A homossexualidade

As repercussões do movimento feminista vão ainda mais longe. Ao questionar o patriarcado e o sexo apenas para procriação, o feminismo abriu espaço para outros movimentos baseados na identidade sexual e afetiva, como o movimento *gay* feminino e masculino. Ao exigirem direito à livre escolha sexual e afetiva, os homossexuais questionam a heterossexualidade como padrão de comportamento.

Manuel Castells identifica ainda outros fatores que teriam contribuído para o movimento *gay*, como as mudanças da economia mundial, que favoreceu o trabalho informal e a sobrevivência financeira longe dos ambientes tradicionais de trabalho geralmente discriminatórios. Ao exercerem atividades profissionais autônomas, independentes das estruturas empresariais, os homossexuais puderam enfrentar o preconceito e lutar em favor de uma sociedade mais aberta e livre.

O feminismo abriu espaço para outros movimentos baseados na identidade sexual e afetiva.

As homossexualidades feminina e masculina tornaram-se um modo de identidade, envolvendo, além do comportamento sexual e afetivo, hábitos culturais, sociais e políticos de afirmação identitária. Como envolve mais do que a definição biológica de homem e mulher, a identidade de gênero está presente em várias culturas.

6. Identidade e identidades

Ao final deste último capítulo da unidade VII, dedicada às identidades e às teorias sociológicas que as explicam, no passado e no presente, como processos de desenvolvimento humano e, ao mesmo tempo, individual e coletivo, vamos reafirmar certas propostas dos autores aqui mencionados. A primeira ideia importante é que a identidade não é nunca um processo unificado e acabado, mas uma procura renovada durante toda a vida e permanentemente inconclusa. A construção dessa identidade está sujeita a processos históricos e simbólicos, que podem favorecer determinadas formas de pertencimento em determinados tempo e espaço. Tais processos fornecem os conteúdos de identificação constituídos de sentimentos, costumes, comportamentos, valores, expectativas e signos.

Há uma tendência dos indivíduos de tentarem organizar de modo coeso e unificado os elementos com os quais se identificam, criando formas narrativas que compõem sua memória e sua história individual. Segundo Stuart Hall, se sentimos que temos uma identidade unificada do nascimento à morte, isso se dá somente porque construímos uma história confortante ou uma "narrativa do *self*" sobre nós mesmos.

A globalização, enquanto etapa atual de desenvolvimento capitalista, promove um movimento dialético de unificação e fragmentação cultural, que obriga a novas relações dos sujeitos com sua região ou nação, abalando formas tradicionais de constituição identitária. Esse movimento é vivido como crise no processo de busca por uma identidade pessoal e coletiva, o que exige que dediquemos, atualmente, parte de nossos esforços para sua compreensão. A sociologia contemporânea tem se preocupado com os processos identitários e a importância que ganham no mundo.

ACERVO ICONOGRAPHIA – BIBLIOTECA NACIONAL DO RIO DE JANEIRO

Figura 9 • As mulheres saíram às ruas para reivindicar o direito ao voto. No Brasil, o voto feminino foi aprovado em 24 de fevereiro de 1932. Militante do movimento feminista pedindo voto para Dra. Natercia da Cunha Silveira, na campanha da Assembleia Nacional Constituinte. Brasil, maio de 1933.

A voz da comunidade

Combates entre criminosos e forças de segurança isolaram uma comunidade do Rio de Janeiro do restante da cidade, impedindo até o acesso da imprensa. No entanto, do interior da comunidade, um grupo de jovens tornou-se o centro irradiador de informações de uma rede eletrônica.

Entre os dias 20 e 27 de novembro de 2010, uma sequência de ataques criminosos e de ações das forças de segurança do Brasil resultou no incêndio de cerca de cem veículos e na morte de mais de quarenta pessoas. Na quinta-feira, no dia 25, as forças de segurança invadiram o Complexo da Penha, provocando a fuga dos bandidos para o Complexo do Alemão, enorme conjunto de morros com algumas das mais conhecidas favelas da cidade.

Na sexta-feira, tropas da polícia fluminense e das Forças Armadas isolaram o Complexo do Alemão. Do lado de dentro, não só os bandidos ficaram encurralados, mas também os quase 70 mil moradores do bairro. Do lado de fora, a imprensa não parava de falar na invasão, mesmo sem ter acesso aos acontecimentos que ocorriam além das barreiras da polícia.

Na manhã de sábado, três jovens de treze a dezessete anos de um dos morros do Alemão conseguiram furar o isolamento da comunidade e começaram a divulgar o que eles e seus colegas estavam testemunhando. De suas casas, conectados à internet, os jovens passaram a reportar o que acontecia no meio do conflito, atraindo a atenção de uma multidão de internautas e a própria imprensa.

Desde a quinta-feira, dezenas de equipes de jornalistas estavam no local, mas, barradas pela polícia e pelos tiros, não podiam entrar na comunidade.

Liderados por Renê Silva, 17, um grupo de amigos começou a divulgar pela internet o que estava acontecendo dentro da comunidade. Usaram o nome do jornalzinho que Renê fundou seis anos antes na escola.

MARIO KANNO

Cada bolinha no gráfico ao lado representa dez seguidores no twitter.

Buscando informações, internautas, inclusive jornalistas, descobrem o @vozdacomunidade e começam a citá-lo.

O GLOBO ECONOMIA

Miriam Leitão.com

Desta vez pode ser diferente: a cidade está ligada ao Alemão

O perfil @vozdacomunidade tinha ontem de manhã 180 seguidores, agora em que escrevo tem quase 2.000.

Entre a manhã de sábado e a segunda-feira, a conta do ***Twitter*** @vozdacomunidade passou de 180 para 30 mil seguidores.

@vozdacomunidade
Voz da Comunidade Nov., 2010

Helicóptero da polícia já está rodando na comunidade e há muitos tiros neste momento!

27 nov.

@vozdacomunidade
Voz da Comunidade Nov., 2010

Que isso? TV tá falando caô hein!! A comunidade tem LUZ e ÁGUA sim!!! Eles estão confundindo com a Vila Cruzeiro

27 nov.

Twitter. Serviço que publica instantaneamente na internet textos curtos, fotos e vídeos, conhecidos como tuítes. Os tuítes podem ser acessados no *site* do usuário e ainda são enviados para seus "seguidores", outros usuários do *Twitter* que desejam acompanhá-lo.

mingo	Segunda	5 meses depois	7 meses depois
nov. 2010, fim do dia .000 seguidores	29 nov. 2010 **30.000** seguidores	31 abr. 2011 **48.000** seguidores	9 jun. 2011 **55.000** seguidores

No domingo, as forças de segurança invadiram o Complexo do Alemão. O @vozdacomunidade não só continuava a reportar ao vivo a operação como também comentava o que era noticiado pela televisão.

@vozdacomunidade
Voz da Comunidade Nov., 2010

Intenso tiroteio!!! Acabou de chegar mais um blindado!!!

28 nov.

@vozdacomunidade
Voz da Comunidade Nov., 2010

Essas imagens q estão aparecendo da JOAQUIM DE QUEIROZ q parece uma certa destruição não é por causa de tiros e etc. são as obras do PAC!

28 nov.

Na segunda-feira, enquanto o @vozdacomunidade noticiava que o bairro finalmente teve uma noite tranquila, notícias sobre seus autores corriam o mundo.

BBC NEWS LATIN AMERICA & CARIBBEAN

Rio favela tweets create overnight celebrity

By Tim Hirsch

Lettera 43

La voce della favela

Chi è il 17enne che ha raccontato la battaglia di Rio.

Seis meses depois, o @vozdacomunidade era acompanhado por mais de 50 mil pessoas. O jornal também ganhou um *site*, e Renê e seus colegas continuaram a tratar do cotidiano do bairro.

@vozdacomunidade
Voz da Comunidade Maio, 2011

Nesse momento vários homens da secretaria de conservação encontram-se no Complexo do Alemão resolvendo problemas de buraco nas ruas

30 maio

onte: GEJFINBEIN, Leandro; SPITZ, Rejane. *essons from the front:* Rio's war against drug rafficking, participatory culture and new media aradigms for Brazilian soap operas. Disponível m: http://web.mit.edu. Acesso em: 31 maio 011. *Cronologia dos ataques no Rio*, 28 nov. 010. Disponível em: http://g1.globo.com. Acesso m: 31 maio 2011. Portal *Voz da comunidade.* isponível em: http://twitter.com. Acesso em: 1 maio 2011. Conta *Voz das comunidades.* isponível em: www.vozdascomunidades.com. r. Acesso em: 31 maio 2011.

Questões

1. **A imprensa tradicional não foi o principal meio de comunicação que divulgou informações sobre a invasão das forças de segurança no Complexo do Alemão. Explique as razões dessa mudança.**

2. **Explique os fatores que propiciaram o aumento do número de seguidores do @vozdacomunidade.**

Atividades

Compreensão do texto

1. De que forma os traços culturais mais tradicionais estão enfraquecendo?

2. Por que na era da globalização a questão da identidade assume um caráter mais específico e importante?

3. O que explica o surgimento do binacionalismo ou até do plurinacionalismo?

4. O que é identidade ou atitude ambientalista?

5. O que explica o avanço do fundamentalismo religioso?

6. O que é identidade de gênero?

7. Como a identidade de gênero se desenvolveu na sociedade discriminatória?

Interpretação e problematização

8. De que modo os efeitos da globalização produziram mudanças na oferta de emprego na sociedade contemporânea?

Aplicação de conceitos

9. **Cinema**

   Babel, de Alejandro González Iñárritu. Estados Unidos/México, 2006, 142 min.

   Um ônibus repleto de turistas, ao atravessar uma região montanhosa do Marrocos, é alvejado acidentalmente por um tiro disparado por um de dois irmãos que tinham a missão de proteger a pequena criação de cabras da família. O disparo atinge a mulher de um casal de norte-americanos que estava entre os turistas. A partir daí o filme mostra como esse fato afeta a vida de pessoas em vários pontos diferentes do mundo: nos Estados Unidos, no Japão, no México e ali mesmo, no Marrocos, onde a polícia passa a procurar suspeitos de um suposto ato terrorista.

   ▶ A história mostra os problemas da atualidade quando pessoas e culturas distantes têm que conviver com suas diferenças. Discuta junto com seus colegas de classe o modo como o diretor tratou o tema da globalização.

Pesquisa e debate

10. Pesquise com o seu grupo de trabalho jornais e revistas que analisam filmes e leia como a crítica recebeu o filme referido na atividade 9, observando os comentários feitos sobre o tema da globalização. Identifiquem a origem das discrepâncias entre os críticos e depois comparem as observações levantadas com os comentários feitos em sala sobre o mesmo tema.

Leitura visual

11. Poses ou identidades?

    Os meios de comunicação de massa, como a televisão, o rádio e a internet, contribuem muito para a construção das identidades. Veja a foto e o texto do jornal americano *The New York Times* noticiando a passagem da então primeira-dama dos Estados Unidos Laura Bush pelo Afeganistão.

"Laura Bush fez sua primeira visita ao Afeganistão na quarta-feira [31/3/2005] para oferecer apoio às mulheres afegãs em sua luta por mais direitos e prometeu compromisso de longo prazo dos Estados Unidos para a educação de mulheres e crianças. [...]

A senhora Bush foi calorosamente recebida por centenas de mulheres afegãs reunidas para a ocasião. Aqueles que a conheceram em pequenos grupos [...] disseram ser muito gratos pelo seu apoio e esperam que ela traga mais assistência".

The New York Times, 31 mar. 2005. Disponível em: www.nytimes.com. Acesso em: 28 jun. 2009.

REX FEATURES/KEYSTONE

Após plantar uma árvore, a então primeira-dama dos Estados Unidos, Laura Bush, posa ao lado de mulher afegã em passagem por Cabul. Afeganistão, 2005. Durante a visita, tratou de assuntos como educação, saúde da mulher e liberdade de expressão.

a) Qual seria o significado da pose das duas mulheres na foto?

b) O fato de estarem vestidas com trajes absolutamente diferentes tem algum significado?

c) Por que o fotógrafo fez a imagem com base em uma pose já repetida milhares de vezes desde a invenção da fotografia?

d) Que pontos comuns e diferentes podem ser apontados nessas identidades?

e) Como o texto dialoga com a imagem?

Questões de vestibular e do Enem

12. **(Enem - MEC)** Você está fazendo uma pesquisa sobre a globalização e lê a seguinte passagem, em um livro:

A sociedade global

As pessoas se alimentam, se vestem, moram, se comunicam, se divertem, por meio de bens e serviços mundiais, utilizando mercadorias produzidas pelo capitalismo mundial, globalizado.

Suponhamos que você vá com seus amigos comer Big Mac e tomar Coca-Cola no Mc Donald's. Em seguida, assiste a um filme de Steven Spielberg e volta para casa num ônibus de marca Mercedes.

Ao chegar em casa, liga seu aparelho de TV Philips para ver o videoclipe de Michael Jackson e, em seguida, deve ouvir um CD do grupo Simply Red, gravado pela BMG Ariola Discos em seu equipamento AIWA.

Veja quantas empresas transnacionais estiveram presentes nesse seu curto programa de algumas horas.

PILETTI, Nelson; PRAXEDES, Walter. *O Mercosul e a sociedade global.* São Paulo: Ática, 1997. (adaptado)

Com base no texto e em seus conhecimentos de Geografia e História, marque a resposta correta.

a) O capitalismo globalizado está eliminando as particularidades culturais dos povos da Terra.

b) A cultura, transmitida por empresas transnacionais, tornou-se um fenômeno criador das novas nações.

c) A globalização do capitalismo neutralizou o surgimento de movimentos nacionalistas de forte cunho cultural e divisionista.

d) O capitalismo globalizado atinge apenas a Europa e a América do Norte.

e) Empresas transnacionais pertencem a países de uma mesma cultura.

Capítulo 22

Manifestações carnavalescas

ROGÉRIO REIS/PULSAR IMAGENS

Carro alegórico da Escola de Samba de Vila Isabel, Rio de Janeiro, 2010.

"Como vimos nas 'Origens do carnaval', há registro de sua presença desde a Pré-história, na figura do feiticeiro mágico – *le socier* – da *Grotte des Trois Frères* (Ariège-França), que usava máscara. Dela faz parte todo um complexo zoomorfo e antropomorfo presente em todos os povos e todos os tempos.

Em Veneza, até hoje, as máscaras são usadas nas festas carnavalescas. Ela foi amplamente usada durante toda a Idade Média, quando se deu a abolição temporária da moral religiosa e da estrutura social. O pobre se vestia de nobre e saía à rua para divertir-se oculto, naturalmente pela máscara, e o nobre procedia da mesma forma, podendo brincar no meio do povo sem ser reconhecido. [...]

A história conta que Napoleão Bonaparte, por mais de uma vez, mascarou-se demonstrando seu apreço por esse divertimento carnavalesco, especialmente pelas surpresas trazidas pelo uso das máscaras.

As máscaras tiveram e têm até hoje uma participação muito grande durante o carnaval, nos mais variados lugares do mundo. [...] Usam-se máscaras caricatas, personagens históricos, políticos e cabeças de animais. É usada também a meia máscara, que cobre só a metade do rosto; são as mais românticas.

No Brasil, durante o Primeiro Império, nobres e senhores se divertiam nos bailes de máscaras do Teatro São Pedro de Alcântara, no Rio de Janeiro, que era também frequentado pelo imperador D. Pedro I.

No ano de 1835, a Casa Buis da rua do Ouvidor e a Casa Eugênio da rua dos Latoeiros anunciavam a importação de máscaras de cera e papel machê, para atender aos insistentes pedidos de clientes que não participavam do carnaval de rua e queriam fazer parte dos festejos sem serem notados. [...]

As máscaras foram bastante usadas não só nos bailes mas também nos desfiles de rua; até que desapareceram paulatinamente... Durante o governo de Getúlio Vargas, na Segunda Guerra Mundial, elas foram proibidas; entretanto, ficaram imortalizadas na letra de um samba – o último clássico da música carnavalesca gravado em 1967, de autoria de Zé Ketti e Pereira Mattos: 'Máscara Negra'."

URBANO, Maria Apparecida. *Carnaval e samba em evolução na cidade de São Paulo*. São Paulo: Plêiade, 2005. p. 39-40.

Compreender o texto

1. No carnaval, as máscaras têm uma função alegórica, que permite uma experiência social importante. Qual?
2. As máscaras alegóricas estão presentes em rituais místicos e festivais. No cotidiano, elas são substituídas por comportamentos funcionais às relações sociais. Explique.
3. Em que sentido as normas sociais são necessárias?

Sugestões

PARA LER

- **O diário de Anne Frank**, de Anne Frank. 18. ed. Rio de Janeiro: Record, 2003.

  Nova edição que traz o texto integral do diário que Anne Frank escreveu durante a Segunda Guerra Mundial. O livro retrata a vida da menina judia de 13 anos que morava com a família na Holanda durante a ocupação nazista. Graças a seu pai, Otto Frank, único sobrevivente da família, dizimada no campo de concentração, essa história comovente chegou até os dias atuais.

REPRODUÇÃO

- **Flicts**, de Ziraldo. 64. ed. São Paulo: Melhoramentos, 2009.

  Livro escrito e ilustrado por Ziraldo, narra a história de uma cor que busca seu lugar entre as demais cores do mundo. Apesar de, numa primeira leitura, parecer um livro infantil, trata-se de uma metáfora poética sobre a diferença e a discriminação. Deverá render bons trabalhos em sala de aula e exercícios de interpretação.

PARA ASSISTIR

- **O enigma de Kaspar Hauser**, de Werner Herzog. Alemanha, 1974, 109 min.

  Baseado em fatos reais, o filme conta a história do jovem alemão Kaspar Hauser, abandonado numa praça, em 1828, depois de ter vivido quinze anos preso num porão sem contato com o mundo externo.

- **Filadélfia**, de Jonathan Demme. Estados Unidos, 1993, 124 min.

  Filme com doze indicações para o Oscar e ganhador de nove prêmios, conta a história da discriminação sofrida pelo advogado Andrew Beckett, que chega a ser demitido da empresa em que trabalha ao descobrirem que ele tem aids. O filme relata sua luta contra a doença e a discriminação.

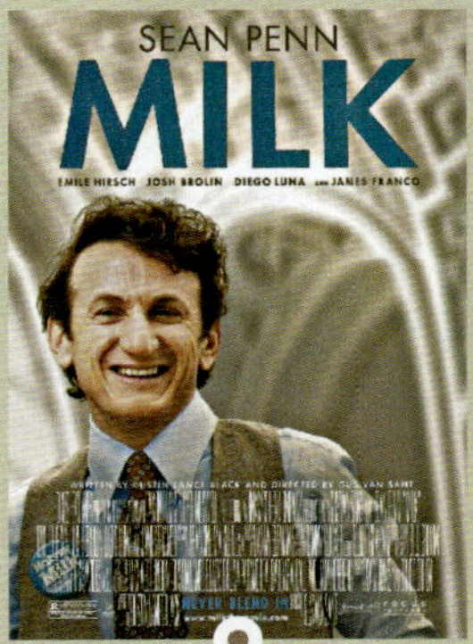

REPRODUÇÃO

- **Milk – a voz da igualdade**, de Gus Van Sant. Estados Unidos, 2008, 128 min.

  O filme retrata a vida de Harvey Milk, ativista dos direitos dos homossexuais na década de 1970, em São Francisco, Estados Unidos. Foi o primeiro homossexual assumido a ocupar um cargo público no país.

PARA NAVEGAR

- ***Greenpeace***

  (www.greenpeace.org/brasil)

  Nesse *site*, encontram-se artigos e discussões atuais travadas entre os interessados na defesa do meio ambiente e da paz mundial.

UNIDADE

VIII

Sociedade midiática: relações e meios

CAPÍTULOS

OBJETIVOS

- Compreender o papel dos meios de comunicação na formação da identidade e da cultura contemporâneas.
- Entender como o capital simbólico é de fundamental importância na formação das consciências e atitudes das pessoas na contemporaneidade.
- Desmistificar o poder da mídia como determinante na formação da nossa maneira de pensar, refletindo sobre como mediamos as informações que recebemos.

PINCHUK ALEXEY/SHUTTERSTOCK

VLAD MEREUTA/SHUTTERSTOCK

As relações pessoais muitas vezes são substituídas pelos contatos mediados pelo computador, e as ações do dia a dia são simuladas por programas eletrônicos. Fotomontagem de 2008.

As redes e as novas relações

"[...] o espaço de ação da cultura das redes é um espaço informacional, mediado por sistemas de comunicação que vêm implodindo sistematicamente não só as noções de distância e localidade, mas também os limites entre os lugares da arte, da propaganda e da informação, por um lado, e as relações entre lugar e não lugar, por outro."

BEIGUELMAN, G. *Link-se* – arte/mídia/política/cibercultura. São Paulo: Peirópolis, 2005. p. 167.

REPRODUÇÃO

Na imagem de um jogo interativo, personagens que representam internautas *on-line* dançam em um clube.

IVANOVA INGA/SHUTTERSTOCK

Para debater

1. Analise a imagem. Como você definiria a situação que ela representa?
2. O texto "As redes e as novas relações" confirma ou nega o conteúdo da imagem?

CAPÍTULO 25

Mediações e linguagens

1. Narcisismo e mediação

Um dos mitos mais conhecidos da Grécia antiga, inúmeras vezes relembrado na sociedade contemporânea, é a história de Narciso (figura 1). Filho do deus-rio Cefiso, de Téspias, Narciso era um jovem de imensa beleza e de invejável poder de sedução. Era alvo de paixão das ninfas, mas se mantinha alheio e distante aos apelos amorosos. Contudo, certo dia, vendo a própria imagem refletida nas águas de um lago, apaixonou-se por seu reflexo e, buscando aproximar-se do ente amado, precipitou-se, desaparecendo nas águas. Nesse lugar, nasceu uma flor que leva seu nome.

GALLERIA NAZIONALE D'ARTE ANTICA, ROMA

Figura 1 • *Narciso*, pintura de Caravaggio, 1594 -1596. O mito de Narciso intriga o ser humano desde a Antiguidade. No entanto, é no Renascimento que ele ganha nova leitura e tem ampliados seus significados.

O mito de Narciso é lembrado no Ocidente por muitos autores que a ele se referem para falar dessa paixão por si mesmo, que recebeu o nome de narcisismo. Outros autores evocam o mito grego para mostrar como as imagens podem ser enganosas, iludindo nossos sentidos. O sociólogo canadense Marshall McLuhan interpretou o mito de forma diferente: sustentou que Narciso não pensava ser de outra pessoa a imagem que avistou no lago, mas, ao contrário, apaixonou-se pelo seu reflexo justamente por considerá-lo uma extensão de si mesmo. O autor insiste que o ser humano encanta-se com todos os instrumentos, máquinas e símbolos que lhe parecem parte de si mesmo e que estendem sua sensibilidade para além dos limites naturais. Assim, ele explica o sentido de certas expressões como "fora de si" ou "não caber em si de contente".

A imagem atua como uma mediação entre o ser humano e a construção de seus sentidos, emoções e identidade.

O mito, portanto, contém esta ambiguidade: por quem o Narciso apaixonado se precipitou nas águas? Por si mesmo ou por outra pessoa de quem acreditava ser o reflexo? Essa dúvida revela que a função mais importante da imagem é a de ser um meio. A imagem é um veículo que tanto pode dirigir a percepção humana para o interior de si mesmo, para sua subjetividade – a exemplo da primeira interpretação do mito de Narciso –, como pode dirigi-la para fora de si, para a realidade ou em direção ao outro (figura 2). O fato de as duas interpretações serem possíveis revela esse duplo sentido da imagem e, em qualquer caso, a forma pela qual ela atua como um veículo, uma **mediação** entre o ser humano e a construção de seus sentidos, emoções e identidade.

VAL THOERMER/SHUTTERSTOCK

Figura 2 • Menina diante de espelho, Alemanha, 2006. Todo signo, como a imagem refletida em um espelho, tem a propriedade de representar o objeto refletido ou deslizar pelos vários sentidos que a representação pode ter, conforme a cultura, o contexto e a situação.

Mediação

A mediação pode ser o instrumento ou o veículo que intermedeia a interação comunicativa entre dois agentes, função desempenhada, geralmente, pelos meios de comunicação, como o telefone. Chamamos também de mediação os fatores que interferem na recepção das mensagens, como as traduções e adaptações de textos, ou outros elementos do contexto no qual se processa a comunicação.

2. O ser das ciências humanas

Como a imagem da criança diante do espelho, estudada por Jacques Lacan, o reflexo de Narciso nas águas do lago é um meio pelo qual podemos vivenciar processos emocionais e cognitivos. A imagem da criança e o reflexo do belo jovem são signos pelos quais nos comunicamos com nossa própria interioridade ou com o outro, com quem nos relacionamos. O ser humano experimenta esses dois movimentos: um em direção ao interior e outro para fora de si mesmo. Qualquer um deles depende de signos capazes de conduzir esse percurso, fazendo dessa experiência uma relação mediada. O interesse recai nas mediações dos signos nos processos de construção de nossas relações internas e externas e de como elas expandem nosso "estar no mundo".

Criança diante do espelho ou o estádio do espelho

Relembrando o que estudamos na unidade anterior, vimos que Jacques Lacan, em um de seus trabalhos, relata uma importante experiência observada quando seu filho tinha apenas 6 meses de idade. Nessa época, colocada diante do espelho, a criança – incapaz de sequer sustentar o próprio corpo – conseguiu reconhecer a própria imagem refletida e regozijar-se com ela. Lacan teve então a certeza de se tratar de uma experiência cognitiva fundamental, de natureza simbólica, que faz emergir a capacidade do ser humano de se relacionar com o mundo circundante e consigo próprio por meio de signos (no caso, a imagem refletida).

A vida do ser humano envolve esse contínuo movimento – em direção ao interior e ao exterior – mediado por signos que, por um lado, nos aproximam daquilo que querem representar (referente), tornando-o presente. Mas, por outro, nos afastam de seu referente, substituindo-o. Aproximando-nos e afastando-nos daquilo que nos cerca e daquilo com que desejamos nos relacionar, os signos (como o reflexo da criança no espelho e a imagem de Narciso nas águas) expandem a experiência vivida e deslocam as relações humanas no tempo e no espaço. Esse é um dos processos fundamentais da criação da cultura. A cultura corresponde àquilo que nos separa de um estado de natureza animal e que se constitui em formas de pensar, sentir e produzir criadas pelo grupo social em substituição a um comportamento instintivo, genético e intuitivo para o qual fomos inicialmente dotados. A cultura humana constitui-se, assim, numa primeira forma de distanciamento perceptivo do homem em relação ao meio circundante – entre ambos se contrapõe o signo que é, por um lado, parte da realidade, por outro, obra do espírito humano.

Os signos criam uma ponte entre seres e coisas, expandindo a percepção e a cognição humana.

No mito de Narciso, a relação com o signo é a mesma. A imagem refletida no espelho-d'água era resultado natural tanto da ação da luz sobre a superfície das águas do lago como da subjetividade do observador Narciso, interpretando o que via. Esse é o cerne da cultura humana e do papel que nela tem a comunicação – uma experiência vivida por meio de signos criados na vida coletiva, num determinado espaço e tempo. Ao serem usados, esses signos criam uma ponte entre seres e coisas, aproximando-os e afastando-os, mas, sempre, expandindo a percepção e a cognição humana (figuras 3, 4 e 5).

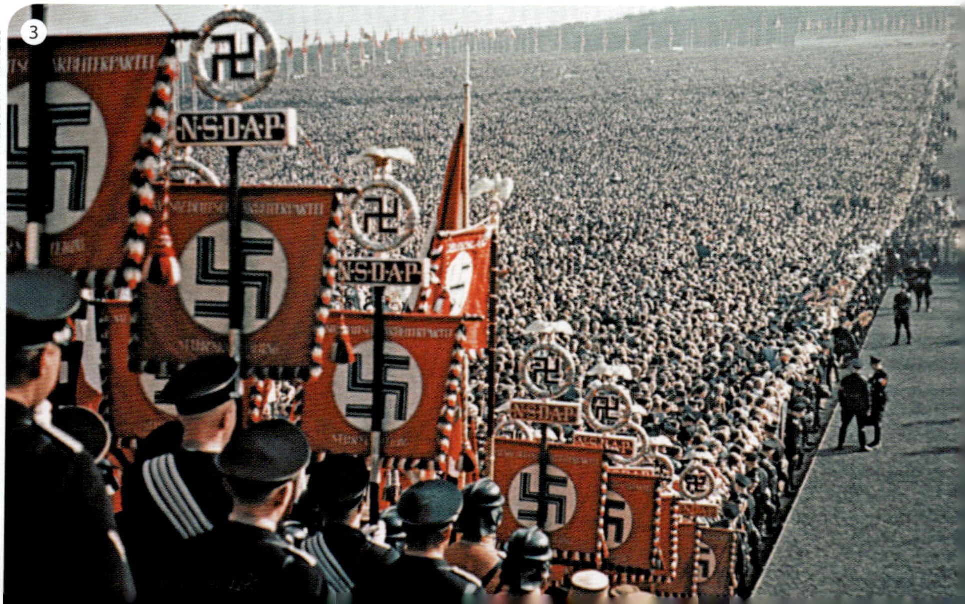

HUGO JAEGER/TIMEPIX/TIME LIFE PICTURES/GETTY IMAGES

Figuras 3, 4 e 5 • Um mesmo símbolo pode ter diferentes representações e significados, conforme a cultura. A suástica, por exemplo, é muito antiga e bastante presente na cultura oriental, pois simboliza a sorte. No Ocidente, chegou pela mão dos celtas, com o mesmo significado que tinha no Oriente. Também foi adotada como símbolo pelos nazistas. Na figura 3, multidão saúda Adolf Hitler durante festival em celebração às boas colheitas na Alemanha em 1937. Na figura 4, suástica em monastério budista tibetano. Índia, 2003. Na figura 5, altar hindu em Darjuling. Índia, 2004.

O reconhecimento da importância do simbolismo na cultura e do papel que desempenha nas relações entre os homens e desses com o mundo é de especial significado nas ciências humanas em geral, e na sociologia em particular. Esta, tendo nascido a partir de um distanciamento da filosofia especulativa e buscando intervir na realidade para resolver problemas imediatos, procurou inicialmente nas ciências da natureza seus princípios e métodos. Portanto, a objetividade científica e o rigor metodológico foram, durante os primeiros anos de desenvolvimento da ciência, alguns de seus mais caros objetivos. Entender a vida humana a partir de sua exterioridade foi postulado de um dos grandes pioneiros da sociologia, Émile Durkheim. Examiná-la a partir de um distanciamento metodológico foi outra premissa defendida por ele em *As regras do método sociológico*. No entanto, a impossibilidade de estudar o homem da mesma forma como se investigam o ambiente e os demais animais logo ficou evidente. Isso porque o homem é um ser de linguagem, que se constitui como ser humano a partir desse deslocamento em relação à natureza. Aquilo que o homem é depende da forma como representa para si e para os outros essa mesma vida e a maneira como, a partir dela, se comporta, fala e produz.

> "De um modo mais geral, o homem, para as ciências humanas, não é esse ser vivo que tem uma forma bem particular (uma fisiologia bastante especial e uma autonomia quase única); é esse ser vivo que, do interior da vida à qual pertence inteiramente e pela qual é atravessado em todo o seu ser, constitui representações graças às quais ele vive e a partir das quais detém essa estranha capacidade de poder se representar justamente a vida."
>
> FOUCAULT, Michel. *As palavras e as coisas*. São Paulo: Martins Fontes, 1981. p. 369.

4

SHERAB/ALAMY/OTHER IMAGES

5

MACIEJ WOJTKOWIAK/ALAMY/OTHER IMAGES

O ser humano que interessa à sociologia não é apenas o ser que age, mas também que age em função do que pensa, sente e expressa sobre sua ação.

Em *As palavras e as coisas*, Michel Foucault pensa a vida humana como sendo constituída de seres caracterizados pela expressão simbólica daquilo que são e fazem. Narciso só existe como herói, mito ou personagem quando expressa uma determinada subjetividade localizada no tempo e no espaço e referida por meio de signos, ou seja, na linguagem. A existência de Narciso não se destaca da imagem que lhe é atribuída e em relação à qual se dirige, seja para encontrar a si mesmo ou ao outro. É das relações desse ser significante que trata a sociologia.

O ser humano que interessa à sociologia não é apenas o ser que age, mas o que age em função daquilo que pensa, sente e expressa sobre sua ação. Do mesmo modo, os signos com os quais expressa seus anseios, desejos e pensamentos não interessam à sociologia como um sistema em si mesmo, mas como forma de mediação entre os seres humanos e entre eles e o mundo. Nas palavras de Foucault, interessa o modo como a linguagem é utilizada, sua forma e seu sentido, os discursos reais, aquilo que escondem e mostram, que podem ser desvendados pelo cientista nos traços verbais que devem ser decifrados e reconstituídos. O que interessa à sociologia é o ser falante e a fala como forma de expressão e de ser, individual e coletiva (figura 6).

3. Contatos e mediações

Os signos representam certo distanciamento que facilita o trânsito entre seres e coisas.

O ser humano, desde as primeiras etapas de sua evolução, vem desenvolvendo um tipo de cultura que implica certo afastamento das condições naturais e das respostas espontâneas e inatas para determinados estímulos. Os signos funcionam como parte desse afastamento das condições naturais na medida em que, como no mito de Narciso, eles se interpõem como mediações em nossa relação com o outro e com as coisas do mundo. Os signos, portanto, representam certo distanciamento que, por sua vez, facilitam o trânsito entre seres e coisas. A imagem refletida no lago tanto afasta quanto precipita Narciso em direção ao objeto de sua paixão e desejo. A imagem é um signo e uma mediação entre ele e o ser amado.

Mas, descoberta a capacidade simbólica e mediadora dos signos, a cultura humana não cessou de ampliar esse distanciamento, interpondo cada vez mais novas mediações entre os seres uns com os outros e entre eles e o mundo. Em função dessas mediações, Leopold von Wiese e H. Becker classificaram as relações humanas em diferentes tipos. A mais importante delas para a sociologia é o contato, cujo interesse está em ele ser um pressuposto do processo associativo. Seja efêmero e esporádico, seja assíduo, o contato interessa ao sociólogo na medida em que se diferencia do isolamento e estabelece as condições mínimas de relação entre agentes. Os contatos contínuos, geralmente, levam os interagentes a estabelecer relações, associações e vínculos.

Figura 6 • Tira *Olha o passarinho!*, com a personagem Zezo do cartunista Adão Iturrusgarai, 2007. O que importa não é o que o homem faz, mas as significações que se atribuem a esse comportamento.

ADÃO ITURRUSGARAI

NILTON CARDIN/FOLHAPRESS

Figura 7 • Pessoas trabalhando em *call center*, em Taubaté, no estado de São Paulo, 2011. Os contatos secundários envolvem a mediação dos meios de comunicação e certo afastamento entre os agentes.

Os contatos podem ser divididos em primários e secundários. Os contatos primários são aqueles que dependem dos sentidos humanos – há proximidade física e contatos face a face, com grande envolvimento dos órgãos dos sentidos, como a visão e a audição. Já os contatos secundários envolvem distanciamento e mediação dos meios de comunicação, como telegramas e telefones (figura 7).

Os autores arrolam diversos exemplos de contatos primários, citando a troca de olhares e sorrisos, os jogos, as brincadeiras e as danças, todos eles com forte sugestão para uma relação profunda e associativa. Entre os contatos secundários, distinguem-se desde o correio até a imprensa, como meios de comunicação que estabelecem relações a distância. Afirmam que os contatos secundários têm se desenvolvido e se multiplicado na vida contemporânea, acabando por predominar na cultura.

Entre os contatos primários, sem dúvida, a linguagem verbal é a ferramenta mais eficiente para o estabelecimento da aproximação, para a criação de relações e para a própria renovação do pacto sobre o qual repousa a vida social.

> "É óbvio que determinados processos de comunicação são necessários para a manutenção de uma sociedade, de suas unidades e do entendimento existente entre seus membros. Embora falemos frequentemente da sociedade considerando-a como uma estrutura estática, definida pela tradição, ela é, quando a observamos mais de perto, algo completamente diferente: uma trama extremamente complexa de entendimentos, parciais ou completos, entre os membros."
>
> SAPIR, Edward. Comunicação e contato social. In: CARDOSO, Fernando Henrique; IANNI, Octávio (Orgs.). *Homem e sociedade*. São Paulo: Nacional, 1968. p. 161.

As relações sociais, assim como as instituições, dependem de uma somatória de atos comunicacionais pelos quais as pessoas renovam suas posições, reafirmam suas motivações e expressam suas intenções. Para isso, a linguagem verbal e a oralidade são os instrumentos mais disponíveis e eficientes e instituem as primeiras formas de mediação entre os membros de uma sociedade e deles com o mundo à sua volta.

As relações sociais dependem de uma somatória de atos comunicacionais.

4. O mito de Babel e a globalização

A importância da **linguagem** no desenvolvimento da sociedade humana está expressa em uma das mais famosas passagens bíblicas: o mito de Babel. A *Bíblia* relata que toda a população da terra falava uma única língua e utilizava as mesmas palavras até que um grupo, tendo emigrado do Oriente, estabeleceu-se no Sinai e lá iniciou a construção de uma imensa torre que deveria alcançar os céus. Mas Deus, preocupado com essa ousadia humana, decidiu dificultar esse trabalho, confundindo as línguas e impedindo o entendimento entre as pessoas, que acabaram por se dispersar pelo mundo. Essa seria a explicação para a existência de diferentes idiomas. É, portanto, por meio da língua que o homem se torna capaz de grandes empreendimentos coletivos, como a construção da própria sociedade (figura 8).

Mas, apesar dessa variedade de idiomas e dialetos, de jargões e sotaques, linguistas como Noam Chomsky e Steven Pinker sustentam que as línguas humanas são estruturalmente muito semelhantes e que, se um extraterrestre aqui chegasse, pensaria que falamos a mesma língua.

> "A afirmação de Chomsky de que do ponto de vista de um marciano todos os humanos falam a mesma língua baseia-se na descoberta de que, sem exceção, a mesma maquinaria de manipulação de símbolos subjaz às línguas do mundo."
>
> PINKER, Steven. *O instinto da linguagem*. São Paulo: Martins Fontes, 2002. p. 301.

Apesar da variedade de idiomas, as línguas humanas são estruturalmente muito semelhantes.

Pinker afirma ainda que a variedade das línguas é resultado de um mesmo sistema de derivação que ordena as modificações tanto da morfologia e da fonologia como do significado das palavras.

> "Deus não teve muito trabalho para confundir a língua dos descendentes de Noé. Afora o vocabulário – se a palavra para 'rato' é rato ou *souris* – pouquíssimas propriedades da linguagem não se encontram especificadas na gramática universal."
>
> PINKER, Steven. Obra citada. p. 302.

MUSEU KUNSTHISTORISCHES, VIENA

Figura 8 • *Torre de Babel*, de Pieter Brueghel, c. 1563. A narrativa da Torre de Babel é a explicação mítica da origem da diversidade cultural e linguística dos povos. No entanto, apesar das diferenças, é necessário construir formas de comunicação que permitam a interação.

FERNANDO FAVORETTO/CID

Figura 9 • Loja do McDonald no bairro da Liberdade, em São Paulo, 2011. O uso de mais de um idioma no ambiente de trabalho é necessário na maioria dos ramos de atividade.

A diversidade linguística não é suficiente para impedir uma coesão grupal intensa, que se manifesta sob a forma de identidade étnica e regional entre os falantes. A diversidade linguística resultou, segundo os estudiosos, das variações morfológicas e fonéticas a que fizemos referência, da hereditariedade, que nos faz assimilar a língua de nossos pais, e do isolamento geográfico dos grupos, que os faz desconhecer o modo como falam habitantes de regiões distantes. Assim, formaram-se também os imensos vocabulários de que se valem os falantes para comunicar suas ideias.

Se é possível compreender como as diferentes línguas foram se diferenciando ao longo da história da migração dos povos, também se pode entender por que, na atualidade, passamos por um fenômeno inverso ao do mito de Babel. Com o desenvolvimento dos meios de comunicação de massa e com a globalização intensificando a comunicação a distância, temos assistido à homogeneização da linguagem, ao aparecimento de um idioma derivado do inglês que é falado no mundo todo, aclimatado aos diferentes idiomas (figura 9).

O mito de Babel, assim como a globalização, aponta para um fato inquestionável: a linguagem é um fenômeno vivo e está em constante movimento, apresentando mudanças internas, de caráter formal, assim como históricas, resultantes da dinâmica das sociedades. Como consequência, o uso das formas linguísticas reflete o seu tempo, as preocupações e os valores culturais de uma sociedade em determinada época e lugar. E o estudo das variedades linguísticas presentes no mundo aponta para uma unidade funcional e uma eficiência formal facilmente verificáveis: todas as línguas são igualmente ricas e complexas e desempenham com pleno êxito sua função de construir simbolicamente a realidade, tornando-a comunicável.

Mas, se a língua falada foi uma forma de mediação criada para estabelecer relações de um ser humano com outro, e destes com o mundo à sua volta – um veículo que permite um contínuo fluxo de mensagens entre o interior e o exterior das pessoas e dos grupos –, a escrita estendeu essa função no tempo e no espaço. Assim, o signo passou a ser uma extensão do ser humano, perpetuando-o. Do mesmo modo, a escrita se tornou uma extensão da língua falada e representou uma ampliação da cultura humana e da forma peculiar de estarmos no mundo.

Linguagem

Chamamos de linguagem a capacidade humana de se expressar e se comunicar por meio de um conjunto limitado de signos verbais, visuais, gestuais ou corporais, combinados de acordo com um conjunto de regras, valendo-se de técnicas corporais e tecnologias de comunicação. As linguagens se desenvolveram socialmente, possibilitadas por um complexo processo simbólico humano. Elas são o elemento-chave da vida social.

A linguagem é um fenômeno vivo e está em constante movimento.

5. A revolução escrita

A linguagem foi promovendo um afastamento cada vez maior em relação à vida concreta.

No livro *Mitos, emblemas, sinais*, o historiador italiano Carlo Ginzburg explica o surgimento da escrita como resultado do uso de um dos nossos mais antigos dons: a observação. Caçador desde suas mais remotas origens, o homem aprendeu a reconhecer e a interpretar rastros, o que o tornou apto a perseguir suas presas e a fugir dos predadores (figura 10). Para isso, cada indício ou sinal era considerado com rigor, o que certamente predispôs o homem à interpretação de signos e sinais. Assim como aprendeu a identificar vestígios à sua volta, o ser humano tornou-se apto a calcular o tempo passado entre a impressão de passos na argila e a marca deixada por ele no solo arenoso. Foi, em outras palavras, a descoberta do processo de impressão no barro.

Aos poucos, o ser humano aprendeu a reproduzir esses sinais e a usá-los para designar os seres que os haviam produzido. O traço ou vestígio tornava-se símbolo do todo e passava a designá-lo – a divindade era representada pelo Sol, e o rei, pela coroa. Por analogia, tudo que se relacionasse ao rei deveria lembrar a coroa, assim como tudo o que dissesse respeito a Deus deveria referir-se ao Sol. Desse modo, formavam-se as primeiras classes sígnicas, com uma série de elementos que diziam respeito a uma mesma situação ou a um mesmo personagem religioso ou histórico. Aos poucos, as inscrições evoluíram, não mais estimuladas pela experiência empírica, mas pelas relações lógicas entre os sinais e signos.

Ao que tudo indica, na ausência de uma referência empírica clara e objetiva na complementação desse esforço simbólico, provavelmente os desenhos foram completados com a ajuda das sílabas, mais ou menos como acontece nas "cartas enigmáticas", enunciados que se valem tanto de desenhos como de letras para transmitir uma mensagem (figura 11).

Mais tarde, esses sinais foram se tornando mais simples e passaram a designar apenas os sons – tinha início a escrita alfabética, abstrata e distante da experiência empírica com os rastros de animais, que os primeiros caçadores humanos aprenderam a identificar. A linguagem, criada para mediar nossa relação com o mundo, foi promovendo um afastamento cada vez maior em relação à vida concreta, passando a se desenvolver numa busca por aprimoramento e por relações lógicas mais evidentes.

Esse processo é descrito da seguinte maneira pelo historiador Ivar Lissner, quando ele narra o desenvolvimento da escrita entre os egípcios antigos:

JUVENAL PEREIRA/PULSAR IMAGENS

Figura 10 • Índio guarani pescando em Diamante D'Oeste. Paraná, 2010. Desde os primórdios, a humanidade vem desenvolvendo atividades que exigem a capacidade de interpretar sinais, rastros, vestígios.

> "O desenho que mostrava o escaravelho sagrado designou a princípio o inseto (*chpr*), depois o termo abstrato 'futuro' (*chpr*), que um sinal particular permitia distinguir do primeiro. Assim, à força da simplificação, as palavras de uma consoante, figuradas por um caráter, permitiram que se formasse um alfabeto. Mas esse alfabeto, obra dos fenícios, teve como ponto de partida a escrita pictográfica egípcia, cujos seiscentos sinais, na origem, designavam objetos."
>
> LISSNER, Ivar. *Assim viviam nossos antepassados*. Belo Horizonte: Itatiaia, 1968. p. 71.

ALMANAQUE BRASIL

Figura 11 • Tente decifrar o conteúdo oculto do cartum "Carta Enigmática", ilustrado por Paula Quratto. Brasil, 2008.

De acordo com alguns autores, como Derrick de Kerckhove, a invenção do alfabeto, acontecimento fundamental da revolução letrada, modificou radicalmente o processo do conhecimento. Tornou-se possível que toda e qualquer linguagem fosse transcrita por meio de uma quantidade fixa e determinada de elementos gráficos, estabelecendo uma correlação entre a quantidade de letras e de sons pronunciados, o que ampliou o alcance da comunicação humana.

A criação do alfabeto permitiu que toda e qualquer linguagem fosse transcrita pelos mesmos elementos gráficos.

Dessa forma, a escrita é uma **tecnologia cognitiva** que permite a organização racional, sistêmica e sequencial do conhecimento. Adotando-se cada vez mais suportes portáteis, resistentes, flexíveis e acessíveis, a humanidade pode acumular e sistematizar o saber. A organização do conhecimento tornou seu armazenamento mais rápido, seguro e permanente. Por outro lado, a leitura dos textos possibilitou uma atitude crítica e questionadora por parte dos leitores, na medida em que se tornou possível vasculhar o texto em busca de coerência e exatidão. A universalização da escrita, entretanto, só aconteceu quando a formação de grandes impérios mostrou a utilidade de existir uma única forma de registro de mensagens e de envio para lugares distantes. Foi, portanto, um princípio de globalização praticado pelos impérios antigos que ampliou o uso da escrita como meio de comunicação e tecnologia cognitiva.

> "O alfabeto significou o poder, a autoridade e o controle das estruturas militares a distância. Quando combinado com o papiro, o alfabeto decretou o fim das burocracias templárias estacionárias e dos monopólios sacerdotais do conhecimento e do poder."
>
> MCLUHAN, Marshall. *Os meios de comunicação como extensões do homem*. São Paulo: Cultrix, 1971. p. 101.

Tecnologia cognitiva. Nome dado, genericamente, a todo processo, sistema ou ferramenta cuja aplicação na vida humana implica maior desenvolvimento da capacidade intelectual do ser humano. A escrita é uma tecnologia cognitiva, assim como o ábaco e, na atualidade, os programas computacionais.

McLuhan argumentava que a escrita libertou o homem da autoridade sacerdotal, assim como o liberou da vida local e tribal. A escrita difundiu o saber no tempo e no espaço, acelerou a comunicação e tornou-a mais racional. Ao mesmo tempo, estabeleceu maior diferença entre ver e ouvir, entre o som e o seu significado. Segundo McLuhan, o alfabeto é uma tecnologia única – ao lado de diferentes criptografias e diversas caligrafias, subsiste uma única forma de fazer corresponder sons sem significado semântico a sinais igualmente destituídos de sentido independente (figura 12).

Como todas as tecnologias, a escrita foi recebida com desconfiança.

Como todas as tecnologias, especialmente as cognitivas, a escrita foi recebida com desconfiança. Sócrates temia que o homem, não precisando exercitar a memória, se tornasse perigosamente esquecido, enquanto Platão alertava contra as facilidades que se abriam às falsificações. A história viria mostrar que esse medo era infundado, especialmente diante dos benefícios trazidos pela escrita no desenvolvimento do conhecimento e na difusão do saber. O passo seguinte nessa revolução letrada seria a invenção da prensa de Gutenberg, que com tipos móveis prometia multiplicar os textos ao reproduzir um número ilimitado de cópias. Mas esse invento aguardaria a modernidade europeia para revolucionar o campo da comunicação.

BETTMANN/CORBIS/LATINSTOCK

Figura 12 • Helen Keller, autora, professora e oradora com deficiência visual, em frente de cartaz comemorativo do centenário da morte de Louis Braille, França, 1952. O alfabeto braille permitiu que pessoas com dificuldades visuais pudessem ler e escrever.

Compreensão do texto

1. Quais são as diferentes interpretações que podemos extrair do mito de Narciso?
2. Qual é a ambiguidade que o mito de Narciso suscita?
3. Por que dizemos que os signos são mediações?
4. O que podemos falar da imagem do mito enquanto signo?
5. Quais são as características que definem os contatos?
6. O que o teórico Steven Pinker, ao estudar o mito da Torre de Babel, quis dizer com "Deus não teve muito trabalho para confundir a língua"?
7. Que relação podemos estabelecer entre diversidade linguística e isolamento geográfico?

Interpretação e problematização

8. Leia a matéria e responda à pergunta.

Web móvel: em busca de aplicativos que falem a mesma língua

"No mundo dos aplicativos de telefonia móvel, [...] [várias empresas] e seus concorrentes parecem ter em comum apenas as diferenças que os separam. A maioria do *software* para comunicação móvel só opera em um tipo de aparelho ou nos celulares de uma operadora. [...]

A situação do mercado, dizem os especialistas, é uma cacofonia de *software* incompatível que ameaça retardar o crescimento da internet móvel. As empresas desse ramo que estão comparecendo ao Mobile World Congress, congresso de telefonia móvel que se realiza esta semana em Barcelona, vêm realizando sessões para instruir os programadores de *software* quanto às idiossincrasias de criar programas para seus aparelhos.

'Todos os sistemas são fechados', disse Michael O'Hara, vice-presidente de *marketing* da GSM Association, organização setorial sediada em Londres que promove o evento em Barcelona. 'Estamos criando ilhas de aplicativos incapazes de se comunicarem umas com as outras, no mercado.' [...]

No mundo da comunicação móvel, o mercado de sistemas operacionais é fragmentado e a *web* móvel ainda não está desenvolvida o bastante para oferecer muitas das coisas que as pessoas desejam de seus aparelhos móveis. [...]

A Sprint foi a primeira operadora de telefonia móvel dos Estados Unidos a desenvolver um conjunto próprio de aplicativos para celulares, utilizando uma rede de programadores independentes. Mas o esforço necessário a sustentar esse projeto sem ajuda se tornou grande demais.

'Não vivemos mais em um jardim murado, e sim em um mercado aberto', disse Len Barlik, vice-presidente de desenvolvimento de produtos da Sprint. 'Não podemos mais fazer tudo sem ajuda.'"

O'Brien, Kevin J. *Web* móvel: em busca de aplicativos que falem a mesma língua. 18 fev. 2010. Disponível em: http://tecnologia.terra.com.br. Acesso em: 6 maio 2011.

Com base no que estudou no capítulo e no texto do jornal *The New York Times*, questione se a cacofonia de *software* é absolutamente negativa para os consumidores de celular.

Aplicação de conceitos

9. Cinema

O leitor, de Stephen Daldry. Estados Unidos/Alemanha, 2008, 124 min.

O enredo, que trata de um romance entre uma trabalhadora alemã que serviu ao nazismo e um estudante, mostra a importância do domínio da linguagem escrita na sociedade e levanta questões difíceis de ser julgadas, considerando que Hanna trabalha para os nazistas como qualquer outro trabalhador para o seu patrão, cumprindo ordens sem questioná-las, mas aplicando-se para realizá-las da melhor maneira possível e assim manter o emprego.

Hanna é analfabeta, mas gosta de histórias; por isso em todas as relações que estabelece, amorosas ou não, em tempo de guerra ou de paz, pede aos seus interlocutores que leiam para ela, sem contudo revelar que não sabe ler, pois tem profunda vergonha dessa incapacidade. É essa vergonha que a impede de se defender em seu julgamento por crimes de guerra.

▸ Assista ao filme e debata com a sala os distintos significados da vergonha sentida por Hanna.

Pesquisa e debate

10. Pesquise com o seu grupo de trabalho no *site* Observatório da Imprensa (www.observatorio-daimprensa.com.br) textos que comentem a forma como diferentes veículos de comunicação interpretam os mesmos acontecimentos. O que essa diversidade de interpretações nos indica?

Leitura visual

11. Observe as imagens, leia a legenda e responda à questão.

BRUNO STUCKERT/FOLHAPRESS

PETE SOUZA/THE WHITE HOUSE/AFP

Acima, o presidente Luiz Inácio Lula da Silva (dir.) recebe o então governador de Minas Gerais, Clésio Andrade, no Palácio do Planalto, Brasília, Distrito Federal, 2003. Abaixo, o presidente dos Estados Unidos Barack Obama conversa ao telefone em seu primeiro dia no cargo, Washington, Estados Unidos, 2009.

Nas imagens, os presidentes estão cumprindo os seus compromissos. Com base no texto do capítulo, explique a diferença entre os tipos de contato que foram estabelecidos pelo presidente Lula e pelo presidente Barack Obama.

Questões de vestibular e do Enem

12. (**Enem-MEC**) A linguagem utilizada pelos chineses há milhares de anos é repleta de símbolos, os ideogramas, que revelam parte da história desse povo. Os ideogramas primitivos são quase um desenho dos objetos representados. Naturalmente, esses desenhos alteraram-se com o tempo, como ilustra a seguinte evolução do ideograma 馬, que significa **cavalo** e em que estão representados cabeça, cascos e cauda do animal.

PAULO MANZI

Considerando o processo mencionado acima, escolha a sequência que poderia representar a evolução do ideograma chinês para a palavra **luta**.

a) 

b) 

c) 

d) 

e) 

PAULO MANZI

CAPÍTULO 26

Comunicação e sociologia

1. A indústria editorial

O desenvolvimento e a difusão da linguagem escrita acabaram por multiplicar o número de documentos manuscritos, não só aqueles que passaram a fazer parte da vida cotidiana, como correspondências e diários, mas também os que regulam a vida social: leis, certificados e testamentos. Em decorrência desse acúmulo de papéis e documentos, surgiram técnicas de armazenagem e gerenciamento de informações, como arquivos e bibliotecas.

A criação de suportes mais leves e portáteis auxiliou na tarefa de resguardar do perecimento os textos (figuras 1 e 2). A passagem das placas de argila para o papiro marcou a criação de rolos manuseáveis, mas foi o princípio de um feixe de folhas encadernadas que alcançou o mais duradouro sucesso, chegando até os dias de hoje (figura 3). Do século IV até o século XIV, quando o papel surgiu na Itália, o pergaminho foi o suporte mais utilizado. Popularizava-se o códice, nome dado ao formato livro, que possuía inscrições de ambos os lados das folhas e era portátil. Os primeiros códices eram em madeira, depois foram fabricados em pergaminho e, finalmente, em papel.

1

OLIVIER LABAN-MATTEI/AFP/GETTY IMAGES

3

ERICH LESSING/ALBUM/ALBUM ART/LATINSTOCK – ARCHIVIO ARCIEPISCOPALE, ROSSANO

2

MOSTEIRO MONTE CASSINO/ITÁLIA

Figuras 1, 2 e 3 • Do códice em madeira ao formato digital, o livro assumiu diferentes aspectos. Na figura 1, manuscrito de madeira oriundo do mosteiro de Dionísio, séculos XIII-XIV. Na figura 2, Códice *Romanensis*, século VI d.C. Na figura 3, reprodução do Códice *Benedictus*, de 1982, feita a partir do original do século XI escrito no mosteiro de Monte Cassino, Itália.

Figura 4 • Pintura *A venda*, de Quentin Massys, século XVI. Essa obra retrata um vendedor de livros do século XVI.

A cultura livresca resultou desse desenvolvimento na busca de suportes mais leves, baratos e portáteis e de tecnologias de registro que facilitassem a disseminação das informações. A grande revolução aconteceu com a invenção da prensa por Gutenberg, tornando possível infinitas reproduções de um mesmo original. O processo produtivo era dividido em tarefas de produção, composição, encadernação e distribuição, iniciando o que mais tarde seria chamado de indústria cultural – processo de produção simbólica mecanizado, tecnológico e em série.

A prensa de Gutenberg tornou possível infinitas reproduções de um mesmo original.

> "Com a imprensa, a reprodução de textos deixava de ser trabalho de um intelectual tradutor ou copista, para ser um processo técnico e mecânico."
>
> MANGUEL, Alberto. *Uma história da leitura*. São Paulo: Companhia das Letras, 1997. p. 159.

O escritor Alberto Manguel afirma que, depois de Gutenberg, pela primeira vez na história, centenas de leitores possuíam exemplares idênticos do mesmo livro e o texto lido por alguém em Madri era o mesmo lido por outra pessoa em Montpellier (na época, a maioria dos livros era escrita em latim). Para isso, a alfabetização e até mesmo a escrita manual foram estimuladas, levando mais pessoas a aprender a ler e escrever. Aos poucos, surgiram os colecionadores de livros e as coleções de livros públicas e particulares – o germe do que viriam a ser as bibliotecas. Instalava-se a produção em série de textos e surgia um público de leitores que, com a leitura, submetia-se à mesma experiência literária. Era o início do processo de massificação da cultura (figura 4).

> "O livro foi a primeira máquina de ensinar e também a primeira utilidade produzida em massa. Amplificando e estendendo a palavra escrita, a tipografia revelou e amplificou tremendamente a estrutura da escrita."
>
> MCLUHAN, Marshall. *Os meios de comunicação como extensões do homem*. São Paulo: Cultrix, 1971. p. 199.

Figura 5 • Trem Narrow Gauge na estação Blaenaw Festiniog. Grã-Bretanha, c. 1901. Rapidamente, multiplicaram-se os textos que alcançavam o mundo todo com a ajuda das ferrovias e dos telégrafos.

A imprensa se tornou o sustentáculo dos processos político-eleitorais, a tribuna em que governantes e seus críticos procuravam chegar ao povo.

Outra consequência dessa revolução tecnológica foi a homogeneização da linguagem com a possibilidade concreta de se unificar a gramática, os diversos idiomas e as mais diferentes formas de falar. Essa uniformização influenciou não somente a escrita mas também a expressão oral. A fala erudita, pautada nos textos clássicos, começou a se diferenciar da fala comum e cotidiana.

Na Europa, os tipógrafos foram os primeiros a perceber o potencial da palavra impressa e a produzir, no século XVII, os primeiros jornais diários, os quais traziam decretos, notícias e anúncios. Mas foi a república e o liberalismo que criaram as condições para o amplo desenvolvimento da imprensa como veículo capaz de colocar em debate as ideias controversas dos diferentes partidos políticos. A imprensa se tornou o sustentáculo dos processos político-eleitorais, a tribuna em que governantes e críticos do governo procuravam chegar ao povo.

A revolução tecnológica incumbiu-se de firmar ainda mais essa hegemonia do texto escrito. Com o auxílio das ferrovias (figura 5) e do telégrafo (figura 6), as notícias impressas chegavam mais rapidamente a pontos cada vez mais distantes. A compreensão que se passava a ter do mundo já não se restringia ao alcance das vivências pessoais locais, mas tinha a amplitude das redes de comunicação criadas pela inter-relação das diversas tecnologias de comunicação, integradas por potentes empresas capitalistas. Tinha início, assim, a sociedade midiática, em que as relações dos seres humanos entre si e com o mundo à sua volta passaram a ser mediadas pelos meios de comunicação. A importância da comunicação na sociedade obrigaria os sociólogos a se voltar para seu estudo no intuito de entender o comportamento social, as ações políticas, os movimentos populares e uma nova forma de percepção do mundo que se desenvolvia junto ao público leitor e à audiência dos meios de comunicação.

Figura 6 • Operador de telégrafo no Reino Unido, c. 1944.

2. Comunicação e vida social

Na sociologia clássica, foram escassas as contribuições para o estudo da linguagem e dos veículos de comunicação. Muitos autores, especialmente os positivistas, pensavam a sociedade e as relações sociais como coisas, ou seja, como objetos de análise e observação externa. Durkheim e outros pesquisadores estudaram o papel das representações coletivas no comportamento social. Contudo, o desenvolvimento dos meios de comunicação no século XIX não se apresentava como um problema agudo que merecesse grande atenção dos pesquisadores. Em razão disso, durante muito tempo a linguagem permaneceu como objeto da psicologia social, conferindo pouca importância ao estudo das relações que estabelecia com as demais instâncias da vida social.

Durante muito tempo a linguagem permaneceu como objeto da psicologia social.

No século XX, a comunicação de massa alcançou maior desenvolvimento, o que despertou o interesse de mais autores. Um grupo de cientistas sociais, reunido em Frankfurt, Alemanha, dedicou-se ao estudo crítico do impacto da mídia na sociedade. Eles também contribuíram para a compreensão da linguagem e da comunicação na vida social.

Outros autores se dedicaram igualmente ao estudo das relações entre comunicação humana, **linguagem** e **sociedade**, procurando explicar as interdependências entre esses fenômenos. Houve expressivos resultados nessas análises, entre as quais destacamos os estudos de Basil Bernstein, importante sociolinguista.

Bernstein admitia que diversos fenômenos estudados pelo sociólogo, como os papéis sociais, por exemplo, só podiam ser entendidos pela forma como se manifestavam na linguagem. Desempenhar um papel social é ser capaz de expressar-se de determinada maneira, dentro de um contexto. Os códigos linguísticos, segundo o autor, não estão divorciados dos demais condicionantes da vida social. Assim, o sistema linguístico é consequência das relações sociais ou, de forma mais ampla, atributo da estrutura social (figura 7).

Linguagem e sociedade

"A forma específica, que assume a relação social, atua seletivamente sobre o que é dito, quando é dito e como é dito. A forma da relação social regula as opções feitas pelos locutores em ambos os níveis, sintático e léxico. Por exemplo, se um adulto fala com uma criança, ambos, ou um deles, utilizarão uma linguagem em que tanto a construção das frases quanto o vocabulário são simples. Em outros termos, as consequências da forma assumida pela relação social são transmitidas, frequentemente, em termos de relações léxicas e sintáticas."

BERNSTEIN, Basil. Comunicação verbal, código e socialização. In: COHN, Gabriel. *Comunicação e indústria cultural*. São Paulo: Nacional, 1977. p. 91.

UNIVERSAL/EVERETT COLLECTION/KEYSTONE

Figura 7 • A comunicação faz parte da estrutura das relações sociais, familiares ou não. Na imagem, personagens do desenho animado *Os Jetsons* conversam e expressam suas opiniões, 1990.

Desempenhar um papel social é ser capaz de expressar-se de determinada maneira, dentro de um contexto.

Segundo Bernstein, a estrutura social organizada em papéis sociais implica uma série de trocas linguísticas pelas quais os sujeitos reafirmam suas posições e mostram-se aptos a interagir verbalmente conforme as expectativas. Assim, as relações estabelecidas entre os elementos organizacionais e sistêmicos da sociedade e as formas de comunicação começam a ser objeto de análise e estudo. Bernstein identifica dois tipos de código de comunicação linguística: os códigos restritos, que dizem respeito a formas expressivas impessoais, formais, padronizadas e previsíveis; e os códigos elaborados, adaptados a situações sociais específicas, complexas e não previsíveis. Uma aula, um sermão ou mesmo um discurso estão nesta última categoria.

Em sua análise da comunicação, Bernstein distingue duas instâncias de expressão – os componentes verbais ou linguísticos, que dizem respeito à forma como os signos são selecionados, combinados e organizados, e os componentes extralinguísticos ou paraverbais, aqueles que dizem respeito às formas expressivas utilizadas na comunicação, como ênfase, ritmo e gestualidade.

3. Comunicador e receptor

A relação social pressupõe certa persistência das interações, configurando papéis sociais mais permanentes e estáveis.

Talcott Parsons foi um importante sociólogo norte-americano que procurou desenvolver uma teoria geral da ação social, concebendo a sociedade como um todo organizado de forma sistêmica, por meio de inter-relações recíprocas entre os atores, estabelecidas pela cultura. Essa constelação de inter-relações, que constitui o sistema social, se expressa sob a forma de expectativas orientadoras da ação individual.

Se uma pessoa entra em uma loja para comprar um objeto, seu comportamento tende a provocar no vendedor reações, que serão dirigidas a ela. Promove-se, assim, a articulação entre ações e reações. Ao entrar na loja, o comprador dirige-se ao vendedor, cumprimenta-o e sorri. O vendedor também sorri e pergunta-lhe o que deseja. O comprador pede o objeto que procura, e o vendedor apresenta-lhe o que pediu, ou diz que não dispõe de tal objeto (figura 8).

K. JOSCH/AFP/GETTY IMAGES

Figura 8 • Maestro Daniel Barenboim em ensaio da orquestra *West Eastern Divan* para apresentação na cidade de Salzburgo, na Áustria, em 2007. As relações humanas são mediadas por linguagens.

O comportamento se apresenta como uma forma de resposta ao que foi proposto pelo outro. Diz-se que o comportamento de ambos está mutuamente orientado. Se duas pessoas se ofendem e brigam na rua ou em uma festa, também suas ações constituem reações ao comportamento de uma e de outra. Estão elas mutuamente orientadas, e suas ações são movidas por reciprocidade, afável ou violenta. As ações sociais dependem da comunicação – é por meio dela que expressamos nossos desejos, sentimentos e emoções em relação aos outros.

O que distingue uma interação social de uma relação social é o fato de a primeira ser ocasional e dizer respeito a diversas situações de contato que enfrentamos cotidianamente. A relação social pressupõe certa persistência das interações, configurando papéis sociais mais permanentes e estáveis, como os que ligam pais a filhos, professores a alunos, patrões a funcionários. Também as relações sociais se baseiam na comunicação para se manifestarem, mas elas implicam determinados laços institucionais que envolvem as pessoas da relação.

A capacidade que demonstramos em responder de modo adequado às situações é parte do êxito que obtemos na vida social. Quanto mais entrosados estivermos em relação a um grupo ou a uma cultura, mais aptos estaremos a interagir com o grupo numa grande variedade de situações. Demonstraremos domínio dos códigos restritos, ou seja, daqueles que fazem parte do formalismo da vida social – cumprimentar, pedir, desculpar-se, apresentar-se.

A capacidade que demonstramos em responder de forma adequada às situações é parte do êxito que obtemos na vida social.

O conhecimento da língua, dos signos e dos códigos de comunicação é essencial para o bom desempenho dos sujeitos nas suas interações.

> "A comunicação através de um sistema comum de símbolos é o pré-requisito desta reciprocidade ou complementaridade de expectativas."
>
> PARSONS, Talcott; SHILS, Edward. A interação social. In: COHN, Gabriel. *Comunicação e indústria cultural.* São Paulo: Nacional, 1977. p. 125.

Nos termos da troca comunicativa, os envolvidos na interação recebem denominação própria: emissor ou comunicador é aquele que envia uma mensagem, e receptor é aquele a quem se dirige a mensagem (figura 9). Numa interação comunicativa, duas pessoas são, ao mesmo tempo, receptores e emissores, na medida em que respondem uma à outra. Quando o receptor responde ao emissor, dizemos que houve resposta ou *feedback*.

Numa interação comunicativa, duas pessoas são, ao mesmo tempo, receptores e emissores.

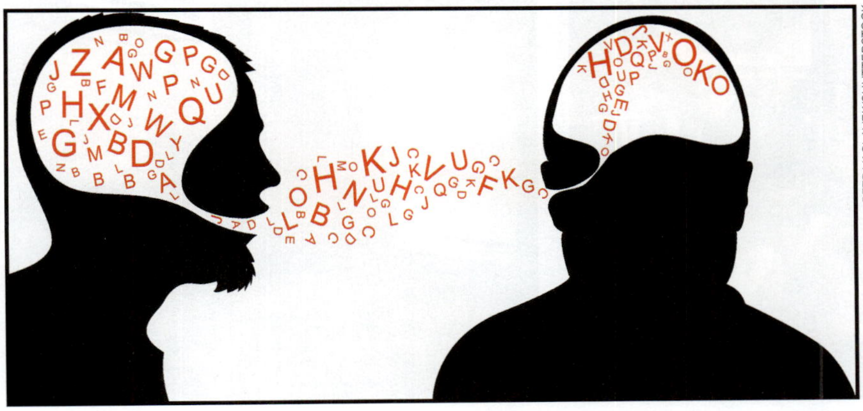
PETR VACLAVEK/SHUTTERSTOCK

Figura 9 • Nas interações comunicativas, aquele que envia uma mensagem é chamado de emissor e aquele que a recebe é o receptor. Ilustração de diálogo entre duas pessoas, 2009.

Saber quem é o emissor e quem é o receptor em uma interação comunicativa pode ser muito útil, na medida em que nos permite identificar a motivação de uma dada mensagem. Para entender o que é motivação, observe essa história frequentemente utilizada em exercícios de alfabetização:

> "Em um reino, uma princesa se apaixona por um plebeu e quer com ele se casar. Seu pai, o rei, desejando impedir o casamento, diz que só permitirá as núpcias se o pretendente conseguir passar por difíceis provas. Exige que ele só retorne quando tiver passado pelas tais provas. O pretendente promete à amada que voltará vitorioso e sai em busca do que o rei pediu. Passa-se muito tempo e o rei, julgando morto o pobre rapaz, dá a filha em casamento a um nobre do reino. No dia do casamento e na hora das núpcias, entretanto, o guarda à porta do palácio aparece no templo e grita aflito: 'Ele voltou!'. A mãe da noiva pergunta incrédula: 'Ele voltou?!'. O rei afirma raivoso: 'Ele voltou!!!'. A princesa volta-se feliz: 'Ele... voltou...' e corre para o rapaz."
>
> Domínio público.

Como se vê, a frase "Ele voltou" é a mesma, mas os significados são muito diferentes. O que a pontuação indica é a emoção transmitida pelos personagens. É cada uma dessas diferenças que expressa a motivação do emissor e que coloca o receptor diante do significado dessa frase construída com os mesmos signos. Segundo Bakhtin, não se fala só com palavras, mas também com ideias.

Nas interações e relações sociais estamos sempre interpretando as mensagens para saber como devemos reagir.

Nas interações e relações sociais estamos sempre interpretando as mensagens para saber como devemos reagir e quais são as expectativas dos outros em relação a nosso comportamento. Portanto, as relações entre emissor e receptor são interdependentes e complementares. As convenções e normas sociais, estudadas por Émile Durkheim, ajudam a responder às situações cotidianas.

4. Opinião pública

Há situações, contudo, em que uma mensagem provém de um emissor e alcança muitos receptores, constituindo uma audiência ou público (figuras 10 e 11). Ao contrário da situação que apontamos anteriormente, em que um único comprador interage com um único vendedor,

Figuras 10 e 11 • Audiência e público são objetos de grande interesse sociológico. À esquerda, *show* de *rock*. Estados Unidos, 2007. À direita, homem ouvindo rádio em sua casa. Cuba, 2008.

RAGNE KABANOVA/SHUTTERSTOCK

ROBERT VAN DER HILST/GETTY IMAGES

quando um emissor se comunica com um grupo, há interação impessoal e muitas vezes anônima. Seja um chefe que fala a um grupo de subordinados, um professor a um grupo de alunos, seja um candidato que fala a eleitores, estamos diante de uma situação coletiva – embora constituída de indivíduos, uma audiência age também como uma coletividade.

Pesquisas procuram entender como as mensagens transitam por uma coletividade, estabelecendo certo consenso, que também pode ser chamado de **opinião pública**. Mesmo que determinada ideia ou interpretação de fatos não seja a mesma para todos os membros do grupo, sabe-se que esse consenso serve de referência para a formação das opiniões individuais. Essa é a hipótese de John e Matilde Riley quando procuram mostrar a importância dos grupos de referência na formação da opinião dos receptores.

Opinião pública

Dá-se o nome de opinião pública ao agregado de opiniões que se manifestam numa coletividade diante de uma situação experimentada em comum. Manifesta-se nessas circunstâncias certo consenso verificável por observação e por pesquisas quantitativas, mesmo não havendo relações pessoais entre os membros dessa coletividade. A opinião pública depende de fatores sociológicos e históricos.

> "Não apenas os grupos fornecem um 'standard' em referência ao qual o indivíduo pode avaliar a si mesmo e aos outros; de uma forma muito mais importante, sua família, sua comunidade, seus companheiros de trabalho – todos os seus grupos 'primários' significativos – mostram-lhe seus valores e os ajustam com os deles."
>
> RILEY, John W.; RILEY, Matilde W. A comunicação de massa e o sistema social. In: COHN, Gabriel. *Comunicação e indústria cultural.* São Paulo: Nacional, 1977. p. 127.

A busca por entender como agem as pessoas quando submetidas a uma situação coletiva e anônima foi uma das preocupações que estiveram na origem das ciências sociais. O desenvolvimento da urbanização ocasionou a formação de grupos que, embora não estruturados, eram submetidos a uma determinada situação comum. Espaços públicos – praças, avenidas e ambientes de lazer – propiciaram a reunião de pessoas desconhecidas entre si e sem vínculos umas com as outras, mas submetidas a um estímulo comum. Observou-se que o comportamento que essas situações geravam não era previsível, e o receio de violência e desordem fez com que inúmeros pesquisadores se dispusessem a estudar a natureza dessa forma de ação coletiva, massiva ou social.

Há diferentes públicos, dependendo da integração que manifestam em função da situação e de objetivos comuns.

Sabemos que há diferentes graus de integração dos grupos sociais enquanto públicos. Por exemplo, há o conjunto de passageiros de um ônibus que não se conhecem e que só permanecerão juntos num mesmo espaço durante o percurso que devem fazer (figura 12).

DELFIM MARTINS/PULSAR IMAGENS

Figura 12 • Passageiros de ônibus formam uma coletividade durante o trajeto percorrido, na cidade de São Paulo, em 2006.

Com o desenvolvimento dos meios de comunicação, um novo tipo de público se cria: aquele formado pelas pessoas conectadas a determinados veículos.

Há o público de um jogo de futebol, em que há um sentimento comum integrando uma grande coletividade anônima. Por estarem integrados em função de um objetivo comum, os integrantes desses grupos sociais são capazes de reagir de modo semelhante diante de determinada situação. Mas há também um grupo de trabalhadores que se organiza para uma greve. Mesmo que não se conheçam pessoalmente, podem apresentar alto grau de entendimento e coesão. Portanto, há diferentes públicos, dependendo da situação que os coloca juntos e da integração que apresentam em função de objetivos comuns.

Com o desenvolvimento dos meios de comunicação de massa, um novo tipo de público se cria: aquele formado pelas pessoas conectadas a determinados veículos, como o rádio, o cinema e a televisão. Os pesquisadores dessas audiências tenderam a pensar essa coletividade da mesma maneira com que os primeiros sociólogos estudaram as multidões, isto é, como um grupo homogêneo de pessoas que reage de forma igual e inesperada a um estímulo comum. No entanto, sabemos que diferenças profundas podem subjazer a um público que assiste a um filme ou a um programa de televisão.

5. Indústria cultural

Um dos primeiros núcleos de pesquisa sociológica a avaliar a importância dos meios de comunicação em sua influência sobre o comportamento coletivo foi a Escola de Frankfurt, que, com a teoria crítica, denunciava o caráter ideológico das mensagens que transitam pelos meios de comunicação. Com base nos conceitos de alienação e ideologia, elaborados por Karl Marx, a Escola de Frankfurt desenvolveu uma crítica à hegemonia crescente da circulação de mercadorias e à impossibilidade de o homem se reconhecer num mundo de produção e consumo. Os frankfurtianos desacreditavam na capacidade humana de, diante da influência da produção cultural programada e midiatizada, perceber a realidade circundante e reagir a ela.

Como consequência das análises desenvolvidas para mostrar como os meios de comunicação de massa participavam do processo de alienação humana, os frankfurtianos criaram o conceito de indústria cultural, que veio a substituir o de cultura de massa. Para eles, o conceito significava a produção simbólica programada para tornar imutável a mentalidade passiva do público submetido aos ***mass media***. Há uma denúncia ao caráter comercial e mercantil dos meios de comunicação contaminados, desde sua origem, pelo princípio do lucro (figura 13).

Os frankfurtianos destacaram a lógica racional existente na base da produção simbólica da modernidade e o objetivo explícito de levar as audiências ao conformismo.

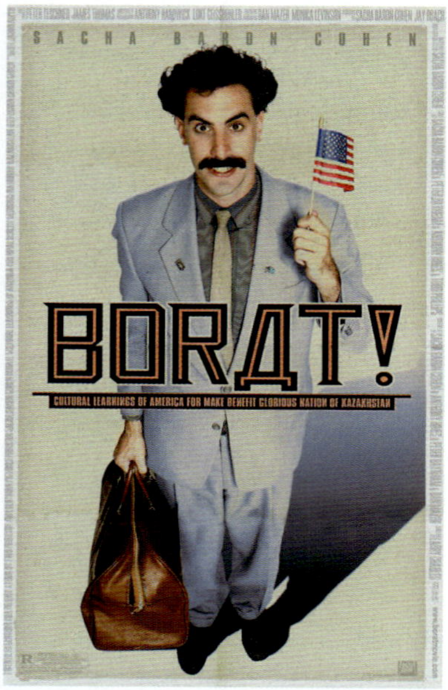

REPRODUÇÃO

Figura 13 • Filme *Borat – o segundo melhor repórter do glorioso país Cazaquistão viaja à América*, do diretor Larry Charles. Estados Unidos, 2006. O filme foca a mentalidade da cultura norte-americana produzida pelos *mass media*.

Mass media

É o termo que designa os meios de comunicação de massa que se organizam para a produção, difusão e recepção de informações. Representam grandes sistemas empresariais públicos ou privados.

Figura 14 • Pessoas em sala de cinema, na cidade de São Paulo, em 2009. Privilegiando o entretenimento, oferece-se ao público experiências cada vez mais superficiais e menos questionadoras.

> "As ideias de ordem que ela [indústria cultural] inculca são sempre as do *status quo*. Elas são aceitas sem objeção, sem análise, renunciando à dialética, mesmo quando não pertencem substancialmente a nenhum daqueles que estão sob sua influência. O imperativo categórico da indústria cultural, diversamente do de Kant, nada tem em comum com a liberdade."
>
> ADORNO, Theodor W. A indústria cultural. In: COHN, Gabriel. *Comunicação e indústria cultural*. São Paulo: Nacional, 1977. p. 293.

A indústria cultural, segundo esses autores – Adorno, Marcuse e Horkheimer –, é responsável pela passividade do público, pelo seu conformismo comportamental, pela regressão na qualidade de informação e de consumo simbólico (figura 14).

A indústria cultural, segundo os frankfurtianos, é responsável pela passividade do público.

> "[...] na América podemos ouvir da boca dos produtores cínicos que seus filmes devem dar conta do nível intelectual de uma criança de onze anos. Fazendo isso, eles se sentem sempre mais incitados a fazer de um adulto uma criança de onze anos."
>
> ADORNO, Theodor W. Obra citada. p. 294.

Outras abordagens teóricas das ciências da comunicação relativizaram as críticas contundentes dos frankfurtianos à indústria cultural. Os estudos culturais, desenvolvidos inicialmente na Inglaterra, valorizaram o papel da cultura na recepção de mensagens, mostrando que não existe uma recepção massiva homogênea e que cada mensagem passa pela apreciação da cultura da audiência, entendida como portadora da estrutura básica de valores, de um grupo (memória, mentalidade e identidade). Assim, um mesmo produto simbólico, seja uma notícia, um filme ou um programa de televisão, é recebido por um determinado grupo de acordo com os padrões interpretativos de sua cultura. Também as teorias das mediações mostram que diversos elementos intervêm na percepção e na interpretação de um produto simbólico, desde processos tecnológicos até particularidades relativas a geração, referências, formação e crenças dos componentes de uma dada audiência. Desse modo, os conhecimentos sociológicos e antropológicos têm ajudado no entendimento dos processos comunicacionais, assim como as mensagens e a circulação de informações têm permitido melhor compreensão dos processos sociais.

Atividades

Compreensão do texto

1. Como a palavra escrita ajudou na democratização das sociedades?
2. Por que os clássicos da sociologia não estudaram profundamente o fenômeno da comunicação?
3. Quais são os códigos de comunicação que Bernstein identificou?
4. O que é interação social?
5. O que distingue uma interação social de uma relação social?
6. Como classificamos os envolvidos em uma interação social? Qual é a função de cada um deles?
7. O que permite diferenciar os públicos nas diferentes aglomerações de pessoas?
8. Qual é o significado de indústria cultural dado pelos frankfurtianos?

Interpretação e problematização

9. Leia o texto e responda às perguntas.

Queremos rir

"Um mágico trabalhava em um navio. Como o público era diferente a cada semana, ele sempre repetia os mesmos números. O papagaio do capitão, que assistia a todos os *shows*, começou a descobrir os truques do mágico. Durante as apresentações, o papagaio dizia:

– Ele está escondendo as flores debaixo da mesa!

– Ei, por que todas as cartas são ases de espadas?

– Atenção, não olhem para a mesma cartola!

O mágico ficava fulo da vida, mas não podia fazer nada – afinal, o papagaio era do capitão.

Um dia o navio afundou. O mágico se salvou, agarrando-se a um pedaço de madeira. Por um capricho do destino, viu-se junto do papagaio. Os dois passaram dois dias boiando no mar, olhando um para o outro com desprezo e sem dizer uma palavra. Finalmente, no terceiro dia o papagaio não se conteve e disse para o mágico:

– O.k., seu safado! Eu desisto! Onde você enfiou a porcaria do navio?"

PRAXEDES, Otávio. *Época*, São Paulo, 5 jun. 2006. p. 15.

Qual é a relação estabelecida entre o mágico, o papagaio e o capitão? De que forma a comunicação entre eles explicita essa relação?

Aplicação de conceitos

10. **Cinema**

Boa noite e boa sorte, de George Clooney. Estados Unidos, 2005, 93 min.

Trata-se de uma análise das dificuldades de um jornalista, âncora de TV, em realizar seu trabalho, pressionado pelos poderes políticos vigentes.

O filme é ambientado nos anos 1950, quando, em plena Guerra Fria, o senador norte-americano Joseph McCarthy, com apoio de praticamente toda a indústria cultural de seu país, promove uma caça às bruxas, perseguindo qualquer membro da indústria cultural que, por suas atitudes, trabalhos, opiniões, círculos de amizade, leituras etc., seja ou possa ser identificado como membro ou simpatizante do comunismo ou do socialismo. Apenas um âncora de um programa da CBS, Edward R. Murrow, desafiou e enfrentou o senador, sendo um dos responsáveis por sua derrocada política.

▸ O filme é todo estruturado com base em fatos e personagens reais. Assista ao filme e debata com os colegas em sala de aula a seguinte questão: como a indústria cultural pode, ao mesmo tempo, servir ao poder e enfrentá-lo?

Pesquisa e debate

11. Pesquise com o seu grupo de trabalho a história dos últimos cinquenta anos da mídia no Brasil, coletando e analisando fatos que sirvam de base para discutir a subserviência da mídia ao poder político e econômico do país e do exterior. Montem um painel com esses fatos e debatam qual é o padrão típico de comportamento dessa parte da indústria cultural brasileira.

Leitura visual

12. Observe as imagens e responda à questão.

PER-ANDERS PETTERSON/GETTY IMAGES

GUILHERME MARANHÃO/FOLHAPRESS

DAJ/GETTY IMAGES

A televisão, o rádio e a internet transmitem inúmeras informações. É preciso saber interpretá-las, pois elas medeiam nossa relação conosco e com o mundo.
1. Estudantes utilizam equipamento eletrônico em intervalo de aula em universidade de Gaborone, capital de Botswana, 2009. 2. Alunos participam de aula por meio de teleconferência na cidade de São Paulo, 2001. 3. Idosos utilizando computador, 2009.

A multiplicidade de informações e formas de entretenimento nos faz perguntar "o que sou eu para esses veículos de comunicação?". Identifique-se com uma das imagens e, usando os conceitos vistos no capítulo, elabore um texto sobre aquilo que você é para os meios de comunicação e sobre o que eles são para você.

Questões de vestibular e do Enem

13. (**Unicamp-SP**)

> "No final do século XIX, a migração para grandes cidades em rápido crescimento gerou um mercado lucrativo para os espetáculos e o lazer populares. O triunfo do cinema foi extraordinário. No início do século XX, 26 milhões de norte-americanos iam ver filmes toda semana. Quanto à Europa, até na atrasada Itália havia quase quinhentos cinemas nas cidades principais. Em 1914, o público norte-americano de cinema chegava a quase 50 milhões. O cinema era agora um grande negócio [...] o lazer de massas industrializado revolucionou as artes do século XX."
>
> HOBSBAWM, E. *A era dos impérios (1875-1914)*. São Paulo: Paz e Terra, 1988. p. 330, 333, 336. (Adaptado)

a) Retire do texto três características da sociedade de massas do final do século XIX e início do século XX.

b) Cite outros dois meios de comunicação desenvolvidos nesse período.

CAPÍTULO 27

A era da imagem

1. Os vodus

O ser humano é seduzido por aquilo que cria uma ponte entre ele e o ambiente que o rodeia. Os meios de comunicação funcionam como extensões do homem e como elo entre uma pessoa e outra. Em função dessas considerações, discorremos sobre as linguagens verbal, oral e escrita e a maneira como agilizaram o processo do conhecimento e da comunicação humana. Para contribuir na explicação do funcionamento dos veículos de comunicação que intermedeiam a relação do homem com o mundo, retomaremos o mito de Narciso.

O que seduziu Narciso na superfície das águas não foi uma palavra ou um poema, mas uma **imagem**, pela qual se enamorou. Esse fascínio que a imagem exerce, desde as primeiras pinturas rupestres que os primeiros hominídeos criaram nas paredes das cavernas onde se abrigavam, está presente no mito ao qual se faz referência. Por mais que a fala tenha sido atribuída a Deus – "Ele era o verbo" (ou a palavra), diz a Bíblia –, a reprodução do vivido, a fixação da imagem e o processo de imitação do visível sempre encantou o ser humano. As religiões mais antigas já desenvolviam rituais nos quais se utilizavam os vodus – pequenas imagens representando o ser humano e que, no cerimonial religioso, faziam as vezes de uma personalidade invocada (figura 1).

Os vodus, parte dos rituais religiosos, teriam dado origem, mais tarde, às bonecas utilizadas pelas crianças em jogos infantis e às formas artísticas do teatro de bonecos e das animações. Com esses novos usos, os seres humanos puderam mostrar o grande interesse em criar réplicas e, com elas, simular o poder divino de dar vida a imagens (figuras 2 e 3).

DANITA DELIMONT/GALLO IMAGES/GETTY IMAGES

Figura 1 • Bonecos de vodu em um mercado de Lome, no Togo. África, 2010. Vodus são pequenas imagens do ser humano utilizadas em rituais sagrados.

GUILHERMO HUNG/DK STOCK/GETTY IMAGES

RAINER HOLZ/CORBIS/LATINSTOCK

Figuras 2 e 3 • A imagem exerce fascínio sobre o ser humano. Com as bonecas e os fantoches, tentamos dar-lhes vida, recriando neles a imagem e o comportamento do ser humano. Mais à esquerda, crianças empurram carrinho com boneca. Belo Horizonte, 2007. Ao lado, crianças assistem a apresentação de fantoches. Canadá, 2008.

Sempre nos interessamos em reproduzir nossas experiências com o mundo, não apenas quando fabricamos cópias, duplicações e miniaturas, mas também quando utilizamos superfícies de areia, barro e pedra. Algumas dessas reproduções ainda estão conservadas e nos dão a dimensão dessa procura. Segundo o filósofo Vilém Flusser, uma das principais revoluções da arte ocorreu quando, olhando para as paredes rugosas das cavernas, o ser humano foi capaz de perceber figuras, desenvolvendo a capacidade de produzir e ver imagens bidimensionais. A partir de então, como Narciso, essa nova linguagem gráfica capaz de inscrever, no ambiente circundante, mensagens visuais tem atraído o interesse do ser humano.

As linguagens visuais permitem uma comunicação mais ágil, enquanto os idiomas guardam uma maior especificidade.

Assim, mesmo com o desenvolvimento da linguagem verbal, o homem procurou aperfeiçoar sua capacidade de criar imagens, utilizando para isso os mais diferentes objetos – carvão, terra, pedra, vidro, sangue, pena, pelos de animais, entre outros – a fim de, sobre peles, argila, pedra, vegetais, madeira, inscrever mensagens visuais (figura 4).

As linguagens visuais têm uma vantagem sobre as verbais. A compreensão das formas e daquilo que elas representam convergem mais de uma sociedade para outra, permitindo uma comunicação mais ágil, enquanto os idiomas guardam uma maior especificidade, impedindo que certas mensagens sejam compreendidas por estrangeiros ou por quem não domina o idioma e a cultura em que o texto está escrito e inserido.

Imagem

Palavra de origem latina (*imago*), significa semelhança ou sinal de um objeto que se conserva independentemente dele. Na atualidade, designa diferentes fenômenos e objetos. Pode se referir tanto à percepção visual que temos do mundo – a imagem de um objeto ou paisagem – como também ao processo interno de abstração humana, referindo-se à imagem-pensamento que construímos de um objeto ou uma paisagem. Também é o nome com o qual designamos as imagens que construímos a partir de nossa experiência com o mundo – desenhos, fotos, filmes –, ou seja, imagens artificialmente construídas com ou sem auxílio de equipamentos tecnológicos. Finalmente, fala-se também em imagem como sendo a reputação social de uma pessoa ou instituição.

JOSÉ IGNÁCIO SOTO/SHUTTERSTOCK

Figura 4 • Utensílios usados em diversos suportes permitiram o desenvolvimento da linguagem gráfica e visual, como bico de pena, caneta tinteiro e esferográfica.

2. Magia e tecnologia: a invenção da fotografia

A criação de imagens sempre esteve envolvida com duas práticas sociais. Por um lado, as imagens estão ligadas à religião e aos rituais sagrados, satisfazendo o desejo do ser humano de dar vida ao que é inanimado. O surgimento do desenho animado e do teatro de bonecos e de sombras decorre desse processo. Por outro lado, a criação de imagens sempre esteve influenciada por um crescente domínio técnico e tecnológico da linguagem gráfica que o ser humano foi adquirindo.

Historiadores demonstram como a arte dos mosaicos se desenvolveu a partir de técnica criptográfica que divide as imagens em linhas verticais e horizontais, resultando em um quadriculado semelhante aos *pixels* de um tubo de televisão, a partir do qual se identifica a figura e o fundo. A própria perspectiva dependeu do desenvolvimento da matemática, e muitos pintores se apoiaram em inventos, como a câmara escura, para dar maior realismo a suas pinturas (figuras 5 e 6).

Mas foi após a Revolução Industrial que os inventos começaram a se popularizar, divulgando novas formas de reproduzir o mundo circundante. No início do século XIX, com o aperfeiçoamento da imprensa, as grandes viagens pelo mundo, como as empreendidas por cientistas, missionários e comerciantes, do mesmo modo que as guerras, as quais conturbaram os diversos continentes, trouxeram a necessidade de documentar e testemunhar acontecimentos, levando a uma pesquisa intensa dos processos científicos e artísticos de registro de imagens. Em curto período, o que era um processo difícil e custoso se difundiu com os fotógrafos lambe-lambe (fotógrafos ambulantes) e com o desenvolvimento da indústria, capaz de colocar nas mãos de qualquer amador uma máquina para registro automático de imagens.

Foi a partir da Revolução Industrial que os inventos começaram a se popularizar, divulgando novas formas de reproduzir o mundo circundante.

A fotografia, por sua portabilidade e flexibilidade, logo aderiu ao papel, tornando-se presença obrigatória nos jornais diários, nos cartazes, na propaganda e nos cartões-postais que corriam o mundo. A câmara e os processos físico-químicos envolvidos na produção da fotografia garantiram popularidade e credibilidade à imagem, já associada como expressão dos fatos.

Figuras 5 e 6 • À esquerda, ilustração do sistema de perspectiva de Albrecht Dürer, Nuremberg, 1525. À direita, ilustração de Johann Zahn da câmara escura, 1685.

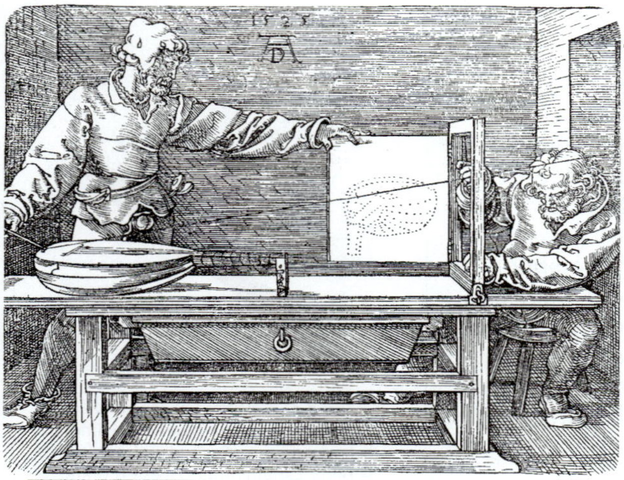

REPRODUÇÃO

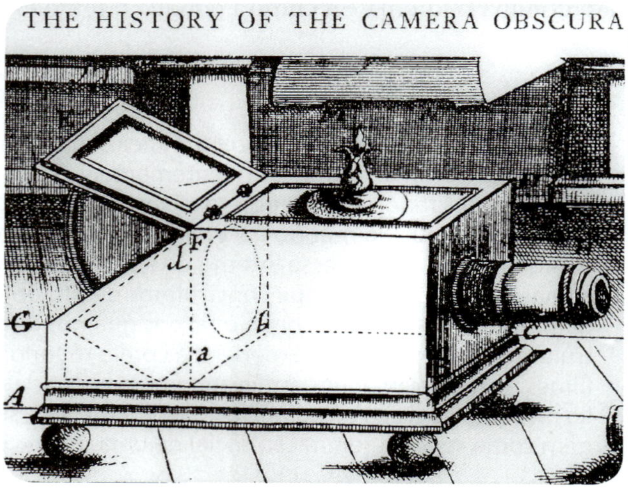

THE BRIDGEMAN ART LIBRARY/GETTY IMAGES

RICARDO JUNQUEIRA/ IMÃ FOTO GALERIA

Figura 7 • A revelação seletiva é um dos processos de manipulação da fotografia em que o fotógrafo aplica manualmente o revelador. Brasil, 2008.

Desse modo, a fotografia passou a fazer parte do cotidiano. As pessoas lançavam mão de suas próprias máquinas ou do trabalho de fotógrafos profissionais e dos recursos dos estúdios de fotografia para registrar acontecimentos importantes de sua vida ou para enviar aos seus familiares e amigos imagens que testemunhassem feitos e realizações. Tornaram-se comuns os cartões de visita com fotos ou os postais enviados como recordação.

É importante lembrar que, assim como a tecnologia usada para capturar a fotografia tornava a imagem mais fidedigna – um exemplo disso é o ganho oferecido pela reprodução colorida –, os processos de manipulação procuravam garantir efeitos melhores, conforme o desejo dos clientes. Assim, a fotografia se mantinha como um processo que revelava a realidade (figura 7).

No século XX, a popularização da fotografia ampliou consideravelmente nossa relação com o mundo. E hoje, com a fotografia digital, há a possibilidade de criar imagens até mesmo com o telefone celular. Isso tornou praticamente ilimitado o uso da fotografia.

A popularização da fotografia ampliou consideravelmente nossa relação com o mundo.

3. A imagem em movimento e a invenção do cinema

Com base no mesmo princípio da fotografia, o cinema teve como antecedentes uma série de inventos que procuravam reproduzir a ilusão de movimento. Desde as fotografias animadas até o kinetoscópio (figuras 8 e 9 na página seguinte), processos diversos encantaram as audiências com a ilusão cinética.

Inventado inicialmente na Europa pelos irmãos Lumière, o cinema se popularizou nos Estados Unidos, onde se tornou uma das mais importantes indústrias culturais da modernidade.

O cinema apresenta todas as características da grande indústria de bens simbólicos. Grande capital e tecnologia de ponta são os requisitos para essa produção coletiva, realizada por uma grande equipe em tarefas especializadas. É uma produção seriada e destina-se ao grande público, independentemente da idade, do sexo, da religião ou da formação. O sucesso alcançado foi grande desde o início, fazendo muitos teatros se transformarem em cinemas para a apresentação de filmes a uma plateia ávida por emoções. Astros e estrelas que se destacavam em grandes produções atraíam atenção e adesão apaixonada, que se estendia pelos diversos continentes por onde o cinema transitava, levando histórias que passavam a compor o imaginário dos espectadores. Hoje, o cinema é uma indústria globalizada, que une as pessoas em torno de ideias, valores e sentimentos comuns.

O cinema apresenta todas as características da grande indústria de bens simbólicos.

Figuras 8 e 9 • À esquerda, kinetoscópio. Estados Unidos, 1888. À direita, kinefone. Estados Unidos, 1891. O kinetoscópio permitia assistir à "projeção" de um filme. Nesse caso, como a máquina possuía um fonógrafo, era possível ver e ouvir o filme. As experiências para a criação desses inventos deram origem ao cinema.

Pelo processo de projeção--identificação, nos sentimos parte daquilo a que assistimos.

Segundo o sociólogo francês Edgar Morin, o cinema faz contrastar a imobilidade do corpo do espectador com o movimento das imagens, criando uma sensação de prazer e abandono que favorece o que ele chamou de processo de projeção-identificação, pelo qual nos sentimos parte daquilo a que assistimos. Esse sentimento se tornou cada vez mais poderoso à medida que o desenvolvimento tecnológico foi dotando o cinema de mais recursos, como as imagens coloridas, a trilha sonora e as telas de grandes proporções. O homem parecia ter conseguido realizar o anseio de produzir os próprios sonhos e de poder sonhá-los coletivamente.

Histórias cheias de emoção passam a fazer parte de nosso cotidiano e, por seu caráter coletivo e múltiplo, a integrar nosso repertório cultural.

Coerência, verossimilhança e naturalismo aliam-se ao sentimentalismo do melodrama para fazer do cinema uma forma de entretenimento, rito e experiência imaginária. Histórias cheias de emoção passam a fazer parte de nosso cotidiano e, por seu caráter coletivo e múltiplo, a integrar nosso repertório cultural.

> "Há entre o aparato cinematográfico e o olho natural uma série de elementos e operações comuns que favorecem uma identificação do meu olhar com o da câmara, resultando daí um forte sentimento de presença do mundo emoldurado na tela, simultâneo ao meu saber de sua ausência (trata-se de imagens, e não das próprias coisas)."
>
> XAVIER, Ismail. *O olhar e a cena.* São Paulo: Cosac Naify, 2003. p. 35.

Elevando a possibilidade de reprodução que existia na fotografia (figura 10), encantando as plateias com sua magia e utilizando toda a racionalidade da grande indústria, o cinema multiplicou o número de imagens com as quais convivemos, assim como povoou nosso imaginário de novos mitos com os quais passamos a nos relacionar. Invenções técnicas posteriores, como o videocassete e os computadores, tornaram a experiência cinematográfica ainda mais cotidiana e próxima.

EALISA/SHUTTERSTOCK

Figura 10 • Sequência de fotogramas com imagens. A tecnologia do cinema foi capaz de unir em sequência várias fotografias estáticas – fotogramas –, de forma a criar a ilusão do movimento, levando o espectador a viver, por algumas horas, uma outra realidade.

A invenção e a popularização do cinema arrancaram duras críticas dos sociólogos que estudavam o fenômeno da comunicação de massa, especialmente por considerarem que os enredos cinematográficos escondiam a proposta explícita de divulgação dos valores norte-americanos e da ideologia capitalista. Houve também aqueles que denunciavam o que estava oculto no processo ficcional, a racionalidade dominante da indústria capitalista. Nenhuma dessas considerações foi inteiramente invalidada, e o debate em torno da magia do cinema se estende até hoje, embora a indústria cinematográfica não tenha parado de crescer no mundo todo.

4. Rádio e televisão invadem as residências

O cinema não foi o único meio de comunicação que se popularizou no decorrer do século XX. Inventado no século XIX, o rádio foi o veículo absoluto na primeira metade do século XX, principalmente entre as décadas de 1920 e 1940, época conhecida como a era do rádio. Invadindo as casas e derrubando as fronteiras entre o público e o privado, o rádio começou divulgando música para radioclubes que reuniam assinantes interessados numa programação de qualidade.

UNDERWOOD & UNDERWOOD/CORBIS/LATINSTOCK

Figura 11 • O período entre as décadas de 1920 e 1940 ficou conhecido como a era do rádio. Nesse período era comum as famílias se reunirem em torno do rádio para ouvir novelas, notícias ou jogos de futebol, como na imagem ao lado. Estados Unidos, 1924.

Depois vieram as notícias e – claro! – os comerciais. Como emissoras comerciais, as rádios passaram também a transmitir entrevistas, programas de humor e esportivos. A programação disciplinava as horas da vida das famílias, que se reuniam em volta dos aparelhos (figura 11).

Mas, na primeira metade do século XX, os cientistas faziam as primeiras experiências que permitiriam transmitir imagens de um emissor a um receptor remoto. O russo Vladimir K. Kworykin criou o iconoscópio em 1923, mesma época em que Philo Taylor patenteou o tubo dissecador de imagens. Ambos os dispositivos deram origem à televisão, tecnologia que "lê" uma imagem de cima para baixo em todas as suas variações luminosas e a transmite por ondas eletromagnéticas que, convertidas, geram imagem semelhante à original. A rapidez desse processo dá ao espectador a sensação de que a transmissão é contínua e sincrônica.

Como o rádio, a indústria cultural torna-se efetiva a partir da televisão doméstica, massiva, diária, comercial e aparentemente gratuita, com uma grade horária dividida por segmentos de público (masculino, feminino, infantil) e por gênero de programa (noticiário, ficcional, musical, esportivo e de entrevista). Ao contrário do cinema, a televisão convive com o espectador dentro de sua casa.

O sucesso de público da televisão foi grande desde a década de 1950, quando os primeiros aparelhos foram comercializados e as emissoras passaram a transmitir seus programas. O desenvolvimento tecnológico proporcionou cada vez mais recursos para uma transmissão atraente: imagens coloridas, transmissão por cabos e satélites, videoteipe e tecnologia digital foram alguns dos recursos que expandiram o poder da televisão. Tornando-se parte da vida dos espectadores, a televisão atraiu para si o grande fluxo do comércio, a atenção das pessoas e também as maiores críticas dos cientistas sociais.

A televisão atraiu para si o grande fluxo do comércio, a atenção das pessoas e também as maiores críticas dos cientistas sociais.

> "Com a televisão, a rápida manipulação das nossas reações neurofisiológicas [...] vai muito além da montagem imagem a imagem. É tão rápida, tão contínua, tão poderosa que é mais uma modulação magnética da nossa sensibilidade. A televisão modula as nossas emoções e as nossas imaginações de uma maneira comparável ao poder da música."
>
> KERCKHOVE, Derrick de. *A pele da cultura.* Lisboa: Relógio d'Água, 1997. p. 48.

Com essa análise, Derrick de Kerckhove procura mostrar que a tecnologia empregada resulta em certo hipnotismo provocado pelo fluxo de imagens eletrônicas cuja percepção, sendo mais rápida que a reflexão, impediria a análise e o discernimento. Segundo esse autor, a televisão fala primeiramente aos sentidos e ao corpo, e não à mente. O seu poder de atração torna o espectador dependente e indefeso diante das imagens que lhe são apresentadas.

Intertextualidade

É a referência feita por um texto sobre outro, como as citações literárias. Nas ciências da comunicação, o conceito é usado para explicar certas interferências midiáticas, como uma mesma narrativa adaptada para diferentes veículos ou uma mesma imagem que passa por diversos suportes ou códigos de linguagem.

5. Uma sociedade de imagens

Compreender como funcionam cada uma dessas mídias isoladamente é importante. Mas também deve-se entender que elas atuam de forma integrada. A mesma artista que estrela um filme é entrevistada na televisão e tem sua fotografia impressa no jornal, veículo no qual um crítico comenta seu filme. Da mesma maneira, uma personalidade do mundo político aparece nos telejornais, tem seu nome citado no rádio e uma entrevista publicada nos principais jornais impressos. Isso sem incluir os meios de comunicação da atualidade, conectados à internet. Esse fenômeno, que faz com que um mesmo assunto seja abordado em diferentes veículos e mídias, recebe o nome de **intertextualidade**. Ela cria um circuito de imagens e um fluxo de informações mutuamente referentes (figuras 12, 13 e 14).

KEVIN WINTER/GETTY IMAGES

REPRODUÇÃO

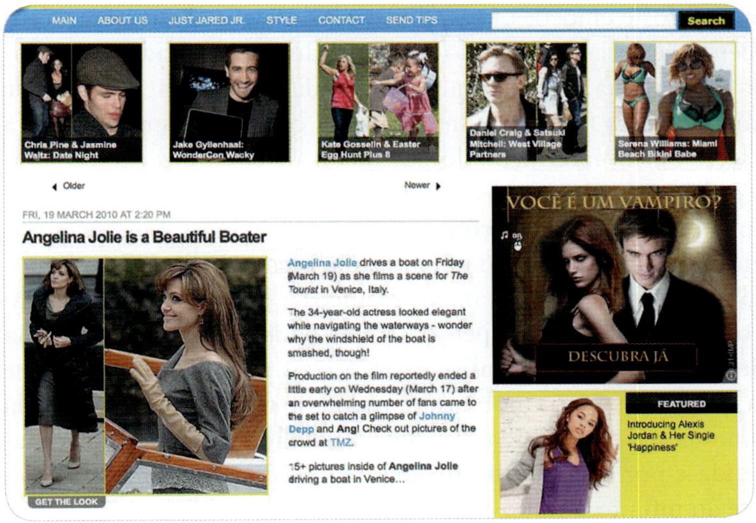

REPRODUÇÃO

Figuras 12, 13 e 14 • Nas imagens, a atriz Angelina Jolie em diferentes momentos: no alto, à esquerda, durante programa de televisão, Estados Unidos, 2004; acima, na capa de uma revista, 2009; ao lado, em *site* de notícias, 2010. A multiplicidade de mídias e a crescente facilidade para acessá-las de qualquer ponto do planeta geram uma multiplicação de informações vinculadas e recorrentes que se combinam numa malha denominada intertextualidade.

KURT KRIEGER/CORBIS/LATINSTOCK

Figura 15 • Robert Pattinson, ator do filme *Crepúsculo*, no Festival de Cannes, França, 2009.

Astros e estrelas, histórias e notícias, fatos e mitos transitam por essa intertextualidade, marcada pelo uso de linguagens multimidiáticas que envolvem a visão, a audição e todo o corpo, mobilizando os espectadores (figura 15). Múltiplas linguagens, múltiplas mídias e muitos sentidos estão envolvidos nessas relações midiatizadas.

Para avaliarmos a importância dessas mediações na sociedade contemporânea, é necessário lembrar que sua influência não dura apenas o tempo em que as imagens se apresentam a nós ou no qual estamos expostos a elas. Elas repercutem nas conversas, nos encontros e nas relações do público, nas fofocas, nas críticas e nos comentários. Promovem uma empatia junto ao público que, segundo o sociólogo belga Armand Mattelart, tem um caráter transclassista e ecumênico, ou seja, atingem diferentes classes sociais e um público heterogêneo no que diz respeito à idade, ao sexo, à ideologia e à religião. Daí resulta seu forte caráter integrativo. Para Mattelart, a formação da cultura brasileira de caráter nacional deve-se a esse poder integrativo e monopolista da mídia, especialmente a televisão.

O desenvolvimento dos meios de comunicação interferiu na produção da cultura de um modo geral e nas chamadas culturas nacionais em particular. Influenciou na formação do imaginário coletivo e na formulação de hábitos de entretenimento, lazer e comunicação. Povoou a vida cotidiana de novos heróis e mitos, personagens que passaram a fazer parte do dia a dia do público, com os quais passaram a se relacionar de forma íntima e afetiva. Criou hábitos, estimulou opiniões e crenças, lançou modas e inventou sotaques, tudo isso a partir de experiências midiáticas de grande ficcionalidade. A sociedade que daí emerge é um lago no qual o ser humano se mira para encontrar o outro e a si próprio, como no mito de Narciso. A sociologia contemporânea, para dar conta das relações estabelecidas entre pessoas e reflexos, precisa se deter na análise dessas mediações, buscando saber como elas configuram a sociedade em que está presente.

O desenvolvimento dos meios de comunicação interferiu na produção da cultura de um modo geral e nas chamadas culturas nacionais em particular.

6. Uma aldeia global e analógica

Marshall McLuhan foi capaz de compreender que esse mundo, com pessoas conectadas pelas mídias, com países e continentes interligados nos mesmos fatos e emoções, teria dimensões globais. Mas, compreendeu também que seria um mundo mais próximo, conhecido e cotidiano, como uma aldeia, ou, uma **aldeia global**. Não se trata apenas de identificar diferentes formas de interação ou contato (primário, face a face; ou secundário, intermediado por meios de comunicação). Trata-se de reconhecer que tanto nos contatos primários como nos secundários, o homem age de acordo com expectativas, hábitos e experiências provenientes de uma sociedade midiatizada, cuja cultura é forjada por um imaginário produzido por meios técnicos e por uma lógica industrial. As relações sociais, os papéis desempenhados pelo ser humano na sociedade, o jargão com o qual se expressa, os mitos com os quais se identifica, os desejos que o mobilizam, tudo isso tem relação direta com a cultura midiática que o cerca. Análoga à paixão de Narciso pela imagem refletida e por tudo aquilo que ela representa, a relação de espelhos repete ao infinito o fluxo de imagens que nele se forma (figura 16).

Aldeia global. Termo cunhado por Marshall McLuhan para se referir ao mundo que se torna pequeno dadas as relações estabelecidas pelos meios de comunicação de massa, em especial a televisão. Como numa aldeia, as populações sujeitam-se a assistir aos mesmos programas e a viver emoções similares.

DARKO NOVAKOVIC/SHUTTERSTOCK

Figura 16 • Painel formado por televisores de LCD, que nos remete a um universo analógico em que as imagens se assemelham ao original. Estados Unidos, 2008.

Esse mundo integrado por mídias que repetem ao infinito as mesmas imagens é um jogo de espelhos e reflexos que reproduz a realidade e com ela se confunde e nos confunde. Um mundo que reproduz, como a imagem de Narciso, por semelhança ou por **analogia**. É a aparência da realidade que primeiro encanta e engana o olhar humano e que aparece na fotografia, no cinema e na televisão como cópia quase perfeita do mesmo original. Um universo imaginário produzido por mídias analógicas que simulam uma realidade na qual submergimos e emergimos constantemente, sem termos plena consciência da diferença entre estar dentro ou estar fora dele. Entre essas imagens, em tudo semelhantes ao mundo real de que são reproduções, experimentamos sentimentos os mais diversos: próximos, pessoais, subjetivos e humanizados.

Na sociedade atual valorizam-se as imagens e as mídias. Essa busca tem sentido duplo. Busca-se o "eu" e o outro, que surge, seja por semelhança, seja por diferença, contra a imagem de mim mesmo na qual me reconheço. É no emaranhado das imagens com o qual convivemos cotidianamente que descobrimos a nós mesmos e aos outros. Esse processo depende fundamentalmente da familiaridade que adquirimos com esse mundo imagético, cujos equívocos e simulações somos capazes de desvendar e identificar. Depende também de uma sensível capacidade de distinguirmos o que é real do que é mera reprodução.

Esse mundo integrado por mídias que repetem ao infinito as mesmas imagens é um jogo de espelhos e reflexos que reproduz a realidade e com ela se confunde e nos confunde.

7. Representação, alienação e comunicação

Para finalizar este capítulo, devemos retornar à ideia de que a linguagem surgiu na cultura humana como uma forma de mediação entre nós e a realidade. A aquisição da linguagem nos torna seres especiais que lidam, se comportam e se conhecem não apenas por intermédio da experiência direta com a realidade circundante, mas também por meio de formas de representação simbólica dessa realidade. Filósofos como Jean-Paul Sartre analisaram a natureza das imagens, mostrando que elas têm uma relação de *existência* com o objeto que lhe deu origem, mas não uma relação de *essência*. Isso significa que a imagem

Analogia. É a relação de semelhança ou equivalência entre dois elementos ou objetos. Chamamos mídias analógicas aquelas que reproduzem o mundo por meio de imagens visualmente semelhantes aos referentes.

GERSOL GERLOFF/PULSAR IMAGENS

Figura 17 • Barcos ancorados no Rio da Madre, na praia de Guarda do Embaú. Palhoça, Santa Catarina, 2009. A fotografia criou a fortíssima ilusão de que a imagem de um objeto é o objeto. Tal percepção não seria possível no passado, pois era evidente, por mais hábil que fosse um pintor, que a obra era apenas uma reprodução do real. A imagem do barco, por mais fidedigna que seja em relação ao barco real, é uma representação, um signo, e não o objeto representado.

depende da coisa que representa para existir, mas não é a própria coisa (figura 17). Existe, portanto, uma distância, uma variação, uma diferença entre a realidade e os signos que a representam por meio da linguagem. A consciência que temos disso nos leva a uma desconfiança em relação ao mundo das imagens, colocando-nos numa atitude sempre interpretativa, em busca da veracidade de suas referências.

Os sociólogos, em razão disso, preocuparam-se com a relação entre as linguagens e os comportamentos individual e coletivo, procurando compreender a forma como as representações sociais mobilizam os sujeitos e lhes oferecem determinada visão da realidade. À medida que os meios de comunicação se desenvolveram, a necessidade de compreender as novas formas de produção simbólica se acentuou, dando origem ao novo campo das ciências da comunicação, consideradas como ciências sociais aplicadas.

Das teorias clássicas, o marxismo foi o que mais influenciou as análises explicativas da sociedade da comunicação.

As questões relativas à comunicação humana, à cultura, à produção simbólica e às tecnologias da comunicação tornaram-se proeminentes. Para explicar certo mal-estar diante da proliferação de mensagens, imagens e interpretações da realidade, muitos estudiosos recorreram aos autores clássicos da sociologia. Das teorias clássicas, o marxismo foi o que mais influenciou as análises explicativas da sociedade da comunicação, ou sociedade midiática, como aqui chamamos. O conceito de ideologia de Karl Marx – percepção distorcida da realidade concreta pela hegemonia do pensamento burguês disseminado pelas instituições e pelos meios de comunicação de massa – foi um dos pilares das críticas à produção cultural e simbólica do século XX. Como defenderam os autores da Escola de Frankfurt, a aliança direta e indireta do poder constituído com os meios de comunicação promove uma submissão das mensagens por eles veiculadas aos interesses desse poder, transformando-os em veículos essenciais de massificação ideológica.

Desse modo, a distância que reconhecemos existir entre as formas de representação forjadas pela nossa experiência pessoal, assim como por nossa inserção na cultura e pela realidade que nos cerca, ganha nova dimensão. Mesmo considerando os desvios promovidos pela nossa subjetividade e por outras referências sociais como classe, idade e sexo, as mensagens e as imagens com as quais lidamos são ideologicamente deformadas, aumentando a alienação do ser humano diante da realidade. Por essa razão, as ciências da comunicação adquiriram a centralidade de que gozam na atualidade – elas permitem aferir o grau de fidedignidade do nosso conhecimento, da cultura e das imagens que povoam nosso imaginário.

Atividades

Compreensão do texto

1. De que forma a imagem interessa ao ser humano?
2. O que impulsionou a difusão da fotografia como meio de documentar situações cotidianas?
3. Do que trata o processo de projeção-identificação de Edgar Morin?
4. Quais foram os principais inventos que revolucionaram as comunicações desde o século XIX?
5. Como os meios de comunicação interferem na nossa formação?

Interpretação e problematização

6. Leia a matéria e responda à pergunta.

Suicídio em massa

"[...] O processo imagético inserido no sistema televisivo cria ambivalências quando comparado com a realidade. Essa mídia, de alto impacto sensorial, é capaz de transformar os processos factuais vigentes em realizações ficcionais. A imagem, então, passa a ser potencializada de 'realidades' com efeitos sublimatórios. [...]

O telespectador que se senta em frente à televisão, tomado pela imanência, sem ao menos questionar o que está sendo visto, comete seu suicídio mental: anestesia-se com a mesma, exime-se da crítica, do imaginário e atribui-se ao entretenimento uma opção de cura dos problemas existenciais. O mesmo deve ter noção de que a televisão é capaz de 'informar', 'entreter', 'divulgar' e 'promover', de acordo com interesses próprios. Todos esses verbos inseridos num mesmo contexto, numa mesma sequência, com cortes de fluxo, com sensações que (des)aceleram.

Ao telespectador resta a dúvida de tudo que vê. Não se entregar nesse sistema como ferramenta de fuga. Caso contrário, a virtualização das realizações mundanas toma a frente das relações humanas. Ao privilegiar a anulação da razão em troca da emoção, da entrega, da amnésia crítica, preconiza-se a máxima de que se acredita muito mais no que a TV exibe do que na realidade intrínseca. A vontade de ser, absorver e compadecer com aquilo que a TV exibe nada mais é que o suicídio de si."

CARTIER, Felipe. Suicídio em massa. In: Observatório da Imprensa. TV em questão. Imagem & Sociedade. 23 mar. 2010. Disponível em: www.observatoriodaimprensa.com.br. Acesso em: 29 mar. 2010.

Como deveria ser a prática da dúvida, conforme sugere o autor do texto, para nos defendermos da tentação do "suicídio"?

Aplicação de conceitos

7. **Cinema**

Janela da alma, de João Jardim e Walter Carvalho. Brasil, 2002, 73 min.

Documentário sobre o olhar, o ver, o conhecimento e a subjetividade, bem como sobre a ilusão de um mundo repleto de imagens técnicas. Dezenove pessoas com diferentes graus de deficiência visual, da miopia discreta à cegueira total, falam como se veem, como veem os outros e como percebem o mundo.

- Analise o filme sob a perspectiva de que o que vemos não depende apenas do órgão da visão, mas da nossa forma de enxergar e interpretar o mundo. A mesma cena pode ser vista e descrita de maneiras diferentes por duas pessoas que se encontram lado a lado?

Pesquisa e debate

8. Faça uma pesquisa com seu grupo de trabalho sobre quantos lugares e pessoas vocês conhecem apenas por meio de fotos, filmes e documentários. Em seguida, realizem um debate, questionando a importância da imagem como fonte de conhecimento. Por fim, elabore um texto a esse respeito.

Leitura visual

9. Observe a imagem e leia a letra da música "As vitrines". De que modo a imagem apresentada e o texto se relacionam? De que forma você se relaciona com essa situação?

ALEXANDRE TOKITAKA/PULSAR IMAGENS

Pessoas olhando vitrine de loja de calçados na Avenida Paulista. São Paulo, 2010.

As vitrines

"Eu te vejo sair por aí
Te avisei que a cidade era um vão
– Dá tua mão
– Olha pra mim
– Não faz assim
– Não vai lá não

Os letreiros a te colorir
Embaraçam a minha visão
Eu te vi suspirar de aflição
E sair da sessão, frouxa de rir

Já te vejo brincando, gostando de ser
Tua sombra a se multiplicar
Nos teus olhos também posso ver
As vitrines te vendo passar

Na galeria, cada clarão
É como um dia depois de outro dia
Abrindo um salão
Passas em exposição
Passas sem ver teu vigia
Catando a poesia
Que entornas no chão"

HOLLANDA, Chico Buarque de. As vitrines. *Almanaque*, 1981.

Questões de vestibular e do Enem

10. (UEM-PR)

"À medida que a técnica e depois a tecnologia invadiram os meios de produção, acabaram provocando também o surgimento de novas formas artísticas nas quais foi ultrapassada a rígida separação entre obras de arte e objetos produzidos com a interferência de máquinas."

PROENÇA, Graça. *História da arte*. São Paulo: Ática, 2007. p. 365.

Considerando esse texto, assinale a(s) alternativa(s) **correta(s).**

a) O desenvolvimento tecnológico teve pouca influência sobre o surgimento das vertentes musicais denominadas concreta e eletrônica, de meados de 1940.

b) O cinema e a fotografia são exemplos expressivos desse relacionamento entre arte e tecnologia.

c) Desde seu surgimento, o cinema tem sofrido poucas transformações tecnológicas.

d) O desenvolvimento tecnológico explorado por compositores, como Pierre Schaeffer e K. Stockhausen, influenciou músicos populares de diversas correntes, como os Beatles e, posteriormente, a música eletrônica *pop*.

e) Na produção artística das artes visuais dos séculos XX e XXI, não encontramos influência da tecnologia.

CAPÍTULO 28

A sociologia e a sociedade midiática

1. Uma sociologia e várias visões

A sociologia contemporânea dedicou-se, entre outros temas, ao estudo da sociedade midiática. Autores marxistas utilizaram especialmente os conceitos de alienação e ideologia para avaliar o impacto dos meios de comunicação de massa na população, na cultura e na formação da opinião pública (figura 1). Interessaram-se também em produzir um conhecimento que não se limitasse às mensagens e às intenções aparentemente veiculadas pela indústria cultural, mas que alcançasse a compreensão da lógica da produção capitalista que se realizava subjacente a ela. Por trás de seu conteúdo voltado ao entretenimento e do objetivo de informar o público, os pesquisadores procuraram apreender os interesses comerciais e as intenções políticas, nem sempre evidentes. As relações entre as empresas de mídia e o poder político também foram objeto de estudo dos sociólogos, que procuraram analisar o grau de comprometimento dessas empresas na divulgação de notícias e na versão dos fatos apresentada ao público. A constituição da imprensa e dos demais meios de comunicação como uma nova forma de poder também tornou-se foco de interesse de pesquisadores.

Aqueles que de maneira mais extremada denunciaram a cumplicidade existente entre os meios de comunicação e o poder instituído foram chamados de apocalípticos pelo escritor e filósofo italiano Umberto Eco, dada a autoridade de suas previsões, segundo as quais estaríamos chegando a uma época de plena dominação das mentes e da subjetividade e à decadência da cultura culta e da democracia. Submetida a uma sociedade de massas cujas informações são controladas pelos governantes, pelas empresas e pela elite econômica, a capacidade de distinguir o falso do verdadeiro seria impossível. Estaríamos condenados a viver do modo descrito no **mito da caverna**, de Platão (figura 2 na página seguinte), enganados por um jogo de imagens e sombras que tomamos como verdadeiras ou reais. Essas imagens produzidas pelos meios de comunicação são convincentes, impactantes e verossímeis, confundindo o público.

Mas, por outro lado, entre os integrados, como os chamou Eco, estão os autores que defendem os meios de comunicação e a indústria cultural, e enxergam a sociedade de massa como sendo aberta às classes subalternas que estiveram sempre excluídas da alta cultura e da arte erudita. São eles também que percebem na cultura massiva a releitura de manifestações populares autênticas, como o circo, o melodrama e o humor. A indústria cultural, desejosa de atingir um amplo público, teria buscado no patrimônio popular conteúdos capazes de interessar a todos.

ANDREA ZABIELLO/SHUTTERSTOCK

Figura 1 • A sociologia contemporânea tomou de Marx o conceito de alienação para analisar a sociedade midiática. Alguns estudiosos observam que os meios de comunicação tendem a diminuir no indivíduo a capacidade de pensar e agir por si próprio. Ilustração representando essa alienação. Estados Unidos, 2008.

Platão discute a condição humana na qual os homens são enganados pelos seus sentidos e pela interpretação que fazem dos reflexos do mundo que lhes chegam.

THE BRIDGEMAN ART LIBRARY/GETTY IMAGES

Figura 2 • *A caverna de Platão*, pintura de autor anônimo da Escola Flamenga, século XVI. O mito da caverna de Platão é uma alegoria utilizada pelos sociólogos que criticam os meios de comunicação e a sociedade midiática.

Mito da caverna

Segundo o mito relatado no Livro VII de *A república*, de Platão, homens se encontravam acorrentados e presos em uma caverna de onde não podiam sair. Na parede do fundo, eles viam sombras projetadas pela luz de uma fogueira que se encontrava do lado de fora da caverna. Essas sombras eram das pessoas que transitavam por ali, carregando estátuas que os prisioneiros equivocadamente consideravam ser criaturas ameaçadoras. Sem poder se virar e caminhar até o lado de fora ou se virar e olhar ao redor, os prisioneiros tomavam por reais essas sombras. Platão afirma que, se um desses prisioneiros pudesse sair e se dar conta da realidade, ao voltar à caverna para avisar os demais não receberia crédito algum.

Esse mito é sempre relembrado em ocasiões nas quais se trata de criticar ou alertar para o sentido ambíguo e equívoco que as imagens podem ter quando as pensamos de forma naturalizada, não como interpretação de um ou muitos autores, mas como a própria realidade.

2. Theodor Adorno, Walter Benjamin e a pesquisa social na Alemanha

Theodor Adorno foi um dos mais contundentes críticos da sociedade midiatizada. A partir do conceito por ele formulado de indústria cultural, afirmava que a produção cultural nessa sociedade havia se tornado um processo industrial que produz bens simbólicos de forma seriada e tecnológica, visando satisfazer a necessidade do público de entretenimento, ilusão e emoção (figura 3). Por outro lado, a indústria cultural satisfaz o desejo de enriquecimento dos grandes empresários e a necessidade de controle e poder da elite dominante.

Adorno afirmava que a integração dos meios de comunicação não possibilita reflexão do público, o qual manifesta uma inocência impotente diante da tecnologia que se torna cada vez mais próxima, cotidiana e doméstica. Com a televisão, o processo de alienação do espectador se torna ainda mais eficiente, pois tudo que lhe é apresentado parece pertencer-lhe quando ele próprio já não se pertence. Para a consciência, a fronteira entre a realidade e a imagem torna-se atenuada.

> "A imagem é tomada como uma parcela da realidade, como um acessório da casa, que se adquiriu junto com o aparelho."
>
> ADORNO, Theodor W. Televisão, consciência e indústria cultural. In: COHN, Gabriel. *Comunicação e indústria cultural*. São Paulo: Nacional, 1977. p. 349.

Nesse fluxo próximo de imagens, o discurso se torna mero acessório, cada vez mais redundante e dispensável. É dessa maneira que os meios de comunicação, liderados pela televisão, tornam-se modelos de comportamento e acabam criando realidades. Aquilo que propõem como realidade acaba por existir do outro lado da tela, na medida em que seu poder de manipulação atua sobre o público. Para isso, valem-se da repetição e da estereotipia criadas de acordo com a maneira de pensar o mundo dos patrocinadores. Os interesses do capital engendram a realidade criada com os meios de comunicação.

Por outro lado, o discurso dos meios de comunicação dirigido à massa tende a criar um falso espírito de coletividade e de solidariedade, ajudado pelo desencanto da vida real do público (figura 4 na página seguinte). Alimentando utopias por intermédio de um coletivismo fetichizado, os meios de comunicação, com seu fluxo de imagens, levam o espectador a desfrutar um falso conto de fadas.

Os meios de comunicação, liderados pela televisão, tornam-se modelos de comportamento e acabam criando realidades.

Entre os autores da Escola de Frankfurt, Walter Benjamin era o que fazia uma crítica menos radical. Reconhecia que o desenvolvimento tecnológico havia permitido uma grande reprodução de imagens e que estas vinham democratizando as informações sobre o mundo e o usufruto da produção simbólica. Para ele, a produção artística dependeria, cada vez mais, de dispositivos técnicos. Sobre a fotografia, Benjamin afirmou:

> "Com ela [a fotografia], pela primeira vez, no que concerne à reprodução das imagens, a mão foi isentada das tarefas artísticas essenciais, as quais, daí por diante, foram atribuídas ao olho fixado sobre a objetiva."
>
> BENJAMIN, Walter. A obra de arte no tempo de suas técnicas de reprodução. In: VELHO, Gilberto. *Sociologia da arte IV*. Rio de Janeiro: Zahar, 1969. p. 17.

EVERETT COLLECTION/LATINSTOCK

Figura 3 • Cena do filme *Vida de cachorro*, dirigido por Charles Chaplin, Estados Unidos, 1918. O cinema, mesmo tendo perdido parte de seu *glamour* para a televisão e o vídeo, continua influenciando pessoas. Charles Chaplin ainda é imitado, inspirando as novas gerações.

Figura 4 • Passageiros no metrô de São Paulo, 2010. Os meios de comunicação podem criar um falso sentimento de coletividade.

JACEK/KINO

Walter Benjamin também alertava para as transformações que a indústria cultural havia trazido para a arte erudita, com o fim da "aura" da obra-prima, aquela que não pode nunca ser reproduzida. Segundo o autor,

> "[...] as técnicas de reprodução desprendem o objeto reproduzido do domínio da tradição. Multiplicando os exemplares, elas substituem um acontecimento que só se reproduziu uma vez por um fenômeno de massa. Permitindo ao objeto reproduzido oferecer-se à visão, ou à audição em qualquer circunstância, elas lhe conferem uma atualidade."
>
> BENJAMIN, Walter. A obra de arte no tempo de suas técnicas de reprodução. In: VELHO, Gilberto. *Sociologia da arte IV*. Rio de Janeiro: Zahar, 1969. p. 20.

O autor alertava também para as transformações que a indústria cultural havia introduzido na produção simbólica: uma maior separação entre o ator e o público e o aumento do grau de especialização dos profissionais envolvidos. Assim, ele diferencia o trabalho do pintor, que produz toda a obra, do de um *cameraman*.

> "[A] atividade [de um *cameraman*] se reparte num grande número de fragmentos, que obedecem cada um às suas próprias leis."
>
> BENJAMIN, Walter. Obra citada. p. 36.

Benjamin afirmava ainda que o desenvolvimento da indústria de bens simbólicos penetra de tal maneira no imaginário e no inconsciente coletivo que suas imagens parecem muito mais reais do que o mundo que elas procuram representar.

> "A realidade despojada daquilo que o aparelho acrescenta a ela se tornou aqui a mais artificial de todas, e, no país da técnica, a percepção imediata da realidade como tal é de agora em diante algo inatingível."
>
> BENJAMIN, Walter. Obra citada. p. 35.

3. Estudos culturais na Europa e na América Latina

Como outros autores marxistas, os pesquisadores da Escola de Frankfurt estavam especialmente preocupados com os conceitos de alienação e ideologia e julgavam que os meios de comunicação de massa, por seu caráter nitidamente mercadológico, transmitiam conteúdos identificados com os valores capitalistas. Por outro lado, a forma como esses meios se organizavam em programas e se misturavam à vida privada e cotidiana levavam à passividade e ao conformismo.

Os frankfurtianos foram sensíveis às íntimas relações que se estabeleciam entre as mensagens produzidas e transmitidas pelos meios de comunicação e a ideologia do Estado. Duas experiências foram fundamentais para a elaboração desse pensamento. Em primeiro lugar, durante sua permanência na Alemanha, quando o nazismo estava em ascensão, os frankfurtianos foram espectadores de um regime cuja propaganda se apoiava nitidamente no desenvolvimento dos meios de comunicação, especialmente do rádio. Em seguida, durante seu exílio nos Estados Unidos, presenciaram o crescimento da indústria cultural norte-americana. As análises dos frankfurtianos foram consideradas pessimistas e pouco levavam em consideração a capacidade de crítica da população e de resistência da cultura popular.

Os pesquisadores da Escola de Frankfurt julgavam que os meios de comunicação de massa, por seu caráter mercadológico, transmitiam conteúdos identificados com os valores capitalistas.

Em uma posição diferente, buscando estudar a forma como os meios de comunicação agiam na cultura e suas relações com a cultura popular, desenvolveram-se os **estudos culturais**. Os estudos culturais também relacionam poder político, estrutura econômica e conteúdo simbólico, mas procuram valorizar a cultura popular, considerando-a não como uma produção de menor qualidade em relação à cultura erudita, mas como uma produção que se opõe às manifestações da chamada alta cultura. Nesse sentido, o popular, além de fundamentalmente diferente da cultura burguesa, seria emancipatório. Os meios de comunicação de massa teriam papel importante na divulgação da cultura de origem popular (figura 5).

Estudos culturais. Surgiram nos anos 1960, três décadas depois da Escola de Frankfurt, no Birmingham Centre for Contemporary Cultural Studies, na Inglaterra. Entre seus principais autores estão Raymond Williams, Richard Hoggart e Edward P. Thompson. Para eles, a cultura é um espaço de contraposição, luta e tensão, e não de pura dominação.

Para os pesquisadores ingleses, o caráter popular dos meios de comunicação seria dotado de um sentido de resistência e contestação que teria escapado aos estudiosos de Frankfurt. Os pesquisadores alinhados com os estudos culturais preocupam-se com a ação política dos diferentes grupos sociais e o papel que nela desempenham a cultura e a produção simbólica.

Figura 5 • Para alguns estudiosos, os meios de comunicação divulgam manifestações populares, como a dos bonecos gigantes no carnaval de Olinda. Pernambuco, 2009.

ALEXANDRO AULER/JC IMAGEM/AGÊNCIA ESTADO

Os meios de comunicação de massa teriam papel importante na divulgação da cultura de origem popular.

Circularidade. Cultura popular, cultura erudita e cultura de massa, três tipos de produção cultural, não se dão de forma isolada – integram-se no tempo e no espaço, havendo troca de influências e padrões estéticos. Buscando entender a dinâmica entre elas, diversos autores, entre eles Jésus Martín-Barbero, propõem o conceito de circularidade para explicar a obra de autores que buscam na cultura popular sua inspiração ou que combinam diferentes critérios de linguagem em suas criações.

As teorias desenvolvidas sob as propostas dos estudos culturais são eminentemente interdisciplinares, havendo interesse não só na análise das estruturas sociais como também da percepção e da subjetividade, para a qual a psicologia social tem colaborado. Também as teorias do pós-modernismo têm sido constantemente utilizadas a fim de mostrar as peculiaridades da cultura na atualidade, bem como a importância de conceitos como o de identidade.

Os princípios dessa abordagem se espalharam pela Europa e pelos Estados Unidos, tendo grande repercussão também na América Latina, onde se destacaram Jesús Martín-Barbero e Néstor García Canclini. São dois defensores da cultura popular e das suas relações com a cultura de massa, que chamam a atenção para o preconceito existente na divisão clássica entre alta e baixa cultura (figura 6), como códigos universais de valor estético ou cognitivo. Preferem propor a existência de um espaço de oposição e luta entre cultura de elite e cultura popular, sendo papel da indústria cultural estabelecer a circularidade entre elas.

4. Octávio Ianni e o príncipe eletrônico

Octávio Ianni, um dos principais sociólogos brasileiros, foi sensível às transformações da vida social no mundo globalizado, especialmente no que diz respeito ao exercício do poder. Para ele, o capitalismo transformou-se em processo civilizatório e de produção mundial com relações e estruturas peculiares que dizem respeito à história contemporânea. São grupos e classes emergentes e novas estruturas de poder que se opõem em escala mundial, com novos jogos de força e diferentes formas de sociabilidade. Entre essas novas forças estão as tecnologias eletrônicas por onde fluem as relações globalizadas, obedecendo a novas hierarquias e exercícios de poder.

> "Esse é o novo e imenso palco da história, no qual se alteram mais ou menos radicalmente os quadros sociais e mentais de referência de uns e outros, em todo mundo. [...] Esse é o novo, imenso, complexo e difícil palco da política como teoria e prática."
>
> IANNI, Octávio. *Enigmas da modernidade-mundo*. Rio de Janeiro: Civilização Brasileira, 2000. p. 144.

Para estudar essas diferenças e explicá-las, Ianni lança mão de uma figura secular no campo da ciência política – o príncipe, a primeira personificação do poder político moderno, aquele em quem uma população reconhece o chefe, que atua de maneira racional e planejada, e não inspirado nas tradições. Maquiavel, quando concebe o "príncipe", primeiro modelo da política moderna, apresenta-o como pessoa e líder, capaz de articular a inteligência com as condições históricas.

Ianni se apoia na releitura que Antonio Gramsci fez da obra de Maquiavel, séculos depois de sua publicação. Gramsci reviu a noção de príncipe e apresentou esse líder de um ponto de vista coletivo e organizacional. Para ele, na sociedade moderna, o príncipe só pode se materializar na forma de um partido político, capaz de instituir uma prática apta a interpretar as inquietações e as reivindicações de diferentes classes, setores e instituições sociais.

GIRAUDON/THE BRIDGEMAN ART LIBRARY/GRUPO KEYSTONE - MUSÉE CANTINI, MARSELHA

Figura 6 • *Cólera do violino*, de Armand Fernandez, 1974.

Antonio Gramsci (1891–1937)

Filósofo e cientista político, foi um dos fundadores do Partido Comunista Italiano. Passou muitos anos preso por ter combatido o fascismo. Foi uma das referências mais importantes do pensamento de esquerda, e seu conceito de hegemonia é hoje amplamente usado nos debates sobre cultura e ideologia.

Ianni se propõe então a redefinir o príncipe como líder coletivo capaz de agir de forma inteligente, planejada e de acordo com a complexidade do momento histórico que se apresenta. Ele introduz o príncipe eletrônico, que não é uma pessoa nem um partido político, mas uma entidade nebulosa e ativa, presente e invisível que atua por meio das estruturas de poder existentes em âmbito mundial, entre as quais as diversas mídias que ele chama de **indústria da manipulação**.

Indústria da manipulação. Ao usar esse termo, Ianni se refere à indústria cultural e às novas tecnologias de comunicação, como a televisão e a internet, que exercem poder sobre a opinião pública e o comportamento coletivo.

> "A indústria da manipulação das consciências é uma criação dos últimos cem anos. Seu desenvolvimento tem sido tão rápido e tão diversificado que sua existência permanece ainda hoje incompreendida e quase incompreensível. [...]"
>
> IANNI, Octávio. *Enigmas da modernidade-mundo*. Rio de Janeiro: Civilização Brasileira, 2000. p. 149.

Para Ianni, o mundo da política está sendo invadido por novas relações e interesses – transformando-se em um local público eletrônico constituído por telefone, telégrafo, rádio, cinema, televisão, computador, fax, correio eletrônico, internet, ciberespaço e outras combinações. É nesse universo que reina soberano o príncipe eletrônico (figuras 7 e 8).

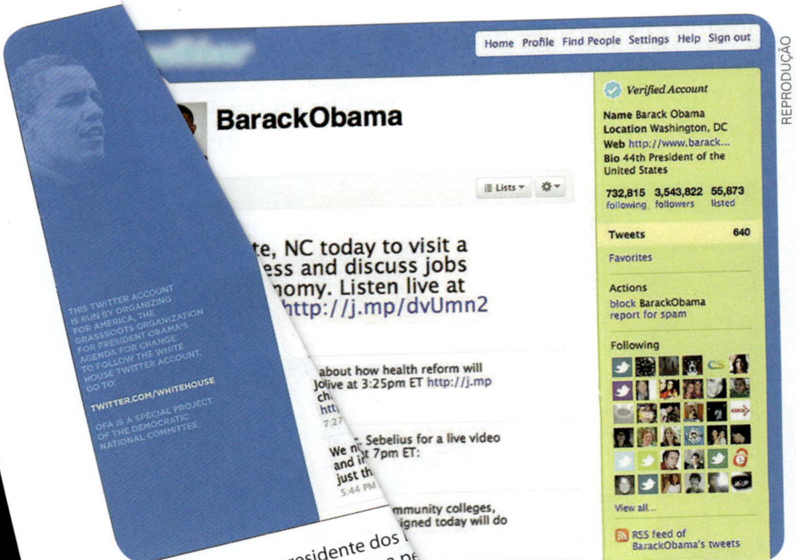

REPRODUÇÃO

CHIP SOMODEVILLA/GETTY IMAGES/AFP PHOTO

Figuras 7 e 8 • O presidente dos [...]ma, eleito em 2008, foi considerado por muitos como a pe[...]trônico. Não só apoiou sua campanha nas mídias tradicion[...]nsação ao usar a internet de forma agressiva, como a[...]e relacionamento, com mais de 3,5 milhões de seguido[...]e nunca usou o *site* pessoalmente. Tudo vinha da sua eq[...]a da manipulação. À esquerda, página virtual de Barack O[...]bama durante debate presidencial, Estados Unidos, 2[...]

5. Pierre Bourdieu e o conceito de capital simbólico

Pierre Bourdieu, um dos maiores sociólogos franceses da atualidade, analisou a sociedade a partir das estruturas que a organizam e a reproduzem, cuja dinâmica está além da vontade e das subjetividades individuais. A partir da estrutura social, elaboraram-se instituições e modelos de conduta, assim como fluxos e circulação de mensagens e bens. Os agentes, nesse universo estruturado, estão dispostos na hierarquia social em relações recíprocas.

Bourdieu concebeu a sociedade de forma pluridimensional, e essa é sua grande contribuição à sociologia. Com a noção de *campo* – instância da sociedade organizada para uma finalidade especial que pode ser política, econômica ou artística, com suas instituições, regras e relações –, substituiu a visão monolítica da sociedade por outra mais complexa e diferenciada. Como um espaço social, o campo representa uma topografia que localiza as pessoas na estrutura social.

Na estrutura da sociedade, as classes sociais se opõem. Por esse motivo, as relações sociais entre as classes são marcadas pelo conflito e pela oposição. Os conflitos que marcam as relações sociais, contudo, não se manifestam apenas no plano econômico e político. A violência e o domínio presentes nas relações entre as classes sociais também são reproduzidos nas trocas simbólicas, manifestando o vínculo existente entre o poder simbólico e os poderes políticos e econômicos.

Desse modo, Bourdieu conseguiu analisar a vida social de[...] ponto de vista exterior aos agentes – as estruturas – e de um[...]to de vista interno e subjetivo – os *habitus*, que significam a mar[...] como, por meio de diversas instituições sociais, como a famíli[...] escola, a estrutura é internalizada e se expressa em ideias, va[...] e comportamentos. Portanto, Bourdieu não isolou as relaçõe[...]odução material das relações e instituições de produção simból[...]cebendo correspondências entre umas e outras, ambas tendo p[...]dade básica a reprodução da vida social e de suas estruturas[...]).

MITARART/SHUTTERSTOCK

Figura 9 • Mulheres fazendo compras. Brasil, 2008. Sinais exteriores de riqueza pressupõem diferenças de capital simbólico, bem como de origem e de posição social. Essa associação de ideias estimula o consumismo.

Nessa mesma linha, Bourdieu mencionou o capital simbólico formado pelo conjunto de conhecimentos, desenvolvimento intelectual e bens culturais a que um sujeito tem acesso a partir da posição que ocupa na sociedade. Esse capital define também as classes sociais como dominantes ou dominadas.

Em seus últimos trabalhos, Bourdieu dedicou-se ao estudo dos meios de comunicação de massa que, segundo ele, estão comprometidos com a classe dominante e têm por função a reprodução da estrutura desigual de classes. Numa sociedade midiatizada, a posse e o acesso aos meios de comunicação reforçam o poder do emissor e multiplicam seu capital simbólico.

A ideia de que a linguagem, a comunicação e as artes não são meras formas de representação da realidade, mas são também a prática ou o exercício do poder foi especialmente importante para o estudo da comunicação.

6. Guy Debord e a sociedade do espetáculo

Uma das mais contundentes críticas à sociedade midiatizada foi elaborada pelo sociólogo e filósofo francês Guy Debord, que escreveu *A sociedade do espetáculo*. Da mesma forma como Bourdieu, o autor tratou o mundo simbólico como uma instância na qual se manifestam diferenças e desigualdades sociais e oposições próprias das relações de produção (figura 10).

A sociedade do espetáculo resulta do desenvolvimento dos meios de comunicação.

A sociedade do espetáculo resulta do desenvolvimento dos meios de comunicação, mais especificamente da multiplicação das imagens que passaram a midiatizar as relações entre as pessoas.

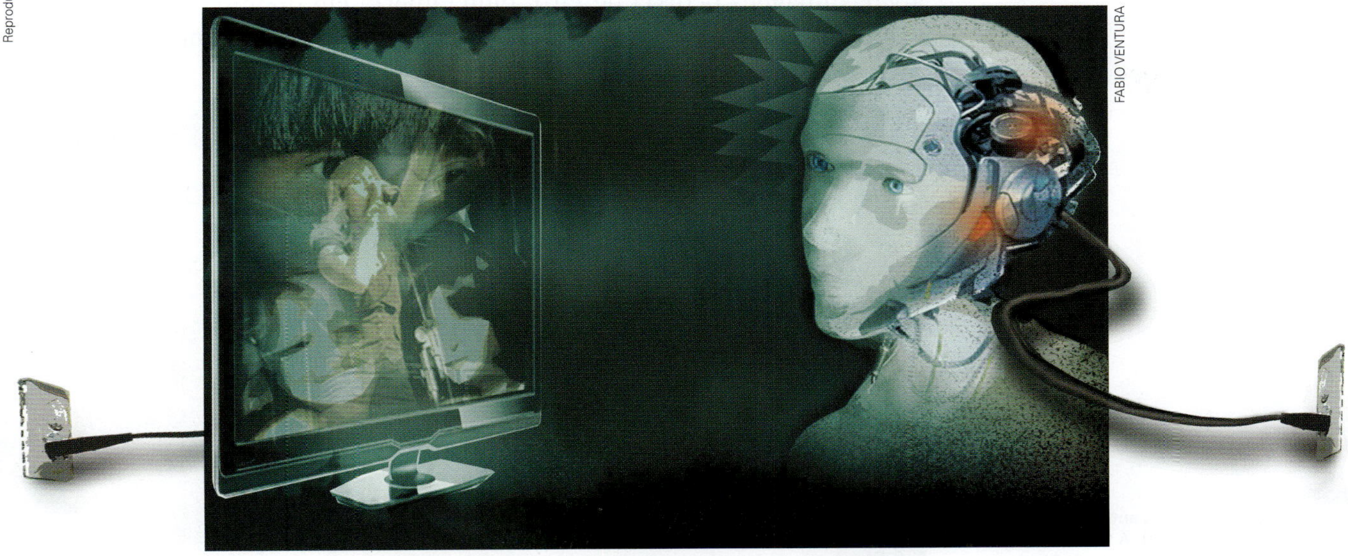
FABIO VENTURA

Figura 10 • Os meios de comunicação recriam a realidade e o público a quem se destina o espetáculo midiático. Ilustração de figura cibernética diante de tela de computador. São Paulo, 2009.

> "O espetáculo é o reflexo fiel da produção das coisas, e a objetivação infiel dos produtores, resultado da transformação do ser em ter."
>
> DEBORD, Guy. *A sociedade do espetáculo*. Lisboa: Afrodite, 1972. p. 17.

O espetáculo das imagens impede que o espectador tenha consciência do que elas mostram.

O espetáculo das imagens impede que o espectador tenha consciência do que elas mostram, assim como a tecnologia e a divisão do trabalho impossibilitam que os produtores tenham ciência daquilo que produzem e de como produzem. Dessa forma, o espetáculo aliena como antes fazia a religião nas sociedades modernas. Assim, o espetáculo se transforma em novo ritual religioso que se situa no tempo livre do homem, tempo esse que não liberta, mas escraviza.

Debord afirma:

> "O espetáculo é o capital a um tal grau de acumulação que se torna imagem. [...]
>
> É o princípio do fetichismo da mercadoria, a dominação da sociedade por coisas 'suprassensíveis embora sensíveis', que se realiza absolutamente no espetáculo, onde o mundo sensível se encontra substituído por uma seleção de imagens que existem acima dele, e que ao mesmo tempo se faz reconhecer como o sensível por excelência."
>
> DEBORD, Guy. Obra citada. p. 28; 31.

O exemplo mais contundente do que o autor chama de espetáculo é a transmissão pela televisão do massacre promovido, em 1990-1991, pelas forças de coalizão lideradas pelos Estados Unidos contra o Iraque, após este ter invadido o Kuwait (figura 11). A tecnologia e a linguagem televisiva fizeram o espectador ter a sensação de assistir a uma ficção, quando, na verdade, testemunhava ao vivo um dos maiores massacres sofridos por um país do Oriente Médio. O que parecia ser apenas imagens ocorria de fato, numa guerra em que predominou o uso da tecnologia para se alcançar objetivos políticos e econômicos.

GERARD FOUET/AFP/GETTY IMAGES

Figura 11 • Bateria antiaérea iraquiana, Bagdá. Iraque, 1991. A transmissão pela televisão dos bombardeios de Bagdá, em 1990-1991, seguiu os passos típicos de um *show*. Drama, tragédia, notícias e até um certo humor, além do impacto visual. A realidade foi transformada em espetáculo, aliviando a consciência de quem assistia, pois não conseguia "ver" a realidade.

7. Roger Silverstone: por que estudar a sociedade midiática?

O advento e a afirmação da sociedade midiatizada com a produção crescente de mensagens, com a substituição do texto escrito pelas imagens como fonte de informação, com o enriquecimento e crescente poder dos grandes conglomerados jornalísticos, levaram os sociólogos ao estudo das novas relações sociais que se produziam no mundo.

O advento e a afirmação da sociedade midiatizada com a produção crescente de mensagens levaram os sociólogos ao estudo das novas relações sociais que se produziam no mundo.

Muitos desses autores desenvolveram estudos críticos, alertando para a emergência de novas formas de poder e enriquecimento, especialmente os autores marxistas, que se basearam no estudo da alienação, do fetiche da mercadoria e da acumulação de capital simbólico. Essas teorias, que se desenvolveram principalmente na segunda metade do século XX, apontavam transformações radicais na percepção e conhecimento humanos com o pleno uso dos meios de comunicação.

Mas outras gerações de sociólogos e filósofos procuraram entender que um novo mundo se constituía na passagem para o século XXI e que dele faziam parte tecnologias, mídias e imagens, não sendo possível entender a vida humana sem compreender como ela integra um universo simbólico expandido. Especialmente autores que analisam o que chamam de uma sociedade pós-moderna tiveram que se dedicar ao estudo dos múltiplos espelhos sobre os quais se debruçam os narcisos da atualidade. Um deles foi o professor britânico Roger Silverstone, que assim justificou seu interesse pelo estudo dos meios de comunicação de massa:

> "Quero mostrar que é por ser tão fundamental para nossa vida cotidiana que devemos estudar a mídia. Estudá-la como dimensão social e cultural, mas também política e econômica, do mundo moderno. Estudar sua onipresença e complexidade. Estudá-la como algo que contribui para nossa variável capacidade de compreender o mundo, de produzir e partilhar seus significados."
>
> SILVERSTONE, Roger. *Por que estudar a mídia?* São Paulo: Loyola, 2002. p. 13.

Os ataques terroristas de 11 de setembro de 2001 mostraram que era preciso estudar profundamente como são e como funcionam, na sociedade contemporânea, os meios de comunicação. Naquele dia, dois aviões atingiram as torres gêmeas do World Trade Center, centro financeiro de Nova York, provocando sua destruição. Um terceiro avião atingiu o Pentágono, sede da inteligência militar norte-americana, e um quarto avião caiu no estado da Pensilvânia, cujo provável objetivo era a Casa Branca ou o Capitólio, a sede do Poder Legislativo dos Estados Unidos. Os ataques foram promovidos pela organização radical islâmica Al-Qaeda, dirigida por Osama Bin Laden. O que mais surpreendeu o mundo, no entanto, foi testemunhar esses fatos pelos meios de comunicação, em tempo real e em rede mundial (figura 12). Os meios de comunicação foram usados como arma num ataque terrorista contra o país no qual eles mais se desenvolveram e se impuseram. Esses dados colocam em outro patamar questões importantes que foram levantadas, desde tempos remotos, pelos mitos gregos sobre a procedência e a lógica das imagens. É dessa complexidade que a sociologia contemporânea procura se aproximar e desvendar as entranhas, em profundo mergulho no lago onde cada vez mais se mira Narciso.

SPENCER PLATT/GETTY IMAGES

Figura 12 • As explosões dos aviões que destruíram as torres gêmeas do World Trade Center em Nova York, em 11 de setembro de 2001, atingiram a sua máxima eficiência, conforme cálculo dos seus perpetradores, graças à televisão e aos demais meios de comunicação, atingindo não só as torres, mas também todo o planeta, em tempo real. Cena mostrando momentos após o ataque. Estados Unidos, 2001.

Atividades

Compreensão do texto

1. Qual é o significado do mito da caverna? Em qual obra encontramos esse mito?
2. O que significa indústria cultural? Qual é sua característica?
3. Descreva de forma sucinta as principais críticas feitas pelos frankfurtianos à cultura difundida pela indústria cultural de massa.
4. Qual é a crítica que os pesquisadores ingleses dos estudos culturais fizeram às teorias da Escola de Frankfurt?
5. Qual é o objeto dos estudos culturais?
6. Qual é o significado do conceito de indústria da manipulação que Octávio Ianni apresentou no item "Octávio Ianni e o príncipe eletrônico"?
7. O que Pierre Bourdieu define como capital simbólico?

Interpretação e problematização

8. Leia o trecho abaixo de um debate realizado por Theodor Adorno sobre a televisão e, em seguida, responda à questão.

> "[...] Além disto, gostaria de acrescentar que não sou contra a televisão em si, tal como repetidamente querem fazer crer. Caso contrário, certamente eu próprio não teria participado de programas televisivos. Entretanto, suspeito muito do uso que se faz em grande escala da televisão, na medida em que creio que em grande parte das formas em que se apresenta, ela seguramente contribui para divulgar ideologias e dirigir de maneira equivocada a consciência dos espectadores. Eu seria a última pessoa a duvidar do enorme potencial da televisão justamente no referente à educação, no sentido da divulgação de informações de esclarecimento. A meu ver, o ponto de partida para uma discussão como esta estaria em situar-se de modo equidistante, tanto, por um lado, do pensamento daqueles que consideram apropriado não deixar entrar em suas casas algo assim, quanto, por outro, daqueles que dizem: 'sou uma pessoa moderna, e por isso mesmo, superficial', e que nesta medida cultivam a televisão por considerá--la moderna. Pois, para começar, o que é moderno na televisão certamente é a técnica de transmissão, mas se o conteúdo da transmissão é ou não é moderno, se corresponde ou não a uma consciência evoluída, esta é justamente a questão que demanda uma elaboração crítica."
>
> ADORNO, Theodor. W. *Educação e emancipação*. 3. ed. Rio de Janeiro: Paz e Terra, 2003. p. 77.

a) Qual crítica o autor faz ao uso da televisão?

b) Como Adorno avalia a atitude de quem diz "sou uma pessoa moderna, e por isso mesmo, superficial"?

c) Qual é a postura que ele sugere que tenhamos diante da televisão?

d) Avalie a pertinência dos argumentos do autor e se eles são válidos para os dias de hoje.

Aplicação de conceitos

9. **Cinema**

Cantoras do rádio, Gil Baroni e Marcos Avellar. Brasil, 2008, 85 min.

O filme mostra a idade de ouro do rádio no Brasil e permite entender o impacto da cultura de massa na sociedade.

- Analise o filme buscando levantar como o rádio influenciava e entretinha as pessoas na época de seu auge e como continua agindo no presente.

Pesquisa e debate

10. Faça uma pesquisa com o seu grupo de trabalho levantando, quantitativa e qualitativamente, a audiência de cada mídia (cada grupo pode estudar uma delas, como a TV, o cinema, o rádio, os jornais, as revistas, os *blogs* etc.) e quais são os seus públicos. Depois, conversem sobre os resultados da pesquisa.

Leitura visual

11. Interprete a imagem com base no que você estudou até aqui.

Latas de sopa Campbell, obra de Andy Warhol, 1962.

Questões de vestibular e do Enem

12. **(UEM-PR)** Considerando o tema indústria cultural e cultura de massas, assinale o que for **correto**.

a) A criação da imprensa, em meados do século XV, pode ser considerada um estágio inicial daquilo que posteriormente se denominou comunicação de massa, por proporcionar a produção editorial em larga escala.

b) No Brasil, o rádio foi utilizado na década de 1930 pelo governo Vargas, como um meio de divulgação política e educação moral e cívica.

c) Max Horkheimer e Theodor Adorno foram dois teóricos da chamada Escola de Frankfurt e definiram o conceito de indústria cultural.

d) A repetição e a seriação são algumas das características mais marcantes da produção audiovisual contemporânea.

e) Por serem objetos de consumo padronizados e estandartizados, os produtos da cultura midiática não se mostram capazes de afetar emocionalmente seus espectadores.

Leitura complementar

▶Capítulo 26

Cinco tiros abrem novos negócios

"John Lennon, compositor, cantor, músico, o 'pai' dos Beatles, foi assassinado à uma hora da manhã (hora de Brasília) [8 de dezembro de 1980], por um vagabundo, Mark David Chapman, que disparou nele seis tiros de um revólver 38, acertando cinco. O crime aconteceu no saguão de um dos prédios mais famosos de Nova York, a oeste do Central Park, o Dakota [...]. Lennon estava acompanhado da mulher, Yoko Ono, e dois cavalheiros, ainda não identificados. Chapman esperou por ele horas no saguão, sem ser incomodado pelos agentes de segurança do prédio [...]. Lennon tinha 40 anos. Chapman, de Atlanta, Geórgia, conterrâneo de Jimmy Carter, tem 25.

A polícia, chamada ao local, apreendeu facilmente Chapman, que largou o revólver depois de esvaziá-lo, sorrindo, certo (e está certíssimo) que do anonimato se tornará, como Lennon, uma celebridade. Esse é o motivo aparente do crime. O canibalismo de celebridades que é rotina neste país (e no Brasil e em todo o mundo ocidental), graças a um sistema de comunicações que evita assuntos sérios, mas que fornece um 'circo' permanente, obsessivo, avassalador, sobre a vida dos bem-sucedidos e ricos [...]. É tolice atribuir o crime à violência de Nova York [...]. Em Nova York não é possível comprar armas de fogo sem extensa e prévia investigação policial (estou falando do mercado legal, naturalmente) [...].

A polícia de Nova York é treinada em paramedicina. Tentou ressuscitar Lennon, aplicando-lhe técnicas recomendadas, de sucesso. Uma ambulância recolheu Lennon, que ainda falou aos médicos, dizendo quem era ('Meu nome é John Lennon') mas foi pronunciado 'DOA', morto ao chegar, no Hospital Roosevelt, a treze quarteirões do Dakota. A causa: hemorragias incontroláveis.

A nova celebridade, Chapman, está presa. Não precisa declarar nada. Pode exigir a presença de um advogado. Se não tiver dinheiro para pagá-lo, o Estado paga. É a lei. Se for chamado de assassino pela imprensa, um juiz poderá anular o julgamento, considerando-o preconceituoso contra o réu, presumindo-o culpado antes que um júri o condene ou absolva. É também a lei. Mas o provável é que se determine que Chapman é um psicopata, ou seja, passará o resto da vida num manicômio judiciário, vendendo direitos de lhe filmarem a vida, 'escrevendo' memórias, vendendo entrevistas etc. [...]

O canibalismo continua depois da morte. Fãs histéricos cercaram o Dakota, cantando músicas dos Beatles. [...] A aventureira japonesa Yoko Ono, herdeira da fortuna dos 150 milhões de dólares de Lennon, também está representando 'Madame Butterfly', vítima trágica do destino, que lhe roubou o homem amado. Também há bons negócios à vista para a viúva. Todo mundo está faturando, de estações de rádio à TV, que tocam incessantemente as músicas dos Beatles e continuam o canibalismo do cadáver. É a sociedade de consumo, em seu aspecto mais grotesco."

FRANCIS, Paulo. 20 textos que fizeram história. *Folha de S.Paulo*, 1991. p. 96-97.

Compreender o texto

1. Em sua manifestação original, o canibalismo é um rito de apropriação do poder e da experiência de vida alheias e, consequentemente, distinção do canibal pelo acúmulo de força e sabedoria. Como o canibalismo simbólico pode ser justificado?
2. De que forma a indústria e a mídia também participam do que o jornalista chama de *canibalismo*?

Sugestões

PARA LER

- **Admirável mundo novo**, de Aldous Huxley. São Paulo: Globo, 2001.

  Publicado em 1932, trata da história de uma sociedade futura, estruturada em castas, na qual os indivíduos seriam psico e biologicamente condicionados a agir conforme as normas sociais e as leis. Sem valores éticos ou morais, essa sociedade não conhecia a organização em família. As crianças nasciam em laboratório e recebiam orientação sexual a partir dos 3 anos. Os indivíduos com alguma dúvida ou insegurança eram alienados com uma droga sem efeitos colaterais chamada soma.

- **A sociedade do espetáculo**, de Guy Debord. Rio de Janeiro: Contraponto, 1997.

  Escrito em 1967 e publicado no ano seguinte em Paris, é composto por pequenos fragmentos que chamam atenção pela acuidade com que o autor critica a sociedade do espetáculo, completamente midiatizada e mediada por coisas, não mais por pessoas.

PARA ASSISTIR

REPRODUÇÃO

- **Cidadão Kane**, de Orson Welles. Estados Unidos, 1941, 119 min.

  Considerado por muitos críticos o filme mais importante da história do cinema, foi o primeiro longa-metragem do jovem Welles, após fazer sucesso com peças de teatro e programas de rádio. Os recursos usados para filmar e o tema do filme – a manipulação das massas por meio do jornal – tornaram a obra notória.

- **O show de Truman**, de Peter Weir. Estados Unidos, 1998, 103 min.

  Truman Burbank é um pacato vendedor de seguros da cidade Seaheaven. Sem saber, ele é protagonista de um *reality show* desde o nascimento. Sua vida perfeita, no entanto, entra em crise quando ele desconfia que sempre esteve sendo vigiado.

PARA NAVEGAR

- **Ombudsman Folha**

  (www1.folha.uol.com.br/folha/ombudsman)

  Nesse *site*, estão as críticas feitas pelo *ombudsman* ("representante", em sueco) do jornal *Folha de S.Paulo* às decisões editoriais sobre como e quando noticiar, e as comparações com as coberturas de outros jornais.

UNIDADE

IX Tecnologia e sociedade

CAPÍTULOS

OBJETIVOS

- **Compreender a relação entre tecnologia, cultura e desenvolvimento social.**
- **Relacionar o desenvolvimento tecnológico com as transformações sociais.**
- **Relacionar as transformações introduzidas pelas mídias digitais com as transformações políticas e produtivas dos últimos trinta anos.**
- **Analisar a amplitude das mudanças provocadas pelas mídias digitais nas relações de comunicação e interação.**

TRANSTOCK/CORBIS/LATINSTOCK

1

2

H. ARMSTRONG ROBERTS/CORBIS/LATINSTOCK

BETTMANN/CORBIS/LATINSTOCK

1. Aeronave F-16CJ Fighting Falcon, Estados Unidos, 2003. 2. Uso do telefone nos anos 1920, Estados Unidos. 3. A primeira estação de rádio de Atlantic City, Estados Unidos, no topo do edifício do hotel Ritz Carlton, 1922. A abertura da estação foi um importante marco na comunicação. 4. O avião de Louis Lejeune, c. 1900-1910. 5. Avião experimental do século XIX. 6. Celular sendo utilizado para fotografar, 2009.

FABIO MATSUURA

BETTMANN/CORBIS/LATINSTOCK

CORBIS/LATINSTOCK

A invenção e o homem

"Uma invenção é algo que foi realizado por esforço humano e que não existia, em contraste com a descoberta, que existia mas não era até então conhecida. Invenções raramente aparecem de repente. Elas geralmente resultam da junção de tecnologias existentes de um modo novo e único. Isso pode acontecer em resposta a alguma necessidade humana específica, ou como resultado do desejo do inventor de fazer algo mais rapidamente ou de maneira mais eficiente, ou até por acidente. Uma invenção pode ser o resultado do trabalho de um indivíduo, mas pode também vir do trabalho de uma equipe. Invenções podem também aparecer ao mesmo tempo em diferentes partes do mundo."

BENDER, Lionel. *Invenção*. Londres: Dorling Kindersley, 1991. p. 6.

Para debater

- **Analise a abertura desta unidade e procure determinar o significado do conjunto de imagens, todas se referindo a determinadas tecnologias. O que essas imagens nos dizem?**

CAPÍTULO 29

Do *Homo faber* ao homem como força motriz

1. Paus, pedras, ossos e sacolas

Entre 3 milhões e 1 milhão de anos atrás, nossos antepassados passaram da fabricação de um conjunto rústico de instrumentos de lascas de pedra, osso e madeira às mais sofisticadas peças do período olduvaiense (1 milhão de anos atrás). Nesse mesmo espaço de tempo, o cérebro dos hominídeos quase dobrou de tamanho e, por mais que julguemos importante a fabricação de utensílios para o desenvolvimento mental da humanidade, sabemos que também outros fatores alavancaram o aperfeiçoamento de nossa inteligência.

O aprimoramento da caça, da linguagem e de nossa complexa sociedade foi estímulo concomitante. Segundo diversos antropólogos, graças a ele fomos capazes de organizar uma relação diferenciada com nossos pares, que incluía não só a capacidade de caçar e sobreviver, mas também a de colaborar e repartir. Assim, nossos antepassados teriam usado a capacidade inventiva para criar laços de afeição e hostilidade, a partir dos quais se estabeleceram formas de trabalho cooperativo para o qual foram inventados diferentes instrumentos ou artefatos (figura 1). Garantindo a reprodução dessas inovações, sedimentava-se a linguagem.

Isso mostra a importância, para o desenvolvimento da humanidade, das novas relações que se estabeleceram entre os hominídeos e revela um caráter peculiar do uso de instrumentos e artefatos. Há sinais de que, entre todos os utensílios inventados nesses 2 milhões de anos, figuravam, além das armas de pedra que resistiram ao tempo, as sacolas como artefatos fundamentais. Nelas, caçadores e coletores, praticando o consumo adiado (para ser consumido mais tarde), acomodavam o produto da colheita e da caça para dividi-lo com os demais membros do acampamento. Segundo o antropólogo americano Marshall Sahlins, professor emérito da Universidade de Chicago e autor de *Cultura e razão prática*, assim surgiu a primeira sociedade afluente.

BETTMANN/CORBIS/LATINSTOCK

Figura 1 • Algo simples como uma cesta ou sacola pode ser a indicação da efetiva transformação do hominídeo em ser humano. Mulher da tribo americana paiute exibe cesta que elaborou artesanalmente. Estados Unidos, 1933.

> "Obviamente, não há nenhum sinal dessa importante revolução tecnológica no arquivo arqueológico: como os primeiros recipientes foram confeccionados provavelmente de folhas ou de casca de árvore entrelaçada, eles simplesmente desapareceram sem deixar vestígio. A ideia de uma antiga bolsa trançada pode parecer um tanto forçada, mas, de fato, chimpanzés e gorilas são peritos tecelões. [...] Certamente, então, não estava fora de alcance dos hominídeos primitivos ampliar essa habilidade básica a fim de confeccionar uma bolsa rústica."
>
> LEAKEY, Richard E.; LEWIN, Roger. *O povo do lago*. São Paulo: Melhoramentos, 1988. p. 130.

ARESTIDES BAPTISTA/A TARDE/FUTURA PRESS

Figura 2 • ONGs e estudantes realizam mutirão de limpeza na Praia de Ondina. Bahia, 2009. Cooperação e empatia são traços do ser humano.

É importante saber que os utensílios desenvolvidos pelos seres humanos não tinham como objetivo apenas a guerra e a conquista, mas também a facilidade do relacionamento e do trabalho cooperativo, a base da vida social (figura 2). É significativo perceber que os utensílios, artefatos e equipamentos estiveram sempre relacionados com o desenvolvimento da linguagem, da percepção e da capacidade de expressão, produzindo uma forma peculiar de sobreviver no planeta – planejada, simbólica e coletiva.

Os utensílios desenvolvidos pelos seres humanos não tinham como objetivo apenas a guerra e a conquista, mas também a facilidade do relacionamento e do trabalho cooperativo.

Além de auxiliar os seres humanos a competir, esses artefatos os ajudavam a dividir e compartilhar. Eles foram importantes para o desenvolvimento do cérebro, das atividades cognitivas e da percepção da realidade. Arlindo Machado é um dos autores a reconhecer que as tecnologias não são neutras ou frias, mas estimulam atividades cerebrais e transmitem significados. Por isso ele as chama de *máquinas semióticas*.

2. Fabricar instrumentos não é uma especificidade do ser humano

Há algum tempo os cientistas acumulam provas de que diversos animais usam ferramentas para sobreviver. Existem pássaros das Ilhas Galápagos que extraem bichinhos de fendas entre as pedras com a ajuda de hastes presas ao bico. Abutres egípcios abrem ovos de avestruz com o auxílio de uma pedra, e antropólogos garantem ter visto uma lontra abrir conchas com uma garrafa de refrigerante.

Há algum tempo os cientistas acumulam provas de que diversos animais usam ferramentas para sobreviver.

Nem sequer a especificidade de confeccionar nossas ferramentas pode ser garantida – o chimpanzé fabrica uma série de varetas com as quais consegue agilizar a busca de alimentos. Ele corta um ramo curto e flexível de capim, o introduz no cupinzeiro e o retira em seguida cheio de cupins, que engole rapidamente como nós fazemos com os espetinhos de aperitivo. Já para pegar as perigosas formigas-safári, eles fazem uso de uma haste longa, de mais ou menos 60 cm, lisa e resistente. Outros primatas usam esponjas para sorver líquidos e pedras para romper superfícies duras. E, nas disputas entre machos, galhos de árvore servem como chocalhos para assustar e impressionar o adversário. Essas descrições dizem respeito a animais vivendo livres na natureza e não a animais presos ou domesticados.

Só os seres humanos conseguem criar e usar instrumentos para fabricar outros instrumentos.

Técnica. Conjunto de procedimentos que o animal utiliza para alcançar determinado fim, visando subsistência ou conforto. Nessa ação faz uso do raciocínio e da capacidade de improvisação.

GEOFFREY KIDD/ALAMY/OTHER IMAGES

Figura 3 • O aparecimento de ferramentas como essas, há cerca de 10 mil anos, foi acompanhado dos sinais de sepultamento, ritual, oferendas nas tumbas e objetos de culto. Ao mesmo tempo, vários estilos se desenvolveram em regiões diferentes.

KAZUYOSHI NOMACHI/CORBIS/LATINSTOCK

Figura 4 • A produção humana exige estabelecer relações sociais, compartilhar experiências, transmitir conhecimento. Para isso, é necessário participar da cultura do grupo. Mulheres iranianas fiando um tapete decorativo, 2006.

Existe em todos esses casos um sofisticado exercício mental que requer a análise da matéria-prima disponível e o desenvolvimento de **técnicas** de manipulação e uso. Mas certamente o utensílio humano exige um esforço a mais – a confecção de uma forma sem base em algum modelo existente.

> "Visualizar um machadinho manual, com o formato de uma gota de lágrima, numa saliência de rocha sem forma, é um estágio intelectual posterior, pois o produto tem pouca relação com o material bruto. Somente os humanos conseguem dar este último salto intelectual."
>
> LEAKEY, Richard E.; LEWIN, Roger. *O povo do lago*. São Paulo: Melhoramentos, 1988. p. 132.

Assim chegamos a uma especificidade: só os seres humanos conseguem criar e usar instrumentos para fabricar outros instrumentos (figura 3). Além disso, se quisermos distinguir nossa inteligência da de nossos "primos" chimpanzés ou babuínos, é importante considerarmos que, ao lado dessa habilidade de manufatura, desenvolvemos uma complexa relação interpessoal que estabeleceu regras sutis de uso dessas ferramentas. Estamos falando da caça coletiva e da armazenagem de alimentos, ou seja, de processos produtivos que exigem divisão de trabalho e troca de produtos. Inventamos a prática do altruísmo recíproco, esta sim uma atividade mental das mais complexas – nós nos aproximamos daqueles com quem trocamos coisas e favores e a eles nos afeiçoamos, assim como tendemos a nos afastar, não raro com ressentimento, dos que são injustos conosco segundo nosso sistema de recompensa e retribuição. Isso leva a concluir que o que desenvolveu o cérebro humano não foi simplesmente o uso de artefatos nem sua manipulação, mas as regras sociais que criamos para seu uso.

Por acreditarmos nisso, vamos abordar a **tecnologia** do ponto de vista simbólico, social e material. É assim que somos capazes de distinguir, de fato, um artefato humano. Em razão disso, estudiosos do desenvolvimento da civilização, como o historiador inglês Grahame Clark, consideram que o padrão humano de fabrico de instrumentos demanda uma modelagem em série que demonstra a existência de um padrão cultural transmitido de geração em geração.

> "Quando nos perguntamos o grau de modificação que os objetos materiais têm de exibir antes que os aceitemos como artefatos feitos pelo homem, talvez a resposta útil seja a seguinte: quando eles pertencem a uma classe ou a uma reunião de objetos modificados segundo um padrão aceito."
>
> LEAKEY, Richard E.; LEWIN, Roger. Obra citada. p. 164.

Portanto, quando falamos em artefatos, instrumentos e tecnologia humanos, estamos nos referindo a um processo em que se incluem padrões de cultura, conhecimento acumulativo, reflexão e vida social. Assim, um animal subir num banco e, com uma vara, obter um alimento no alto de uma árvore não é uma atividade que tem a mesma complexidade do que fabricar esse banco e essa vara, segundo uma técnica aprendida com outros, e levá-lo consigo para utilizar em oportunidades futuras (figura 4).

3. A aceleração do desenvolvimento tecnológico

Um dos aspectos mais característicos do desenvolvimento tecnológico da humanidade é a crescente aceleração. Os artefatos datados de 150 mil a 40 mil anos antes de nossa era e descobertos em escavações – discos, raspadeiras, furadores e certo tipo de serra – apresentam progressivo aperfeiçoamento, o que demonstra que o *Homo neanderthalensis* já era um fabricante atento. Arpões e agulhas fabricados pelo *Homo sapiens* e datados de 30 mil a 10 mil anos antes de nossa era demonstram capacidade simbólica acentuada e princípios estéticos desenvolvidos. Mas, de 10 mil a 5 mil a.C., houve um salto no desenvolvimento – foi a Revolução Neolítica ou Agrária, quando o ser humano aprendeu a cultivar plantas, domesticar animais, moer grãos, polir metais. Nessa época surgiram os primeiros reinos com organização mais complexa e os mais antigos sistemas religiosos conhecidos.

Um dos aspectos mais característicos do desenvolvimento tecnológico da humanidade é a crescente aceleração.

No desenvolvimento daquilo que ficou conhecido como história ocidental, encontramos referências a dois outros saltos no desenvolvimento tecnológico. O primeiro foi o chamado "milagre grego", quando, entre outras conquistas, o povo grego conseguiu separar o conhecimento científico abstrato da produção material, sistematizando-o. O outro foi a Revolução Industrial, na modernidade, com a mecanização do trabalho. A recuperação desse processo permite ver que os intervalos de tempo diminuíram significativamente entre as grandes invenções que alteraram substancialmente as relações humanas e a produção de material e conhecimento.

Os estudiosos da produção humana identificam diferentes tipos de produção e ação sobre a natureza além da agricultura: o artesanato, a manufatura e a indústria. Essa classificação representa estágios das relações humanas com o meio ambiente e com a tecnologia (figura 5). O artesanato corresponde a uma produção mais rudimentar e em pequena escala, cuja intenção é atender principalmente à subsistência do grupo. Karl Marx, que estudou em profundidade as diferentes relações de produção e, especialmente, o capitalismo, distingue o artesanato pelo fato de o artesão ser independente e dono de sua oficina, de suas ferramentas e de seu tempo. Ele trabalha para quem quiser e pelo tempo que quiser (figura 6 na página seguinte).

Tecnologia

A tecnologia diferencia-se da técnica por integrar, nos procedimentos utilizados com determinada finalidade de sobrevivência, produção de bens ou conforto, conhecimento abstrato sem o qual tais procedimentos não podem ser empregados. Na atualidade, o termo é utilizado para designar, além do processo de invenção e fabrico, equipamentos, artefatos ou máquinas que resultam da aplicação da ciência na produção material ou simbólica. Tecnologia, portanto, refere-se tanto a processos como aos instrumentos neles envolvidos ou que deles surgem.

GRAHAM S. KLOTZ/SHUTTERSTOCK

Figura 5 • Embarcação feita de totora, espécie de capim existente no Peru, utilizada para navegar pelo Lago Titicaca, 2006. Trata-se de tradicional técnica artesanal.

A divisão social do trabalho se intensifica à medida que se necessita acelerar a produção de bens.

Foi a partir do Renascimento que teve início o período de maior progresso tecnológico da humanidade.

Já a manufatura exige metodologia mais complexa, com produção diversificada, em espaços mais amplos, onde se reúnem grupos de trabalhadores com tarefas específicas. Marx considera que o predomínio da manufatura ocorreu entre os séculos XVI e XVIII de nossa era, quando diversos trabalhadores assalariados produziam num mesmo espaço e sob comando de um capitalista, obedecendo a uma divisão especializada de tarefas. O capitalista é dono da oficina, do capital, das ferramentas e do que é produzido. Os trabalhadores não são independentes, não decidem o que produzir nem para quem, e muitos deles executam o mesmo trabalho. A divisão social do trabalho se intensifica à medida que se necessita acelerar a produção de bens.

Dá-se o nome de indústria à produção em grande escala, resultante do trabalho de muitos operários e de máquinas ocupados em uma atividade planejada e controlada (figura 7). É importante considerar que o surgimento de formas mais complexas de produção material não eliminou as demais. O artesanato e a manufatura convivem com a indústria, embora se note, em cada tempo e lugar, o predomínio de um modo produtivo sobre os demais.

Diversos fatores levam ao desenvolvimento da indústria: o aumento populacional, o crescimento do consumo, o desenvolvimento científico, a descoberta de fontes de matéria-prima e as relações de produção vigentes. No mundo antigo, assim como em épocas mais recentes, não houve desenvolvimento tecnológico significativo em razão da existência da escravidão. Não há estímulo ao emprego de máquinas quando se dispõe de braços humanos para a execução de tarefas. Porém, como acontecia na época em que nossos antepassados criaram as primeiras sacolas e armas, todo invento está associado a diferentes formas de conceber a vida em grupo e ao trabalho mental exigido.

Foi a partir do Renascimento, com o surgimento do capitalismo comercial, que teve início o período de maior progresso tecnológico da humanidade. Esse período culmina no século XIX, com o emprego de outras fontes de energia diferentes da humana – o vapor, a eletricidade e o petróleo.

RA2 STUDIO/SHUTTERSTOCK

Figura 6 • Marceneiro trabalhando em oficina, sem data. Na atividade artesanal, o trabalhador domina todas as etapas da produção.

4. A transformação do homem em força motriz

MICHAEL DUNLEA/ALAMY/OTHER IMAGES

Figura 7 • A indústria é uma produção em larga escala que emprega tecnologia de ponta. Linha de montagem de automóveis no Reino Unido, 2008.

Duas transformações são importantes nesse processo de desenvolvimento tecnológico e de produção. A primeira é que o emprego de máquinas cada vez mais sofisticadas na produção material fez o trabalho humano se resumir a tarefas simples e repetitivas. O trabalho de um tecelão, que em sua oficina tinha de fiar, tingir e tecer o tecido, era mais complexo do que o exigido dos tecelões numa manufatura, onde cada um deles executava uma parte das tarefas, especializando-se. Portanto, a divisão social do trabalho tornou a produção mais simples, envolvendo menos conhecimento e saber.

Outra transformação do trabalho produtivo diz respeito à introdução de novas fontes de energia para mover as máquinas. O uso do vapor e da eletricidade fez o próprio trabalho humano se transformar em energia – força humana empregada no funcionamento da máquina.

> "A máquina-ferramenta é portanto um mecanismo que, ao lhe ser transmitido o movimento apropriado, realiza com suas ferramentas as mesmas operações que eram antes realizadas pelo trabalhador com ferramentas semelhantes.
>
> [...] Muitas ferramentas põem em evidência de maneira bem contrastante a diferença entre o homem na função de simples força motriz e o homem como trabalhador que exerce seu ofício manual. Na roda de fiar, por exemplo, o pé age apenas como força motriz, enquanto a mão executa a operação de fiar propriamente dita, trabalhando com o fuso, puxando e tecendo o fio."
>
> MARX, Karl. *O capital*. Rio de Janeiro: Civilização Brasileira, 1971. p. 426-427.

Portanto, o que distingue uma simples ferramenta de uma máquina não é apenas a complexidade, mas também a forma como é utilizada e como se relaciona com o trabalhador. É na medida em que o homem se transforma em uma das fontes de energia e de força motriz que se torna possível substituí-lo por qualquer outra fonte, como a água, o vento e a própria eletricidade. É o princípio da mecanização e da automação: ao atingir toda a potencialidade, uma força passa a ser substituída por outra mais potente. Dessa maneira, processa-se a separação entre o motor que impulsiona a máquina e as ferramentas que executam o trabalho especializado (figura 8 na página seguinte). O estágio subsequente é o sistema de máquinas, todas elas interligadas e movidas por um único motor que lhes fornece energia.

HULTON ARCHIVE/GETTY IMAGES

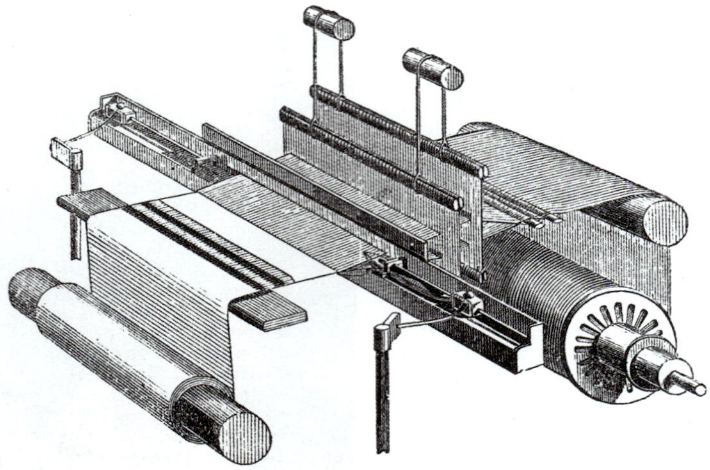

HULTON ARCHIVE/GETTY IMAGES

Figura 8 • Ilustração representando Edmund Cartwright e máquina de fiar movida a vapor, século XIX. A máquina de fiar mecânica movida a vapor, projetada por Cartwright em 1785, provocou a decadência da fiação doméstica.

O avanço industrial levou, então, a máquinas que fabricam máquinas e, finalmente, àquelas que fabricam motores. A transformação que esse avanço introduziu na produção isolou o trabalhador do conhecimento, que passou a se desenvolver de modo separado por meio da ciência (figuras 9 e 10). Muitos autores que descreveram esse processo iniciado na Europa, no século XIX, não chegaram a ver o desenvolvimento da eletrônica, do qual falaremos mais adiante.

Entretanto, como o preço do investimento em tecnologia era elevado, a substituição do trabalho humano por máquinas passou a depender do custo da mão de obra. Verificou-se um processo mais rápido de mecanização nos países desenvolvidos, nos quais os salários eram mais altos e, graças ao movimento operário, eram concedidos mais benefícios aos trabalhadores. Inversamente, onde os salários eram mais baixos, como nos países mais pobres ou menos desenvolvidos, o investimento em tecnologia foi menor. Da mesma forma que a escravidão desfavoreceu as invenções científicas no mundo antigo, a baixa remuneração dos operários e a existência de **exércitos de reserva de mão de obra**, na modernidade, desestimularam a atualização tecnológica das indústrias.

MAKSIM DUBINSKY/SHUTTERSTOCK

DEAN CONGER/CORBIS/LATINSTOCK

Figuras 9 e 10 • No alto, os modernos CNC (*Computer Numeric Control*, "Controle Numérico Computadorizado") operam várias máquinas simultaneamente, permitindo a produção de peças complexas com grande precisão, foto de 2008. Acima, torneiro mecânico em fábrica de Leningrado, na então União Soviética, 1975. No passado recente, cada torno exigia um operário que o controlasse, e a precisão da peça dependia de sua habilidade em operá-lo.

> "Por isso, máquinas hoje inventadas na Inglaterra só são empregadas na América do Norte. Do mesmo modo, máquinas que se inventaram na Alemanha, nos séculos XVI e XVII, só foram empregadas na Holanda, e descobertas francesas do século XVIII só foram exploradas na Inglaterra."
>
> MARX, Karl. *O capital*. Rio de Janeiro: Civilização Brasileira, 1971. p. 448.

Isso mostra que o avanço tecnológico não pode ser entendido de maneira independente de outras condições da vida social, em especial o custo e a disponibilidade de mão de obra, o desenvolvimento científico e as pressões sociais pelo aumento da produção. Segundo o sociólogo alemão Max Weber, até mesmo a religião dominante na sociedade em determinadas épocas pode estimular uma atitude mais científica e produtiva. Para Karl Marx, o desenvolvimento da ciência e a aplicação de máquinas na produção resultam principalmente do modo de produção dominante. Foi o capitalismo, com sua abrangência global e necessidade de lucros e de ampliação da produção, que estimulou de modo inusitado as invenções e sua aplicação na indústria.

5. Consequências sociais do emprego da tecnologia

São muitas, portanto, as consequências do emprego de determinada tecnologia, não só na variação da produção como na divisão do trabalho produtivo e no montante de bens disponíveis. O tipo de trabalhador, sua qualificação e aquilo que ele recebe por seu trabalho modificam-se. Por exemplo, o uso de outras fontes de energia para movimentar as máquinas possibilitou o emprego de mulheres na produção.

Por outro lado, as máquinas não são usadas apenas na produção industrial, mas estão presentes, cada vez mais, na vida cotidiana, como apoio às tarefas diárias do homem comum. O emprego desses equipamentos modifica hábitos e costumes da sociedade. Basta pensarmos nas transformações provocadas na Europa medieval pela introdução do arado na agricultura, entre elas o excedente de alimentos, que passou a ser comercializado nas cidades, o que fez prosperarem a vida urbana e o comércio. A invenção do trem, do automóvel e do avião alterou até mesmo a imagem física que tínhamos do mundo e, consequentemente, o conceito que dele fazíamos.

Portanto, a tecnologia é responsável por importantes aspectos da sociedade e da cultura, a ponto de diferentes etapas históricas receberem denominações de acordo com o tipo de artefato utilizado no período. Assim, Paleolítico significa "pedra antiga" ou "lascada", e Neolítico, "pedra nova" ou "polida". Diferentes ciências classificam etapas e períodos de tempo tendo como referência inventos humanos ou a tecnologia empregada na produção material, na comunicação ou na guerra. Daí nos referirmos com frequência à era do rádio ou à era atômica ao falarmos de períodos em que a sociedade sofreu transformações pelo uso dominante do rádio como meio de comunicação e da energia nuclear como tecnologia de ponta (figuras 11, 12 e 13).

É preciso levar em consideração também as condições locais do uso ou da introdução de inventos tecnológicos. Uma máquina ou uma nova forma de energia podem ser mais ou menos aceitas dependendo das variáveis sociais existentes, sobretudo o jogo de forças políticas e econômicas. Da mesma forma, variáveis naturais e geográficas têm peso considerável. Com isso queremos dizer que a tecnologia não é determinante, nem se distribui igualmente pelos diferentes países, regiões e grupos sociais.

Exército de reserva de mão de obra

É um conceito que remonta à Revolução Industrial no século XVIII. Refere-se a um contingente populacional lançado ao desemprego, de forma a constituir uma mão de obra potencial a ser recrutada pela indústria, com o intuito de substituir operários ou diminuir salários por causa da pressão concorrencial entre trabalhadores.

Figuras 11, 12 e 13 • A enorme transformação tecnológica da produção de bens fez a humanidade ansiar por fontes de energia mais eficientes. Do vapor, nos séculos XVIII e XIX, passou-se sobretudo ao uso do petróleo no século XX. Hoje, a humanidade consciente procura fontes de energia limpas, seguras e que não agridam o meio ambiente. À esquerda, poço de petróleo na Pensilvânia, Estados Unidos, c. 1920. No meio, geradores de energia eólica em Siebenhausen, na Alemanha, 2010. Abaixo, usina nuclear de Angra dos Reis, no Rio de Janeiro, 2009.

THE GRANGER COLLECTION/OTHER IMAGES

ANDREAS RENTZ/GETTY IMAGES

MAURICIO SIMONETTI/PULSAR IMAGENS

Atividades

Compreensão do texto

1. De acordo com o capítulo, a capacidade de criar objetos é comum entre os membros do reino animal. Contudo, há uma característica específica entre os seres humanos que os diferencia do restante dos animais. Que característica é esta?
2. Quais foram os três grandes saltos tecnológicos realizados pela humanidade?
3. Quais são os tipos de produção e ação sobre a natureza realizados pelo ser humano? Explique as características de cada um.
4. O que distingue uma ferramenta de uma máquina?
5. Qual relação podemos estabelecer entre o avanço tecnológico e o valor da mão de obra?

Interpretação e problematização

6. Leia o texto abaixo, do historiador inglês Eric Hobsbawm, sobre a Revolução Industrial. Em seguida, faça o que se pede.

> "[...] felizmente poucos refinamentos intelectuais foram necessários para se fazer a Revolução Industrial. Suas invenções técnicas foram bastante modestas, e sob hipótese alguma estavam além dos limites de artesãos que trabalhavam em suas oficinas ou das capacidades construtivas de carpinteiros, moleiros e serralheiros: a lançadeira, o tear, a fiadeira automática. Nem mesmo sua máquina cientificamente sofisticada, a máquina a vapor rotativa, de James Watt (1784), necessitava de mais conhecimentos de física do que os disponíveis então há quase um século – a 'teoria' aplicada às máquinas a vapor só foi desenvolvida *ex-post-facto* [após o acontecido, do fato] pelo francês Carnot na década de 1820 – e podia contar com várias gerações de utilização prática de máquinas a vapor, principalmente nas minas [...]"
>
> HOBSBAWM, Eric. *A era das revoluções*. Rio de Janeiro: Paz e Terra, 1981. p. 46-47.

Considerando o texto acima e o que estudou no capítulo, faça uma pequena redação explicando por que até a Revolução Industrial o avanço tecnológico ainda não era significativo para a humanidade e por que, após tal processo, a humanidade tornou-se praticamente dependente da tecnologia.

Aplicação de conceitos

7. **Cinema**

Sherlock Holmes, de Guy Ritchie. Inglaterra, 2009, 128 min.

O filme trata da importância da ciência e da tecnologia na solução de problemas e de enigmas.

▶ Assista ao filme e o analise procurando entender a relação entre ciência, tecnologia e ação social, com base nesse personagem famoso da literatura inglesa.

Pesquisa e debate

8. Pesquise em jornais e revistas notícias que mostrem a contradição entre a qualidade de vida e o avanço tecnológico, tanto do ponto de vista particular como do coletivo. Faça uma síntese dessas contradições.
9. Considerando os resultados da pesquisa anterior, debata com a classe sobre o significado da expressão progresso, questionando os seus vários significados e valores.

Leitura visual

10. Observe a imagem, leia o texto a seguir e responda às questões.

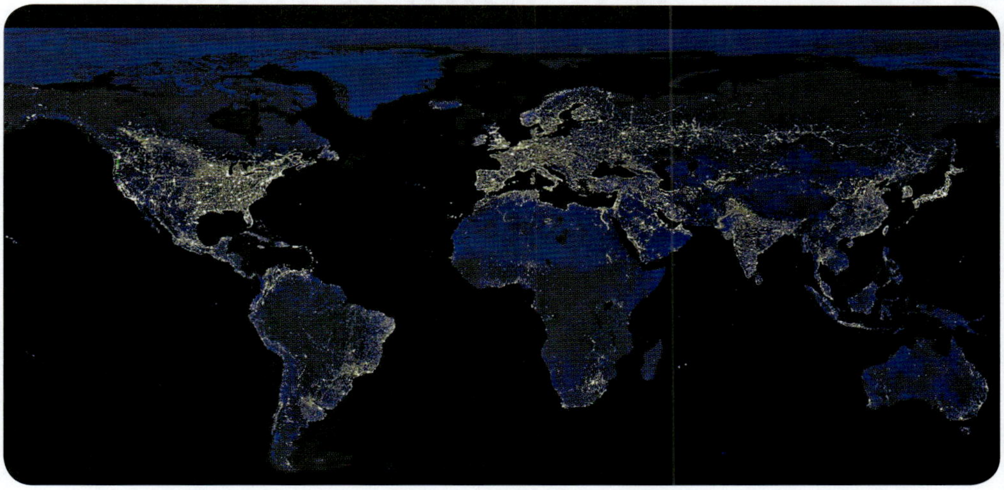

NASA

Visão global da Terra à noite produzida por quatrocentos satélites da Nasa, em 2009.

> "A imagem das luzes da Terra, divulgada pela Nasa na rede internet, pode ser interpretada como um ícone do mundo tecnológico. Trata-se de uma imagem irreal, pois a Terra aparece em toda a sua extensão no período noturno. Podemos discernir com facilidade algumas regiões do planeta: os Estados Unidos, a Europa, o Japão e a Índia, a costa leste da América Latina. A África, a Amazônia, parte da Ásia e a Oceania estão quase ausentes, tirando alguns poucos pontos luminosos relativos a grandes cidades, como Johannesburgo. Trata-se de uma imagem emblemática, uma vez que ela representa os locais em que o desenvolvimento tecnológico está presente com maior intensidade [...]. O desenvolvimento tecnológico tem se baseado na disponibilidade de energia elétrica para diferentes usos, e a iluminação do espaço público e privado é um dos aspectos de maior visibilidade do progresso no último século. Luz e velocidade foram, a partir de fins do século XIX, as grandes vedetes do progresso."
>
> BARROS, Henrique Lins de. Apropriação social da ciência na idade da tecnologia. *INCI*, v. 27, n. 2, fev. 2002. p. 76-79.

a) Analise a imagem acima e comente a apropriação social da tecnologia através do mundo.

b) Relacione a análise elaborada por você no item anterior com o texto do cientista Henrique Lins de Barros e comente as diferenças de interpretação, se houver.

Questões de vestibular e do Enem

11. (**UEM-PR**) A respeito da Revolução Industrial inglesa, assinale a alternativa **incorreta**.

a) O processo da Revolução Industrial provocou profundas transformações econômicas e sociais na sociedade inglesa.

b) A Inglaterra foi a primeira nação a se industrializar.

c) Um magnífico aumento da produtividade de cada trabalhador foi uma das principais características da Revolução Industrial Inglesa.

d) A chamada Revolução Industrial Inglesa ocorreu na Idade Média e, por isso, é também conhecida como A Revolução Industrial da Idade Média.

e) A indústria têxtil foi o ramo da produção em que a modernização ocorreu de forma mais explícita.

CAPÍTULO 30

A emergência das mídias digitais

1. Introdução

As mídias digitais, também chamadas novas tecnologias, são mais do que máquinas. Incluem conhecimento, ciência, reflexão, produção e relações colaborativas entre as pessoas. Resultado de um lento processo histórico de desenvolvimento científico, as mídias digitais provocam transformações na vida social, nos hábitos, nas ciências e na forma de produzir. Por esse motivo, sua emergência é entendida pelos historiadores e sociólogos como uma revolução cujo impacto na vida humana se iguala ao da Revolução Agrícola e ao da Revolução Industrial.

A revolução digital modificou de maneira drástica a forma como produzimos, pensamos e nos comunicamos, despertando muitas resistências. Isso não é novo, pois as mudanças são sempre acompanhadas de descontentamento. E as razões são muitas: a comodidade experimentada diante de hábitos arraigados, o custo da mudança tecnológica, o estranhamento e a falta de informação perante os procedimentos técnicos e os problemas sociais deles decorrentes. Mesmo assim, a inserção das tecnologias digitais em diferentes instâncias da vida social foi irreversível.

HORACE BRISTOL/CORBIS/LATINSTOCK

Figura 1 • A invenção do ábaco, há cerca de 5 mil anos, permitiu o desenvolvimento do processo de racionalização e sistematização das operações aritméticas. O ábaco sobrevive até os dias atuais. Japão, c. 1946-1956.

2. Os antecedentes

Na China antiga, há milhares de anos (há quem aposte em 5 mil anos), foi inventado um instrumento que auxiliava comerciantes e cientistas a executar operações aritméticas: o ábaco. Feito de madeira ou bambu, com bolas ou sementes dispostas em hastes verticais, separadas em duas seções, permite realizar rapidamente operações de cálculo quando manuseado com agilidade (figura 1). Seu funcionamento já possibilitava operações numéricas a partir de um sistema codificado – as bolas substituíam os valores numéricos, e as hastes representavam unidades, dezenas ou milhares. O ábaco migrou para os países vizinhos e para a Europa, dando origem ao modelo romano feito em mármore ou *calx*, de onde derivou a palavra *cálculo*. Já o sistema de **numeração decimal de origem indiana** foi conhecido pelos europeus apenas na época das Cruzadas.

O sistema de numeração indiano possibilitava realizar essas mesmas operações por meio de representação numérica, ou seja, da linguagem matemática, pela qual as quantidades são representadas não por bolas ou sementes, mas por números ou algarismos.

A palavra algarismo vem do nome do matemático e astrônomo árabe do século VIII Al-Khwarizmi, cuja obra, algum tempo depois, difundiu o sistema de numeração hindu entre os europeus. Os signos numéricos foram chamados de dígitos. Em sua origem, dígito designava tanto a quantidade de dedos em nossas mãos quanto a base de nosso sistema numérico. Além disso, os dedos também eram utilizados nas operações matemáticas feitas mentamente ou com o ábaco.

O crescimento do comércio e da matemática, a partir do Renascimento, e a maior capacidade de produção de lápis e de papel baratos permitiram a criação de sistemas cada vez mais sofisticados de cálculo. Como decorrência, as invenções se intensificaram. No século XVII, foi inventada a régua de calcular por William Oughtred, e Pascal criava, aos 18 anos, a primeira máquina de calcular, chamada pascalina, que funcionava por meio de rodas dentadas. Depois foi a vez de Gottfried Leibniz aperfeiçoar o invento, possibilitando também operações de cálculo de raiz quadrada. As duas máquinas, tanto a de Pascal como a de Leibniz, eram manuais.

No século XIX, o matemático e engenheiro inglês Charles Babbage desenvolveu um novo sistema capaz igualmente de realizar operações mais sofisticadas, como equações trigonométricas, e imprimir relatórios sem a mediação do operador, cuja função se limitava à inserção de dados iniciais. Era uma máquina com dispositivos de memória movida a vapor (figura 2). Assim, surgiam máquinas de cálculos complexos, que simulavam operações racionais de forma rápida e bem-sucedida.

Numeração decimal de origem indiana. Sistema numérico de base dez que substituiu, no Ocidente, o sistema de numeração romano.

O crescimento do comércio e da matemática, a partir do Renascimento, permitiu a criação de sistemas cada vez mais sofisticados de cálculo.

PHOTOS 12/ALAMY/OTHER IMAGES

Figura 2 • Máquina analítica, de Charles Babbage. Matemático e engenheiro, Babbage aperfeiçoou a máquina de calcular, no século XIX, criando dois modelos: a máquina das diferenças e a máquina analítica.

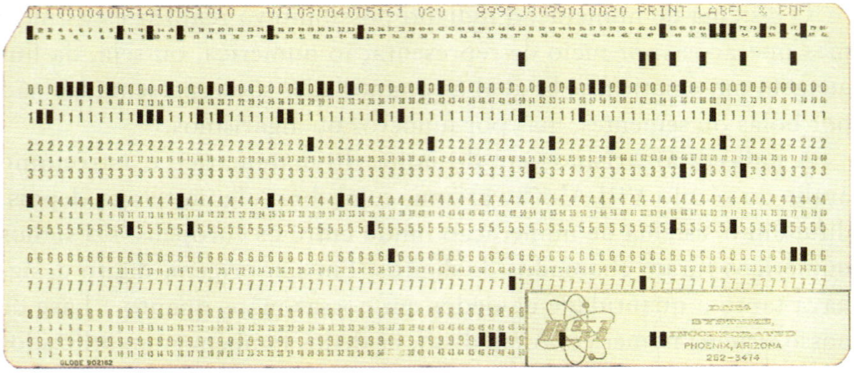

REPRODUÇÃO

Figura 3 • Modelo de cartão perfurado IBM, c. 1950. A eficiência do código binário imediatamente se alastrou pelo mundo industrial, mesmo em uma época sem computadores. Tornou-se muito fácil programar instrumentos mecânicos ou elétricos, como a máquina de tabulação elétrica de Hollerith, alimentada por cartões perfurados que continham os dados do censo em código binário.

No início do século XIX, o mecânico francês Joseph Marie Jacquard automatizou o tear, produzindo diferentes padronagens com um sistema que utilizava cartões perfurados. Foi a primeira máquina programável de que se tem notícia (figura 4). Com 24 mil cartões, Jacquard conseguiu tecer seu próprio retrato. Apesar das resistências e críticas, seu invento fez sucesso e seu método é usado até hoje.

Dessa forma criavam-se máquinas cada vez mais potentes, que elaboravam sozinhas cálculos complexos e eram comandadas por instruções e sistemas codificados. Com um número limitado de signos e um conjunto de regras, as mais diferentes tarefas repetitivas podiam ser automatizadas. Jacquard inventara o código binário, que utilizava pontos para programar a confecção de qualquer desenho. Esse princípio foi depois aplicado a diferentes funções, sempre na forma binária "sim" e "não", "*on*" e "*off*", que pode significar "passar energia" ou "não passar energia". Esse foi o princípio de automação do telégrafo, do tear e dos futuros computadores.

Inspirado na ideia dos cartões perfurados de Jacquard, o estatístico americano Hermann Hollerith criou a tabuladora de censo (figura 3). Dedicando-se às pesquisas estatísticas sobre a população americana, desenvolveu o modelo de banco de dados fabricado por sua empresa, a Computing Tabulation Recording Company, que mais tarde daria origem à International Business Machine (IBM).

É importante lembrar que essas máquinas se desenvolveram na indústria e no campo das ciências matemáticas. Empregadas na produção material, elas nada tinham a ver com as mídias analógicas que procuravam reproduzir o mundo em sua aparência e visualidade. Essa integração das mídias analógicas com as digitais exigiria ainda meio século de inventos e aperfeiçoamento tecnológico.

MAHLUM

Figura 4 • Tear de Joseph Marie Jacquard do século XIX. Noruega, 2008.

3. Comentando a emergência das mídias digitais

A evolução tecnológica entre as máquinas de calcular e contar até os computadores, que começaram a funcionar no século XX, foi rápida (figura 5). O impacto dessas transformações foi avassalador, a tal ponto que cientistas e historiadores reconhecem que após 1950 se iniciou uma nova era. Para alguns, trata-se de um novo processo produtivo característico de um capitalismo pós-industrial, que encerrou uma época de produção em série e de consumo massivo. Para muitos filósofos, passamos a viver uma era pós-moderna, em que princípios característicos da modernidade, como o individualismo, o evolucionismo e o nacionalismo, são substituídos por outros, como o coletivismo e a globalização. A percepção da existência de uma ruptura ou de uma revolução é sentida por todos.

A disseminação das mídias digitais na produção material, na comunicação, na educação e no conhecimento impacta o planeta e aproxima vertiginosamente os mais distantes territórios. Como afirma o sociólogo espanhol Manuel Castells, estudioso da sociedade contemporânea, uma das características predominantes dessa revolução tecnológica é o fato de as invenções não serem isoladas.

Outra característica da revolução digital foi aproximar ainda mais a ciência da produção material, as quais, desde o "milagre grego", haviam se distanciado. Ao considerar a filosofia e a ciência como atividade do espírito, os gregos clássicos criaram a divisão de trabalho entre produção material e intelectual, entre técnica e saber. No entanto, esses campos do conhecimento e da ação humana têm se convergido na modernidade e, com a revolução eletrônica, eles passam a atuar de forma integrada.

Além desses aspectos, a revolução tecnológica tem sido marcada pela rapidez com que penetra na sociedade e altera a vida cotidiana. A cada nova invenção, é menor o intervalo de tempo entre as primeiras experiências, sua introdução na produção e nos serviços e sua absorção pelas pessoas comuns ou pelos usuários finais. Daí a impressão de permanente obsolescência das máquinas e seu título permanente de "novas tecnologias".

A revolução tecnológica tem sido marcada pela rapidez com que penetra na sociedade e altera a vida cotidiana.

BETTMANN/CORBIS/LATINSTOCK

Figura 5 • O *Electrical Numerical Integrator and Computer* (Eniac) foi o primeiro computador digital e etrônico de grande escala. Foi criado em fevereiro de 1946 pelos cientistas norte-americanos John Eckert e John Mauchly, da Electronic Control Company.

O historiador inglês Peter Burke, estudando a história social das mídias, identifica como característica da revolução digital a convergência, ou seja, a capacidade de integrar diferentes máquinas, diversas atividades e mídias, diversos países e regiões. Segundo Burke, a ideia de convergência se justifica pelo fato de essa tecnologia permitir a apresentação, sob forma digital, de todos os tipos de informação, além de processar, transmitir, comprimir e arquivar dados. Assim, convergência de saberes, atividades, ações e processos faz das mídias digitais um fenômeno de grande impacto e abrangência.

A revolução digital ocorreu durante o século XX, impulsionada por dois grandes conflitos. Inicialmente, pelas guerras mundiais da primeira metade do século, envolvendo os cinco continentes, e, depois, pela Guerra Fria, que contrapôs as duas potências mundiais, Estados Unidos e União Soviética, que disputavam a hegemonia sobre o mundo. Essa disputa política foi transferida para a ciência, que ficou incumbida de desenvolver tecnologias que afirmassem a superioridade de uma potência sobre a outra, garantindo, assim, recursos financeiros, técnicos e humanos para a grande revolução digital.

4. Breve história dos computadores

> "Apesar de os antecessores industriais e científicos das tecnologias da informação com base em microeletrônica já poderem ser observados anos antes da década de 1940, foi durante a Segunda Guerra Mundial e no período seguinte que se deram as principais descobertas tecnológicas em eletrônica: o primeiro computador programável e o transistor, fonte da microeletrônica, o verdadeiro cerne da revolução da tecnologia da informação no século XX."
>
> CASTELLS, Manuel. *A sociedade em rede*. São Paulo: Paz e Terra, 2000. p. 58.

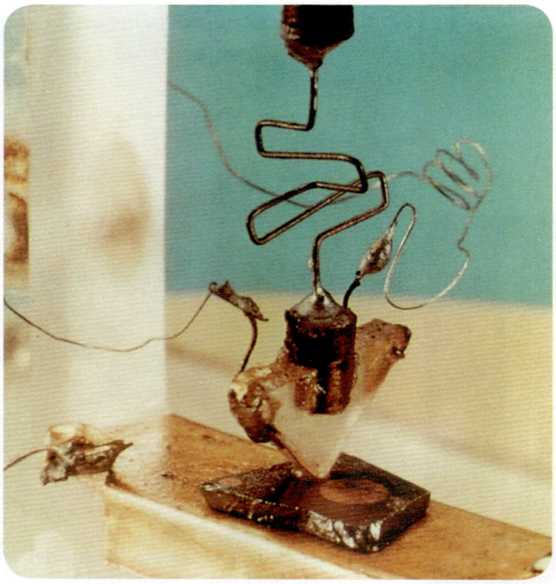
LUCENT TECHNOLOGIES/AFP PHOTO

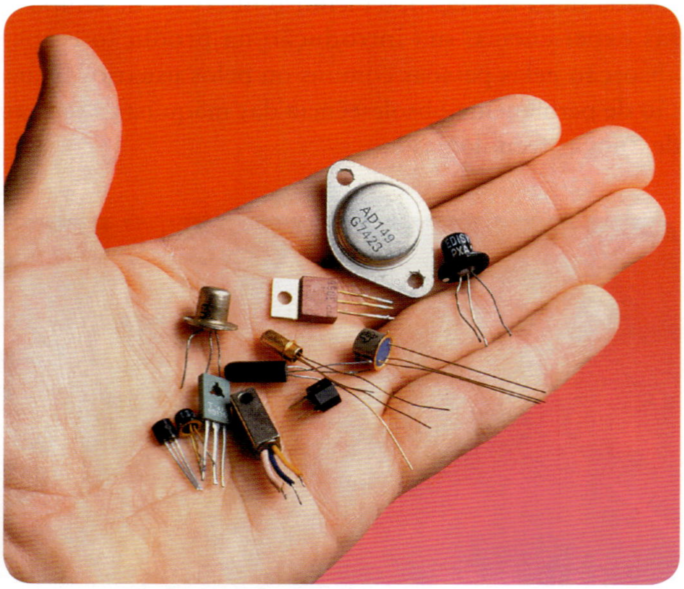

TONY CRADDOCK/SCIENCE PHOTO LIBRARY/LATINSTOCK

Figuras 6 e 7 • Sem a invenção do transistor e a sua miniaturização, o mundo eletrônico que conhecemos hoje não existiria. À esquerda, transistor inventado em 1947 nos Estados Unidos. À direita, diferentes tipos de transistor desenvolvidos entre 1960 e 1990.

Em 1947, os físicos John Bardeen, Walter Brattain e William Shockley ganharam o Prêmio Nobel pela invenção dos transistores, graças aos quais se tornou possível processar impulsos elétricos em alta velocidade (figuras 6 e 7, na página anterior). Logo em seguida, diversas empresas no mundo começaram a fabricar transistores feitos com germânio. A etapa seguinte foi fazê-los com silício, mais estável termicamente e abundante. Dos transistores passou-se aos *chips* e aos circuitos integrados, inventados pelo engenheiro norte-americano Jack Kilby em 1957. Chegava-se à microinformática, cujo desenvolvimento foi rápido demais (figuras 8 e 9).

> "Assim, enquanto em 1971 cabiam 2.300 transistores em um *chip* do tamanho de uma unha, em 1993 cabiam 35 milhões. [...] No tocante à velocidade, os atuais microprocessadores de 64 *bits* são 550 vezes mais rápidos que o primeiro *chip* da Intel em 1972."
>
> CASTELLS, Manuel. *A sociedade em rede*. São Paulo: Paz e Terra, 2000. p. 61.

Embora as referências de Castells sejam do ano 2000, elas testemunham a velocidade da revolução digital. A miniaturização da eletrônica, os preços cada vez menores e a crescente especialização levaram os microprocessadores a fazer parte de quase todos os instrumentos e máquinas de nosso cotidiano, dos elevadores aos relógios.

> "O numérico penetra assim irresistivelmente na indústria, tanto no domínio da produção (robótica etc.) como no dos produtos (eletrodomésticos, transportes, jogos etc.). Os *chips*, microcircuitos integrados, se proliferam no interior dos objetos mais banais. Não há setor da indústria e também do comércio ou das finanças que não seja atingido pelo tratamento automático da informação."
>
> COUCHOT, Edmond. *A tecnologia na arte*: da fotografia à realidade virtual. Porto Alegre: UFRGS, 2003. p. 159.

ROGER RESSMEYER/CORBIS/LATINSTOCK

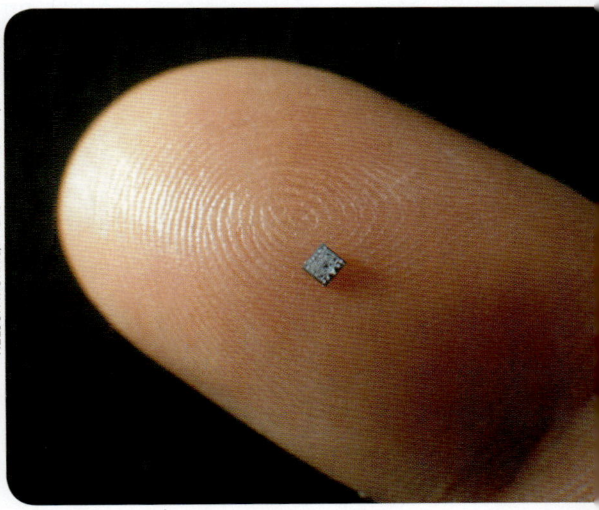
NELSON MORRIS/PHOTORESEARCHERS/LATINSTOCK

Figuras 8 e 9 • À esquerda, Jack Kilby segurando o primeiro *chip* por ele criado. Estados Unidos, 1982. À direita, o atual estágio da miniaturização desses componentes que, entretanto, têm uma capacidade de processamento enorme, a ponto de já existirem implantes de *microchips* que ajudam a corrigir deficiências fisiológicas em seres humanos. Foto de 2006.

O *computador havia se transformado num equipamento multimídia que podia ser manipulado por meio de uma interface gráfica.*

Mas os atuais computadores só se tornaram realidade na década de 1970, quando jovens inventores, depois de um trabalho de bricolagem com peças de diversos equipamentos, como teclados e monitores, criaram o PC, o computador pessoal, capaz de ser manuseado pelo cidadão comum e não apenas por engenheiros e técnicos de informática. Idealizado pelos norte-americanos Steve Wozniac e Steve Jobs, o computador Apple foi um sucesso comercial (figura 10). O computador havia se transformado num equipamento multimídia que podia ser manipulado por meio de uma interface gráfica.

A interface atua como uma espécie de tradutor entre a informação e o usuário, tornando um sensível ao outro, segundo explica o professor e crítico cultural norte-americano Steven Johnson. Ele afirma que esse processo de tradução fez o computador deixar de trabalhar apenas com textos e números e passar a comunicar-se com seu usuário por meio de imagens, sinais e áreas sensíveis ao toque.

Mas, para que o mundo se constituísse como uma sociedade virtual, era preciso que mais duas invenções se incorporassem à revolução digital: o hipertexto e a internet.

O hipertexto

A vontade do ser humano de organizar dados, tornando possível identificar textos e informações, é bastante antigo. A invenção da escrita aumentou a quantidade de textos, e no decorrer do tempo o número de cópias disponíveis se multiplicou ao infinito. Com os textos surgiram as primeiras coleções e bibliotecas e, com elas, a necessidade de organizar e catalogar os manuscritos. A divisão dos textos por assuntos e temas remonta à Biblioteca de Alexandria. O primeiro a criar uma catalogação de pretensões universais foi Calímaco de Cirene, do século IV a. C., que dividiu os livros em rolos por classes, oito ao todo: teatro, oratória, poesia lírica, legislação, medicina, história, filosofia e miscelânea.

O sistema de classificação, porém, não era suficiente. Era preciso inventar uma maneira de ligar um texto a outro. Em 1588, o engenheiro e inventor italiano Agostino Ramelli inventou a roda de leitura (figura 11), uma biblioteca móvel e giratória que permitia ao leitor acessar diversos textos de uma vez. Já nessa época o livro era fonte de informação, e a ideia de consulta e pesquisa estava explícita.

MUSEU NACIONAL DE HISTÓRIA NATURAL INSTITUTO SMITHSONIAN

Figura 10 • Um dos primeiros Apple, feito em 1976 e customizado por seu proprietário. O Apple I foi o primeiro computador a vir de "fábrica" (garagem da casa de Steve Jobs) com todos os componentes, cerca de trinta *chips*, montados. Assim mesmo, o usuário tinha que completá-lo com gabinete, teclado, monitor e fonte de tensão.

"Esta é uma máquina bonita e engenhosa, muito útil e conveniente para qualquer pessoa que tenha prazer em estudar. [...] Com esta máquina um homem pode ver e percorrer através de um grande número de livros sem sair do lugar. Esta roda é feita da maneira mostrada, isto é, é construída de tal forma que, quando os livros estão em seus leitoris, nunca caem ou saem do local em que se encontram, mesmo que a roda gire uma volta completa."

DIAS, Cláudia Augusto. Hipertexto: evolução histórica e efeitos sociais. *Ciência da Informação*, Brasília, v. 28, n. 3, 1999. Disponível em: www.scielo.br. Acesso em: 29 maio 2009.

THE GRANGER COLLECTION/OTHER IMAGES

Figura 11 • Gravura do livro *Le diverse et artificiose Machine*, de Agostino Ramelli, 1588. O projeto da roda de leitura de Ramelli mostra que o livro já era fonte de informação e pesquisa no século XVI.

A expansão da escrita estabelecia uma relação indissociável entre os textos, as palavras e seus significados. Contudo, foi apenas depois da Segunda Guerra Mundial, responsável pela maioria das invenções do século XX, que o engenheiro norte-americano Vannevar Bush conseguiu estabelecer conexão entre catalogação, indexação de textos, organização por temas e o interesse do leitor. O resultado era o *memex*, dispositivo que permitia executar essa tarefa de forma mecânica: um grande conjunto de microfilmes tornava-se acessível por meio de um botão operador, podendo ser visualizado em visores translúcidos. Completava o sistema uma câmera para registro e arquivo de novos textos. Era a base do hipertexto, sistema capaz de organizar dados (texto, imagem, som, simulação etc.) em um arquivo, possibilitando o processamento e o acesso a informações.

Em 1965, o filósofo e sociólogo norte-americano Theodore Nelson aperfeiçoava o sistema ao propor que essa organização incluísse também imagens, sons e animações, interconectados por *links*. Tratava-se de uma estrutura de "leitura" não linear que recebeu o nome de Xanadu. Pressupunha-se um sistema coerente e aberto de mútua referência entre os documentos armazenados. Era o hipertexto.

Como já previra Vannevar Bush, em 1945, esse processo de ligação de um texto com outro por meio da associação de ideias e de conteúdos reproduz a forma de pensamento humana. Além do cálculo, as máquinas então inventadas eram programadas para associar ideias e estabelecer relações entre si, como a mente humana. Os textos passaram a ser concebidos de modo flexível e não linear. Era a informática e o gerenciamento de informações que se automatizavam, saindo das bibliotecas para entrar na vida cotidiana.

O processo de ligação de um texto com outro por meio da associação de ideias e de conteúdos reproduz a forma de pensamento humana.

A internet

A internet foi resultado de todos esses avanços somados ao projeto do governo norte-americano de construir uma rede segura de informação para ser usada na Guerra Fria. Na acirrada oposição entre os Estados Unidos e a União Soviética, o espião era uma figura estratégica, cuja importância pode ser medida pela quantidade de filmes sobre o tema e pela emergência de heróis como o agente 007, um espião corajoso cuja invencibilidade se deve ao uso de alta tecnologia. Se por um lado o espião era uma pessoa-chave, por outro se mostrava frágil ao ser pego por mãos inimigas. A rede de informações constituída por ele era assim interrompida, e surgia o perigo da contraespionagem.

Prevalecia a ideia de livre acesso e de autonomia da comunidade criada pela internet e de seus usuários.

A ideia era, portanto, criar uma rede de informações flexível e multidirecional que pudesse ser reconstruída quando algum dos nós ou centros se tornasse inoperante. Universidades, empresas e o Estado norte-americano trabalharam juntos nesse modelo de circulação confidencial e codificado. As experiências se sucederam e, na década de 1970, mais de setenta redes locais privadas estavam em funcionamento.

Como o Estado norte-americano detinha o monopólio das telecomunicações no país, foi preciso um trabalho de convencimento e mudanças legais para a privatização e comercialização desse tipo de comunicação em rede. Prevalecia a ideia de livre acesso e de autonomia da comunidade criada pela internet e de seus usuários, muitos deles intelectuais e pesquisadores, em relação a qualquer poder centralizador. Vencia também o consenso formado pelos usuários de um sistema que se caracterizava por participação e resposta, o chamado *feedback*.

Para evitar o caos desse processo descentralizado, foi criado um comitê gestor responsável por firmar convênios com os países interessados, legitimar provedores e assegurar o tráfego de informações. A comunicação em rede criava, assim, uma comunidade planetária, garantida por satélites colocados em órbita por norte-americanos e soviéticos desde a década de 1950. Graças à criação do computador pessoal e ao endereço eletrônico, o cidadão comum conectou-se à rede globalizada.

Participação, interatividade, flexibilidade, autonomia, registro, memória e automação são algumas das características dessa nova forma de relacionamento mediada por computadores que viria a modificar profundamente a sociedade, introduzindo novas formas de expressão, comunicação e interação (figura 12).

Ciberespaço

O termo surgiu em 1984, cunhado pelo escritor norte-americano William Gibson para designar o espaço por onde fluem informações de origem e destinos diversificados e no qual interagem seres humanos entre si ou com máquinas, por meio de uma série de aparatos tecnológicos como computadores, câmeras, radares, sensores, telefones etc.

> "O **ciberespaço** constitui um campo vasto, aberto, ainda parcialmente indeterminado, que não se deve reduzir a um só de seus componentes. Ele tem vocação para interconectar-se e combinar-se com todos os dispositivos de criação, gravação, comunicação e simulação."
>
> LÉVY, Pierre. *A inteligência coletiva*. São Paulo: Loyola, 1999. p. 104.

CHRISTIAN QUIRINO SPOTO/CID

Figura 12 • Supermercado em São Carlos, no estado de São Paulo, 2011. O desenvolvimento da tecnologia de ponta também afeta a vida cotidiana das pessoas. Etiquetas inteligentes e leitores ópticos usados em supermercados são alguns exemplos.

5. Para uma crítica da informatização

Nesse panorama histórico do desenvolvimento das mídias digitais, procuramos descrever o processo de automação da sociedade e sua imediata repercussão tanto no sistema produtivo contemporâneo quanto nas relações de trabalho, cujas mudanças substanciais serão comentadas no próximo capítulo. É importante, entretanto, entender que esse desenvolvimento não se deu impulsionado pelas suas necessidades intrínsecas. Apesar de resultar de invenções muito antigas, concretizou-se e instalou-se definitivamente como resultado da expansão sem precedentes do capitalismo e da busca incessante por dominação territorial, bélica e informacional das relações competitivas internacionais. Dessa forma, não foi por acaso que no século XX, com a emergência dos Estados Unidos como potência mundial, tenha ocorrido o desenvolvimento de modos cada vez mais racionais de exploração material, de registro, processamento de informações e de comunicação em rede.

O processo de automação da sociedade instalou-se definitivamente como resultado da expansão sem precedentes do capitalismo e da busca incessante por dominação territorial, bélica e informacional.

O desenvolvimento da chamada Terceira Revolução Tecnológica não ocorreu para melhorar o desenvolvimento humano e social, mas para a acumulação de capital, o planejamento da produção, a racionalidade administrativa e a dominação política. Podemos dizer até que esse desenvolvimento se deu à revelia dos prejuízos que pudesse causar ao meio ambiente, à sociedade e às pessoas.

Em capítulo anterior, falamos das formas de representação possibilitadas pela linguagem e da distância crescente entre signos e referentes, distância esta que causaria maior sensação de incredibilidade, possibilitando o uso ideológico de mensagens sempre mais elaboradas do ponto de vista tecnológico e menos fidedignas do ponto de vista de sua transparência. Com o advento das mídias digitais, essa distância se aprofundou – a tradução das diferentes linguagens para o código numérico e a digitalização de imagens faz o contato com a realidade tornar-se cada vez mais mediado, editado, construído e manipulado. Acentuou-se, assim, o processo de alienação do público em relação à elaboração das mensagens.

Por outro lado, o controle social se tornou cada vez mais eficiente. O panóptico, projetado por Jeremy Bentham na segunda metade do século XVIII, um edifício em forma de anel com uma torre ao centro, de onde vigilantes controlam a vida de loucos e prisioneiros (figuras 13 e 14 na página seguinte), tornou-se obsoleto. Pela rede de computadores todo tipo de rastreamento é possível. Há uma topologia que centraliza os fluxos de informação para certos nós, criando novas hierarquias e exclusões.

Assim, por servir a interesses econômicos e políticos das grandes nações, promover uma alienação ainda maior entre o público e o fluxo de informações, possibilitar formas ilimitadas de controle e acentuar as desigualdades de conhecimento e informação presentes na modernidade, a revolução tecnológica foi recebida por muitos com ceticismo e descrença. A sociologia, que já havia promovido teorias críticas em relação à ação dos meios de comunicação na sociedade, fez surgir um pensamento bastante radical contra a desumanização promovida pelas mídias digitais.

A sociologia, que já havia promovido teorias críticas em relação à ação dos meios de comunicação na sociedade, fez surgir um pensamento bastante radical contra a desumanização promovida pelas mídias digitais.

Criogenia. Produção de baixas temperaturas e estudo dos seus efeitos em materiais e sistemas diversos. Essa tecnologia tem sido usada para preservar corpos de pessoas em estado terminal, com a esperança de que no futuro o corpo possa ser descongelado, ressuscitado e a pessoa curada do mal que a vitimava.

Outra corrente de filósofos e cientistas mostra-se otimista, ressaltando os benefícios de uma sociedade cujas relações sejam mediadas por computadores, os quais podem promover uma globalização da cultura e ampliar o seu acesso a um maior número de pessoas. Por seu otimismo são chamados de "integrados", em oposição a outra corrente, considerada "apocalíptica". No campo da ação social também há controvérsias. De um lado o esforço da ciência em expandir cada vez mais os sistemas de segurança, de outro a ação dos *hackers* que tentam continuamente implodi-los. Também são dignas de nota as campanhas pelo desenvolvimento de *softwares* livres. O embate entre apocalípticos e integrados, entre colaboradores e críticos, está longe de acabar, e a sociologia é um importante palco para esse debate. Reforçam essa tendência o avanço alcançado pelas ciências exatas na produtividade material e intelectual dos sujeitos, as conquistas da medicina, o cotidiano cada vez mais integrado às novas redes, dando a ilusão de economia de tempo, espaço e energia para o cidadão comum.

Diante da complexidade da questão trazida pelas novas tecnologias, Gordon Grahan escreve:

> "A tecnologia moderna pode ter promovido grandes avanços no sentido de nos ajudar a lidar com a doença e a pobreza (embora esses tendam a ser exagerados) mas é tão tolo crer que ela abolirá a doença e o pauperismo quanto crer que a **criogenia** possa ser uma maneira certa de vencer a morte".
>
> GRAHAN, Gordon. The Internet. In: RÜDIGER, Francisco. *Elementos para a crítica da cibercultura.* São Paulo: Hacker, 2002. p. 19.

Os sociólogos propõem a defesa de uma sociedade na qual predominem a consciência e a ação política, e que os determinismos tecnológicos sejam mediados por uma visão ética e humanista, cujo principal objetivo é o desenvolvimento humano.

Figuras 13 e 14 • Abaixo, interior de penitenciária em Illinois, Estados Unidos, 1939. À direita, no desenho *Projeto de penitenciária*, 1840, de N. Harou Romain, um prisioneiro em sua cela reza de joelhos diante da torre de vigilância. A ideia de que o comportamento desviante em relação à norma, ou normal, deveria ser vigiado, controlado e corrigido ganhou expressão arquitetônica e funcional com o panóptico. O prédio circular, com uma torre de vigia ao centro, era dividido em pequenas celas que davam tanto para o interior quanto para o exterior. O olhar do vigia podia atravessar toda a cela; não havia nenhum ponto de sombra e, por conseguinte, tudo o que o indivíduo fazia estava exposto. Porém, ninguém podia ver o vigia.

ASSOCIATED PRESS/GLOWIMAGES

PENITENCIÁRIA STATEVILLE EM JOLIET, ILLINOIS, ESTADOS UNIDOS

Atividades

Compreensão do texto

1. Quais foram as transformações ocorridas na Europa que permitiram o desenvolvimento do cálculo matemático?

2. O que explica a posição de alguns filósofos e historiadores em classificar o mundo surgido após 1950 como pós-moderno ou pós-industrial?

3. O que significa dizer que a característica da revolução digital é sua convergência?

4. O que faz os circuitos eletrônicos serem parte de nosso dia a dia de forma tão invasiva?

5. O que é hipertexto?

6. Quando foi criada a internet e qual era a ideia inicial?

7. O que é ciberespaço?

Interpretação e problematização

8. Quanto mais alto é o valor da mão de obra, maior é o investimento em tecnologia para diminuir o uso da mão de obra, reduzindo custos, e, ao contrário, quanto menor é o valor da mão de obra, menor é o investimento tecnológico. Encontre exemplos históricos que confirmem essa afirmação.

9. O desenvolvimento do cálculo foi relacionado ao do comércio e da matemática, mas também ao barateamento do papel e do lápis.
   a) Por que esses dois elementos foram importantes?
   b) Que paralelo pode ser feito entre o desenvolvimento do cálculo, possibilitado pelo barateamento do papel e do lápis, e o das novas tecnologias?

Aplicação de conceitos

10. **Cinema**
    Inteligência artificial, de Steven Spielberg. Estados Unidos, 2001, 146 min.
    Ficção científica que mostra um mundo em um tempo futuro regido pela tecnologia, especialmente a cibernética e a inteligência artificial (IA), mesmo assim, os seres humanos continuam com as mesmas necessidades sociais e individuais.
    - Analise o filme sob a perspectiva do paradoxo representado pelo garoto cibernético, que, ao mesmo tempo que supre a carência afetiva da "mãe", cujo filho verdadeiro está em coma, é por ela rejeitado, por ser uma máquina.

Pesquisa

11. Pesquise com o seu grupo de trabalho os avanços da inteligência artificial e procure entender as suas consequências na produção industrial e na vida cotidiana.

Leitura visual

12. Observe as imagens abaixo. Comparando-as, qual é a impressão que se tem da tecnologia dos anos 1960? Redija um texto sobre sua percepção e sobre o mundo que as novas gerações encontrarão daqui a cinquenta anos.

RIA NOVOSTI/AFP PHOTO

Lunik 9 ou *Luna* 9 foi o primeiro satélite, criado pelos soviéticos, a pousar na superfície da Lua, em fevereiro de 1966. O artefato tirou e enviou fotos da superfície lunar para a Terra. Pela primeira vez, teve-se a certeza de que o homem poderia pousar na Lua. Ilustração do Luna 9 pousado na superfície lunar.

EPA/CORBIS/LATINSTOCK

O satélite de navegação envia sinais para o GPS, de modo que os condutores de aeronaves, navios e automóveis determinem sua localização. Representação ilustrada do satélite Galileu da Agência Espacial Europeia. França, 2004.

Questões de vestibular e do Enem

13. (**UFG-GO**) Nas últimas décadas do século XX, a intensificação do uso de alta tecnologia induziu uma nova lógica de localização industrial. Os atuais espaços industriais caracterizam-se pela capacidade organizacional e tecnológica de distribuir o processo produtivo em diferentes localidades.

A espacialização do processo produtivo revela que:

a) os atuais espaços industriais, espalhados pelo globo, utilizam muita força de trabalho qualificada e poucos trabalhadores semiqualificados.

b) as novas indústrias foram instaladas considerando-se a abundância de mão de obra e a proximidade do mercado consumidor.

c) as empresas instalaram unidades produtivas em alguns países de industrialização tardia, incentivadas pela política de substituição de importações.

d) a criação de espaços industriais, nos países do Terceiro Mundo, foi promovida pelas políticas estatais de incentivo ao consumo dos países centrais.

e) os novos espaços industriais organizam-se em torno de fluxos de informação que reúnem e distribuem, ao mesmo tempo, as fases da produção.

CAPÍTULO

31 Sociedade e trabalho

1. Sociologia contemporânea: neoliberalismo, informática e globalização

O que entendemos por modernidade diz respeito a determinadas tendências e padrões societários que tiveram início com o Renascimento, no século XV, na Europa, e se desenvolveram até o século XX. A modernidade caracteriza certa visão de mundo, com seus valores, estrutura produtiva, instituições, formas de poder, relações sociais, produção material e simbologia.

Podemos dizer que a modernidade corresponde a um paradigma civilizatório – um modelo de estruturação da sociedade que se expressa no conjunto da vida social, das estruturas mais amplas às menores manifestações de comportamento individual. Tal modelo se traduz por determinadas características, como a crença na evolução humana e no progresso; o racionalismo ou valorização do pensamento lógico; urbanização ou transformação das cidades em centros de poder; cientificismo ou aplicação do racionalismo na intervenção humana sobre a natureza; estímulo à participação política, laicização da sociedade e humanismo. Nesse paradigma de vida social, o trabalho como fonte de riqueza, identidade e desenvolvimento pessoal adquiriu grande importância (figura 1).

A sociedade contemporânea modificou-se profundamente no século XX, levando alguns a preconizar que entramos em uma nova era, a pós-modernidade.

A sociedade contemporânea modificou-se profundamente no século XX, levando alguns autores a perceber uma alteração radical nesse paradigma moderno e a preconizar que entramos em uma nova era, a pós-modernidade. Essa posição não é unânime, e seus críticos advogam outra explicação para as transformações que ocorrem – elas seriam apenas uma etapa mais avançada do capitalismo e da modernidade, em que as tendências vigentes estariam plenamente desenvolvidas. Sem nos aprofundarmos nesse debate, podemos afirmar que, estando ou não diante de um novo paradigma civilizatório, as mudanças vividas são abruptas e intensas, exigindo uma análise de suas repercussões sociais.

Para justificar essa posição, podemos nos apoiar no geógrafo britânico David Harvey. Em seu livro *Condição pós-moderna*, Harvey apresenta as características da chamada pós-modernidade, como a derrota do positivismo, a descrença em teorias amplas e universais, a ênfase no pluralismo e na diversidade, a crescente importância da comunicação e da linguagem e a aceitação do fragmentário e do efêmero.

BIBLIOTHEQUE DES ARTS DECORATIFS, PARIS – THE BRIDGEMAN ART LIBRARY/GRUPO KEYSTONE

Figura 1 • Ilustração do interior de uma fábrica têxtil na França. Jornal *L'Illustration*, 1862.

Segundo o autor, essas mudanças não envolveriam apenas valores, mas também a produção cultural e científica, o comportamento individual e coletivo e as forças políticas, como a concepção de Estado.

Os modelos políticos da primeira metade do século XX, fossem na Europa, na Ásia ou na América, estavam baseados na presença forte e na intervenção do Estado na sociedade (figura 3). De inspiração capitalista ou socialista, os governos intervencionistas alimentavam o nacionalismo e regulavam a economia, mantendo propostas estatizantes e conservando a orientação assistencialista e de proteção à sociedade civil. Por outro lado, esses mesmos regimes políticos impuseram severas formas de controle do mercado interno e externo, comprometeram-se com grandes investimentos estatais na sociedade, provocando forte endividamento do Estado, e disciplinaram a vida coletiva. Alguns deles tornaram-se ditatoriais.

A política neoliberal

Com o fim da Segunda Guerra Mundial e a derrota da maioria dos governos ditatoriais, a tendência política que orientava os Estados a intervir fortemente na sociedade foi substituída por uma proposta ideológica oposta que ficou conhecida por neoliberalismo. O neoliberalismo defende o estabelecimento de limites para a intervenção do Estado na sociedade. Propõe o enxugamento dos gastos públicos, com menor endividamento do Estado, planos de estabilização monetária e programas de privatização. Elegendo a competitividade econômica e a lucratividade como algumas de suas principais metas, o neoliberalismo pretende também combater os sindicatos e reduzir as conquistas trabalhistas obtidas na primeira metade do século XX. As mudanças implicam menos gastos com saúde, habitação, segurança e educação. A década de 1970 assistiu ao fortalecimento desse modelo de administração pública, que se instalou no Chile, sob a ditadura de Augusto Pinochet, e na Inglaterra, sob o governo de Margareth Thatcher (figura 2). Ganhou força na década seguinte com o fim da União Soviética e do governo socialista em diferentes países.

O neoliberalismo fortaleceu o mercado mundial e conseguiu elevar os níveis de produtividade dos países capitalistas, extremamente afetados pelas guerras e pelas contínuas recessões financeiras. Na América Latina, a expansão do neoliberalismo se deu por meio do Consenso de Washington, tratado pelo qual os países signatários se comprometiam em adotar medidas de ajuste e reestruturação do Estado, tais como estabilização monetária, equilíbrio fiscal, austeridade financeira e abertura de mercado.

A transformação radical nas políticas públicas em âmbito mundial não teria sido possível, entretanto, sem a revolução tecnológica que permitiu a reestruturação da produção capitalista nos âmbitos macro e microeconômico. A automação e a informatização possibilitaram a progressiva substituição da mão de obra humana pela máquina, a globalização da economia e a integração das atividades econômicas em sistemas e circuitos operacionais mais lucrativos e produtivos. No presente capítulo, vamos abordar essas mudanças e, especialmente, seus resultados em termos de relações de produção e de regime de trabalho.

ALAIN KELER/SYGMA/CORBIS/LATINSTOCK

Figura 2 • Margaret Thatcher foi primeira-ministra do Reino Unido entre 1979 e 1990. Reino Unido, 1982.

BETTMANN/CORBIS/LATINSTOCK

Figura 3 • Ao lado, favela nos arredores de Seattle, nos Estados Unidos, em 1934. As favelas norte-americanas nessa época eram chamadas de *hoovervilles*, uma referência ao presidente Hoover (1929 a 1933), que esteve mais preocupado em equilibrar a economia norte-americana do que em atender às necessidades dos milhares de desempregados e falidos após a crise. Após seu governo, adotou-se o Estado de bem-estar social.

2. A automação na indústria

O modelo produtivo vigente no mundo, até o advento da automação, era o fordismo. Esse modelo, originário da empresa de automóveis norte-americana criada por Henry Ford, baseava-se no estímulo à oferta e ao consumo, com grande capital industrial investido em exércitos de mão de obra e grandes estoques, produção em massa e crescente divisão de trabalho.

A linha de montagem, produção massiva realizada por operários que executavam tarefas cada vez mais simples e menos qualificadas, visava aumentar a produção a baixo custo, estimulando o consumo.

O modelo fordista atravessou o século XX, mas começou a mostrar suas fraquezas na década de 1970 com as guerras e revoluções globais. As décadas de 1960 e 1970 foram especialmente tumultuadas com greves e movimentos operários que ocorriam em diversos países, paralisando a produção. Todas essas circunstâncias, aliadas ao desenvolvimento das chamadas tecnologias da informação, criaram as condições necessárias para a emergência de um novo modelo de produção, o **toyotismo**, nome que vem de Toyota, primeira fábrica a desenvolver tal modelo.

Para enfrentar crises e variações abruptas na demanda de produtos ocasionadas por crises econômicas e guerras, a empresa japonesa concebeu um tipo de organização da produção que, em vez de produtos em série, fabricava de acordo com a demanda (*on demand*, em inglês). Isso requeria o emprego de um menor número de operários permanentes, muita tecnologia, menor especialização e estoques baixos de matéria-prima. A palavra de ordem para essa organização produtiva era flexibilidade: nada de almoxarifados cheios de matéria-prima, oficinas repletas de operários e pátios entupidos de mercadoria. A produção toda deveria ser pensada tendo em mente a qualidade total, com sistemas integrados por muitas máquinas e poucos operários, muitos funcionários autônomos e empresas terceirizadas. Com isso se enfraquecia também o movimento operário, que havia ganho muita força, especialmente na década de 1960, com diversas manifestações de trabalhadores e estudantes no mundo todo.

Até mesmo os salários tornaram-se flexíveis, com uma parte fixa, que na Toyota recebeu o nome de *nenko*, e outra variável, a ser paga no final de cada ano, sob a forma de abono, o *shunto*.

Toyotismo

O desenvolvimento do sistema Toyota de produção, criado por Taiichi Ohno, pautou-se em uma carta de princípios que Ohno chamou de *Os sete desperdícios mortais*. Tais desperdícios poderiam ser assim resumidos.

Defeitos de produção: tudo que resulte em retrabalho ou refugo.

Excesso de produção: produzir mais do que o necessário para uso imediato.

Estoque: qualquer estoque que exceda o que é exigido para satisfazer a demanda dos clientes.

Excesso de movimento: movimentação desnecessária de pessoal, assim como caminhar, levantar, curvar-se e esticar-se.

Excesso de processamento: usar mais energia ou atividade do que é necessário para confeccionar um produto – ou agregar mais valor do que os clientes estão dispostos a pagar.

Transporte excessivo: deslocamentos desnecessários de produtos, materiais ou informação.

Espera: qualquer atraso entre o final da atividade de um processo e o início da próxima atividade.

Até o advento da automação, o modelo produtivo vigente no mundo era o fordismo.

Terceirização. Processo de reestruturação produtiva que repassa parte das atividades da empresa produtora principal para empresas contratadas. A terceirização implica redução da mão de obra efetiva nas empresas e centralização da produção em atividades centrais da empresa.

"Tanto na Nissan como na Toyota, os trabalhadores podem ser transferidos para outras tarefas, seja numa mesma unidade, seja de outra do mesmo grupo, o que consolida a flexibilidade do modelo."

FERRER, Florência. *Reestruturação capitalista:* caminhos e descaminhos da tecnologia da informação. São Paulo: Moderna, 1998. p. 37.

Reengenharia de processos. Termo criado pelo norte-americano Michael Hammer, ex-professor do MIT (Massachusetts Institute of Technology) e consultor de empresas, para o modelo de administração que visa repensar a estrutura produtiva procurando aumentar a produtividade pela eliminação da divisão de trabalho e instituindo processos integrados que ocupam poucos trabalhadores.

Todo esse processo de reestruturação da produção industrial foi possível pelo desenvolvimento da informática, que colocou computadores no gerenciamento de tarefas. Surgia assim a reengenharia de processos, que exigiu a dispensa de grandes contingentes de operários e a contratação de trabalhadores polivalentes e com conhecimentos de informática. A própria Ford aderiu ao toyotismo. No setor financeiro da empresa, a informática e a racionalização da produção reduziram o número de 500 funcionários para apenas 125 (figura 4). É preciso salientar que, pela primeira vez em muitos séculos, a reengenharia desempregou também funcionários em nível de gerência e direção.

A reengenharia de processos veio responder a diferentes exigências de expansão da indústria e do capitalismo. Em primeiro lugar, optando por uma produção flexível, tornando a indústria menos vulnerável às crises de superprodução. Em segundo lugar, um número menor de trabalhadores organizados em diferentes equipes, departamentos e unidades produtivas, enfraquecendo os movimentos reivindicatórios dos operários, que haviam se intensificado nas indústrias que empregavam uma massa de trabalhadores unidos num processo de produção em série. Em torno das esteiras industriais, o descontentamento de milhares de operários era contagiante. A informatização diminuiu o número de trabalhadores e os dividiu em setores e processos distintos. Em terceiro lugar, a reengenharia de processos permitiu o emprego de menos capital no desenvolvimento industrial, na medida em que exigia menos estoques de matéria-prima e fragmentava a produção entre empresas terceirizadas. A lucratividade desse capitalismo chamado de *pós-industrial* – por não estar voltado para a produção em série realizada por uma massa de trabalhadores – mostrou-se gratificante para os empresários.

GIDEON MENDEL/CORBIS/LATINSTOCK

Figura 4 • Com a reengenharia de processos, desencadeada pelo toyotismo, as empresas dispensaram grandes contingentes de trabalhadores. À direita, braços robóticos fazem o trabalho de muitos operários em fábrica na China, 2005.

O resultado, entretanto, foi o desemprego estrutural, ou seja, a tendência mundial para emprego cada vez menor de trabalhadores em todos os setores da sociedade. Os operários dispensados passavam a desempenhar outras funções, muitos deles como autônomos, isto é, sem vínculos empregatícios com as empresas para as quais trabalhavam. Procurando se acomodar a uma sociedade que empregava menos pessoas, muitos operários se viram obrigados a mudar de área de atuação. Metalúrgicos se tornaram motoristas de táxi, contadores, corretores de imóveis. Cresceu também o trabalho informal, temporário e sem contrato, aumentando a disponibilidade de mão de obra e tornando o desemprego um dos mais importantes problemas sociais da atualidade, com frequência associado ao crescimento de violência e criminalidade.

O resultado foi o desemprego estrutural, a tendência mundial para emprego cada vez menor de trabalhadores em todos os setores.

Nesse cenário, o movimento dos operários e suas reivindicações se enfraqueceram. Atualmente, as exigências se dirigem para a diminuição da jornada de trabalho, de modo a reduzir a produção a níveis aceitáveis pela empresa, sem causar mais desemprego. A indústria automobilística europeia já vem reduzindo a semana para quatro dias de trabalho, reservando um dia da semana para trabalhos voluntários e comunitários.

> "A década de 1980 presenciou nos países de capitalismo avançado profundas transformações no mundo do trabalho, nas suas formas de inserção na estrutura produtiva, nas formas de representação sindical e política. Foram tão intensas as modificações que se pode mesmo afirmar que a classe-que-vive-do-trabalho presenciou a mais aguda crise deste século que atingiu não só a sua materialidade, mas teve profundas repercussões na sua subjetividade e, no íntimo inter-relacionamento destes níveis, afetou a sua forma de ser."
>
> ANTUNES, Ricardo. A centralidade do trabalho hoje. In: FERREIRA, Leila da Costa. *A sociologia no horizonte do século XXI.* São Paulo: Boitempo, 2002. p. 91.

A reestruturação que se operou foi possível graças à automação e à comunicação em rede, que tornaram possíveis a relação interpessoal, a interatividade e o trabalho colaborativo. A rede permitiu novas relações produtivas internacionalizadas, bem como novas formas de colaboração, parceria e contratação – trabalho terceirizado, autônomo, temporário ou precário – para além das relações locais e em diferentes níveis da produção.

3. Sociologia e trabalho na atualidade

As consequências da automação e da informatização nas relações de trabalho, na concorrência entre trabalhadores e empresas e nas políticas públicas não têm sido percebidas facilmente. De modo geral, predominam as teorias que tratam o desenvolvimento tecnológico de maneira independente, ignorando suas repercussões nas relações de produção. O filósofo tunisiano Pierre Lévy, um entusiasta das novas tecnologias da comunicação e defensor da ideia de que a rede de computadores assegura a democratização do conhecimento, sustenta essa abordagem. Segundo Lévy, conectados podemos unir nossos conhecimentos e nossas significações de maneira a produzir e desfrutar coletivamente um conhecer mais amplo e vasto. Todo esse patrimônio simbólico apropriado de modo particular e individual é reunido no ciberespaço que ele define como espaço móvel das interações entre conhecimentos e conhecedores de coletivos inteligentes desterritorializados.

A rede de computadores tem possibilitado a democratização do conhecimento.

Educação e treinamento se tornaram mais fáceis, o mercado de trabalho se ampliou com os novos meios de comunicação, as profissões se atualizaram e surgiram novas formas de trabalho e empreendimento.

A existência do ciberespaço, as possibilidades infinitas de interação, contato e produção coletiva permitem aos indivíduos uma nova autonomia e liberdade. Com as novas tecnologias, especialmente a internet, torna-se mais fácil obter conhecimento e informação (figura 5).

O ensino não dependerá mais da presença do aluno em uma instituição educacional, mas sim da motivação e da capacidade de gerenciar o próprio aprendizado. Abre-se um vasto campo de saber para os habitantes do meio rural ou para aqueles que vivem longe dos grandes centros. Além da facilidade de formação e da possibilidade de permanente atualização dos internautas, o trabalho em rede propõe novas atividades profissionais e novas prestações de serviço que, a partir das tecnologias de informação, não estão mais restritas aos interesses locais. Os conglomerados empregam pessoas que vivem em diferentes continentes e podem trabalhar em equipes multinacionais. Dessa forma, esses profissionais não dependem mais exclusivamente do mercado de trabalho local.

Educação e treinamento se tornaram mais fáceis, o mercado de trabalho se ampliou com os novos meios de comunicação, as profissões se atualizaram e surgiram novas formas de trabalho e empreendimento. Para esses autores, a resistência em relação às transformações sociais trazidas pelas novas mídias é uma atitude de estranhamento e insegurança que deverá ser ultrapassada à medida que se democratiza o uso da comunicação em rede (figura 6).

O sociólogo espanhol Manuel Castells é outro estudioso das consequências, muitas vezes benéficas, das novas tecnologias. Em seu livro *A sociedade em rede*, Castells afirma que, enquanto são fechados postos de trabalho na indústria, muitos outros são abertos em empresas dos setores de processamento da informação, e defende a ideia de que a convergência, que as novas tecnologias proporcionam

ARTHUR TILLEY/JUPITER IMAGES/AFP PHOTO

Figura 5 • Uso de computadores em escola norte-americana, 2004. Com a *web*, até mesmo as práticas educativas devem ser repensadas.

na estrutura produtiva, possibilita a grande conexão entre produção industrial, distribuição e serviços. Por meio dessas conexões, tem havido deslocamentos de mão de obra, e não o desemprego. Em razão disso, segundo o sociólogo, a ideia de um pós-industrialismo é um "mito", pois o setor de serviços está estruturalmente relacionado à produção material.

Para sustentar suas ideias, Castells fez uma pesquisa estatística da estrutura ocupacional dos países mais desenvolvidos na segunda metade do século XX, identificando algumas tendências importantes.

1. O setor que mais dispensa mão de obra não é a indústria, mas a agricultura mecanizada (figura 7), principalmente a agricultura familiar.

2. O setor industrial continuará dispensando mão de obra, mas a um ritmo mais moderado do que nas décadas de 1970 e 1980, pois o setor de serviços ligado à indústria deverá crescer nas próximas décadas.

3. Também o setor de serviços, desvinculado da indústria, tende a crescer e a empregar maior contingente de trabalhadores. Destacam-se, nesse cenário, a saúde e a educação.

4. O setor varejista está em expansão e continua empregando profissionais de baixa qualificação, influenciando nas taxas de desemprego industrial.

Finalmente, em suas análises da estrutura ocupacional no capitalismo pós-industrial, Castells sustenta que há grande diversidade em relação ao que acontece em cada país, havendo diferentes resistências, por exemplo, à expansão dos serviços públicos. Há países em que a contratação de funcionários públicos continua aumentando e absorvendo a mão de obra excedente, assim como há nações em que a taxa dessas contratações está em declínio. O autor acentua que o futuro de cada nação e do mundo depende em última instância da ação política, recusando, portanto, o determinismo tecnológico.

> "Além disso, diferentes modos de articulação com a economia global não são resultantes apenas de diferentes ambientes institucionais e trajetórias econômicas, mas de políticas governamentais e estratégias empresariais diversas."
>
> CASTELLS, Manuel. *A sociedade em rede*. São Paulo: Paz e Terra, 2000. p. 253.

No entanto, é inegável que uma nova divisão internacional do trabalho esteja se estabelecendo e que os trabalhadores de todos os países, especialmente daqueles em desenvolvimento, podem ser recrutados pelo mercado de trabalho global. O movimento migratório dos países pobres para os países ricos em busca de ocupação e salários mais convidativos é uma realidade. Constituem problema social importante da atualidade os direitos desses imigrantes nos países receptores, bem como os tratados internacionais destinados a limitar o número de imigrantes legais e ilegais.

EDUARDO ANIZELLI/FOLHAPRESS

Figura 6 • Hoje é possível, pela intercomunicação entre diferentes mídias, fazer cursos a distância em vários níveis de escolaridade. São Paulo, 2008.

DELFIM MARTINS/PULSAR IMAGENS

Figura 7 • As estatísticas mostram que, no capitalismo pós-industrial, a agricultura mecanizada ainda é um forte fator de desemprego. Colheita mecanizada de cana-de-açúcar no município de Promissão. São Paulo, 2010.

O movimento migratório dos países pobres para os países ricos em busca de ocupação e salários mais convidativos é uma realidade.

4. A perda de significância do trabalho produtivo

A ideia de emprego como situação definida, legal e sustentável cede lugar para contratos esporádicos e precários.

Como vimos, o trabalho na sociedade contemporânea modificou-se radicalmente. Deixou de ter espaço central nos sistemas produtivos para dar lugar à tecnologia, que parece comandar a ação humana. Possuir, ter, controlar máquinas confunde-se com conhecimento, aptidão, competência. A carreira, ou o desenvolvimento de uma atividade que costumava acompanhar um trabalhador por toda a vida, tende a se fragmentar numa sucessão de atividades diferentes, díspares e que muitas vezes não se somam. A ideia de emprego como situação definida, legal e sustentável cede lugar a contratos esporádicos e precários. A previdência social, política de responsabilidade do Estado que visa garantir a segurança e o sustento do trabalhador, é atacada por medidas que buscam deixar exclusivamente a cargo do trabalhador o seu sustento material, inclusive em sua aposentadoria.

O tempo de trabalho necessário para a produção de bens materiais e de bens não materiais é cada vez menor, e o consumo ocupa as pessoas para além da época de férias e dos finais de semana remunerados. Uma sociedade mais frívola e espetacular, voltada para o tempo livre e para o entretenimento, vem substituir uma cultura centrada no trabalho e na produção. Podemos dizer que, com todas essas mudanças, processa-se uma desumanização do sistema produtivo.

Embora existam países, regiões e setores em que o índice de emprego em trabalhos qualificados, regulares e formais tem aumentado, essa não é uma tendência generalizada. Em locais de capitalismo desenvolvido e de ampla aplicação de tecnologia de ponta, registra-se a diminuição do emprego de mão de obra. Alta tecnologia, terceirizações, fusões, reengenharias e reestruturações produtivas têm levado ao corte de mão de obra e ao desemprego.

Uma ideologia de consumismo e entretenimento busca motivar as pessoas para outras formas de vida e de identidade social, enfraquecendo os laços que elas mantinham em relação às suas atividades produtivas. Vivemos numa sociedade com menos trabalhadores, mas com mais consumidores, com menos empregados, mas com um público cada vez maior para atividades que buscam ocupar o tempo de ócio e desocupação.

5. O horror econômico

Contrapondo-se aos autores que analisam com otimismo as consequências da informatização da sociedade, há cientistas sociais que procuram denunciar os perigos humanos e sociais que a automação promove na sociedade contemporânea. A romancista e ensaísta francesa Viviane Forrester (figura 8) é um exemplo.

Sem inserção social e carregando a culpa por sua desqualificação, a população de desempregados é relegada à marginalidade e à miséria, que os privilegiados observam com indiferença e passividade.

Para ela, a sociedade atual é marcada pela degradação humana. A automação e o desemprego estrutural têm provocado o aumento das desigualdades sociais e a constituição de um grande contingente de excluídos. Além da própria miséria, estes devem carregar o peso da culpa de não serem suficientemente qualificados, pró-ativos ou capacitados. Viviane Forrester analisa o discurso da sociedade planejada para a qual o emprego e o desemprego não aparecem como uma decisão política e econômica, mas como resultado da qualificação individual do trabalhador.

Sem inserção social e carregando a culpa por sua desqualificação, a população de desempregados é relegada à marginalidade e à miséria, que os privilegiados observam com indiferença e passividade.

> "A indiferença é feroz. Constitui o partido mais ativo e sem dúvida o mais poderoso. Permite todas as arbitrariedades, os desvios mais funestos e mais sórdidos. Este século é um trágico testemunho disso."
>
> FORRESTER, Viviane. *O horror econômico*. Lisboa: Terramar, 1997. p. 49.

Vítima da indiferença, do preconceito e da injustiça, esse contingente de miseráveis submete-se ao isolamento, à exclusão e à vida nos guetos existentes na periferia das grandes capitais.

> "O emprego tão gabado, invocado, rodeado de tantas loas, é considerado pelos que poderiam distribuí-lo apenas como fator arcaico, praticamente inútil, fonte de prejuízos e *déficits* financeiros. A supressão de empregos torna-se um modo de gestão dos mais em voga, a variável de ajustamento mais segura, uma fonte de economias prioritária, um agente essencial do lucro."
>
> FORRESTER, Viviane. Obra citada. p. 49.

Uma situação contraditória

Como procuramos mostrar neste capítulo, a sociedade contemporânea apresenta um cenário complexo, com pensadores e cientistas defendendo pontos de vistas divergentes e, por vezes, contraditórios sobre ele. Embora haja indícios positivos, como a maior racionalidade nos processos produtivos, há também sintomas preocupantes, tais como o desemprego estrutural e o aumento das desigualdades sociais.

As transformações operadas na estrutura produtiva e ocupacional têm particular importância para os países em desenvolvimento, nos quais a revolução tecnológica se dá em meio a dificuldades não resolvidas, herdadas do passado recente. Nesses países, mais do que nos de capitalismo desenvolvido, é preciso analisar profundamente as consequências da desregulamentação produtiva para que ela não dificulte ainda mais a sua inserção na nova ordem internacional (figuras 9 e 10).

Viviane Forrester

JEAN-PIERRE MULLER/AFP PHOTO

Figura 8 • Viviane Forrester, 2005.

Nascida em Paris, França, em 1925, teve que se refugiar com a família na Espanha em 1943, por causa da perseguição nazista aos judeus franceses. Forrester descreveu sua história e a da família (Dreyfus) durante a ocupação na obra *Esta noite, após a guerra*.

Atualmente é crítica literária do diário francês *Le Monde* e contribui também com os semanários *Le Nouvel Observateur* e *Quinzena Literária*. Tornou-se conhecida como escritora ao vencer o Prêmio Femina Vacaresco, em 1983, com seu livro *Van Gogh e o enterro do milho*. É considerada uma especialista em Virginia Woolf (cuja biografia lhe permitiu ganhar o prêmio Goncourt, em 2009) e Vincent Van Gogh.

Ficou conhecida internacionalmente por seus livros políticos *O horror econômico* (Prêmio Médicis, em 1996) e *Uma ditadura estranha*, nos quais faz uma crítica aguda à globalização e ao neoliberalismo.

FERNANDO FAVORETTO/CID

NILTON FUKUDA/AGÊNCIA ESTADO

Figuras 9 e 10 • Os avanços da tecnologia e a reestruturação produtiva geram contradições. Aqueles que conseguem se adaptar às novas exigências mercadológicas beneficiam-se das inovações tecnológicas, como essa mulher na imagem à esquerda, 2011. O indivíduo desempregado, que carrega a culpa pela desqualificação, é relegado à situação de pobreza e marginalidade. À direita, trabalhadores fazem fila para preencher ficha de emprego. Mauá, Grande São Paulo, 2004.

Atividades

Compreensão do texto

1. Quais são as características da modernidade?
2. Qual é a característica do humanismo?
3. Qual é o modelo praticado pelo fordismo?
4. Qual foi a alteração realizada pelo modelo toyotista em relação ao fordismo?
5. O que é reengenharia de processos?
6. O que significa desemprego estrutural?
7. Que fatos justificam a existência de visões divergentes a respeito das modificações nas estruturas produtiva e ocupacional?

Interpretação e problematização

8. Leia o seguinte trecho da matéria "Bancados pelo Google", publicada na revista *Info Exame* de março de 2010, e responda à pergunta.

> "Ganhar experiência, bons contatos profissionais e 5 mil dólares na conta bancária — que estudante não deseja isso? Então, se você é craque em programação, fique atento: começam no dia 29 de março as inscrições para o Google Summer of Code (GSoC), que dá bolsas a estudantes para participar de projetos de código aberto. O programa está na sexta edição e já contou com a participação de mais de 3.400 programadores de cerca de cem países, incluindo o Brasil."
>
> Bancados pelo Google. *Info Exame*. mar. 2010, n. 289. p. 78.

Associe as informações do texto com as mudanças ocorridas nas relações trabalhistas no mundo globalizado.

Aplicação de conceitos

9. **Cinema**

O que você faria, de Marcelo Piñeyro. Argentina/Espanha/Itália, 2005, 115 min.

O filme aborda as relações de trabalho na atualidade e a concorrência, que coloca os trabalhadores uns contra os outros, desmobilizando a luta sindical.

- Analise o filme e faça um levantamento das questões indicadas como responsáveis pela relação conflituosa e das soluções para esses problemas. Depois, reflita sobre o que você faria se durante a sua futura vida profissional tivesse de enfrentar essa situação.

Pesquisa e debate

10. Pesquise com o seu grupo de trabalho como está organizado o movimento sindical brasileiro. Cada grupo pode estudar uma das distintas centrais sindicais existentes, coletando dados sobre a origem, a história, o programa de atuação, a relação com os trabalhadores e as outras centrais, como atuam e qual é a relação delas com os proprietários das empresas onde a central tem influência. Façam um painel e debatam em classe o cenário atual do movimento sindical brasileiro.

Leitura visual

11. Analise a charge de Angeli de acordo com o que foi estudado neste capítulo.

- Torneiro: uma vaga. Motoboy: duas vagas. Garçom...

Questões de vestibular e do Enem

12. (**Uece**) A diminuição da oferta de empregos, em diferentes países, tem marcado a situação proveniente da expansão do "neoliberalismo", nos dias atuais, como uma nova estratégia para manutenção do sistema capitalista. Sobre o histórico do emprego, na economia internacional, é correto afirmar que:

a) o sistema de emprego, baseado em direitos e deveres, foi iniciado na Inglaterra, a partir do século XVII, como resultado das condições propiciadas pela Revolução Industrial.

b) a contínua estabilidade na oferta de empregos, nas últimas décadas, representou uma comprovação do equilíbrio social, proporcionado pelo capitalismo.

c) o emprego, na sua forma atual, com horário estabelecido, remuneração paga a cada mês e apoio legal tornou-se uma evidência, desde a Revolução Industrial.

d) a regulamentação e o fortalecimento do emprego, nas sociedades europeias, constituem uma evidência das chamadas Idade Moderna e Idade Contemporânea.

CAPÍTULO 32

Comunicação em rede e informação

1. Outras consequências

Causa espanto pensar que a revolução digital se disseminou pela sociedade há pouco mais de três décadas.

O impacto social do advento das novas tecnologias se fez sentir em diferentes campos: na percepção humana da realidade, nas relações sociais, na economia, na educação, na produção do conhecimento, nas formas de entretenimento, na vida cotidiana, na maneira como lidamos com nosso corpo. Em cada um desses setores, as transformações foram radicais e ainda estão em processo. Causa espanto pensar que, mesmo tendo suas origens mais profundas no início do século XIX, a revolução digital se disseminou pela sociedade há pouco mais de três décadas. Por outro lado, a rapidez com que as inovações se sucedem nos impede de fazer grandes prognósticos ou tecer críticas muito categóricas. Os sociólogos procuram acompanhar as transformações, tentando prever e diagnosticar seus efeitos, alertando a sociedade para as consequências das mudanças, visando assegurar uma transição menos conturbada dos padrões em torno dos quais a sociedade se estrutura (figura 1).

Há, entretanto, outras dificuldades. Além da rapidez com que as tecnologias se renovam e se modificam, há o fato de que elas ocorrem numa sociedade globalizada, o que dificulta tecerem-se considerações de caráter geral – as características regionais e nacionais acabam por apresentar especificidades importantes que desafiam nossas pretensões a generalizações. Complementa esse cenário, que favorece o relativismo e a ambiguidade, o caráter cada vez mais interdisciplinar dos objetos de estudo. Para podermos entender como funcionam as novas mídias, temos de saber, minimamente, como elas armazenam, processam e difundem informação.

DANIEL MARENCO/FOLHAPRESS

Figura 1 • *Lan house* na rua Augusta, em São Paulo, 2010. Além dos contatos primários e secundários, as novas tecnologias instituíram a comunicação em rede com novas formas de sociabilidade. As *lan houses* são um exemplo de local de sociabilidade das novas mídias digitais. Nelas é possível acessar a internet para bater papo e jogar *on-line*.

As mídias digitais não são mídias de massa, pois os usuários não estão submetidos a uma única experiência comum e coletiva, como a audiência de uma telenovela ou o público que assiste a um filme. Ao contrário, num mesmo momento, cada computador acessa informações diferentes, por meio de opções diversas traçadas entre as múltiplas possibilidades do hipertexto, o que transforma essa experiência numa vivência individual. Assim, torna-se um desafio para o sociólogo perceber tendências em um tipo de comunicação altamente segmentado. As pesquisas demonstram a dificuldade em captar valores e opiniões que sejam representativos dessa sociedade conectada por computadores ou de seus segmentos.

Por isso, procuramos anteriormente destacar análises que dizem respeito às consequências da informatização da sociedade na produção material e na organização da vida social.

2. Comunicação a distância e novas sociabilidades

A comunicação a distância é um aspecto especialmente importante do uso de novas mídias nas relações humanas. As redes de computadores locais ou mundiais conectam usuários separados por quilômetros, que muitas vezes falam idiomas diferentes, vivem sob regimes políticos diversos e integram culturas que pouco têm em comum. As pessoas teriam pouca chance de se reunir na sociedade concreta. Entretanto, graças a computadores ligados em rede, elas podem entrar em contato em razão de algum interesse compartilhado, como jogo ou entretenimento, redes de relacionamento, posição política, trabalho ou *hobby*.

Um aspecto especialmente importante do uso de novas mídias nas relações humanas é a comunicação a distância.

Relações que se criam por meio da comunicação em rede, pelo compartilhamento de informações, pela interatividade proposta por um jogo, pela colaboração em alguma forma de trabalho ou pela solidariedade em relação a alguma catástrofe natural constituem novas formas de sociabilidade – sociabilidades mais rápidas, instantâneas e fluidas, menos comprometedoras e pessoais que duram o tempo que os motivos que colocaram as pessoas em contato perdurarem; relações que podem ter alto grau de proximidade afetiva mas que são, também, bastante instáveis introduzem na sociedade novas formas de cumplicidade e aliança.

As possibilidades da comunicação a distância são úteis para estabelecer novas relações entre pessoas que, embora distantes do ponto de vista geográfico, podem ser próximas do ponto de vista psicológico, ideológico ou profissional. A comunicação a distância, contudo, não estreita laços entre pessoas apenas do ponto de vista geográfico, mas também afetivo. A troca de *e-mails*, principal serviço da internet, permite manter contato e estreitar laços com parentes, amigos, colegas de trabalho, clientes e fornecedores. Numa sociedade em que as pessoas se deslocam de um espaço a outro continuamente, a rede de computadores permite manter contato com aquilo que deixamos, estreitando laços e mantendo as relações (figura 2).

Podemos dizer que, com a comunicação em rede, as pessoas, de modo geral, se tornam mais próximas umas das outras.

Podemos dizer que, com a comunicação em rede, as pessoas, de modo geral, se tornam mais próximas umas das outras, quer pela possibilidade de enviar uma mensagem, de fazer uma crítica, de estabelecer um contato, de conversar por meio de um *site* de relacionamento ou de um *e-group*. Dessa forma, estabelecem-se novas relações com pessoas ou instituições e perduram as que já existem. Para cerca de 10% da sociedade brasileira, a comunicação em rede já faz parte dos canais de comunicação com os quais se mantêm amizades, relações afetivas, parcerias, trocas profissionais e negócios.

Para Pierre Lévy, desde as primeiras redes locais colocadas em uso nos Estados Unidos nos anos 1970, surgiu uma nova forma de sociabilidade, comunidade, participação e pertencimento.

COLUMBIA PICTURES/EVERETT COLLECTION/LATINSTOCK

Figura 2 • Cena do filme *Nunca te vi, sempre te amei*, dirigido por David Hugh Jones, Grã-Bretanha, 1986. No filme, uma escritora norte-americana (interpretada pela atriz Anne Bancroft – na foto), apaixonada por livros raros, corresponde-se com um livreiro londrino. Ao longo de vinte anos, estabelecem uma relação amorosa a distância. O impacto desse tema foi grande na época. Hoje, com a internet, as relações afetivas a distância começam a ser consideradas normais e não mais surpreendem.

3. Multimídia e novas sensibilidades

A rede mundial de computadores possibilitou a interação e a comunicação entre usuários próximos e distantes. A diminuição da distância geográfica entre as pessoas, contudo, não foi a única transformação que ocorreu. A comunicação dos usuários por meio de programas multimídia, munidos de texto, imagem fixa, imagem em movimento, som, interatividade e uma série de programas e interfaces, permitiu o surgimento de nova sensibilidade nos processos comunicativos.

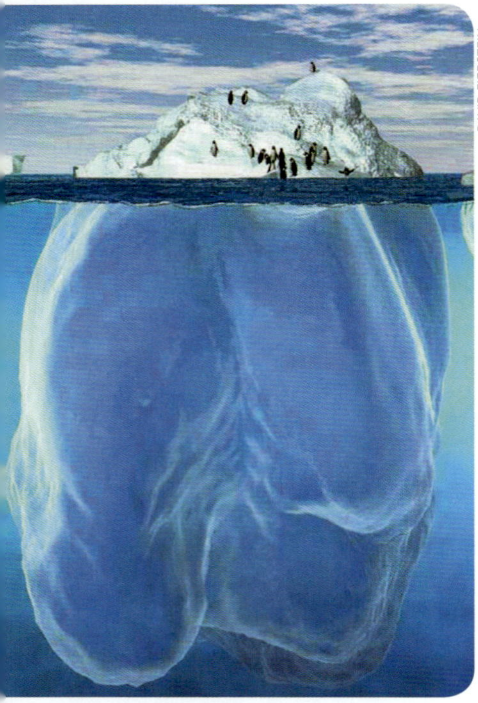

DAVID FIERSTEIN

Figura 3 • Arte de David Fierstein, 2007. O uso irrestrito de programas de manipulação de imagem tirou da fotografia parte de sua credibilidade. Imagens como a desse *iceberg* com pinguins deixam dúvidas se são resultado de montagens ou se é uma única fotografia dessa cena.

Inicialmente, temos de reconhecer que a relação íntima que existia entre as mídias analógicas e a realidade, a partir da qual essas mídias produziam as imagens e os sons que se disseminavam pelo público, desapareceu com o surgimento do processo de digitalização ou numerização (figura 3), no qual cada imagem ou som são traduzidos para uma matriz numérica e assim se tornam flexíveis, maleáveis e manipuláveis. Por outro lado, é essa matriz numérica que permite a decodificação e o retorno para o analógico com o qual o usuário interage no monitor. Existe, portanto, no universo digital, uma ruptura entre a informação multimídia e o real do qual ela provém. Esse é o processo de simulação que lhe é próprio.

> "Quer o computador tenha procedido a partir de objetos reais numerizados ou de objetos descritos matematicamente, a imagem que aparece sobre a tela não possui mais tecnicamente nenhuma relação direta com qualquer realidade preexistente. Mesmo quando se trata de uma imagem ou objeto numerizado, pois a numerização rompe esta ligação – esta espécie de cordão umbilical – entre a imagem e o real."
>
> COUCHOT, Edmond. *A tecnologia na arte:* da fotografia à realidade virtual. Porto Alegre: UFRGS, 2003. p. 163.

Talvez seja essa ruptura que se estabelece entre o processo de apreensão do real e sua apresentação codificada ao usuário que faz do ambiente da rede um espaço de simulação e inautenticidade. Assim, dissolve-se a aderência ao real que existe, por exemplo, na imagem fotográfica que testemunha aquilo que foi visto pelo fotógrafo. A imagem que se vê na tela do computador é informação cuja autenticidade não pode ser preestabelecida nem comprovada.

A imagem que se vê na tela do computador é informação cuja autenticidade não pode ser preestabelecida nem comprovada.

Mas, se reconhecemos que há uma perda de informação na visualidade das imagens numéricas, podemos dizer que há um ganho no que diz respeito ao cenário e ao ambiente onde elas se apresentam. Nas mídias digitais, estamos libertos do domínio da bidimensionalidade, podendo interagir num espaço tridimensional ou de múltiplas coordenadas. Em ambientes de simulação, falamos em imersão e em virtualidade, nas quais pode até mesmo desaparecer a fronteira que separa imagem e observador. Podemos mergulhar na imagem e até nela nos envolvermos. São novas linguagens, novas relações e novas sensibilidades que são propostas e estimuladas pelas novas tecnologias (figura 4).

WALT DISNEY PICTURES/COURTESY EVERETT COLLECTION/ LATINSTOCK

Figura 4 • Cena do filme em 3-D *Alice no País das Maravilhas*, dirigido por Tim Burton, Grã-Bretanha, Estados Unidos, 2010. Nas mídias digitais há uma ruptura entre a imagem e o real que ela representa. Mas, em contrapartida, com a chamada realidade virtual, pode desaparecer a fronteira entre imagem e observador.

4. Interatividade e dialogismo

A interatividade é a condição básica das mídias digitais. Ao contrário do que acontece quando assistimos a um filme ou a um programa de televisão, a comunicação em rede e o uso das mídias digitais exigem a participação do usuário, do internauta, do interlocutor. É preciso agir, escolher, navegar, ouvir, ler, observar, responder, enviar, comprimir, zipar, escrever, manipular, ampliar, reduzir, abrir, fechar. Por isso, as relações mediadas por computador escapam ao princípio da mera representação do real, assim como da manifestação simbólica. Utilizar mídias digitais, comunicar-se por computador é antes de tudo uma forma de interação simbólica que exige atenção, planejamento, intervenção. É por meio dessa interatividade que entramos no ciberespaço e interagimos com os fluxos de informação.

A obra aberta tornou-se uma tendência do modernismo, estimulando o público a brincar com objetos, a adentrar espaços, a responder ao autor.

Interatividade não é novidade. Desde os primórdios da fotografia, manifestou-se o interesse do fotografado em interagir e intervir no resultado da imagem. Para isso o modelo faz pose, interpreta, atua de forma a ser uma espécie de coautor. E, com o telégrafo e o telefone, a possibilidade de diálogo estimulou a interação entre as pessoas. Nas artes, desde o início do século XX, observamos o interesse crescente das pessoas em obras que não fossem completamente fechadas ou acabadas. A **obra aberta** tornou-se uma tendência do modernismo, estimulando o público a brincar com objetos, a adentrar espaços, a responder ao autor.

Com o advento das mídias digitais, as possibilidades de interação e diálogo foram alargadas (figura 5). Há formas de comunicação em rede em que a única intervenção possível por parte do usuário é a interação mecânica, ou seja, abrir, fechar ou clicar. Há outras formas de comunicação que permitem aos interagentes escolher caminhos, responder questões, modificar textos e manipular imagens. Finalmente, num grau maior de possibilidades interativas, há experiências que permitem ao usuário modificar o programa. A cada intervenção, por meio de respostas ou *feedbacks*, o programa se reorganiza, incorporando a informação do interagente. Os programas de inteligência artificial fazem parte dessa categoria, e neles se estabelece quase um processo de coautoria.

Obra aberta

É o título de um dos livros publicados por Umberto Eco no qual define o conceito. Segundo o autor, toda obra de arte é uma obra aberta, na medida em que possibilita múltiplas e diferentes interpretações, mas, no modernismo, e principalmente na arte contemporânea, essas "leituras" possibilitadas pela obra passaram a ser mais claras e intencionais.

BRUCE AYRES/GETTY IMAGES

Figura 5 • Videoconferências são formas de comunicação em rede interativas, simultâneas e sincrônicas. Executivos em videoconferência, Grã-Bretanha, 2006.

É importante também lembrar que nem sempre a interatividade possibilitada pelas mídias digitais ocorre entre pessoas. Em muitos casos, interagimos com máquinas e programas, e nosso interlocutor é mera simulação. As formas de atendimento eletrônico são um exemplo disso. De qualquer forma, as mídias digitais estimulam a ação e a intervenção, transformando o ciberespaço num ambiente de relacionamento e ativismo.

A cada invento ampliam-se as possibilidades de interação, de diálogo, de troca de informações, de trabalho colaborativo e de relacionamento.

A cada invento, todavia, ampliam-se as possibilidades de interação, de diálogo, de troca de informações, de trabalho colaborativo e de relacionamento. Nos processos judiciais, há o uso de videoconferências, cuja validade ainda está sob discussão. Na medicina, esse recurso tem sido muito útil para acompanhamento de pacientes a distância.

O mercado de informação

Nas relações mediadas por tecnologia, seja por computador, seja via celular, troca-se **informação**, ou seja, conhecimento, identificações, ideias e conceitos que possuem valor para quem os envia ou recebe (figura 6). A incorporação dos meios eletrônicos aos processos produtivos não só acelerou mas também acrescentou à produção novas exigências, como produzir, registrar, armazenar e processar informação.

Informação. É o resultado da manipulação e organização de dados registrados de forma simbólica, de um objeto, evento ou fato do mundo real, situado no tempo e no espaço, e que modifica o conhecimento de quem a recebe.

O trabalho de uma secretária pode servir de exemplo. No passado ela escrevia cartas, classificava documentos e atendia pessoas. Parte de seu trabalho se materializava em papéis e arquivos, mas outra parte se realizava no improviso e nos registros ocasionais de sua agenda. O conhecimento que ela acumulava no exercício de suas diferentes tarefas estava em sua memória, experiência e presteza, constituindo um saber pessoal só transferível pela educação ou treinamento de uma substituta.

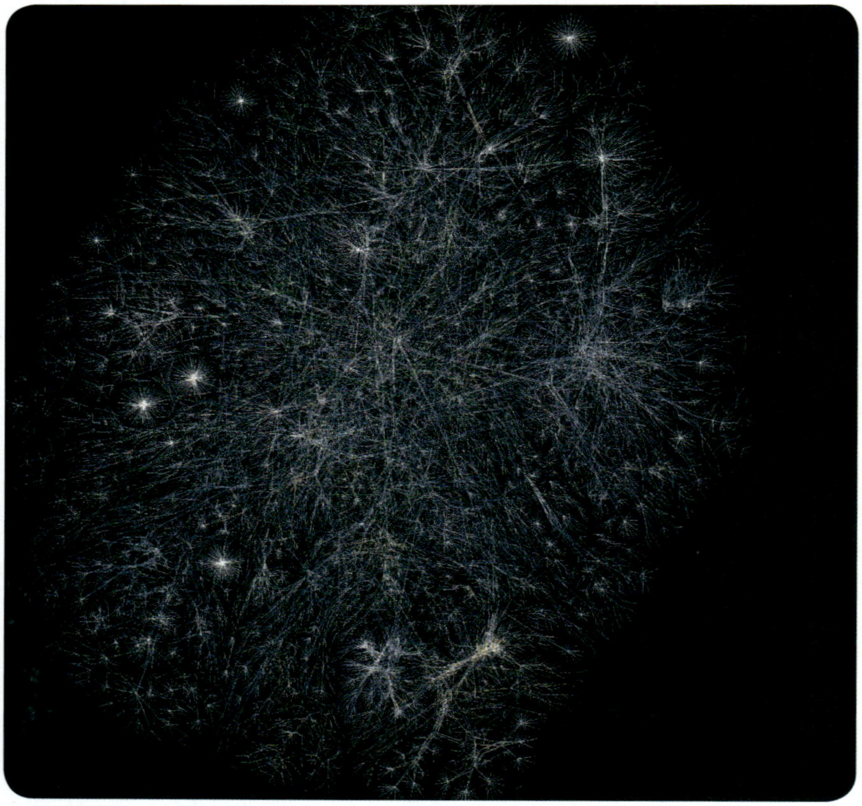

THE OPTE PROJECT

Figura 6 • No contexto de redes de computadores, *backbone* (espinha dorsal, em português) designa o esquema de ligações centrais de um sistema mais amplo, tipicamente de elevado desempenho. Na internet, podem-se encontrar, hierarquicamente divididos, vários *backbones*: os de ligação intercontinental, que derivam nos *backbones* internacionais, que por sua vez derivam nos nacionais. Neste nível, encontram-se, tipicamente, várias empresas que exploram o acesso à telecomunicação. Na figura (mapa parcial da internet) cada linha é traçada entre dois nós, que representam dois endereços IP (*Internet Protocol*, endereço de algum equipamento, em geral computadores, em uma rede privada ou pública).

Hoje, com os sistemas integrados, todas as cartas, ofícios ou telefonemas estão registrados na base de dados do escritório e passam a constituir um patrimônio coletivo alimentado diariamente pela secretária. Esse é o processo pelo qual esse trabalho se transforma em informação.

Com esse exemplo compreende-se como os sistemas informacionais produzem valor e como as redes se apropriam do trabalho abstrato realizado em rede.

> "O que a grande maioria das pessoas vem produzindo em seu trabalho é informação social. Registrada em patentes de produtos ou processos; comunicada em relatórios, protótipos, desenhos, painéis de controle de máquinas, gravada em películas cinematográficas; transmitida em programas de rádio e televisão, por telegrama ou telefone. Posta nas muitas formas pelas quais possa ser socialmente gerada, registrada e comunicada, a informação tornou-se objeto imediato de trabalho da maioria dos indivíduos."
>
> DANTAS, Marcos. *A lógica do capital-informação.* Rio de Janeiro: Contraponto, 2002. p. 117.

Antes da informática, um representante tinha como capital de trabalho a agenda com os dados dos clientes. A partir do momento em que ele se integra a sistemas informatizados, os dados dos clientes passam a ser informação social da empresa para a qual trabalha. Cada endereço que ele registra introduz nova informação nesse sistema, agregando um valor que é material, objetivo e contábil e não apenas abstrato ou subjetivo. O desenvolvimento da informatização do trabalho criou a indústria da informação. O valor de cada informação depende de sua capacidade inovadora e do quanto gera de ganho, lucro e capital. O trânsito dessas informações são os fluxos que trafegam pelas redes locais e mundiais de computadores. A decisão sobre quem é o emissor ou o receptor da informação, contudo, depende do gestor da rede que monopoliza a informação. Portanto, não podemos dizer que os sistemas informatizados são democráticos. Eles constituem uma topologia que reflete a centralização dos fluxos em torno de receptores privilegiados. Essa tipologia hierarquiza o universo das informações e cria acumulação de capital-informação. Isso significa que, por trás das relações, das trocas de mensagens, da interatividade, da agilização da produção, processa-se um mercado de informações que espelha e reproduz as diferenças e desigualdades da sociedade. A informatização faz aumentar a produção mas também agiliza a concentração de capital e aprofunda as desigualdades entre grupos, classes e nações.

O desenvolvimento da informatização do trabalho criou a indústria da informação. O valor de cada informação depende de sua capacidade inovadora e do quanto gera de ganho, lucro e capital.

Assim, os sociólogos dos países do chamado capitalismo emergente veem com preocupação o avanço acelerado da informatização em seus territórios. Sinônimo de progresso e desenvolvimento, as novas tecnologias parecem colocar em risco a soberania dos países em desenvolvimento, por torná-los dependentes de sistemas tecnológicos, de maquinário, de *know-how* importado em permanente atualização. As exigências da informatização, muitas vezes, atropelam o planejamento econômico dos países em crescimento, fazendo crescer a dívida externa e alterando a balança comercial dessas nações.

5. Desafios da sociologia na sociedade informacional

Espera-se que os indivíduos construam soluções pessoais para problemas comuns, produzidos socialmente.

Octávio Ianni foi um dos sociólogos brasileiros a reconhecer a importância da globalização para o desenvolvimento da sociologia. Além da emergência de novas formas de relação, sensibilidade e dialogismo e da mediação cada vez maior das novas tecnologias nas relações humanas, é preciso rever princípios, objetos e métodos nas ciências sociais. Para Ianni, o globalismo é o novo emblema da sociologia. Isso porque há emergência de novas formas de dominação e poder, novos conflitos, novas tensões surpreendentes. E a globalização não é o somatório dos Estados nacionais, mas uma redefinição de suas relações desiguais que agora se manifestam em estruturas novas, como a mundialização do mercado e o trânsito que se dá de mercadorias, pessoas e informações.

> "Quando a sociedade configura-se simultaneamente como local, nacional, regional e mundial, envolvendo grupos, classes e movimentos sociais, da mesma forma que relações, processos e estruturas de dominação e apropriação, algumas categorias básicas da reflexão sociológica abalam-se, parecem declinar ou emergir, desafiando a imaginação.
>
> O que já vinha germinando há muito tempo, nesta época parece tornar-se mais explícito. A realidade social, em âmbito local, nacional, regional e mundial, parece ter adquirido outras configurações e outros movimentos. A descoberta das recorrências e continuidades revela simultaneamente que são muitos os sinais das surpresas e novidades."
>
> IANNI, Octávio. A sociologia numa época de globalismo. In: FERREIRA, Leila da Costa (Org.). *A sociologia no horizonte do século XXI*. São Paulo: Boitempo, 2002. p. 14.

Para o sociólogo e antropólogo brasileiro Renato Ortiz, as diferenças sociais não podem ser definidas por pluralismo ou multiculturalismo.

> "No entanto, o quadro de transformação mundial não deixa de ser também inquietante. As diferenças produzidas no seu interior vêm demarcadas socialmente, elas desnudam as desigualdades [...] na medida em que o sistema mundial é um conjunto integrado, as diferenças (locais, regionais, nacionais) tendem a se exprimir dentro do contexto global."
>
> ORTIZ, Renato. Cultura, modernidade e identidade. In: SCARLATO, Francisco Capuano e outros (Orgs.). *Globalização e espaço latino-americano*. São Paulo: Annablume; Hucitec-Anpur, 2002. p. 26.

Outros sociólogos procuram desmontar o discurso próprio da globalização e da cibernética, mostrando como é utópico o princípio de uma democracia em rede e irrealizável a ideia de uma sociedade virtual e colaborativa. E, de maneira geral, tentam colocar os conceitos e as metodologias consagrados da sociologia a serviço desse objeto tão novo, abstrato, interdisciplinar e volátil que é a sociedade da informação.

Para o sociólogo polonês Zygmunt Bauman, nunca a sociologia foi tão necessária quanto hoje. Espera-se que os indivíduos construam soluções pessoais para problemas comuns, produzidos socialmente. Mas essas experiências não podem ser apreendidas dentro da esfera individual e permaneceriam invisíveis sem a ajuda da sociologia.

Atividades

Compreensão do texto

1. Por que a sociologia deve se preocupar em estudar as novas tecnologias?
2. Por que esse estudo é difícil e de resultados imprevisíveis?
3. Por que as mídias digitais não podem ser consideradas mídias de massa como o rádio e a televisão?
4. Por que pessoas que moram em uma mesma cidade se comunicam entre si por meio de tecnologias de comunicação a distância?
5. O que é interatividade?
6. O que é informação?

Interpretação e problematização

7. Analise o texto a seguir.

> "A diferença mais surpreendente entre a Terceira Revolução Industrial e as duas anteriores é a possibilidade de uma produção descentralizada, em que os componentes de um determinado produto podem ser fabricados em diferentes lugares. O mundo globalizado diminui tempo e distância em escala jamais alcançada, o que deve ser atribuído à aceleração do ritmo dos transportes de mercadorias e da informação."
>
> TEIXEIRA, Fernando. Tecnologias de Informação trazem mudanças nos postos de trabalho. *Revista ComCiência*. Disponível em: www.comciencia.br. Acesso em: 20 abr. 2010.

Com base na análise do texto e nos conhecimentos sobre as mudanças estruturais produzidas pela tecnologia no mundo atual, indique duas consequências da expansão da Terceira Revolução Industrial na economia mundial.

8. Na sua opinião, ser classificado como usuário, ao utilizar mídias digitais, é uma negação dos valores do humanismo?

Aplicação de conceitos

9. **Cinema**

Matrix, de Andy e Larry Wachowski. Estados Unidos, 1999, 136 min.

Ficção científica que discute a revolução tecnológica e as novas formas de relação com a realidade. Esse filme se tornou um paradigma visual, psicológico, filosófico e sociológico da discussão sobre as novas tecnologias, a sociedade midiática e as relações humanas. Há várias parábolas e metáforas contidas nele.

- Assista ao filme e analise-o sob o ângulo de como a consciência dessa realidade imagética e simbólica é capaz de romper o mundo do irreal e virtual, abrindo espaços para que o ser humano, como indivíduo, possa se posicionar no mundo com sua própria personalidade e vontade.

Pesquisa e debate

10. Tomando você mesmo como ponto de partida, pesquise a rede de pessoas que se forma quando uma informação é transmitida, procurando identificar quantos níveis de interação podem ser atingidos. Inspire-se no modelo da ilustração a seguir. Você pode usar *e-mails* ou mensagens por *sites* de relacionamento, por exemplo, para pesquisar essa rede. Depois, debata em sala de aula os resultados que cada um alcançou.

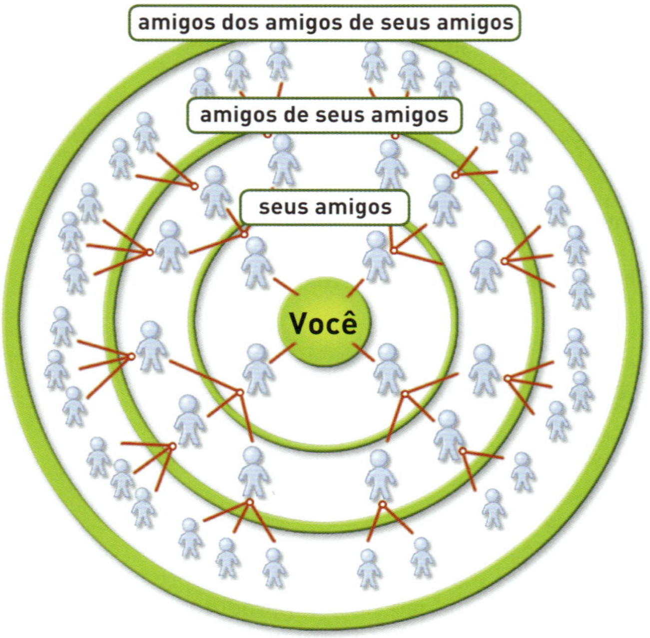

PAULO MANZI

Ilustração de mapa de rede de relacionamentos da internet.

Leitura visual

11. Analise a imagem e responda às questões.

REPRODUÇÃO

Imagem de uma rede social em que você se torna personagem no mundo virtual, 2010.

a) Quais são as semelhanças e as diferenças entre as relações estabelecidas por rede de computadores e as relações pessoais?

b) Como você avalia essas diferenças?

Questões de vestibular e do Enem

12. (UEM-PR)

> "Todos reconhecem que a globalização econômica e financeira, e principalmente o progresso das tecnologias de informação e de comunicação, ao facilitar a circulação dos bens e serviços culturais, favorece o contato e o intercâmbio entre as culturas. Isso não representa um problema em si, já que a cultura, assim como a identidade, é construída na interação. O problema é que essa interação tem acontecido de maneira profundamente desigual, com um fluxo de bens e serviços culturais direcionado principalmente dos países desenvolvidos para os países em desenvolvimento. O exemplo mais visível desse desequilíbrio é a oferta de filmes no mundo, pois as grandes produtoras cinematográficas são norte-americanas e detêm algo como 90% do mercado mundial do audiovisual (filmes e programas para televisão)."
>
> DUPIN, Giselle. Para entender a Convenção. *Revista Observatório Itaú Cultural*. n. 8, abr./jul. 2009. p. 13.

Considerando o texto acima e seus conhecimentos sobre o tema cultura midiática, assinale o que for **correto**.

a) As tecnologias de informação e comunicação favorecem os processos de aculturação, que levam à destruição de culturas menos evoluídas por culturas mais desenvolvidas.
b) Os países em desenvolvimento, por não possuírem grandes indústrias de tecnologia de informação e comunicação, conseguem preservar a diversidade cultural de seus povos.
c) As produtoras cinematográficas norte-americanas dominam o mercado mundial do audiovisual porque oferecem um produto de melhor qualidade tecnológica que as produtoras de países em desenvolvimento, como o Brasil.
d) A oferta e a circulação de bens culturais sofrem impactos decorrentes da desigualdade política e econômica entre os países.
e) A cultura não deve ser vista como um patrimônio imutável, mas como uma construção social constantemente influenciada pelas trocas simbólicas e econômicas.

Leitura complementar

Capítulo 31

Distúrbio eletrônico

"A invenção da câmera de vídeo portátil, no final dos anos 1960 e início dos anos 1970, fez com que artistas radicais da mídia especulassem que num futuro próximo todas as pessoas teriam acesso a tal equipamento, causando uma revolução na indústria televisiva. Muitos esperavam que o vídeo se tornasse a ferramenta definitiva para a arte democrática distributiva. Cada lar se tornaria seu próprio centro de produção, e a confiança na rede de televisão para a obtenção de informação eletrônica seria apenas uma entre muitas opções. Esta profecia nunca se realizou. [...] Todos os vídeos, com exceção dos vídeos caseiros, continuaram nas mãos de uma classe tecnocrática de elite, embora (como no caso de qualquer classe) existam elementos marginalizados que resistem à indústria da mídia e mantenham um programa de descentralização.

A revolução do vídeo fracassou por duas razões – uma falta de acesso e uma ausência de desejo. O acesso ao *hardware* [...] continuou difícil como sempre, e não existem pontos regulares de distribuição além dos locais públicos de acesso oferecidos por algumas franquias de TV a cabo. Também tem sido difícil convencer as pessoas que não são da classe tecnocrática, e que têm acesso ao equipamento, de que elas deveriam desejar produzir algo com o vídeo. Isso é compreensível quando se considera que as imagens da mídia são fornecidas em uma quantidade tão avassaladora que a ideia de produzir imagens torna-se sem sentido. O plagiador contemporâneo enfrenta exatamente o mesmo desânimo. O potencial para gerar textos recombinantes no momento é apenas isso, um potencial. Ele possui ao menos uma base mais ampla. [...] Contudo, a produção cultural eletrônica não tomou a forma democrática que os plagiadores utópicos esperam que venha a ter.

[...] há um problema mais traiçoeiro que emerge da esquizofrenia social dos Estados Unidos. Enquanto seu sistema político se baseia teoricamente em princípios democráticos de inclusão, seu sistema econômico se baseia no princípio de exclusão. Consequentemente, sendo ela própria um artigo de luxo, a superestrutura cultural tende também em direção à exclusão. [...] Assim o plagiador (até mesmo o da classe tecnocrática) é mantido em uma posição profundamente marginal [...]"

CRITICAL ART ENSEMBLE*. *Distúrbio eletrônico*.
São Paulo: Conrad, 2001. p. 87-88. (Coleção Baderna)

Compreender o texto

1. "[...] há um problema mais traiçoeiro que emerge da esquizofrenia social dos Estados Unidos. Enquanto seu sistema político se baseia teoricamente em princípios democráticos de inclusão, seu sistema econômico se baseia no princípio de exclusão". Explique.
2. No seu cotidiano, como você percebe o uso da tecnologia feito por você, seus pais, seus parentes, seus amigos? Existem diferenças? O que elas significam?

* Critical Art Ensemble é um grupo formado em 1987 nos Estados Unidos, integrado por Steve Barneys, Dorian Burr, Steve Kurtz, Hope Kurtz (falecida) e Beverly Schlee, para trabalhar com as intersecções entre arte, teoria crítica, tecnologia e política radical. Seus membros atuam nas áreas de computação gráfica e *webdesign*, filme, vídeo, fotografia, arte textual e performances.

Sugestões

PARA LER

- **Uma história social da mídia**, de Asa Briggs e Peter Burke. Rio de Janeiro: Zahar, 2004.

  Os autores traçam uma análise dos meios de comunicação, da prensa inventada por Gutenberg até a internet. O estudo recria não só as sociedades em que esses meios surgiram, como também os impactos que estes causaram.

- **Pauliceia desvairada**, de Mário de Andrade. São Paulo: Edusp, 2003.

  Lançado em 1922, às vésperas da Semana de Arte Moderna, é um verdadeiro retrato da São Paulo do início do século XX. Os poemas captam as tensões da metrópole em transformação. Diferentemente dos futuristas, Andrade e sua postura modernista questionam as inovações tecnológicas e a visão idílica de progresso.

PARA ASSISTIR

- **Gabbeh**, de Mohsen Makhmalbaf. Irã/França, 1996, 75 min.

  Enquanto uma mulher tece um tapete, conversa com os fios e conta a história de Gabbeh, uma jovem proibida pela família de encontrar seu amor. Verdadeira declaração de amor à cultura iraniana, faz uma leitura poética do trabalho dos tecelãos.

REPRODUÇÃO

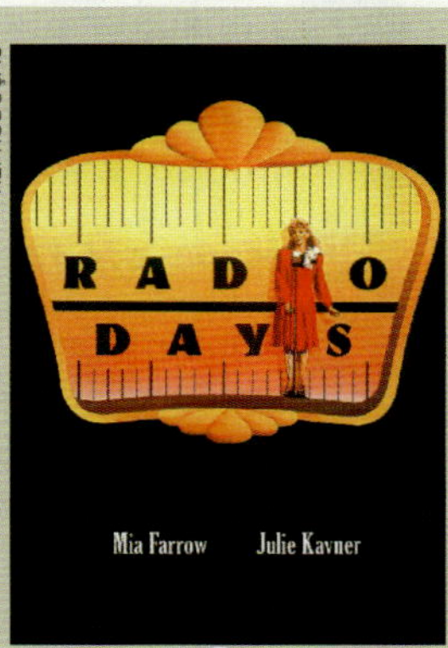

- **A era do rádio**, de Woody Allen. Estados Unidos, 1987, 88 min.

  Conta, por meio de lembranças, a história de um garoto judeu e sua família em Nova York durante a Segunda Guerra Mundial, auge da chamada "era do rádio". Allen mistura fatos reais e fictícios, num filme essencialmente nostálgico.

- **Nunca te vi, sempre te amei**, de David Hugh Jones. Estados Unidos/Inglaterra, 1986, 99 min.

  Narra a história de uma escritora norte-americana e um livreiro inglês que passam vinte anos trocando cartas sem nunca se conhecer pessoalmente. Baseado no romance homônimo de Helene Hanff.

- **Denise está chamando,** de Hal Salwen. Estados Unidos, 1995, 80 min.

  Um grupo de pessoas acaba se conhecendo por meio de seus celulares, *e-mails*, *faxes*, secretárias eletrônicas etc. A maioria delas nunca se havia visto, apesar de todos morarem em Nova York. Um dia, uma dessas pessoas marca uma festa e convida todo mundo, mas ninguém aparece. A partir daí os meios de comunicação entre elas ficam abarrotados de mensagens com desculpas esfarrapadas, acusações, desabafos, declarações de amor.

PARA NAVEGAR

- **Jornais do Mundo**
  (http://jornais.prensamundo.com)
  Reúne *links* de milhares de jornais do mundo todo.

UNIDADE

X

Sociedade de consumo

CAPÍTULOS

OBJETIVOS

- Compreender a origem e a evolução histórica do conceito de consumo e o seu papel no capitalismo.
- Estabelecer relações entre as diferentes lógicas de produção e os seus reflexos na sociedade.
- Desenvolver um olhar crítico em relação à publicidade e seus estímulos ao consumismo e à atuação dos veículos de comunicação de massa.
- Refletir sobre o papel ativo do consumidor, seus direitos e seu poder de escolha.
- Enxergar a responsabilidade da produção e do consumo para com o meio ambiente e o futuro do planeta.

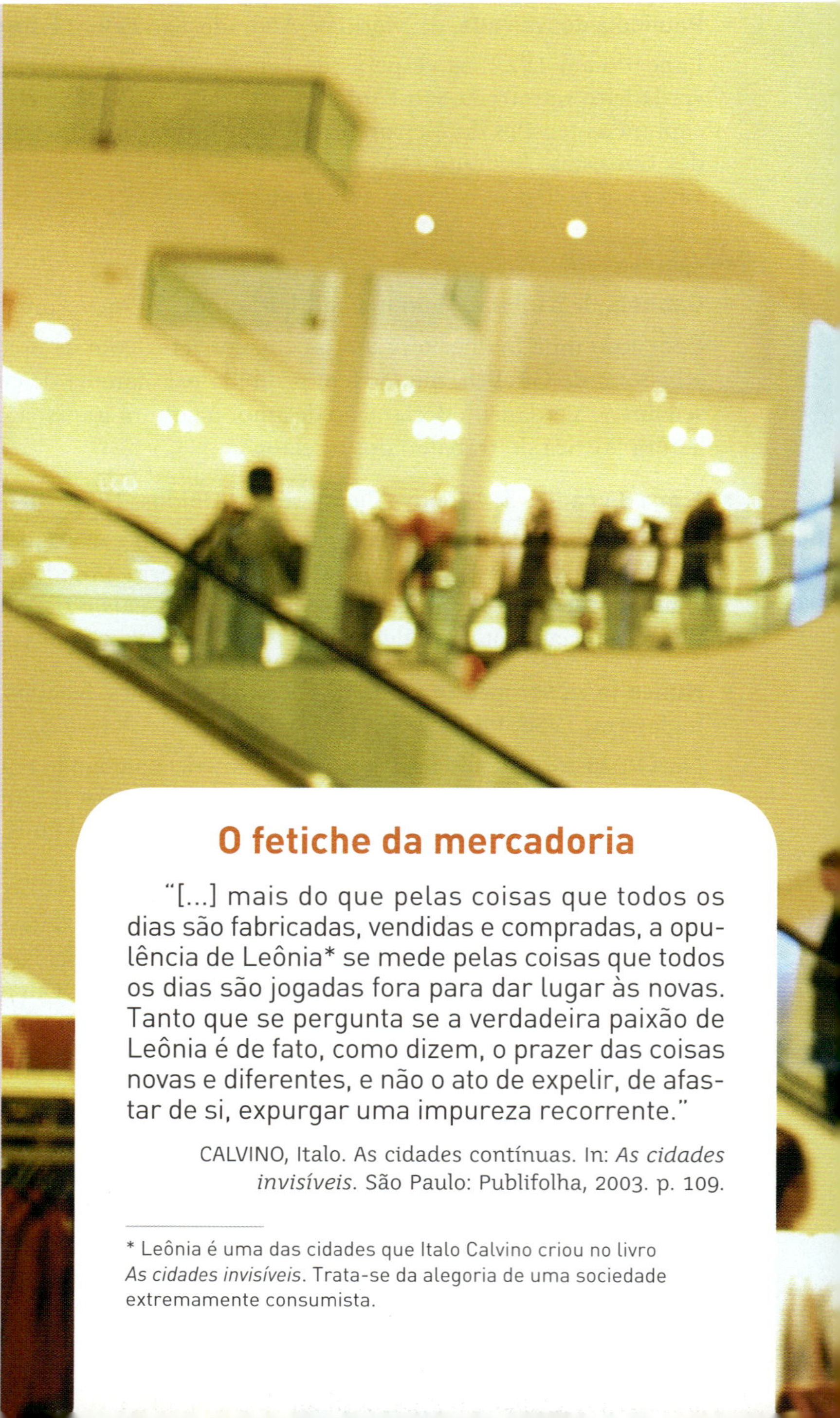

ATLANTIDE PHOTOTRAVEL/CORBIS/LATINSTOCK

O fetiche da mercadoria

"[...] mais do que pelas coisas que todos os dias são fabricadas, vendidas e compradas, a opulência de Leônia* se mede pelas coisas que todos os dias são jogadas fora para dar lugar às novas. Tanto que se pergunta se a verdadeira paixão de Leônia é de fato, como dizem, o prazer das coisas novas e diferentes, e não o ato de expelir, de afastar de si, expurgar uma impureza recorrente."

CALVINO, Italo. As cidades contínuas. In: *As cidades invisíveis*. São Paulo: Publifolha, 2003. p. 109.

* Leônia é uma das cidades que Italo Calvino criou no livro *As cidades invisíveis*. Trata-se da alegoria de uma sociedade extremamente consumista.

Detalhe de cartaz publicitário anunciando novo modelo de aparelho de televisão, década de 1950.

Manequim de loja na Quinta Avenida, Nova York, Estados Unidos, 2000.

Para debater

- **O texto de Calvino pode ser entendido como uma descrição ou uma crítica? Justifique.**

CAPÍTULO 33

Consumo

1. Produzir: um ato social e coletivo

O consumo é uma das características mais marcantes da sociedade contemporânea.

O consumo é uma das características mais marcantes da sociedade contemporânea. Há muitos autores que definem como consumista o período que teve início nas primeiras décadas do século XX e se estende até hoje, considerando a crescente importância que se atribuiu à posse de bens materiais e ao poder das coisas como meios de felicidade e prestígio. A oferta e a variedade de produtos cresceram de modo exponencial e, consequentemente, as pessoas passaram a se dedicar, cada vez mais, a obter meios para consumir. Paradoxalmente, as mercadorias são consumidas e descartadas num ritmo tão rápido que logo se tornam obsoletas (figuras 1 e 2). Essa contradição transformou o consumo em um dos temas mais relevantes da sociologia contemporânea, embora já fosse estudado desde o século XIX.

O consumo sempre foi uma preocupação importante entre os estudiosos da sociedade que desejavam entender como se produzia e estimulava a circulação de bens, fonte, segundo alguns economistas, de toda a riqueza. Essas teorias elaboradas desde o mercantilismo separavam o consumo da produção, considerando apenas os processos de acumulação de bens, especialmente metais preciosos. As consequências da aceitação dessas teorias estão expressas no colonialismo, especialmente o ibérico, quando populações inteiras foram dizimadas para que metais e pedras preciosas enchessem os cofres europeus. Durante toda a modernidade, teorias a respeito de impostos e das taxas sobre a circulação de produtos continuaram a pensar o consumo de forma isolada.

MARCOS SILVA/FOLHAPRESS

HANNAH JOHNSTON/GETTY IMAGES

Figuras 1 e 2 • A rápida obsolescência e a descartabilidade das mercadorias são responsáveis pelo aumento incessante do consumo e pela produção de uma quantidade monumental de lixo. Estimula-se o consumo do novo e do que está na moda. Os aparelhos celulares são itens que rapidamente se tornam obsoletos e são trocados por modelos mais novos. Ao lado, à esquerda, modelo de celular de 1997; à direita, modelo de *smartphone* de 2010.

Até o início do século XX, cientistas sociais ainda estudavam o consumo como algo desvinculado da produção. Já se preocupavam em denunciar, contudo, aquilo que consideravam uma atitude consumista das classes abastadas e médias, como se esse fosse um problema moral ou de caráter desses segmentos. Foi Karl Marx quem estabeleceu as bases de uma verdadeira compreensão do consumo, ao explicá-lo como parte integrante da produção, juntamente com a circulação de bens.

> "Indivíduos produzindo em sociedade – portanto uma produção de indivíduos socialmente determinada –, este é, naturalmente, o ponto de partida."
>
> MARX, Karl. *Contribuição para a crítica da economia política*. Lisboa: Estampa, 1973. p. 211.

ALEX SEGRE/ALAMY/OTHER IMAGES

Figura 3 • Vitrine de loja de roupas femininas na cidade de Barcelona. Espanha, 2007. Segundo Marx, somente pelo consumo o produto se torna realmente produto.

Em suas proposições, Marx criticava as análises dos economistas mais consagrados de sua época, que haviam concebido a vida social e econômica a partir da análise de indivíduos isolados. Para Marx, a produção só pode ser pensada de um ponto de vista social e histórico. Vive-se determinado momento da produção porque as forças históricas assim o engendraram, de forma social e coletiva, e não de maneira isolada, livre ou autônoma.

A produção, circunstanciada pela história e pelas relações sociais entre os homens, divide-se em quatro instâncias bem diferentes: a produção propriamente dita, a distribuição, a troca e o consumo.

> "Na produção os membros da sociedade adaptam (produzem, dão forma) os produtos da natureza em conformidade com as necessidades humanas; a distribuição determina a proporção em que o indivíduo participa na repartição desses produtos; a troca obtém-lhe os produtos particulares em que o indivíduo quer converter a quota-parte que lhe é reservada pela distribuição; no consumo, finalmente, os produtos tornam-se objetos de prazer, de apropriação individual."
>
> MARX, Karl. Obra citada. p. 217.

2. A produção também é consumo

Para Marx, a produção é também consumo, porque, ao produzir, o indivíduo consome matérias-primas – que perdem a forma e a constituição natural – e outros meios de produção, como as máquinas, que se desgastam. Além disso, gastamos energia no ato da produção. Essas formas de consumo recebem o nome de consumo produtivo. Essa definição é importante porque permite dissociá-la do consumo propriamente dito.

A produção é consumo, mas o inverso também é válido: o consumo é produção, por exemplo, quando o produto é o próprio corpo do consumidor, que consome os alimentos para se nutrir. É no consumo que o produto se realiza como tal e justifica sua existência como produto (figura 3).

O consumo gera a produção, assim como enseja uma nova. Ele também reproduz a necessidade que demanda a produção. Por outro lado, a produção determina o produto, bem como de que maneira ele deve ser consumido, tanto de maneira objetiva como subjetiva. Então, a produção cria o próprio consumidor. Estabelece-se, assim, entre produção e consumo, uma reciprocidade que lhes é própria, sendo um o intermediário do outro. Como o produtor não é necessariamente o consumidor, já que o trabalhador produz para outros, surge a necessidade da distribuição.

ERIK DREYER/PHOTOGRAPHER'S CHOICE/GETTY IMAGES

Figura 4 • A ilusão de felicidade a que a publicidade alude faz parte do fetiche da mercadoria. Já o valor pago pelo sabão em pó diz respeito ao conhecimento e às horas de trabalho exigidas na sua fabricação.

3. O fetichismo da mercadoria

A teoria marxista indica outro elemento muito importante para que se compreenda o que é consumo: o fetichismo da mercadoria. Trata-se de uma qualidade que é atribuída ao produto e que parece ter origem em suas características individuais, e não materiais. Essas características parecem também ser responsáveis pelo valor que se paga pelo produto, encobrindo o fato de que todo valor resulta do trabalho nele contido (figura 4).

Cada mercadoria tem um valor de uso que é dado pela sua materialidade e pelo trabalho concreto nele consubstanciado. Além desse valor de uso, a mercadoria tem um valor de troca que se evidencia no confronto com outras mercadorias trocadas no mercado. Mas a relação entre o valor das mercadorias e o valor advindo do trabalho humano realizado é encoberta por uma visão fantasmagórica que entende o mercado como uma relação entre coisas e não entre sujeitos e classes. Essa alienação, que se opera no mercado entre o valor dos objetos e o envolvimento de sua origem humana, é chamada por Marx de fetiche da mercadoria.

A propaganda tem ajudado a difundir o fetiche das mercadorias, pois apregoa qualidades imateriais dos produtos do mercado, mobilizando o desejo do consumidor. Crer que um eletrodoméstico possa garantir felicidade familiar ou conjugal ou que uma roupa possa ser responsável pelo número de admiradores que uma pessoa alicia decorre justamente desse fetiche da mercadoria. São qualidades imateriais que parecem justificar um valor que, na verdade, decorre apenas do trabalho transformador do ser humano.

Sacrifício e magia

Outros autores também se deram conta de que um valor imaterial se agrega às mercadorias, alterando seu valor e seu consumo, e procuraram explicá-lo. O sociólogo alemão Georg Simmel afirmava que o valor das mercadorias não tem origem na materialidade dos produtos, mas no julgamento que os sujeitos fazem delas. O valor de mercado depende de nossos desejos e de quanto as coisas resistem a eles. Quanto mais os desejamos, mais os produtos se tornam valiosos, e, por essa razão, os objetos de nossos desejos exigem algum sacrifício para serem obtidos, a ponto de exigir que o consumidor dê algo que é seu a outra pessoa que o deseje. Cria-se, assim, um sistema de trocas e sacrifícios.

Georg Simmel, assim como Marx, rejeitou a ideia dos economistas clássicos de que o valor das mercadorias é dado pela relação entre oferta e procura. Ao contrário, buscando as características abstratas responsáveis pelo valor dos produtos que se manifestam por ocasião do consumo, Simmel encontrou na motivação individual do consumidor uma possível origem do valor das mercadorias – o quanto ele está disposto a sacrificar para obter o que deseja (figura 5). Dessa avaliação, segundo o autor, derivaria a demanda e, depois, a produção. A publicidade que se desenvolveu nos séculos XIX e XX também acreditava nessas qualidades abstratas e mágicas dos objetos e no consumo como ato influenciado por motivação interna e subjetiva dos consumidores. Dessa forma, como apontou Marx, cientistas sociais, assim como os publicitários, estimularam uma visão fantasmagórica, naturalista e alienada do universo da mercadoria, ao julgarem o valor como decorrente de propriedades de origem não humanas dos produtos.

Georg Simmel (1858-1918)

Sociólogo alemão, foi professor na Universidade de Berlim. É considerado, com Max Weber e Karl Marx, um dos fundadores da sociologia alemã. Simmel foi um dos sociólogos que desenvolveram o que foi conhecido como microssociologia, uma análise dos fenômenos no nível micro da sociedade. Desenvolveu também a sociologia formal, que distinguia a forma do conteúdo dos objetos de estudo. Entre as suas principais obras estão *Da diferenciação social* (1890), *Os problemas da filosofia da história* (1892), *Introdução à ciência da ética* (1893), *A filosofia do dinheiro* (1900) e *Questões fundamentais da sociologia* (1917).

> "A dificuldade de aquisição, o sacrifício oferecido em troca, é o único elemento constitutivo do valor, de que a escassez é tão somente a manifestação externa, sua objetivação sob a forma de quantidade."
>
> SIMMEL, Georg. *The philosophy of money*. London: Routledge, 1978. p. 100. (tradução nossa)

O significado que as mercadorias assumem para o consumidor está ligado, portanto, aos seus predicados materiais, ao trabalho humano incorporado nelas e a alguma coisa que transcende sua materialidade e que envolve desejo, simbolismo e sacrifício – uma qualidade impalpável, mas consciente por parte de quem compra. O fetichismo torna os objetos mágicos, dotando-os de poderes sobrenaturais, que estão presentes nos mitos, nas narrativas ficcionais e nos contos maravilhosos. Como explica o folclorista russo Vladimir Propp, o objeto mágico é o elemento capaz de transformar a realidade e auxiliar o herói em suas conquistas.

Figura 5 • Ovo Fabergé, exposto no Kremlin, Moscou, Rússia, 2004. Os ovos Fabergé estão entre as peças de joalheria mais cobiçadas no mundo. Como existem poucos exemplares, são disputados avidamente por colecionadores e chegam a ser vendidos por milhões de dólares. Esse é um exemplo de mercadoria fetiche, cuja escassez e raridade elevam – e muito – seu valor.

VIKTOR VELIKZHANIN/CORBIS/LATINSTOCK

Nas mais diferentes formas narrativas populares, Vladimir Propp encontra objetos mágicos – botas de sete léguas, lâmpadas onde se escondem gênios, espadas encantadas, poções misteriosas, tapetes voadores –, sem os quais as histórias não teriam o desfecho desejado. Com um misto de poder sagrado e de magia, esses objetos têm o dom de agir sozinhos e auxiliar quem os possui, independentemente de suas qualidades pessoais. Daí a grande disputa por eles.

> "A concepção de que o utensílio não funciona movido pelo trabalho nele aplicado mas exclusivamente pelas suas qualidades inerentes leva, como já indicamos, à concepção de instrumentos que funcionam sem a interferência humana."
>
> PROPP, Vladimir. *As raízes históricas do conto maravilhoso*. São Paulo: Martins Fontes, 1997. p. 231.

As religiões têm alimentado esse imaginário coletivo que atribui poder aos objetos. As relíquias, as imagens e os ex-votos permitem que os fiéis expressem essa crença no poder simbólico dos objetos (figura 6). Alguns estudos mostram sociedades que conseguem separar a troca de objetos simbólicos da troca voltada para a satisfação das necessidades básicas dos indivíduos.

Ex-votos. Objetos – esculturas, pinturas, fotos, cartas – oferecidos a um santo de devoção, geralmente em reconhecimento a uma graça concedida. Trata-se de um hábito medieval que atravessou os tempos e é ainda popular na religiosidade brasileira.

JOÃO RAMID/ABRIL IMAGENS

Figura 6 • Fiéis tocam o vidro que protege a imagem de Nossa Senhora de Nazaré, durante procissão do Círio de Nazaré, em Belém. Pará, 2000. A crença no poder de determinados objetos confere-lhes uma dimensão que transcende a funcionalidade prática. Essa relação tem pouco ou nada a ver – na maioria das vezes – com o trabalho empregado em sua confecção.

MILA ZINKOVA

Figura 7 • Trocados entre os habitantes das ilhas da Nova Guiné, os braceletes têm apenas valor de uso simbólico e dão prestígio a quem os oferece como dádiva. Bracelete *kula* da Ilha Nabwageta, Papua-Nova Guiné.

Troca simbólica e troca econômica

O antropólogo polonês Bronislaw Malinowski relatou a existência, entre os habitantes das Ilhas Trobriand, de um importante sistema de trocas de objetos de valor simbólico – o *kula* (figura 7). Grupos nativos desse arquipélago da Polinésia produzem pulseiras, colares e adornos de conchas raras, com os quais presenteiam seus vizinhos durante as cerimônias em que celebram esse contato. Os braceletes não ficam muito tempo com os receptores, que logo os passam a outro grupo, fazendo-os circular. Extremamente valorizados, esses objetos criam uma "dívida" dos presenteados, que devem retribuir as oferendas, se possível com maior prodigalidade. Esse é o critério que dá *status* ao vencedor dessa "rivalidade" – quem oferece a maior quantidade de bens é também quem demonstra mais poder, porque fica com créditos em relação aos receptores, que "pagam" as dádivas com obrigações sociais. Não é a posse ou a acumulação desses bens que dá importância a quem os possui, mas a capacidade de dar e, no futuro, receber. Paralelamente a essa troca de "dádivas" simbólicas, os trobriandeses desenvolvem a simples troca econômica de produtos ou bens primários, denominada de *gimwali*. A existência dessa dupla forma de circulação de bens permite entender as diferentes formas de estabelecer e trocar valores. Os trobriandeses não desenvolveram o *kula* porque desconhecem o comércio de bens úteis, mas porque dão importância simbólica a determinados produtos.

Já na sociedade capitalista, essa magia do objeto se manifesta no fetichismo da mercadoria.

> "[...] por detrás de todas as superestruturas da compra, do mercado e da propriedade privada, é sempre o mecanismo da prestação social que se deve ser lido na nossa escolha, acumulação, manipulação e consumo de objetos – mecanismo de discriminação e de prestígio que está na própria base do sistema de valor e de integração na ordem hierárquica da sociedade.
>
> Dessa forma, no capitalismo, desapareceu a distinção entre diferentes processos de troca, simbólica e de bens primários, fazendo com que os produtos se tornassem receptáculos de valor de troca simbólico, de prestação social, de concorrência e de discriminação de posições sociais e de classe."
>
> BAUDRILLARD, Jean. *Para uma crítica da economia política do signo.* São Paulo: Martins Fontes, s.d. p. 12-13.

Jean Baudrillard (1929-2007)

Sociólogo, filósofo e fotógrafo francês. Além de estudioso da sociedade contemporânea, foi crítico dos meios de comunicação de massa e tornou-se um autor polêmico. Ganhou grande popularidade, especialmente por sua teoria sobre os simulacros.

4. A sociedade burguesa

Os bens simbólicos têm tido relevância em inúmeras culturas em todos os tempos. Narrativas que se baseiam nos poderes mágicos dos objetos, como sapatinhos de cristal da Gata Borralheira, comprovam essa ideia. Mas, na sociedade capitalista moderna, os objetos se apresentam como referência e mediação das relações sociais. Por mais que a sociedade estamental da Idade Média tivesse elementos sígnicos que servissem de diferenciadores sociais, as evidências dessas disparidades – propriedade, nobreza e classe – pautavam-se por elementos mais evidentes e concretos. Os indivíduos tinham pouca necessidade de exibir sinais de poder e posição, já que estes eram amplamente conhecidos, além de indiscutíveis.

Há um conto que traduz bem essa ideia. Uma princesa foi ameaçada por inimigos de sua família e, sem alternativa, fugiu com uma de suas servas, vestindo roupas simples. Ao chegarem a uma estalagem, passaram incógnitas algumas noites. O dono da estalagem, desconfiado dos modos delicados da falsa serva, pôs um grão de ervilha sob o colchão onde ela dormia. No dia seguinte, ao perguntar como passara a noite, a princesa respondeu-lhe que muito mal, pois havia algo desconfortável em sua cama. O dono da estalagem disse não ter mais dúvidas de que se tratava da princesa desaparecida, pois só uma princesa seria capaz de sentir um grão de ervilha sob um colchão. Segundo o imaginário popular, poder, nobreza e classe eram condições indisfarçáveis na Idade Média, pois envolviam não apenas características visíveis, mas gestos e comportamentos aprendidos.

Na Idade Moderna, o renascimento da atividade comercial provocou alterações nos elementos de distinção entre as camadas sociais. A burguesia enriqueceu-se e adquiriu importância na sociedade, situação que transformou as formas de sociabilidade e de identificação social.

Com o advento da burguesia e do capitalismo, ocorreram grandes mudanças na sociedade e na maneira como as classes e os grupos sociais passaram a ser identificados. Os burgueses não possuíam títulos de nobreza ou propriedades fundiárias que os distinguissem, mas acumularam posses capazes de lhes garantir um estilo de vida que os tornou inconfundíveis. Essa classe emergente ansiava por destacar-se numa sociedade que instituía relações impessoais em meio ao anônimo espaço urbano. Por isso, contrataram artistas e fizeram encomendas de palácios, roupas, retratos e mausoléus. Dessa tendência resultou uma significativa produção artística, com grandes obras musicais, visuais e arquitetônicas patrocinadas por grandes fortunas da época.

> "É um exemplo extremo da tendência de as roupas masculinas mostrarem que aqueles que as usavam não precisavam trabalhar, ou mesmo realizar qualquer tarefa que exigisse esforço, e, à medida que o século avançava, os rufos foram ficando cada vez maiores, a tal ponto que é difícil imaginar como as pessoas conseguiam levar alimento à boca." (figura 8)
>
> LAVER, James. *A roupa e a moda*. São Paulo: Companhia das Letras, 1989. p. 91.

MUSEU GROENINGE, BRUGES, BÉLGICA

Figura 8 • Detalhe do retrato do arquiduque Alberto VII da Áustria, de Frans Pourbus, o Novo, século XVI. Os rufos são uma espécie de gola usada no pescoço para indicar a distinção de um grupo social. O uso desse acessório demonstrava poder, prestígio e domínio das boas maneiras.

5. Uma sociedade de emergentes

A emergência de uma nova camada social, privada de herança ou de título nobiliárquico, mas capaz de enriquecer por meio do comércio e, depois, pela atividade industrial, trouxe necessidades novas de distinção social. Instalava-se, dessa forma, uma sociedade do **maneirismo** e do olhar – procurava-se, em meio ao anonimato das ruas, identificar quem era rico e importante e quem não era. O sociólogo alemão Norbert Elias estudou o aburguesamento da aristocracia europeia, que assimilou grupos emergentes de burgueses e intelectuais, ampliando seus hábitos.

Maneirismo. Nome dado ao estilo aristocrata do final do Renascimento que procurava mostrar uma preocupação acentuada com o luxo, a elegância e a beleza formal, em oposição ao naturalismo.

"O novo estágio da cortesia e sua representação [...] está estreitamente ligado a essa maneira de ver e, aos poucos, isso se acentua ainda mais. A fim de ser realmente 'cortês' segundo os padrões de *civilité* [civilidade], o indivíduo é até certo ponto obrigado a observar, a olhar em volta, a prestar atenção às pessoas e aos seus motivos."

ELIAS, Norbert. *O processo civilizador*. Rio de janeiro: Zahar, 1994. p. 90.

Norbert Elias explica como as elites procuraram estabelecer novas formas de comer, andar e falar, radicalmente diferentes das do homem simples e comum e, especialmente, das do homem que vivia no campo. Atitudes mais contidas, que demonstram controle corporal, passaram a ser necessárias numa sociedade que valorizava as relações, o convívio social e as negociações. Cada hábito, no entanto, estava relacionado ao uso de instrumentos de apoio que se tornavam símbolos de boa educação e, consequentemente, de riqueza. Assoar o nariz nas mangas, por exemplo, tornou-se um comportamento inconveniente e, com isso, difundiu-se o uso do lenço, que se tornou símbolo de riqueza. Ele conta, ainda, que o rei francês Luís XIV (figura 9) foi o primeiro a possuir um suprimento abundante de lenços, e que o uso desses objetos generalizou-se durante o seu reinado. O mesmo aconteceu com o uso do garfo: o ato de comer com as mãos havia se tornado sinal de barbárie e, por isso, difundiu-se o uso do talher, que passou a ser símbolo de civilidade e riqueza.

O ato de comer com as mãos havia se tornado sinal de barbárie e, por isso, difundiu-se o uso do talher, que passou a ser símbolo de civilidade e riqueza.

"[...] [Esses novos hábitos] expressam, é claro, um grau de compulsão e renúncia, mas também se transformam imediatamente em arma contra os inferiores sociais, em uma maneira de separar. O lenço, o garfo, os pratos individuais e todos seus implementos correlatos são, no início, artigos de luxo dotados de um valor de prestígio social especial."

ELIAS, Norbert. Obra citada. p. 154.

Todos esses hábitos, costumes, regras e comportamentos ocorriam em uma época em que, pela primeira vez, cada uma dessas disposições assumia a condição de enunciado universal. Numa primeira manifestação do que hoje se conhece como globalização, e que continuaria avançando pelos séculos seguintes, a sociedade burguesa já se pretendia universal.

PALÁCIO DE VERSALHES, FRANÇA

Figura 9 • O rei Luís XIV recebe o duque de Gênova, tela de Charles Le Brun, 1685. Na França do século XVII, diversos hábitos e comportamentos eram assumidos pela nobreza como símbolos de poder e distinção social.

"No final do século XVIII as linhas gerais das roupas estavam estabelecidas: para as mulheres, uma versão do que veio a ser conhecido como o vestido império; para os homens, um traje que já podemos reconhecer como tipicamente inglês. As duas modas, masculina e feminina, apresentaram muito poucas variações em toda a Europa. Ficamos novamente surpresos com o fato de, desde o século XVII, a cultura da Europa Ocidental ser basicamente a mesma, havendo, portanto, pouca diferenciação nas roupas das várias nações, pelo menos no que toca às classes superiores."

LAVER, James. *A roupa e a moda*. São Paulo: Companhia das Letras, 1989. p. 153.

TRICIA VIEIRA/FOTOARENA/FOLHAPRESS

Figura 10 • Os desfiles são mostra do caráter simbólico e ostentatório que movimenta a indústria da moda. O valor das roupas não é avaliado por características como durabilidade, mas pelo que elas representam e pelo que agregam a quem as veste. Desfile na São Paulo Fashion Week Inverno 2010.

Modo e distinção social

Desde o Renascimento até a Revolução Industrial, a sociedade foi se tornando mais complexa, e a produção de objetos para compor ambientes e personagens não parou de crescer. No entanto, com a Revolução Francesa, em 1789, e o advento da república, a mobilidade social aumentou. A classe média mais ampla começou a imitar o comportamento da elite, e os costumes tenderam a se democratizar, se não de forma idêntica, ao menos como um razoável **simulacro**. Na medida em que os costumes passaram a ser mimetizados pelas classes populares, chegava a hora de a elite renovar seus padrões, e a moda se modificou. O desenvolvimento da indústria só fez acelerar essa dinâmica entre as classes sociais por novos padrões de civilidade e de visualidade.

Surgiu a indústria, que aliou a necessidade de renovação da própria indústria à necessidade de um consumo ostentatório, capaz de evidenciar a posição de destaque e importância de seu usuário. Não é difícil entender que a indústria tenha passado a fomentar a necessidade de as classes populares se parecerem com as elites e de as elites se distanciarem das camadas populares. Iniciou-se, assim, um ciclo que se autoalimentava. À medida que surgiam produtos mais acessíveis, começava-se a produzir o novo para os ricos, que deixavam de apreciar aquilo que anteriormente os distinguia e que agora era imitado pela produção voltada para as classes mais pobres. Foi assim que a indústria criou a moda tal como a conhecemos hoje, uma lógica de produção e mercado que, por sua própria história, tem um caráter ostentatório e simbólico, assim como econômico e político (figura 10).

Já estavam estabelecidas aí as bases do que viria a ser uma sociedade de consumo: uma sociedade que procura diferenciar indivíduos num cenário cada vez mais anônimo e impessoal, ao mesmo tempo que difunde ideais de igualdade, de democracia e de inclusão social. Uma sociedade que busca homogeneizar os diferentes grupos sociais por meio da produção industrial em série, mas na qual a racionalidade econômica exige que as mercadorias sejam periodicamente substituídas por outras, renovando a produção. Cria-se, assim, o circuito da produção da moda e, com ele, uma valorização cada vez maior do valor simbólico dos objetos consumidos, gradativamente associados a poderes imateriais, abstratos e valorativos. Porém, se as bases dessa sociedade de consumo já estavam lançadas, era preciso que outras circunstâncias históricas fizessem dela uma realidade.

Simulacro

Conceito que teve sua origem na filosofia grega e que significa a criação de algo que parece mas não é real, como uma falsificação ou arremedo. Voltou a ser usado pelos filósofos que analisaram os meios de comunicação de massa e consideraram as imagens artificiais das mídias como simulacros da realidade. Jean Baudrillard é um dos que sustentam que vivemos num mundo de simulacros, dada a quantidade de imagens falsas e artificiais que nos cercam.

Atividades

Compreensão do texto

1. Como alguns estudiosos caracterizam o consumismo na sociedade contemporânea? De que modo ele influencia nosso comportamento?
2. Segundo o que foi estudado neste capítulo, qual é o paradoxo que rege a sociedade hoje?
3. O que significa dizer que o consumo gera a produção?
4. Quais são os valores contidos em uma mercadoria?
5. Qual é a origem do fetiche da mercadoria?
6. Que relação se pode estabelecer entre o fetiche da mercadoria e os objetos mágicos?
7. Que transformações ocorreram na sociedade burguesa a ponto de a mercadoria adquirir a qualidade de fetiche na sociedade industrial?
8. Qual é a origem da etiqueta social?

Interpretação e problematização

9. Leia o texto. Em seguida, relacione seu conteúdo com o que estudamos neste capítulo sobre o fetiche da mercadoria.

> "Um observador reconheceria nesse disparate a prova material da completa divergência entre a vida exterior e a vida doméstica da pessoa que ocupava esta parte da casa.
>
> Se o edifício e os móveis estacionários e de uso particular denotavam escassez de meios, se não extrema pobreza, a roupa e os objetos de representação anunciavam um trato de sociedade, como só tinham cavalheiros dos mais ricos e francos da Corte.
>
> Esta feição característica do aposento repetia-se em seu morador, o Seixas, derreado neste momento no sofá da sala, a ler uma das folhas diárias, estendidas sobre os joelhos erguidos, que assim lhe servem de cômoda estante. [...]
>
> ALENCAR, José de. Senhora. In: COUTINHO, Afrânio e outros (Orgs.). *José de Alencar*: ficção completa e outros escritos. 3. ed. Rio de Janeiro: Aguilar, 1965. p. 679-680. (Biblioteca Luso-Brasileira. Série Brasileira.)

Aplicação de conceitos

10. **Cinema**

O diabo veste Prada, de David Frankel. Estados Unidos, 2006, 109 min.

No mundo inebriante da moda de Nova York, onde um cabelo mal-arrumado pode acabar com a carreira, uma revista internacionalmente conhecida é administrada com pulso forte pela poderosa Miranda Priestly, que transformara a publicação em uma bíblia do sucesso e da ascensão social. Trabalhar na revista é um sonho e um temível desafio para quem deseja vencer na indústria da moda.

- O enredo, adaptado do romance homônimo de Lauren Weisberger, mergulha no mundo fetichizado da moda ao mostrar a transformação pela qual passa a recém-contratada assistente de Miranda, a jovem Andy Sachs, garota interiorana e comum que precisa mudar de aparência de acordo com as exigências de sua nova condição. Analise o filme observando como certas palavras (nomes de pessoas, marcas, estilos etc.) adquirem um valor supranatural, indicando muito mais do que são de verdade.

Pesquisa e debate

11. Pesquise com seu grupo de trabalho um dos vários itens (corpo, postura, roupas, acessórios, linguagem, poses etc.) que as revistas de moda, de apresentação empresarial, a televisão e os jornais indicam como obrigatórios para as pessoas que querem atingir o sucesso. Feito o levantamento, debata em sala como esses elementos se combinam e que influência exercem sobre a personalidade e as atitudes das pessoas.

Leitura visual

12. Observe atentamente a figura e responda à questão.

REPRODUÇÃO

Anúncio de calçados publicado no jornal *A Província de São Paulo*, em 1884.

O anúncio faz referência ao rei Luís XV, que governou a França entre 1715 e 1774. Quais elementos explicam essa referência?

Questões de vestibular e do Enem

13. (**Enem-MEC**) Algumas transformações que antecederam a Revolução Francesa podem ser exemplificadas pela mudança de significado da palavra "restaurante". Desde o final da Idade Média, a palavra *restaurant* designava caldos ricos, com carnes de ave e de boi, legumes, raízes e ervas. Em 1765 surgiu, em Paris, um local onde se vendiam esses caldos, usados para restaurar as forças dos trabalhadores. Nos anos que precederam a Revolução, em 1789, multiplicaram-se diversos *restaurateurs*, que serviam pratos requintados, descritos em páginas emolduradas e servidos não mais em mesas coletivas e malcuidadas, mas individuais e com toalhas limpas. Com a Revolução, cozinheiros da corte e da nobreza perderam seus patrões, refugiados no exterior ou guilhotinados, e abriram seus restaurantes por conta própria. Apenas em 1835, o *Dicionário da Academia Francesa* oficializou a utilização da palavra restaurante com o sentido atual.

A mudança do significado da palavra restaurante ilustra:

a) a ascensão das classes populares aos mesmos padrões de vida da burguesia e da nobreza.

b) a apropriação e a transformação, pela burguesia, de hábitos populares e dos valores da nobreza.

c) a incorporação e a transformação, pela nobreza, dos ideais e da visão de mundo da burguesia.

d) a consolidação das práticas coletivas e dos ideais revolucionários, cujas origens remontam à Idade Média.

e) a institucionalização, pela nobreza, de práticas coletivas e de uma visão de mundo igualitária.

CAPÍTULO 34

A indústria de massa

1. O nascimento da indústria

O processo de industrialização desenvolveu-se a partir de três eixos principais: a urbanização, o êxodo rural e a revolução tecnológica. Sem esses elementos, a Europa moderna teria permanecido como outros povos, que, embora tecnologicamente desenvolvidos, conservavam uma produção familiar e artesanal. A China, por exemplo, de onde provém grande parte das invenções introduzidas no Ocidente a partir do século XV, só desenvolveu a indústria quatro séculos mais tarde.

O assalariamento foi uma condição essencial para o desenvolvimento industrial.

Algumas das condições essenciais para o desenvolvimento do capitalismo, entretanto, foram o assalariamento e a transformação do trabalho em mercadoria. O assalariamento vincula o pagamento do trabalhador ao número de horas trabalhadas, e não à quantidade de produção. Essa possibilidade estimulou o emprego da tecnologia, pois, com o mesmo número de horas, o operário produzia maior quantidade de riqueza, que era imediatamente apropriada pelo capitalista. Já a transformação do trabalho em mercadoria tornava possível que o trabalho pudesse ser permutável por seu valor com qualquer outra mercadoria ou dinheiro. Ao se conter o pagamento dos salários e aumentar a produtividade com o emprego de novas tecnologias, havia maior possibilidade de obtenção da mais-valia, ou seja, do lucro. Foram essas as circunstâncias que propiciaram o estabelecimento da indústria capitalista.

Tais fatores consolidaram também a sociedade burguesa, dominada pelo desejo de lucro e acumulação, pelo anseio de ascensão social e pela propriedade privada. Foi nessa sociedade e nessas condições que os objetos produzidos e trocados adquiriram crescente valor simbólico, instaurando uma cultura pautada na distinção social e expressa em diferentes modos de vida (figura 1).

MAZDA USA MEDIA

Figura 1 • A publicidade estimulou o consumo e a produção, assim como alimentou os sonhos individuais, que parecem poder ser satisfeitos por "objetos mágicos" produzidos pela indústria. O carro é um exemplo das mercadorias que se tornaram símbolo de poder e sucesso pessoal.

Essas diferenças incluíam formas de falar, andar, vestir e pensar e todos os objetos necessários para compor diversos estilos de vida. As marcas de classe expressaram-se também por meio dessas formas de ser, baseadas na conquista, na obtenção e na ostentação de objetos que reafirmavam os valores sociais vigentes, além da constante busca por distinção e por um *status* social privilegiado.

A indústria, portanto, esteve integrada à formação e ao desenvolvimento da sociedade burguesa, alimentando o imaginário e o comportamento dos indivíduos. A revolução tecnológica, aliada à crescente racionalidade na organização produtiva, acabou por gerar uma produção cada vez mais abundante. Por sua vez, o aumento da produção necessitou daquele imaginário para estimular a circulação de mercadorias, fazendo surgir a propaganda como mecanismo importante para a distribuição e o consumo de objetos.

2. O taylorismo e o fordismo

No início do século XX, Frederick Winslow Taylor criou um modelo de racionalização do processo de produção que ficou conhecido por administração científica, ou taylorismo, em sua homenagem. O método concebia a economia do tempo de produção por meio de uma acentuada e bem administrada divisão do trabalho, um sistema de remuneração por ganhos e um controle produtivo realizado por supervisores. Com a aplicação do taylorismo nos Estados Unidos e depois em outros países, os trabalhadores da indústria passaram a executar tarefas cada vez mais simples e que exigiam menos conhecimento (figura 2). Acreditando que seu valor e sua autonomia estavam sendo ameaçados, os operários reagiram aos novos métodos de produção.

Frederick Winslow Taylor (1856-1915)

Nascido nos Estados Unidos, começou como operário, chegando a mecânico e, depois, a engenheiro. É considerado o pai da "administração científica", forma racional e cartesiana de pensar a produção industrial.

BETTMANN/CORBIS/LATINSTOCK

Figura 2 • Fábrica da Ford em Highland Park, Michigan. Estados Unidos, 1913. O taylorismo consistia na simplificação máxima das tarefas, de modo que cada trabalhador ficasse responsável por uma pequena parte do processo.

Figura 3 • Ford teve a ideia de criar a famosa linha de montagem automotiva quando visitou os matadouros de Chicago, no início do século XX. Nesses matadouros, o conceito de linha automatizada já era usado para retalhar os animais. Estes ficavam suspensos em ganchos ligados a roldanas que, por sua vez, eram tracionadas por uma corrente em um trilho mecanizado. A cada intervalo de tempo, a corrente do trilho puxava as carcaças, levando-as a um conjunto diferente de trabalhadores, que desossavam uma parte do animal, e assim sucessivamente, até o resfriamento e empacotamento dos pedaços que seriam enviados aos açougues. Estados Unidos, 1945.

Destacamos dois eventos ocorridos nos Estados Unidos. Em 1911, operários espancaram cronometristas na American Locomotive Co., uma das maiores construtoras de locomotivas americanas, sediada na cidade de Schenectady, em Nova York. Em 1916, os tecelões da cidade de Passaic, em Nova Jersey, entraram em greve na tentativa de suprimir as inovações tayloristas.

Os dois movimentos se opunham ao que Karl Marx chamou de despotismo direto. O despotismo direto era o controle da produtividade do trabalhador pela hierarquia estabelecida pela produção, com o objetivo de obter dos operários e do processo produtivo o máximo de intensidade e regularidade. Apesar da oposição, a nova administração produtiva encontrou circunstâncias favoráveis, como o êxodo rural, o desemprego no campo e o fluxo contínuo de imigrantes europeus que atravessavam o Atlântico em busca de emprego na América. Essa população com pouca qualificação só poderia ser empregada na indústria por esse sistema, que tinha como base atividades muito simples que não exigiam conhecimentos prévios. Formava-se em torno desses trabalhadores um farto exército industrial de reserva disposto a empregar-se assim que houvesse necessidade.

A nova administração produtiva encontrou circunstâncias favoráveis, tais como o êxodo rural, o desemprego no campo e o fluxo contínuo de imigrantes europeus.

Acirrou-se o antagonismo entre capital e trabalho, e foi grande a resistência do trabalhador à exigência de aumento da produtividade, ao controle de sua eficiência e à cronometragem de seu trabalho. Para combater os conflitos e as possíveis formas de resistência, como desperdício e ineficiência, em 1914 o engenheiro americano Henry Ford introduziu, em sua empresa – a Ford Motor Company –, a esteira transportadora (figura 3), também chamada de linha de montagem. Com essa medida, houve a extensão da jornada de trabalho, a especialização ao máximo e a simplificação das tarefas, além da chamada estandardização do trabalho, com o desaparecimento das diferenças individuais do trabalho fabril.

Além dessas modificações substanciais, que elevaram os níveis de produtividade na indústria, Ford adotou uma nova política salarial que previa aumentar a remuneração do trabalhador; assim, os salários mais que dobraram. Ele promoveu um forte incremento na renda do trabalhador, no consumo e no mercado interno dos Estados Unidos. Esse aumento salarial estava condicionado a certo perfil moral e ético do trabalhador, que deveria ser homem, casado e pai de família.

Ford promoveu um forte incremento na renda do trabalhador, no consumo e no mercado interno dos Estados Unidos.

3. A sociedade afluente

O resultado da aliança entre a administração científica e o fordismo foi a grande produção material, o aumento da renda do trabalhador e, consequentemente, do mercado interno. Nos Estados Unidos, entre 1941 e 1950, os 20% mais pobres registraram aumento de 42% em sua renda; os 20% imediatamente acima tiveram aumento de 37%. Vale a pena destacar as alterações verificadas nesses anos, conforme descreve Galbraith.

RENDA MÉDIA FAMILIAR NOS ESTADOS UNIDOS, DESCONTADO O IMPOSTO DE RENDA*

	1941	1950	%
Quinto inferior (1º) de todas as famílias	750	1.060	+42
Segundo quinto	1.730	2.360	+37
Terceiro quinto	2.790	3.440	+24
Quarto quinto	4.030	4.690	+16
Quinto superior	8.190	8.880	+8
5% superiores	15.040	14.740	-2

* valores em dólar

Fonte: GALBRAITH, John Kenneth. *A sociedade afluente*. Rio de Janeiro: Expressão e Cultura, 1972. p. 112.

Nessa tabela, a população foi dividida em quintos (20% da população) e ordenada em categorias do quinto mais rico até o mais pobre, ou seja, dos 20% mais ricos até os 20% mais pobres da população. A tabela mostra o crescimento da renda do trabalhador no fordismo.

O resultado desse aumento do poder aquisitivo foi o aumento do consumo, especialmente do ostentatório, criando-se a partir daí a chamada sociedade de consumo.

> "A riqueza nunca foi, por si só, uma fonte suficiente de honrarias. É preciso que seja divulgada e o meio normal de fazê-lo é o consumo de produtos excepcionalmente caros. Na segunda metade do século [XX], nos Estados Unidos, essa divulgação foi realizada com virtuosismo. As moradias, o transporte, os adornos femininos e a recreação foram utilizados com esse fim. O alto preço pago era destacado de modo agressivo. 'Acabamos de ser informados de que o iate do Sr. Gould, que custou 500 mil dólares, entrou num determinado porto...' As grandes casas, os grandes iates, os grandes bailes, as cavalariças, os peitos cobertos de joias, tudo isso era usado para identificar os indivíduos que procuravam obter as honras conferidas pela riqueza."
>
> GALBRAITH, John Kenneth. Obra citada. p. 116.

Assim como a produção, a distribuição se racionalizava, ajudada pelo desenvolvimento da imprensa, que publicava os anúncios chamando o consumidor.

Por outro lado, a vida urbana tornava-se mais animada e sofisticada. Os magazines multiplicavam-se e começavam a vender todo tipo de produto e mercadoria. Lojas que antes vendiam apenas tecidos agora expunham lençóis, roupas, botões, guarda-chuvas e até peles.

Renato Ortiz, em seu livro *Cultura e modernidade*, comenta que os pequenos balcões foram substituídos pelos grandes bazares, que reuniam produtos antes dispersos em muitas lojas. Toda essa variedade vinha exposta em seções destinadas a casa, a roupas ou a acessórios. Assim como a produção, a distribuição se racionalizava, ajudada pelo desenvolvimento da imprensa, que publicava os anúncios chamando o consumidor. Os grandes magazines passaram a empregar centenas de vendedores, e a indústria de roupas, inúmeros costureiros.

Esse processo foi intensificado pelo desenvolvimento de novas tecnologias, as quais aceleraram a produção, resultando em uma grande quantidade de produtos. O consumo, assim gerado, foi o meio mais adequado para a reconstrução das sociedades abaladas pelas duas grandes guerras mundiais. Ao mesmo tempo, a reafirmação da democracia abriu espaço para o desejo de compra, com a propagação da ideia de que todos os cidadãos tinham direito ao uso dos mesmos produtos, que lhes garantiam uma determinada forma de prazer e realização.

A população com melhores salários, mesmo nas camadas mais baixas, passou a consumir as mercadorias expostas nas principais ruas das cidades (figura 4). O mercado interno sofreu uma ampliação, por causa do acesso aos produtos antes destinados apenas aos mais ricos. A indústria satisfazia a necessidade do homem comum de possuir, senão o objeto de luxo, ao menos um sucedâneo convincente.

> "O povo adquiriu mais bem-estar, mais luxo útil do que o rico. Além de suas mediocridades, que arrebatavam seus antigos privilégios, a riqueza possui menos gozos verdadeiros. A multidão hoje possui, com pouco dinheiro, o que o homem comum obtém facilmente com seu trabalho."
>
> D'AVENEL, Visconde Georges. *Apud* ORTIZ, Renato. *Cultura e modernidade.* São Paulo: Brasiliense, 1991. p. 136.

JUDITH WHITE/BLOOMBERG/GETTY IMAGES

Figura 4 • Mulher olha vitrine de grande loja de roupas femininas na Avenida Champs-Elysees em Paris. França, 2008.

Com o desenvolvimento da industrialização e do mercado interno, teve início o consumo de massa, uma produção que ultrapassa a demanda e produz mercadorias em série, padronizadas e para um público amplo. Com isso, surgiu a necessidade de alcançar o consumidor, seduzi-lo e persuadi-lo para a compra. Essa função foi realizada pela indústria cultural e pela publicidade.

Surgiu a necessidade de alcançar o consumidor, seduzi-lo e persuadi-lo para a compra.

4. Consumo e publicidade

Na primeira metade do século XX, o desenvolvimento dos meios de comunicação de massa – a imprensa e o rádio – abriu espaço para uma investida agressiva da publicidade em direção ao consumidor. O discurso publicitário dirigia-se não à família, que havia sido até então a grande instituição promotora do consumo, mas ao indivíduo, prometendo-lhe todo tipo de satisfação: realização pessoal, prestígio, sucesso, *status* etc. Por meio de anúncios impressos, *jingles* facilmente memorizáveis e imagens cada dia mais sedutoras, a publicidade procurava educar o consumidor mostrando-lhe as benesses dos novos hábitos e os milagres produzidos pelas novidades (figura 5). Como resultado disso, o valor simbólico da mercadoria começava a se separar de seu valor de uso. O consumidor não adquiria uma utilidade, mas um signo, uma promessa e um estilo de vida.

A propaganda publicitária valorizava o indivíduo e sua aparente liberdade de escolha, opção e realização, que se expressava, naturalmente, no ato da compra e na escolha entre marcas. O reforço a essa individualidade era dado pela posse de bens e pela adoção de um estilo de vida que só seria possível com a aquisição dos produtos. Fechava-se, assim, o círculo ideológico do consumo massivo: a sociedade proposta é formada por indivíduos, e cada um deles pode escolher os produtos que compõem uma maneira de ser, ou seja, uma identidade. Essa possibilidade de escolha transmite ao consumidor a ideia de liberdade e o apoio à sua individualidade. Ele não precisa mais ser, basta ter.

O discurso publicitário não se resumiu aos anúncios publicados em revistas e aos *jingles* que alegravam as transmissões radiofônicas. Ele envolveu a indústria cultural nascente – o cinema e, mais tarde, a televisão. Em Hollywood foram produzidos os heróis modernos, com sua expectativa de sucesso e realização, suas paixões e fraquezas, seus hábitos e formas de ser. Cada um deles estimula o imaginário do público, que se identifica e procura imitá-los (figura 6 na página seguinte).

Figura 5 • Anúncio da década de 1950, quando a televisão foi lançada no Brasil. A publicidade divulgava novos hábitos com o objetivo de "educar" o consumidor.

REPRODUÇÃO

Figura 6 • Cena do filme *Assim caminha a humanidade*, dirigido por George Stevens, Estados Unidos, de 1956. James Dean é um dos heróis produzidos pela indústria cultural norte-americana que influenciaram os jovens com certo estilo de vida para o qual era preciso cercar-se de bens.

Ao lado da publicidade mercadológica, os meios de comunicação de massa desenvolveram também a propaganda política e ideológica. Assim como se vendiam mercadorias e se desenvolviam novas necessidades no público consumidor, era possível propagar ideais políticos e sociais vinculados ao progresso, ao desenvolvimento e ao nacionalismo. Para isso foram elaborados processos massivos de controle de opinião pública, aos quais Jürgen Habermas chamou de esfera pública manipulada, com utilização de campanhas de legitimação política por meio da publicidade. Se, no mercado, o consumidor se deixa persuadir das benesses do produto, na esfera pública, o cidadão é dissuadido da participação política individual ou coletiva em troca de mera adesão e apoio ideológico às decisões governamentais. Pode-se dizer que, a partir do século XX, o Estado não se dirige mais à população como conjunto composto de cidadãos, mas de consumidores de sua ideologia, de sua eficiência e de suas benesses. A aceitação dessa publicidade legitima o poder como antes o faziam os movimentos sociais, os partidos e as instituições políticas.

O efeito dessa propaganda política se fez sentir até mesmo nos movimentos sociais. O discurso dirigido ao proletariado, convocando-o à luta contra seus opositores, foi substituído por um discurso universalista que procurava unir a todos – empresários, trabalhadores e os cidadãos em geral. Contra a mensagem mobilizadora e revolucionária dos movimentos trabalhistas, erguia-se uma publicidade ao mesmo tempo massiva e individualista, que se opunha à divisão, ao conflito e à luta entre classes sociais. Propunha-se uma nova "democracia", na qual todos os cidadãos vestiam as mesmas roupas, ouviam as mesmas músicas e acalentavam os mesmos sonhos. Contra a ideia de pertencer a uma classe, a publicidade prometia a realização pessoal num mundo de igualdades simbólicas, promovidas pelo mercado e pelo Estado.

5. A indústria de bens simbólicos

A indústria cultural destinava-se a um amplo público, independentemente de sexo, idade, religião, formação ou classe social.

O desenvolvimento industrial não se limitou à produção em massa de bens de consumo materiais, como casas, roupas, móveis e cosméticos. Direcionada à produção de bens simbólicos, a indústria cultural também conheceu o desenvolvimento de suas atividades e o aumento de sua importância. Assim como a produção material, a indústria cultural é caracterizada pela produção em série com forte investimento tecnológico, cujo principal objetivo é o lucro. Contudo, ela está voltada ao entretenimento, à informação e ao consumo de um amplo público, independentemente de sexo, idade, religião, formação ou classe social.

Desse modo, a indústria cultural, alimentando o imaginário das plateias mais diversas, desenvolveu-se rapidamente pelos meios de comunicação de massa, como a imprensa, o rádio, a televisão e o cinema. Trata-se de uma nova mercadoria, o "objeto-signo", como definiu o sociólogo francês Jean Baudrillard.

Os signos não são arbitrários. Eles reproduzem as relações sociais e têm o poder de trazer aquilo que significam aos seus consumidores.

Os signos não são arbitrários. Eles reproduzem as relações sociais e têm o poder de trazer aquilo que significam aos seus consumidores. Assim, por exemplo, uma casa se transforma em objeto de consumo, catalisando aquilo a que o consumidor tem direito (figura 7). A casa-signo atribui *status*, importância, situação social. Ao desejá-la e adquiri-la, o consumidor reafirma sua condição social e um estilo de vida que lhe é próprio.

TOMASZ MARKOWSKI/SHUTTERSTOCK

Figura 7 • A publicidade ajuda a transformar certos itens em verdadeiros objetos de desejo. Uma casa "dos sonhos" é cobiçada não só por ser confortável, mas pelo *status* que atribui a quem a possui. Minas Gerais, 2008.

Mas, se não chegar a adquiri-la, ele pode apenas compartilhar o que a casa representa como signo e passar a desejá-la. Isso pode ocorrer por meio da publicidade ou por diversas situações nas quais ele experimenta a casa no imaginário – filmes, programas televisivos, concursos, campanhas etc.

Os sonhos, desejos e anseios, estimulados pela publicidade e por outros meios, mobilizam o consumidor, ao mesmo tempo que reafirmam a lógica social e os padrões nos quais se sustentam. Quando chega a adquirir a mercadoria, o consumidor já não está preocupado com o valor de uso, mas com o valor simbólico que o objeto representa na afirmação de sua identidade social. Processa-se um deslocamento entre o valor de uso e o valor simbólico. Isso significa que, muitas vezes, adquirindo o objeto-signo, o consumidor nada quer de sua utilidade, mas tão somente o que ele representa como *status* e prestígio. Outras vezes, tendo acesso ao bem simbólico, o indivíduo já não precisa obter a mercadoria útil, concreta e material. Há um deslocamento entre signo, referente, produto e utilidade, quer para o consumidor do produto, quer para o consumidor da imagem.

Outro tipo de mercadoria criado pela indústria cultural, além da mera simbolização do produto consumível, é o bem simbólico propriamente dito, ou a informação. É outro bem imaterial e abstrato, produzido socialmente e que tem, cada vez mais, um valor monetário, ou seja, um valor de troca. A chamada sociedade da informação caracteriza-se por transformar suas relações, instituições e trabalho material em informação, convertendo-a no mais valioso produto da sociedade. A informação distingue-se da publicidade por ter um valor concreto que coincide com sua utilidade, enquanto a propaganda, o discurso que mobiliza o consumo, tem como utilidade apenas o estímulo que representa para o mercado.

Os sonhos, desejos e anseios, estimulados pela publicidade e por outros meios, mobilizam o consumidor, ao mesmo tempo que reafirmam a lógica social e os padrões nos quais se sustentam.

6. Deslocamentos: o *kitsch*

O desenvolvimento da produção simbólica, da publicidade e da indústria cultural criou excentricidades nos mercados dos bens autênticos e culturais. A primeira delas corresponde àquelas obras, consideradas únicas, que se tornam modelo para os demais artistas. São as denominadas "obras-primas" que, pela ação de críticos e pela especulação dos *experts* no mercado da arte, atingem preços exorbitantes.

Outra excentricidade é particularmente estudada por Jean Baudrillard: o colecionismo. Baudrillard o define como prática compulsiva de acumular espécimes de um determinado tipo de bem, como moedas, chaveiros, canetas, cédulas ou bonecas. Cada espécime adquirido alcança novo valor, atingindo também preços exorbitantes num mercado paralelo que nasce da fetichização da mercadoria.

Essas excentricidades da produção simbólica se manifestam por paradoxos, tais como o valor da obra de um artista dobrar às vésperas de sua morte ou uma máquina antiga, sem funcionamento, valer mais que outra máquina nova em pleno funcionamento. Esses "deslocamentos", como chamam alguns autores, promoveram a alienação de grande parte da população em relação à vida social, cujas regras se tornam incompreensíveis.

Explorando esses deslocamentos e esses paradoxos, surge um movimento artístico peculiar, bastante significativo do consumismo como forma de responder às contradições políticas e sociais contemporâneas – é o *kitsch*.

O termo kitsch *surgiu na Alemanha para designar uma produção exageradamente artificial, mas acessível, pela qual se busca fazer referência a objetos valiosos que transitam na sociedade.*

O termo *kitsch* surgiu na Alemanha a partir de 1860 para designar uma produção exageradamente artificial, mas acessível, pela qual se busca fazer referência a objetos valiosos que transitam na sociedade (figura 8). O consumo de reproduções artificiais desses objetos é considerado manifestação de mau gosto. Assim, o uso de uma toalha de mesa de plástico que imite a renda feita à mão é um exemplo do *kitsch* – em vez do trabalho artesanal, há a indústria, e o plástico em lugar do tecido de algodão. Equívocos disfarçados pela semelhante aparência dos dois produtos.

O *kitsch* surge justamente das necessidades despertadas nas camadas populares para o consumo de bens de alto custo. Em seu lugar, a indústria cria sucedâneos que lembram os produtos originais com diferentes formas de deslocamento: em vez do original, a cópia; em vez do artesanal, a máquina; em vez do valioso, o vulgar. Uma lâmpada de mesa que imita uma caixa de música pode ser considerada *kitsch* tanto pelo caráter artificial da caixa de música como por ter havido um deslocamento de sua principal função utilitária, ou valor de uso, pois ela fornece luz, e não música.

Muitos autores estudaram esses paradoxos e contradições advindos do desenvolvimento da produção de massa, das trocas simbólicas que existem no mercado e de uma sociedade que se faz representar não pelas relações entre pessoas, mas pelas relações entre objetos, ou, ainda, entre pessoas e seus objetos: uma sociedade do consumo.

LUCINDA LAMBTON/ARCAID/CORBIS/LATINSTOCK

Figura 8 • Quarto com decoração *kitsch*, França, 2002. O *kitsch* refere-se a um conjunto de objetos de evidente artificialismo e exagero estético.

Compreensão do texto

1. O que é taylorismo e o que caracteriza seu método?

2. Qual é a consequência da utilização desse método para o operário industrial?

3. O que é linha de montagem? Quais foram as modificações que esse método introduziu no modo de trabalhar do operário na indústria?

4. Como Henry Ford aliou produção e consumo?

5. Com o aumento da renda dos mais pobres, que passaram a consumir mais, como foi possível obter destaque social numa sociedade dominada pelo consumo?

6. O que é consumo de massa?

7. Qual é o efeito da propaganda sobre a relação que se estabelece entre o consumidor e o produto?

8. Que relação se pode estabelecer entre o consumismo e a ideologia política do consumidor?

Interpretação e problematização

9. Leia o texto abaixo e responda à questão.

> "Por meio de tudo isto – pela divisão do trabalho, supervisão do trabalho, multas, sinos e relógios, incentivos em dinheiro, pregações e ensino, supressão das feiras e dos esportes – formaram-se novos hábitos de trabalho e impôs-se uma nova disciplina do tempo."
>
> THOMPSON, E. P. *Costumes em comum*: estudos sobre a cultura popular tradicional. São Paulo: Companhia das Letras, 1998. p. 297.

A passagem acima indica como, por meio do desenvolvimento da industrialização e do capitalismo, o trabalhador foi levado a construir uma nova relação com o tempo, incorporando aquele marcado pelo relógio na atividade produtiva e na sua própria vida. Concomitantemente, buscou-se um controle e um direcionamento para o período em que não estivesse trabalhando, de modo a orientar "positivamente" a utilização de seu "tempo ocioso".

Pode-se considerar que o apogeu desse processo se deu com:

a) o stakhanovismo, porque implementava maior produção na indústria, a partir da extensão da jornada de trabalho, diminuindo o "tempo ocioso" do operário e organizando-o em grandes vilas.

b) o taylorismo, porque preconizava a concorrência entre as diversas tarefas desempenhadas pelos trabalhadores, reproduzindo, no interior da fábrica, os ideais de competição do capitalismo liberal.

c) o toyotismo, porque, ao se basear na extrema especialização das tarefas, nos estoques abundantes das mercadorias produzidas e na rígida disciplina e hierarquia, introduziu no Japão os valores da sociedade capitalista.

d) o fordismo, porque, além de implementar a produção em série, aumentando a produtividade, trouxe um conjunto de preceitos morais que deveriam ser seguidos pelos trabalhadores fora da fábrica.

e) o fayolismo, porque tinha como princípio a completa indiferenciação entre tempo de trabalho e tempo de diversão, definindo que a tarefa fundamental dos operários era o trabalho industrial capitalista.

Aplicação de conceitos

10. Cinema

Tempos modernos, de Charles Chaplin. Estados Unidos, 1936, 87 min.

Um dos clássicos da história do cinema, expõe a luta de um trabalhador para enfrentar as transformações de um mundo em franco processo de industrialização. Mostra as greves, a mecanização, as instituições sociais e as dificuldades dos marginalizados diante das circunstâncias impostas pelo capitalismo moderno.

▶ Chaplin, além de protagonizar o filme e dirigi-lo, escreveu o roteiro, e nessa função agiu como um verdadeiro sociólogo, levantando todas as características da sociedade industrial. Após as observações, participe de um debate com os colegas sobre como o roteiro articulou todas essas características, ou seja, discutam a interpretação de Chaplin sobre a sociedade industrial.

Pesquisa e debate

11. Reúna-se com o seu grupo de trabalho e elaborem um questionário que permita saber qual é o sonho de consumo de seus colegas. Procure determinar quais são as mercadorias que eles querem, por que as querem, o que esperam obter com seu uso, o que os influenciou a desejar esses objetos ou valores simbólicos, o que fariam para obtê-los, como se sentem por não possuí-los.

Depois de montado o questionário, com a ajuda do professor, sejam os primeiros a respondê-lo. Em seguida, pesquisem os demais colegas da sala. Ao término da pesquisa, façam a tabulação dos dados e tentem discernir o que corresponde a cada item no que se refere ao uso prático do item e o que corresponde a fetiche.

Ao final, participem do debate levantando hipóteses sobre como cada item pode ser interpretado no seu valor de uso e no seu valor simbólico e as motivações para tê-los.

Leitura visual

12. Observe as imagens a seguir e responda às questões.

ARSHALL IKONOGRAPHY/ALAMY/OTHER IMAGES

Mulheres escolhem brincos de ouro em uma joalheria. Istambul, Turquia, 2007.

RENATO MELLO/OLHAR IMAGEM

Iates em Ilha Grande, Angra dos Reis, Rio de Janeiro, 2009.

a) Joias e pedras preciosas são objetos utilizados e reconhecidos socialmente como adornos, e os iates são símbolos de *status* e riqueza para quem os possui. O preço pago por eles, portanto, não está ligado ao seu valor de uso, mas a outra escala de valores. Por que isso acontece?

b) Cite exemplos de objetos em que haja deslocamento entre seu valor de uso e seu valor simbólico.

Questões de vestibular e do Enem

13. (**UEL-PR**) Fordismo é um termo que se generalizou a partir da concepção de Antonio Gramsci, que o utiliza para caracterizar o sistema de produção e gestão empregado por Henry Ford, em sua fábrica, a *Ford Motor Co.*, em Highland Park, Detroit, em 1913. O método fordista de organização do trabalho produziu surpreendente crescimento da produtividade, garantindo, assim, produção em larga escala para consumo de massa. O papel desempenhado pelo fordismo, enquanto sistema produtivo, despertou, por exemplo, a atenção de Charles Chaplin, que o retratou com ironia no filme *Tempos modernos*. Assinale a alternativa que apresenta características desse método de gestão e de organização técnica da produção de mercadorias.

a) Unidade entre concepção e execução, instaurando um trabalho de conteúdo enriquecido, preservando-se, assim, as qualificações dos trabalhadores.

b) Substituição do trabalho fragmentado e simplificado, típico da Revolução Industrial, pelas "ilhas de produção", onde o trabalho é realizado em equipes.

c) Supressão progressiva do trabalhador taylorizado e, consequentemente, combate ao "homem boi", realizador de trabalhos desqualificados, restituindo-se, em seu lugar, o trabalhador polivalente.

d) Controle dos tempos e movimentos do trabalho, com a introdução da esteira rolante e de salários mais elevados em relação à média paga nas demais empresas.

e) Redução das distâncias hierárquicas no interior da empresa, como forma de estimular o trabalho em grupos, resultando em menos defeitos de fabricação e maior produção.

CAPÍTULO 35

Moda

1. Capitalismo e substituição

A moda não é um fenômeno universal. Em diversas culturas há a tendência de conservar os hábitos e costumes, que só se transformam pela força de fatores novos e intervenientes. A arte plumária indígena brasileira, por exemplo, foi fortemente ameaçada pela extinção de uma série de pássaros cuja plumagem era utilizada em adereços. Outros fatores podem modificar padrões culturais, como mudanças ambientais e a assimilação de costumes vindos do exterior. Por difusão e assimilação, as culturas introduzem novas tecnologias e formas produtivas. Mas essas mudanças tendem a ser lentas, e sente-se o peso das arraigadas tradições.

ANSA/CORBIS/LATINSTOCK

Figura 1 • Ensaio de Sorelle Fontana para a coleção primavera-verão. Itália, 1954. As transformações na moda marcaram épocas, modificaram estilos e comportamentos sociais.

Na sociedade capitalista podemos assistir ao aparecimento desse fenômeno, que impõe mudanças abrangentes nos hábitos sociais em um curto período de tempo, tornando rapidamente ultrapassados objetos e hábitos vigentes. De geração em geração, os hábitos e os costumes parecem mudar consideravelmente, da maneira de falar e comer à de se vestir e de se divertir. Valores, costumes, estilos de vida, arquitetura, utensílios, cores, gestos e relações interpessoais são afetados pelos ditames da moda. Alguns, como o *design* das roupas, alternam-se de ano em ano (figura 1), enquanto outros, como o estilo arquitetônico dos edifícios, renovam-se num intervalo maior de tempo. A tendência geral da cultura contemporânea, em suma, é a obsolescência dos objetos, roupas e modelos de vida, que serão, em curto e médio prazo, substituídos por outros.

2. Origem

No mundo contemporâneo, a moda se tornou um fenômeno. Entre as causas que levaram a isso estão as mudanças introduzidas pelo capitalismo na sociedade estamental da Idade Média. Ao contrário das diferenças de classe existentes na sociedade medieval, fundadas na tradição, na propriedade de terras e na herança familiar, o capitalismo abriu espaço para um novo tipo de elite, que tinha como base a acumulação de riqueza, advinda do comércio e da manufatura. Apesar de não possuírem sinais de nobreza e de distinção social, os burgueses enriquecidos pressionaram a mobilidade social, conquistando espaço numa sociedade bastante fechada.

A paisagem das cidades havia mudado. A burguesia se havia enriquecido e fortalecido, passando a disputar maior espaço no meio urbano. Por outro lado, contingentes populacionais se deslocavam do campo para a cidade em busca de melhores oportunidades. As elites tradicionais não deixaram de reagir a essas transformações, procurando expressar sua importância e distinção. Assim, a sociedade tornou-se mais maneirista – com formas de comportamento sofisticadas e artificiais –, e disso resultou o hábito de atribuir importância social às pessoas com base nos signos visuais e comportamentais.

Tais hábitos foram introduzidos na nobreza e nas monarquias absolutistas. A sucessão de reis era acompanhada pela mudança de estilos na arquitetura, no mobiliário, na música, na dança e até no penteado. Os estilos recebiam o nome do rei que promovera a "nova moda": Luís XV, manuelino etc. (figura 2). Com o advento da república, não só essa sucessão real deixou de existir, como ganharam espaço os ideais de igualdade social. As classes mais baixas da sociedade reivindicavam o direito ao acesso e usufruto de bens coletivos, como museus e bibliotecas, e assim surgiu uma sociedade menos aristocrática, simultaneamente aos ideais republicanos, ao processo de urbanização e à expansão da indústria.

Não é à toa que os revolucionários franceses – artesãos e pequenos proprietários – eram chamados de *sans-culottes*, ou "sem-calção", como referência às roupas simples de tecido grosso que usavam. *Culottes* era o nome dado ao calção dos aristocratas (figura 3 na página seguinte).

O sociólogo brasileiro Renato Ortiz reconhece a ruptura das fronteiras da aparência como resultante da Revolução Francesa (1789), quando os princípios da liberdade se manifestaram em muitos sentidos: desde a liberdade de eleger um governante, a liberdade de ir e vir, até a escolha de qual roupa se quer vestir. O decreto do 8 Brumário, de 29 de outubro de 1793, instituía, entre outras medidas:

> "Ninguém, de nenhum sexo, poderá obrigar um cidadão ou uma cidadã a se vestir de uma forma particular, sob pena de ser considerado e tratado como um suspeito e perseguido como perturbador da ordem pública; cada um é livre de usar as roupas de seu sexo, que lhe convém."
>
> ORTIZ, Renato. *Cultura e modernidade.* São Paulo: Brasiliense, 1991. p. 129.

Manuelino. Nome dado a um estilo característico de arquitetura, mobiliário, escultura e objetos de adorno realizados no reinado de D. Manuel I (1495-1521). É marcado pelo rebuscamento e monumentalidade, índice de uma época de prosperidade e opulência em Portugal.

JUNNE/SHUTTERSTOCK

Figura 2 • Mosteiro dos Jerónimos, em Lisboa. Portugal, s.d. O estilo manuelino espalhou-se por Portugal como símbolo da importância do rei e da monarquia.

Figura 3 • Detalhe da pintura *A Família Real de Carlos IV*, Espanha, de Francisco de Goya, c. 1801, mostrando o rei Carlos IV. O termo *sans-culottes* designou os grupos urbanos radicais, em especial na cidade de Paris. O nome é uma referência aos trajes que usavam: roupas de tecido grosseiro, em oposição às calças curtas (*culottes*) presas na altura dos joelhos usadas por nobres e burgueses. O uso de termos ligados ao vestuário para identificar os insurgentes mostra a importância que esses signos tinham na época.

A partir do século XIX, as elites continuaram a ter no consumo e nos hábitos uma forma de distinção social. Mas a indústria e os meios de comunicação de massa procuraram satisfazer o desejo popular de ascensão social oferecendo simulacros daquilo que era consumido pelas elites. Surgia, assim, essa sucessão permanente de hábitos e tendências que incluem os mais diferentes aspectos da vida cotidiana, do penteado ao uso dos espartilhos, das cores à forma de falar e sentar. A moda é um fenômeno alimentado por diversos fatores: a necessidade das elites de se distinguirem da massa, o desejo popular de ter acesso aos bens de prestígio, o anseio da indústria por lucro e a busca constante pela expansão do consumo. Tudo isso resultou numa sociedade que renova seus hábitos e seu guarda-roupa permanentemente. Ao contrário das sociedades estamentais, o que passou a predominar não foi o apego às tradições, mas à inovação e à atualização (figura 4).

De acordo com o filósofo francês Jean Baudrillard:

> "Com efeito, a moda não reflete uma necessidade natural de mudança: o prazer de mudar de vestuário, de objetos, de carro, vem sancionar psicologicamente constrangimentos de outra ordem, que são constrangimentos de diferenciação social e de prestígio. O efeito da moda só aparece em sociedades com mobilidade social".
>
> BAUDRILLARD, Jean. *Para uma crítica da economia política do signo*. São Paulo: Martins Fontes, s.d. p. 38.

3. Individualismo *versus* massificação

No século XX, a consolidação da publicidade e dos meios de comunicação de massa coincidiu com o vínculo entre moda e consumo. A publicidade apela para os valores e expectativas do consumidor – suas características individuais ou aquelas que ele gostaria de ter, seus anseios e motivações –, orientando-o a adquirir um bem que parece ter sido feito para ele. O consumidor, interessado em configurar um estilo de vida particular a partir do consumo, vê seu desejo satisfeito com o constante abastecimento do mercado com novos produtos.

Figura 4 • No Brasil, geralmente os escravos eram proibidos de usar sapatos, caracterizando assim sua condição social. Senhor com seus escravos, em foto de Militão Augusto de Azevedo, 1879

A sociedade contemporânea é marcada pelo excessivo coletivismo, expresso nas políticas públicas, no anonimato das cidades, na indústria e na padronização da vida, e pela massificação, que tende a homogeneizar os hábitos, os valores e o próprio consumo. Nesse contexto social, a moda promete diferenciação por meio de um discurso que seduz o consumidor. Parecendo resgatar a sua individualidade, a moda reconhece os desejos e a subjetividade do consumidor e enfatiza sua liberdade de escolha.

Ao mesmo tempo que a sociedade de massas tende a homogeneizar os hábitos, os valores e o próprio consumo, a moda promete diferenciação por meio de um discurso eminentemente individual.

O sociólogo alemão Herbert Marcuse é um dos autores que afirmam que, na sociedade moderna, o indivíduo sofre a opressão das forças sociais massificadoras e coletivizantes. O próprio mercado, pautado no dinheiro, no capital e no lucro, criaria a ideia de equivalência geral entre as coisas e os seres e, desse modo, faria desaparecer aquilo que nos caracteriza e diferencia – a subjetividade (figura 5). Daí o apelo à diferenciação e à exclusividade, que a indústria da moda não cessa de propagar. Além disso, a mecanização crescente extrai do trabalho seu caráter individual e de autorrealização que ele poderia promover. Trabalhando em indústrias e dependendo cada vez mais da tecnologia, o trabalhador anseia por algo que o distinga. O consumo promete isso.

No campo político se oferece cada vez menos espaço para a participação individual.

O fato de o consumo estar ancorado no resgate da individualidade do consumidor se comprova no sentimento constrangedor que advém do fato de encontrarmos outras pessoas usando a mesma roupa, o mesmo cabelo ou o mesmo sapato que nós. Isso mostra que, mesmo sabendo que a indústria produz diversas peças idênticas, temos a ilusão de ser os únicos a escolher determinado produto e a possuí-lo.

No campo político, em função da burocracia e da propaganda eficientes e racionais que o fazem funcionar, se oferece cada vez menos espaço para a participação individual. Também diante dessa democracia de massas burocratizada e autoritária, o cidadão perde sua individualidade. E, nesse momento, a publicidade invoca sua atenção, seu tempo e sua vontade, provocando um forte sentimento de gratificação.

PHOTOTHÈQUE R. MAGRITTE, MAGRITTE, RENÉ/LICENCIADO POR AUTVIS, BRASIL, 2011 – COLEÇÃO MENIL, HOUSTON

Figura 5 • *Golconda*, pintura de René Magritte, 1953. A massificação da sociedade coloca em questão nossa própria individualidade.

FERNANDO FAVORETTO/CID

Figura 6 • Saias curtas e longas carregam significados e caracterizam quem as usa.

4. O consumo como *status* e valor

O consumo é acompanhado pelo anseio de diferenciação e de individualização do consumidor. Este carrega a ilusão de se imaginar o único possuidor do objeto, de que a mercadoria foi pensada para si e de que a importância advém da posse. Contudo, cada objeto consumido é percebido como numa cadeia infinita de produtos semelhantes.

O mercado oferece ao consumidor uma grande variedade de mercadorias de mesmo gênero e utilidade, mas de características e preços diferentes. Diante dessas opções, o consumidor tem a sensação de exercitar sua liberdade de escolha e de afirmar sua personalidade e gosto. Porém, sua escolha se dá numa cadeia hierarquizada de possibilidades estruturadas pelo valor de troca do produto: quanto mais caro, mais desejado e raro. Como o próprio consumidor, os produtos não estão sós e independentes, mas relacionados uns aos outros. Portanto, as mercadorias também possuem *status*, um valor social de importância relativa que transmitem ao consumidor. Elas constituem o que Baudrillard chama de sistema dos objetos.

O consumidor tem a sensação de exercitar sua liberdade de escolha e de afirmar sua personalidade e gosto.

> "Para tomar um exemplo recente, nem a saia comprida nem a minissaia têm valor absoluto – apenas a relação diferencial de uma com a outra joga como critério de sentido. [...] A minissaia [...] só tem valor [de moda] por oposição à saia comprida." (figura 6)
>
> BAUDRILLARD, Jean. *Para uma crítica da economia política do signo*. São Paulo: Martins Fontes, s.d. p. 79.

A publicidade procura alardear o valor simbólico dos objetos para acentuar as características que garantem o status *do produto e a capacidade de promover socialmente aquele que o possui.*

É por isso que os produtos têm valor econômico e valor simbólico, tornando-se objetos de ostentação. A publicidade procura alardear o valor simbólico dos objetos para acentuar as características que garantem o *status* do produto e a capacidade de promover socialmente aquele que o possui. Com isso se processa um deslocamento entre a utilidade da mercadoria e seus valores econômico e simbólico. É possível, por exemplo, que uma pessoa adquira uma bebida pelo *status* que ela representa e empresta a seu possuidor, usando-a apenas como exposição suntuária, como bem simbólico, sem nunca servi-la ou efetivamente consumi-la. Da mesma forma, certos bens podem ser adquiridos única e exclusivamente por seu alto valor de mercado, sendo necessário, muitas vezes, que o comprador anuncie socialmente quanto pagou por eles.

Assim, podemos dizer que, muitas vezes, aquilo que ostentamos é apenas a idealização que fazemos de nós mesmos e o *status* que desejaríamos ter. Mais do que a satisfação de nossos anseios, o consumo e a moda expõem nossas fraquezas – aquilo que gostaríamos de ser, mas não somos. Nossos pertences descrevem uma linguagem sobre nós e nossos sonhos, nossas aparentes vitórias e o *status* social a que almejamos. Constituem, assim, um estilo de vida e a representação social que escolhemos para nós próprios.

Nossas mercadorias fazem parte, enquanto signos, do capital simbólico que cada um de nós possui e acumula e que se manifesta nessa coisa impalpável que é o estilo de vida e o gosto. Certos objetos são adquiridos exatamente por agregarem valor a esse capital de conhecimento: ao frequentar determinados lugares, assistir a certos espetáculos e adquirir certos objetos de alto valor simbólico, os consumidores são considerados especialistas ou consumidores sofisticados (figura 7).

Os produtos culturais têm especial importância porque promovem seus consumidores pelo grau de conhecimento que eles lhes permitem ostentar. Citar autores, conhecer títulos, distinguir gêneros de arte ou demonstrar conhecimento de lugares sofisticados são atitudes que traduzem o consumo simbólico de uma pessoa e que podem lhe garantir destaque na distinção social. No campo da produção simbólica também há moda e ostentação, não só no enunciado de conhecimentos e informações, mas também no próprio uso da linguagem e dos jargões. O domínio de um ou mais idiomas também é fonte de *status* e importância em função daquilo que expressa em termos de conhecimento acumulado pelo falante, também chamado de capital simbólico.

E, na medida em que os bens de consumo materiais ou os simbólicos possuam *status* e transmitam importância social ao seu possuidor, o consumidor se vê obrigado a "acompanhar a moda" e a substituir seus bens por outros tão logo eles percam a importância. A atualização e substituição permanente dos bens dão ao consumidor a ilusão de garantir sua posição social e seu prestígio. Acompanhar a moda é, portanto, também, por si só, um valor.

RENE PAIK/ALAMY/OTHER IMAGES

Figura 7 • Relógio de ouro de marca mundialmente famosa, cravejado de diamantes, 2008. Certos objetos carregam alto valor simbólico. Alguém que usa um relógio de luxo, como esse, adquire o *status* de uma pessoa de bom gosto, refinada.

Os produtos culturais têm especial importância porque promovem seus consumidores pelo grau de conhecimento que eles lhes permitem ostentar.

5. Novos-ricos, cópias, simulacros, imitações

Desde o século XVII, textos literários e dramatúrgicos relatavam os percalços dos burgueses emergentes que se atrapalhavam ao tentar copiar a maneira de ser da aristocracia. Um clássico desse gênero é a comédia *O burguês fidalgo* (figura 8 na página seguinte), do dramaturgo francês Molière.

Conhecido como *novo-rico*, o burguês enriquecido quer ser aceito pela aristocracia. É a imagem daquela pessoa que ganhou dinheiro, nem sempre com trabalho, e que busca, na posse de objetos, demonstrar uma origem nobre que não possui. O que caracteriza o novo-rico é a posse de bens materiais e a falta da polidez, discrição ou contenção, valores correntes nas classes mais abastadas da sociedade. Essa prática mostra como é difícil consumir: cada produto envolve um valor monetário, um comportamento, uma atitude, uma ideia, uma aspiração... É a coerência entre todos esses fatores que constitui o estilo de vida.

No campo do consumo, da posse de objetos e da exibição suntuária, os enganos são sempre possíveis.

Numa sociedade impessoal, arrivista e massificada, a importância do consumo se torna cada vez mais evidente, quer para aqueles que almejam um "lugar ao sol", quer para aqueles que procuram referências seguras para se orientar em relação aos outros. Do mesmo modo, à medida que a sociedade se torna mais complexa, as referências se tornam mais dúbias e inconsistentes. E, no campo do consumo, da posse de objetos e da exibição suntuária, os enganos são sempre possíveis.

Pela importância que certos objetos adquirem, a indústria se incumbe de oferecer às classes mais pobres sucedâneos produzidos com materiais inferiores, menos recursos e utilidades. À medida que são adquiridos, esses produtos acabam por popularizar os objetos dos quais são cópias e fazem com que eles percam ainda mais rapidamente o valor. Para muitos autores, esses artigos de pior qualidade são meras cópias imperfeitas dos originais, e sua posse apenas denuncia a origem proletária de seu dono. Outros, entretanto, veem nesse consumo de cópias uma reação das camadas mais pobres em relação aos bens aos quais não têm acesso.

> "A moda, tal como a cultura de massas, fala a todos para melhor colocar cada um em seu lugar. É uma das instituições que melhor restitui e funda, sob a aparência de as abolir, a desigualdade cultural e a discriminação social."
>
> BAUDRILLARD, Jean. *Para uma crítica da economia política do signo.* São Paulo: Martins Fontes, s.d. p. 40.

As cópias, apesar de imperfeitas, também têm seu valor e demonstram as aspirações de seus consumidores.

As cópias, apesar de imperfeitas, também têm seu valor e demonstram as aspirações de seus consumidores, tal como o conhecimento que eles têm desses objetos. Por isso, surgiu uma produção em série de produtos falsos que em tudo se parecem com os originais que querem imitar. Trata-se da pirataria, amplamente combatida pela indústria de bens de luxo, a qual se vê ameaçada por essa prática ilegal.

Mas é inegável que mesmo essa forma de transgressão reafirma o poder simbólico dos objetos e o desejo que eles suscitam, pois tudo,

> "[...] até a produção artística, intelectual, científica, até a inovação e a transgressão, tudo é aí imediatamente produzido como signo e como valor de troca (valor racional de signo)."
>
> BAUDRILLARD, Jean. Obra citada. p. 90.

STEFANO BIANCHETTI/CORBIS/LATINSTOCK

Figura 8 • Ilustração da peça *O burguês fidalgo*, de Molière, mostrando os personagens no segundo ato. Revista *Le Teatro*, 1898. O dramaturgo francês Molière, na peça *O burguês fidalgo*, de 1670, satirizou a burguesia pelo seu desejo de se tornar nobre e por sua falta de conhecimento, cultura e sofisticação.

6. Singularidades

Distinguir-se como indivíduo, ou seja, uma pessoa com personalidade, é um dos objetivos da moda e do imaginário que ela desencadeia e mobiliza. O movimento e o anseio por se diferenciar são tão fortes que é possível percebê-los não só entre os consumidores mas também nos objetos. A ideia de que uma coisa, um produto ou uma mercadoria são únicos surge em diversos momentos do consumo. Em muitos casos, é o próprio uso que transforma um objeto em exclusividade: o sapato velho que adquiriu o formato do pé, a roupa que usamos quando crianças, uma peça que guarda o perfume de um acontecimento especial... Esses objetos singularizados distinguem-se como relíquias exclusivas de uma história de vida.

Distinguir-se como indivíduo, ou seja, uma pessoa com personalidade, é um dos objetivos da moda e do imaginário que ela desencadeia e mobiliza.

Outras vezes, a singularidade vem de um detalhe de valor simbólico ou material, como um livro autografado, o objeto que pertenceu a uma pessoa importante ou o selo que falta em uma coleção. Testemunhas de momentos fugazes e raros, esses objetos assumem um valor especial e individualizam-se. Eles adquirem uma exclusividade que parece ser independente de seu valor de mercado. Quando o valor afetivo ou simbólico é atribuído por uma única pessoa, como em relação a um brinquedo com o qual alguém tenha brincado na infância, esses produtos desligam-se dos sistemas de troca convencionais e dizemos que "não têm preço". Mas é possível que o valor de um objeto singularizado seja social e coletivo, como a camisa usada por um jogador famoso em uma disputa importante (figura 9). Nesse caso, o objeto circula por setores do mercado destinados aos produtos diferenciados, como leilões e feiras. Entretanto, nesses setores, os valores são altamente subjetivos, e estabelecer sua equivalência e valor de troca é um processo complexo, de inúmeras variáveis.

Os objetos estéticos são igualmente difíceis de ser comercializados, em razão dessas variáveis de singularidade e valor subjetivo. As chamadas obras de arte têm um valor relativo, dependendo do gosto e de sua raridade. E, mesmo que haja um mercado específico para esse tipo de produto, o valor dele está mais sujeito a variações de caráter subjetivo.

FERNANDO FAVORETTO/CID – ACERVO MUSEU DO FUTEBOL, SÃO PAULO

Figura 9 • Camiseta da seleção brasileira utilizada por Pelé na Copa do Mundo de 1970. Museu do Futebol. São Paulo, s. d. Uma camisa usada por Pelé em um jogo da Copa do Mundo de 1970 é um item que ganha singularidade histórica. Peças como essa chegam a fazer parte do acervo de museus ou arrebatam altas quantias em leilões.

7. A vida social das coisas

O estabelecimento da sociedade de consumo implicou a instituição da moda como processo de contínua substituição de produtos materiais e simbólicos. A moda atende um circuito ininterrupto de satisfação do consumidor pela oferta de bens capazes de lhe garantir prestígio, sucesso e identidade pessoal (figura 10). Os bens, cada vez mais efêmeros, necessitam de substituição prematura, numa troca constante de valor sígnico. Essa alternância introduz um ritmo de permanente aceleração na vida social, em função do qual a produção e o consumo direcionam-se para o futuro, para o que ainda está por se criar e se produzir. Instaura-se, assim, a moda do descartável, do efêmero e do previamente obsoleto.

A produção é planejada prevendo obsolescência e permanente substituição.

A produção é planejada prevendo obsolescência e permanente substituição, o que, por sua vez, gera uma constante insatisfação. Os produtos envelhecem e trocam de mãos, passando de uma classe social para a outra. Dos ricos, as mercadorias passam às mãos dos mais pobres, e desses para outros ainda mais necessitados. Portanto, quer do ponto de vista simbólico, quer do ponto de vista material, a moda estabelece uma trajetória social em círculos descendentes. Mas, quando chegam às camadas mais pobres, os produtos perdem o *glamour* e deslocam-se de sua função sígnica, expressando uma evidente deterioração.

Acompanhar esse circuito, bem como a trajetória dos objetos desde a produção até seus diferentes usos, passando pelas diversas funções e valores que assumem, é uma nova proposta para a sociologia.

> "Somente pela análise destas trajetórias podemos interpretar as transações e os cálculos humanos que dão vida às coisas."
>
> APPADURAI, Arjun. *A vida social das coisas.* Niterói: Eduff, 2008. p. 17.

Essa é a vida social dos objetos e mercadorias, que expressam de modo cabal a organização da sociedade e as forças que a impulsionam. Fazer isso, entretanto, implica, necessariamente, reconstituir os circuitos da moda e os sistemas de troca que ela estabelece.

KEVIN FOY/ALAMY/OTHER IMAGES

Figura 10 • Produtos falsos fazem parte do fenômeno e do circuito da moda como reflexo da busca por prestígio e identidade. Nessa loja em Xangai, China, uma das marcas de roupas mais famosas do mundo é imitada e tem um nome semelhante ao original, 2007.

Atividades

Compreensão do texto

1. O que significa dizer que a sociedade se tornou maneirista?
2. Todas as camadas da população, por um meio ou por outro, tendem a seguir a moda. O que explica esse comportamento?
3. Como se explica o fato de a moda só aparecer em sociedades com mobilidade social?
4. Existe alguma contradição no fato de as pessoas serem obcecadas pela moda numa sociedade de massa?
5. Como se justifica a afirmação de que a moda leva à massificação, quando ela sugere o oposto?
6. O que vem a ser sistema de objetos?
7. O que leva um objeto a ser usado para ostentação?

Interpretação e problematização

8. Em 1976, uma empresa de São Paulo lançou campanha publicitária para um *jeans* remodelado, com *jingle* de autoria de Sérgio Mineiro e Beto Ruschel. A peça fez um grande sucesso, mas também causou muita polêmica, pois ainda se vivia na ditadura militar no Brasil. Analise o *jingle* considerando o contexto de época e escreva um pequeno texto sobre os possíveis significados dos conteúdos identificados.

> "Liberdade é uma calça velha, azul e desbotada
> Que você pode usar do jeito que quiser
> (Não usa quem não quer)
> US Top
> Desbota e perde o vinco
> Denim índigo *blue**
> US Top
> Seu jeito de viver, não usa quem não quer..."
>
> MINEIRO, Sérgio; RUSCHEL, Beto. Liberdade é uma calça velha, azul e desbotada.

Aplicação de conceitos

9. **Cinema**

Muito além do jardim, de Hal Ashby. Estados Unidos, 1979, 130 min.

Chance, um homem ingênuo, passou toda a sua vida cuidando de um jardim e vendo televisão, seu único contato com o mundo. Nunca entrou em um carro, não sabe ler ou escrever, não tem carteira de identidade. Quando seu patrão morre, Chance é obrigado a deixar a casa onde sempre viveu e, acidentalmente, é atropelado pelo carro de um grande magnata que se torna seu amigo e o apresenta ao presidente. Curiosamente, tudo que Chance diz ou até mesmo o seu silêncio é considerado genial. No seu novo ambiente, Chance só consegue agir e se relacionar com os outros se puder repetir as situações que vira nos filmes da TV.

- Apesar da idade da película, ela continua muito atual, pois é uma contundente crítica aos fanáticos por televisão e ao simbolismo exacerbado da sociedade moderna. Assista ao filme e debata com os colegas, situando os temas criticados no contexto do mundo atual.

* Denim era o tecido de algodão usado para a confecção do *jeans* e índigo *blue* a tinta desbotável usada para tingir a peça

Pesquisa e debate

10. Pesquise com seu grupo de trabalho quais são os anúncios (em revistas, jornais, TV, rádio, internet) mais lembrados pelos colegas da sala, buscando a justificativa para o resultado. Procurem identificar quais são as associações que os colegas fazem com esses anúncios e se de alguma forma influenciaram algum aspecto da vida deles. Façam uma tabulação com os dados obtidos e debatam com os demais colegas as mensagens que esses anúncios comunicam e se essas mensagens têm algum valor para quem as recebe.

Leitura visual

11. Observe as imagens e responda à questão.

KEVIN MAZUR/WIREIMAGE/GETTY IMAGES

PICTURE PERFECT/REX FEATURES/KEYSTONE

À esquerda, a atriz australiana Nicole Kidman. Estados Unidos, 2008.
À direita, a atriz norte-americana Amy Smart. Estados Unidos, 2009.

As duas atrizes usam vestidos idênticos. Essa situação pode causar algum constrangimento entre celebridades?

Questões de vestibular e do Enem

12. (**Uesc**) Leia o trecho de poema.

"Estou, estou na moda.
É doce estar na moda, ainda
que a moda
seja negar minha identidade,
trocá-la por mil, açambarcando
todas as marcas registradas,
todos os logotipos do mercado.

Com que inocência demito-me de ser
eu que antes era e me sabia
tão diverso de outros, tão
mim-mesmo,
ser pensante, sentinte e solitário
com outros seres diversos e conscientes
de sua humana, invencível condição."

DRUMMOND DE ANDRADE, Carlos. Eu, etiqueta. *Corpo*. 10. ed. Rio de Janeiro: Record, 1987. p. 85.

Com base no trecho de poema e nos conhecimentos sobre a organização do espaço mundial e a expansão capitalista, pode-se concluir que:

a) os fatos destacados nos poemas indicam que a expansão das multinacionais e o aumento progressivo da produção de consumo beneficiaram igualmente os países centrais e os países periféricos.

b) a moda, no mundo globalizado, é símbolo da sociedade de consumo e de poder econômico, razão pela qual andar na moda indica a classe social à qual o indivíduo pertence.

c) a verdaderia causa dos fatos destacados no poema está relacionada com as campanhas de *marketing* veiculadas pela mídia, cujo objetivo principal é democratizar a moda.

d) a explosão do consumo destacada no poema retrata a modificação do IDH da população mundial e suas implicações.

e) a expansão capitalista unificou mercados, dinamizou a economia global e eliminou os preconceitos culturais.

13. (**UEL-PR**) Observe os quadrinhos.

Joaquín Salvador Lavado (Quino) – *O Clube da Mafalda* – Martins Fontes, 1999

Com base nos quadrinhos e nos conhecimentos sobre os meios de comunicação em massa (MCM), assinale a alternativa que explicita algumas posições do debate teórico sobre esse tema:

a) As reflexões da personagem Mafalda sobre as propagandas levam-na a concluir que sua mãe precisa adquirir os produtos, que as crianças podem assistir à TV e brincar, dosando suas tarefas diárias, o que revela a pertinência das teorias que veem os MCM como mecanismos de integração social.

b) A personagem Mafalda obedece às ordens de sua mãe, assiste à TV e encanta-se com as promessas das propagandas, corroborando com as teorias pessimistas sobre o papel dos MCM e a passividade dos telespectadores.

c) A atitude da personagem Mafalda demonstra a crítica aos artifícios da propaganda que ressalta a magia da mercadoria, prometendo mais do que ela realmente pode oferecer, e que os sujeitos nem sempre são passivos diante dos MCM.

d) Ao sair para brincar após assistir à TV, a personagem Mafalda sente-se mais livre e feliz, pois descobriu o quanto alguns produtos anunciados pelas propagandas melhoram a vida doméstica de sua mãe, reproduzindo aspectos da cultura erudita e do modo de vida sofisticado, como acreditam as teorias "otimistas" sobre os MCM.

e) A mãe da personagem Mafalda admira-se da inteligência da filha, que compreendeu muito bem os poderes dos objetos anunciados nas propagandas de TV, reforçando as teorias sobre o papel educativo e de emancipação dos MCM.

CAPÍTULO 36

Consumismo contemporâneo

1. O capitalismo no início do século XX

A organização da produção capitalista na primeira metade do século XX fez o capitalismo conhecer um período de ouro.

A organização da produção capitalista na primeira metade do século XX fez o capitalismo conhecer um período de ouro combinando produção em série, divisão social do trabalho, alta tecnologia, altos salários e expansão do consumo. Nos anos 1960 e 1970, porém, a crise do petróleo e a retração econômica em diversos países reduziram drasticamente esse desenvolvimento. Como resposta, houve o arrocho salarial e a queda do emprego. Somaram-se a essa fonte de insatisfação o desenvolvimento dos meios de comunicação de abrangência mundial e o surgimento de movimentos sociais contestatórios, como o feminismo, o movimento estudantil e a mobilização dos negros contra o racismo nos Estados Unidos. Nesse cenário, a Guerra Fria começou a apresentar suas contas aos dois países em disputa, pois manter uma indústria bélica, um exército permanentemente armado e inventar armas com tecnologia de ponta exigiam investimentos insustentáveis. Agravando a tensão, com as conquistas obtidas pelos trabalhadores durante a Guerra Fria, os partidos de esquerda se encontravam mobilizados, as reivindicações cresciam e as greves se sucediam (figura 1).

NOGUES ALAIN/CORBIS SYGMA/LATINSTOCK

Figura 1 • Grevistas marcham em Paris, França, 1968. Na década de 1960, movimentos sociais eclodiram pelo mundo todo, com diversas reivindicações inspiradas por um espírito libertário.

Nesse conturbado panorama, o desenvolvimento de novas tecnologias impulsionou a reorganização da produção industrial, iniciando a era da informação e da comunicação por rede de computadores. Com o desenvolvimento de pesquisas realizadas por empresas de telecomunicações em parceria com o Estado norte-americano e as universidades, novas formas de trabalho e produção começaram a ser adotadas. Inicialmente as transformações ocorreram nos Estados Unidos, mas logo se alastraram pelo mundo, modificando radicalmente a produção. A nova ordem não era mais de produção em massa, mas de integração produtiva e flexibilização. Para enfrentar as crises de superprodução ou de escassez de matéria-prima, a produção deveria se reorganizar para responder a demandas voláteis, instáveis e diferenciadas. O modelo de administração produtiva recebeu o nome de toyotismo, mais uma vez inspirado em uma empresa de produção automotiva, mas agora sediada no Japão.

Para enfrentar as crises de superprodução ou de escassez de matéria-prima, a produção deveria se reorganizar para responder a demandas voláteis, instáveis e diferenciadas.

Além dessa modificação no sistema de organização produtiva, a sociedade, a partir da segunda metade do século XX, caracterizou-se pela globalização da economia e da comunicação, modificando profundamente a vida social em todo o planeta. O consumo também foi abalado por todas essas circunstâncias, e pode-se até mesmo falar na existência de um consumismo contemporâneo que veio substituir aquele da sociedade afluente.

2. Toyotismo

O industrial japonês Eiji Toyoda, depois de conhecer a indústria automobilística norte-americana, percebeu que o modelo ali implantado não poderia ser utilizado na reconstrução do Japão pós-guerra – um país pequeno, sem matéria-prima abundante e com reduzido mercado interno. Assim, com o engenheiro Taiichi Ohno, propôs um modelo revolucionário, mais simples e flexível, que obteve grandes resultados – o toyotismo. Sua proposta baseava-se na redução de estoques, grande investimento em tecnologia e automação da produção. Promovia, com isso, a redução da especialização, do número de empregados e de mercadorias previamente produzidas. Passava a existir uma produção flexível, ou seja, organizada em função da disponibilidade de matéria-prima e da demanda (figura 2).

PETER HUDEC/EPA/CORBIS/LATINSTOCK

Figura 2 • Moderna fábrica automotiva na Eslováquia, 2008. A produção automatizada e flexível, a redução de estoques, a terceirização e a produção globalizada modificaram o consumo após os anos 1970.

MARGARET BOURKE-WHITE/TIME & LIFE PICTURES/GETTY IMAGES

Figura 3 • Linha de montagem da Toyota, 1952.

A empresa passava a ser gerida como um conjunto de oficinas integradas e gerenciadas por sistemas de informação, cada uma responsável por determinado tipo de serviço. Projeto, coordenação e fabricação se interligam, e os trabalhadores têm consciência dessa integração. O resultado é a demanda por trabalhadores mais qualificados e de habilidades mais gerenciais, que recebem por produtividade.

Além dessas características, os processos foram racionalizados. As empresas se especializaram naquilo que era seu negócio, terceirizando as atividades subsidiárias e de apoio. Por outro lado, a comunicação por redes mundiais de computadores permitiu globalizar a produção, com unidades internacionais que atuavam em conjunto e de forma sistêmica. A adaptação das empresas a esse novo modelo foi chamada de "reengenharia" e promoveu mudanças substanciais na economia e em toda a sociedade.

O sistema implantado na Toyota japonesa em 1948 foi aperfeiçoado ao longo de duas décadas e acabou por ser utilizado nas empresas japonesas existentes nos Estados Unidos, de onde se espalhou pelo mundo (figura 3). O sistema exige um relacionamento estreito e cooperativo entre grandes empresas e subsidiárias, entre fornecedores de matéria-prima e produtores, entre sedes e filiais, assim como entre gerentes e funcionários. As características desse processo visam à melhoria da qualidade dos produtos, ao maior dinamismo no processo produtivo e no escoamento dos produtos, à menor burocracia e ao aperfeiçoamento tecnológico.

3. Produção por demanda

O toyotismo trouxe modificações drásticas ao processo produtivo. Uma delas foi a substituição da produção em série e em massa pela produção de caráter flexível e com baixos estoques, que implica fragmentação do processo produtivo em etapas, permitindo a adaptação do produto aos anseios pessoais do consumidor. Assim, em vez de milhares de produtos absolutamente idênticos, procura-se, agora, produzir mercadorias com características individualizadas. Em vez dos carros idênticos que saíam das esteiras da Ford há um século, os processos produtivos fragmentados podem ceder às exigências do comprador, pois o produto só é terminado após a escolha e a decisão do consumidor.

O toyotismo trouxe modificações drásticas ao processo produtivo. Uma delas foi a substituição da produção em série e em massa pela produção de caráter flexível e com baixos estoques, que implica fragmentação do processo produtivo em etapas, permitindo a adaptação do produto aos anseios pessoais do consumidor.

A massificação que caracterizou a primeira metade do século XX foi substituída, na atualidade, pela produção de mercadorias que, ao menos aparentemente, procuram se adaptar ao gosto, às necessidades e aos desejos individuais. Diferentes cores, tamanhos, formas e composições dos produtos permitem ao comprador ter maior sensação de liberdade e de afirmação de sua personalidade. Essa nova forma de organização produtiva se tornou possível devido à informatização da indústria.

Diferentes cores, tamanhos, formas e composições dos produtos permitem ao comprador ter maior sensação de liberdade e de afirmação de sua personalidade.

> "As novas tecnologias permitem a transformação das linhas de montagem típicas da grande empresa em unidades de produção de fácil programação que podem atender às variações de mercado (flexibilidade do produto) e das transformações tecnológicas."
>
> CASTELLS, Manuel. *A sociedade em rede*. São Paulo: Paz e Terra, 2000. p. 176.

A flexibilidade da produção resultou da fragmentação do processo produtivo das grandes indústrias, das terceirizações, das subcontratações e das parcerias estabelecidas com pequenas e médias empresas, sempre mais adaptáveis às mudanças. O novo modelo fez a produção industrial substituir a tradicional verticalização por uma estrutura horizontal que integra diversas unidades.

O novo tipo de organização produtiva, também chamado de capitalismo pós-industrial, abandonou a visão massiva dos consumidores, substituída pelo reconhecimento da existência de segmentos de comportamento consumista diferenciados e divergentes (figura 4). Atender a essas tendências díspares passou a ser a preocupação dos produtores. Esse objetivo, aplicado à produção e ao consumo, teve como resultado o pluralismo de propostas, tendências, mensagens e usos.

Outra consequência dessa reorganização produtiva foi a importância crescente da marca. As empresas gerenciam processos complexos, envolvendo uma sede, inúmeras filiais e subsidiárias, que fornecem matéria-prima, produzem, distribuem os produtos, financiam a produção e aplicam o capital da *holding*. O que torna possível reunir esse processo fragmentado é a marca (figura 5). É nela que a empresa-sede investe para garantir sua soberania sobre o processo como um todo, contra a concorrência e sobre o consumidor. Tudo parece ser permitido nessa luta, até transformar as roupas usadas pelos compradores em *outdoors* ambulantes da empresa. Associar-se às celebridades que se destacam na mídia, transformar-se em notícia e ser assunto das colunas sociais que circulam por diferentes veículos são outras iniciativas que têm dado resultado. Na atualidade, a moda não reverencia mais o soberano que ocupa o poder, mas a própria empresa que a produz.

MARK/EPA/CORBIS/LATINSTOCK

Figura 4 • A lógica de produção toyotista e a publicidade prometem personalizar os produtos, de acordo com escolha, gosto e identidade. Grande loja de departamentos em Shnyang, China, 2009.

WESLEY SANTOS/FOTOARENA/LATINCONTENT/GETTY IMAGES

Figura 5 • Na sociedade atual, a marca adquire cada vez mais importância. Celebridades do esporte e do *show business* assumem, por vezes, a função de *outdoors*, como o jogador Ronaldo durante jogo em Porto Alegre, 2009.

IMAGEBROKER/ALAMY/OTHER IMAGES

Figura 6 • Os produtos de consumo rápido são encontrados quase no mundo inteiro, independentemente da cultura e do país. Cingapura, 2008.

4. Globalização e desterritorialização do consumo

O resultado da produção internacionalizada é uma intensa homogeneização da cultura mundial.

Entre as novas tendências do consumo na sociedade pós-industrial está a globalização da produção e do consumo. Os grandes conglomerados estendem suas redes de filiais pelos cinco continentes, abrindo fábricas em diferentes países, onde instalam setores estratégicos de sua produção e estabelecem sociedades com empresas locais. Assim podem diminuir os gastos com matérias-primas e transporte, empregar mão de obra mais barata e obter maiores lucros. O resultado da produção internacionalizada é uma intensa homogeneização da cultura mundial.

Os mesmos produtos passam a fazer parte do cotidiano das mais diferentes nações. Ao mesmo tempo, o consumidor se vê diante de uma oferta bastante diversificada de modismos, hábitos e costumes (figura 6). Uma sociedade de grandes migrações, com turismo crescente e estimulante mobilidade, gera um pluralismo que promove o desejo e a criatividade.

Uma sociedade de grandes migrações, com turismo crescente e estimulante mobilidade, gera um pluralismo que estimula o desejo e a criatividade.

Muitos autores temem que essa mundialização do consumo resulte na homogeneização das culturas e na perda das especificidades existentes entre nações e etnias. Outros, entretanto, percebem na adoção dessa cultura globalizada um processo intenso de acomodação das produções material e simbólica aos padrões locais. Assim, produtos, serviços e processos produtivos sofreriam influências regionais.

> "Como observei em povos indígenas do México, a introdução de objetos exteriores modernos é aceita desde que possam ser assimilados pela lógica comunitária. O crescimento da renda, a expansão e variedade das ofertas de mercado, assim como a capacidade técnica para se apropriarem dos novos bens e mensagens, graças ao acesso a níveis de educação mais elevados, não bastam para fazer com que os membros de um grupo se atirem sobre as novidades. O desejo de possuir 'o novo' não atua como algo irracional ou independente da cultura coletiva a que se pertence."
>
> CANCLINI, Néstor García. *Consumidores e cidadãos.* Rio de Janeiro: UFRJ, 1997. p. 60.

Por outro lado, a fragmentação da produção faz com que os produtos possam ser fabricados em partes, cada uma delas em um país diferente, numa nova e acentuada divisão internacional do trabalho. Dessa forma, os produtos também acabam por possuir origem diversa, híbrida e miscigenada. Muitos objetos típicos do Ocidente, como as calças *jeans* e os tênis, são fabricados no Oriente, onde os salários são mais baixos. Isso sem falar nos produtos culturais que circulam pelo mundo de modo quase instantâneo e, pelos meios de comunicação, misturam-se a ritmos, idiomas e funcionalidades.

> "Vivemos um tempo de fraturas e heterogeneidade, de segmentações dentro de cada nação e de comunicações fluidas com as ordens transnacionais da informação, da moda, do saber. Em meio a esta heterogeneidade encontramos códigos que nos unificam, ou ao menos que nos permitem que nos entendamos. Mas esses códigos compartilhados são cada vez menos os da etnia, da classe ou da nação em que nascemos."
>
> CANCLINI, Néstor García. *Consumidores e cidadãos*. Rio de Janeiro: UFRJ, 1997. p. 62.

5. Ócio, lazer e entretenimento

O consumo sempre esteve relacionado ao ócio.

Desde o Antigo Regime, o consumo esteve relacionado ao ócio. As atividades braçais e cotidianas eram realizadas pelos servos, enquanto os aristocratas viviam à custa dos monarcas e adotavam um estilo de vida que expressava seus privilégios. Por isso, a moda prescrevia saltos altos, cabeleiras empoadas, golas monumentais, chapéus com mais de 1 metro de altura e rituais que despendiam tempo e serviço alheios. O luxo sempre representou, secundariamente, acréscimo na demanda por produtos e serviços, trazendo, para quem trabalha e para quem negocia, os bens de luxo, lucro e riqueza.

> "Em 1893, do total de 3,5 milhões de francos de exportação francesa, um terço é composto por bens de luxo - tecidos de seda, rendas, bibelôs, modas, flores artificiais, vidros, cristais, joias, relógios etc. Gaston Worth estima em 1 bilhão de francos a produção anual da confecção e da costura em 1893, empreendimento que mobiliza cerca de 700 mil operários."
>
> ORTIZ, Renato. *Cultura e modernidade*. São Paulo: Brasiliense, 1991. p. 137.

O luxo e o ócio, entretanto, eram repudiados pelos burgueses, homens de negócio que lutavam por manter suas atividades produtivas e seu lucro (figura 7). Como descreveu e analisou o sociólogo alemão Max Weber no livro *A ética protestante e o espírito do capitalismo*, o ascetismo puritano oriundo da Reforma Protestante representava uma nova ética que repudiava o fausto e o fútil, bem como a dependência dos ricos em relação ao Estado. Uma oposição parece ter se estabelecido na sociedade burguesa, desde então, entre o trabalho, que faz o trabalhador merecedor da graça divina e de sua fortuna, e o luxo, o ócio e o consumo.

NATIONAL GALLERY, LONDRES

Figura 7 • *Uma dama em pé junto a um cravo*, pintura de Jan Vermeer, 1670. O pintor flamengo Jan Vermeer fez em suas obras uma crônica da vida puritana dos burgueses protestantes, exaltando o trabalho e a vida sem grandes luxos.

LÉO CALDAS/TITULAR IMAGENS

Figura 8 • A praia representa descanso para alguns e trabalho para outros. Vendedor ambulante em Recife, Pernambuco, 2011.

No século XIX e no início do XX, entretanto, a organização do movimento operário e o desenvolvimento de novas máquinas e fontes de energia acabaram por reduzir o tempo de trabalho e garantir direitos trabalhistas, como o descanso remunerado e as férias. Os trabalhadores conseguiram assim intervalos, também chamados de "tempo livre", nos quais não trabalhavam, mas consumiam. Esse tempo livre ficou conhecido, mais tarde, por lazer, período em que os trabalhadores podiam consumir, viajar, divertir-se e gastar com atividades não ligadas à sua manutenção e sobrevivência. Esse dispêndio estabelecia uma mediação na clássica oposição entre trabalho e luxo, produção e ócio. Assim, as elites restringiram a exibição de seu luxo, e os trabalhadores conseguiram aumentar seu poder aquisitivo e o direito ao lazer.

O mercado oferece, cada vez mais, alternativas para o lazer, o descanso, o turismo e o ócio.

Hoje, com o toyotismo e as adaptações aos novos processos produtivos, o número de trabalhadores formalmente envolvidos nas produções material e simbólica é cada vez menor, com um crescente desemprego estrutural. Mas a produção de bens nunca foi tão grande. Quem irá consumi-los? Acirra-se novamente a oposição entre consumo e trabalho, numa sociedade baseada principalmente no trabalho autônomo e informal, em que o próprio trabalhador tem de custear suas férias e seu lazer (figura 8). Daí falar-se em sociedade do ócio ou do des-trabalho – menos empregados serão vinculados ao trabalho produtivo, e mais pessoas terão por incumbência o consumo. Em função disso, defende-se a redução das jornadas de trabalho industrial, o emprego temporário e o empreendedorismo, que nada mais é do que o trabalho autônomo ou "por conta própria". De outro lado, o mercado oferece, cada vez mais, alternativas para o lazer, o descanso, o turismo e o ócio.

É o valor trabalho que é desacreditado e substituído pelo valor moeda.

A oposição entre o trabalho e o consumo continua mal resolvida. Estudam-se as diferentes alternativas para fazer da vida dos desempregados, ou informalmente empregados, uma trajetória digna. Contudo, enquanto políticas públicas consistentes não forem experimentadas, a saída costumeira será sempre o trabalho temporário, precário, efêmero, ou seja, a informalidade.

Nesse cenário de escassez de oferta de emprego, as pessoas buscam diversos expedientes para sua manutenção e reprodução. Deve-se lembrar, contudo, que a informatização financeira e a globalização abriram espaço para uma série de atividades lucrativas que nada têm que ver com o conceito tradicional de trabalho. Especulação financeira, venda de informações, intermediação de negócios e financiamentos em rede de processos produtivos fazem fortunas nascer do dia para a noite, desestimulando as atividades baseadas no trabalho humano. É o valor trabalho que é desacreditado e substituído pelo valor moeda.

É inegável, contudo, que em nenhuma outra época se trabalhou tanto. Os processos informacionais, a informalização do trabalho, os empregos temporários, os servos domésticos, as atividades autônomas, os "bicos" e até atividades ilegais comprovam essa realidade. Desse modo, apesar do desemprego estrutural que vivenciamos, o consumo tem se expandido, assim como a obsolescência das mercadorias que nos faz permanentemente insatisfeitos com o que possuímos.

6. Efemeridade, informalidade, informação

O mundo pós-industrial ou pós-moderno abalou as estruturas sociais da modernidade, modificando valores, comportamentos, hábitos e instituições. Vivemos um momento de grandes transformações, em que antigas tendências apresentam-se em declínio e em que as novas ainda se anunciam. Uma delas é a aceleração do processo de envelhecimento e obsolescência das mercadorias e da consequente necessidade de sua atualização e substituição.

A durabilidade era um valor que distinguia os produtos e que era considerada no valor de troca.

A durabilidade era um valor que distinguia os produtos e que era considerada no valor de troca. Hoje, entretanto, nessa sociedade globalizada e consumista, os produtos são feitos para ter pequena duração. A efemeridade e a fugacidade passaram a ser valores, na medida em que estimulam a reposição e a produção. Essa efemeridade faz parte da moda e atribui valor às coisas, como antes funcionavam os bens duráveis.

Em compensação, o lixo, formado por produtos "fora de moda", obsoletos e já inúteis, amontoa-se, com os objetos transformados em sucata. A reciclagem tornou-se uma atividade produtiva das mais importantes, empregando pessoas e gerando renda (figuras 9 e 10).

URIEL SINAI/GETTY IMAGES

Figura 9 • Com a rápida modernização, os produtos tornam-se desatualizados e são frequentemente substituídos. Fábrica de reciclagem de aparelhos de informática e eletrônicos na Índia, 2008.

ANDRÉ ANDRADE/SAMBAPHOTO

Figura 10 • Com a reciclagem, aumenta o número de catadores de papel nas grandes metrópoles. São Paulo, 2007.

> *A informação, o conhecimento, o saber, a educação e a experiência são os bens mais valorizados, custosos e dispendiosos.*

O sucateamento da produção, o desperdício de materiais e a obsolescência dos bens não duráveis são um dos extremos da tendência da sociedade contemporânea. No outro extremo, está a volatilidade e a imaterialidade do produto mais valorizado da atualidade: a informação. Na sociedade pós-industrial, em que o ritmo da indústria e da ciência se intensificou, a informação, o conhecimento, o saber, a educação e a experiência são os bens mais valorizados, custosos e dispendiosos. Por outro lado, são bens invisíveis, que promovem uma oculta e definitiva divisão social entre pessoas, produtos, empresas e nações. Em busca de informação estão as indústrias, os trabalhadores, os Estados e os consumidores.

7. O consumo sustentável

> *O alerta é geral, pois o ambiente global parece ser o único bem que não tem sucedâneo.*

O desenvolvimento do capitalismo pós-industrial, em sua fase de plena globalização, paralelamente ao desenvolvimento da ciência e da tecnologia, levou à percepção dramática de um consumo que tem aumentado vertiginosamente: o dos recursos ambientais do planeta. O aumento da emissão de gases provenientes da indústria e dos veículos automotores pode intensificar o efeito estufa, provocando o aquecimento global e a diminuição da camada de ozônio. A devastação das florestas e a poluição de rios e mares, entre outros fatores, têm resultado em previsões catastróficas dos ambientalistas. Movimentos sociais procuram refrear esse processo, assim como agências internacionais e congressos mundiais buscam reunir governos e comprometê-los com políticas preservacionistas. O alerta é geral, pois o ambiente global parece ser o único bem que não tem sucedâneo, ao menos por enquanto.

Dentre esses movimentos, há os ligados ao consumo sustentável, expressão oriunda do conceito de desenvolvimento sustentável. A expressão foi criada pela Organização das Nações Unidas (ONU) para definir o desenvolvimento econômico e industrial que não compromete o futuro e não esgota os recursos naturais e humanos disponíveis. O consumo sustentável defende a ideia de que pessoas, empresas e governos devem ser responsabilizados pelo consumo que promovem dos bens ambientais coletivos e globais. Economia e parcimônia nos hábitos cotidianos, reciclagem de produtos, uso adequado de fontes de energia, restrição aos supérfluos e destinação adequada do lixo são algumas das bandeiras erguidas pelos ambientalistas (figura 11).

Figura 11 • Manifestação do *Greenpeace* contra a construção da Usina Hidrelétrica de Belo Monte. Brasília, 2010. Os movimentos ambientalistas fazem protestos ao redor do mundo para pressionar os governos a assumir responsabilidades em relação ao consumo consciente e à preservação do meio ambiente.

EVARISTO SÁ/AFP/GETTY IMAGES

Podemos dizer que está surgindo uma nova ética na sociedade contemporânea, que estimula a não colecionar bens, a não desperdiçar produtos, a não ter mais do que se pode usar, pois o importante é preservar, racionalizar, repartir e reciclar. Podemos dizer que há um alerta geral para aquilo que Karl Marx definia como consumo produtivo, ou seja, o consumo de bens provocado pela própria produção. A expansão da produção não deve de nenhuma forma esgotar o planeta nem as condições gerais em que viverão as próximas gerações. Os consumidores, por sua vez, devem ser previdentes e econômicos.

8. O consumo consciente e o direito do consumidor

Diante das transformações radicais que estamos vivendo, percebemos outra tendência da sociedade em relação ao consumo. O consumidor vem adquirindo consciência sobre sua importância e sobre atitudes irresponsáveis da indústria, as quais visam unicamente mais compradores e maiores lucros. O consumidor percebe que a publicidade tenta seduzi-lo e convencê-lo, induzindo-o a uma possível compra ineficaz ou ao uso inadequado de um produto. Em consequência disso, surgem movimentos de alerta e em defesa do consumidor, até como forma de política pública e dever do Estado em alguns países.

O consumidor percebe que a publicidade tenta seduzi-lo e convencê-lo, induzindo-o a uma possível compra ineficaz ou ao uso inadequado de um produto.

> "Os custos de cada mensagem são elevadíssimos. E as empresas desembolsam essa fortuna simplesmente porque a mensagem funciona, ainda que as mesmas empresas dediquem um tempo crescente da mídia para nos explicar que na realidade não funciona, que a opção é nossa. 'Sua majestade o cliente', proclama uma bela página de publicidade."
>
> DOWBOR, Ladislau. Economia da comunicação. *Revista USP*, São Paulo, n. 55, set.-nov. 2002, p. 18.

Mas, à medida que adquirimos consciência do poder manipulador da publicidade e de que somos também consumidores de propaganda, começa uma mobilização para exigir transparência e coerência nas mensagens e responsabilidade em relação ao que elas provocam. A adoção de medidas reguladoras da publicidade, como as imagens aterrorizadoras que alertam sobre os males do tabagismo impressas nos maços de cigarro, comprova que se tomam iniciativas legais em favor do consumidor.

Há setores da administração pública, órgãos reguladores do mercado internacional, serviços públicos e privados e até áreas das ciências jurídicas que se dedicam à defesa do consumidor (figura 12). Por isso, é cada vez mais importante que o consumo se torne motivo de reflexão e assunto de debate.

É cada vez mais importante que o consumo se torne motivo de reflexão e assunto de debate.

PAULO FEHLAUER/FOLHAPRESS

Figura 12 • Depósito de material apreendido pela Receita Federal no Aeroporto Internacional de Guarulhos. São Paulo, 2008. Os órgãos reguladores de mercado e de defesa do consumidor buscam uma crescente transparência nas relações comerciais.

APROFUNDANDO CONTEÚDOS

Quanto custa uma camiseta?

A camiseta é uma das peças de vestuário mais simples que existem. Pequena quantidade de tecido e poucos aviamentos são suficientes para produzi-la. Apesar da simplicidade de sua confecção, a etiqueta da camiseta pode elevar muito o seu preço.

TERCEIRIZAÇÃO

As confecções terceirizadas são responsáveis pela produção de boa parte das roupas vendidas nas lojas, sejam populares, sejam de grifes. Muitas vezes, a etiqueta é a única coisa que muda no caso das roupas básicas.

CONFECÇÃO

A produção é dividida em etapas. Uma pessoa marca o tecido com moldes. Em seguida, outra corta a malha. Os cortes são distribuídos entre os costureiros, que montam a camiseta e fazem seu acabamento. A peça é então inspecionada, passada e, finalmente, embalada.

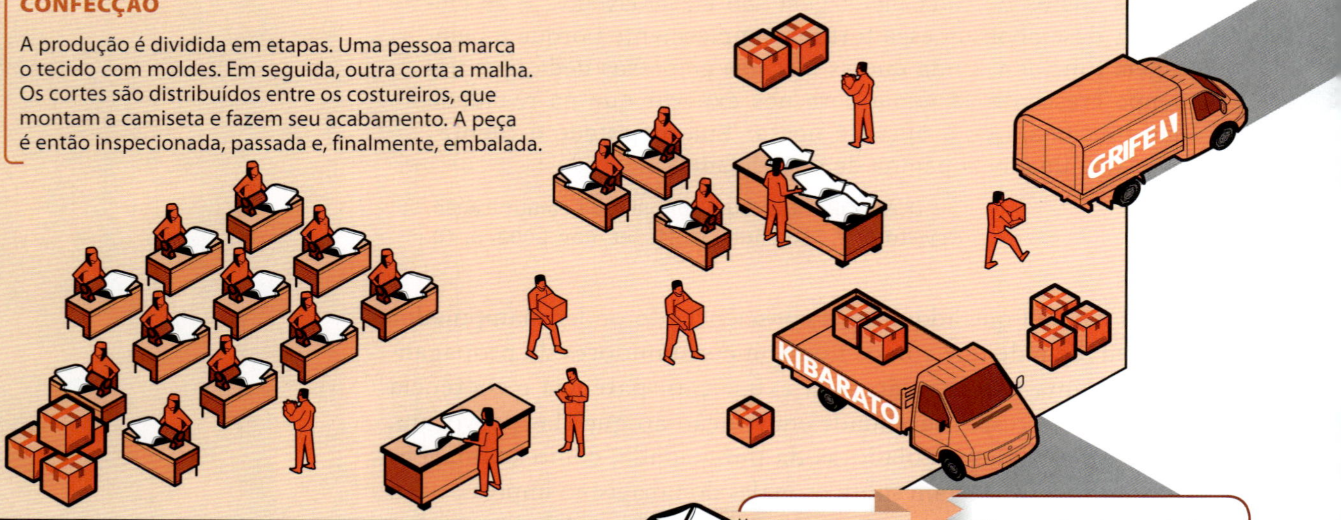

VALOR DA CAMISETA NA CONFECÇÃO

R$16,00

Por uma simples camiseta, uma pequena confecção paulista poderia cobrar, em 2011, cerca de **R$ 16***.

R$ 6,50	Malha, fios e aviamentos de ótima qualidade
+ R$ 9,50	Outros custos, como pagamento de salários, água, eletricidade, telefone, manutenção e impostos, além de um pequeno lucro.
R$ 16,00	

Essa é a conta para uma produção pequena e relativamente cara. Grandes indústrias, com tecelagens próprias e confecções automatizadas, fazem milhões de camisetas por mês com custo individual bem menor.

MATÉRIA-PRIMA

A compra da malha de algodão, de fios e de aviamentos é realizada à medida que a loja faz o pedido das camisetas.

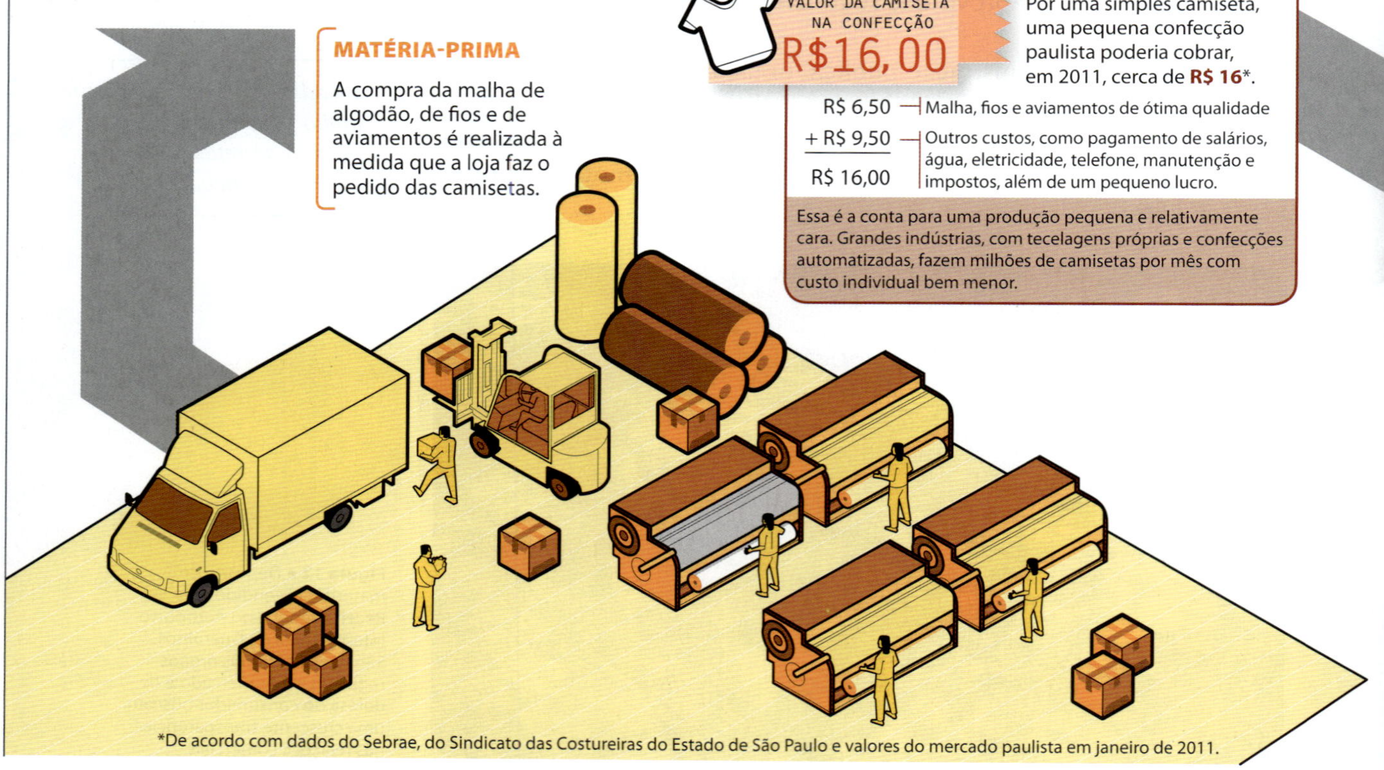

*De acordo com dados do Sebrae, do Sindicato das Costureiras do Estado de São Paulo e valores do mercado paulista em janeiro de 2011.

ALEX AFFONSO

MARKETING

Frequentemente, o consumidor de roupas de grife não relaciona o preço da camiseta com seu valor de uso, pois não procura apenas mais uma peça de vestuário. Está mais interessado em seu valor simbólico, ou seja, na estampa da etiqueta, pois deseja se identificar com as imagens veiculadas pelo *marketing* da grife da camiseta.

O *marketing* da grife deve produzir fotos, filmes e eventos que mostrem pessoas notáveis em situações extraordinárias, aguçando o desejo do consumidor a adquirir seus produtos.

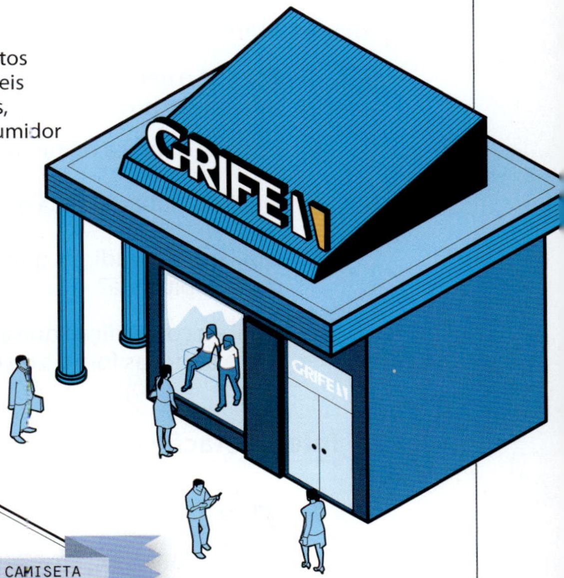

A peça de roupa comercializada por uma grife, embora seja "naturalmente" barata, é comercializada por um preço desproporcionalmente elevado. Além de incorporar os pesados custos comerciais e de *marketing*, o preço da roupa de grife carrega um atributo que não existe na roupa das lojas populares: o *status*.

VALOR DA CAMISETA NA LOJA DE LUXO
R$300,00

LOJAS DE LUXO

Nas lojas de luxo, o ambiente, a música, a disposição dos produtos, a postura dos vendedores e muitos outros elementos são planejados para criar o que alguns chamam de "experiência de compra premium": a sensação de pertencer à elite retratada pelo *marketing* da grife.

VALOR DA CAMISETA NA LOJA POPULAR
R$19,99

LOJAS POPULARES

Nas lojas populares, o preço da camiseta não é definido apenas pela matéria-prima e pela mão de obra. Também estão incluídos despesas comerciais e com o transporte das mercadorias, tributos e o lucro do comerciante. Mesmo assim, o preço deve se manter baixo para que as camisetas sejam vendidas em grande volume.

Questões

1. De acordo com o infográfico, qual é a principal diferença entre a confecção de uma camiseta de luxo e a confecção de uma camiseta popular? Explique.

2. O preço de uma mercadoria é determinado por vários fatores. Em relação à camiseta de luxo, qual fator se torna preponderante para determinar seu preço final? Explique.

Fonte: Fundação Armando Alvares Penteado, Sebrae e Sindicato das Costureiras de São Paulo.

Compreensão do texto

1. Qual é a principal característica do toyotismo e a qual necessidade ele veio responder?
2. Como o toyotismo mudou a relação do operário com a indústria?
3. Por que o período que se seguiu à "reengenharia" é denominado por alguns estudiosos como pós-moderno?
4. Por que a marca de um produto passa ao primeiro plano para um produtor?
5. Qual é a dupla face da globalização em relação à cultura?
6. Qual é a contradição que se estabeleceu entre o trabalho e o ócio com o advento da sociedade capitalista?
7. Qual é a contradição que a informatização financeira e a globalização introduziram na relação entre as novas formas de obter lucro e o uso da mão de obra humana?

Interpretação e problematização

8. Leia o texto a seguir para responder às questões.

> "A definição mais aceita para desenvolvimento sustentável é o desenvolvimento capaz de suprir as necessidades da geração atual, sem comprometer a capacidade de atender as necessidades das futuras gerações. É o desenvolvimento que não esgota os recursos para o futuro.
>
> Essa definição surgiu na Comissão Mundial sobre Meio Ambiente e Desenvolvimento, criada pelas Nações Unidas para discutir e propor meios de harmonizar dois objetivos: o desenvolvimento econômico e a conservação ambiental. [...]
>
> Para ser alcançado, o desenvolvimento sustentável depende de planejamento e do reconhecimento de que os recursos naturais são finitos. Esse conceito representou uma nova forma de desenvolvimento econômico, que leva em conta o meio ambiente.
>
> Muitas vezes, desenvolvimento é confundido com crescimento econômico, que depende do consumo crescente de energia e recursos naturais. Esse tipo de desenvolvimento tende a ser insustentável, pois leva ao esgotamento dos recursos naturais dos quais a humanidade depende. [...]
>
> O desenvolvimento sustentável sugere, de fato, qualidade em vez de quantidade, com a redução do uso de matérias-primas e produtos e o aumento da reutilização e da reciclagem. [...]
>
> O desenvolvimento econômico é vital para os países mais pobres, mas o caminho a seguir não pode ser o mesmo adotado pelos países industrializados. Mesmo porque não seria possível.
>
> Caso as sociedades do Hemisfério Sul copiassem os padrões das sociedades do Norte, a quantidade de combustíveis fósseis consumida atualmente aumentaria 10 vezes e a de recursos minerais, 200 vezes.
>
> Ao invés de aumentar os níveis de consumo dos países em desenvolvimento, é preciso reduzir os níveis observados nos países industrializados."

WWF-Brasil. Disponível em: www.wwf.org.br. Acesso em: 29 abr. 2010.

a) Qual é a diferença entre crescimento econômico e desenvolvimento sustentável?

b) Considerando o que você estudou nesta unidade, comente as atitudes que as pessoas, as empresas e os governos deveriam tomar para promover o desenvolvimento sustentável.

9. Leia o texto para responder às questões.

> "Infelizmente, o estágio atual da globalização está produzindo ainda mais desigualdades. E, ao contrário do que se esperava, crescem o desemprego, a pobreza, a fome, a insegurança do cotidiano, num mundo que se fragmenta e onde se ampliam as fraturas sociais. [...]
>
> O mundo parece, agora, girar sem sentido. É a chamada globalização perversa. Ela está sendo tanto mais perversa porque as enormes possibilidades oferecidas pelas conquistas científicas e técnicas não estão sendo adequadamente usadas. [...] Bastaria para produzir muito mais alimentos do que a população atual necessita e, aplicando à medicina, reduziram drasticamente as doenças e a mortalidade.
>
> Um mundo solidário produzirá muitos empregos, ampliando um intercâmbio pacífico entre os povos e eliminando a belicosidade do processo competitivo, que todos os dias reduz a mão de obra. É possível pensar na realização de um mundo de bem-estar, onde os homens serão mais felizes, um outro tipo de globalização".
>
> SANTOS, Milton. *O país distorcido*: o Brasil, a globalização e a cidadania. Wagner Costa Ribeiro (Org.). São Paulo: Publifolha, 2002. p. 80.

a) Segundo o geógrafo Milton Santos, no que consiste a *globalização perversa*?

b) Que crítica ele faz ao atual estágio da globalização? Você reconhece no seu cotidiano alguns aspectos da globalização criticados no texto?

c) Com base no texto e em suas experiências, debata com os colegas sobre outro modelo de globalização possível.

Aplicação de conceitos

10. Cinema

Santo homem, de Stephen Hereck. Estados Unidos, 1998, 113 min.

Ricky e Kate trabalham num canal de vendas de produtos pela televisão de uma rede deficitária. O chefe lhes dá a última chance para mudar a situação. Desesperados, eles por acaso encontram G, homem que busca a revelação religiosa. G é transformado pela dupla em um evangelista do consumo, tornando-se sensação imediata com sua lábia e aumentando os índices de audiência.

- Assista ao filme e analise a relação entre a necessidade humana (no caso a fé) e a forma como a indústria do consumo aproveita essa necessidade para vender os seus produtos.

Pesquisa e debate

11. A palavra moda sempre esteve associada à indústria de roupa e acessórios. Entretanto, hoje em dia estar na moda é muito mais do que estar vestindo alguma roupa em voga. Pesquise com o seu grupo de trabalho um dos distintos aspectos (roupas, acessórios, aparência física, *gadgets*, automóveis, postura, ideologia etc.) que permitem afirmar que uma pessoa está na moda. Ao final, componham com outros grupos um painel que diga o que é estar na moda hoje em dia.

Leitura visual

12. Observe a figura abaixo e responda às questões.

HUGO ÁVILA/MEDIA JAM LATINCONTENT/GETTY IMAGES

Desfile durante a Fashion Week no México, 2010.

a) Olhando a imagem é possível determinar a quem se destinam essas roupas? Por quê?

b) Na atualidade, qual é a principal característica que se observa em uma pessoa, em um ambiente público, para saber se ela é rica ou pobre?

c) Se hoje em dia, em um ambiente público, é difícil distinguir o rico do pobre apenas pela aparência da roupa, qual é o objetivo da moda?

Questões de vestibular e do Enem

13. **(UFPB)** Sobre o desenvolvimento sustentável, discutido atualmente em todo o mundo pelos movimentos sociais e movimentos ambientalistas, pode-se afirmar.

I. É fruto da Terceira Revolução Industrial e tem como princípio básico o uso racional dos recursos naturais e das fontes de energias renováveis, na produção de equipamentos resultantes do desenvolvimento tecnológico.

II. Estabeleceu-se a partir da implantação da nova Divisão Internacional do Trabalho (DIT), na qual os países ricos responsabilizam-se por um tipo de produção industrial, com baixa emissão de gases tóxicos, dando margem aos países pobres a ampliarem a sua produção e consequente emissão de gases.

III. Resulta dos debates acerca dos problemas ambientais e configura-se como uma forma de progresso econômico que compromete o meio ambiente e tem como princípio o uso racional dos recursos naturais disponíveis e indisponíveis.

Está(ão) correta(s) apenas:

a) I e II.
b) II.
c) II e III.
d) I.
e) I e III.

14. **(UEL-PR)** Segundo Braverman:

> "O mais antigo princípio inovador do modo capitalista de produção foi a divisão manufatureira do trabalho [...]. A divisão do trabalho na indústria capitalista não é de modo algum idêntica ao fenômeno da distribuição de tarefas, ofícios ou especialidades da produção [...]."
>
> BRAVERMAN, H. *Trabalho e capital monopolista.* Tradução Nathanael C. Caixeiro. Rio de Janeiro: Zahar, 1981. p. 70.

O que difere a divisão do trabalho na indústria capitalista das formas de distribuição anteriores do trabalho?

a) A formação de associações de ofício que criaram o trabalho assalariado e a padronização de processos industriais.

b) A realização de atividades produtivas sob a forma de unidades de famílias e mestres, o que aumenta a produtividade do trabalho e a independência individual de cada trabalhador.

c) O exercício de atividades produtivas por meio da divisão do trabalho por idade e gênero, o que leva à exclusão das mulheres do mercado de trabalho.

d) O controle do ritmo e da distribuição da produção pelo trabalhador, o que resulta em mais riqueza para essa parcela da sociedade.

e) A subdivisão do trabalho de cada especialidade produtiva em operações limitadas, o que conduz ao aumento da produtividade e à alienação do trabalhador.

15. **(UEM-PR)** A respeito da organização do processo produtivo na economia capitalista no período pós Segunda Guerra Mundial, assinale as afirmativas corretas.

01. A concentração espacial das distintas etapas do processo produtivo, o forte controle sobre elas e a acentuada hierarquização das funções constituem características do denominado modelo *fordista*.

02. Pode-se dizer que o *toyotismo* foi uma resposta à crise da economia capitalista mundial manifesta na década de 1970. Ele se caracterizou, entre outros fatores, pela exigência de maior versatilidade dos trabalhadores para o desempenho das funções.

04. O período em que vigorou hegemonicamente o modelo *fordista* foi acompanhado pela expansão dos serviços públicos. Nos países de capitalismo central, essa expansão produziu o denominado Estado de bem-estar social.

08. O *fordismo* caracterizou-se por métodos que procuraram fazer que os próprios operários internalizassem a disciplina de trabalho necessária para a acumulação capitalista. Assim, dispensou a necessidade de várias funções intermediárias do processo produtivo.

16. Embora distintos, o fordismo e o toyotismo coincidiram, igualmente, com períodos de enfraquecimento das organizações sindicais dos trabalhadores.

Leituras complementares

Capítulo 34

A insustentável leveza do ser

"Como podia este senador saber que crianças significavam felicidade? Enxergaria dentro de suas almas? E se três dessas crianças, quando saíssem de seu campo visual, se atirassem sobre a quarta, esmurrando-a?

O senador tinha apenas um argumento a favor de sua afirmação: a sensibilidade. Quando o coração fala, não é conveniente que a razão faça objeções. No reino do *kitsch*, impera a ditadura do coração.

É preciso evidentemente que os sentimentos suscitados pelo *kitsch* possam ser compartilhados pelo maior número possível de pessoas. Portanto, o *kitsch* não se interessa pelo insólito, ele fala de imagens-chave, profundamente enraizadas na memória dos homens: a filha ingrata, o pai abandonado, os garotos correndo na grama, a pátria traída, a lembrança do primeiro amor.

O *kitsch* faz nascer, uma após a outra, duas lágrimas de emoção. A primeira lágrima diz: como é bonito crianças correndo no gramado! A segunda lágrima diz: como é bonito ficar emocionado, junto com toda a humanidade, diante de crianças correndo no gramado! Somente essa segunda lágrima faz com que o *kitsch* seja o *kitsch*. A fraternidade entre todos os homens não poderá nunca ter outra base senão o *kitsch*.

Ninguém sabe disso melhor do que os políticos. Assim que percebem uma máquina fotográfica nas proximidades, correm para a primeira criança que veem para levantá-la nos braços e beijá-la no rosto. O *kitsch* é o ideal estético de todos os homens políticos, de todos os partidos e movimentos políticos.

Numa sociedade em que coexistem várias correntes políticas e em que suas influências se anulam ou se limitam mutuamente, é possível escapar da inquisição do *kitsch*; o indivíduo pode proteger sua originalidade e o artista pode criar obras inesperadas. Mas nos lugares em que um só partido detém todo o poder, somos envolvidos sem escapatória pelo reino do *kitsch* totalitário."

KUNDERA, Milan. *A insustentável leveza do ser*. Rio de Janeiro: Nova Fronteira, s.d. p. 237-239.

Compreender o texto

1. No texto, o autor afirma que o *kitsch* faz uso de imagens-chave, enraizadas na mente dos homens, como filhas ingratas, pátrias amadas e lembranças do primeiro amor. Faça uma pesquisa em revistas e perceba como a publicidade utiliza essas imagens-chave em suas propagandas.
2. O autor insinua que a política faz uso dessas imagens-chave para comover o público. Você concorda?
3. O texto faz menção a uma oposição que existiria entre o *kitsch* e a originalidade. Você concorda com ela?
4. Segundo o autor, o *kitsch* seria mais efetivo nos regimes totalitários ou democráticos? Justifique sua resposta.

Sugestões

PARA LER

- **História da riqueza do homem**, de Leo Huberman. São Paulo: LTC, 1987.

  O livro analisa o processo de formação do capitalismo, do modelo feudal até a ascensão do nazifascismo nas primeiras décadas do século XX.

- **O grande Gatsby**, de F. Scott Fitzgerald. São Paulo: Record, 2003.

  Trata-se da história de um jovem comerciante que começa a frequentar as festas de seu vizinho, o rico Jay Gatsby. Publicado em 1925, é um retrato da sociedade norte-americana do período entreguerras.

PARA ASSISTIR

- **À margem da vida**, de Paul Newman. Estados Unidos, 1987, 140 min.

  Baseado no clássico de mesmo nome de Tennessee Williams, trata das frustrações de uma família norte-americana do entreguerras e de como Laura, a jovem personagem, se refugia numa coleção de bibelôs de vidro para fugir à sua timidez patológica. Esse texto, assim como sua adaptação para o cinema, permite entender os problemas da sociedade norte-americana da primeira metade do século XX, assim como o valor simbólico que assumem os objetos diante das dificuldades da vida.

- **Doutor Fantástico**, de Stanley Kubrick. Inglaterra, 1964, 93 min.

  Lançado no auge da Guerra Fria, é uma sátira ferrenha de toda a mentalidade do período, das paranoias em relação à ameaça nuclear e do choque entre as superpotências. Fortemente alegórico, traz um general norte-americano que enlouquece e resolve colocar em prática um plano para detonar uma guerra nuclear, bombardeando a União Soviética.

- **O diabo veste Prada**, de David Frankel. Estados Unidos, 2006, 109 min.

  Comédia e drama, o filme trata da vida da interiorana Andy Sachs quando consegue um emprego em famosa revista de moda. O filme permite refletir sobre o conflito entre uma cultura local e outra cosmopolita, própria das grandes metrópoles. Além disso, o autoritarismo da editora da revista constrói uma sensível metáfora à ditadura da moda.

PARA NAVEGAR

- **Patrick Demarchelier**
  (www.demarchelier.net)

  Página pessoal do francês Patrick Demarchelier, considerado um dos maiores e mais influentes fotógrafos de moda e beleza do mundo. Ele colaborou com as principais revistas do assunto e fez campanhas para grandes marcas de roupas e perfumes.

- **Observatório Social das Relações de Consumo**
  (www.justica.sp.gov.br)

  O conteúdo do *site* possibilita o contato com as iniciativas públicas para conscientizar a população em relação aos problemas do consumo.

Bibliografia

ADORNO, Theodor W. Televisão, consciência e indústria cultural. In: COHN, Gabriel. *Comunicação e indústria cultural*. São Paulo: Nacional, 1977.

______. *Educação e emancipação*. 3. ed. Rio de Janeiro: Paz e Terra, 2003.

ALVES, Maria Helena Moreira. *Estado e oposição no Brasil (1964-1984)*. Petrópolis: Vozes, 1984.

ANDRADE, Mário de. *Aspectos das artes plásticas no Brasil*. Belo Horizonte: Itatiaia, 1984.

ANTUNES, Ricardo. A centralidade do trabalho hoje. In: FERREIRA, Leila da Costa. *A sociologia no horizonte do século XXI*. São Paulo: Boitempo, 2002.

APPADURAI, Arjun. *A vida social das coisas*. Niterói: Eduff, 2008.

ARBIX, Glauco e outros (Orgs.). *Razões e ficções do desenvolvimento*. São Paulo: Editora da Unesp; Edusp, 2001.

ARIÉS, Philippe. *A história social da criança e da família*. Rio de Janeiro: Zahar, 1973.

AUGÉ, Marc. *Não lugares*: introdução a uma antropologia da supermodernidade. Campinas: Papirus, 1994.

______. *A guerra dos sonhos*. Campinas: Papirus, 1998.

AYALA, Francisco. *Historia de la sociología*. Buenos Aires: Losada, 1947.

AZCONA, Jesús. *A cultura*. Petrópolis: Vozes, 1989.

______. *Antropologia e cultura*. Petrópolis: Vozes, 1993.

BACCEGA, Maria Aparecida. *Gestão de processos comunicacionais*. São Paulo: Atlas, 2002.

______ (Org.). *Comunicação e cultura do consumo*. São Paulo: Atlas, 2008.

BADIOU, Alain; ALTHUSSER, Louis. *Materialismo histórico y materialismo dialético*. Córdoba: Cuadernos de Pasado y Presente, 1972.

BARRACLOUGH, Geoffrey. *Introdução à história contemporânea*. Rio de Janeiro: Zahar, 1976.

BARTHES, Roland. *Mitologias*. São Paulo: Difel, 1982.

BASTIDE, Roger; FERNANDES, Florestan. *Brancos e negros em São Paulo*. São Paulo: Nacional, 1971.

BAUDRILLARD, Jean. *Para uma crítica da economia política do signo*. São Paulo: Martins Fontes, s.d.

BAUER, Martin W.; GASKELL, George. *Pesquisa qualitativa com texto, imagem e som*. Petrópolis: Vozes, 2002.

BAUMAN, Zygmunt. *Comunidade*: a busca por segurança no mundo atual. Rio de Janeiro: Zahar, 2003.

______. *Tempos líquidos*. Rio de Janeiro: Zahar, 2007.

______. *Vida para o consumo*: a transformação das pessoas em mercadorias. Rio de Janeiro: Zahar, 2008.

BENJAMIN, Walter. A obra de arte no tempo de suas técnicas de reprodução. In: VELHO, Gilberto. *Sociologia da arte IV*. Rio de Janeiro: Zahar, 1969.

BERGER, Peter. *Perspectivas sociológicas*: uma visão humanística. Petrópolis: Vozes, 1973.

BERNSTEIN, Basil. Comunicação verbal, código e socialização. In: COHN, Gabriel. *Comunicação e indústria cultural*. São Paulo: Nacional, 1977.

BHABHA, Homi K. *O local da cultura*. Belo Horizonte: Editora UFMG, 2005.

BIGNOTTO, Newton. *Maquiavel republicano*. São Paulo: Loyola, 1991.

BLAY, Eva Alterman. *Trabalho domesticado*: a mulher na indústria paulista. São Paulo: Ática, 1978.

BOSI, Ecléa. *Memória e sociedade*: lembranças de velhos. São Paulo: T. A. Queiroz, 1979. / São Paulo: Companhia das Letras, 1994.

BOUDON, Raymond; BOURRICAUD, François. *Dicionário crítico de sociologia*. São Paulo: Ática, 1993.

BOUGNOUX, Daniel. *Comunicação*. Petrópolis: Vozes, 1994.

BOURDIEU, Pierre. *O poder simbólico*. Rio de Janeiro: Bertrand Brasil, 2000.

BRESSER-PEREIRA, Luiz C. A economia do subdesenvolvimento industrializado. *Estudos Cebrap*, São Paulo, Brasiliense, n. 14, out./nov./dez. 1976.

BURKE, Peter. *Uma história social do conhecimento*. Rio de Janeiro: Zahar, 2003.

______. Misturando os idiomas. *Folha de S.Paulo*, 13 abr. 2003. Caderno Mais!

BURKE, Peter; BRIGGS, Asa. *Uma história social da mídia*. Rio de Janeiro: Zahar, 2004.

BURTON, Robert. *O jogo do amor*. São Paulo: Pioneira, 1978.

CALDERAZZI, Antonio M. *La revolución negra en los EEUU*. Barcelona: Bruguera, 1970.

CAMPOS, Augusto de. Do caos ao espaço ciberal. *Folha de São Paulo*, 9 nov. 2003. Caderno Mais!

CANCLINI, Néstor García. *Consumidores e cidadãos*. Rio de Janeiro: UFRJ, 1997.

CANDIDO, Antonio. *Os parceiros do Rio Bonito*. São Paulo: Duas Cidades, 1971.

CANEVACCI, Massimo. *Sincretismos*: uma exploração das hibridações culturais. São Paulo: Nobel, 1996.

CARDOSO, Fernando Henrique. *Mudanças sociais na América Latina*. São Paulo: Difusão Europeia do Livro, 1969.

______. *Política e desenvolvimento em sociedades dependentes*. Rio de Janeiro: Zahar, 1971.

CARDOSO, Fernando Henrique; IANNI, Octávio (Orgs.). *Homem e sociedade*. São Paulo: Nacional, 1968.

CASSIRER, Ernst. *Linguagem e mito*. São Paulo: Perspectiva, 1972.

______. *Ensaio sobre o homem*: introdução a uma filosofia da cultura humana. São Paulo: Martins Fontes, 1997.

______. *Antropologia filosófica*. México: Fondo de Cultura Económica, 2000.

CASTELLS, Manuel. *A sociedade em rede*. São Paulo: Paz e Terra, 2000.

______. *O poder da identidade*. São Paulo: Paz e Terra, 2000.

CERTEAU, Michael de. *A cultura no plural*. Campinas: Papirus, 1995.

CHOMSKY, Noam. O antigo e o novo na ordem internacional. Teoria e prática. In: ROSA, Luiz Pinguelli (Coord.). *Noam Chomsky na UERJ*. Rio de Janeiro: Coppe/UERJ, 1997.

CIPOLLA, Francisco Paula. Economia política do taylorismo, fordismo e *teamwork*. *Revista de Economia Política*, São Paulo, v. 23, n. 3 (91), jul.-set. 2003.

CLASTRES, Pierre. *A sociedade contra o Estado*. São Paulo: Cosac Naify, 2003.

COHN, Gabriel. *Sociologia da comunicação*. São Paulo: Pioneira, 1973.

______. *Comunicação e indústria cultural*. São Paulo: Nacional, 1977.

______ (Org.). *Max Weber*: sociologia. São Paulo: Ática, 1979. (Coleção Grandes Cientistas Sociais)

CORCUFF, Philippe. *As novas sociologias*. Bauru: Edusc, 2001.

COSTA, Cristina. *A milésima segunda noite*. São Paulo: Annablume, 2000.

______. *Ficção, comunicação e mídias*. São Paulo: Senac, 2002.

______. *Educação, imagem e mídias*. São Paulo: Cortez, 2004.

COUCHOT, Edmond. *A tecnologia na arte*: da fotografia à realidade virtual. Porto Alegre: UFRGS, 2003.

COULON, Alain. *A Escola de Chicago*. Campinas: Papirus, 1995.

CUCHE, Denys. *A noção de cultura nas ciências sociais*. Bauru: Edusc, 1999.

CUIN, Charles-Henry; GRESLE, François. *História da sociologia*. São Paulo: Ensaio, 1994. (Cadernos Ensaio, X)

DAHRENDORF, Ralf. *As classes e seus conflitos na sociedade industrial*. Brasília: Edub, 1982.

DANTAS, Marcos. *A lógica do capital-informação*. Rio de Janeiro: Contraponto, 2002.

DEBORD, Guy. *A sociedade do espetáculo*. Lisboa: Afrodite, 1972.

DEBRET, Jean-Baptiste. *Viagem pitoresca e histórica ao Brasil*. São Paulo: Edusp, 1989.

DORTIER, Jean-François (Dir.). *Uma história das ciências humanas*. Lisboa: SMG, 2009.

DOWBOR, Ladislau. Economia da comunicação. *Revista USP*, São Paulo, n. 55, set./nov. 2002.

DURKHEIM, Émile. *As regras do método sociológico*. São Paulo: Nacional, 1963.
______. *O suicídio*. São Paulo: Martins Fontes, 2000.
______. *Da divisão do trabalho social*. São Paulo: Abril Cultural, 1973. (Coleção Os Pensadores)
______. *Lições de sociologia*. São Paulo: T. A. Queiroz; Edusp, 1983.
ECO, Umberto. *Obra aberta*. São Paulo: Perspectiva, 2001.
______. *A estrutura ausente*. São Paulo: Perspectiva, 2001.
EDMOND, Wilson. *Rumo à Estação Finlândia*. São Paulo: Companhia das Letras, 1987.
ELIAS, Norbert. *O processo civilizador*. Rio de Janeiro: Zahar, 1994.
______. *A sociedade dos indivíduos*. Rio de Janeiro: Zahar, 1994.
______. *Sobre o tempo*. Rio de Janeiro: Zahar, 1998.
ELIAS, Norbert; SCOTSON, John L. *Os estabelecidos e os* outsiders. Rio de Janeiro: Zahar, 2000.
ELTON, G. R. *La Europa de la Reforma*: 1517-1559. Madrid: Siglo XXI, 1974.
FARIA, Vilmar. Pobreza urbana, sistema urbano e marginalidade. *Estudos Cebrap*, São Paulo, Brasiliense, n. 9, jul./ago./set. 1974.
FEATHERSTONE, Mike. *Cultura global*. Petrópolis: Vozes, 1990.
FERNANDES, Florestan. *Fundamentos empíricos da explicação sociológica*. São Paulo: Nacional, 1959.
______. *Ensaios de sociologia geral e aplicada*. São Paulo: Pioneira, 1960.
______. *A integração do negro na sociedade de classes*. São Paulo: Dominus; Edusp, 1965.
______. *Elementos de sociologia teórica*. São Paulo: Nacional; Edusp, 1970.
______. *Sociedade de classes e subdesenvolvimento*. Rio de Janeiro: Zahar, 1972.
______. *Sociologia e antropologia social*: uma introdução. Rio de Janeiro: Zahar, 1977.
______. *A natureza sociológica da sociologia*. São Paulo: Ática, 1980. (Ensaios)
FERRER, Florência. *Reestruturação capitalista*: caminhos e descaminhos da tecnologia da informação. São Paulo: Moderna, 1998.
FORRESTER, Viviane. *O horror econômico*. Lisboa: Terramar, 1997.
FOUCAULT, Michel. *As palavras e as coisas*. São Paulo: Martins Fontes, 1981.
FRANK, A. Gunder et al. *La sociología subdesarrollante*. Montevideo: Aportes, 1969.
FREITAS, Sonia Maria de. *História oral*: possibilidades e procedimentos. São Paulo: Associação Editorial Humanitas, 2006.
FREYRE, Gilberto. *Casa-grande & senzala*. 45. ed. Rio de Janeiro: Record, 2001.
FRIAS FILHO, Otávio. *De ponta-cabeça*: fim do milênio em 99 artigos de jornal. São Paulo: Editora 34, 2000.
FURTADO, Celso. O modelo brasileiro. *Argumento*, Rio de Janeiro, Paz e Terra, ano 1, n. 3, jan. 1974.
______. *Não à recessão e ao desemprego*. Rio de Janeiro: Paz e Terra, 1983.
GABOR, Dennis. *O desafio do futuro*. Rio de Janeiro: Expressão e Cultura, 1973.
GALBRAITH, John Kenneth. *A sociedade afluente*. Rio de Janeiro: Expressão e Cultura, 1972.
GALIANO, A. Guilherme. *Introdução à sociologia*. São Paulo: Harbra & Harper & Row do Brasil, 1981.
GANNAGÉ, Élias. Économie du développement. In: PEREIRA, Luiz. *Ensaios de sociologia do desenvolvimento*. São Paulo: Pioneira, 1970.
GEERTZ, Clifford. *A interpretação das culturas*. Rio de Janeiro: LTC, 1989.
GEREMEK, Bronislaw. *Os filhos de Caim*: os vagabundos e miseráveis na literatura europeia, 1400-1700. São Paulo: Companhia das Letras, 1995.
GIDDENS, Anthony. *As consequências da modernidade*. São Paulo: Unesp, 1991.
______. *Sociologia*. Lisboa: Fundação Calouste Gulbenkian, 2008.
GIUCCI, Guilhermo. *Viajantes do maravilhoso*: o Novo Mundo. São Paulo: Companhia das Letras, 1992.
GOFFMAN, Erving. *A representação do eu na vida cotidiana*. Petrópolis: Vozes, 1985.
______. *Manicômios, prisões e conventos*. São Paulo: Perspectiva, 1987.

GOLDMANN, Lucien. *Ciências humanas e filosofia*. São Paulo: DEL, 1967.

GOLDTHORPE, J. E. *Sociologia do Terceiro Mundo*: disparidade e envolvimento. Rio de Janeiro: Zahar, 1977.

______. *Sociologia e antropologia social*: uma introdução. Rio de Janeiro: Zahar, 1977.

GOMBRICH, E. H. *Arte e ilusão*: um estudo da psicologia da representação pictórica. São Paulo: Martins Fontes, 1986.

______. *A história da arte*. Rio de Janeiro: LTC, 1999.

GOODE, William J.; HATT, Paul K. *Métodos em pesquisa social*. São Paulo: Nacional, 1969.

GREGOR, Thomas. *Mehináku*: o drama da vida diária em uma aldeia do Alto Xingu. São Paulo: Nacional, 1982.

HALL, Edward T. *A dimensão oculta*. Lisboa: Relógio d'Água, 1986.

HALL, Stuart. *Identidade cultural*. São Paulo: Fundação Memorial da América Latina, s.d.

HARLEY, David. *Condição pós-moderna*. São Paulo: Loyola, 2001.

HARNECKER, Marta. *Los conceptos elementales del materialismo histórico*. México: Siglo XXI, 1972.

HATANAKA, Maria Lúcia Eiko. *O processo judicial da shindo-remei*. São Paulo: Fundação Japão, 2002.

HOBSBAWM, Eric. *A era das revoluções*. Rio de Janeiro: Paz e Terra, 1981.

______. *A sociedade global*. Rio de Janeiro: Civilização Brasileira, 1993.

______. O presente como história: escrever a história de seu próprio tempo. *Novos Estudos Cebrap*, n. 43. São Paulo: Cebrap, nov. 1995.

IANNI, Octávio. *Estado e planejamento econômico no Brasil (1930-1970)*. Rio de Janeiro: Civilização Brasileira, 1971.

______. *Sociologia e sociedade no Brasil*. São Paulo: Alfa-Ômega, 1975.

______. *Estado e capitalismo*. 2. ed. São Paulo: Brasiliense, 1989.

______. Florestan Fernandes e a formação da sociologia brasileira. In: *Sociologia da sociologia*. 3. ed. São Paulo: Ática, 1989.

______. *Labirinto latino-americano*. Petrópolis: Vozes, 1993.

______. *A era do globalismo*. Rio de Janeiro: Civilização Brasileira, 1996.

______. *Enigmas da modernidade-mundo*. Rio de Janeiro: Civilização Brasileira, 2000.

______. A sociologia numa época de globalismo. In: FERREIRA, Leila da Costa (Org.). *A sociologia no horizonte do século XXI*. São Paulo: Boitempo, 2002.

IGLÉSIAS, Francisco. *A revolução industrial*. São Paulo: Brasiliense, 1987.

JASPERS, Karl. Método e visão do mundo em Weber. In: COHN, Gabriel (Org.). *Sociologia para ler os clássicos*. Rio de Janeiro: Livros Técnicos e Científicos, 1977.

JOSEPH, ISAAC. *Erving Goffman e a microssociologia*. Rio de Janeiro: FGV, 2000.

KAPLAN, David; MANNERS, Robert A. *Teoria da cultura*. Rio de Janeiro: Zahar, 1972.

KERCKHOVE, Derrick de. *A pele da cultura*. Lisboa: Relógio d'Água, 1997.

KOSSOY, Boris. *Fotografia e história*. São Paulo: Ateliê, 2001.

KOWARICK, Lúcio e outros. Os cidadãos da Marginal. *Argumento*, Rio de Janeiro, Paz e Terra, ano 1, n. 1, out. 1973.

LACAN, J. O estádio do espelho como formador da função do eu (*Je*) tal como nos mostra a experiência psicanalítica. In: LACAN, J. *Escritos*. Rio de Janeiro: Jorge Zahar, 1998. p. 96-103.

LAGNEAU, Gerard. *A sociologia da publicidade*. São Paulo: Cultrix; Edusp, 1981.

LAKATOS, Eva Maria. *Sociologia geral*. São Paulo: Atlas, 1982.

LALLEMENT, Michel. *História das ideias sociológicas*. Petrópolis: Vozes, 2003.

LAPLATINE, François. *A descrição etnográfica*. São Paulo: Terceira Margem, 2004.

LARAIA, Roque de Barros. *Cultura*: um conceito antropológico. 16. ed. Rio de Janeiro: Jorge Zahar, 2003.

LAVER, James. *A roupa e a moda*. São Paulo: Companhia das Letras, 1989.

LEAKEY, Richard E.; LEWIN, Roger. *O povo do lago*. São Paulo: Melhoramentos, 1988.

LECLERC, Gérard. *Crítica da antropologia*. Lisboa: Estampa, 1973.

LEFEBVRE, Henri. *Materialismo dialético e sociologia*. Lisboa: Presença, 1972.

LEITE, Míriam L. Moreira; BIANCO, Bela. *Desafios da imagem*. Campinas: Papirus, 1998.

LÉVI-STRAUSS, Claude. *Antropologia estrutural*. Rio de Janeiro: Tempo Brasileiro, 1967.

______. *O pensamento selvagem*. São Paulo: Nacional, 1970.

______. *Antropologia estrutural 2*. Rio de Janeiro: Tempo Brasileiro, 1976.

______. *Tristes trópicos*. São Paulo: Companhia das Letras, 2007.

LÉVY, Pierre. *Tecnologias da inteligência*: o hipertexto. São Paulo: Editora 34, 1998.

______. *A inteligência coletiva*. São Paulo: Loyola, 1999.

LINGARD, Bob. É não é: globalização vernacular, política e reestruturação educacional. In: TORRES, Carlos Alberto; BURBULES, Nicholas C. (Orgs.). *Globalização e educação*. São Paulo: Artmed, 2004.

LISSNER, Ivar. *Assim viviam nossos antepassados*. Belo Horizonte: Itatiaia, 1968.

LOCKE, John. *Segundo tratado sobre o governo civil*. São Paulo: Abril Cultural, 1978. (Coleção Os Pensadores)

LOPES, Juarez Rubens Brandão. *Desenvolvimento e mudança social*. São Paulo: Nacional, 1970.

MACHADO, Arlindo. *Máquina e imaginário*. São Paulo: Edusp, 1996.

MAFFESOLI, Michel. *O tempo das tribos*: o declínio do individualismo nas sociedades de massa. Rio de Janeiro: Forense Universitária, 2006.

MALINOWSKI, Bronislaw. *Uma teoria científica da cultura*. Rio de Janeiro: Zahar, 1970.

______. *Argonautas do Pacífico Ocidental*. São Paulo: Abril Cultural, 1978. (Coleção Os Pensadores)

MANDEL, Ernest. *A formação do pensamento econômico de Karl Marx*. Rio de Janeiro: Zahar, 1968.

MANGUEL, Alberto. *Uma história da leitura*. São Paulo: Companhia das Letras, 1997.

MANN, Peter H. *Métodos de investigação sociológica*. Rio de Janeiro: Zahar, 1970.

MANNHEIM, Karl. *Ideologia e utopia*. Rio de Janeiro: Zahar, 1968.

MAQUIAVEL, Nicolau. *O príncipe*. São Paulo: Exposição do Livro, s.d.

MARCUSE, Herbert. *A ideologia da sociedade industrial*. Rio de Janeiro: Zahar, 1982.

MARTINS, José de Souza. *Expropriação e violência*. São Paulo: Hucitec, 1980.

______. *A chegada do estranho*. São Paulo: Hucitec, 1993.

______. *A sociabilidade do homem simples*. São Paulo: Contexto, 2008.

MARX, Karl. *O capital*. Rio de Janeiro: Civilização Brasileira, 1971.

______. *Sobre a religião*. Lisboa: Edições 70, 1972.

______. *Contribuição para a crítica da economia política*. Lisboa: Estampa, 1973.

______. *O 18 Brumário de Luís Bonaparte*. São Paulo: Abril Cultural, 1974. (Coleção Os Pensadores)

______. *Formações econômicas pré-capitalistas*. Rio de Janeiro: Paz e Terra, 1975.

______. Manifesto do Partido Comunista. In: *Cartas filosóficas e outros escritos*. São Paulo: Grijalbo, 1977.

MARX, Karl; ENGELS, Friedrich. *La sagrada familia*. Buenos Aires: Claridad, 1971.

MATHEWS, Gordon. *Cultura global e identidade individual*. Bauru: Edusc, 2002.

MATOS, Olgária C. F. *A Escola de Frankfurt*: luzes e sombras do Iluminismo. São Paulo: Moderna, 1993. (Coleção Logos)

MATTELART, Michèle; MATTELART, Armand. *O carnaval das imagens*. São Paulo: Brasiliense, 1989.

______. *História das teorias da comunicação*. São Paulo: Loyola, 1999.

MATTOS, David José Lessa. *O espetáculo da cultura paulista*. São Paulo: Códex, 2002.

MCLUHAN, Marshall. *Os meios de comunicação como extensões do homem*. São Paulo: Cultrix, 1971.

MERTON, Robert K. *Sociologia*: teoria e estrutura. São Paulo: Mestre Jou, 1970.

MICELI, Sérgio. *Intelectuais e classe dirigente no Brasil (1920-1945)*. São Paulo: Difusão Editorial, 1979.

______ (Org.). *História das ciências sociais no Brasil*. São Paulo: Fapesp; Editora Sumaré, 2001. v. 1 e 2.

MIÈGE, Bernard. *A sociedade tecida pela comunicação*. São Paulo: Paulus, 2009.

MIGNOLO, Walter. *Histórias locais/projetos globais:* colonialidade, saberes subalternos e pensamento liminar. Belo Horizonte: UFMG, 2003.

MIRANDA, Orlando P. de. A contradição identitária na sociologia clássica. *Sociabilidades*, v. 2, n. 1, dez. 2002.

MORAES, Reginaldo e outros (Orgs.). *Inteligência brasileira*. São Paulo: Brasiliense, 1986.

MORIN, Edgar. A alma do cinema. In: XAVIER, Ismail. *A experiência do cinema*. Rio de Janeiro: Graal/Embrafilme, 1983.

______. *Cultura de massas no século XX*. Rio de Janeiro: Forense Universitária, 1984.

______. *A cabeça benfeita*: repensar a reforma, reformar o pensamento. Rio de Janeiro: Bertrand Brasil, 2001.

MORUS, Thomas. *A Utopia*. Brasília: Edub, 1980.

MURRAY, Janet H. *Hamlet no Holodeck*: o futuro da narrativa no ciberespaço. São Paulo: Itaú Cultural; Unesp, 2003.

NIETZSCHE, Friedrich. *Crepúsculo dos ídolos*. Rio de Janeiro: Relume Dumará, 2000.

OLIVEIRA, Francisco de. A economia brasileira: crítica à razão dualista. *Estudos Cebrap*, São Paulo, Brasiliense, n. 2, out. 1972.

______. In: HADDAD, Fernando. *Desorganizando o consenso*. Petrópolis: Vozes, 1998.

OLIVEIRA, Roberto Cardoso de. *O trabalho do antropólogo*. Brasília: Paralelo 15; São Paulo: Unesp, 2000.

OLIVEIRA, Roberto Cardoso e outros. *Pós-modernidade*. Campinas: Editora da Unicamp, 1995.

ORTIZ, Renato. *Um outro território*. São Paulo: Olho d'Água, s.d.

______. *Cultura e modernidade*. São Paulo: Brasiliense, 1991.

PARSONS, Talcott; SHILS, Edward. A interação social. In: COHN, Gabriel. *Comunicação e indústria cultural*. São Paulo: Nacional, 1977.

PEREIRA, Luiz. *Ensaios de sociologia do desenvolvimento*. São Paulo: Pioneira, 1970.

PERES, Marcos Flamínio. O homem que inspirou Matrix. *Folha de S.Paulo*, 11 mar. 2007. Caderno Mais!

PESSANHA, José Américo Motta. Humanismo e pintura. In: NOVAES, Adauto. *Artepensamento*. São Paulo: Companhia da Letras, 1994.

PINHEIRO, Paulo Sérgio (Org.). *Crime, violência e poder*. São Paulo: Brasiliense, 1983.

PINHEIRO, Paulo Sérgio; POPPOVIC, Malak El-Chichini; KAHN, Tulio. Pobreza, violência e direitos humanos. *Novos Estudos Cebrap*, n. 39. São Paulo: Cebrap, jul. 1994.

PINKER. Steven. *O instinto da linguagem*. São Paulo: Martins Fontes, 2002.

POULANTZAS, Nicos. *Poder político y clases sociales en el Estado capitalista*. Buenos Aires: Siglo XXI, 1971.

______. As classes sociais. *Estudos Cebrap*, São Paulo, Brasiliense, n. 3, jan. 1973.

PRADO JR., Caio. *História econômica do Brasil*. São Paulo: Brasiliense, 1965.

PROPP, Vladimir. *As raízes históricas do conto maravilhoso*. São Paulo: Martins Fontes, 1997.

QUEIROZ, Maria Isaura Pereira de e outros. *Reflexões sobre a pesquisa sociológica*. São Paulo: MM Impress, 1992.

QUEIROZ, Maria Isaura Pereira; DEMARTINI, Zeila de Brito F. de; CIPRIANI, Roberto; MACIOTI, Maria Imacolata. *Experimentos com histórias de vida*. São Paulo: Vértice, 1988.

QUEIROZ, Renato da Silva. *Não vi e não gostei*: o fenômeno do preconceito. São Paulo: Moderna, 1996. (Coleção Qual é o grilo?)

RANGEL, Flávio. Geração espontânea. In: GONÇALVES, Marcos Augusto (Org.). *Pós-tudo*: 50 anos de cultura na Ilustrada. São Paulo: Publifolha, 2008.

REMOND, René. *O século XIX*: 1818-1914. São Paulo: Cultrix, 1974.

RODRIGUES, José Albertino. *Durkheim*. São Paulo: Ática, 1981.

ROUSSEAU, Jean-Jacques. *O contrato social e outros escritos*. São Paulo: Cultrix, 1980.

SÁ JR., Francisco. O desenvolvimento da agricultura nordestina e a função das atividades de subsistência. *Estudos Cebrap*, São Paulo, Brasiliense, n. 3, jan. 1973.

SACKS, Oliver. *Um antropólogo em Marte*. São Paulo: Companhia das Letras, 1995.

______. *Vendo vozes*. São Paulo: Companhia das Letras, 1998.

SALVIA TRINDADE, Liana Maria. *As raízes ideológicas das teorias sociais*. São Paulo: Ática, 1978.

SANTOS, Boaventura de Souza. *Introdução a uma ciência pós-moderna*. Rio de Janeiro: Graal, 1989.

______. *Um discurso sobre as ciências*. Porto: Afrontamento, 2002.

SANTOS, Milton e outros (Orgs.). *Fim de século e globalização*. São Paulo: Hucitec; Annablume, 2002.

SCARLATO, Francisco Capuano e outros. *Globalização e espaço latino-americano*. São Paulo: Annablume; Hucitec-Anpur, 2002.

SEVCENKO, Nicolau. *Literatura como missão*. São Paulo: Brasiliense, 1983.

______. O cosmopolitismo brasileiro da Belle Époque numa utopia liberal. *Revista de História*, n. 114. São Paulo: USP, jan./jun. 1983.

______ (Org.). *História da vida privada no Brasil 3*. São Paulo: Companhia das Letras, 1998.

SILVERSTONE, Roger. *Por que estudar a mídia?* São Paulo: Loyola, 2002.

SIMMEL, Georg. *The philosophy of money*. London: Routledge, 1978.

SINGER, Paul. As contradições do milagre. *Estudos Cebrap*, São Paulo, Brasiliense, n. 6, out./nov./dez. 1973.

______. Perspectivas de desenvolvimento da América Latina. *Novos Estudos Cebrap*, n. 44. São Paulo: Cebrap, 1996.

SINGER, Paul; BRANT, Vinícius C. *São Paulo*: o povo em movimento. 4. ed. Petrópolis: Vozes, 1983.

SODRÉ, Nelson Werneck. *Síntese da história da cultura brasileira*. 14. ed. São Paulo: Difel, 1986.

STEINER, George. *Extraterritorial*: a literatura e a revolução da linguagem. São Paulo: Companhia das Letras; Secretaria de Estado da Cultura, 1990.

TAYLOR, Charles. A distorção objetiva das culturas. *Folha de S.Paulo*, 11 ago. 2002. Caderno Mais!

THIOLLENT, Michel. *Metodologia da pesquisa-ação*. São Paulo: Cortez, 2004.

THOMPSON, E. P. *Costumes em comum*: estudos sobre a cultura popular tradicional. São Paulo: Companhia das Letras, 1998.

THOMPSON, John B. *A mídia e a modernidade*. Petrópolis: Vozes, 1998.

TOURRAINE, Alain. *Cartas a uma jovem socióloga*. Rio de Janeiro: Paz e Terra, 1976.

TOYNBEE, A. J. e outros. *O preço do futuro*. São Paulo: Melhoramentos, 1970-71.

TRINDADE, Liana M. S. *As raízes ideológicas das teorias sociais*. São Paulo: Ática, 1978.

VIEIRA PINTO, Álvaro. *Ciência e existência*. Rio de Janeiro: Paz e Terra, 1969.

WALLERSTEIN, Immanuel e outros. *Para abrir as ciências sociais*. Relatório da Comissão Gulbenkian sobre a reestruturação das Ciências Sociais. Lisboa: Publicações Europa-América; Fundação Gulbenkian, 1996.

WEBER, Max. *A ética protestante e o espírito do capitalismo*. São Paulo: Pioneira, 1967.

______. *Ciência e política*: duas vocações. São Paulo: Cultrix, 1970.

______. As causas sociais do declínio da cultura antiga. In: COHN, Gabriel (Org.). *Max Weber*: sociologia. São Paulo: Ática, 1979.

______. *Conceitos básicos de sociologia*. São Paulo: Moraes, 1987.

WINKIN, Yves. *A nova comunicação*. Campinas: Papirus, 1998.

XAVIER, Ismail. *O olhar e a cena*. São Paulo: Cosac Naify, 2003.

ZALUAR, Alba. Crime organizado e crise institucional. In: *Sociabilidades III*: violência e sociedade. São Paulo: Letras & Letras, 2003.